W0066954

Vahlens Handbücher
der Wirtschafts- und Sozialwissenschaften

Theoretische Volkswirtschaftslehre II

Produktion, Nachfrage und Allokation

von

Dr. Manfred Neumann

o. Professor für Volkswirtschaftslehre
an der Friedrich-Alexander-Universität Erlangen-Nürnberg

2., überarbeitete und erweiterte Auflage

Verlag Franz Vahlen München

CIP-Kurztitelaufnahme der Deutschen Bibliothek

Neumann, Manfred:
Theoretische Volkswirtschaftslehre / von Manfred
Neumann. – München : Vahlen
(Vahlens Handbücher der Wirtschafts- und Sozial-
wissenschaften)
2. Neumann, Manfred: Produktion, Nachfrage und
Allokation. – 2., überarb. u. erw. Aufl. – 1987

Neumann, Manfred:
Produktion, Nachfrage und Allokation / von Manfred
Neumann. – 2., überarb. u. erw. Aufl. – München : Vahlen,
1987
(Theoretische Volkswirtschaftslehre / von Manfred
Neumann ; 2) (Vahlens Handbücher der Wirtschafts- und
Sozialwissenschaften)
ISBN 3 8006 1253 4

ISBN 3 8006 1253 4

© 1987 Verlag Franz Vahlen GmbH, München
Graphiken: Hans Georg Müller, München
Satz und Druck der C. H. Beck'schen Buchdruckerei, Nördlingen

Vorwort zur zweiten Auflage

Gegenüber der ersten Auflage habe ich folgende Erweiterungen vorgenommen: Im Kapitel II wurde das Modell der Contestable Markets eingeführt. In Kapitel V wird der schon in der Produktions- und Kostentheorie bewährte Dualitätsansatz benutzt, um mit Hilfe von Ausgabenfunktionen und kompensierten Nachfragefunktionen die Konsumentenrente zu bestimmen. In Kapitel VIII ist der Zusammenhang zwischen Güterpreisen und Faktorpreisen mit Hilfe des *Stolper-Samuelson*-Theorems präziser gefaßt. Damit wird die Grundlage dafür gelegt, in Kapitel XIV den Faktorpreisausgleich im internationalen Handel und das Faktorproportionen-Theorem auf sehr elegante Weise darzustellen. In Kapitel XIII wurde die Analyse der optimalen Verbrauchssteueren durch Einbeziehung der Kreuzpreiselastizitäten erweitert. Im übrigen wurden Druckfehler beseitigt und an verschiedenen Stellen kleinere Ergänzungen und Glättungen der Darstellung vorgenommen.

Ich danke meinen Studenten für mancherlei Hinweise auf Unklarheiten in der ersten Auflage, die in der Neubearbeitung beseitigt werden konnten. Fräulein Dipl.-Volksw. *Doris Gemählich* danke ich für die Hilfe beim Lesen der Korrekturen und für die Bearbeitung des Sach- und Personenverzeichnisses.

Nürnberg, im Mai 1987   *Manfred Neumann*

Vorwort zur ersten Auflage

Der vorliegende Band II der Theoretischen Volkswirtschaftslehre bildet zusammen mit dem Band III eine Einführung in die Theorie der Allokation und Verteilung. Der Grund dafür, eine umfassende Darstellung dieses Gebietes der ökonomischen Theorie vorzulegen, ist darin zu suchen, daß nach meinem Eindruck für viele Studenten die Übersicht über das Gesamtgebiet der Theorie der Allokation und Verteilung angesichts einer Vielfalt von Spezialdarstellungen von Einzelfragen verloren zu gehen droht.

Bei einem umfassenden Werk muß man naturgemäß eine Auswahl treffen. Geleitet wurde ich dabei von der Absicht, Nationalökonomie als positive Theorie darzustellen und damit zu zeigen, welchen Beitrag die ökonomische Theorie zur Erklärung der Realität zu leisten vermag. Dementsprechend habe ich versucht, unter Berücksichtigung der neuesten Entwicklung des Faches vor allem denjenigen Bestand an Lehrsätzen der Nationalökonomie herauszuarbeiten, die sich für die Entwicklung einer empirisch gehaltvollen Theorie als fruchtbar erwiesen haben oder sich nach meinem Eindruck als fruchtbar erweisen könnten.

Der Band II gliedert sich in drei Teile. Im Teil A werden die grundlegenden inhaltlichen und methodischen Probleme dargestellt. Der Teil B behandelt die mikroökonomische Theorie der Produktion und der Nachfrage. Begonnen wird mit der Produktion, weil die damit zusammenhängenden Fragen dem Studenten im allgemeinen leichter zugänglich sind als die abstrakteren Probleme der Nachfragetheorie. Eingeführt werden in Teil B die polaren Fälle der vollständigen Konkurrenz einerseits und die des Monopols und des Monopsons andererseits. Sie sollen dazu dienen, das Spektrum wirtschaftlicher Macht abzustecken und damit den Rahmen zu schaffen, der im Band III durch die Diskussion der realitätsnäheren Fälle der verschiedenartigen Wettbewerbsbeschränkungen ausgefüllt wird. Im vorliegenden Band II wird die Analyse im Teil C fortgesetzt mit der Darstellung des allgemeinen Gleichgewichtes einer stationären Wirtschaft. Mit Hilfe dieses Modells wird eine große Zahl von empirisch wichtigen Phänomenen erschlossen. Gleichzeitig wird mit der Behandlung der Produktions- und Nachfragetheorie sowie der Theorie der Allokation in einer stationären Wirtschaft die Grundlage geschaffen für die in Band III folgende Darstellung der Theorie des Wachstums, des Wettbewerbs und der Verteilung.

Hervorgegangen ist dieses Buch aus meinen Nürnberger Vorlesungen. Ich möchte deshalb an dieser Stelle meinen Studenten danken, daß sie als Resonanzboden dienten und mir halfen, in vielen Fällen durch die Lehrtätigkeit eine größere Klarheit zu gewinnen. Zu danken habe ich ferner Mitarbeitern und Freunden, die sich der Mühe unterzogen, frühere Fassungen des Buches kritisch zu lesen und mir besonders in der Endphase der Entstehung des Buches mit zahlreichen Ratschlägen geholfen haben. Namentlich danken möchte ich den Herren Dr. *Ingo Böbel,* Dr. *Alfred Haid,* Privatdozent Dr. *Wolfgang Harbrecht,* Frau Dipl.-Volkswirt *Brigitte Kreßbach* und Frau Dipl.-Volkswirt *Margrit Prohaska* für manche Diskussionen, die das Buch befruchtet haben. Herr Dr. *Ingo Böbel* hat überdies das Namens- und Sachverzeichnis angefertigt. Mein Dank gilt auch Herrn Dr. *Horst Münker,* der das Manuskript gelesen und mich auf einige unklare Stellen aufmerksam gemacht hat. Für sorgfältiges Lesen der Korrekturen danke ich Fräulein *Annette Kersch,* Herrn *Georg Linsenbühler* und Fräulein *Barbara Müller* sowie Herrn *Jörg Stoffels.* Alle verbliebenen Fehler und Mängel gehen zu meinen Lasten. Frau *Gerda Horschmann* danke ich für das Schreiben einer Abfolge von verschiedenen Fassungen des Manuskriptes. Last, but not least, möchte ich Herrn Dipl.-Volkswirt *Dieter Sobotka* für die verständnisvolle verlegerische Betreuung danken.

Nürnberg, im Februar 1982   *Manfred Neumann*

Inhaltsübersicht

Detaillierte Inhaltsübersichten der einzelnen Kapitel finden sich zu Beginn der Teile A, B und C.

Vorwort V

A. Einführung 1

    I. Gegenstand und Methode 2

B. Mikroökonomische Theorie der Produktion und der Nachfrage 21

    II. Elemente der Preisbildung: Vollständige Konkurrenz, Monopol und Monopson 23

    III. Produktionstheorie 51

    IV. Investitionen 89

    V. Theorie der Güternachfrage privater Haushalte 104

    VI. Theorie des privaten Haushaltes 138

C. Allgemeines Gleichgewicht einer stationären Wirtschaft 159

    VII. Theorie der Tauschwirtschaft 162

    VIII. Allokation gegebener Ressourcen in der Produktionswirtschaft bei Konkurrenz 180

    IX. Allokation und Bewertung von Ressourcen bei linearer Technologie 204

    X. Monopolmacht von Produzenten 213

    XI. Lohnbildung am Arbeitsmarkt 222

    XII. Externe Effekte 242

    XIII. Öffentliche Güter, Steuern und öffentliche Unternehmen . . . 254

    XIV. Internationaler Handel 283

    XV. Standort- und Raumtheorie 317

D. Zusammenfassung und Ausblick 335

Literaturhinweise 337

Personenverzeichnis 349

Sachverzeichnis 353

—

A. Einführung

I. Gegenstand und Methode 2

1. Prinzipien der Organisation einer Volkswirtschaft: Wirtschaftsordnungsmodelle 2
   a) Autoritäre vs. individualistische Wirtschaftsordnung 2
   b) Zentralisation vs. Dezentralisation. 5
2. Das Rationalprinzip als Grundlage der Allokationstheorie. 6
   a) Normative vs. positive Theorie 6
   b) Spontaneität und Ordnung 7
   c) Das Rationalprinzip auf der Ebene des Individuums und der Gesellschaft 8
3. Markt und Staat 10
   a) Arbeitsteilung und indirekte Koordination 10
   b) Märkte und Preise 10
   c) Staat 16

I. Kapitel
Gegenstand und Methode

In der Allokationstheorie geht es um die Erklärung der Wirtschaftsstruktur. Drei Aspekte sind dabei zu unterscheiden: Die Zusammensetzung der Produktion, die Einkommensverteilung und die räumliche Struktur der Wirtschaft.

Die Zusammensetzung der Produktion und die Zuteilung der Ressourcen auf die verschiedenen Produktionsrichtungen ist untrennbar verbunden mit der Einkommensverteilung. Einerseits wird das Sozialprodukt durch die Verwendung von Ressourcen, also von Arbeit, Boden und Kapitalgütern erzeugt, denen sich auf der Grundlage der Produktionstheorie ihr jeweiliger Beitrag zum Sozialprodukt zurechnen läßt. Dementsprechend ergibt sich an den Märkten eine Entlohnung der Produktionsfaktoren, die mit dem Wert der jeweiligen Produktionsbeiträge in einem mehr oder weniger engen Zusammenhang steht. Das ist die sog. funktionale Einkommensverteilung. Auf der anderen Seite besteht eine enge Beziehung zwischen dem Einkommen der verschiedenen Personen und Personengruppen einer Volkswirtschaft und ihrer Nachfrage nach Gütern. Die Nachfrage wieder determiniert das Niveau und die Zusammensetzung der Produktion.

In der Allokationstheorie sind grundsätzlich zwei Standpunkte möglich, die aus zwei gegensätzlichen wirtschaftspolitischen Grundauffassungen hergeleitet werden können. Die Abhängigkeit des theoretischen Standpunktes von der wirtschaftspolitischen Einstellung ist nicht verwunderlich, da das Interesse an der ökonomischen Theorie weitestgehend wirtschaftspolitisch bedingt ist. Für die Fragestellungen der Allokationstheorie ist einerseits der Standpunkt der zentralen Planungsbehörde in einer autoritären Wirtschaftsordnung möglich und andererseits der Standpunkt eines Beobachters einer individualistischen Wirtschaftsordnung.[1]

1. Prinzipien der Organisation einer Volkswirtschaft: Wirtschaftsordnungsmodelle

a. Autoritäre vs. individualistische Wirtschaftsordnung

Da die Menschen verschieden sind, von unterschiedlichen Wünschen geleitet werden und verschiedenartige Fähigkeiten besitzen, erfordert ein friedliches

---

[1] Die Konzeption der autoritären und individualistischen Wirtschaftsordnung ist nicht zu verwechseln mit dem Gegensatzpaar der Zentralverwaltungs- und Verkehrswirtschaft (oder Marktwirtschaft), das von *W. Eucken* (1965) eingeführt wurde.

Zusammenleben in einer arbeitsteiligen Gesellschaft, daß die Vorstellungen der Menschen darüber, welchen Raum die Wirtschaftstätigkeit in ihrem Leben einnehmen soll, welche Güter produziert werden und wie das Produktionsergebnis verteilt werden soll, miteinander in Einklang gebracht werden.

Nach der Art der Willensbildung kann man zwei Typen der Koordination unterscheiden: Die Koordination durch Herrschaft und die Koordination durch Abstimmung. Im ersten Fall wollen wir von einer autoritären, im zweiten von einer individualistischen Wirtschaftsordnung sprechen.

Durch die Bildung dieser Wirtschaftsordnungsmodelle werden bestimmte typische Merkmalskomplexe, die sich in historisch bekannten Wirtschaften finden, hervorgehoben und in einer theoretischen Konstruktion verdichtet. Die Funktion der Modelle besteht darin, eine gedankliche Ordnung der vielgestaltigen Erscheinungen der realen Welt dadurch zu schaffen, daß man sie auf einige abstrakte Grundtypen reduziert. Wirtschaftsordnungsmodelle wird man deshalb in der realen Welt nicht in voller Reinheit antreffen. Man sollte jedoch in der Lage sein, eine bestimmte reale Wirtschaft einem der beiden Typen von Wirtschaftsordnungen zuzuordnen.

Autoritäre Wirtschaftsordnung

Die autoritäre Wirtschaftsordnung begegnet uns in zwei Formen, als traditionelle Wirtschaft und als Befehlswirtschaft. In der traditionellen Wirtschaft und Gesellschaft hat jedes Individuum einen durch Herkommen bestimmten Platz, auf dem ihm gewisse Aufgaben zugewiesen sind und bestimmte Ansprüche zustehen. Gewöhnlich wird die traditionelle Ordnung mythologisch begründet und auf diese Weise transzendent abgesichert. In der Befehlswirtschaft, der modernen Form der autoritären Wirtschaft, wird die Wirtschaft nach einem vom Herrscher oder der herrschenden Gruppe entworfenen oder entdeckten Plan gelenkt. Da auch in der traditionellen Wirtschaft die Personen an der Spitze der Gesellschaft als Sachwalter der von der transzendenten Instanz eingesetzten Ordnung angesehen werden, besteht eine enge Verwandtschaft zwischen der älteren traditionellen Wirtschaft und der modernen Befehlswirtschaft. Eine gemeinsame Behandlung der beiden Typen unter dem Oberbegriff der autoritären Wirtschaftsordnung ist aus diesem Grunde gerechtfertigt. Wir werden uns aber in den folgenden Darlegungen auf die moderne Form der autoritären Wirtschaftsordnung beschränken. Sie unterscheidet sich von der traditionellen Wirtschaft vor allem dadurch, daß die herrschende Gruppe den Anspruch vertritt, nach einem rationalen Plan zu handeln.

Die autoritäre Wirtschaft, in der ein Herrscher oder eine herrschende Gruppe den Gang der Dinge bestimmt, ist deshalb in den wenigsten Fällen die Willkürherrschaft eines Despoten, der die Wünsche der Mitglieder der Gesellschaft schlichtweg ignoriert. Vielmehr finden die Machthaber in einer autoritären Wirtschaftsordnung gewöhnlich die Rechtfertigung ihrer herrschenden Stellung darin, daß sie glauben, im wohlverstandenen Interesse der als unmündig angesehenen Untertanen zu handeln. Die elitäre Gruppe ist der Meinung, daß nur sie über die erforderliche Einsicht verfügt und deshalb zur Herrschaft legitimiert sei. Auf Grund dieser Ableitung der von der herr-

schenden Gruppe formulierten Ziele werden diese gewöhnlich als Gemeinwohl verstanden und beanspruchen deshalb eine vorrangige Geltung vor den
„törichten" Privatinteressen der Individuen. Manchmal werden auch Versuche unternommen, die nicht an der Herrschaft Beteiligten von der Richtigkeit des eingeschlagenen Weges durch Propaganda zu überzeugen. Soweit
die von der Herrschaft Ausgeschlossenen sich jedoch nicht überzeugen lassen, werden sie dennoch der Kommandogewalt des Staatsapparates unterstellt, der vollkommen im Dienste der herrschenden Gruppe steht. Notfalls
werden abweichende Meinungen unterdrückt. In den meisten Fällen sind die
Mitglieder der herrschenden Gruppe subjektiv völlig von der Richtigkeit
ihrer Entscheidungen überzeugt und der Auffassung, im Interesse des Volkes
zu handeln. Das autoritäre Element liegt darin, daß vor dem Anspruch, im
Besitz der Wahrheit zu sein, alle anderen Auffassungen mit Notwendigkeit
falsch sein müssen und deshalb zu unterdrücken sind.

Autoritäre Wirtschafts- und Gesellschaftsordnungen dieser Art sind historisch in ganz unterschiedlichem Gewand in Erscheinung getreten. Sie nehmen unzweifelhaft den größten Raum der menschlichen Geschichte ein. In
der jüngeren europäischen Geschichte finden wir sie im Zeitalter des absoluten Fürstentums, in der jüngsten Geschichte in den sozialistischen Ländern
des Ostblocks. Im Manifest der Kommunistischen Partei nahm diese für sich
in Anspruch, die einzig richtige Einsicht in den Gang der Geschichte zu
besitzen und deshalb zur Herrschaft legitimiert zu sein. Es ist interessant zu
sehen, daß die Herrschaft der Kommunistischen Partei deshalb ganz konse-
quent als Demokratie bezeichnet wird.

Individualistische Wirtschaftsordnung

Individualistische Wirtschaftsordnungen haben sich erst in der Neuzeit her-
ausgebildet. Ihre Anfänge finden wir in den Stadtstaaten des Mittelalters.
Möglicherweise hat es Vorläufer in den Stadtstaaten des antiken Griechen-
lands gegeben. In einer individualistischen Wirtschaftsordnung gelten alle
Mitglieder der Gesellschaft als souverän. Als Konsequenz dieser Souveränität der Individuen ergibt sich der wesentliche Unterschied einer individualistischen Wirtschaftsordnung zu einer autoritären Wirtschaftsordnung. Der
Umfang der Wirtschaftätigkeit, die Größe der Produktion und ihre Zusammensetzung sowie die Verteilung des Volkseinkommens ergeben sich als
das Resultat der souveränen Entscheidungen der Individuen. Auf Grund der
Spontaneität des individuellen Handelns ist das Ergebnis der Wirtschaftätigkeit immer offen, enthält zahlreiche Möglichkeiten und entzieht sich einer
exakten Festlegung. Das Ziel der Wirtschaft ist unbekannt. Ein Gemeinwohl
läßt sich deshalb prinzipiell inhaltlich nicht fixieren. Festlegen läßt sich jedoch, daß die Realisierung der individuellen Ziele am ehesten möglich ist,
wenn weitestgehende Freiheit gewährt wird. Keine sichtbare Instanz ist vorhanden, der die Regelung der privaten Wirtschaftätigkeit obliegt. Dennoch
existiert eine innere Ordnung, so daß die Wirtschaft wie von einer unsichtbaren Hand gelenkt erscheint. Die Aufdeckung der Funktionsweise einer solchen Wirtschaftsordnung ist eine wichtige Aufgabe der Nationalökonomie.
Insbesondere ist zu klären, welche Rolle der Staat innerhalb einer individualistischen Ordnung spielt.

b. Zentralisation vs. Dezentralisation

In einer individualistischen Wirtschaftsordnung wie auch in einer autoritären Wirtschaftsordnung findet man eine Mischung von Zentralisation und Dezentralisation der Wirtschaftstätigkeit. Das Mischungsverhältnis und damit die Rolle des Staates wird aber in den beiden Typen der Wirtschaftsordnungen von unterschiedlichen Prinzipien determiniert.

Eine individualistische Wirtschaftsordnung ist grundsätzlich durch eine dezentrale Organisation gekennzeichnet, denn auf diese Weise läßt sich eine Berücksichtigung der vielfach divergierenden Interessen der Individuen am ehesten verwirklichen. Das gilt sowohl für die private Wirtschaft als auch für den Staatssektor. Im Bereich der privaten Wirtschaft findet die Koordination der individuellen Interessen durch den Tausch auf Märkten statt. Im staatlichen Sektor kommen die individuellen Interessen in Wahlen und Abstimmungen zur Geltung. Der staatliche Sektor ist ebenfalls weitgehend dezentral organisiert. Nur soweit die Unteilbarkeit öffentlicher, vom Staat bereitgestellter Güter eine dezentrale Bereitstellung unzweckmäßig erscheinen läßt, muß eine zentrale, demokratisch kontrollierte Instanz die betreffende Aufgabe übernehmen. Im Staatssektor gilt also das Subsidiaritätsprinzip, auf Grund dessen eine Zentralisation der Erledigung von Aufgaben nur insoweit angebracht ist, als eine dezentrale Erledigung unzweckmäßig ist.

Die in einer autoritären Wirtschaftsordnung anzutreffende Mischung von Zentralisation und Dezentralisation der Wirtschaftstätigkeit, insbesondere die Verteilung der Kompetenzen zwischen Zentralstellen und dezentralen Organisationen wird von völlig anderen Prinzipien bestimmt als in einer individualistischen Wirtschaftsordnung. In der autoritären Wirtschaftsordnung liegt die letzte Entscheidungsgewalt beim Staat als dem Instrument der herrschenden Gruppe. Insofern ist alle Wirtschaftstätigkeit letztlich kollektiver Natur. Im allgemeinen wird in einem zentralen Plan die angestrebte Höhe der Produktion und des Beschäftigungsgrades sowie die Verteilung des Volkseinkommens festgelegt. Einer von der Zentrale kontrollierten Organisation obliegt die Durchführung des Planes. Die einzelnen Betriebe, in denen die Produktion stattfindet, sind eingegliedert in das System der zentralen Planung. Das alles ist die notwendige Folge der Souveränität der herrschenden Gruppe. Zwar wird der zentrale Plan in einem Kommunikationsprozeß zwischen der Zentrale und den ausführenden Organen aufgestellt, weil die Zentrale nicht über die Detailkenntnisse verfügt, die zur Aufstellung des Planes erforderlich sind, die Richtlinien aber für die Aufstellung des zentralen Planes werden von der Zentrale gegeben. Daher ist der Einfluß der Organe auf den Inhalt des zentralen Planes von sekundärer Bedeutung.

Das Ausmaß, in dem der Wirtschaftsprozeß im einzelnen staatlicher Regie unterworfen wird, ist eine reine Zweckmäßigkeitsfrage. Das Problem liegt auf der gleichen Ebene wie die Frage, in welchem Ausmaß in einem Großunternehmen Entscheidungsbefugnisse an die Leiter von Abteilungen delegiert werden können. Die Grenze der Dezentralisation ist erreicht, wenn der herrschenden Gruppe die Kontrolle über den Wirtschaftsprozeß zu entgleiten droht, weil die individuellen Interessen der Leiter von Untergliederungen des Wirtschaftsapparates die Ziele der Zentrale durchkreuzen.

2. Das Rationalprinzip als Grundlage der Allokationstheorie

a. Normative vs. positive Theorie

Grundlage der Allokationstheorie ist das Rationalprinzip, nach dem knappe Ressourcen so eingesetzt werden (sollen), daß ein Maximum an Nutzen entsteht. In dieser Formulierung ist das Rationalprinzip mehrdeutig. Eine inhaltliche Präzisierung erhält man durch die Berücksichtigung der zugrunde liegenden Wirtschaftsordnung.

Vom Standpunkt der zentralen Planungsbehörde einer autoritären Wirtschaftsordnung aus geht es in der Allokationstheorie darum, ein System normativer Sätze abzuleiten, vom Standpunkt des Beobachters einer individualistischen Wirtschaftsordnung dagegen soll die Allokationstheorie einen Beitrag zur Erklärung der tatsächlichen Vorgänge in der Wirtschaft liefern. Natürlich haben auch die Planer in einer autoritären Wirtschaftsordnung positive Gesetzmäßigkeiten zu berücksichtigen, um die Pläne durchsetzen zu können. Andererseits wird das Studium des wirtschaftlichen Geschehens durch den Beobachter einer individualistischen Wirtschaftsordnung ebenfalls von wirtschaftspolitischem Interesse geleitet sein. Man sucht die Ursachen von Fehlentwicklungen aufzudecken, um den politischen Instanzen Möglichkeiten zur Beseitigung eingetretener Mißstände aufzuzeigen. Aus diesen Gründen können die Unterschiede der Betrachtungsweise leicht verwischt werden. Es ist deshalb wichtig, diese noch einmal besonders hervorzuheben.

Die zentrale Planungsbehörde einer autoritären Wirtschaftsordnung geht von gegebenen Zielen aus, die durch eine geeignete wirtschaftliche Organisation erreicht werden sollen. Die Aufgabe der Allokationstheorie besteht in diesem Rahmen darin, eine rationale Wirtschaftsorganisation zu entwerfen, d. h. eine solche Organisation, die zur Realisierung der gegebenen Ziele am besten geeignet ist. In der Allokationstheorie geht es nach dieser Auffassung also darum, eine zieladäquate Struktur der Wirtschaft zu finden. Durch entsprechende Anordnungen soll die auf dem Reißbrett der Planer entworfene Wirtschaftsorganisation in einer autoritären Wirtschaftsordnung dann auch verwirklicht werden.

Das Rationalprinzip kann aber auch in einer ganz anderen Weise zum konstituierenden Element der Allokationstheorie werden. Man kann das Rationalprinzip als Hypothese verwenden, um den Wirtschaftsprozeß in einer individualistischen Wirtschaftsordnung zu analysieren. Die für das Wirtschaftsleben maßgebenden Ziele der Individuen sind dem Beobachter einer individualistischen Wirtschaftsordnung nicht bekannt und können ihm auch gar nicht bekannt sein. Deshalb ist es unmöglich, eine aus gegebenen Zielen ableitbare rationale Struktur der Wirtschaft zu bestimmen. Stattdessen wird die Hypothese aufgestellt, daß die tatsächlich realisierte Struktur der Wirtschaft auf der Grundlage des Rationalprinzips erklärt werden kann. Es wird unterstellt, daß die Individuen bei der Verfolgung ihrer eigenen und nur ihnen selbst bekannten Ziele als Konsumenten, als Produzenten oder Arbeiter, als Wähler und Steuerzahler sich rational verhalten. Gemeint ist damit, daß Menschen in den verschiedenen Bereichen des Lebens diejenigen Wege einschlagen und diejenigen Mittel ergreifen, die nach ihrem eigenen Urteil den eigenen Interessen am besten zu dienen vermögen. Da auch die Institutionen des menschlichen Zusammenlebens, die Organisation des Marktes und der politischen Prozesse letztlich als Instrumente zu begreifen sind, die von Menschen geschaffen wurden und der Verfolgung ihrer Interessen dienen, muß auch die Entstehung und Entwicklung solcher Institutionen nach der grundlegenden Hypothese durch das Rationalprinzip erklärt werden können.

b. Spontaneität und Ordnung

Um ein besseres Verständnis der Methode zu gewinnen, nach der das Rationalprinzip als empirische Hypothese verwendet wird, lohnt es sich, etwas weiter auszuholen. Das Paradigma, dem diese Methode angehört, besitzt eine enge geistige Verwandtschaft mit der Evolutionstheorie der Biologie. Grundlage ist die Überzeugung, daß die Struktur der Wirtschaft in ähnlicher Weise wie die Verteilung biologischer Eigenschaften unter den Individuen durch Spontaneität und Ordnung erklärt werden kann. Wie die Eigenschaften eines Individuums im Prozeß der Vererbung durch Spontaneität und damit in prinzipiell nicht vorhersehbarer Weise geprägt werden, so erhält auch das Wirtschaftsleben durch spontan auftretende Erfindungen Anstöße zu Neuorientierungen, die prinzipiell nicht vorhersehbar sind. Auf der anderen Seite aber unterliegt die Durchsetzung der unzähligen Anstöße einer inneren Ordnung, einem Muster, das durch das Rationalprinzip erklärt werden kann.

Es wird also als unmöglich angesehen, das Auftauchen von neuen Ideen durch das Rationalprinzip zu erklären; denn der Wandel der menschlichen Gesellschaft und die Neuerungen in der Wirtschaft beruhen nicht allein auf kühlen Berechnungen von Kaufleuten, nicht nur auf dem Abwägen von Alternativen durch bedachtsame Haushalter. Neuerungen sind allemal auf den Wagemut, die Abenteuerlust, auf das hartnäckige Verfolgen von Visionen und Idealen, manchmal auch auf Extravaganzen gesellschaftlicher Außenseiter zurückzuführen.

Bei aller Vielfalt des Lebens, bei aller individuellen Farbigkeit der einzelnen Ereignisse, die bestenfalls einem Verstehen zugänglich sind, darf aber eines nicht vergessen werden: Auf die Dauer Bestand haben Neuerungen nur dann, wenn sie für die menschliche Gesellschaft Vorteile mit sich bringen, wenn sie auch kühler Berechnung standhalten können, sich also in das Muster des Rationalprinzips einfügen lassen. Dann und nur dann, wenn Neuerungen von einer großen Zahl von Menschen akzeptiert werden, können sie den Charakter des wirtschaftlichen Lebens prägen. Andernfalls bleiben sie eine Anekdote, die für die Wirtschaftstheorie ohne Interesse ist. Nicht der Sonderling interessiert den Ökonomen, sondern die Massenerscheinung ist Gegenstand seiner Analyse. In ihr manifestiert sich das Rationalprinzip. So lautet unsere Hypothese.

Auf diese Weise werden die Institutionen des wirtschaftlichen Lebens als Zweckgebilde interpretiert, durch die menschliches Überleben gesichert wird. Es soll aber noch einmal hervorgehoben werden, daß es sich in einer individualistischen Wirtschaftsordnung nicht um Zweckgebilde handelt, die bewußt geschaffen worden sind. Der Zweck erweist sich erst im nachhinein dadurch, daß sich die Institution durch ihre Überlebensfähigkeit als zweckmäßig erweist und bewährt. Das wird offenkundig dadurch, daß Menschen die entstandenen Institutionen in Anspruch nehmen und benutzen, weil sie – so unsere Hypothese – diese Einrichtung als nützlich ansehen.

Das Rationalprinzip liefert Hypothesen, die den Charakter allgemeiner Gesetze oder Regelmäßigkeiten besitzen. Um bestimmte Vorgänge des Wirtschaftslebens zu erklären, reichen solche Gesetzmäßigkeiten aber nicht aus. Als Erklärungshypothesen können sie nur fruchtbar gemacht werden, wenn sie mit tatsächlichen, singulären Ereignissen oder Zuständen in Verbindung gebracht werden. In den Wirtschaftswissenschaften spricht man gewöhnlich von Daten, die als Rahmenbedingungen eines Problems gegeben sind. Der Kreis der als gegeben angenommenen Daten kann enger oder weiter gezogen werden. Nach einem in der ökonomischen Theorie lange Zeit üblichen Verfahren wurden praktisch alle Institutionen als historische Fakten aufgefaßt, die auf religiöse und sonstige kulturelle Ursprünge zurückgehen oder politisch bedingt seien. Diese gegenüber ökonomischen Zusammenhängen als autonom aufgefaßten Erscheinungen, die Daten, wurden dem Zuständigkeitsbereich anderer Wissenschaften zugewiesen. Da andere Wissenschaften jedoch meist von gänzlich anderen Fragestellungen ausgehen, besteht nur eine geringe Wahrscheinlichkeit dafür, daß die Daten der ökonomischen Theorie von anderen Disziplinen in einer für die Fragestellung der ökonomischen Theorie verwertbaren Weise erklärt werden. Nicht zuletzt aus diesem Grunde wird die Erklärung der Institutionen in jüngerer Zeit mehr und mehr als Aufgabe der Wirtschaftstheorie angesehen. Das Erklärungsmuster wurde bereits dargelegt. Gewisse Vorgänge gelten als spontan und unerklärbar. Diese singulären Ereignisse sind die eigentlichen Daten der ökonomischen Theorie. Der Selektionsmechanismus, auf Grund dessen sich Institutionen herausbilden und stabilisieren, beruht aber auf dem Rationalprinzip und stellt deshalb eine allgemeine Gesetzmäßigkeit dar, deren Analyse Gegenstand der ökonomischen Theorie ist.

c. Das Rationalprinzip auf der Ebene des Individuums und der Gesellschaft

Das Rationalprinzip hat auf der Ebene des Individuums eine andere Bedeutung als auf der Ebene der Gesellschaft. Auf der Ebene des Individuums wird vorausgesetzt, daß jedermann in der Lage ist, alle ihm bekannten Alternativen miteinander zu vergleichen und in eine logisch widerspruchsfreie Rangordnung zu bringen, so daß dann diejenige Alternative ausgewählt werden kann, die dem Individuum als die bestmögliche erscheint. Häufig freilich ist die Menge aller für ein Individuum realisierbaren Alternativen nur ein Ausschnitt aus der Menge aller an sich möglichen und bekannten Alternativen.

Die Möglichkeiten des Konsums z. B. werden durch das individuelle Einkommen sowie die Preise der Konsumgüter beschränkt. Ein rational handelndes Individuum wird dann aus den realisierbaren Konsummöglichkeiten die bestmögliche Alternative auswählen. Ganz ähnlich ist die Struktur des Entscheidungsprozesses eines Produzenten. Bei einem gegebenen technischen Wissen werden die Produktionsmöglichkeiten durch die vorhandenen Techniken begrenzt. Der Produzent wird die Produktion so wählen und dazu Produktionsfaktoren in dem Maße einsetzen, daß er einen größtmöglichen Nutzen erreicht.

Man könnte nun meinen, eine ganz ähnliche Struktur wie das individuelle Entscheidungsproblem müsse auch das Entscheidungsproblem besitzen, das auf der Ebene der Gesellschaft zu lösen ist. Das ist jedoch keineswegs mit Notwendigkeit der Fall. Voraussetzung dafür wäre nämlich, daß sich ein eindeutiges Ziel der Wirtschaftstätigkeit einer Nation formulieren ließe. Davon kann man jedoch nur in einer autoritären Wirtschaftsordnung ausgehen, in der eine herrschende Gruppe die Ziele der Wirtschaft bestimmt. In diesem Fall besitzt das gesellschaftliche Entscheidungsproblem in der Tat die gleiche Struktur wie bei einem Individuum. In einer individualistischen Wirtschaftsordnung ist das hingegen nicht der Fall. Da man als sicher davon ausgehen kann, daß die Wünsche und Wertvorstellungen wie auch die Möglichkeiten des Handelns der einzelnen Menschen verschieden sind, werden die Individuen ganz unterschiedliche Ziele anstreben. Die individuellen Ziele werden sich dabei vielfach widersprechen, so daß Interessenkonflikte entstehen. In einer individualistischen Wirtschaft ist jedes Individuum in der Lage, seine Interessen zu verfolgen und besitzt im Rahmen seiner Möglichkeiten auch Macht, die eigenen Interessen durchzusetzen.

In einer individualistischen Wirtschaftsordnung muß das Rationalprinzip auf der Ebene der Gesellschaft deshalb anders interpretiert werden als in einer autoritären Wirtschaftsordnung. Auch in einer individualistischen Wirtschaft sollten natürlich die einer Volkswirtschaft zur Verfügung stehenden Ressourcen zweckmäßig eingesetzt werden. Andererseits gibt es keinen eindeutig feststellbaren Zweck der Wirtschaft, sondern nur zahlreiche individuelle Ziele. So scheint auf den ersten Blick ein unlösbares Dilemma vorzuliegen. Einen Ausweg bietet das *Pareto*-Kriterium, das für die gesamte ökonomische Theorie eine weittragende Bedeutung besitzt. Es besagt folgendes: Solange es noch möglich ist, ein Individuum besser zu stellen, ohne daß sich die Lage irgend eines anderen Individuums verschlechtert, ist eine bestmögliche Verwendung der vorhandenen Ressourcen noch nicht erreicht. Eine bestmögliche Verwendung der Ressourcen, ein *Pareto*-Optimum, ist erreicht, wenn die Besserstellung eines Individuums nur noch auf Kosten anderer möglich ist. Solange ein *Pareto*-Optimum noch nicht erreicht ist, können prinzipiell alle besser gestellt werden. Die Verwirklichung des Rationalprinzips auf der Ebene der Gesellschaft bedeutet in einer individualistischen Gesellschaft, daß alle Möglichkeiten im Sinne des *Pareto*-Kriteriums ausgeschöpft sind.

Das *Pareto*-Kriterium gibt also Aufschluß darüber, ob eine Besserstellung von Individuen möglich ist oder nicht. Falls eine Besserstellung von Individuen möglich ist, wird in einer individualistischen Wirtschaftsordnung pri-

vate Initiative für eine Ausschöpfung dieser Möglichkeiten sorgen. Der Weg
dazu ist der Tausch, der uns in vielfältiger Form begegnet. In seiner augen-
fälligsten Form finden wir den Tausch auf den Gütermärkten. Tauschvorgänge finden sich aber auch in anderen Bereichen des Lebens.

3. Markt und Staat

a. Arbeitsteilung und indirekte Koordination

Charakteristisch für eine moderne Industriewirtschaft ist die weit getriebene
Arbeitsteilung. Sie bildet einerseits die Grundlage für die hohe Produktivität,
sie erfordert andererseits aber eine indirekte Koordination des Verhaltens der
Einzelnen. In einer kleinen Gruppe wie der Familie kann eine Koordination
des individuellen Handelns durch unmittelbare Vereinbarungen erfolgen.
Die gegenseitige Abstimmung des Verhaltens von Millionen von Menschen,
die in einer modernen Industriewirtschaft erforderlich ist, kann nur auf indi-
rektem Wege vor sich gehen. Alle indirekten Koordinationsmethoden lassen
sich auf zwei Grundtypen reduzieren, auf Anordnungen im Rahmen büro-
kratischer Lenkungssysteme und den Marktmechanismus, der primär den
Preis als Koordinationsinstrument benutzt.

Aus diesem Grunde ist Allokationstheorie weitgehend Preistheorie. Sie erklärt, wie sich Preise bilden und welche Rolle die Preise als Koordinationsin-
strumente spielen. Die Allokationstheorie muß aber auch erklären, welche
Funktionen bürokratische und damit vor allem staatliche Lenkungsmechanismen erfüllen und wie die Rollenverteilung der beiden teils alternativen,
teils einander ergänzenden Lenkungsmechanismen in einer Volkswirtschaft
bestimmt wird.

b. Märkte und Preise

In jedem gegebenen Zeitraum sind die in einer Volkswirtschaft verfügbaren
Ressourcen an Arbeitskraft, Rohstoffen und Werkzeugen beschränkt und
begrenzen deshalb die Produktionsmöglichkeiten in der betreffenden Periode. Werden die vorhandenen Produktionsmöglichkeiten voll ausgenutzt, so
kann auf Grund der Beschränktheit der verfügbaren Ressourcen von einem
Gut nur dann mehr produziert werden, wenn die Produktion eines anderen
Gutes oder mehrerer anderer Güter vermindert wird; denn die Ressourcen,
die zur vermehrten Produktion eines Gutes erforderlich sind, müssen aus
ihren bisherigen Verwendungen abgezogen werden.

Opportunitätskosten

Dieser Zusammenhang läßt sich anhand eines einfachen Beispiels des Modells einer Volkswirtschaft, in der nur zwei Güter produziert werden, verdeutlichen und systematisieren. Die aus diesem Beispiel gewonnenen Einsichten lassen sich leicht verallgemeinern. In *Figur 1* wird auf den Achsen die
Produktion der beiden Güter 1 und 2 als q_1 und q_2 abgetragen. Bei gegebe-

nen Ressourcen sind die Produktionsmengen realisierbar, die auf der jeweils eingetragenen Linie TT oder links davon liegen. Die Grenze der Produktionsmöglichkeiten, die bei Vollbeschäftigung der gegebenen Ressourcen erreichbar ist, wird jeweils durch die Linie TT beschrieben. In der negativen Steigung der Produktionsmöglichkeitskurve kommt zum Ausdruck, daß bei einer Erhöhung der Produktion eines Gutes eine Verminderung der Produktion des anderen Gutes in Kauf genommen werden muß.

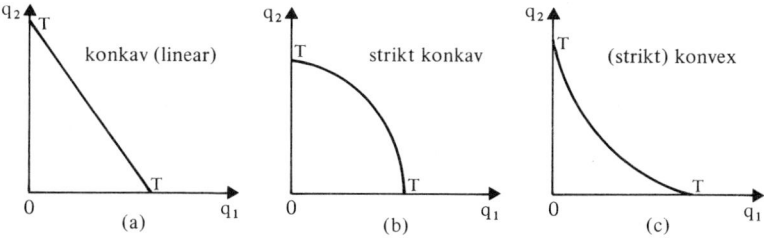

Figur 1

Die Menge des Gutes 2, auf die man verzichten muß, wenn die Produktion des Gutes 1 um eine Einheit erhöht wird, bezeichnet man als Opportunitätskosten des Gutes 1. Die Opportunitätskosten werden durch die Steigung der Produktionsmöglichkeitskurve, also durch $-dq_2/dq_1$ gemessen. Bei der linearen, auch als konkav bezeichneten, Produktionsmöglichkeitskurve der *Figur 1a* sind die Opportunitätskosten des Gutes 1 (und auch die des Gutes 2) konstant. Im Falle der als strikt konkav bezeichneten Produktionsmöglichkeitskurve der *Figur 1b* nehmen die Opportunitätskosten des Gutes 1 mit steigender Produktion dieses Gutes zu. Um eine Einheit des Gutes 1 zusätzlich zu erzeugen, muß man einen immer größer werdenden Verzicht auf das Gut 2 in Kauf nehmen. Im Fall der konvexen Produktionsmöglichkeitskurve der *Figur 1c* nehmen die Opportunitätskosten des Gutes 1 mit steigender Produktion ab.

Wenn man in Betracht zieht, daß mit der Veränderung der Zusammensetzung der Produktion auch eine Umschichtung in der Verwendung der Ressourcen verbunden ist, so lassen sich die Opportunitätskosten auch noch etwas anders deuten. Zur Darlegung der Zusammenhänge sei zunächst ein sehr einfacher Fall betrachtet, in dem zur Güterproduktion nur menschliche Arbeit erforderlich ist, deren Einsatzmenge mit L bezeichnet wird. Wenn in diesem Fall eine zusätzliche Einheit des Gutes 1 produziert werden soll, so müssen in der Produktionsrichtung 1 Arbeitskräfte zusätzlich beschäftigt werden, die vorher in der Produktionsrichtung 2 eingesetzt waren. Man kann nun die Menge der zusätzlichen Arbeit, die zur Produktion einer weiteren Einheit eines Gutes benötigt wird, als die Grenzkosten der Produktion dieses Gutes bezeichnen. Die Grenzkosten des Gutes i seien mit $GK_i = dL_i/dq_i$ bezeichnet. Bei Vollbeschäftigung der Arbeit ist stets $dL_1 = -dL_2$, denn die in einer Produktionsrichtung zusätzlich eingesetzte Arbeitsmenge ist gleich der aus der anderen Produktionsrichtung herausgezogenen Arbeitsmenge. Deshalb ist auch $GK_1 \, dq_1 = GK_2(-dq_2)$. Das läßt sich auch umformen zu

$$-dq_2/dq_1 = GK_1/GK_2.$$

Danach sind die Opportunitätskosten des Gutes 1 gleich dem Verhältnis der Grenzkosten des Gutes 1 zu den Grenzkosten des Gutes 2. Wir haben diese Beziehung für den Fall eines einzigen Produktionsfaktors hergeleitet. Sie gilt aber, wie wir im VIII. Kapitel sehen werden, allgemein für den Fall beliebig vieler Produktionsfaktoren.

Kosten und Preise

Die Opportunitätskosten eines Gutes können auch als der ökonomische Wert des Gutes interpretiert werden. Wenn man gezwungen ist, für eine Einheit des Gutes 1 das Quantum $-dq_2/dq_1$ des Gutes 2 aufzugeben und das auch tut, so gibt man damit zu erkennen, daß man das Gut 1 durch die Opportunitätskosten bewertet. Im Fall der linearen Produktionsmöglichkeitskurve sind die Opportunitätskosten eines Gutes konstant und damit rein technologisch durch die Produktionsmöglichkeiten bestimmt. Damit ist auch der Preis des Gutes 1, der in unserem Beispiel in Einheiten des Gutes 2 ausgedrückt ist und damit die Bewertung des Gutes 1 angibt, allein durch die Produktionsmöglichkeiten determiniert. Bei einer nichtlinearen Produktionsmöglichkeitskurve gilt das jedoch nicht. In den Fällen der Figur 1 b und 1 c sind, wie man unmittelbar erkennen kann, die Opportunitätskosten an jedem Punkt der Produktionsmöglichkeitskurve verschieden hoch. Welcher Preis des Gutes 1 in einer Volkswirtschaft mit nichtlinearer Produktionsmöglichkeitskurve gilt, hängt von der Zusammensetzung der Produktion ab, die in der Volkswirtschaft gewählt wird. Man sieht daraus, daß es im allgemeinen nicht möglich ist, die Preise der Güter allein auf der Grundlage der Produktionstechnik zu bestimmen. Vielmehr ist es im allgemeinen erforderlich, auch die Nachfrage nach Gütern in die Analyse einzubeziehen.

Strikt konkave Produktionsmöglichkeitskurve

Nach diesem Ergebnis unserer Analyse taucht die Frage auf, worauf es zurückzuführen ist, daß die Produktionsmöglichkeitskurve einer Volkswirtschaft nichtlinear ist. Wegen der großen Bedeutung des Falles der strikt konkaven Produktionsmöglichkeitskurve wollen wir uns auf die Betrachtung dieses Falles beschränken. Wir wollen zeigen, daß die Produktionsmöglichkeitskurve strikt konkav werden kann, wenn mehr als ein Produktionsfaktor vorhanden ist.

Um diesen Zusammenhang zu erläutern, sei ein einfaches Beispiel gebildet, in dem für die Produktion der Güter 1 und 2 zwei Ressourcen, nämlich Arbeit und Boden erforderlich sind, deren Bestände mit L_0 und R_0 bezeichnet seien. Wenn mit L_i und R_i bei $i = 1,2$ der Einsatz der beiden Ressourcen in der Produktionsrichtung i bezeichnet wird, so muß

$$L_1 + L_2 \leqq L_0$$
$$R_1 + R_2 \leqq R_0$$

gelten. Wir wollen weiter annehmen, daß sich der Arbeits- und Bodeneinsatz proportional zur Produktionsmenge verhält. So sei etwa $L_1 = a_{11}q_1$ und $L_2 = a_{12}q_2$ der in den jeweiligen Produktionsrichtungen erforderliche Arbeitseinsatz. Entsprechendes soll für den Boden gelten. Dann kann man das obige System der beiden Ungleichungen bzw. Gleichungen auch in der Form

(1) $a_{11}q_1 + a_{12}q_2 \leqq L_0$

(2) $a_{21}q_1 + a_{22}q_2 \leqq R_0$

schreiben. Mit Hilfe dieser beiden Beziehungen läßt sich jetzt die Produktionsmöglichkeitskurve unseres Beispiels konstruieren.

Wenn die vorhandenen Ressourcen vollbeschäftigt sind, so muß in (1) und (2) das Gleichheitszeichen gelten. Aus (1) erhält man dann die Gleichung

$$q_2 = L_0/a_{12} - (a_{11}/a_{12})q_1,$$

die in *Figur 2* als Linie LL eingetragen ist. Wäre die Arbeit L die einzige zur Produktion der beiden Güter erforderliche Ressource, so würde LL die Produktionsmöglichkeitskurve darstellen. Die Opportunitätskosten des Gutes 1 würden dann durch die Steigung der Geraden LL, also durch $- a_{11}/a_{12}$, bestimmt sein und der Preis des Gutes 1, ausgedrückt in Einheiten des Gutes 2, wäre demzufolge gleich dem Verhältnis des Arbeitseinsatzes je Produktionseinheit in der Produktionsrichtung 1 zum Arbeitseinsatz je Produktionseinheit in der Produktionsrichtung 2. Die Preise der Güter wären ausschließlich durch die Arbeitskosten determiniert.

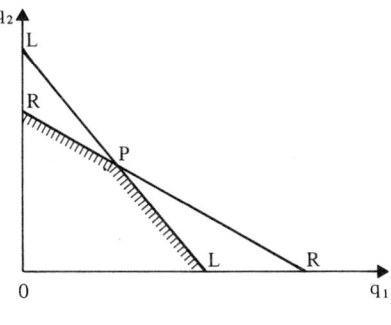

Figur 2

Analog würde man die Gerade RR als Produktionsmöglichkeitskurve erhalten, wenn der Boden die einzige zur Produktion erforderliche Ressource wäre. In diesem Falle würde der Preis des Gutes 1, ausgedrückt in Einheiten des Gutes 2, durch $- a_{21}/a_{22}$, also durch die Relation des in den beiden Produktionsrichtungen jeweils erforderlichen Bodeneinsatzes je Produktionseinheit bestimmt sein.

Werden zur Produktion der beiden Güter 1 und 2 jedoch, wie in unserem Beispiel angenommen, beide Ressourcen für die Produktion benötigt, so können sich die Linien LL und RR wie in *Figur 2* schneiden. In diesem Fall wird die Produktionsmöglichkeitskurve durch die geknickte Linie RPL beschrieben. Alle Güterkombinationen, die auf dieser Linie oder links von ihr im positiven Quadranten liegen, sind erreichbar. Der Preis des Gutes 1, ausgedrückt in Einheiten des Gutes 2, ist auf dem Streckenabschnitt RP gleich der Steigung der Geraden RP und auf dem Streckenabschnitt PL gleich der Steigung der Strecke PL. Am Punkte P ist der Preis indeterminiert, er liegt jedoch zwischen den Werten der Steigung der Strecken RP und PL.

Wir haben damit gezeigt, daß bei mindestens zwei zur Produktion erforderlichen Ressourcen die Preise der Güter nicht allein durch die Produktionsmöglichkeiten determiniert sind, denn schon bei zwei Ressourcen, aber natürlich erst recht bei mehr als zwei Ressourcen, kann die Produktionsmöglichkeitskurve strikt konkav werden, so daß die Opportunitätskosten von der Zusammensetzung der Produktion abhängig sind.[2]

Da sich, wie gezeigt wurde, Preise nicht allein aus den Produktionsmöglichkeiten heraus begründen und ableiten lassen, müssen zu ihrer Erklärung sowohl die Produktionsmöglichkeiten wie die Nachfrage herangezogen werden. Bei privaten Gütern bilden sich die Preise auf Märkten aus dem Zusammenspiel von dem aus den Produktionsmöglichkeiten resultierenden Angebot an Gütern und der Nachfrage.

Preisbildung an einem Markt

Für einen einzelnen Markt läßt sich die Preisbildung für das betreffende Gut in einer Partialanalyse mit Hilfe von Angebots- und Nachfragefunktionen darstellen. Man nimmt dabei an, daß die Preise aller übrigen Güter gegeben sind, so daß sie neben anderen exogenen Faktoren in der Analyse als Parameter berücksichtigt werden. Angebot und Nachfrage für das betreffende Gut werden als Funktionen des Preises und von exogenen Faktoren aufgefaßt, die als

$$q^S = S(p, \mathbf{x})$$
$$q^D = D(p, \mathbf{y})$$

geschrieben werden können, wobei q^S die angebotene und q^D die nachgefragte Menge des betrachteten Gutes ist. In den Funktionen stellen $\mathbf{x}$ und $\mathbf{y}$ Vektoren von exogenen Faktoren dar, unter denen sich auch die Preise aller übrigen Güter befinden. Gewöhnlich wird angenommen, daß die Nachfrage nach einem Gute mit steigendem Preis abnimmt und daß das Angebot mit steigendem Preis zunimmt, so daß sich die in *Figur 3* dargestellten Verläufe von Angebots- und Nachfragekurve ergeben. Möglich sind aber auch andere Verläufe von Angebots- und Nachfragekurven. Darauf soll hier, wo es nur auf die Darlegung des Grundgedankens ankommt, nicht eingegangen werden.

---

[2] Der Versuch von *D. Ricardo* und *K. Marx,* die Güterpreise allein auf Grund der zu ihrer Produktion erforderlichen Arbeit zu erklären (Arbeitswertlehre) muß deshalb als gescheitert angesehen werden.

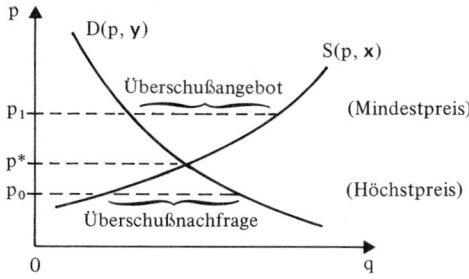

Figur 3

Es gibt in *Figur 3* einen Preis, bei dem sich Angebots- und Nachfragekurve schneiden, so daß bei diesem Preis angebotene und nachgefragte Menge übereinstimmen. Dieser Preis p^* wird als Gleichgewichtspreis bezeichnet. Bei jedem anderen Preis entsteht entweder eine Überschußnachfrage (wenn $p < p^*$) oder ein Überschußangebot (wenn $p > p^*$).

Die Höhe des Gleichgewichtspreises wird bei gegebenen Funktionen S und D durch die in den Vektoren **x** und **y** zusammengefaßten Parameter determiniert. In *Figur 3* bestimmen diese Parameter die Lage von Angebots- und Nachfragekurve. Im Gleichgewicht gilt

$$S(p, \mathbf{x}) = D(p, \mathbf{y}).$$

Löst man nach der Lösung p^* auf, so ergibt sich eine Funktion

$$p^* = F(\mathbf{x}, \mathbf{y}),$$

nach der p^* von **x** und **y** bestimmt wird. Wenn sich irgendein Parameter verändert, so verschiebt sich die Angebots- bzw. die Nachfragekurve und auch der Gleichgewichtspreis ändert sich.

In der Theorie der Marktpreisbildung wird nun vorausgesetzt, daß sich am Markt bei einer Überschußnachfrage eine Erhöhung des Preises einstellt und bei einem Überschußangebot eine Senkung des Preises, so daß am Ende der Gleichgewichtspreis erreicht wird. Das Gleichgewicht wird in diesem Falle als stabil bezeichnet.[3]

Staatliche Preisfixierungen

Ein Gleichgewichtszustand kommt nicht zustande, wenn der Staat Preisvorschriften erläßt, nach denen der Preis eine bestimmte Höchstgrenze nicht überschreiten oder ein Mindestniveau nicht unterschreiten darf, und wenn der Gleichgewichtspreis den Höchstpreis überschreiten bzw. den Mindestpreis unterschreiten würde.

Ein Höchstpreis wie z. B. p_0 in *Figur 3* führt zu einer Überschußnachfrage und ein Mindestpreis wie z. B. p_1 in *Figur 3* zu einem Überschußangebot.

---

[3] Zum Problem der Stabilität eines Gleichgewichtes vgl. Theoretische Volkswirtschaftslehre I, S. 48 ff.

Deshalb muß eine Höchstpreisvorschrift durch Rationierungsmaßnahmen und eine Mindestpreisvorschrift durch Stützungskäufe und staatliche Lagerhaltung oder eine Lagerhaltungsfinanzierung ergänzt werden.

c. Staat

Der Preismechanismus ist als Koordinationsinstrument nicht universell verwendbar. Zur Beantwortung der Frage, in welchem Ausmaß in einer individualistischen Wirtschaft an Stelle des Marktes bürokratische Koordinationsmethoden eingesetzt werden müssen, bietet sich auf den ersten Blick die Unterscheidung der Güter in private und öffentliche Güter an. Auf der Grundlage dieser Unterscheidung könnte man versuchen, den Aufgabenbereich des Staates dadurch zu umreißen, daß dem Staat die Versorgung der Bevölkerung mit öffentlichen Gütern zugewiesen wird, während die Versorgung mit privaten Gütern dem Markt- und Preismechanismus überlassen bleibt.

Öffentliche und private Güter

Öffentliche und private Güter werden anhand des Ausschlußprinzips unterschieden. Ein Gut wird dann als privates Gut bezeichnet, wenn die Nutzung des Gutes durch ein Individuum die gleichzeitige Nutzung durch andere Individuen ausschließt (Ausschlußprinzip). Ein Gut wird dann als öffentliches Gut bezeichnet, wenn das Ausschlußprinzip nicht angewandt wird. Einige Beispiele mögen diese Begriffsbildung erläutern.

Private Güter sind z. B. Nahrungsmittel und Kleidung. Sie können von Individuen zur ausschließlichen Nutzung erworben werden. Beispiele öffentlicher Güter sind: Institutionen zur Gewährleistung äußerer und innerer Sicherheit durch Außenpolitik und Militär sowie Justiz und Polizei; Straßen, Wege und Plätze, soweit sie allgemein zugänglich sind; der Allgemeinheit dienende Einrichtungen des Erziehungs- und Gesundheitswesens.

Obgleich öffentliche Güter im allgemeinen für jeden Einzelnen nützlich sind, kann bei Nichtanwendung des Ausschlußprinzips ein Preis nicht erhoben werden, denn niemand wäre bereit, für die sowieso verfügbaren öffentlichen Güter, deren Nutznießer er ist, einen Preis zu zahlen. Ein privater Anbieter solcher Güter würde nicht auf seine Kosten kommen. Deshalb muß der Staat das Angebot solcher Güter übernehmen und ihre Bereitstellung durch Steuererhebung finanzieren.

Öffentlichkeit eines Gutes bedeutet nicht, daß ein Ausschluß physisch unmöglich ist, sondern nur, daß der Staat auf die Anwendung des Ausschlußprinzips verzichtet. In manchen Fällen wird das Ausschlußprinzip nur deshalb nicht angewandt, weil es zu kostspielig wäre. Beispiele sind Straßen und andere Verkehrseinrichtungen. Ein weiterer Grund für die Nichtanwendung des Ausschlußprinzips ist darin zu suchen, daß das Ausschlußprinzip zu einer unerwünschten Verteilung des Volkseinkommens führen würde. So werden Schulen und andere Einrichtungen des Erziehungswesens vor allem deswegen als öffentliche Güter bereitgestellt, weil ein möglichst großer Kreis von Personen in den Genuß der bereitgestellten Leistung kommen soll, deren

Kosten durch eine Besteuerung der Allgemeinheit aufgebracht werden. In manchen Fällen wird eine Leistung als öffentliches Gut auch deshalb vom Staat zur Verfügung gestellt, weil eine private Versorgung mit der betreffenden Leistung zu übermäßigen externen Effekten führen würde. Man denke z. B. an die innere Sicherheit. Im Prinzip könnte sich jedermann gegen Diebstahl, Beraubung und Angriffe auf Leib und Leben durch eigenen Waffenbesitz und/oder die Beschäftigung von privaten Leibwächtern schützen. Da man jedoch allgemein vermutet, daß sich daraus Gefährdungen der öffentlichen Sicherheit ergeben könnten, wird stattdessen genereller Waffenbesitz untersagt und der Staat übernimmt die Aufgabe, durch eigene Organe für die innere Sicherheit zu sorgen.

Ob ein Gut in die Kategorie der öffentlichen Güter fällt, ist, wie die Beispiele zeigen, nicht naturgegeben, sondern das Ergebnis einer Entscheidung. Damit ist die Abgrenzung zwischen privatem und öffentlichem Sektor einer Wirtschaft eine offene Frage.

Legitimation und Konsens

Wegen des Zwangscharakters des Staates, der sich z. B. darin äußert, daß Steuern als Zwangsabgaben erhoben werden, ist die Legitimation des Staates ein Problem. Bei *Thomas von Aquin* etwa werden Steuern als erlaubte Fälle des Raubes eingestuft, so daß der Staat als eine Art Wegelagerer erscheint, dessen Tun der Rechtfertigung bedarf.

In der Kontrakttheorie des Staates *(Hobbes, Rousseau, Locke)* wird die Legitimation des Staates im Rahmen des Tausch-Paradigmas begründet. Die Vertragsschließenden räumen dem Staat Rechte ein, weil das in ihrem eigenen Interesse liegt. Sicher ist es falsch, den historischen Ursprung des Staates in einem Gesellschaftsvertrag zu suchen. In einer individualistischen Gesellschaftsordnung läßt sich aber andererseits die Tätigkeit des Staates nur dadurch begründen, daß sie von der Zustimmung der Bürger getragen wird. Als Rechtfertigung des Staates, nicht als historische Begründung seines Ursprungs, bedarf es in diesem Sinne eines Gesellschaftsvertrages.

Der fiktive Gesellschaftsvertrag wird in Demokratien durch die Verfassung und die Einsetzung einer aus Wahlen hervorgegangenen Regierung immer wieder erneuert. Damit wird auch die Rollenverteilung zwischen Staat und Markt immer aufs neue in Frage gestellt und neu begründet. In den verschiedenen Epochen der Geschichte wurde das Verhältnis zwischen Staat und Markt in unterschiedlicher Weise geregelt. Nacheinander traten drei Aspekte jeweils in den Vordergrund, Friede, Freiheit und soziale Gerechtigkeit.

Friede

In der Geschichte der Staatsideen wurde der Gesichtspunkt des inneren und äußeren Friedens vor allem von *Hobbes* (1588–1679) hervorgehoben. Das geschah wohl in erster Linie unter dem Eindruck der im Gefolge der Reformation ausgelösten verheerenden Bürgerkriege. Nach der Auffassung von *Hobbes* ist der Mensch dem Menschen im Naturzustand ein wildes Tier (homo homini lupus). Die tägliche Erfahrung bestätigte *Hobbes* dieses Menschenbild: ,,Wir sehen, daß alle Staaten, selbst, wenn sie mit ihren Nachbarn

Frieden haben, ihre Grenzen durch militärische Besatzungen oder ihre Städte durch Mauern, Tore und Wächter sichern. Wozu geschähe das, wenn sie die Nachbarn nicht fürchteten? Selbst in den einzelnen Staaten, in denen Gesetze bestehen und gegen die Übeltäter Strafen bestimmt sind, gehen die einzelnen Bürger nicht auf Reisen, ohne Waffen zu ihrer Verteidigung mitzunehmen, und begeben sich nicht zur Ruhe, bevor sie die Türen gegen ihre Mitbürger und die Kisten und Kasten gegen ihre Hausgenossen verschlossen haben. Können wohl die Menschen deutlicher zeigen, daß sie einander, daß alle allen nicht trauen?" (zitiert nach *Zippelius*, S. 92) Im natürlichen Zustand kann jeder, der Macht hat, alles tun, was er will und gegen wen er will. Umgekehrt gibt es keine geschützten Rechte und keine gesicherten Freiheiten gegen die Übergriffe anderer.

Innerer und äußerer Frieden ist aber die Grundbedingung für wirtschaftliche Tätigkeit, für Produktion und Handel. Der Bauer, der mit einem Verlust der Ernte durch Raub oder Krieg rechnen muß, verliert den Anreiz zur Bearbeitung des Bodens, der Kaufmann, dessen Eigentum und Leben durch Wegelagerer und Willkür Mächtiger gefährdet ist, wird seinen Handel einstellen. Aus diesem Grunde haben alle ein Interesse daran, daß Frieden herrscht. Es gilt, eine gesicherte Ordnung zwischenmenschlicher Beziehungen einzutauschen gegen die Unbeschränktheit individueller Willkür. Eine implizite Übereinkunft, durch die dem Staat das Gewaltmonopol übertragen wird, das den Frieden sichert, wird deshalb auch dann zustande kommen, wenn die Staatsgewalt sich in der Hand eines absoluten Herrschers befindet. Dieser Zustand ist das kleinere Übel im Vergleich zu dem Elend und den Schrecken des Bürgerkrieges.

Freiheit

Nach der Sicherung des inneren Friedens durch absolut herrschende Fürsten traten andere Aspekte in den Vordergrund, vor allem die Idee der bürgerlichen Freiheiten. Der innere Friede wurde im absoluten Fürstentum dadurch gesichert, daß die Freiheit des Individuums sehr stark beschnitten wurde. Daraus mußte die Frage erwachsen, ob innerer Friede nicht auch gewährleistet werden könne, wenn ein höheres Maß an individueller Freiheit eingeräumt wird. Es tauchte die Frage nach der für die Sicherung des Friedens notwendigen Begrenzung der individuellen Freiheit auf.

Die Antwort wurde im Konzept des Eigentums im weitesten Sinne gefunden, durch das die individuellen Freiheitsspielräume begründet und gleichzeitig abgegrenzt werden. Durch die Verfassung werden dem Individuum eine Reihe unveräußerlicher Grundrechte verliehen. Dazu gehören Persönlichkeitsrechte wie Freizügigkeit und Freiheit der Berufswahl, dazu gehört die Sicherung des Eigentums an Sachen. Dazu gehört auch das Prinzip der Herrschaft der Gesetze, nach dem nur allgemeine, d. h. für alle Bürger gleichmäßig gültige Regeln aufgestellt werden dürfen und keinerlei persönliche Vorrechte (Privilegien) bestehen dürfen. Die Rolle des Staates wurde auf die Sicherung der individuellen Rechte reduziert, der Staat wurde zum Rechtsstaat.

Diese Konzeption des Staates wurde später als ,,Nachtwächterstaat" verspottet. Man sollte aber nicht verkennen, daß es sich um einen Kompromiß handelte, durch den einerseits Frieden gesichert und andererseits die Herrschaftsrolle des Staates eingeschränkt wurde, so daß ein Konsens auf einer verhältnismäßig breiten Basis möglich wurde. Der Rechtsstaat, der Frieden sichert und die Menschenrechte schützt, war für die Entfaltung der Wirtschaftskräfte außerordentlich förderlich.

Die Dominanz der Konzeption des Eigentums barg aber schon den Keim eines Legitimationsproblems in sich. Da die natürlichen Fähigkeiten der Menschen ungleich verteilt sind, entsteht bei wirtschaftlicher Freiheit selbst bei Gleichheit der Startchancen in der Regel als Ergebnis des Wirtschaftsprozesses eine ungleiche Einkommens- und Vermögensverteilung. Durch die These des sog. Besitzindividualismus, ,,die politische Gesellschaft (sei) eine menschliche Erfindung zum Schutz des Eigentums des Individuums an seiner Person und seinen Gütern" (*Macpherson*, S. 296) wurde dem Staat die Rolle des Dieners der wirtschaftlichen Interessen der Eigentümer zugewiesen. Diese Idee bereitete den Boden für die marxistische Klassenkampfidee des 19. Jahrhunderts. Die Verabsolutierung des Eigentumsbegriffs durch seine Identifizierung mit der Freiheitsidee führte dazu, daß alle Bestrebungen der Einzelnen, ihr Eigentum durch Begründung von Marktmacht und Einflußnahme auf den politischen Willensbildungsprozeß zu vergrößern, legitim zu sein schienen; denn eine Beschränkung der Verwertung des Eigentums mußte als eine unzulässige Beschränkung der persönlichen Freiheit erscheinen.

Soziale Gerechtigkeit

Die soziale Wirklichkeit des 19. Jahrhunderts, die in krasser Ungleichheit der Einkommens- und Vermögensverteilung zum Ausdruck kommende soziale Frage, führte zu der Einsicht, daß Menschenwürde durch Zuteilung von Eigentumsrechten allein nicht gesichert werden kann. Die kritische Analyse des Konzepts des Besitzindividualismus schärfte den Blick dafür, daß die Rolle des Staates weiter interpretiert werden muß als im bloßen Rechtsstaat. Dem Staat wurde die Möglichkeit zugestanden, in den Wirtschaftsprozeß einzugreifen, um das Ergebnis des Marktprozesses nachträglich zu korrigieren. Neben Frieden und Freiheit trat die Idee der sozialen Gerechtigkeit.

Was unter sozialer Gerechtigkeit zu verstehen ist, läßt sich generell nicht festlegen. Soziale Gerechtigkeit muß immer aufs neue definiert werden durch den sozialen Konsens, der im Gesellschaftsvertrag angestrebt wird.[4]

Staatsaufgaben und öffentliche Güter

Die Erfüllung der grundlegenden Staatsaufgaben, die Sicherung des Friedens und der Freiheit sowie die Verwirklichung sozialer Gerechtigkeit erfordert Ressourcen, mit deren Hilfe Güter und Dienstleistungen bereitgestellt werden. Diese vom Staat bereitgestellten Güter und Dienstleistungen sind die oben beschriebenen öffentlichen Güter, z. B. Verkehrswege, Militär und Polizei, Einrichtungen der inneren Verwaltung, öffentliches Gesundheitswesen usw. Wir unterscheiden hier also die Staatsaufgaben von den zu ihrer Ver-

---

[4] Vgl. dazu weiter Theoretische Volkswirtschaftslehre III, Teil D.

wirklichung erforderlichen öffentlichen Gütern. Demgegenüber findet man vielfach die Auffassung, die Staatsaufgaben selbst seien öffentliche Güter.[5] Die hier vertretene stärker strukturierte Betrachtungsweise verschafft jedoch einen besseren Einblick in die Zusammenhänge.

Während Frieden, Freiheit und soziale Gerechtigkeit vermutlich von allen Individuen – wenn auch in unterschiedlicher Intensität – als wünschenswert eingeschätzt werden, kann es über die Frage, mit welchen Mitteln, d. h. mit welchen öffentlichen Gütern, ihre Verwirklichung angestrebt werden kann und soll, beträchtliche Meinungsverschiedenheiten geben. Die von der Mehrheit einer parlamentarischen Demokratie z. B. vertretenen Mittel werden vielfach von der Opposition strikt abgelehnt. Darüber hinaus kann die Kenntnis über den instrumentalen Zusammenhang zwischen dem Angebot bestimmter öffentlicher Güter und der Verwirklichung der grundlegenden Staatsaufgaben durch Lernen, insbesondere durch Lernen anhand von Erfahrungen, erweitert werden. Demgegenüber beruht der Wunsch nach Frieden, Freiheit und sozialer Gerechtigkeit allein auf ihrer Bewertung durch die Staatsbürger.

Wie sich durch den Abriß der historischen Entwicklung der Staatsideen und der Diskussion der Rolle der grundlegenden Staatsaufgaben gezeigt hat, kann die Rangfolge und die Einschätzung der Bedeutung der einzelnen Staatsaufgaben tiefgreifenden Wandlungen unterliegen. Daraus resultierte ein unterschiedlich großer Anteil des öffentlichen Sektors der Volkswirtschaft. Deshalb ist der Umfang des Angebotes an öffentlichen Gütern, die zur Sicherung der grundlegenden Staatsaufgaben erforderlich sind, das Ergebnis des jeweils erreichbaren gesellschaftlichen Konsens. Der Umfang und die Struktur der öffentlichen Güter hängt aber auch von dem Stand der Kenntnis über die instrumentalen Zusammenhänge zwischen der Bereitstellung öffentlicher Güter und der Erfüllung der grundlegenden Staatsaufgaben ab.

---

[5] Man denke z. B. an den Werbeslogan, nach dem die Bundeswehr „Sicherheit" produziere.

B. Mikroökonomische Theorie der Produktion und der Nachfrage

II. **Elemente der Preisbildung: Vollständige Konkurrenz, Monopol und Monopson** 23

    1. Gewinnmaximierung als Hypothese 23
    2. Kosten im Modell des Einproduktbetriebes 25
    3. Vollständige Konkurrenz 27
       a. Definition der vollständigen Konkurrenz 27
       b. Angebot eines Produzenten 30
       c. Gleichgewicht des Marktes 32
    4. Marktmacht im Verkauf: Das Monopol 38
       a. Einfaches Monopol 38
       b. Monopolistische Preisdifferenzierung 44
       c. ,,Monopol" auf einem bestreitbaren Markt 46
    5. Marktmacht im Einkauf: Das Monopson 47
       a. Einfaches Monopson 47
       b. Diskriminierendes Monopson 50

III. **Produktionstheorie** 51

    1. Produktionsmöglichkeiten und Produktionsfunktion 51
       a. Produktionsmöglichkeiten 51
       b. Effizienz 53
       c. Produktionsfunktionen 54
    2. Eigenschaften einer Produktionsfunktion 55
       a. Skalenerträge, Teilbarkeit und Additivität 55
       b. Partielle Faktorvariation: Grenzprodukt und Konkavität der Produktionsfunktion 59
       c. Zusammenhang zwischen Skalenerträgen und der Grenzproduktivität der Faktoren 61
       d. Substitution zwischen Produktionsfaktoren und Quasikonkavität 64
    3. Kostenkurve eines Produzenten 69
       a. Kostenminimaler Faktoreinsatz 69
       b. Kostenfunktion 73
       c. Kosten und Faktorpreise: Dualität von Kosten- und Produktionsfunktion 77
    4. Gewinnmaximum 80
       a. Bedingungen des Gewinnmaximums 80
       b. Preisänderungen 83

IV. **Investitionen** 89

    1. Kapitalwert und interner Zins 89
       a. Konzept des Kapitalwertes 89
       b. Kapitalwert eines Unternehmens 90

c. Kapitalwert eines einzelnen Investitionsprojektes   91
d. Interner Zinsfuß   91
2. Langfristige Gewinnmaximierung   94
   a. Maximierung des Kapitalwertes des Unternehmens.   94
   b. Die Kapitalwertmethode der Wirtschaftlichkeitsrechnung.   95
   c. Abhängigkeit der Investition vom Zins   96
3. Ersatzinvestitionen   97
4. Investitionen, Unternehmen und Kapitalmarkt   98
   a. Kapitalmarkt und Investitionen   98
   b. Ertragswert der Firma und Marktpreis der Anlagen.   99

V. Theorie der Güternachfrage privater Haushalte   104

1. Präferenzordnung und Nutzenfunktion   104
   a. Rationalverhalten der Konsumenten als Hypothese   104
   b. Präferenzordnung   106
   c. Nutzenfunktion   107
2. Nachfrage nach Konsumgütern   110
   a. Budgetbeschränkung und Nutzenmaximum   110
   b. Einkommensabhängigkeit der Nachfrage   113
   c. Preisabhängigkeit der Nachfrage.   114
3. Theorie der bekundeten Präferenz.   116
   a. Substitutionseffekt   116
   b. Rekonstruktion der Nutzenfunktion   119
   c. Nutzenvergleich mit Hilfe von Indexziffern.   121
4. Nutzenfunktion und Nachfragefunktionen   122
   a. Korrespondenz zwischen Nutzen- und Nachfragefunktion   122
   b. Eigenschaften von Nachfragefunktionen.   123
   c. Dualität in der Nutzen- und Nachfragetheorie   129
5. Nutzen des Konsums und die Konsumentenrente   134
   a. Grenznutzen, Gesamtnutzen und Preis   134
   b. Kompensierende Einkommensvariation als Maß der Konsumenten-
      rente   135

VI. Theorie des privaten Haushalts   138

1. Arbeitseinkommen des Haushalts   138
   a. Freizeit, Konsum und Arbeitsangebot   138
   b. Theorie der Zeitallokation und das Arbeitsangebot   141
2. Sparen und Kapitaleinkommen   145
   a. Grundzüge des intertemporalen Nutzenkalküls   145
   b. Kapitalbildung der Haushalte.   149
   c. Humankapital   149
3. Gütereigenschaften und Güternachfrage.   151
   a. Effizienter Konsum   151
   b. Substitution.   153
   c. Inferiore Güter   154
4. Konstanz und Variabilität der Präferenzordnung   156
   a. Gewohnheitsbildung   156
   b. ,,Über Geschmack läßt sich nicht streiten"   156
5. Soziale Interdependenz im Konsum.   157
   a. Gewohnheitsbildungsmodelle   157
   b. Altruismus und Egoismus in der Nutzenfunktion   157

II. Kapitel
Elemente der Preisbildung: Vollständige Konkurrenz, Monopol und Monopson

Die Bedeutung des Tausches als einer zentralen Erscheinung des Wirtschaftslebens ist besonders augenfällig im Bereich der Versorgung der Bevölkerung mit privaten Gütern. Seit alters her finden wir Märkte, auf denen Käufer und Verkäufer miteinander in Tauschverkehr treten. Ein wesentliches Problem der Märkte besteht darin, daß die Tauschpartner, Käufer und Verkäufer, in unterschiedlichem Maße über Macht verfügen und die Verteilung der durch Tausch realisierbaren Vorteile deshalb ungleich ist.

Zur Charakterisierung der Marktmacht werden gewöhnlich polare Fälle unterschieden. Wenn keiner der Tauschpartner über Marktmacht verfügt, spricht man von vollständiger Konkurrenz. Die zur vollständigen Konkurrenz polaren Fälle sind das Monopol, in dem auf der Angebotsseite Marktmacht besteht, und das Monopson, in dem Marktmacht auf der Nachfrageseite vorhanden ist. Wenn nur auf einer Seite des Marktes Marktmacht besteht, so können sich die Tauschpartner der anderen Marktseite gleichwohl untereinander in vollständiger Konkurrenz befinden. In diesem Kapitel wollen wir mit einer Analyse der polaren Fälle beginnen. Durch die Analyse dieser Fälle lassen sich wichtige Schlußfolgerungen ableiten. Obgleich die polaren Fälle der vollständigen Konkurrenz und des Monopols bzw. Monopsons in der Realität kaum jemals in reiner Form vorkommen, kann ihre Analyse doch einige zentrale Aspekte der Funktionsweise von Märkten erhellen und damit zum Verständnis auch der realistischeren Fälle beitragen,[1] die innerhalb des durch die polaren Fälle abgesteckten Spektrums liegen.

Betrachtet werden dabei Produzenten jeweils eines einzigen Gutes. Die Nachfrage nach dem produzierten Gut und das Angebot an Ressourcen werden als gegeben angesehen. Insofern nehmen wir den Standpunkt des Produzenten ein, der sich am Markt einer bestimmten Nachfrage und einem bestimmten Angebot an Produktionsmitteln gegenübersieht.

1. Gewinnmaximierung als Hypothese

In der folgenden Darstellung der Grundzüge der Preistheorie bei vollständiger Konkurrenz und im Monopolfall wird angenommen, daß die Produzenten ihr Vermögen, den Wert ihrer Firma, zu erhöhen trachten, indem sie den Gewinn jeder Periode oder den Kapitalwert des in der Zukunft erwarteten Gewinnes zu maximieren suchen. Gewinn ist dabei die Differenz zwischen dem Erlös (= Preis mal Produktionsmenge) und den Kosten. Erlös und

---

[1] Vgl. dazu Theoretische Volkswirtschaftslehre III, Teil C.

Kosten sind von der Produktionsmenge abhängig. Deshalb ist auch der Gewinn eine Funktion der Produktionsmenge und kann durch eine geeignete Wahl der Produktionshöhe beeinflußt werden.

Kritisch ist gegenüber dem Prinzip der Gewinnmaximierung häufig eingewandt worden, durch diese Hypothese werde unzulässig vereinfacht. Es wird vielfach gesagt, besonders in der modernen Wirtschaft, in der Großunternehmen typisch sind, ließen sich Entscheidungen der Unternehmen nicht auf die einfache Formel der Maximierung einer einzigen Zielgröße bringen; denn der Entschluß, eine bestimmte Produktion zu erzeugen, sei das Ergebnis eines sehr komplexen Entscheidungsprozesses, an dem zahlreiche Menschen mit unterschiedlichen Zielen und verschieden großen Möglichkeiten der Durchsetzung ihrer eigenen Vorstellungen teilgenommen haben.

Zweifellos ist es nun richtig, daß eine Disziplin wie die Betriebswirtschaftslehre oder die Soziologie, die sich mit dem Verhalten von Menschen in individuellen Organisationen und der Erklärung der Entscheidungen solcher Organisationen selbst beschäftigt, den Entscheidungsprozeß, der sich in Organisationen vollzieht, in den Mittelpunkt ihres Interesses rücken muß. Die Volkswirtschaftslehre, die sich für Massenerscheinungen interessiert, kann darauf verzichten. Im ökonomischen Evolutionsprozeß einer Marktwirtschaft kann unter den Bedingungen der Konkurrenz nur das Unternehmen überleben, das Gewinne erzielt; es wird um so größere Entwicklungschancen haben, je höher der Gewinn ist. Für die Entwicklung von Prognosen hinsichtlich der Entscheidungen über Produktionshöhe und Preise, die aus einem komplexen Geflecht von individuellen Interessen der Mitglieder von Organisationen, wie sie Unternehmen darstellen, hervorgegangen sind, kann man deshalb für den Fall der Konkurrenz mit gutem Grund von der Annahme der Gewinnmaximierung ausgehen. Im Fall des Monopols ist die Hypothese der Gewinnmaximierung weniger gut begründbar. Die vorhandene Marktmacht mag es erlauben, in einem gewissen Maße sich von der Notwendigkeit der Gewinnerzielung zu lösen. Allein empirische Evidenz kann über die Tragfähigkeit der Hypothese der Gewinnmaximierung entscheiden, die wir für die Darstellung der elementaren Fälle zunächst durchgängig beibehalten wollen.

Da die Richtigkeit der Gewinnmaximierungshypothese oder der Varianten dieser Hypothese sich nur im nachhinein in den Massenerscheinungen des Wirtschaftslebens erweisen kann, ist es für die Bestätigung der Theorie wenig ergiebig, Unternehmensleiter nach ihren Zielen zu befragen. Man wird dabei mit großer Wahrscheinlichkeit kaum jemals die Antwort erhalten, das Unternehmen maximiere den Gewinn. In den Antworten der Befragten wird sich stets die individuelle Komplexität des Entscheidungsprozesses widerspiegeln. Vielfach wird dem einzelnen Unternehmer auch gar nicht bewußt sein, daß sein Verhalten nach einem Muster erklärt werden kann, das sich aus der Gewinnmaximierungshypothese ableiten läßt. Das gilt im übrigen nicht nur für Unternehmer. Ganz allgemein ist Menschen häufig nicht bewußt, daß sie sich rational und damit nach einem generellen Muster verhalten. Die Erlebniswelt des Individuums wird gewöhnlich vom Einmaligen, vom Anekdotischen geprägt. Das rationale Muster seines Verhaltens erschließt sich erst durch eine Betrachtung von Massenphänomenen, bei der das Typische hervortritt und die individuellen Besonderheiten in den Hintergrund gedrängt werden.

2. Kosten im Modell des Einproduktbetriebes

Kosten sind alle Aufwendungen, die im Zusammenhang mit der Produktion entstehen. Dazu gehören insbesondere Aufwendungen für menschliche Arbeit, für die eingesetzten Rohstoffe und für den Gebrauch von Maschinen, Einrichtungen, Gebäuden und Grundstücken. Zu den Kosten rechnet man bei Unternehmen, die vom Eigentümer des eingesetzten Kapitals geleitet werden, auch eine normale Entlohnung für die geleistete Arbeit der Unternehmensleitung sowie eine normale Verzinsung für das Eigenkapital. Da der Unternehmer seine Arbeitsleistung auch an anderen Stellen der Wirtschaft gegen Lohn einsetzen und sein Eigenkapital am Kapitalmarkt gegen eine Verzinsung anlegen könnte, stellen der kalkulatorische Unternehmerlohn und die kalkulatorisch eingesetzte Verzinsung des Eigenkapitals Opportunitätskosten dar.

Fixe und variable Kosten

Die Kosten sind im allgemeinen von der Produktionshöhe abhängig. Das gilt jedoch nicht für alle Kosten in gleicher Weise. Unter dem Gesichtspunkt der Abhängigkeit der Kosten von der Produktionshöhe lassen sich zwei Kostenkategorien bilden, die fixen und die variablen Kosten. Die fixen Kosten sind von der Produktionsmenge einer Periode unabhängig, während die variablen Kosten von der Produktionshöhe determiniert werden. Zu den variablen Kosten zählen insbesondere Aufwendungen für Arbeitsleistungen und für Rohstoffe.

Fixe Kosten treten immer dann auf, wenn unteilbare Betriebseinheiten oder Produktionsanlagen eingesetzt werden, wie z. B. ein Flugzeug, eine Lokomotive, Lastkraftwagen oder Betriebsgebäude. Unteilbar sind aber auch Arbeitsteams, die durch Arbeitsteilung und Kooperation charakterisiert sind. Insoweit ergibt sich aus der angewandten Produktionstechnik, in welchem Umfang fixe Kosten auftreten.

Welche Kostenarten zu den fixen Kosten zählen, hängt auch davon ab, welche Planungsperiode eines Unternehmens der Betrachtung zugrunde gelegt wird. Für eine kurze Periode, in der ein gegebener Betrieb nicht vergrößert werden kann, gehören alle mit der Erhaltung der Gebäude und Betriebseinrichtungen zusammenhängenden Kosten, insbesondere also die Abschreibung und der Zins für das eingesetzte Kapital, zu den fixen Kosten. Geht man jedoch von einer längeren Planungsperiode aus, in der sich auch die Größe des Betriebes variieren läßt, so müssen auch Kostenarten, die für eine kurze Periode fix sind, zu den variablen Kosten gerechnet werden.

In der kurzen Periode sind manche, durch Unteilbarkeiten begründete fixe Kosten gleichzeitig Vergangenheitskosten oder versunkene Kosten (,,sunk costs", *Baumol/Willig* 1981), jedoch nicht alle fixen Kosten sind auch stets Vergangenheitskosten. Die Schienenanlagen einer Eisenbahn z. B. begründen fixe Kosten, die gleichzeitig Vergangenheitskosten sind. Mit einem Flugzeug dagegen oder einem Lastkraftwagen entstehen zwar fixe Kosten, nicht notwendigerweise aber gleichzeitig versunkene Kosten; denn Flugzeuge und Lastkraftwagen können auf beliebigen Strecken eingesetzt werden, also auch auf anderen Strecken als denen, für die ihr Einsatz ursprünglich geplant war.

Bezeichnet man die fixen Kosten mit H, die Produktionshöhe mit q und die variablen Kosten mit V(q), so können die Gesamtkosten durch die Gleichung C(q) = H + V(q) dargestellt werden. In *Figur 1* sind zwei mögliche Fälle des Kostenverlaufs eines gegebenen Betriebes abgebildet, ein linearer und ein nichtlinearer Kostenverlauf. In beiden Fällen sind fixe Kosten in einer Höhe angenommen, die durch die Strecke 0H wiedergegeben wird. Die Produktion kann nicht negativ sein, sie kann aber ganz eingestellt werden. Wenn nicht produziert wird, entstehen gleichwohl die fixen Kosten.

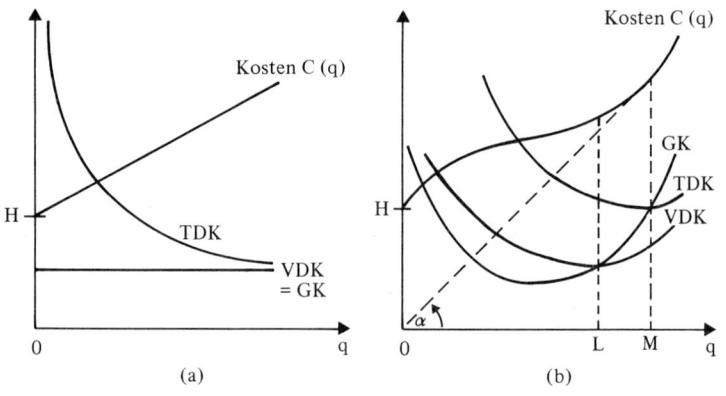

Figur 1

Grenzkosten und Durchschnittskosten

Bezieht man die Kosten auf eine Produktionseinheit, so lassen sich folgende Kostenbegriffe bilden:

▶ Grenzkosten (GK):
Die zusätzlichen Kosten für eine weitere Produktionseinheit werden als Grenzkosten bezeichnet. Allgemein handelt es sich um die erste Ableitung der Kostenfunktion, so daß GK: = dC/dq ist. In der *Figur 1* werden die Grenzkosten durch den Tangens des Steigungswinkels einer Tangente an die Kostenfunktion gegeben. Bei einer linearen Kostenkurve sind die Grenzkosten demzufolge konstant. Bei einem nichtlinearen Kostenverlauf, wie er in der *Figur 1b* angenommen wurde, nehmen die Grenzkosten bis zum Wendepunkt der Kostenkurve ab und steigen dann wieder an.

▶ Totale Durchschnittskosten (TDK):
Die Gesamtkosten, die auf eine Produktionseinheit entfallen, nennt man totale Durchschnittskosten. Allgemein ist TDK: = C(q)/q. In der *Figur 1*

werden die totalen Durchschnittskosten durch den Tangens des Steigungswinkels α eines im Koordinatenursprung beginnenden Fahrstrahles an die Kostenkurve gegeben. Bei linearem Kostenverlauf nehmen die totalen Durchschnittskosten mit steigender Produktion ständig ab. Bei dem in *Figur 1b* dargestellten nichtlinearen Kostenverlauf sinken die totalen Durchschnittskosten bis zur Produktionsmenge 0M, bei welcher der Fahrstrahl zur Tangente an die Kostenkurve wird, und nehmen danach wieder zu. Die Produktion 0M wird als Betriebsoptimum bezeichnet, weil bei dieser Produktionsmenge der kostengünstigste Auslastungsgrad des gegebenen Betriebes erreicht ist. Bei der Produktionsmenge des Betriebsoptimums, bei welcher der Fahrstrahl an die Kostenkurve zur Tangente wird, stimmen totale Durchschnittskosten und Grenzkosten überein. Die Kurven der totalen Durchschnittskosten und der Grenzkosten schneiden sich hier. Bis zum Minimum der totalen Durchschnittskosten sind die Grenzkosten niedriger. Nach Überschreiten des Minimums der totalen Durchschnittskosten sind sie höher als die totalen Durchschnittskosten.

▶ Variable Durchschnittskosten (VDK):
Die variablen Kosten je Produktionseinheit heißen variable Durchschnittskosten. Es gilt VDK: = V(q)/q. Bei einem linearen Kostenverlauf sind die variablen Durchschnittskosten identisch mit den Grenzkosten. Im Falle der *Figur 1b* sinken die variablen Durchschnittskosten bis zur Produktionsmenge 0L, bei der sie mit den Grenzkosten übereinstimmen. Bei Überschreiten der Produktionsmenge 0L, die man auch als Betriebsminimum bezeichnet, nehmen die variablen Durchschnittskosten zu. Sie bleiben jedoch niedriger als die Grenzkosten.

Über den empirisch typischen Kostenverlauf gibt es zahlreiche Untersuchungen (*Johnston,* 1960). Überwiegend fand man, daß die Kurve der totalen Durchschnittskosten ähnlich wie in *Figur 1a* fallend verläuft. Das kann bedeuten, daß man überwiegend mit linearen Kostenverläufen zu rechnen hat. Es kann aber auch bedeuten, daß bei nichtlinearen Kostenverläufen das Betriebsoptimum nur selten überschritten wurde.

3. Vollständige Konkurrenz

a. Definition der vollständigen Konkurrenz

Unter vollständiger Konkurrenz versteht man eine Situation, in der ein einzelner Käufer oder Verkäufer keinen Einfluß auf die Höhe des jeweils am Markt herrschenden Preises besitzt und insofern machtlos ist. Unter dieser Voraussetzung müssen Käufer und Verkäufer den jeweils am Markt herrschenden Preis als ein Datum akzeptieren.

Machtlosigkeit der Verkäufer und damit vollständige Konkurrenz unter den Anbietern eines Gutes hängt von folgenden Prämissen ab:

(a) Vollkommener Markt, der dadurch gekennzeichnet ist,
  • daß von allen Verkäufern ein identisches Gut angeboten wird, und

- vollständige Information der Käufer und Verkäufer des Gutes über die Qualität des Gutes und den jeweiligen Marktpreis besteht.
(b) Beliebig ausdehnungsfähiges Angebot wegen
  - einer tatsächlich großen Zahl von Anbietern bei atomistischer Marktstruktur (Polypol) oder
  - der Möglichkeit eines freien Marktzutrittes für potentielle Anbieter.

Freiheit des Marktzutritts für potentielle Anbieter bedeutet, daß keine staatlich gesetzten Schranken des Marktzutritts bestehen und daß mit dem Marktzutritt keine Kosten verbunden sind, welche die etablierten Unternehmen auf einem Markt nicht auch zu tragen hätten. Solche Eintrittskosten, die eine Eintrittsschranke schaffen, liegen dann vor, wenn mit dem Markteintritt versunkene Kosten entstehen. Das können Aufwendungen für die Investition in Anlagen sein, die nur für die Produktion eines bestimmten Gutes geeignet sind. Es kann sich auch um Aufwendungen handeln, die für die Erlangung einer Betriebserlaubnis durch staatliche Behörden getätigt werden, um Aufwendungen für Forschung und Entwicklung und die Patentierung neuer Verfahren oder Produkte oder um Aufwendungen für den Aufbau eines good will bei der Kundschaft. Ein neu in den Markt eintretendes Unternehmen muß dann solche versunkenen Kosten auf sich nehmen und muß sie bei der Beurteilung, ob sich ein Markteintritt lohnt, mit in Rechnung stellen. Ein etabliertes Unternehmen dagegen kann die Vergangenheitskosten bei der Entscheidung darüber, ob die Produktion fortgesetzt werden soll oder nicht, unberücksichtigt lassen. Wenn keine versunkenen Kosten entstanden sind, kann ein Unternehmen jederzeit aus dem Markt austreten, ohne daß unwiederbringliche Verluste entstanden sind. Der Marktaustritt ist dann ebenso frei wie der Markteintritt.

Wenn völlige Freiheit des Markteintritts und des Marktaustritts besteht, weil keine irreversiblen, mit dem Markteintritt verbundenen Kosten entstehen, wird ein Markt auch als vollständig bestreitbar („perfectly contestable") bezeichnet (*Baumol/Panzar/Willig* 1982). Diese Eigenschaft eines Marktes kann erstens vorliegen, wenn alle Produktionsprozesse vollkommen teilbar sind, so daß die durchschnittlichen Produktionskosten von der Größe der Betriebe unabhängig sind. In diesem Fall ist eine polypolistische Marktstruktur wahrscheinlich, denn kleine Unternehmen haben die gleichen Marktchancen wie Großunternehmen. Vollständig bestreitbar kann ein Markt zweitens auch dann sein, wenn die Durchschnittskosten einen u-förmigen Verlauf aufweisen, und selbst dann, wenn sie mit zunehmender Betriebsgröße ständig sinken. Trotz der Existenz fixer Kosten kann ein Markt bestreitbar sein, sofern die fixen Kosten nicht gleichzeitig Vergangenheitskosten sind. In diesem Fall wird wegen der Kostenüberlegenheit von Großbetrieben auf einem Markt nur eine kleine Zahl von Unternehmen oder im Extremfall ständig sinkender Durchschnittskosten nur ein einziges Unternehmen überlebensfähig sein. Dennoch wird durch Freiheit des Marktzutritts und des Marktaustritts die Bestreitbarkeit des Marktes gesichert.

Die Annahmen der vollständigen Konkurrenz, die Vollkommenheit eines Marktes sowie eine polypolistische Marktstruktur und/oder Freiheit des

Marktzutritts und Marktaustritts stellen sicher,[2] daß es für ein homogenes Gut nur einen einheitlichen Preis geben kann, auf dessen Höhe der einzelne Anbieter keinen Einfluß hat. Wenn ein einzelner Anbieter versuchen würde, den Preis seines Produktes zu erhöhen, so wäre seine Produktion wegen des ausreichend großen Gesamtangebotes am Markte unverkäuflich, es sei denn, die Käufer wären über die alternativen Angebote der verschiedenen Produzenten nicht oder nur unvollkommen informiert oder sie verhielten sich irrational, indem sie für einen Lieferanten eine besondere, nicht durch die Eigenschaft seines Produktes begründete Vorliebe besitzen. Das alles ist aber durch die Prämissen ausgeschlossen worden. Wenn insbesondere eine große Zahl von Anbietern mit ausreichenden Produktionsmöglichkeiten vorhanden ist oder neue Anbieter jederzeit am Markt erscheinen können, muß jeder Versuch eines Produzenten, einen höheren Preis durchzusetzen, scheitern, weil sich genügend Konkurrenten bereit finden, die Käufer zum herrschenden Preis zu beliefern. Vollständige Konkurrenz unter Produzenten setzt natürlich nicht voraus, daß die Zahl der Nachfrager groß sein muß. Man kann vollständige Konkurrenz unter Anbietern auch dann vorfinden, wenn nur wenige Käufer vorhanden sind oder wenn es gar nur einen einzigen gibt.

Es leuchtet unmittelbar ein, daß die Reaktionen der Käufer auf Versuche einzelner Produzenten, einen höheren Preis durchzusetzen, in den meisten Fällen nicht augenblicklich eintreten werden. Manchmal ist infolge eingewurzelter Gewohnheiten der Nachfrager nur mit einer trägen Reaktion zu rechnen. Sie werden sich nur zögernd anderen Produzenten zuwenden. In vielen Fällen erfordert auch die Beschaffung der Informationen über die verfügbaren Alternativen Zeit. Ebenso ist es auf der Seite der Produzenten meist nicht ohne Verzögerung möglich, die Produktion beliebig auszudehnen, weil die Anwerbung neuer Arbeitskräfte und der Aufbau neuer Produktionsstätten Zeit erfordert. Aus allen diesen Gründen wird man in der Realität einen einheitlichen Preis auch für ein homogenes Gut nicht immer beobachten können. Die aufgeführten Prämissen garantieren nur, daß eine Tendenz zur Vereinheitlichung des Preises besteht und daß der einzelne Produzent nur auf die Dauer keinen Einfluß auf die Höhe des Preises ausüben kann. Mit Hilfe einer Theorie, die auf den genannten Prämissen beruht, kann man deshalb nur Sätze über langfristige Tendenzen der Preisbildung ableiten. Wenn man an den kurzfristigen Anpassungsprozessen selbst nicht interessiert ist, läßt es sich rechtfertigen anzunehmen, daß alle Anpassungen unendlich schnell ablaufen. Natürlich kann die Annahme der unendlich großen Reaktionsgeschwindigkeit prinzipiell durch alternative Annahmen über den Anpassungsprozeß ersetzt werden. Dann wäre es möglich, theoretische Aussagen darüber zu treffen, auf welchem Wege bei der Geltung der Prämissen (a) und (b) sich die Einheitlichkeit des Preises auf die Dauer durchsetzt. Gewöhnlich begnügt man sich jedoch damit, Aussagen über die langfristigen

---

[2] *Baumol/Panzar/Willig* 1982 fassen vollständige Konkurrenz als einen Spezialfall der vollständigen Bestreitbarkeit eines Marktes auf. Vollständige Konkurrenz wird von ihnen dabei mit polypolistischer Konkurrenz gleichgesetzt. Wir möchten diesem Sprachgebrauch nicht folgen, sondern vollständige Konkurrenz als den Oberbegriff auffassen, so daß polypolistische Konkurrenz sowie vollständige Bestreitbarkeit von Märkten als Unterfälle zu betrachten sind.

Tendenzen der Preisbildung abzuleiten und setzt deshalb eine unendlich große Anpassungsgeschwindigkeit voraus.

b. Das Angebot eines Produzenten

Eine Produktion findet, sofern sie im Interesse der Gewinnerzielung erfolgt, nur statt, wenn sie ohne Verlust möglich ist, und ihre Größe wird so bemessen, daß ein Gewinnmaximum erreicht wird.

Vermeidung von Verlust

Würde die Produktion zu einem Verlust führen, so würde sie gar nicht erst aufgenommen oder sie würde eingestellt werden. Zu unterscheiden ist dabei, ob ein neuer Betrieb gegründet werden soll oder ob es um die Weiterführung oder Stillegung der Produktion in einem bestehenden Betrieb geht. Soll eine Produktion durch Gründung eines neuen Betriebes aufgenommen werden, so muß der Preis des Gutes mindestens gleich den totalen Durchschnittskosten sein, andernfalls würde ein Verlust entstehen. Wenn ein Betrieb bereits besteht, kann die Produktion vorübergehend auch dann aufrechterhalten werden, wenn der Preis zwar unter den totalen Durchschnittskosten, aber über den variablen Durchschnittskosten liegt, und wenn die Betriebseinrichtungen nicht für andere Zwecke lohnender verwendet werden können. Wenn der Preis noch über den variablen Durchschnittskosten liegt, wird mindestens ein Teil der fixen Kosten gedeckt. Würde man die Produktion einstellen, so hätte der Produzent gleichwohl die fixen Kosten zu tragen. Bei einer vorübergehenden Aufrechterhaltung der Produktion ist der Verlust deshalb geringer.

Gewinnmaximale Produktion

Das Angebot eines Produzenten soll nun so bestimmt werden, daß der Gewinn ein Maximum erreicht. Wir leiten das Gewinnmaximum zunächst graphisch ab. Dazu dient die *Figur 2.*

In *Figur 2a* wird der Fall eines nichtlinearen Kostenverlaufs dargestellt. Das Gewinnmaximum kann man auf zweifache Weise finden, einmal durch eine Gegenüberstellung von Erlös und Gesamtkosten und zum anderen durch einen Vergleich von Preis und Grenzkosten. Der Erlös wird im oberen Teil der *Figur 2a* durch die vom Koordinatenursprung ausgehende Gerade pq wiedergegeben, die Kosten durch die schon aus *Figur 1b* bekannte Kurve $C(q)$. Der Gewinn $G = pq - C(q)$ ist gleich dem vertikalen Abstand zwischen diesen beiden Kurven. Er ist bei der Produktionsmenge q^* am höchsten. Dort ist die Steigung der Erlösgerade, der Preis, gleich der Steigung der Kostenkurve, den Grenzkosten. Also ist im Gewinnmaximum der Preis gleich den Grenzkosten. Dieser Zusammenhang kommt im unteren (in einem anderen Maßstab gezeichneten) Teil der *Figur 2a* dadurch zum Ausdruck, daß die Preisgerade p die Grenzkostenkurve bei der Produktionshöhe q^* schneidet. Der maximale Gewinn, der im oberen Teil der *Figur 2a* durch die Strecke KE dargestellt wird, kann auch errechnet werden, indem man den im unteren Teil der Figur durch die Differenz zwischen dem Preis und

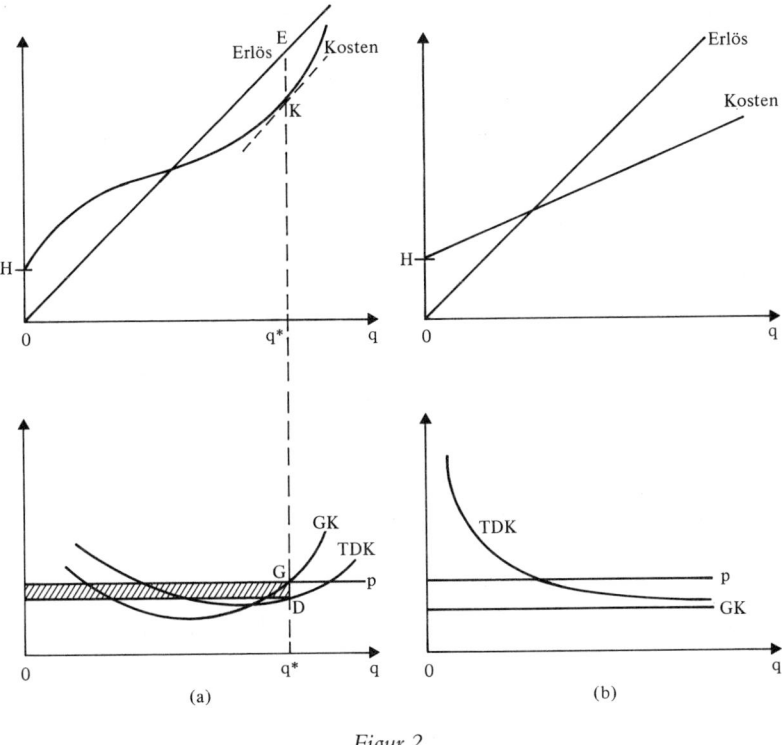

Figur 2

den totalen Durchschnittskosten gegebenen Stückgewinn GD mit der Produktionsmenge q^* multipliziert, so daß die Fläche des in *Figur 2a* schraffierten Rechtecks entsteht.

Man beachte, daß in diesem Modell die Höhe der fixen Kosten, die irreversible Vergangenheitskosten darstellen, keinen Einfluß auf die Höhe der gewinnmaximalen Produktion ausübt. Diese wird vielmehr allein durch den Preis und die Grenzkosten determiniert.

Algebraisch kann man das Gewinnmaximum ableiten, indem man das Maximum der Funktion $G(q) = pq - C(q)$ aufsucht. Differenziert wird nach der Variablen q, die der Unternehmer in unserem Modell variieren kann. Als notwendige und hinreichende Bedingung für ein Maximum erhält man

$$\frac{dG}{dq} = p - C'(q) = 0 \qquad \text{(Bedingung erster Ordnung)}$$

$$\frac{d^2G}{dq^2} = -C''(q) < 0 \qquad \text{(Bedingung zweiter Ordnung)}$$

Die erste Bedingung besagt, daß die Grenzkosten mit dem Preis übereinstimmen müssen. Die zweite Bedingung verlangt, daß die Grenzkosten an der Stelle des Maximums zunehmen. Das ist in der *Figur 2a* bei q^* der Fall. Beim anderen Schnittpunkt der Grenzkostenkurve mit der Preisgeraden sinkcn die Grenzkosten. Dort tritt ein Gewinnminimum (ein maximaler Verlust) auf, wie man aus einem Vergleich zwischen der Erlöskurve und der Kostenkurve auch unmittelbar erkennen kann.

Im Falle einer linearen Kostenkurve kann das Gewinnmaximum nicht durch die Bedingung, daß Preis und Grenzkosten übereinstimmen müssen, determiniert werden. Aus der *Figur 2b* ist leicht zu sehen, daß ein Gewinnmaximum bei einer endlichen Produktionshöhe nicht existiert, denn der Abstand zwischen der Erlösgeraden und der Kostenkurve wird mit zunehmender Produktion immer höher. Der größte Betrieb hat die niedrigsten Durchschnittskosten und den höchsten Gewinn.

Daraus folgt, daß eine polypolistische Marktstruktur in diesem Falle nicht möglich ist. Überlebensfähig ist allein der größte Betrieb. Der Unternehmer, der diese Produktionsstätte betreibt, ist in der Lage, jeden anderen kleineren Betrieb vom Markt zu verdrängen. Dennoch kann der Markt bestreitbar sein. Dieser Fall wird Abschnitt 4c behandelt.

Bei der folgenden Analyse der Preisbildung bei vollständiger Konkurrenz wollen wir deshalb den Fall eines linearen Kostenverlaufs mit fixen Kosten und daher ständig sinkenden Durchschnittskosten außer acht lassen.

c. Gleichgewicht des Marktes

Zur Darstellung des Gleichgewichtspreises eines Marktes benötigen wir eine Nachfrage- und eine Angebotskurve. Die Nachfragekurve des Marktes wird in unserem Modell als gegeben vorausgesetzt. Wir unterstellen damit, daß sich die Nachfrager jeweils an gegebene Preise anpassen, so daß sich aus der Nachfragekurve bei alternativen Preisen die jeweils nachgefragten Mengen ablesen lassen. Diese Annahme setzt voraus, daß die Zahl der Nachfrager sehr groß ist, so daß keiner von ihnen einen Einfluß auf den Preis des Gutes auszuüben vermag. Wir nehmen jetzt also zur Ableitung des Gleichgewichtspreises an, daß vollständige Konkurrenz sowohl auf seiten der Anbieter, wie auch auf der Seite der Nachfrager besteht. In diesem Falle können wir sagen, auf dem Markt herrsche vollständige Konkurrenz. Die Angebotskurve des Marktes läßt sich auf der Grundlage des Verhaltens der Produzenten ableiten, die untereinander in vollständiger Konkurrenz stehen. Wir benötigen dazu zuerst die individuellen Angebotskurven der einzelnen Produzenten, die wir dann zu der Angebotskurve des Marktes zusammenfassen.

Kurzfristiges Gleichgewicht

Die individuelle Angebotskurve eines Produzenten ergibt sich unmittelbar aus dem Gewinnmaximierungskalkül. Bei alternativen Preisen wird ein gewinnmaximierender Produzent bei nichtlinearem Kostenverlauf stets diejenige Produktionsmenge realisieren, bei welcher der vorgegebene Preis mit den steigenden Grenzkosten übereinstimmt. Die Angebotskurve eines einzelnen Produzenten muß deshalb ein Teilstück des aufsteigenden Astes seiner Grenzkostenkurve sein. Da eine verlustbringende Produktion von einem nach Gewinn strebenden Produzenten nicht durchgeführt wird, senkt er seine Produktion auf Null, wenn eine Produktion zu Verlusten führen würde.

Das bedeutet, daß die kurzfristige Angebotskurve eines Produzenten, der über einen bestehenden Betrieb verfügt, der im Minimum der Kurve der variablen Durchschnittskosten beginnende, nach rechts steigende Ast der Grenzkostenkurve ist. Für einen Anbieter, der einen neuen Betrieb gründet, beginnt die individuelle Angebotskurve erst im Minimum der totalen Durchschnittskosten.

Die Angebotskurve des Marktes erhält man durch eine horizontale Addition der individuellen Angebotskurven. Der Vorgang wird in *Figur 3* veranschaulicht, wo aus Vereinfachungsgründen lineare Angebotskurven unterstellt sind.

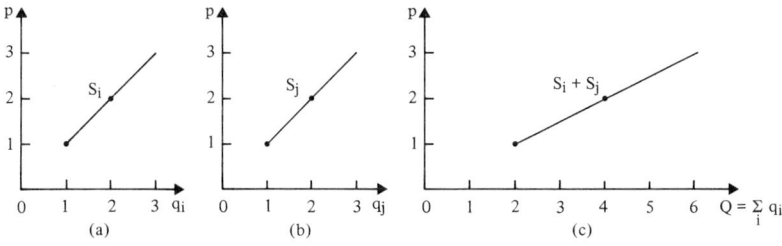

Figur 3

In *Figur 3a* und *b* sind die für die Anbieter i und j identischen Angebotskurven eingezeichnet und in *Figur 3c* wird ihre horizontale Addition dargestellt. Man kann aus der Figur unmittelbar folgendes entnehmen: Die Marktangebotskurve verläuft flacher als die individuellen Angebotskurven. Wenn ein weiterer Anbieter hinzutritt, so verschiebt sich die Angebotskurve des Marktes nach rechts und wird flacher.

Der Gleichgewichtspreis eines Marktes ergibt sich, wie in *Figur 4d* dargestellt wird, durch den Schnittpunkt der Marktnachfragekurve mit einer Marktangebotskurve.

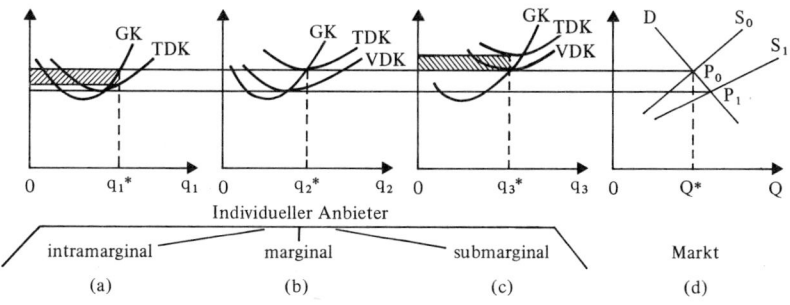

Figur 4

Wenn sich ein Gleichgewichtspreis eingestellt hat, kann das bei den einzelnen Produzenten entsprechend ihrer Kostensituation zu unterschiedlichen Gewinnhöhen führen. In *Figur 4 a–c* sind drei typische Fälle dargestellt, der eines intramarginalen Anbieters, der beim Preis P_0 Gewinn erzielt; der Fall eines marginalen Anbieters, dessen totale Durchschnittskosten vom Preis gerade gedeckt werden, so daß der Gewinn Null ist; und der Fall eines submarginalen Anbieters, der einen Verlust erleidet, der seine Produktion aber noch nicht einstellt, weil der Preis die variablen Durchschnittskosten gerade noch deckt.

Langfristiges Gleichgewicht

Ruft man sich die Prämissen des Modells der vollständigen Konkurrenz in Erinnerung, so läßt sich zeigen, daß eine Situation, wie sie in *Figur 4* dargestellt ist und in der gleichzeitig intramarginale, marginale und submarginale Anbieter existieren, auf die Dauer keinen Bestand haben kann. In *Figur 4* ist eine nur als Übergang mögliche, kurzfristige Gleichgewichtslage dargestellt.

Bei einem einheitlichen Marktpreis wird zwar ein kurzfristiges Gleichgewicht hergestellt, gleichzeitig aber durch die Divergenzen in den Gewinnhöhen sichtbar gemacht, daß die Ressourcen der Wirtschaft von den einzelnen Produzenten nicht mit gleichartiger Effizienz eingesetzt werden. Die Gewinndivergenzen schaffen in einer auf Privatinitiative beruhenden Wirtschaft gleichzeitig Anreize zur Beseitigung der Kostenunterschiede. Der Gewinn des intramarginalen Anbieters vermittelt einmal eine Information über die Existenz einer besseren Technik als der vom Grenzanbieter verwendeten und schafft zweitens einen Anreiz für potentielle Anbieter, die überlegene Technik aufzugreifen und zu verwenden. Neue Anbieter treten in den Markt ein und von den Unternehmen, die Betriebe mit überlegener Technik besitzen, werden neue Produktionsstätten gegründet. Das führt zu einem Ausscheiden submarginaler Anbieter aus dem Markt. In *Figur 4d* ist das illustriert. Wenn neue Anbieter hinzukommen, so verschiebt sich die Marktangebotskurve nach rechts und der Gleichgewichtspreis sinkt. Ein langfristiges Gleichgewicht ist erreicht, wenn alle bisher submarginalen Anbieter ausgeschieden sind und der Preis nur noch die totalen Durchschnittskosten derjenigen Anbieter deckt, die die beste Produktionstechnik verwenden. Solange noch ein Gewinn erzielt wird, hält der durch die Prämisse des freien Marktzutritts vorausgesetzte Zustrom neuer Produzenten an. Ein langfristiges Gleichgewicht ist erst erreicht, wenn Gewinne nicht mehr erzielt werden können.

Wettbewerb als „Entdeckungsverfahren"

Besonders hervorzuheben ist, daß die Stillegung überholter Produktionsanlagen nicht dem guten Willen oder der fortschrittlichen technischen Gesinnung der Produzenten anheimgegeben, sondern durch die Konkurrenz erzwungen wird. Wenn genügend selbständige Entscheidungszentren vorhanden sind, was in dem Modell durch die Annahme einer großen Zahl von tatsächlich vorhandenen oder potentiellen Anbietern sichergestellt wird, gibt es stets einige Unternehmer, welche die mit der Anwendung der überlegenen Produktionstechnik verbundenen Gewinnchancen ergreifen und neue Betriebe gründen. Das führt zu einem Sinken des Gleichgewichtspreises und drängt Unternehmer, die ihre Produktionstechnik nicht auf dem neuesten Stand gehalten haben, aus dem Markt.

Auf Grund der Modellannahmen kann damit gerechnet werden, daß jede Neuerung der Produktionstechnik, die Kostenvorteile mit sich bringt, auch realisiert wird. Um das zu zeigen, nehmen wir an, nach dem Ausscheiden submarginaler Anbieter habe sich ein langfristiges Gleichgewicht eingestellt. Wenn danach neue Produktionstechniken bekannt werden, finden sich auf Grund der Gewinnchancen auch Unternehmer, die diese Technik anwenden. Das schafft eine neue Ungleichgewichtssituation und setzt den beschriebenen Prozeß der Anpassung an ein neues Gleichgewicht in Gang.

Vielfach stehen in Wirtschaftszweigen, in denen sich ein rascher technischer Wandel vollzieht, mehrere Produktionsverfahren zur Verfügung, deren Leistungsfähigkeit noch nicht hinreichend bekannt ist. Ob sie den Erwartungen entsprechen, die man in sie gesetzt hat, kann sich erst bei ihrer Anwendung zeigen. Der Gewinnanreiz schafft die Grundlage dafür, daß verschiedene Produktionsverfahren in Konkurrenz angewendet werden. Am Markt zeigt sich dann, welche der eingesetzten Verfahren zu den niedrigsten Kosten und damit zu den höchsten Gewinnen führen. Durch die Konkurrenz mehrerer Unternehmen beschafft also der Markt die Information über die jeweils beste Technik und lenkt dann in einem Diffusionsprozeß dieser Technik die Ressourcen in die überlegene Richtung *(Boulding, Hayek)*.

Wenn ständig neue Produktionstechniken bekannt werden und Anwendung finden, muß man in der Realität damit rechnen, daß wegen der nicht unendlich großen Anpassungsgeschwindigkeit stets auch Gewinne erzielt werden. Diese Gewinne haben die Funktion der Information und des Anreizes. Sie stellen sicher, daß der Prozeß der Anpassung der Produktionseinrichtungen an den jeweils besten Stand der Technik in Gang gehalten wird. Da der Gewinn auf Grund der Konkurrenz einer Erosion ausgesetzt ist, kann er nur durch ständige Anstrengung der Produzenten, den jeweils besten Stand der Technik zu realisieren, erhalten werden.

Bei technischem Wandel wird nicht die gesamte Produktion eines Gutes allein mit Hilfe der besten Technik durchgeführt. Zwar scheiden ständig submarginale Betriebe aus, gleichzeitig aber werden andere Produzenten in die Rolle des submarginalen Anbieters gedrängt. Ihre Produktion wird vorübergehend solange fortgesetzt, wie der Preis noch mindestens die variablen Durchschnittskosten deckt. Nur wenn ein technischer Fortschritt nicht mehr stattfände und die Produktionsanlagen der submarginalen Betriebe schließlich wegen des altersbedingten Verschleißes stillgelegt werden müßten, blieben am Ende nur Produktionsanlagen eines einheitlichen technischen Standards übrig. Bei technischem Wandel dagegen wird man stets auch submarginale Betriebe antreffen.

Wettbewerb: Prozeß oder Zustand?

Um Mißverständnisse zu vermeiden, sei folgendes betont. Als vollständige Konkurrenz gilt nicht der Zustand des langfristigen Gleichgewichtes, der sich am Ende einstellt, sondern der Prozeß, der sich unter den oben genannten Bedingungen eines vollkommenen Marktes und eines beliebig ausdehnungsfähigen Angebotes abspielt. Dieser Prozeß führt tendenziell zu einem langfristigen Gleichgewicht, in dem alle technischen Möglichkeiten ausge-

schöpft sind und Gewinnchancen demzufolge nicht mehr bestehen. Der Zustand des langfristigen Gleichgewichtes ist von vornherein nicht bekannt,
sondern entwickelt sich aus der Konkurrenz heraus. Im Rahmen der Analyse
bildet das langfristige Gleichgewicht einen fiktiven Endpunkt, den ein all-
wissender Beobachter kennen würde, den in Wahrheit aber natürlich niemand kennt. Dennoch ist es zweckmäßig, bei der Beschreibung des Wettbe-
werbsprozesses von der Annahme auszugehen, das langfristige Gleichgewicht sei bekannt, um dann den Wettbewerb als einen Vorgang darzustellen,
in dem sich die Wirtschaft auf ein Gleichgewicht hin bewegt. Damit wird der
Prozeß keineswegs final erklärt. Er wird vielmehr kausal erklärt. Unter den
oben genannten Bedingungen eines vollkommenen Marktes und eines beliebig ausdehnungsfähigen Angebotes sowie der Voraussetzung des Gewinn-
strebens können Gewinnchancen nur eröffnet und ausgenutzt werden, indem man technologische Möglichkeiten aufspürt und sie am Markt verwertet. Gewinnchancen bestehen solange, wie ein langfristiges Gleichgewicht
(noch) nicht erreicht ist. Die tatsächliche Kenntnis des Zustandes des langfristigen Gleichgewichtes ist weder für den Analytiker nötig, noch für den
Teilnehmer am Wettbewerbsprozeß möglich. Die Bedingungen des Modells
der vollständigen Konkurrenz stellen jedoch sicher, daß privates Interesse auf
Dauer zu einer vollen Ausschöpfung aller technologischen Möglichkeiten
führt. Sind die Bedingungen der vollständigen Konkurrenz nicht gegeben,
kann man erwarten, daß die technologischen Chancen nicht vollständig ausgeschöpft werden. Modelltheoretisch läßt sich dadurch zeigen, daß bei einer
Verletzung der Bedingungen der vollständigen Konkurrenz ein für diese
charakteristisches langfristiges Gleichgewicht nicht zustande kommen
würde.

Langfristige Angebotskurve und die Entstehung von Renten

Wenn sich die Nachfrage nach einem Gut erhöht und sich die Nachfragekurve nach rechts verschiebt, läßt sich eine kurzfristige und eine langfristige
Reaktion des Angebotes unterscheiden. Der Vorgang wird in *Figur 5* veranschaulicht.

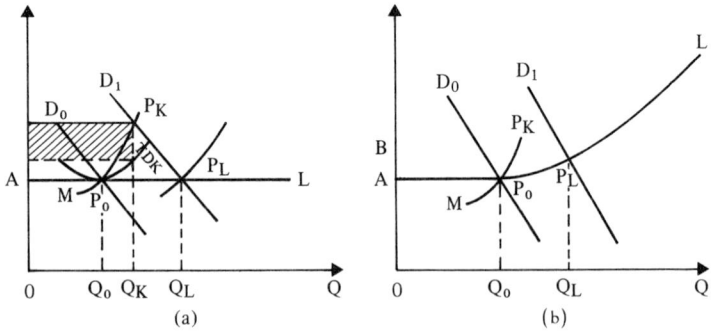

Figur 5

Wir betrachten zunächst *Figur 5a*. Die kurzfristige Angebotskurve ergibt sich aus der horizontalen Addition der individuellen Grenzkostenkurven. In *Figur 5a* wird sie durch die Linie MP_K dargestellt. Im Ausgangsgleichgewicht P_0 schneidet die kurzfristige Angebotskurve des Marktes die Nachfragekurve D_0. Ein Gewinn wird nicht erzielt. Bei einer Rechtsverschiebung der Nachfragekurve nach D_1 wird das Angebot zunächst entlang der kurzfristigen Angebotskurve ausgedehnt. Infolgedessen entsteht ein Gewinn, der durch die Fläche des schraffiert eingezeichneten Rechtecks wiedergegeben wird. Dieser Gewinn schafft Anreize zur Ausdehnung der Produktion. Dabei sind jetzt zwei Fälle zu unterscheiden.

In *Figur 5a* wird angenommen, daß die neu hinzugekommenen Betriebe mit den gleichen Kosten produzieren können wie die bisher schon vorhandenen Betriebe. Die kurzfristige Angebotskurve verschiebt sich dann nach rechts und der Preis sinkt, bis im Punkte P_L wieder ein gewinnloser Zustand erreicht ist. Unter der Voraussetzung, daß bei einer Produktionsausweitung stets die gleiche Produktionstechnik realisiert werden kann, stellt AL, die Verbindungslinie der Minima der totalen Durchschnittskosten, die langfristige Angebotskurve des Marktes dar.

Eine Ausweitung der Produktion bei konstanten Durchschnittskosten ist freilich nicht immer möglich. Häufig stehen besonders geeignete Produktionsfaktoren nur in begrenztem Maße zur Verfügung. Besonders fruchtbare Böden in der Landwirtschaft, ergiebige und leicht abbaubare Bodenschätze sowie gute Standorte der verarbeitenden Industrie und im Handel sind gewöhnlich nur in begrenztem Maße vorhanden. Bei einer Produktionserhöhung müssen deshalb häufig weniger ergiebige Ressourcen in Anspruch genommen werden, bei deren Verwendung höhere Durchschnittskosten entstehen. Ein solcher Fall ist in *Figur 5b* dargestellt. Bei einer Ausdehnung der Produktion über Q_0 hinaus müssen weniger leistungsfähige Produktionsfaktoren verwendet werden, so daß die Durchschnittskosten des jeweils letzten Betriebes bei der Ausdehnung der Produktion einer Branche sukzessiv steigen. Als Folge davon nimmt die langfristige Angebotskurve einen steigenden Verlauf, wie das in *Figur 5b* skizziert ist.

Wenn die langfristige Angebotskurve steigend verläuft, so entsteht bei den Produzenten, die über die vergleichsweise ergiebigeren Ressourcen verfügen, ein Gewinn, der nicht der Erosion durch die Konkurrenz ausgesetzt ist. Man nennt diesen Gewinn eine Rente. Sie stellt ein funktionsloses Einkommen dar, ein Einkommen, das über die Entlohnung hinausgeht, die erforderlich ist, um die Produktionsfaktoren in ihrer bisherigen Verwendung zu halten. Man könnte deshalb das Einkommen der Produzenten um den Betrag der Rente verringern, ohne daß sie dadurch zu einer Aufgabe der Produktion veranlaßt werden. Tatsächlich geschieht das auch manchmal. Man stelle sich eine Situation vor, in der sich Ressourcen nicht im Eigentum der Produzenten befinden und denke z.B. an einen Unternehmer A, dessen an einem besonders günstigen Standort gelegener Betrieb auf gepachtetem Grund und Boden errichtet worden ist. Wenn in diesem Betrieb auf Grund von Nachfragesteigerung eine Rente entsteht, werden andere Unternehmer versuchen, das günstiger gelegene Grundstück zu pachten. Das führt – soweit und sobald der Pachtvertrag das erlaubt – zu einer Erhöhung des Pachtzinses, so daß die Kosten des Unternehmers A nach dieser Neubewertung der Ressourcen auf das gleiche Niveau steigen wie bei den Produzenten, die weniger günstige Standorte wählen mußten. Ein Gewinn würde nicht mehr erzielt werden. Die Rente fällt jetzt dem Grundstückseigentümer zu. Der anhand dieses Beispiels erläuterte Zusammenhang gilt natürlich für alle Produktionsfaktoren. Die Eigentümer aller Faktoren, deren spezifische Eigenschaften nur in begrenztem Maße zur Verfügung stehen, können – wenn gerade diese Eigenschaften auf Grund der Nachfrage benötigt werden – Renteneinkommen realisieren. Die Rente könnte beim Unternehmer oder auch beim Eigentümer der knappen und unvermehrbaren Ressource besteuert werden, ohne daß sich das Verhalten der Unternehmer ändern würde.

Bei horizontalem Verlauf der langfristigen Angebotskurve dagegen stellt der temporär auftretende Gewinn keine Rente dar. Er stellt den Anreiz dar, durch den unternehmerisches Handeln ausgelöst wird und ruft bei einer Nachfragesteigerung eine entsprechende Vergrößerung des Angebotes hervor. Würde der Gewinn wie eine Rente besteuert, so würde unternehmerisches Handeln verhindert und bei einer Nachfragesteigerung würde das Angebot nicht entsprechend der Erhöhung der Nachfrage zunehmen.

4. Marktmacht im Verkauf: Das Monopol

a. Einfaches Monopol

Während der einzelne Anbieter unter vollständiger Konkurrenz keinen Einfluß auf den Preis auszuüben vermag, kann ein Anbieter, der eine Monopolstellung innehat, den Preis beeinflussen. In diesem, dem Modell der vollständigen Konkurrenz entgegengesetzten Extremfall kann ein Gewinn auf Grund der Marktmacht des Monopolisten auftreten, der keinerlei Erosion ausgesetzt und damit einer Rente sehr ähnlich ist.

Der Fall des einfachen Monopols ist dadurch gekennzeichnet, daß dem einzigen Anbieter eine große Zahl von Nachfragern gegenübersteht, die miteinander Handel treiben können. Das hat zur Folge, daß der Preis für alle Käufer einheitlich sein muß. Wenn der Monopolist versucht, zu unterschiedlichen Preisen zu verkaufen, so führt das zu einer Arbitrage, bei der alle Käufer, denen der Monopolist höhere Preise berechnet, versuchen, bei denjenigen Kunden des Monopolisten zu kaufen, die zu niedrigeren Preisen beliefert werden. Der Monopolist sieht sich deshalb einer einheitlichen Nachfragekurve gegenüber, in der seine Erwartungen über die Reaktion der Käufer auf Preisveränderungen beschrieben werden. Man spricht deshalb auch von einer konjekturalen oder erwarteten Nachfragefunktion. Aus der Nachfragekurve läßt sich der Erlös ableiten, der bei alternativen Preisen erzielt werden kann.

Erlös und Grenzerlös

Im Gegensatz zum Fall der vollständigen Konkurrenz, in dem der erwartete Preis unabhängig von der verkauften Menge des einzelnen Anbieters ist,

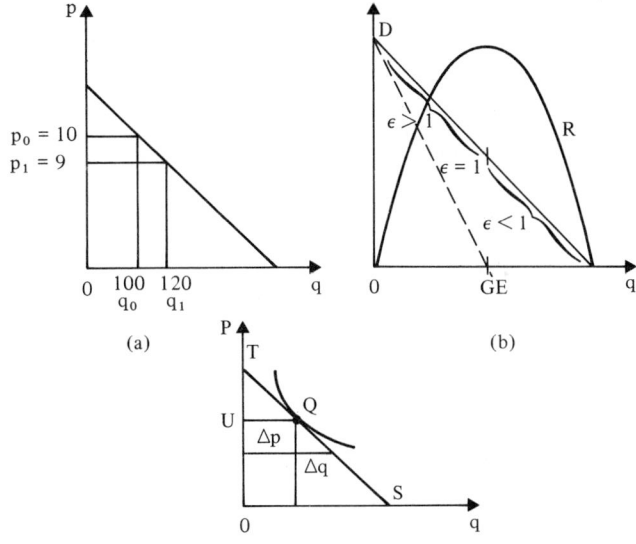

Figur 6

muß der Monopolist damit rechnen, daß sich eine größere Produktion nur bei sinkenden Preisen verkaufen läßt. Der zusätzliche Erlös pro Stück, der Grenzerlös, stimmt dann nicht mehr mit dem Preis überein. Vielmehr ist Grenzerlös = Preis minus Erlösverfall. Das Beispiel der *Figur 6a* soll diesen Zusammenhang zunächst verdeutlichen. Wenn der Preis gesenkt wird, so daß die Preisänderung $\Delta p = p_1 - p_0 = -1$ beträgt, nimmt der Absatz um $\Delta q = q_1 - q_0 = 20$ zu. Der zusätzliche Erlös pro Stück ist gleich

$$\frac{\Delta R}{\Delta q} = p_1 + q_0 \frac{\Delta p}{\Delta q} = p_1 + q_0 \frac{p_1 - p_0}{q_1 - q_0} = 9 + 100 \cdot \frac{-1}{20} = 4$$

und damit um den Erlösverfall kleiner als der Preis der letzten Einheit.

Allgemein ist bei der gegebenen Nachfragekurve $p = p(q)$ der Erlös $R = p(q)\,q$. Der Grenzerlös ist gleich der ersten Ableitung von R nach q, nämlich

$$\frac{dR}{dq} = p + q \frac{dp}{dq} = p \left(1 + \frac{1}{\frac{p}{q} \frac{dq}{dp}} \right).$$

Grenzerlös und Preiselastizität der Nachfrage

Der Grenzerlös läßt sich in besonders einfacher Form mit Hilfe der Preiselastizität der Nachfrage darstellen. Die Preiselastizität der Nachfrage wird durch

$$\varepsilon := -\frac{p}{q} \frac{dq}{dp} = -\frac{d\ln q}{d\ln p}$$

definiert. Die Elastizität gibt an, um wieviel Prozent sich die Nachfrage vermindert, wenn der Preis um ein Prozent steigt bzw. um wieviel Prozent die Nachfrage steigt, wenn der Preis um ein Prozent sinkt.

Eine geometrische Darstellung der Preiselastizität der Nachfrage kann man mit Hilfe der *Figur 6c* finden. Wir nehmen dazu zuerst an, die Nachfragekurve sei durch die Gerade TS gegeben. Wenn der Preis um Δp gesenkt wird, erhöht sich die Nachfrage um Δq. Wählt man den Punkt Q als Bezugspunkt, so ist

$$- \varepsilon = \frac{0U}{UQ} \frac{\Delta q}{\Delta p} .$$

Nun ist aber auch $\Delta q / \Delta p = UQ/UT$ und daher

$$- \varepsilon = \frac{0U}{UQ} \frac{UQ}{UT} = \frac{0U}{UT} = \frac{QS}{QT} .$$

Mithin ist im Punkte Q die Preiselastizität der Nachfrage durch das Streckenverhältnis QS/QT, dem Verhältnis der unteren Strecke zur oberen Strecke auf der Nachfragekurve gegeben.

Bei einer nicht-linearen Nachfragekurve ergibt sich die Preiselastizität der Nachfrage an einem Punkte Q durch das Verhältnis der Strecken QS/QT auf einer Tangente, die im Punkte Q an die Nachfragekurve gezeichnet ist.

Offensichtlich ist auf einer linearen Nachfragekurve die Preiselastizität der Nachfrage an jedem Punkte der Kurve verschieden hoch.[3] Sie ist bei Punkt T unendlich groß und sinkt beim Punkte S auf Null. In *Figur 6c* sind die Abschnitte der Nachfragekurve, auf denen die Preiselastizität größer bzw. kleiner als Eins ist, sowie der Punkt, an dem die Preiselastizität der Nachfrage gerade den Wert Eins annimmt, markiert.

Setzt man in den oben hergeleiteten Ausdruck für den Grenzerlös dR/dq die Formel der Preiselastizität der Nachfrage ein, so erhält man für den Grenzerlös den als *Amoroso-Robinson*-Formel bekannten Ausdruck

$$\frac{dR}{dq} = p \left(1 - \frac{1}{\varepsilon} \right).$$

Daraus läßt sich unmittelbar ableiten, daß

$$\frac{dR}{dq} \left\{ \begin{matrix} > \\ = \\ < \end{matrix} \right\} 0 \quad \text{wenn } \varepsilon \left\{ \begin{matrix} > \\ = \\ < \end{matrix} \right\} 1.$$

Man kann das leicht plausibel machen: Wenn $\varepsilon > 1$, so nimmt bei einer einprozentigen Preissenkung die Absatzmenge um mehr als ein Prozent zu.

---

[3] Das gilt im allgemeinen auch für nicht-lineare Nachfragefunktionen. Eine Ausnahme bildet die Klasse der Nachfragefunktionen $q = \alpha p^{-\varepsilon_0}$ mit $\varepsilon_0 = $ const., deren Preiselastizität $- (d \ln q / d \ln p) = \varepsilon_0$ konstant ist.

Der Erlös muß dann steigen. Durch eine analoge Überlegung findet man, daß der Erlös bei $\varepsilon < 1$ auf Grund einer Preissenkung abnimmt.

Das Ergebnis dieser Zusammenhänge ist in *Figur 6b* dargestellt. Die Erlöskurve beginnt bei $q = 0$ mit $R = 0$, steigt, solange $\varepsilon > 1$ ist, erreicht das Maximum bei $\varepsilon = 1$ und fällt wieder auf Null bei $p = 0$. Die Grenzerlöskurve ist dementsprechend eingezeichnet. Sie beginnt bei D, verläuft dann unterhalb der Nachfragekurve und schneidet die Abszisse bei $\varepsilon = 1$.

Gewinnmaximum

Die gewinnmaximale Produktion eines Monopolisten ist für die Fälle einer linearen und einer nichtlinearen Kostenkurve in *Figur 7* dargestellt.

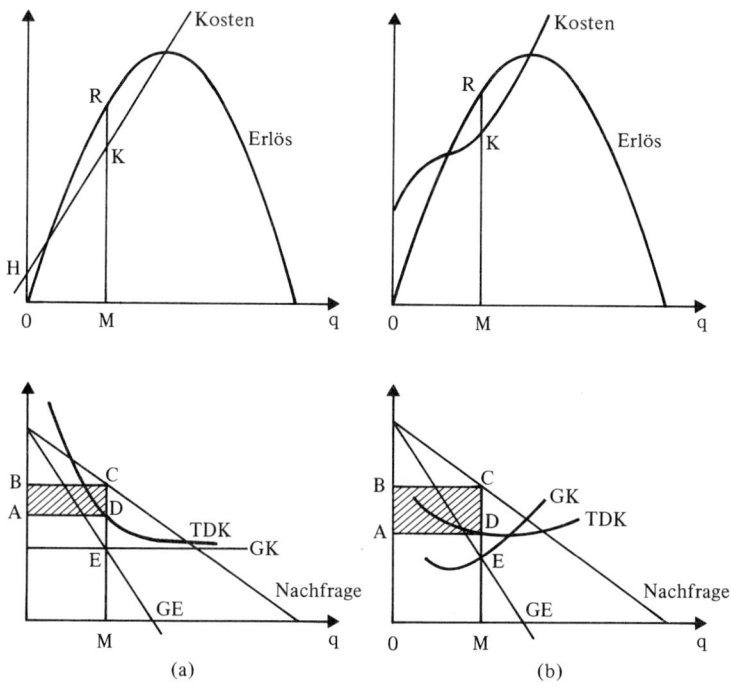

Figur 7

Der maximale Gewinn wird jeweils durch den größten vertikalen Abstand zwischen der Erlöskurve und der Kostenkurve, die Strecke RK, gegeben. Dort ist die Steigung der Erlöskurve (Grenzerlös) gleich der Steigung der Kostenkurve (Grenzkosten). Übereinstimmung zwischen Grenzerlös und Grenzkosten ist ferner jeweils durch den Schnittpunkt von Grenzerlös und Grenzkostenkurve (Punkt E) wiedergegeben. Bei der damit determinierten Produktionshöhe erhält man den Preis auf der Nachfragekurve durch den Punkt C, den sog. *Cournot*schen Punkt. Der maximale Gewinn wird noch einmal durch die Fläche des Rechtecks ABCD dargestellt, die sich als Produkt aus dem Stückgewinn CD, d. h. der Differenz zwischen dem Durchschnittserlös (Preis) und den totalen Durchschnittskosten, multipliziert mit der Produktionsmenge 0M ergibt.

Formal erhält man das Gewinnmaximum als Maximum der Funktion $G(q)$ $= R(q) - C(q)$. Notwendig und hinreichend dafür ist, daß die erste Ableitung von $G(q)$ nach q gleich Null und die zweite negativ ist. Das impliziert

$$R'(q) = C'(q) \text{ und}$$
$$R''(q) < C''(q),$$

d. h. Grenzerlös und Grenzkosten müssen übereinstimmen und die Steigung der Grenzerlöskurve muß kleiner sein als die der Grenzkostenkurve. Die Grenzkostenkurve muß die Grenzerlöskurve also von unten links her schneiden. Verwendet man für $R'(q)$ die oben abgeleitete *Amoroso-Robinson*-Formel, so lautet die Maximumsbedingung erster Ordnung

$$p\left(1 - \frac{1}{\varepsilon}\right) = C'(q).$$

Der auf Grund des Monopolpreises entstehende Gewinn ist keiner Erosion ausgesetzt. Er hat den Charakter einer Rente. Es besteht deshalb auch kein Zwang, die jeweils günstigste Produktionsmethode zu realisieren. Deshalb wird man erwarten können, daß Monopole in vielen Fällen eine weniger leistungsfähige Technik verwenden als Unternehmen, die miteinander in Konkurrenz stehen *(Leibenstein)*.

Marktmacht des Monopols

Die Marktmacht des Monopols kann man nach einem Vorschlag von *A. P. Lerner* durch den Ausdruck

$$\frac{p - C'(q)}{p} = \frac{1}{\varepsilon}$$

messen, der sich aus einer einfachen Umformung der Maximumsbedingung erster Ordnung ergibt. Dieses Maß drückt die Marktmacht eines Monopols durch den relativen Abstand vom Zustand der vollständigen Konkurrenz aus, in dem $p = C'(q)$ ist und in dem deshalb das Maß der Marktmacht den Wert Null annimmt. Die Marktmacht ist nach dem Maß von *Lerner* um so höher, je kleiner die Preiselastizität der Nachfrage ist. Dieser Zusammenhang ist außerordentlich plausibel.

Die Preiselastizität der Nachfrage drückt aus, wie stark die Nachfrage auf Preisänderungen reagiert, wie stark sie also z. B. zurückgeht, wenn der Preis erhöht wird. Die Möglichkeit der Käufer einer Ware, ihre Nachfrage bei steigendem Preis einzuschränken, hängt nun neben der Dringlichkeit des Bedarfs gerade dieser Ware entscheidend davon ab, ob es Substitutionsgüter gibt, die anstelle der verteuerten Ware gekauft werden können. Die Preiselastizität der Nachfrage nach Erdöl z. B. wird wesentlich davon bestimmt, welche sonstigen Energieträger zur Verfügung stehen.

Monopolmacht kann aber auch dadurch geschaffen werden, daß ein Anbieter den Käufern die Möglichkeit nimmt oder beschneidet, Alternativen wahrzunehmen. In der Frühzeit der Industrialisierung z. B. waren zahlreiche Arbeiterfamilien bei ihrem Lebensmittelhändler verschuldet und deshalb gezwungen, immer wieder beim gleichen Händler zu kaufen und dessen Preise zu akzeptieren. Ähnlich erging es vielen kleinen Bauern, die beim Landhändler, und Handwerkern, die bei ihren Rohstofflieferanten verschuldet waren. Eine Änderung der Lage der Arbeiter, Bauern und Handwerker wurde durch die Gründung von Konsumgenossenschaften und Kreditgenossenschaften herbeigeführt, durch welche die Käufer die Freiheit der Wahl des Lieferanten zurückerlangten, so daß die Marktmacht ihres früheren Lieferanten vermindert und eine günstigere Versorgung möglich wurde.

Preisänderungen bei Kosten- und Nachfrageänderungen

Durch Marktmacht wird die Reaktion des Marktpreises auf Änderungen der Kosten und der Nachfrage beeinflußt. Zur Analyse soll *Figur 8* dienen. Darin wird ein Vergleich des Monopolfalles mit dem Fall der vollständigen Konkurrenz durchgeführt. Angenommen wird dabei, daß die Grenzkosten konstant sind und mit den Durchschnittskosten übereinstimmen. Vorausgesetzt wird ferner eine lineare Nachfragekurve, auf der die Preiselastizität der Nachfrage mit steigendem Preis zunimmt.[4]

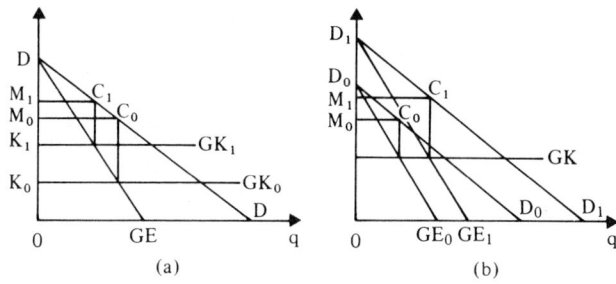

Figur 8

In *Figur 8a* wird der Fall einer Änderung der Grenzkosten dargestellt. In der Ausgangslage, in der sich die Grenzkosten auf $0K_0$ belaufen, beträgt der Monopolpreis $0M_0$, während sich bei vollständiger Konkurrenz ein Preis in Höhe der Grenzkosten (= Durchschnittskosten) einstellt. Erhöhen sich die Grenzkosten von $0K_0$ auf $0K_1$, so steigt der Marktpreis bei vollständiger Konkurrenz im gleichen Maße, im Monopolfall dagegen in geringerem Maße von $0M_0$ auf $0M_1$. Die Zunahme der Grenzkosten wird also vom Monopol nicht vollständig an die Abnehmer überwälzt. Umgekehrt gilt, daß eine Verminderung der Grenzkosten (z. B. von $0K_1$ auf $0K_0$) vom Monopol ebenfalls nicht vollständig an die Verbraucher weitergegeben wird.

Wenn sich die Nachfrage in dem Sinne erhöht, daß sich die Nachfragekurve nach rechts verschiebt, wie es in *Figur 8b* dargestellt ist, bleibt der Marktpreis

---

[4] Vgl. auch Theoretische Volkswirtschaftslehre III, S. 173 ff.

bei vollständiger Konkurrenz entlang der langfristigen Angebotskurve unverändert. Im Monopolfall dagegen steigt der Preis. Das beruht darauf, daß bei der angenommenen Art der Verschiebung der Nachfragekurve die Preiselastizität der Nachfrage beim bisherigen Preis $0M_0$ geringer geworden ist, so daß die Monopolmacht zugenommen hat. Daher kann das Monopol den Preis erhöhen.

b. Monopolistische Preisdifferenzierung

Wenn ein Handel zwischen den Abnehmern eines Monopolisten nicht möglich ist, kann der Monopolist unterschiedliche Preise setzen. Man unterscheidet zwei Fälle: In einem Fall gibt es – durch Umstände bedingt, die außerhalb des Einflußbereiches des Monopolisten liegen – mehrere Teilmärkte. Im zweiten Fall kann der Monopolist selbst Teilmärkte bilden. Im ersten Fall spricht man von agglomerativer Preisdifferenzierung, im zweiten Fall von deglomerativer Preisdifferenzierung.

Zur Erläuterung seien einige Beispiele angegeben: Eine agglomerative Preisdifferenzierung ist möglich auf Teilmärkten, zwischen denen durch Transportkosten ein Austausch erschwert wird. Auslands- und Inlandsmärkte können darüber hinaus dadurch getrennt sein, daß an der Grenze Einfuhrzölle erhoben werden, die den Re-Import einer Ware behindern. Nicht selten haben Interessentenverbände marktmächtiger Industriezweige es verstanden, die Regierung ihres Landes zur Einführung von Schutzzöllen zu bewegen.

Zur Durchführung einer deglomerativen Preisdifferenzierung können Abnehmergruppen dadurch voneinander getrennt werden, daß ein Gut durch wenig kostspielige Veränderungen in seinen Verwendungsmöglichkeiten beschränkt wird. Die Denaturierung des Salzes für Streuzwecke und die Denaturierung des Weizens für Futterzwecke sind Beispiele dieser Art. Schließlich kann ein Monopolist Abnehmergruppen dadurch trennen, daß er unter Androhung von Liefersperren seine Abnehmer vertraglich verpflichtet, das Gut nur innerhalb bestimmter regionaler Grenzen zu verkaufen. Am einfachsten ist die Trennung von Abnehmergruppen bei persönlichen Dienstleistungen, wie sie z. B. von Ärzten angeboten werden.

Die Preisdifferenzierung ist in *Figur 9* für den Fall einer linearen Kostenfunktion bei zwei Teilmärkten dargestellt.

Die Nachfragekurven der beiden Teilmärkte besitzen eine unterschiedliche Steigung und beginnen bei verschieden großen Ordinatenwerten.[5] Das hat zur Folge, daß bei einem gegebenen Preis die Preiselastizität der Nachfrage auf beiden Teilmärkten verschieden ist. Das wiederum bedingt, daß bei diesem Preis der Grenzerlös auf beiden Märkten unterschiedlich hoch ist. Daraus ergibt sich, daß der Preis auf den beiden Märkten im Gewinnmaximum verschieden hoch sein muß.

Die Erklärung dafür ist sehr einfach: Man nehme an, der Preis sei auf beiden

---

[5] Würden die Nachfragekurven beim gleichen Ordinatenwert beginnen, so wäre die Preiselastizität bei jedem Preis auf beiden Teilmärkten identisch.

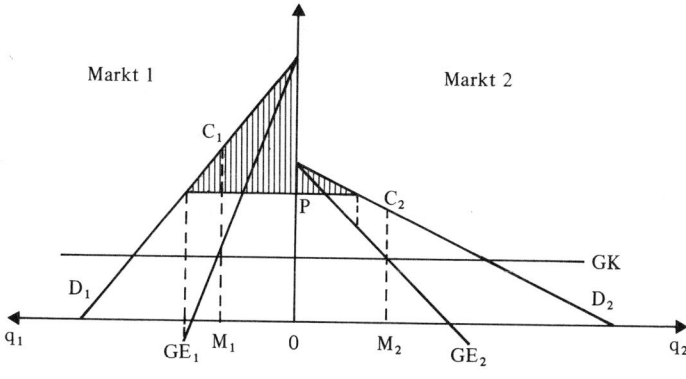

Figur 9

Märkten einheitlich durch 0P gegeben. Dann ist der Grenzerlös auf dem Markt 1 niedriger als die Grenzkosten, während er auf Markt 2 die Grenzkosten übersteigt. Die letzte auf dem Markt 2 verkaufte Produktionseinheit hat also den Gewinn erhöht, während die letzte Produktionseinheit, die auf dem Markt 1 verkauft wurde, den Gewinn vermindert hat. Es empfiehlt sich deshalb, auf dem Markt 2 mehr zu verkaufen und dazu den Preis zu senken sowie die Belieferung des Marktes 1 einzuschränken und dort den Preis zu erhöhen. Weitere Umschichtungen dieser Art sind offenbar dann nicht mehr lohnend, wenn der Grenzerlös auf beiden Märkten übereinstimmt.

Formal hat man das Problem zu lösen, ein Maximum der Gewinnfunktion $G = R_1(q_1) + R_2(q_2) - C(q)$ zu finden, wobei zu berücksichtigen ist, daß $q_1 + q_2 = q$. Die Gewinnfunktion kann man deshalb auch in der Form

$$G(q_1, q_2) = R_1(q_1) + R_2(q_2) - C(q_1 + q_2)$$

schreiben. Als notwendige Bedingung erhält man

$$\frac{\partial G}{\partial q_1} = R_1'(q_1) - C'(q) = 0$$

$$\frac{\partial G}{\partial q_2} = R_2'(q_2) - C'(q) = 0$$

Daraus folgt: $R_1'(q_1) = R_2'(q_2) = C'(q)$

Der Grenzerlös muß deshalb auf beiden Teilmärkten gleich hoch sein und mit den Grenzkosten übereinstimmen.[6]

Anhand der *Figur 9*, in der durch die Aufteilung der Produktion M_1M_2 auf die beiden Teilmärkte mit $0M_1$ und $0M_2$ eine solche Gewinnmaximierungssituation dargestellt ist, erkennt man, daß die Preise auf beiden Teilmärkten verschieden hoch sind.

---

[6] Wenn die Produktionsmöglichkeiten eines Unternehmens durch eine feste Kapazitätsgrenze beschränkt sind, kann der auf allen Teilmärkten übereinstimmende Grenzerlös höher sein als die Grenzkosten.

Aus der Bedingung, daß die Grenzerlöse beider Märkte übereinstimmen müssen, folgt unter Verwendung der oben abgeleiteten Formel für den Grenzerlös, daß

$$p_1 \left(1 - \frac{1}{\varepsilon_1}\right) = p_2 \left(1 - \frac{1}{\varepsilon_2}\right)$$

sein muß. Daraus kann man den Schluß ziehen, daß der Preis desjenigen Marktes am höchsten ist, auf dem die Preiselastizität der Nachfrage am geringsten ist, denn

$$\frac{p_1}{p_2} = \frac{1 - 1/\varepsilon_2}{1 - 1/\varepsilon_1}$$

und deshalb

$$p_1 > p_2, \text{ wenn } \varepsilon_1 < \varepsilon_2.$$

Wenn z. B. $\varepsilon_1 = 3$, $\varepsilon_2 = 4$ ist, so ist $p_1/p_2 = 9/8$.

Dieses Ergebnis läßt sich in folgender Weise verständlich machen: Auf dem Markt 2 wird bei der Preiserhöhung die Nachfrage um einen relativ größeren Betrag vermindert als auf dem Markt 1. Das kann daran liegen, daß die Nachfrage auf Markt 1 dringlicher ist als auf Markt 2 oder daß den Käufern auf Markt 1 weniger Alternativen zur Verfügung stehen und daß deswegen die Nachfrage bei Preiserhöhungen weniger eingeschränkt werden kann. Die Käufer des Marktes 1 sind deshalb gewillt und/oder gezwungen, höhere Preise als die Käufer des Marktes 2 zu zahlen, um in den Genuß des Gutes zu kommen. Diesen Umstand nutzt der preisdifferenzierende Monopolist aus, indem er auf Markt 1 einen höheren Preis als auf Markt 2 berechnet.

c. „Monopol" auf einem bestreitbaren Markt

Wenn ein Markt bestreitbar ist, verschafft eine Alleinstellung im Verkauf keine Marktmacht. Das gilt auch für den Fall eines sog. natürlichen Monopols, in dem die Durchschnittskosten mit zunehmender Produktion sinken, so daß eine polypolistische Marktstruktur unmöglich ist.

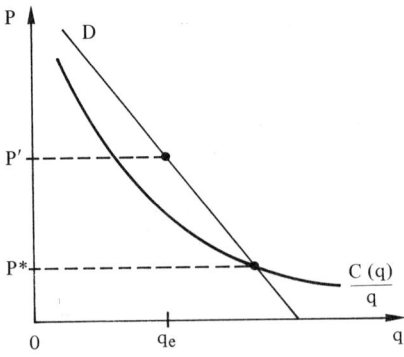

Figur 10

Zunächst sei der Fall vollständiger Bestreitbarkeit behandelt, in dem versunkene Kosten nicht existieren, so daß Markteintritt und -austritt kostenlos möglich sind. Das Gleichgewicht, das in einem solchen Fall zu erwarten ist, wird in *Figur 10* dargestellt. Der Gleichgewichtspreis ist gleich den Durchschnittskosten. Trotz der Monopolstellung entsteht wegen der vollständigen Bestreitbarkeit des Marktes kein Gewinn. Würde der Monopolist versuchen, einen Preis zu setzen, der über den Durchschnittskosten liegt, so würde das bei vollständiger Bestreitbarkeit durch ein – auch nur zeitweiliges – Auftreten von Konkurrenten vereitelt. Würde der Monopolist z. B. die Produktion so einschränken, daß entsprechend der Nachfragekurve der Preis $0P'$ erzielt werden könnte, so könnte ein Konkurrent die Produktionsmenge q_e zu Durchschnittskosten erzeugen, die niedriger sind als der Preis $0P'$. Er könnte also den Monopolisten unterbieten und völlig vom Markt verdrängen. Würde der Monopolist dann den Preis selbst auch wieder senken, könnte der Konkurrent den Markt ohne zusätzliche Kosten wieder verlassen und hätte doch einen Gewinn erzielt. Ein Monopolist, der diese Möglichkeit voraussieht und bei vollständiger Bestreitbarkeit des Marktes auch voraussehen muß, wird von vornherein einen Preis setzen, der mit den Durchschnittskosten übereinstimmt.

Im nächsten Schritt sei ein Fall behandelt, in dem vollständige Bestreitbarkeit nicht vorliegt, weil mit dem Markteintritt versunkene Kosten in Höhe von $E(q)$ entstehen. Diese Kosten können von der Höhe des Produktionsniveaus abhängig sein, das beim Markteintritt vom jeweiligen Produzenten vorgesehen wird. In diesem Fall wird sich ein Gleichgewichtspreis einstellen, der um die durchschnittlichen (versunkenen) Kosten des Markteintritts $E(q)/q$ über den durchschnittlichen Produktionskosten $C(q)/q$ liegt.

5. Marktmacht im Einkauf: Das Monopson

a. Einfaches Monopson

Marktmacht kann auch auf der Seite der Nachfrage bestehen. Der Extremfall der Nachfrage- oder Einkaufsmacht wird als Monopson bezeichnet. In diesem Fall steht ein einziger Käufer einer großen Zahl von Anbietern gegenüber. Der Käufer selber kann auf seinem Absatzmarkt entweder eine Monopolstellung besitzen oder sich in Konkurrenz mit zahlreichen anderen Verkäufern befinden. Die letztere Situation war im 19. Jahrhundert recht häufig. In manchen Regionen ist eine solche Konstellation auch heute noch anzutreffen, wenn ein Fabrikant der einzige industrielle Arbeitgeber einer Gegend ist, die dort hergestellten Waren aber auf einem überregionalen Markt verkauft. Die Arbeiter stehen in einem solchen Fall einem Monopson für Arbeitsleistungen gegenüber, das Monopson selbst steht auf dem Absatzmarkt in Konkurrenz mit anderen Anbietern. Ähnlich lagen im 19. Jahrhundert die Dinge im Verhältnis zwischen Hausgewerbetreibenden und einem Verleger, der die Handwerker mit den Rohstoffen versorgte und die fertige Ware auf einem überregionalen Markt verkaufte.

Monopson mit Konkurrenz im Verkauf

Für das Monopson, das sich im Verkauf in vollständiger Konkurrenz befindet, ist der Verkaufspreis der Ware ein Datum. Subtrahiert man vom Verkaufspreis der Ware, die z. B. ein Verleger verkauft, die marginalen Handlungskosten und eventuelle marginale Bearbeitungskosten, so erhält man den Nettoverkaufspreis p, der in *Figur 11a* eingezeichnet ist. Die Angebotskurve der Lieferanten des Monopsons sei in *Figur 11a* durch ss gegeben. Das Monopson kann die gekaufte und damit auch die weiterverkaufte Menge der Ware dadurch festlegen, daß es den Lieferanten einen bestimmten Preis w offeriert, bei dem diese die durch die Angebotskurve beschriebenen Mengen anbieten. Je höher der vom Monopson gebotene Preis ist, um so größer ist die Angebotsmenge der Lieferanten.

Das Gewinnmaximum des Monopsons ist verwirklicht, wenn der beim Weiterverkauf erzielte Nettopreis p mit der beim Einkauf aufzuwendenden Grenzausgabe übereinstimmt.

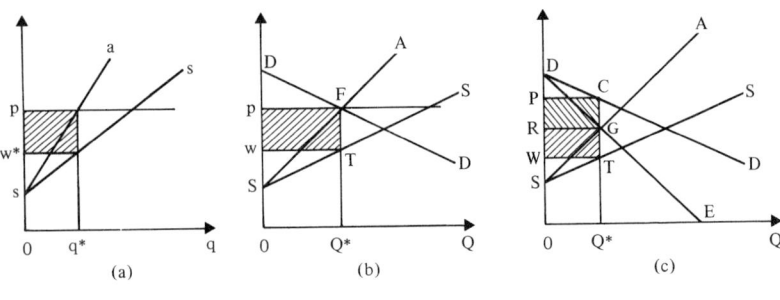

Figur 11

Die Grenzausgabe eines Monopsons ist nun jedoch höher als der Einkaufspreis der jeweils letzten Einheit. Das beruht darauf, daß der Einkaufspreis mit zunehmender Einkaufsmenge steigt. Wird z. B. der Preis von 10 DM, bei dem 100 Einheiten angeboten wurden, auf 11 DM erhöht und steigt daraufhin das Angebot auf 101 Einheiten, so beläuft sich die Grenzausgabe auf 11 DM zuzüglich der Mehrausgabe von 1 DM für die schon bisher gekauften 100 Einheiten, so daß die Grenzausgabe insgesamt 111 DM beträgt. Das ist natürlich ein analoger Zusammenhang, auf Grund dessen im Monopolfall der Grenzerlös niedriger ist als der Preis.

Nimmt man allgemein eine Funktion $q = q(w)$, nach der die angebotene Menge q vom erzielten Lieferpreis w abhängig ist und mit diesem monoton steigt, so ist die dazu inverse Gleichung die Angebotskurve $w = w(q)$. Die Gesamtausgaben sind dann $A = w(q)q$ und die Grenzausgabe ist

$$A'(q) = w + qdw/dq = w(1 + 1/\eta),$$

wobei $\eta = (w/q)(dq/dw)$ die positive Preiselastizität des Angebotes ist. Aus der Formel für die Grenzausgabe folgt, daß die Grenzausgabe höher ist als der Preis, solange die Preiselastizität des Angebotes nicht unendlich groß ist.

Die gewinnmaximale Einkaufsmenge, d. h. die Einkaufsmenge, bei der der Gewinn = Erlös − Ausgabe = pq − w(q)q durch die Wahl von q maximiert wird, so daß der Nettoverkaufspreis des Monopsons mit seiner Grenzausgabe übereinstimmt, kann vom Monopson, wie man aus *Figur 11a* ablesen kann, zum Einkaufspreis w* erworben werden. Da der Einkaufspreis damit niedriger ist als der Nettoverkaufspreis p, erzielt das Monopson einen durch Marktmacht bedingten Gewinn, der in *Figur 11a* durch die schraffierte Fläche repräsentiert wird.

Um die Analyse zu vervollständigen, müssen wir noch zeigen, wie der Nettoverkaufspreis zustande kommt. Obgleich der Verkaufspreis für das einzelne Monopson unseres Modells wegen der Annahme vollständiger Konkurrenz ein Datum ist, bildet sich der Marktpreis durch das Zusammenspiel von Angebot und Nachfrage. Wir wollen nun vereinfachend annehmen, daß die marginalen Handlungs- bzw. Bearbeitungskosten des Monopsons Null sind. Die Nachfragekurve des Marktes, auf dem die Monopsone verkaufen, sei in *Figur 11b* durch DD beschrieben (wenn die marginalen Handlungskosten des Monopsons größer als Null sind, so ist DD die um diese Kosten vertikal nach unten verschobene Nachfragekurve). Die Angebotskurve des Marktes ist die horizontale Zusammenfassung aller individuellen Angebotskurven der Monopsone. Die individuelle Angebotskurve eines Monopsons für die von ihm erworbene und weiterverkaufte Ware ist nun nichts anderes als die in *Figur 11a* eingezeichnete Grenzausgabenkurve sa. Das kann man sich in der folgenden Weise klarmachen: Je höher der Nettoverkaufspreis des Monopsons ist, um so größer ist die durch den Schnittpunkt der Nettoeinkaufsgeraden mit der Grenzausgabenkurve bestimmte Menge der Ware, die das Monopson bei seinen Lieferanten erwirbt und dann − eventuell nach einer Weiterbearbeitung − weiterverkauft. Die Grenzausgabenkurve gibt also die Mengen der Ware an, die das Monopson bei alternativen Nettoverkaufspreisen erwirbt und weiterverkauft. Die horizontale Zusammenfassung aller individuellen Angebotskurven sa ist in *Figur 11b* durch die Kurve SA dargestellt. Als Gleichgewicht erhält man dort den Punkt F. Der von allen Monopsonen erzielte, durch Marktmacht bedingte Gewinn wird in *Figur 11b* durch die schraffierte Fläche wiedergegeben.

Die Einkaufsmacht kann man durch die Differenz zwischen dem Nettoverkaufspreis (= Grenzausgabe) und dem Einkaufspreis ausdrücken. Der Sinn dieses Maßes leuchtet unmittelbar ein, denn ohne Einkaufsmacht würde der Nettoverkaufspreis mit dem Einkaufspreis übereinstimmen müssen. Das Maß für die Einkaufsmacht ist also analog zu dem bekannten Maß für Monopolmacht von *Lerner* konstruiert. Aus der Maximumsbedingung erster Ordnung, nach der die Grenzausgabe gleich dem Nettoverkaufspreis, also $w(1 + 1/\eta) = p$ sein muß, erhält man durch einfache Umformung

$$\frac{p - w}{w} = \frac{1}{\eta}.$$

Die Einkaufsmacht ist danach um so größer, je geringer die Angebotselastizität der Lieferanten ist. Wieder kann man die Elastizität als einen Ausdruck für das Vorhandensein von Alternativen interpretieren. Je mehr Alternativen der Lieferant (der Arbeiter gegenüber dem industriellen Arbeitgeber, der Hausgewerbetreibende gegenüber dem Verleger usw.) besitzt, um so größer ist die Angebotselastizität, um so stärker geht sein Angebot bei Senkungen des vom Monopson gebotenen Preises zurück. Auch hier hat in der Vergangenheit die durch Kredite geschaffene Bindung von Arbeitern und Hausgewerbetreibenden an ihre Arbeitgeber eine bedeutende Rolle gespielt. Heute wird eine ähnliche Abhängigkeit nicht selten dadurch geschaffen, daß vor allem kleinere, mittelständische Produzenten sich durch Spezialisierung auf die Bedürfnisse von Großabnehmern wie Kaufhäuser und Handelsketten einstellen und dadurch einen Teil ihrer Beweglichkeit verlieren, so daß sich ihre Angebotselastizität vermindert.

Monopson mit Monopolmacht

Den Fall, in dem ein Monopson gleichzeitig im Verkauf eine Monopolstellung besitzt, können wir mit Hilfe der *Figur 11c* darstellen. Die Kurve DD ist die Nachfragekurve des Marktes, auf dem das Monopson die von seinen Lieferanten erworbene Ware verkauft. DE ist die dazugehörige Grenzerlöskurve. Das Gewinnmaximum des Monopson-Monopols ist erreicht, wenn der Netto-Grenzerlös – das ist der Grenzerlös abzüglich eventueller marginaler Handlungs- bzw. Bearbeitungskosten – mit der Grenzausgabe übereinstimmt. Das Gleichgewicht wird also durch den Punkt G markiert. Der Nettoverkaufspreis wird durch den Punkt C und der Einkaufspreis durch den Punkt T gegeben. Der gesamte, durch Marktmacht bedingte Gewinn zerfällt in zwei Teile, den durch die Fläche RGTW dargestellten Monopsongewinn und den durch die Fläche PCGR gegebenen Monopolgewinn.

b. Diskriminierendes Monopson

In ähnlicher Weise wie im Fall des Monopols läßt sich der Fall des preisdifferenzierenden oder diskriminierenden Monopsons analysieren. Wir nehmen dazu an, ein Monopson kaufe von zwei verschiedenen Gruppen von Lieferanten, die sich jeweils an den gegebenen Preis anpassen, weil sie miteinander in Konkurrenz stehen. Angenommen wird weiter, daß die Preiselastizität des Angebotes beider Gruppen verschieden hoch ist. Für das diskriminierende Monopson muß in einem Gewinnmaximum die Grenzausgabe für beide Lieferantengruppen gleich sein, so daß

$$w_1 (1 + 1/\eta_1) = w_2 (1 + 1/\eta_2)$$

gelten muß. Daraus folgt

$$\eta_1 \gtreqless \eta_2 \Rightarrow w_1 \gtreqless w_2.$$

Der einem Lieferanten gebotene Preis ist also um so höher, je größer dessen Angebotselastizität ist. Der Anbieter, der bei einer Minderung des gebotenen Preises sein Angebot am stärksten zurücknehmen kann, weil er über alternative Verwendungen seiner Ware (oder seiner Produktionskapazität) verfügt, erhält einen höheren Preis als derjenige Anbieter, der vom Monopson stärker abhängig ist und bei einer Preissenkung sein Angebot deshalb nur in geringerem Maße vermindern könnte.

III. Kapitel
Produktionstheorie

Das Modell des Rationalverhaltens eines Produzenten soll nun auf der Grundlage der Produktionstheorie in einer differenzierteren Weise dargestellt werden. Durch die Produktionstheorie wird der Zusammenhang zwischen dem Faktoreinsatz und der Produktionsmenge erklärt. Die Preise für die Nutzung der Produktionsfaktoren werden bei der in diesem Kapitel gewählten Betrachtung eines einzelnen Produzenten nach wie vor als gegeben angenommen. Auch die Nachfrage des Marktes nach dem produzierten Gut soll als gegeben vorausgesetzt werden. Auf der Grundlage der Produktionstheorie wird dann die Nachfrage des Produzenten nach den Produktionsfaktoren und das Angebot des produzierten Gutes in Abhängigkeit von alternativen Preisen für die Faktoren und für das verkaufte Gut erklärt. Dabei erhalten wir die zentrale Annahme der Gewinnmaximierung aufrecht. Aus der abgeleiteten Nachfrage des Produzenten nach den Faktoren und seiner Entscheidung über die gewinnmaximale Produktionsmenge ergibt sich der Verlauf der Kostenkurven. Im Vergleich zum vorigen Kapitel wird also das Modell des gewinnmaximierenden Produzenten in der Weise erweitert, daß als Instrumente zur Realisierung des Zieles neben der Produktionsmenge auch der Einsatz der Produktionsfaktoren in die Analyse einbezogen wird.

1. Produktionsmöglichkeiten und Produktionsfunktion

a. Produktionsmöglichkeiten

Produktion besteht darin, daß durch Einsatz menschlicher Arbeit in Verbindung mit physischen Gütern andere Güter, d. h. physische Güter und Dienstleistungen, hervorgebracht werden. Zur Beschreibung einer Produktion müssen deshalb stets bestimmte Quanten von eingesetzten Gütern und Arbeitsleistungen den Quanten der erzeugten Güter gegenübergestellt werden.

Ein Problem der Formulierung der Produktionstheorie besteht darin, daß zahlreiche in der Produktion eingesetzte Güter selbst produziert worden sind, wie z. B. Maschinen, Werkzeuge, Rohstoffe und Halbfertigerzeugnisse. Selbst menschliche Arbeit ist im allgemeinen ein Faktor, dessen Eigenschaften durch die Ausbildung, die man auch als einen Produktionsakt interpretieren kann, determiniert werden. Aus diesem Grunde läßt sich eine Produktionstheorie aufstellen, in der durch die Berücksichtigung der intertemporalen Struktur der Produktion die Erzeugung aller Güter auf letzte, nicht produzierte Faktoren zurückgeführt wird. Dieser Standpunkt ist jedoch nicht besonders gut geeignet, um die Entscheidungen eines einzelnen Produzenten zu analysieren.

4*

Für den einzelnen Produzenten ist am Anfang einer Periode stets ein Bestand an Einsatzgütern, wie Gebäude, Maschinen, Werkzeuge, Lagerbestände und Arbeitskräfte, vorhanden. Wir wollen diese Bestände als Faktoren bezeichnen. Der Produzent kann dann auf Grund der technologischen Kenntnisse feststellen, welche Güter und welche Ausstoßmengen mit Hilfe der gegebenen Faktoren in einer Periode produziert werden können. Die Kombination bestimmter Faktorbestände zur Produktion eines Güterbündels wird als Produktionsprozeß bezeichnet, der durch einen Vektor $\mathbf{y} = (y_1, y_2, \ldots, y_n)$ beschrieben werden kann. In diesem Vektor bezeichnen positive Elemente erzeugte Güterquanten und negative Elemente den Einsatz von Faktoren. Wenn n die Zahl aller überhaupt in Betracht kommenden Güter und Faktoren ist, so können natürlich einzelne Elemente eines Produktionsvektors den Wert Null annehmen. Die Menge aller möglichen Produktionsprozesse, also die Menge aller denkbaren Produktionsvektoren, soll mit Y bezeichnet werden. Der Produzent wird aus dieser Menge aller möglichen Produktionsprozesse eine seinem Ziel, z. B. der Gewinnmaximierung dienliche Auswahl treffen.

Auf Grund der dadurch beschriebenen Problemstellung ist es klar, daß in den Produktionsvektor solche – und nur solche – Güter eingehen, deren Ausstoß oder Einsatz durch das Handeln des einzelnen Produzenten beeinflußt werden kann. Faktoren wie z. B. das Wetter und die Versorgung mit den vom Staat bereitgestellten Infrastruktur-Einrichtungen bleiben außer Betracht, weil der einzelne Produzent keinen Einfluß darauf auszuüben vermag. Außer Betracht bleiben auch sogenannte externe Effekte der Produktion, die nicht zu Kosten für den einzelnen Produzenten führen.

Ein wichtiges Beispiel für einen externen Effekt bilden die Umweltschäden, die bei anderen Wirtschaftssubjekten zu einer Minderung der Güterproduktion führen können oder auch die Verfügbarkeit über nicht produzierte Konsumgüter, wie Landschaft, Sauberkeit der Luft und ähnliches, beeinträchtigen. In allen Fällen dieser Art werden durch die externen Effekte einer Produktion bei anderen Wirtschaftssubjekten negative Güterquanten registriert werden müssen. Möglich ist auch, daß eine Produktion für andere Wirtschaftszweige externe Vorteile hervorruft. So kann z. B. die Forstwirtschaft durch eine günstige Beeinflussung des Klimas externe Vorteile für die Landwirtschaft verursachen.

Vom Standpunkt des einzelnen Produzenten werden solche externen Effekte, ob Nachteile oder Vorteile, die durch seine Produktion verursacht werden, im allgemeinen nicht berücksichtigt. Wenn ein Produzent freilich durch den Staat zu einer Steuer für die Umweltbelastung herangezogen wird oder auf Grund gesetzlicher Vorschriften Maßnahmen zur Erhaltung der Umwelt ergreifen muß, werden externe Effekte insoweit in den Kalkül des einzelnen Produzenten einbezogen und sind deshalb im Produktionsvektor zu berücksichtigen.

Wir wollen in der folgenden Analyse ferner den Fall der technisch verbundenen Produktion außer acht lassen. Technische Verbundenheit der Produktion von Gütern liegt vor, wenn durch einen bestimmten Produktionsprozeß immer mehrere Güter in einem mehr oder weniger festen Mengenverhältnis gleichzeitig erzeugt werden. Beispiele sind die Aufschließung des Rohöls in

Raffinerien und die Schafzucht, in der Wolle und Fleisch gleichzeitig produziert werden. Wenn man den Fall verbundener Produktion außer acht läßt, kann man die Produktion eines einzelnen Gutes als einen technisch isolierbaren Vorgang untersuchen und man kann sich vorstellen, daß ein Unternehmen in einem Betrieb nur ein einziges Gut produziert. Das schließt nicht aus, daß ein Unternehmen mehrere solcher Betriebe unterhält. Auf diese Weise läßt sich die Analyse beträchtlich vereinfachen. Dieses Vorgehen ist vertretbar, weil der Fall der verbundenen Produktion in der heutigen Industriewirtschaft eher die Ausnahme als die Regel darstellt und deswegen ohne nennenswerte Beeinträchtigung der Allgemeingültigkeit der Analyse zunächst außer Betracht bleiben kann.

Für die Menge der Produktionsmöglichkeiten eines Produzenten werden nun die folgenden Annahmen getroffen:

A 1: Produktion ohne Einsatz von Faktoren ist nicht möglich.

A 2: Die Menge der Produktionsmöglichkeiten ist abgeschlossen.

Die Bedeutung dieser Annahmen sei anhand einer graphischen Darstellung der Produktionsmöglichkeiten im Falle von zwei Gütern erläutert. In *Figur 1* werden die Quanten des eingesetzten Gutes 1 auf der horizontalen, die des erzeugten Gutes 2 auf der vertikalen Achse abgetragen. Die erste Annahme besagt, daß Punkte im positiven Quadranten, in dem die Quanten beider Güter positiv sind, nicht zur Menge der Produktionsmöglichkeiten gehören. Um eine Produktion zu ermöglichen, muß vielmehr eines der Güter als Faktor eingesetzt werden. Wir nehmen an, das Gut 1 sei der Produktionsfaktor. Die von diesem Gute eingesetzten Quanten werden dann als negative Beträge vom Ursprung aus nach links abgetragen. Die Menge der möglichen Produktionsprozesse wird wie in *Figur 1* durch einen oberen Rand begrenzt. Prinzipiell möglich sind auch Punkte im negativen Quadranten. Dieser Fall der Güterverichtung soll im folgenden jedoch außer Betracht bleiben. Die zweite Annahme besagt, daß auch die Punkte auf dem oberen Rand des Produktionsmöglichkeitsbereiches realisiert werden können. Darin eingeschlossen ist die Implikation, daß auch der Nullpunkt möglich ist, die Produktion also jederzeit eingestellt werden kann.

b. Effizienz

Welches auch immer das Ziel eines Produzenten sein mag, die Auswahl des Produktionsvektors aus dem Produktionsmöglichkeitsbereich muß dem Prinzip der Effizienz genügen. Bevor wir eine allgemeine Definition des Effizienzbegriffes angeben, soll das Prinzip anhand eines Beispiels erläutert werden. Wir betrachten wieder den Fall, in dem ein Gut mit Hilfe eines einzigen Produktionsfaktors erzeugt wird. Die Produktionshöhe sei mit y_2 und der Faktoreinsatz mit y_1 bezeichnet. Die möglichen Produktionsprozesse werden dann durch die Vektoren $\mathbf{y}^i = (y_1^i, y_2^i)$ beschrieben, wobei der Index i den jeweiligen Produktionsprozeß kennzeichnet.

In *Figur 1* seien fünf solcher Produktionsprozesse betrachtet, die jeweils durch einen Punkt dargestellt werden. Man kann sich nun leicht klar machen, daß neben dem Nullpunkt, in dem eine Produktion nicht stattfindet, nur Produktionsprozesse wie y^1, y^2 und y^3 in Betracht kommen, die auf dem oberen Rand des Produktionsmöglichkeitsbereiches liegen. Würde einer der übrigen Prozesse gewählt, so gäbe es immer einen anderen Prozeß, bei dessen Verwendung man (wie bei y^1 im Vergleich mit y^5) bei gleicher Produktionshöhe mit einem geringeren Faktoreinsatz auskäme oder bei dem (wie bei y^3 im Vergleich mit y^4) mit gleichem Faktoreinsatz eine größere Produktion möglich wäre. Die Vektoren y^1, y^2 und y^3 werden als effizient, die übrigen als ineffizient bezeichnet.

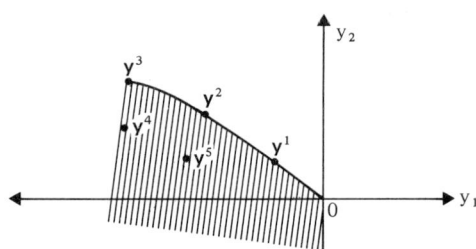

Figur 1

Allgemein ist ein Produktionsvektor $y^0 = (y_1^0, y_2^0, \ldots, y_n^0)$ effizient, wenn es keinen anderen Produktionsvektor y^1 gibt, für den $y^1 \geq y^0$ gilt.[1] Es darf also nicht möglich sein, mit gleichem Faktoreinsatz wenigstens von einem Gut mehr zu produzieren oder zur Produktion eines bestimmten Güterbündels einen Produktionsprozeß zu finden, bei dessen Verwendung wenigstens von einem Faktor weniger benötigt wird.

Wenn der Produktionsmöglichkeitsbereich eine abgeschlossene Menge darstellt, in *Figur 1* also nicht nur einzelne Punkte, sondern alle Punkte innerhalb und auf dem Rande des schraffierten Feldes realisierbar sind, werden die effizienten Punkte durch den oberen Rand gegeben.

Praktisch bedeutet das Effizienzprinzip, daß nur solche Produktionsmöglichkeiten verwirklicht werden, die den jeweils besten Stand der Technik repräsentieren. Das Effizienzprinzip gebietet also, daß veraltete Techniken, durch die eine Verschwendung von Produktionsfaktoren bedingt wird, außer acht gelassen werden.

c. Produktionsfunktionen

Das Ergebnis der Auswahl effizienter Produktionsmöglichkeiten aus den Produktionsmöglichkeiten wird in der Produktionsfunktion zusammengestellt. Im Beispiel der *Figur 1* wird die Produktionsfunktion durch den oberen Rand des Bereiches der Produktionsmöglichkeiten dargestellt. Allgemein könnte man die Produktionsfunktion $\Phi (y_1, y_2, \ldots, y_n) = 0$ schreiben.

---

[1] Das Zeichen „$\geq$" bedeutet, daß kein Element aus y^1 kleiner ist als das entsprechende Element aus y^0 und daß mindestens ein Element aus y^1 strikt größer ist als das entsprechende Element aus y^0.

Etwas klarer wird der Zusammenhang, wenn die eingesetzten Güterquanten, die Faktoren also, durch den Vektor $\mathbf{x} = (x_1, x_2, \ldots, x_m)$ und die produzierten Güterquanten durch den Vektor $\mathbf{q} = (q_1, q_2, \ldots, q_k)$ dargestellt werden, wobei $\mathbf{x} \in X$ und $\mathbf{q} \in Q$ ist und X und Q die Menge der möglichen Faktorbündel bzw. Produktionsbündel darstellen. Die Produktionsfunktion kann dann als

$$F : X \to Q$$

geschrieben werden. Ein Vektor der Faktoreinsätze läßt einen Vektor von Quanten der produzierten Güter entstehen. Bei dieser Art der Beschreibung des Zusammenhangs werden im Gegensatz zur Darstellung in *Figur 1* auch die Faktoreinsätze als positive Zahlen wiedergegeben.

Zur Vereinfachung der Darstellung werden wir im folgenden annehmen, daß nur ein einziges Gut produziert wird und dazu zwei Einsatzgüter, die Produktionsfaktoren K und L, benötigt werden. Der Vektor $\mathbf{q}$ besteht also nur aus einem einzigen Element und der Vektor $\mathbf{x} = (K, L)$ aus zwei Elementen.

Allgemein kann durch K und L der Einsatz beliebiger Faktoren bezeichnet werden. Häufig allerdings versteht man unter K den Einsatz von Kapital und unter L den Einsatz von Arbeit. Eine solche Deutung ist jedoch nur dann unangreifbar, wenn in der Produktion nur ein einziges homogenes Kapitalgut und eine einzige homogene Arbeitsart eingesetzt werden. Wird die Produktion mit heterogenen Kapitalgütern durchgeführt und sind an der Produktion verschiedene Arten menschlicher Arbeit beteiligt, so lassen sich die Faktoren nur unter sehr speziellen Voraussetzungen zu den Aggregaten K und L zusammenfassen. Der Leser sollte diesen Vorbehalt berücksichtigen, wenn im folgenden zur Veranschaulichung der Zusammenhänge oft von Kapital und Arbeit die Rede sein wird. (Zur weiteren Diskussion der hier angesprochenen Probleme vgl. Theoretische Volkswirtschaftslehre III, III. Kapitel.)

2. Eigenschaften einer Produktionsfunktion

a. Skalenerträge, Teilbarkeit und Additivität

Für eine Produktionsfunktion soll gelten:
A 3: Ein höherer Faktoreinsatz führt zu einer größeren Produktion;

$$\mathbf{x}^1 \geq \mathbf{x}^2 \Rightarrow F(\mathbf{x}^1) > F(\mathbf{x}^2).$$

Von einem höheren Faktoreinsatz $(\mathbf{x}^1 \geq \mathbf{x}^2)$ sprechen wir dann, wenn wenigstens von einem Faktor mehr eingesetzt wird, ohne daß von anderen Faktoren weniger verwendet wird. Die Möglichkeit, daß bei $\mathbf{x}^1 \geq \mathbf{x}^2$ auch $F(\mathbf{x}^1) \leq F(\mathbf{x}^2)$ sein könnte, wird durch das Effizienzprinzip ausgeschlossen.

Für die Analyse der Zusammenhänge ist es zweckmäßig, zwei Fälle der Veränderung des Faktoreinsatzes besonders hervorzuheben, nämlich den Fall der partiellen Faktorvariation, in dem nur die eingesetzte Menge eines einzigen Faktors verändert wird, und den Fall der Niveau- oder Skalenvariation, in dem der Einsatz aller Faktoren im gleichen Maße verändert wird, so daß ihr Einsatzverhältnis konstant bleibt. In diesem Abschnitt soll nur die Niveauvariation analysiert werden. Dem Fall der partiellen Faktorvariation werden wir uns dann im nächsten Abschnitt 2b zuwenden.

Bei einer Niveauvariation sind drei Fälle möglich:

• Konstante Skalenerträge, wenn eine Veränderung des Einsatzes aller Faktoren zu einer proportionalen Erhöhung der Produktion führt,

• zunehmende Skalenerträge, wenn bei gleichmäßiger Erhöhung des Einsatzes aller Faktoren eine überproportionale Erhöhung der Produktion eintritt,

• abnehmende Skalenerträge, wenn es zu einer unterproportionalen Zunahme der Produktion kommt.

Da bei einer Niveauvariation der Produktion und den dabei auftretenden Skalenerträgen der Einsatz aller Faktoren im gleichen Maße verändert wird, läßt sich bei der graphischen Darstellung die vereinfachende Annahme rechtfertigen, daß nur ein einziges Gut als Produktionsfaktor dient, das man sich als Repräsentant des in seiner Zusammensetzung unveränderten Bündels aller Produktionsfaktoren denken kann. Dementsprechend sind die drei möglichen Fälle der Skalenerträge in *Figur 2* wiedergegeben.

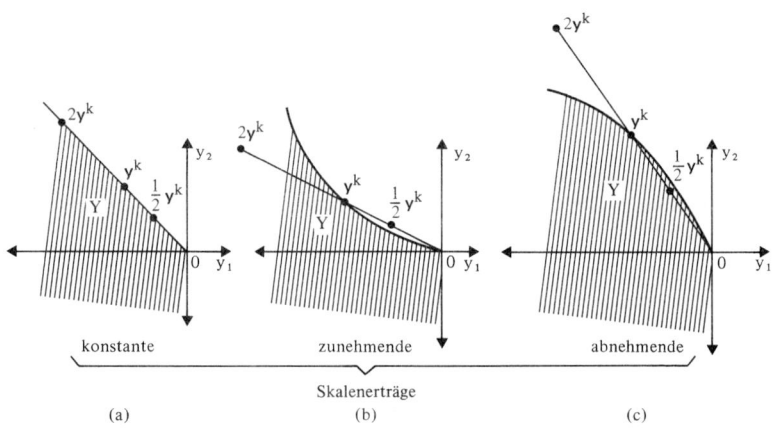

Figur 2

Die Art der Skalenerträge wird nun entscheidend dadurch determiniert, ob Teilbarkeit und Additivität der Produktionsprozesse vorliegt oder nicht. Wir wollen jetzt wie folgt vorgehen. Zuerst werden die beiden Annahmen der Teilbarkeit und Additivität beschrieben. Dann wird bewiesen, daß bei Erfüllung der beiden Annahmen die Menge der Produktionsmöglichkeiten konstante Skalenerträge aufweist. Danach werden wir zeigen, daß die Aufhebung der Annahme der Teilbarkeit zu zunehmenden Skalenerträgen und die der Additivität zu abnehmenden Skalenerträgen führt.

Teilbarkeit und Unteilbarkeit

Teilbarkeit bedeutet, daß sich die Produktionsprozesse, d.h. sowohl die erzeugten Güterquanten wie die Faktoreinsatzmengen beliebig teilen lassen. Wenn also $y \in Y$, so ist auch $\mu y \in Y$ für $0 \leqq \mu \leqq 1$.

Es ist klar, daß die Annahme der beliebigen Teilbarkeit von Einsatz- und Outputquanten in der Realität im strengen Sinne nicht erfüllt sein kann. Unteilbarkeiten sind in der Wirtschaft vielmehr recht häufig. Maschinen stellen ein Beispiel für nicht teilbare Produktionsmittel dar, und Brücken sind ein Beispiel für ein nicht teilbares Gut. Nichtteilbarkeit kann auch bei dem Einsatz menschlicher Arbeit auftreten. Wenn eine Spezialisierung von Arbeitern auf bestimmte Produktionsvorgänge vorgenommen wird, so stellt ein Team von spezialisierten Arbeitern eine unteilbare Einheit dar.

Graphisch läßt sich der Fall unteilbarer Güter und Produktionsmittel für den Zwei-Güter-Fall mit Hilfe der *Figur 3* darstellen.

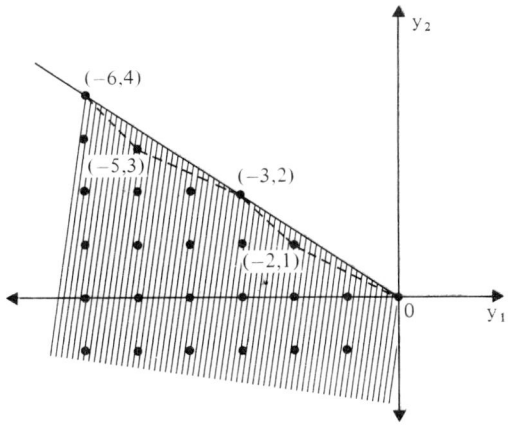

Figur 3

Die Produktionsmöglichkeiten werden durch die im schraffierten Bereich eingezeichneten Punkte wiedergegeben. Offenbar gilt dann die Teilbarkeitsannahme nicht. Die Verbindungslinie der Punkte $(0, 0)$, $(-3,2)$, $(-6,4)$ ist eine Einhüllungskurve, die den oberen Rand des Produktionsraumes beschreibt. Man kann jetzt folgendes erkennen: Bei einer Expansion der Produktion entlang dem oberen Rand herrschen konstante Skalenerträge. Bei einer Expansion vom Null-Punkt bis $(-3,2)$ via $(-2,1)$ und von $(-3,2)$ via $(-5,3)$ bis $(-6,4)$ treten jeweils zunehmende Skalenerträge auf, wie durch die gestrichelte Verbindungslinie der genannten Produktionspunkte zum Ausdruck gebracht wird. Wenn man sich nur für die Expansion entlang des oberen Randes interessiert, kann man die zwischen den auf dem Rand liegenden Punkten auftretenden zunehmenden Skalenerträge vernachlässigen. Für Fragestellungen dieser Art ist die Annahme konstanter Skalenerträge vertretbar. Man kann dann auf eine Einbeziehung der Unteilbarkeiten in die Analysc überhaupt verzichten und gleich die Teilbarkeitsannahme treffen. Frage-stellungen dieser Art werden behandelt, wenn man sich für langfristige Zu-sammenhänge interessiert. Wenn man jedoch auch kurzfristig relevante Phä-nomene in der Analyse erfassen möchte, wäre die Teilbarkeitsannahme irre-führend.

Additivität

Additivität bedeutet, daß dann, wenn zwei (oder mehr) Produktionsprozesse einzeln möglich sind, auch beide (bzw. alle) zusammen möglich sind. Wenn also $y^1 \in Y$ und $y^2 \in Y$, dann ist auch $y^1 + y^2 \in Y$. Additivität liegt also z. B. vor, wenn ein Produzent zu einer vorhandenen Fabrik eine identische zweite Fabrik errichten kann. Vielfach ist das deshalb nicht möglich, weil es für den einzelnen Betrieb spezifische Produktionsfaktoren gibt, die nicht in der Pro-duktionsfunktion berücksichtigt sind. Dazu gehört einmal die Unterneh-mensleitung. Sie ist für den Betrieb existentiell und kann nicht wie andere Faktoren quantitativ variiert werden. Andere spezifische Faktoren ergeben sich aus der Qualität des Standorts, die z. B. durch Bevölkerungsdichte der näheren Umgebung, die Entfernung von den Rohstofflieferanten und den Absatzgebieten sowie durch die Verfügbarkeit von Verkehrswegen und an-deren Infrastruktureinrichtungen bestimmt wird. Eine Ausdehnung der Pro-duktion bedingt vielfach eine Erweiterung des Absatzgebietes, so daß die zusätzliche Produktion nur unter zunehmenden durchschnittlichen Trans-portkosten der produzierten Einheit verkauft werden kann. Oder es müssen neue Käuferschichten erschlossen werden, was zusätzliche Vertriebskosten verursacht. Für das einzelne Unternehmen kann Additivität deshalb ge-wöhnlich nicht angenommen werden. Interessiert man sich jedoch für lang-fristige Entwicklungen, in denen neue Unternehmen und neue Betriebe ge-gründet werden, so mag die Additivitätsannahme in manchen Fällen berech-tigt sein.

Eine etwas andere Frage ist, ob Additivität für die gesamte Volkswirtschaft gewährleistet ist. Man könnte sich vorstellen, daß bei Freiheit des Marktzu-tritts neue Firmen eröffnet werden, die nach einer gewissen Zeit der Anpas-sung ebenso leistungsfähig sind wie die alten Firmen. Dann ist Additivität gegeben. Voraussetzung dafür ist freilich, daß genügend Ressourcen zur Verfügung stehen, um die Errichtung gleich leistungsfähiger Produktions-stätten zu erlauben. Das kann z. B. ausgeschlossen sein, wenn in der Land-wirtschaft mit zunehmender Produktion Böden mit immer geringerer Ergie-bigkeit bearbeitet werden müssen oder wenn im Bergbau zunehmend entle-genere Lagerstätten oder solche mit höheren Abbaukosten erschlossen wer-den müssen.

Konstante Skalenerträge bei Additivität und Teilbarkeit

Man kann nun zeigen, daß konstante Skalenerträge dann und nur dann vor-liegen, wenn Additivität und Teilbarkeit gegeben sind. Konstante Skalener-träge kann man wie folgt definieren: wenn y eine mögliche Produktion ist, so ist auch jedes beliebige Vielfache von y eine mögliche Produktion. Ist also $y \in Y$, so ist auch $my \in Y$ für $m \geqq 0$. In unserem Beispiel weist nur die

Menge der Produktionsmöglichkeiten in *Figur 2a* konstante Skalenerträge auf, denn eine Zunahme des Faktoreinsatzes führt zu einer proportionalen Erhöhung der Produktion. Aus *Figur 2a* ist unmittelbar ersichtlich, daß ein beliebiges ganzzahliges Vielfaches (Additivität) und ein beliebiger Bruchteil (Teilbarkeit) eines Vektors y^k aus Y ebenfalls zu Y gehört.

Wir beweisen jetzt zunächst allgemein, daß Teilbarkeit und Additivität hinreichend für konstante Skalenerträge sind. Es sei $y \in Y$ und $m = m^0 + b$ eine reelle Zahl, wobei m^0 die größte ganze Zahl darstellt, die nicht größer als m ist, also $m^0 \leqq m$. Wegen der Additivität ist auch $(m^0 + 1)y \in Y$, denn $(m^0 + 1)y$ ist ja ein ganzzahliges Vielfaches von y. Man definiere nun $\mu: = m/(m^0 + 1)$. Daher ist $0 \leqq \mu \leqq 1$. Auf Grund der Teilbarkeitsannahme ist dann auch $\mu(m^0 + 1)y \in Y$. Setzt man die Definition von μ ein, so folgt $my \in Y$. Das war zunächst zu beweisen. Wir müssen dann noch zeigen, daß Additivität und Teilbarkeit auch notwendige Voraussetzungen konstanter Skalenerträge sind, daß diese also nur dann auftreten, wenn sowohl Additivität als auch Teilbarkeit gegeben sind. Um das zu zeigen, kann man sich der *Figuren 2b* und *2c* bedienen.

Fehlende Teilbarkeit führt zu zunehmenden Skalenerträgen

Im Fall der *Figur 2b* gilt wohl die Annahme der Additivität, denn auch das Zweifache und jedes andere beliebige ganzzahlige Vielfache eines zu Y gehörenden Vektors y^k gehört ebenfalls zu Y. Nicht erfüllt ist dagegen die Annahme der Teilbarkeit, denn z. B. (½) y^k gehört nicht zu Y. Nun haben wir in *Figur 2b* zunehmende Skalenerträge, denn die Produktion nimmt mit steigendem Faktoreinsatz überproportional zu.

Fehlende Additivität führt zu abnehmenden Skalenerträgen

Im Fall der *Figur 2c* gilt die Annahme der Teilbarkeit, denn für einen beliebigen zu Y gehörenden Vektor y^k ist richtig, daß auch ein Bruchteil, z. B. (½) y^k zu Y gehört. Nicht erfüllt ist dagegen die Annahme der Additivität, denn ein beliebiges ganzzahliges Vielfaches des Vektors y^k, z. B. $2y^k$, gehört nicht zu Y. In *Figur 2c* liegen abnehmende Skalenerträge vor, denn die Produktion nimmt mit steigendem Faktoreinsatz nur unterproportional zu.

Das Fehlen einer der beiden Voraussetzungen, der Teilbarkeit oder der Additivität schließt also konstante Skalenerträge aus. Teilbarkeit und Additivität sind also auch notwendige Voraussetzungen für konstante Skalenerträge.

b. Partielle Faktorvariation: Grenzprodukt und Konkavität der Produktionsfunktion

Im folgenden sei eine Produktionsfunktion $q = F(K, L)$ betrachtet, nach der ein Gut mit Hilfe von zwei Faktoren erzeugt werden kann, deren Einsatzquanten mit K und L bezeichnet werden. Nach Annahme A 3 kann auch durch eine partielle Faktorvariation eine erhöhte Produktion erreicht werden. Eine an sich mögliche partielle Variation des Faktoreinsatzes ist jedoch nicht immer effizient, insbesondere dann nicht, wenn die Produktionsfunktion limitational ist. Ein Beispiel ist die Kombination zwischen einem Arbeiter und einem Spaten. Weder durch einen zusätzlichen Spaten für einen Arbeiter noch durch einen weiteren Arbeiter ohne Spaten kann die Produktion erhöht werden.

Solche limitationalen Einsatzverhältnisse trifft man in gegebenen industriellen Betrieben recht häufig an. Bei langfristiger Betrachtung, wenn es also um die Planung einer künftigen Produktion geht, ergibt sich jedoch gewöhnlich ein anderes Bild. Im allgemeinen stehen alternative Produktionsverfahren mit unterschiedlichen Faktoreinsatzverhältnissen zur Wahl. Tatsächlich ist in der Geschichte der Industrieländer die Kapitalintensität, das ist der Kapitalstock pro Arbeiter, ständig gestiegen und hat zu der gewachsenen Produktion pro Kopf beigetragen. Langfristig, d. h. für die Planung der zukünftigen Produktion, kann man deshalb davon ausgehen, daß eine partielle Faktorvariation effizient ist.

Für die Produktionsfunktion q = F(K, L) sollen zwei weitere Annahmen getroffen werden:

A 4: Die Funktion F ist im Definitionsbereich zweimal differenzierbar.

A 5: Es gilt das Gesetz des abnehmenden Grenzertrages.

Die Annahme A 4 dient dazu, das mathematische Werkzeug der Differentialrechnung nutzbar zu machen. Sie stellt eine Vereinfachung dar, die dadurch gerechtfertigt wird, daß die mit Hilfe des mathematischen Instrumentariums ableitbaren Richtungsprognosen einer empirischen Überprüfung standhalten.

Die bei der partiellen Faktorvariation auftretende zusätzliche Produktionsmenge für die jeweils letzte Einheit des variierten Faktors wird Grenzprodukt genannt. Man findet es als partielle Ableitung $F_K := \partial F/\partial K$ bzw. $F_L := \partial F/\partial L$ der Produktionsfunktion. Wegen der Annahme A 3 sind die Grenzprodukte stets positiv.

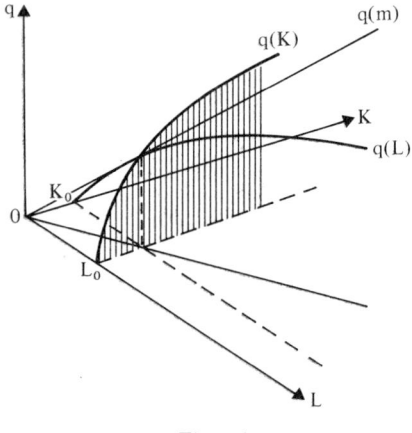

Figur 4

Die Annahme A 5 besagt, daß das Grenzprodukt eines Faktors mit zunehmendem Einsatz des betreffenden Faktors abnimmt, so daß $F_{KK} := \partial^2 F/\partial K^2 < 0$ und $F_{LL} := \partial^2 F/\partial L^2 < 0$ ist. Das damit beschriebene Gesetz vom fallenden

Grenzertrag wurde zuerst in der Landwirtschaft nachgewiesen, wo man beobachtete, daß zusätzlicher Arbeitsaufwand auf einem gegebenen Boden-
stück die Produktion nur unterproportional zu steigern vermag. Das Gesetz
scheint aber allgemein für alle Wirtschaftszweige gültig zu sein.[2]
Eine geometrische Veranschaulichung der Produktionsfunktion sei durch
Figur 4 vermittelt. Bei K_0 und L_0 sind Schnitte eingezeichnet, deren oberer
Rand die Produktionshöhe bei einer partiellen Variation des jeweiligen Faktors angibt; $q(K)$ stellt die Produktionshöhe dar, die sich bei einem gegebenen Einsatz L_0 bei einer partiellen Variation von K ergibt, und $q(L)$ die
Produktionshöhe, die man bei gegebenem K_0 durch eine partielle Variation
von L erhält.
Die Steigung der Kurven $q(L)$ und $q(K)$ gibt das Grenzprodukt des jeweils
variierten Faktors an. Die Steigung ist immer positiv und nimmt monoton
ab, denn annahmegemäß ist das Grenzprodukt eines Faktors immer positiv,
nimmt aber mit zunehmendem Einsatz des betreffenden Faktors ab.
Die Kurve $q(m)$ stellt den Verlauf der Produktionshöhe dar, der sich bei
einer Variation des Produktionsniveaus ergibt. Die Kurve ist in *Figur 4* linear
gezeichnet; damit wird der Fall konstanter Skalenerträge dargestellt. Bei
abnehmenden Skalenerträgen müßte die Linie $q(m)$ gegenüber der K-L-
Ebene ebenfalls mit abnehmender Steigung verlaufen. In diesem Fall wäre
die gesamte Produktionsfunktion strikt konkav. Bei konstanten Skalenerträgen, die wir in *Figur 2* dargestellt haben, ist die Produktionsfunktion zwar
nicht strikt konkav, sie kann aber gleichwohl als konkav bezeichnet werden.
Bei zunehmenden Skalenerträgen würde die $q(m)$-Linie gegenüber der K-L-
Ebene konvex verlaufen. Die Produktionsfunktion wäre in diesem Falle
nicht konkav.
Allgemein kann man auf Grund des Vorzeichens der Funktionaldeterminante

$$H = \begin{vmatrix} F_{KK} & F_{KL} \\ F_{LK} & F_{LL} \end{vmatrix}$$

feststellen, ob eine Produktionsfunktion strikt konkav, konkav oder nicht
konkav ist (*Kamien/Schwartz*, 1981, S. 262f.). In der Determinante H ist
$F_{KL} := \partial^2 F/\partial K \partial L$ und $F_{LK} := \partial^2 F/\partial L \partial K$. Es wird angenommen, daß die
Kreuzableitungen gleich sind. Es gilt also $F_{KL} = F_{LK}$. Die Produktionsfunk-
tion ist konkav, wenn $H \geqq 0$, strikt konkav, wenn $H > 0$, und nicht konkav,
wenn $H < 0$ ist.

c. Zusammenhang zwischen Skalenerträgen und der Grenzprodukti- vität der Faktoren

Der Zusammenhang zwischen Veränderungen des Faktoreinsatzes und den
dadurch ausgelösten Änderungen der Produktionshöhe kann durch das vollständige Differential

---

[2] Würde es nicht gelten, so könnte man die Weizenernte Kanadas aus einem Blumen-
topf gewinnen, indem nur immer mehr Arbeit aufgewendet würde.

$$dq = F_K dK + F_L dL$$

und der Zusammenhang zwischen den Veränderungsraten des Faktoreinsatzes und der Veränderungsrate der Produktion durch

$$\frac{dq}{q} = \frac{KF_K}{q}\frac{dK}{K} + \frac{LF_L}{q}\frac{dL}{L}$$

oder

$$(1) \quad \frac{dq}{q} = \alpha \frac{dK}{K} + \beta \frac{dL}{L}$$

beschrieben werden. Dabei ist $\alpha := KF_K/q$ die partielle Produktionselastizität des Faktors K und $\beta := LF_L/q$ die des Faktors L. Die partielle Produktionselastizität eines Faktors gibt (näherungsweise) an, um wieviel Prozent die Produktion steigt, wenn der Einsatz des betreffenden Faktors um 1% erhöht wird.

Wenn der Einsatz beider Faktoren, K und L, gleichmäßig um 1% zunimmt, steigt die Produktion um $\nu = \alpha + \beta$ Prozent. Durch ν wird deshalb die Niveau- oder Skalenelastizität der Produktion gemessen.

Homogene Produktionsfunktionen

Besonders einfach ist der Zusammenhang zwischen dem Einsatz an Produktionsfaktoren und dem Produktionsergebnis, wenn die Produktionsfunktion homogen ist. Zur Abbildung von Produktionsprozessen werden deshalb häufig homogene Produktionsfunktionen verwendet.

Homogene Produktionsfunktionen werden (im Zwei-Faktoren-Fall) dadurch definiert, daß die Beziehung

$$(2) \quad m^\nu q = F(mK, mL)$$

gilt. Wenn also der Faktoreinsatz auf das m-fache erhöht wird, so nimmt die Produktion auf das m^ν-fache zu. Der Exponent ν stellt dabei die Niveau- oder Skalenelastizität dar.

Um zu zeigen, daß ν ein Elastizitätskoeffizient ist, geht man von einem Einheitsniveau q_0 der Produktion aus, bei dem K_0 und L_0 Einheiten der Faktoren benötigt werden. Erhöht sich nun der Einsatz beider Faktoren auf das m-fache, dann steigt die Produktion auf das m^ν-fache des Einheitsniveaus q_0, also auf $q = m^\nu q_0 = F(mK_0, mL_0)$. Daraus folgt, daß die Veränderung des Produktionsniveaus bei einer marginalen Veränderung des Vervielfachungsfaktors m

$$\frac{\partial q}{\partial m} = \nu m^{\nu-1} q_0 = \nu \frac{q}{m}$$

oder

$$(3) \quad \frac{m}{q}\frac{\partial q}{\partial m} = \nu$$

ist.

Also gibt v (näherungsweise) an, um wieviel Prozent die Produktion steigt, wenn der Einsatz aller Faktoren gleichmäßig um 1% erhöht wird.

Konstante Skalenerträge liegen vor, wenn v = 1, zunehmende Skalenerträge wenn v > 1 und abnehmende Skalenerträge, wenn v < 1 ist. Wenn v = 1 ist, so heißt die Produktionsfunktion linear-homogen oder auch homogen vom Grade Eins.

Eulers Lehrsatz für homogene Funktionen

Für homogene Produktionsfunktionen besteht zwischen der Produktionshöhe, den Faktoreinsätzen und den Grenzprodukten eine einfache Beziehung, die durch *Eulers* Lehrsatz für homogene Funktionen begründet ist. In dem betrachteten Zwei-Faktoren-Fall gilt

(4) $\quad vq = F_K K + F_L L.$

Der Beweis dieses Satzes kann auf folgende Weise geführt werden: Setzt man m = 1/L, so folgt aus der Definition (2), daß $L^{-v} F(K,L) = F(K/L, 1)$. Daraus folgt, wenn k := K/L geschrieben wird, $F(K,L) = L^v f(k)$. Die Grenzprodukte der beiden Faktoren sind dann

$$F_K := \partial F/\partial K = L^{v-1} f'(k)$$
$$F_L := \partial F/\partial L = vL^{v-1} f(k) - kL^{v-1} f'(k) = L^{v-1} [vf(k) - k f'(k)].$$

Deshalb ist

$$F_K K + F_L L = K L^{v-1} f' + vL^v f - K L^{v-1} f' = vL^v f = vF(K,L) = vq,$$

was zu zeigen war.

Homothetische Produktionsfunktionen

Die homogenen Produktionsfunktionen besitzen den Nachteil, daß man im ganzen Definitionsbereich für die Gesamtheit aller möglichen Produktionsniveaus nur entweder konstante oder zunehmende oder abnehmende Skalenerträge voraussetzen kann. In der Realität ist es jedoch auch möglich, daß die Art der Skalenerträge von der Produktionshöhe abhängig ist. Man könnte sich etwa vorstellen, daß bis zum Überschreiten einer gewissen Produktionshöhe zunächst zunehmende Skalenerträge, daß danach konstante und schließlich abnehmende Skalenerträge auftreten. Dieses Phänomen läßt sich mit einer homogenen Produktionsfunktion nicht beschreiben. Man kann sich dazu jedoch einer homothetischen Produktionsfunktion bedienen, die bei zwei Produktionsfaktoren in der Form

$$q = F[G(K,L)]$$

geschrieben werden kann. Die Funktion G(K, L) soll dabei linear-homogen sein. Dagegen ist F eine beliebige monoton zunehmende Funktion von G. Ein Beispiel ist in *Figur 5* dargestellt. Auf der Abszisse ist G(K, L) abgetragen, das sich bei einer Variation des Einsatzes beider Faktoren ergibt, wenn K und L zueinander in einem konstanten Verhältnis stehen. Die Produktionsmenge wird dann bei zunehmendem Faktoreinsatz durch eine Kurve beschrieben, die zuerst eine zunehmende Steigung aufweist und nach einem Wendepunkt eine abnehmende Steigung.

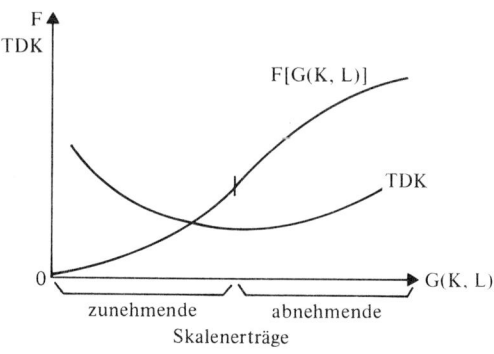

Figur 5

d. Substitution zwischen Produktionsfaktoren und Quasikonkavität

Zwischen den Produktionsfaktoren kann es Substitutionsmöglichkeiten geben. Indem man Produktionsprozesse austauscht, kann ein Faktor wenigstens zum Teil durch einen anderen ersetzt werden, z. B. Arbeitsleistungen durch Maschinen. In einem gegebenen Betrieb, der durch die Wahl eines ganz bestimmten Produktionsprozesses charakterisiert wird, ist eine Faktorsubstitution nicht möglich, denn die durch die Errichtung des Betriebes getroffene Wahl eines bestimmten Produktionsprozesses beinhaltet auch eine ganz bestimmte Relation der eingesetzten Faktoren. Bei der Planung eines neuen Betriebes dagegen besteht gewöhnlich eine Auswahlmöglichkeit zwischen alternativen Produktionsprozessen, die in der Produktionsfunktion zusammengestellt sind. Im Planungsstadium ist deshalb eine Substitution zwischen Produktionsfaktoren möglich. Ist aber einmal eine Wahl getroffen und ein Betrieb errichtet, so verliert die Produktionsfunktion ihre Aktualität. Die in der Produktionsfunktion beschriebenen Substitutionsmöglichkeiten sind nur noch insoweit relevant, als beim Ersatz veralteter Betriebsanlagen eine Wahl zwischen alternativen Produktionsprozessen besteht. Deshalb sagt man häufig, kurzfristig, d. h. für einen gegebenen Betrieb, sei eine Substitution nicht möglich, wohl aber langfristig, d. h. bei der Planung eines neuen Betriebes oder bei der Erneuerung eines Betriebes. Generell ist die Substituierbarkeit kurzfristig geringer als langfristig.

Zur Veranschaulichung der Faktorsubstitution läßt sich die Produktionsfunktion mit Hilfe von Isoquanten in der K-L-Ebene darstellen. Eine Isoquante ist die Menge aller Faktorkombinationen, die zur Realisierung einer bestimmten Produktion bei einer gegebenen Produktionsfunktion möglich sind. So stellt z. B. die in *Figur 6 a* abgebildete Isoquante q_1 alle Faktorkombinationen dar, die bei einer bestimmten Produktionsfunktion möglich sind und durch die die Produktionsmenge q_1 erzeugt wird. Geometrisch sind die Isoquanten nichts anderes als Höhenlinien, die man aus einer dreidimensionalen Darstellung ableiten kann. Man sucht auf der Produktionsfläche einer Darstellung von der Art der *Figur 4* Punkte gleicher Produktionshöhe und projiziert sie auf die K-L-Ebene. Dadurch erhält man eine Isoquante.

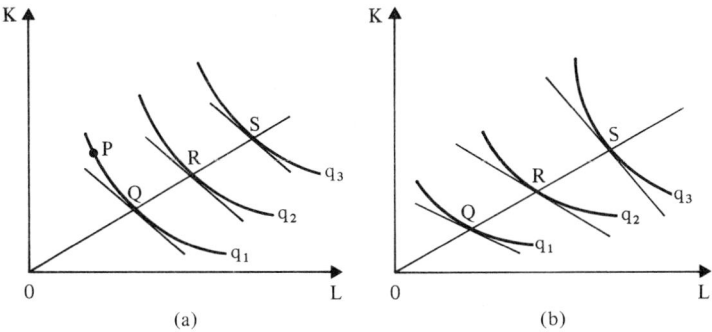

Figur 6

Wenn keine Substitutionsmöglichkeiten bestehen, schrumpft die Isoquante auf einen einzigen Punkt zusammen. Wird z. B. in einem gegebenen Betrieb die durch die Steigung des Strahls 0Q in *Figur 6a* bezeichnete Relation des Einsatzes von K und L realisiert, so sind nur Punkte auf diesem Strahl effizient. Zur Erzeugung der Produktion q_1 kommt nur der Punkt Q in Betracht.

In der *Figur 6* sind die Isoquanten konvex zum Ursprung gezeichnet. Das folgt nicht zwingend aus den bisher getroffenen Annahmen. Wir müssen deshalb den Zusammenhang zwischen dem Gesetz vom fallenden Ertragszuwachs und der Gestalt der Isoquanten etwas genauer untersuchen.

Grenzrate der Substitution

Bei einer Bewegung entlang einer Isoquante wie z. B. in *Figur 6a* von Punkt P zu Punkt Q wird ein Betrag ΔK des Faktors K durch einen Betrag ΔL des Faktors L bei Konstanz der Produktionshöhe substituiert. Das an einem Punkt der Isoquante geltende Austauschverhältnis zwischen den Faktoren wird als Grenzrate der Substitution bezeichnet.

Man kann nun zeigen, daß die Grenzrate der Substitution gleich dem Verhältnis der Grenzprodukte ist. Das kann mit Hilfe des vollständigen Differentials der Produktionsfunktion $dq = F_K dK + F_L dL$ abgeleitet werden. Berücksichtigt man, daß entlang einer Isoquante $dq = 0$ ist, so erhält man als Grenzrate der Substitution

$$(5) \qquad GRS = - \frac{dK}{dL} = \frac{F_L}{F_K} .$$

Wenn man eine Bewegung entlang einer Isoquante verfolgt, so nimmt auf einer zum Ursprung konvexen Isoquante die Grenzrate der Substitution bei einer Zunahme des Einsatzes von L ab. In diesem Fall ist

$$\frac{d(F_L/F_K)}{dL} = \frac{F_K(F_{LL} + F_{LK}\frac{dK}{dL}) - F_L(F_{KK}\frac{dK}{dL} + F_{KL})}{F_K^2}$$

woraus sich auf Grund von (5)

$$(6) \quad \frac{d(F_L/F_K)}{dL} = \frac{1}{F_K^3}(F_K^2 F_{LL} - 2F_K F_L F_{KL} + F_L^2 F_{KK}) < 0$$

ergibt. Das Gesetz vom fallenden Ertragszuwachs, also $F_{KK} < 0$ und $F_{LL} < 0$, ist dafür nur dann hinreichend, wenn die Kreuzableitung $F_{KL} > 0$ ist. Bei linear-homogenen Produktionsfunktionen ist das der Fall, denn bei dieser Klasse von Funktionen ist wegen $F_K = f'(k)$

$$F_{KL} = -f''(k)K/L^2 > 0.$$

Daraus kann man den Schluß ziehen, daß bei einer linear-homogenen Produktionsfunktion die Isoquanten stets strikt konvex zum Ursprung verlaufen.

In *Figur 6* repräsentieren weiter rechts liegende Isoquanten eine höhere Produktionsmenge. Bei einer Niveauvariation werden entlang eines Fahrstrahles sukzessive weiter rechts liegende Isoquanten erreicht. Die Grenzrate der Substitution kann sich entlang einem Fahrstrahl verändern. Bei homogenen Produktionsfunktionen ist die Grenzrate der Substitution jedoch entlang einem Fahrstrahl konstant, wie das in *Figur 6a* dargestellt ist. Beweisen kann man das, indem in (5) die im Beweis zu (4) angegebenen Ableitungen eingesetzt werden. Man erhält

$$GRS = \frac{vf(k) - kf'(k)}{f'(k)}$$

Die Grenzrate der Substitution ist bei homogenen Funktionen also lediglich eine Funktion der Kapitalintensität k und deshalb bei einer gegebenen Kapitalintensität unabhängig von der Produktionshöhe. Die Grenzrate der Substitution ist deshalb auf einem Fahrstrahl konstant.

Quasikonkavität

Wir haben zur Charakterisierung einer Produktionsfunktion bisher zwei Konzepte nebeneinander verwendet, die Konkavität der Produktionsfunktion und die Konvexität der Isoquanten. Wir wollen nun fragen, in welchem Zusammenhang sie stehen. Wenn die Produktionsfunktion so beschaffen ist, daß bei einer Erhöhung des Produktionsniveaus zunächst zunehmende, dann konstante und schließlich abnehmende Skalenerträge auftreten, ist die Funktion durchgängig weder konkav noch konvex. Gleichwohl können die Isoquanten alle konvex zum Ursprung verlaufen. In diesem Falle bezeichnet man die Produktionsfunktion als quasikonkav. Bei strikter Konvexität der Isoquanten ist sie strikt quasikonkav. Um den sicher realistischen Fall variabler Skalenerträge nicht auszuschließen, nehmen wir deshalb an:

A 6: Die Produktionsfunktion ist strikt quasikonkav.

Substitutionselastizität

Die Leichtigkeit, mit der die Faktoren gegeneinander substituiert werden können, wird mit Hilfe der Substitutionselastizität gemessen. Die Substitutionselastizität stellt eine Beziehung zwischen Veränderungen der Grenzrate der Substitution und der Kapitalintensität dar. Zur Veranschaulichung möge die *Figur 6c* dienen. Je größer die Grenzrate der Substitution ist, um so größer ist auch die Kapitalintensität. Die Substitutionselastizität wird durch

$$\sigma := \frac{d\,(K/L)/(K/L)}{d\,(GRS)/GRS}$$

definiert. Die Substitutionselastizität gibt daher näherungsweise an, um wieviel Prozent die Kapitalintensität bei einer einprozentigen Erhöhung der Grenzrate der Substitution zunimmt.

Geometrisch kommt die Substitutionselastizität in der Krümmung der Isoquante zum Ausdruck. Je geringer die Krümmung einer Isoquante ist, um so größer ist die Substitutionselastizität.

Generell kann man die Substitutionselastizität bestimmen, indem man die in der Definition angegebenen Ableitungen vornimmt.[3] Das ergibt

---

[3] Es gilt $d\,(K/L) = \dfrac{LdK - KdL}{L^2} = -\dfrac{[L(-dK/dL) + K]\,dL}{L^2}$ (I)

Setzt man $z := GRS$, so ist

$$d\,(GRS) = \frac{\partial z}{\partial K}\,dK + \frac{\partial z}{\partial L}\,dL = -\left[\frac{\partial z}{\partial K}\left(-\frac{dK}{dL}\right) - \frac{\partial z}{\partial L}\right]dL$$

$$= -\left(\frac{\partial z}{\partial K}\,z - \frac{\partial z}{\partial L}\right)dL. \qquad \text{(II)}$$

Setzt man (I) und (II) in die Definition von σ ein, so folgt

$$\sigma = \frac{z}{KL}\,\frac{Lz + K}{\dfrac{\partial z}{\partial K}\,z - \dfrac{\partial z}{\partial L}}. \qquad \text{(III)}$$

Ferner ist

$$\frac{\partial z}{\partial K} = \frac{\partial\,(F_L/F_K)}{\partial K} = \frac{F_K F_{LK} - F_L F_{KK}}{F_K^2}$$

$$\frac{\partial z}{\partial L} = \frac{\partial\,(F_L/F_K)}{\partial L} = \frac{F_K F_{LL} - F_L F_{KL}}{F_K^2}$$

und deshalb

$$\frac{\partial z}{\partial K}\,z - \frac{\partial z}{\partial L} = -\frac{1}{F_K^3}\,(F_L^2 F_{KK} - 2F_K F_L F_{KL} + F_K^2 F_{LL}) = T/F_k^3.$$

Nach Einsetzen in (III) folgt der im Text angegebene Ausdruck für σ.

5*

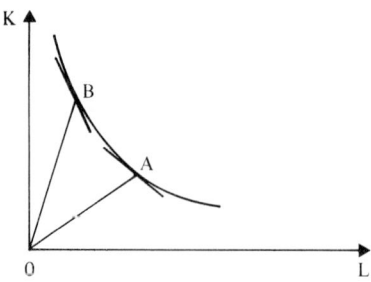

Figur 6c

$$\sigma = \frac{F_K F_L (K F_K + L F_L)}{KLT}$$

wobei $T = - (F_K{}^2 F_{LL} - 2 F_K F_L F_{KL} + F_L{}^2 F_{KK})$ ist.

Für den Fall linear-homogener Produktionsfunktionen läßt sich dieser Ausdruck vereinfachen, da[4]

$$F_{KK} = - \frac{L}{K} F_{KL} \text{ und } F_{LL} = - \frac{K}{L} F_{KL}$$

ist. Setzt man diese Beziehungen ein, so folgt

$$\sigma = \frac{F_K F_L}{F F_{KL}} = \frac{f' (f - k f')}{- k f'' f} \ .$$

Zwei Produktionsfunktionen spielen in der ökonomischen Theorie eine herausragende Rolle und sollen deshalb hier kurz behandelt werden. Es sind die *Cobb-Douglas-* und die CES-Produktionsfunktion.

Cobb-Douglas-Produktionsfunktion

Die *Cobb-Douglas*-Produktionsfunktion lautet

$$q = a K^\alpha L^\beta.$$

Darin sind α und β die als konstant angenommenen partiellen Produktionselastizitäten.[5] Die *Cobb-Douglas*-Produktionsfunktion ist homogen, denn $a (m K)^\alpha (m L)^\beta = m^{\alpha+\beta} a K^\alpha L^\beta = m^{\alpha+\beta} q$. Wenn sich die Produk-

---

[4] Da für eine linear-homogene Produktionsfunktion $F(K, L) = L f(K/L)$ gilt, ist $F_K = f'(K/L)$ und $F_{KK} = f''(.)/L$ sowie $F_{KL} = f''(.) (- K/L^2)$. Nach Eliminierung von $f''(.)$ folgt $F_{KK} = (- L/K) F_{LL}$. Analog wird der Ausdruck für F_{LL} hergeleitet.

[5] Um das zu sehen, schreibe man die Produktionsfunktion in logarithmischer Form, das ergibt $\ln q = \ln a + \alpha \ln K + \beta \ln L$.

Dann ist $\dfrac{\partial \ln q}{\partial \ln K} = \alpha$ die partielle Produktionselastizität des Kapitals, denn

$\dfrac{\partial \ln q}{\partial \ln K} = \dfrac{K}{q} \dfrac{\partial q}{\partial K}$. Analoges gilt für den Faktor Arbeit.

tionselastizitäten α und β gerade zu Eins ergänzen, ist die Produktionsfunktion linear-homogen. Bei $\alpha + \beta > 1$ liegen zunehmende Skalenerträge und bei $\alpha + \beta < 1$ abnehmende Skalenerträge vor. Man beachte, daß nach der *Cobb-Douglas*-Produktionsfunktion kein Faktor vollständig durch den anderen substituiert werden kann. Die Isoquanten der *Cobb-Douglas*-Produktionsfunktion können also die Achsen nicht schneiden.

Man kann sich leicht klar machen, daß die Substitutionselastizität der *Cobb-Douglas*-Produktionsfunktion genau gleich Eins ist. Wir gehen dazu von der Relation

$$\frac{\alpha}{\beta} = \frac{KF_K/q}{LF_L/q} = \frac{K/L}{F_L/F_K} = \frac{K/L}{GRS}$$

aus. Da α und β als konstant angenommen wurden, ist auch α/β konstant. Wenn sich daher die Grenzrate der Substitution um dGRS/GRS ändert, muß sich die Kapitalintensität um die gleiche Rate ändern. Das bedeutet aber, daß die Substitutionselastizität gleich Eins ist.

CES-Produktionsfunktion

Die CES-Produktionsfunktion[6] lautet

$$q = [\delta K^{-\varrho} + (1 - \delta) L^{-\varrho}]^{-v/\varrho}.$$

Diese Funktion enthält drei Parameter, den Verteilungsparameter δ, den Substitutionsparameter $\varrho = (1 - \sigma)/\sigma$ und den Skalenparameter v. Auch die CES-Produktionsfunktion ist homogen und zwar linear-homogen, wenn $v = 1$ ist. Sie besitzt zunehmende (abnehmende) Skalenerträge, wenn $v > 1$ ($v < 1$) ist. Die Substitutionselastizität kann größer oder kleiner als Eins sein. Ist sie gleich Eins, so ist die CES-Funktion mit der *Cobb-Douglas*-Funktion identisch.[7] Man beachte, daß bei einer Substitutionselastizität, die größer als Eins ist, ein Faktor vollständig durch den anderen ersetzt werden kann. In diesem Falle schneiden also die Isoquanten die Achsen.

3. Kostenkurve eines Produzenten

a. Kostenminimaler Faktoreinsatz

Es leuchtet unmittelbar ein, daß ein Produzent, der ein Gewinnmaximum zu realisieren sucht, auch die Produktionsfaktoren so einsetzen muß, daß bei gegebenen Preisen der Faktoren ein Kostenminimum erreicht wird. Solange es noch möglich ist, durch eine Veränderung des Einsatzverhältnisses der Faktoren die Kosten zu verringern, solange kann ein Gewinnmaximum noch nicht verwirklicht sein. Auf Grund dieser Plausibilitätsüberlegung, deren

---

[6] C(onstant) E(lasticity) (of) S(ubstitution). Konstanz der Substitutionselastizität bedeutet, daß sie von der Kapitalintensität unabhängig ist.

[7] Den Beweis mit Hilfe der Regel von *L'Hospital* findet der interessierte Leser bei *Beckmann/Künzi* (1964), S. 212.

Triftigkeit im nächsten Abschnitt noch bewiesen wird, können wir das Problem der Gewinnmaximierung in zwei Teilschritten lösen. Wir suchen für jede mögliche Produktionshöhe die kostenminimale Faktorkombination und ermitteln danach die gewinnmaximale Produktionshöhe.

Die Kosten werden bei gegebenen Faktorpreisen r für den Faktor K und w für den Faktor L durch die Gleichung

$$C = rK + wL$$

gegeben. Wenn man K als Kapital und L als Arbeit auffaßt, kann man r als den Nutzungspreis für eine Kapitaleinheit in einer Periode ansehen und w als den Lohnsatz, der in dieser Periode für eine Arbeitseinheit zu zahlen ist. Wenn man vereinfachend annimmt, daß der Preis des Kapitalgutes konstant ist und das eingesetzte Kapitalgut ewig hält, so daß Abschreibungen nicht berücksichtigt werden müssen, stellt r den Zins dar. Bei dem Einsatz eines Kapitalgutes mit endlicher Lebensdauer wird der Nutzungspreis des Kapitals durch den Kapitaldienst gegeben, der vom Zins, der Wertveränderung des Kapitalgutes und von der Abschreibung determiniert wird (vgl. auch IV. Kapitel).

Graphische Darstellung

Die Kosten sind für eine gegebene Produktionsmenge $q_0 = F(K, L)$ durch Variation der Faktoreinsätze zu minimieren. Das bedeutet, daß auf der Isoquante der Produktion q_0 die Faktorkombination zu suchen ist, bei der die Kosten ein Minimum erreichen. Die Lösung ist in der *Figur 7a* dargestellt. Eingezeichnet ist eine Isoquante und eine Serie von sogenannten Iso-Kostenlinien, welche durch die aus der Kostengleichung abgeleitete Formel

$$K = \frac{C}{r} - \frac{w}{r} L$$

gegeben werden. Die Iso-Kostenlinien besitzen eine Steigung von $-w/r$.

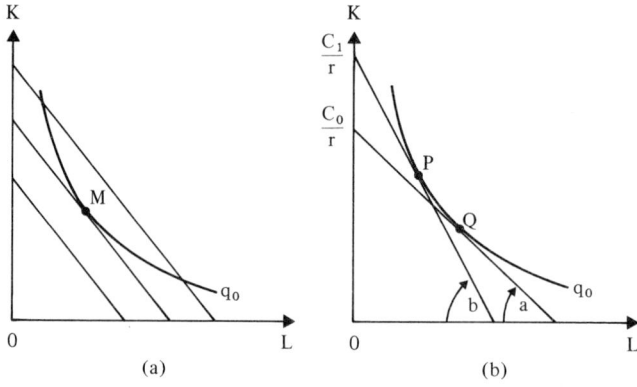

Figur 7

Auf der Ordinate ist der Betrag C/r abgetragen. Je näher eine Iso-Kostenlinie am Koordinatenursprung liegt, um so niedriger sind die von dieser Linie repräsentierten Kosten. Die minimalen Kosten zur Realisierung der Produktion q_0 sind offenbar bei der Faktorkombination erreicht, bei welcher die Isoquante gerade eine Iso-Kostenlinie berührt. Bei diesem Punkt auf der Isoquante ist die Grenzrate der Substitution, d. h. die Steigung der Isoquante, gleich dem Preisverhältnis der Faktoren. Es gilt

$$-\frac{dK}{dL} = \frac{F_L}{F_K} = \frac{w}{r} .$$

Daraus läßt sich die einleuchtende Regel

$$\frac{F_L}{w} = \frac{F_K}{r}$$

ableiten, nach der das Grenzprodukt für die letzte ausgegebene Geldeinheit beider Faktoren gleich sein muß.

Die kostenminimale Faktorkombination ist offenbar von dem vorgegebenen Faktorpreisverhältnis abhängig. Wenn sich das Lohn/Zins-Verhältnis erhöht, so nimmt die Kapitalintensität zu. Der relativ teurer gewordene Faktor wird durch den relativ billigeren Faktor ersetzt. Das ist in *Figur 7b* dargestellt. Das Lohn/Zins-Verhältnis hat sich von tan a auf tan b erhöht. Da eine bestimmte Produktionsmenge q_0 mit minimalen Kosten produziert werden soll, muß das nach der Veränderung des Lohn/Zins-Verhältnisses realisierte Kostenminimum ebenfalls auf der Isoquante q_0 liegen. Ein neuer Tangentialpunkt einer Iso-Kostenlinie mit der gegebenen Isoquante liegt bei P. Die Kapitalintensität hat sich erhöht. Das Ausmaß der Zunahme der Kapitalintensität bei einer Erhöhung der Lohn/Zins-Relation hängt von der Substitutionselastizität ab.

Algebraische Darstellung

Das graphisch gefundene Ergebnis kann man nun auch auf algebraischem Wege herleiten. Die ausführliche Darstellung dieser Art der Ableitung ist deshalb lohnend, weil sie sich auf allgemeinere Fälle mit einer größeren Zahl von Faktoren erweitern läßt und weil man auch im Falle von zwei Faktoren zusätzliche Einsichten gewinnen kann.

Zu lösen ist die Aufgabe, die Kostenfunktion durch eine geeignete Wahl des Faktoreinsatzes unter der Nebenbedingung einer Produktionsfunktion und einer gegebenen Produktionshöhe bei vorgegebenen Faktorpreisen zu minimieren:

$$\min_{K, L} C = rK + wL \quad \text{bei } q_0 = F(K, L).$$

Wenn die Produktionsfunktion explizit gegeben wäre, könnte man eine der Variablen eliminieren und dann nach der verbleibenden Variablen differenzieren, um die Bedingungen für das gesuchte Kostenminimum zu finden. Da die Produktionsfunktion im allgemeinen jedoch nicht in expliziter Form bekannt ist, muß man ein anderes Verfahren wählen. Dazu ersetzt man die ursprüngliche Aufgabe durch eine andere, äquivalente Aufgabe. Wir bilden zunächst die sog. *Lagrange*-Funktion

$$Z(K, L, \lambda) = rK + wL + \lambda \, [q_0 - F(K, L)].$$

Man kann zeigen (vgl. z. B. *Intriligator* 1971, S. 28 36): Notwendig für die Erreichung eines Kostenminimums unter der angegebenen Nebenbedingung ist, daß die ersten partiellen Ableitungen der *Lagrange*-Funktion nach K, L und λ Null sind. Der *Lagrange*sche Multiplikator λ ist zunächst eine unbekannte Variable. Wir werden aber gleich zeigen können, daß λ ökonomisch interpretiert werden kann.

Notwendig und hinreichend für ein Minimum der Kostenfunktion unter der angegebenen Nebenbedingung einer Produktionsfunktion und gegebener Produktionshöhe sind:

Bedingungen erster Ordnung

$$
(7) \quad
\begin{aligned}
\partial Z / \partial K &= r - \lambda F_K &&= 0 \\
\partial Z / \partial L &= w - \lambda F_L &&= 0 \\
\partial Z / \partial \lambda &= q_0 - F(K, L) &&= 0
\end{aligned}
$$

Bedingung zweiter Ordnung[8]

$$
(8) \quad \Delta =
\begin{vmatrix}
-\lambda F_{KK} & -\lambda F_{KL} & -F_K \\
-\lambda F_{LK} & -\lambda F_{LL} & -F_L \\
-F_K & -F_L & 0
\end{vmatrix}
< 0
$$

Die Bedingungen erster Ordnung besagen, daß ein Punkt auf der Isoquante q_0 zu realisieren ist, so daß

$$(7\,a) \quad \lambda = \frac{r}{F_K} = \frac{w}{F_L}$$

und demzufolge $w/r = F_L/F_K$ gilt. Wir erhalten so die gleichen Ergebnisse, die vorher schon auf graphischem Wege ermittelt wurden. Die Bedingung zweiter Ordnung besagt, daß ein Minimum der Kosten nur dann vorliegt, wenn die Isoquante strikt konvex zum Ursprung verläuft.[9]

---

[8] Zur Herleitung dieser Bedingung vgl. z. B. *Intriligator* 1971, S. 28–36, *Allen* 1972, S. 519.

[9] *Beweis:*
Multipliziert man die Determinante aus, so erhält man

$$\Delta = \lambda [F_K{}^2 F_{LL} - 2 F_K F_L F_{KL} + F_L{}^2 F_{KK}].$$

Ein Vergleich mit (6) zeigt, daß bei $\lambda > 0$ $\Delta < 0$, wenn $d(F_L/F_K)/dL < 0$, wenn also die Isoquante strikt konvex zum Ursprung verläuft. Wir werden nachher sehen, daß stets $\lambda > 0$ ist.

b. Kostenfunktion

Durch die Wahl eines kostenminimalen Faktoreinsatzes wird die Höhe der für die Produktion notwendigen Kosten bestimmt. Diese hängen von dem geplanten Produktionsniveau und von den Nutzungspreisen der Faktoren ab. In dem Fall der Produktion eines Gutes mittels Kapital und Arbeit kann die Kostenfunktion deshalb in der Form C = C(r, w, q) geschrieben werden. Die darin enthaltenen Zusammenhänge sollen zunächst auf graphischem Wege veranschaulicht werden.

Kosten und Faktorpreise

In *Figur 7b* wurde angenommen, daß sich der Lohnsatz w erhöht. Als Folge davon trat an die Stelle der durch Punkt Q dargestellten Faktorkombination die durch Punkt P beschriebene Kombination des Einsatzes von K und L. Dieser Vorgang führt zu einer Erhöhung der Kosten, denn die Isokostenlinie, welche die Isoquante q_0 beim Punkt P berührt, schneidet die Ordinate beim Wert C_1/r. Da sich der Zins r annahmegemäß nicht geändert hat, ist C_1 größer als C_0, die Kosten sind also infolge der Erhöhung des Lohnsatzes gestiegen. Analog läßt sich zeigen, daß bei einer Erhöhung des Kapitalnutzungspreises die Kosten zunehmen.

Kosten und Produktionshöhe

In *Figur 8* wird dargestellt, wie sich die Kosten unter der Annahme gegebener Faktorpreise r und w ändern, wenn das Produktionsniveau erhöht wird. Grundlage für die Ableitung der Kostenkurve ist der sog. Expansionspfad. Das ist eine Linie, die bei einem gegebenen Verhältnis der Faktorpreise die Kostenminima auf den einzelnen Isoquanten einer Produktionsfunktion verbindet. In *Figur 8* sind Expansionspfade dargestellt. Eingezeichnet ist jeweils eine Serie von Iso-Kostenlinien und Isoquanten, die sich bei den Punkten R, S und T berühren. In *Figur 8a* ist der Fall einer homogenen Produktionsfunktion abgebildet. Der Expansionspfad ist hier mit einem Fahrstrahl identisch. In dem durch *Figur 8b* wiedergegebenen Fall einer nicht homogenen Produktionsfunktion verläuft der Expansionspfad nichtlinear.

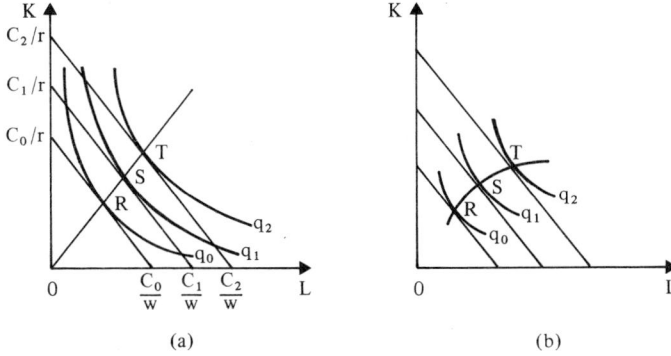

(a)   (b)

Figur 8

Die Kostenhöhe kann man an der Ordinate ablesen, auf der durch eine Iso-Kostenlinie jeweils C/r abgetragen wird. Man kann aus den Figuren unmittelbar erkennen, daß die Kosten, die bei einer Realisierung der Kostenminima entstehen, Funktionen der Produktionshöhe sind. Je größer die Produktion ist, um so höher sind die Kosten.

Die Grenzkosten

Man kann jetzt weiter zeigen, daß der *Lagrange*-Multiplikator nichts anderes darstellt als die Grenzkosten.

Die Bedingungen erster Ordnung stellen ein Gleichungssystem zur Bestimmung der kostenminimierenden Werte der endogenen Variablen K, L und λ dar, die bei den exogen gegebenen Werten der Faktorpreise r und w sowie der Produktionshöhe q zu realisieren sind. Die kostenminimierenden Werte der endogenen Variablen hängen also von den vorgegebenen Werten der exogenen Variablen ab. Dieser Zusammenhang kann durch die Gleichung

$$(9) \quad Z^*(q, r, w) = rK^*(q, r, w) + wL^*(q, r, w)$$
$$+ \lambda^*(q, r, w)[q - F(K^*(q, r, w), L^*(q, r, w))]$$
$$= C^*(q, r, w)$$

zum Ausdruck gebracht werden. Dabei ist $Z^* = C^*$, weil für jedes Niveau der Produktion $q = q_0$ die Gleichung $q = F(K, L)$ erfüllt ist.

Zur Herleitung der Grenzkosten bilden wir die partielle Ableitung

$$\frac{\partial Z}{\partial q} = (r - \lambda F_K)\frac{\partial K^*}{\partial q} + (w - \lambda F_L)\frac{\partial L^*}{\partial q} + [q - F(K, L)]\frac{\partial \lambda^*}{\partial q} + \lambda^*.$$

Berücksichtigt man die Minimumsbedingungen erster Ordnung, die Gleichungen (7), so sieht man, daß $\partial Z^*/\partial q = \lambda^*$. Da $Z^* = C^*$ und $\partial Z^*/\partial q = \partial C^*/\partial q$, gilt auch

$$(10) \quad \frac{\partial C^*}{\partial q} = \lambda^*.$$

Damit ist gezeigt, daß λ^* die Grenzkosten darstellt.

Durchschnittskosten bei homogenen Produktionsfunktionen

Den Verlauf der Kostenkurve kann man für den Fall einer homogenen Produktionsfunktion durch einen Vergleich von Grenzkosten und Durchschnittskosten näher bestimmen. Man kann insbesondere zeigen, daß sich variable Skalenerträge im Verlauf der Durchschnittskostenkurve ausdrücken. Die Durchschnittskosten sind

$$\frac{C}{q} = \frac{rK + wL}{q}.$$

Setzt man die Minimumsbedingungen erster Ordnung ein, also $r = \lambda F_K$ und $w = \lambda F_L$, so folgt

$$\frac{C}{q} = \frac{\lambda(F_K K + F_L L)}{q}.$$

Auf Grund des *Euler*'schen Satzes über homogene Funktionen, nach dem $vq = F_K K + F_L L$ ist, erhält man daraus

$$\frac{C}{q} = v\lambda.$$

Die Grenzkosten sind, wie im vorigen Abschnitt abgeleitet wurde, stets $\partial C/\partial q = \lambda$, so daß $v = \dfrac{C/q}{\partial C/\partial q}$, die Skalenelastizität also gleich dem Verhältnis zwischen Durchschnitts- und Grenzkosten ist. Vergleicht man Durchschnitts- und Grenzkosten, so folgt

$$v \left\{ \begin{matrix} \geqq \\ \leqq \end{matrix} \right\} 1 \Rightarrow \frac{\partial C}{\partial q} \left\{ \begin{matrix} \leqq \\ \geqq \end{matrix} \right\} \frac{C}{q} \; .$$

Bei konstanten Skalenerträgen ($v = 1$) sind also Durchschnitts- und Grenzkosten gleich hoch. In diesem Fall verläuft die Gesamtkostenkurve linear. Bei zunehmenden Skalenerträgen ($v > 1$) sind die Grenzkosten niedriger als die Durchschnittskosten. Aus der elementaren Kostentheorie wissen wir, daß die Durchschnittskostenkurve in einem solchen Falle sinkt. Bei abnehmenden Skalenerträgen ($v < 1$) sind die Grenzkosten höher als die Durchschnittskosten. Die Durchschnittskostenkurve steigt dann. Aus der Art der Skalenerträge kann man also auf den Verlauf der Durchschnittskosten schließen. Ein Schluß auf den Verlauf der Grenzkostenkurve ist hingegen nicht unmittelbar möglich.

Kostenfunktion bei variablen Skalenerträgen

Den klassischen u-förmigen Grenz- und Durchschnittskosten-Kurvenverlauf erhält man, wenn eine homothetische Produktionsfunktion angenommen wird und wie in *Figur 5* mit steigender Produktion zunächst zunehmende und später abnehmende Skalenerträge auftreten. Dementsprechend ist in *Figur 5* (S. 64) eine Durchschnittskostenkurve (TDK) eingezeichnet, die bis zum Wendepunkt der Kurve F fällt und danach, bei höherer Produktion, steigt.

Auch im Fall variabler Skalenerträge ist bei einer homothetischen Produktionsfunktion $q = F [G(K,L)]$ die Skalenelastizität gleich dem Verhältnis zwischen Durchschnitts- und Grenzkosten. Das läßt sich auf folgende Weise zeigen.

Die Kostenfunktion $C = rK + wL$ kann nach Einsetzen der für einen kostenminimalen Faktoreinsatz notwendigen Bedingungen $r = \lambda \, F'(G)G_K$ und $w = \lambda \, F'(G)G_L$ in der Form

$$C = \lambda \, F'(G) \, (G_K K + G_L L)$$

geschrieben werden. Da $G(K,L)$ annahmegemäß linear-homogen ist, erhält man unter Verwendung des Lehrsatzes von *Euler*

$$C = \lambda \, F'(G)G.$$

Dividiert man durch q, so folgt $C/q = \lambda\, F'(G)G/q$. Dabei ist $F'(G)G/q = \nu(G)$ die Skalenelastizität. Da $\lambda = \partial C/\partial q$ ist, ergibt sich

$$\frac{C/q}{\partial C/\partial q} = \nu(G).$$

Die Relation zwischen Durchschnitts- und Grenzkosten ist gleich der Skalenelastizität. Diese ist im Fall einer homothetischen Produktionsfunktion allerdings vom Produktionsniveau abhangig. Bei einem u-förmigen Durchschnittskostenverlauf nimmt $\nu(G)$ mit zunehmendem Produktionsniveau G ab und ist bis zum Minimum der Durchschnittskostenkurve größer als Eins, im Minimum der Durchschnittskostenkurve gerade gleich Eins und wird rechts vom Durchschnittskostenminimum kleiner als Eins.

In der Realität gibt es praktisch immer unteilbare Produktionsfaktoren und damit zunächst zunehmende Skalenerträge. Es gibt in der Regel auch für den Betrieb spezifische Faktoren, welche die Additivität der Produktionsprozesse verhindern und bei steigender Produktion schließlich zu abnehmenden Skalenerträgen führen. Deshalb ist für den einzelnen Produzenten die u-förmige Durchschnittskostenkurve durchaus realistisch. Wenn allerdings die Zahl der Produzenten einer Branche groß ist und auch die übrigen Bedingungen der vollständigen Konkurrenz erfüllt sind, so stellt sich ein Gleichgewicht ein, in dem alle Produzenten das Minimum ihrer Durchschnittskosten verwirklichen. Wenn dann bei ausreichendem Angebot an Ressourcen die langfristige Angebotskurve, wie im vorigen Kapitel gezeigt wurde, horizontal verläuft, wird ein Zustand realisiert, als ob in der Branche eine aggregierte Produktionsfunktion mit konstanten Skalenerträgen gelten würde. Wenn man sich also nur für die Verhältnisse der Branche und nicht für den einzelnen Betrieb interessiert, kann eine linear-homogene Produktionsfunktion durchaus als Näherung akzeptiert werden. Man muß sich jedoch darüber im klaren sein, daß die Vertretbarkeit dieses Vorgehens bei Abweichungen von der vollständigen Konkurrenz problematisch ist.

Kostenfunktion bei einer *Cobb-Douglas*-Produktionsfunktion

Nach der graphischen Darstellung ergibt sich die Kostenkurve auf Grund des Expansionspfades. Das bedeutet, daß durch eine Produktionsfunktion und die Kostengleichung auf Grund der Bedingungen für ein Kostenminimum eine Kostenfunktion determiniert wird. Wir wollen das für den Fall einer *Cobb-Douglas*-Produktionsfunktion jetzt beispielhaft darstellen. Die Kostenfunktion wird durch die folgenden Gleichungen impliziert:

$$q = aK^{\alpha}L^{\beta} \qquad \text{(Produktionsfunktion)}$$
$$C = rK + wL \qquad \text{(Kostengleichung)}$$
$$\alpha wL = \beta\, rK^{10} \qquad \text{(Expansionspfad)}$$

Aus der zweiten und dritten Gleichung erhält man die nachgefragten Faktoreinsätze

---

[10] Aus den Bedingungen erster Ordnung für ein Kostenminimum erhält man $wL/rK = LF_L/KF_K$. Für eine *Cobb-Douglas*-Produktionsfunktion ist die rechte Seite dieser Gleichung gleich β/α.

(11) $\quad K^{\star} = \dfrac{\alpha}{\alpha + \beta} \dfrac{C}{r}$

$\quad L^{\star} = \dfrac{\beta}{\alpha + \beta} \dfrac{C}{w}$.

Setzt man diese Werte in die Produktionsfunktion ein, so ergibt sich

$$q = a \left(\frac{\alpha}{\alpha + \beta} \frac{C}{r} \right)^{\alpha} \left(\frac{\beta}{\alpha + \beta} \frac{C}{w} \right)^{\beta}.$$

Löst man nach C auf, so erhält man die Kostenfunktion

(12) $\quad C = cq^{\frac{1}{\alpha + \beta}}$,

in der

$$c = \left[a \left(\frac{\alpha}{\alpha + \beta} \right)^{\alpha} \left(\frac{\beta}{\alpha + \beta} \right)^{\beta} \right]^{-\frac{1}{\alpha + \beta}} r^{\frac{\alpha}{\alpha + \beta}} w^{\frac{\beta}{\alpha + \beta}}.$$

Im Fall einer linear-homogenen Produktionsfunktion ist $\alpha + \beta = 1$. Deshalb sind in diesem Fall die Kosten eine lineare Funktion von q. Die Durchschnittskosten sind konstant und stimmen mit den Grenzkosten überein. Wenn zunehmende (abnehmende) Skalenerträge vorliegen, ist $\alpha + \beta > 1$ ($\alpha + \beta < 1$). Die Kosten nehmen dann mit steigender Produktion unterproportional (überproportional) zu und die Durchschnittskosten nehmen mit steigender Produktion ab (zu), wie man aus der Gleichung für die Durchschnittskosten

$$\frac{C}{q} = cq^{\frac{1 - \alpha - \beta}{\alpha + \beta}}$$

unmittelbar entnehmen kann.

c. Kosten und Faktorpreise: Dualität von Kosten- und Produktionsfunktion

Anhand des Beispiels einer *Cobb-Douglas*-Produktionsfunktion wurde die einer Produktionsfunktion bei kostenminimalem Faktoreinsatz zugeordnete Kostenfunktion, die Gleichung (12), abgeleitet. Damit wurde für dieses Beispiel gezeigt, daß zu der gewählten Produktionsfunktion eine Kostenfunktion mit ganz bestimmten Eigenschaften gehört. Eine solche Zuordnung gilt nun nicht nur im Fall einer *Cobb-Douglas*-Produktionsfunktion, sondern allgemein für jede andere Produktionsfunktion auch.

Kosten und Faktorpreise: *Shephards* Lemma

Auf graphischem Wege wurde oben (S. 70ff.) dargelegt, daß eine Erhöhung der Faktorpreise und eine Zunahme des Produktionsniveaus zu einer Steigerung der Kosten führt. Es war jedoch nicht möglich, auf diesem Wege festzustellen, ob bei einer Faktorpreiserhöhung die Kosten proportional, unter- oder überproportional zunehmen. Deshalb sollen die in der Kostenfunktion C(r, w, q) beschriebenen Zusammenhänge nun auf formalem Wege näher untersucht werden. Insbesondere ist es auf diese Weise möglich, den Einfluß der Faktorpreise auf die Kostenhöhe zu analysieren.

Ausgangspunkt und Grundlage dafür ist ein Satz, der gewöhnlich als *Shephards Lemma* bezeichnet wird (nach *Shephard, 1970*). Er besagt, daß die Nachfrage nach einem Produktionsfaktor unabhängig von der Art der Produktionsfunktion durch die erste partielle Ableitung der Kostenfunktion nach dem Preis des betreffenden Faktors gegeben wird. In dem hier behandelten Fall einer Produktionsfunktion mit zwei Produktionsfaktoren und einer Kostenfunktion C(q, r, w) wird die Nachfrage nach den Faktoren K und L deshalb durch

$$K^* = \partial C/\partial r, \quad L^* = \partial C/\partial w$$

gegeben.

Zum Beweis gehen wir von Gleichung (9) aus und bilden die partielle Ableitung nach r, wobei zu berücksichtigen ist, daß K^* und L^* Funktionen von q, r und w sind. Die partielle Ableitung ergibt

$$\frac{\partial Z^*}{\partial r} = (r - \lambda F_K)\frac{\partial K^*}{\partial r} + (w - \lambda F_L)\frac{\partial L^*}{\partial r} + [q - F(K^*, L^*)]\frac{\partial \lambda^*}{\partial r}$$

$$+ K^* = K^*(r, w, q) = \frac{\partial C\,r, w, q)}{\partial r} \quad \text{11}$$

Analog erhält man $L^*(r, w, q) = \partial C(r, w, q)/\partial w$.

Mit Hilfe von *Shephards* Lemma läßt sich nun ein einfacher und übersichtlicher Ausdruck für die Veränderung der Kosten bei einer Variation der Produktionshöhe und der Faktorpreise ableiten. Wir gehen aus vom totalen Differential der Kostenfunktion. Es lautet

$$dC = \frac{\partial C}{\partial r}\,dr + \frac{\partial C}{\partial w}\,dw + \frac{\partial C}{\partial q}\,dq.$$

Nach Umformung erhält man daraus für die Veränderungsrate der Kosten

$$\frac{dC}{C} = \left(\frac{q}{C}\frac{\partial C}{\partial q}\right)\frac{dq}{q} + \left(\frac{r}{C}\frac{\partial C}{\partial r}\right)\frac{dr}{r} + \left(\frac{w}{C}\frac{\partial C}{\partial w}\right)\frac{dw}{w}\,,$$

wobei die in Klammern stehenden Ausdrücke Kostenelastizitäten der Produktion bzw. der Faktorpreise darstellen.

---

[11] Im Fall der *Cobb-Douglas*-Produktionsfunktion ergibt z. B. die Ableitung der Kostenfunktion nach dem Zins r

$$\frac{\partial C}{\partial r} = \frac{\alpha}{\alpha + \beta}\frac{C}{r}\,.$$

Das aber ist gleich der aus Gleichung (11) resultierenden Nachfrage nach dem Faktor K.

Die Kostenelastizität der Produktion ist

$$\frac{q}{C} \frac{\partial C}{\partial q} = \frac{\partial C / \partial q}{C / q} = \frac{1}{v}$$

und damit gleich dem Kehrwert der Skalenelastizität der Produktion. Durch $1/v$ wird angegeben, um wieviel Prozent die Kosten steigen, wenn die Produktion bei gegebenen Faktorpreisen um ein Prozent erhöht wird.

Für die Kostenelastizität der Faktorpreise erhält man auf Grund von *Shephards* Lemma

$$\frac{r}{C} \frac{\partial C}{\partial r} = \frac{rK}{C} = : \alpha, \quad \frac{w}{C} \frac{\partial C}{\partial w} = \frac{wL}{C} = : \beta.$$

Die Kostenelastizitäten der Faktorpreise sind also gleich den auf die jeweiligen Faktoren entfallenden Kostenanteilen α und β, wobei $\alpha + \beta = 1$ ist.

Man kann daher für die Veränderungsrate der Kosten auch schreiben

$$\frac{dC}{C} = \frac{1}{v} \frac{dq}{q} + \alpha \frac{dr}{r} + (1-\alpha) \frac{dw}{w}.$$

Anhand dieses Ausdrucks läßt sich gut erkennen, wie sich die Kosten bei einer Variation der Produktionshöhe und der Faktorpreise verändern.

Für den Zusammenhang zwischen Kosten und Faktorpreisen gilt folgendes:
• Die Kostenfunktion ist linear-homogen in den Faktorpreisen. Wenn sich alle Faktorpreise im gleichen Maße erhöhen, so nehmen die Kosten proportional zu. Bei einer Zunahme der Faktorpreise um ein Prozent zum Beispiel steigen die Kosten ebenfalls um ein Prozent.

• Die Kostenfunktion ist bezüglich der Faktorpreise konkav. Wenn sich der Preis nur eines Faktors bei Konstanz des Produktionsniveaus erhöht, so nehmen die Kosten unterproportional zu, denn die Kostenelastizität der Faktorpreise ist α bzw. β und damit kleiner als Eins.[12]

Aus der Konkavität der Kostenfunktion bezüglich der Faktorpreise folgt, daß die Nachfrage nach einem Produktionsfaktor mit steigendem Nutzungspreis des betreffenden Faktors abnimmt. Konkavität beinhaltet nämlich, daß $\partial^2 C / \partial r^2 < 0$ und $\partial^2 C / \partial w^2 < 0$ ist. Daher folgt aus *Shephards* Lemma

$$\frac{\partial K^\star (r, w, q)}{\partial r} = \frac{\partial^2 C\,(r, w, q)}{\partial r^2} < 0$$

$$\frac{\partial L^\star (r, w, q)}{\partial w} = \frac{\partial^2 C(r, w, q)}{\partial w^2} < 0.$$

---

[12] Im allgemeinen nehmen bei einer Erhöhung eines Faktorpreises auch die Grenzkosten zu. Nur in dem – praktisch wohl seltenen Fall eines inferioren Faktors nehmen die Grenzkosten bei einer Erhöhung des Preises des inferioren Faktors ab (*Bear*, 1965). Von einem inferioren Faktor spricht man dann, wenn die Nachfrage nach einem Faktor entlang einem Expansionspfad bei zunehmender Produktion geringer wird. Inferiore Faktoren sind im Rahmen homothetischer Produktionsfunktionen ausgeschlossen.

Man kann ferner zeigen, daß

● bei homothetischen Produktionsfunktionen die Kostenfunktion trennbar in Bezug auf Produktionsniveau und Faktorpreise ist.

Bei einer homothetischen Produktionsfunktion kann man die Kostenfunktion als $C(r, w, q) = h(r, w)T(q)$ schreiben. Im Spezialfall einer linear-homogenen Produktionsfunktion gilt darüber hinaus $C(r, w, q) = c(r, w)q$, wobei $c(r, w)$ die Durchschnittskosten bezeichnet, die mit den Grenzkosten übereinstimmen.

Die Trennbarkeitseigenschaft der Kostenfunktion ergibt sich daraus, daß bei einer homothetischen Produktionsfunktion die Grenzrate der Substitution zwischen den Faktoren und damit die bei einem bestimmten Faktorpreisverhältnis gewählte Faktoreinsatzkombination nicht vom Produktionsniveau abhängt. Daher ist $K^{*}/L^{*} = (\partial C/\partial r)/(\partial C/\partial w)$ vom Produktionsniveau unabhängig. Das aber ist genau dann der Fall, wenn die Kostenfunktion $C(r, w, q) = h(r, w)T(q)$ lautet. Dann nämlich gilt

$$\frac{\partial C/\partial r}{\partial C/\partial w} = \frac{\partial h/\partial r}{\partial h/\partial w}$$

bei jedem Produktionsniveau.

Dualität zwischen Produktions- und Kostentheorie

Die Dualität zwischen Produktions- und Kostentheorie, die in den aufgeführten Zusammenhängen zum Ausdruck kommt, erlaubt es, produktionstheoretische Beziehungen alternativ mittels einer Produktionsfunktion oder einer Kostenfunktion zu beschreiben. Beides sind auf Grund der Dualität äquivalente Wege. Die Möglichkeit einer empirischen Überprüfung der Produktionstheorie ist durch die Dualitätstheorie daher erheblich erweitert worden. Man kann einmal so vorgehen, daß bestimmte funktionale Formen für die Produktionsfunktion vorausgesetzt werden (z. B. *Cobb-Douglas-* oder CES-Funktionen), um damit die produktionstheoretischen Implikationen mit der Empirie zu konfrontieren. Man kann auf Grund der Dualitätstheorie ber auch mit einer Kostenfunktion beginnen, um dann nach der Konfrontation mit empirischen Beobachtungen Rückschlüsse auf die Parameter der Produktionsfunktion (z. B. Substitutionselastizität, Skalenelastizität etc.) zu ziehen. (Vgl. *Diewert*, 1974 und *Fuss/McFadden*, 1978.)

4. Gewinnmaximum

a. Bedingungen des Gewinnmaximums

Bei der Analyse des kostenminimalen Faktoreinsatzes wurde die Produktionshöhe als Nebenbedingung vorausgesetzt. Wir müssen die Fragestellung jetzt erweitern und die Wahl der Produktionshöhe mit in die Betrachtung einbeziehen. Dazu gehen wir von der Zielsetzung der Gewinnmaximierung aus. Zunächst wird auf dem Absatzmarkt wie auf den Faktormärkten vollständige Konkurrenz vorausgesetzt, so daß der Produzent den Preis des verkauften Gutes wie auch die Preise der eingesetzten Faktoren als Daten betrachtet.

Vollständige Konkurrenz

Das Problem lautet dann, den Gewinn unter der Nebenbedingung einer Produktionsfunktion durch eine geeignete Wahl der Produktionsmenge und der Faktoreinsatzkombination zu maximieren,

$$\max_{K, L, q} \ G = pq - rK - wL \text{ bei } q = F(K, L).$$

Zur Lösung dieser Aufgabe bilden wir die *Lagrange*sche Funktion

$$Z(K, L, q, \lambda) = pq - rK - wL + \lambda[F(K, L) - q].$$

Die Bedingungen erster Ordnung lauten:

$$\frac{\partial Z}{\partial \lambda} = F(K, L) - q = 0 \quad \text{(Effizienz)}$$

(14)
$$\frac{\partial Z}{\partial K} = -r + \lambda F_K = 0$$
$$\frac{\partial Z}{\partial L} = -w + \lambda F_L = 0$$
(Kostenminimaler Faktoreinsatz)

$$\frac{\partial Z}{\partial q} = p - \lambda = 0 \quad \text{(Preis = Grenzkosten)}$$

Die Bedingungen zweiter Ordnung bestehen darin, daß an der Stelle des Gewinnmaximums, also lokal,

$$(15) \quad \Delta_1 = \begin{vmatrix} \lambda F_{KK} & \lambda F_{KL} & F_K \\ \lambda F_{LK} & \lambda F_{LL} & F_L \\ F_K & F_L & 0 \end{vmatrix} > 0, \ \Delta_2 = \begin{vmatrix} \lambda F_{KK} & \lambda F_{KL} & 0 & F_K \\ \lambda F_{LK} & \lambda F_{LL} & 0 & F_L \\ 0 & 0 & 0 & -1 \\ F_K & F_L & -1 & 0 \end{vmatrix} < 0$$

ist.

Die erste Gleichung der Maximumsbedingungen besagt, daß die Produktionsfunktion gelten soll, also technisch effizient produziert wird.

Man erkennt weiter, daß die beiden folgenden Gleichungen der Bedingungen erster Ordnung zusammen mit dem Vorzeichen von Δ_1 ein Kostenminimum sicherstellen. Wir finden hier also die schon oben auf Grund von Plausibilitätserwägungen geäußerte Vermutung bestätigt, daß ein Gewinnmaximum stets auch ein Kostenminimum beinhaltet.

Da $\lambda = r/F_K = w/F_L$ und λ deshalb gleich den Grenzkosten ist, besagt die vierte Gleichung der Bedingungen erster Ordnung, daß in einem Gewinnmaximum die Grenzkosten mit dem Preis übereinstimmen müssen. Das ist die aus der elementaren Preistheorie schon bekannte Regel.

Die notwendigen Bedingungen (14) zerfallen also in drei Teile:
- Effizienzbedingung,
- Kostenminimaler Faktoreinsatz,
- Preis gleich Grenzkosten.

Die notwendige Bedingung des Gewinnmaximums, nach welcher der Preis gleich den Grenzkosten sein muß, läßt sich unter Berücksichtigung der Tatsache, daß die Grenzkosten durch $\lambda = r/F_K = w/F_L$ gegeben werden, in eine leicht interpretierbare Form bringen. Man erhält

$$(16) \quad \begin{aligned} r &= p\, F_K \\ w &= p\, F_L. \end{aligned}$$

Der Wert des Grenzproduktes eines Faktors muß danach mit dem gegebenen Faktorpreis übereinstimmen. Solange der Wert des Grenzproduktes eines Faktors höher ist als der Preis dieses Faktors, lohnt es sich für den Produzenten, von diesem Faktor mehr einzusetzen.

Durch die Bedingungen erster Ordnung für ein Gewinnmaximum wird also, sofern ein eindeutiges Gewinnmaximum existiert, die Betriebsgröße wie auch die Höhe der Nachfrage nach den Produktionsfaktoren determiniert.

Der einschränkende Nebensatz hinsichtlich der Existenz eines eindeutigen Gewinnmaximums ist durchaus erforderlich. Eine eindeutige gewinnmaximale Betriebsgröße existiert dann nämlich nicht, wenn die Produktionsfunktion linear-homogen ist. Das kann man sich auf zwei verschiedenen Wegen klar machen. Einmal kann man die Maximumsbedingungen zweiter Ordnung betrachten. Rechnet man Δ_2 aus, so ergibt sich

$$\Delta_2 = -\lambda^2 \begin{vmatrix} F_{KK} & F_{KL} \\ F_{LK} & F_{LL} \end{vmatrix} = -\lambda^2 H.$$

Nun wissen wir (vgl. S. 61 und 68), daß bei einer linear-homogenen Produktionsfunktion die Funktionaldeterminante $H = 0$ ist. Zweitens wissen wir, daß bei einer linear-homogenen Produktionsfunktion die Grenzkosten konstant sind und mit den Durchschnittskosten übereinstimmen. Ist der Preis gleich den Grenzkosten, so ist die Betriebsgröße, die Produktion des einzelnen Anbieters, indeterminiert.

Ein eindeutiges Gewinnmaximum existiert jedoch, wenn auf Grund zuerst zunehmender und später abnehmender Skalenerträge die Durchschnittskosten mit steigender Produktion zuerst fallen und später steigen.

Monopol und Monopson

Für einen Produzenten, der eine Monopolstellung besitzt und deshalb bei einer Absatzvariation mit Preisänderungen rechnen muß, tritt an die Stelle der vierten Gleichung der Bedingungen erster Ordnung (14) die Gleichung

$$\frac{\partial Z}{\partial q} = p\left(1 - \frac{1}{\varepsilon}\right) - \lambda = 0.$$

Der Produzent muß in diesem Falle also diejenige Produktionshöhe realisieren, bei der die Grenzkosten λ gleich dem Grenzerlös $p\left(1 - \dfrac{1}{\varepsilon}\right)$ sind. Die übrigen Bedingungen erster Ordnung ändern sich nicht. Die Maximumsbedingungen zweiter Ordnung sind im Monopolfall stets erfüllt.

Für den Faktoreinsatz gilt im Monopolfall die Regel

$$r = p \left(1 - \frac{1}{\varepsilon}\right) F_K$$

$$w = p \left(1 - \frac{1}{\varepsilon}\right) F_L$$

nach der das Produkt des Grenzerlöses mit dem physischen Grenzprodukt eines Faktors mit dem jeweiligen Faktorpreis übereinstimmen muß.

Im Fall des Monopsons tritt an die Stelle des Faktorpreises die Grenzausgabe für den jeweiligen Faktor.

In der folgenden Tabelle sind die Gewinnmaximierungsbedingungen für die bisher behandelten Fälle zusammengefaßt. Dabei wird der Wert des Grenzproduktes eines Faktors abgekürzt als Grenzwertprodukt bezeichnet und das Produkt aus Grenzerlös und dem Grenzprodukt eines Faktors als Grenzerlösprodukt.

Produktmarkt / Faktormarkt	Vollständige Konkurrenz	Monopol
Vollständige Konkurrenz	Faktorpreis = Grenzwertprodukt	Faktorpreis = Grenzerlösprodukt
Monopson	Grenzausgabe = Grenzwertprodukt	Grenzausgabe = Grenzerlösprodukt

b. Preisänderungen

Für den Fall der Existenz eines eindeutigen Gewinnmaximums kann man in komparativ-statischer Analyse untersuchen, wie ein Produzent, der sich auf allen Märkten in vollständiger Konkurrenz befindet, auf Änderungen der Preise für das hergestellte Gut und die eingesetzten Faktoren reagiert.

Wir bezeichnen mit $\pi := (p, r, w)$ den Zeilenvektor der Preise und mit

$$\mathbf{y} := \begin{pmatrix} q \\ -K \\ -L \end{pmatrix}$$

den Spaltenvektor der Quanten der Produktion und der eingesetzten Faktoren. Der Gewinn ist dann das innere Produkt

$$G = \pi\mathbf{y} = (p, r, w) \begin{pmatrix} q \\ -K \\ -L \end{pmatrix} = pq - rK - wL$$

der beiden Vektoren.

Wenn es, wie vorausgesetzt wurde, ein eindeutiges Gewinnmaximum gibt, so gehört zu jedem Preisvektor π ein bestimmter Vektor $\mathbf{y}$, durch dessen

Realisierung cin Gewinnmaximum erreicht wird. Bei einem anderen Vektor $\pi' \neq \pi$ gibt es dementsprechend einen anderen Vektor $\mathbf{y}' \neq \mathbf{y}$, der zu einem Gewinnmaximum führt. Aus der Eindeutigkeit des jeweiligen Gewinnmaximums folgt, daß $\pi\mathbf{y} > \pi\mathbf{y}'$ bzw.

(17) $\pi(\mathbf{y} - \mathbf{y}') > 0$.

Ebenso gilt $\pi'\mathbf{y}' > \pi'\mathbf{y}$ bzw.

(18) $\pi'(\mathbf{y} - \mathbf{y}') < 0$.

Subtrahiert man von (17) den eindeutig negativen Betrag (18), so resultiert

$$(\pi - \pi')(\mathbf{y} - \mathbf{y}') > 0$$

oder, wenn $(\pi - \pi') = :\Delta\pi$ und $(\mathbf{y} - \mathbf{y}') = :\Delta\mathbf{y}$ gesetzt wird,

(19) $\Delta\pi \, \Delta\mathbf{y} > 0$.

In dem von uns betrachteten Fall eines produzierten Gutes und zweier Faktoren ist demnach

(19') $(\Delta p, \, \Delta r, \, \Delta w) \begin{pmatrix} \Delta q \\ -\Delta K \\ -\Delta L \end{pmatrix} > 0.$

Ändert sich nur der Preis des erzeugten Gutes, während die Faktorpreise konstant bleiben, so ergibt sich aus (19'), daß $\Delta p \, \Delta q > 0$ ist. Bei einer Preiserhöhung nimmt die Produktion und mithin das Angebot zu und bei einer Preissenkung nimmt das Angebot ab. Die durch das Gewinnmaximum implizierte Angebotskurve besitzt also einen eindeutig steigenden Verlauf. Wenn das Gewinnmaximum wegen konstanter Skalenerträge nicht eindeutig ist, so lautet (19) $\Delta\pi \, \Delta\mathbf{y} \geqq 0$. Das bedeutet, daß bei einer Preiserhöhung das Angebot nicht sinken kann, es steigt oder bleibt konstant.

Ändert sich nur der Preis eines Faktors, z. B. w, so ergibt sich aus (19'), daß $\Delta w(-\Delta L) > 0$ bzw. $\Delta w \, \Delta L < 0$ ist. Die Erhöhung eines Faktorpreises führt also zu einer Verminderung der Nachfrage nach diesem Faktor. Die Nachfragekurve für einen Faktor besitzt eine negative Steigung. Wenn das Gewinnmaximum wegen konstanter Skalenerträge nicht eindeutig ist, so folgt aus $\Delta\pi \, \Delta\mathbf{y} \geqq 0$, daß die Nachfrage nach einem Faktor bei einer Preiserhöhung nicht zunehmen kann, sie vermindert sich oder sie bleibt konstant.

Die bei eindeutigem Gewinnmaximum auftretende negative Steigung der Nachfragekurve für einen Faktor kann man auf zwei Effekte zurückführen. Durch die Erhöhung des Preises eines Faktors wird dieser Faktor relativ teurer und muß deshalb zur Aufrechterhaltung eines kostenminimalen Faktoreinsatzes teilweise durch den anderen Faktor substituiert werden. Zweitens werden durch die Verteuerung eines Faktors die Kosten erhöht, was zu einer Verschiebung der Grenzkostenkurve nach oben führt. Dadurch wird eine Senkung der Produktion hervorgerufen, wodurch sich der Einsatz beider Faktoren verringert. Die beiden Effekte wirken in gleicher Richtung und führen zu einer Verminderung der Nachfrage nach dem verteuerten Faktor.[13]

Kurzfristige vs. langfristige Nachfrage nach Produktionsfaktoren (*Le Chatelier*-Prinzip)

Die Nachfrage nach einem Produktionsfaktor reagiert bei einer Änderung eines Faktorpreises langfristig im allgemeinen stärker als kurzfristig. *Samuelson* hat die darin zum Ausdruck kommende allgemeine Gesetzmäßigkeit als *Le Chatelier*-Prinzip bezeichnet (*Samuelson* 1965).
Wir gehen davon aus, daß die gewinnmaximale Produktion und die dazugehörigen Einsatzmengen der Faktoren von den gegebenen Preisen des erzeugten Produktes und der Faktoren abhängig ist, so daß der maximale Gewinn für den Fall von zwei Faktoren, K und L, in der Form

$$G^{\star}(w, r, p) = pF[K^{\star}(w, r, p), L^{\star}(w, r, p)] - rK^{\star}(w, r, p) - wL^{\star}(w, r, p)$$

geschrieben werden kann. Ändert sich ein Faktorpeis, z. B. der Lohnsatz w, so ändert sich auch der maximale Gewinn und zwar um

$$\frac{\partial G^{\star}}{\partial w} = (pF_K - r)\,\frac{\partial K^{\star}}{\partial w} + (pF_L - w)\,\frac{\partial L^{\star}}{\partial w} - L^{\star}.$$

Unter Berücksichtigung der Gewinnmaximierungsbedingungen ergibt sich daraus

$$(20) \quad \frac{\partial G^{\star}}{\partial w} = -L^{\star}.$$

Analog würde man $\partial G^{\star}/\partial r = -K^{\star}$ erhalten. Die Nachfrage nach einem Produktionsfaktor ergibt sich bei Gewinnmaximierung also aus der Ableitung der Gewinnfunktion nach dem Preis des betreffenden Faktors. Dieses Ergebnis korrespondiert zu *Shephards* Lemma.

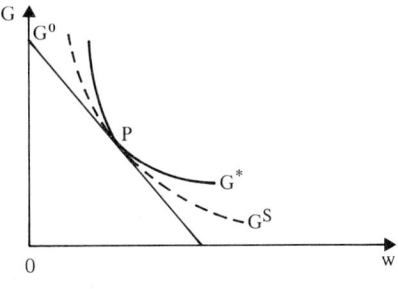

Figur 9

Die Abhängigkeit des maximalen Gewinnes von einem Faktorpreis ist in *Figur 9* veranschaulicht. Hier ist der Zusammenhang zwischen dem maxima-

---

[13] Der Leser sollte den Fehler vermeiden, in den Gleichungen (16) die Nachfragefunktionen nach den Faktoren zu erblicken.

len Gewinn und dem Lohnsatz durch die Kurve G* dargestellt. Diese Kurve verläuft konvex zum Koordinatenursprung und zwar aus folgendem Grund. Aus (20) erhält man durch Differenzieren nach w

$$-\frac{\partial L^*}{\partial w} = \frac{\partial^2 G}{\partial w^2} > 0,$$

denn oben wurde gezeigt, daß $\partial L^*/\partial w < 0$ ist. $\partial^2 G/\partial w^2 > 0$ bedeutet, daß die Steigung der in *Figur 9* eingezeichneten Kurve G* sich mit zunehmendem w vergrößert, daß der absolute Wert ihrer Steigung also sinkt.

Angenommen sei nun ein Fall, in dem die Einsatzmengen beider Faktoren nicht variiert werden können, so daß $L = L^0$ und $K = K^0$ ist. Die Gewinnfunktion lautet dann $G^0 = pF(K^0, L^0) - rK^0 - wL^0$. Das ist eine Gerade, die einen Tangentialpunkt P mit der Kurve G* aufweist. Dieser Tangentialpunkt liegt dort, wo der Lohnsatz w bei dem gegebenen Zinssatz r gerade so hoch ist, daß L^0 und K^0 die gewinnmaximalen Faktoreinsatzmengen sind. Bei jedem anderen Lohnsatz, sei er höher oder niedriger, ist der mit den fixen Faktoreinsätzen L^0 und K^0 erzielbare Gewinn geringer als der maximale Gewinn G*, der bei vollständiger Anpassung des Faktoreinsatzes an die Preisrelationen realisierbar ist. In *Figur 9* ist dementsprechend außerhalb des Tangentialpunktes P stets $G^0 < G^*$.

Man stelle sich nun eine Situation vor, in der nur der Arbeitseinsatz, nicht dagegen der Kapitaleinsatz variierbar ist. Bei einer Änderung des Lohnsatzes kommt es dann nur zu einer partiellen Anpassung des Faktoreinsatzes an die veränderten Preisrelationen. Offensichtlich ist auch in diesem Falle der erreichbare Gewinn niedriger als der maximale Gewinn, der bei vollständiger Anpassung aller Faktoreinsätze an die Änderung der Preisrelationen realisiert werden könnte. Eine solche partielle Anpassung entsteht vielfach dann, wenn sich kurzfristig bestimmte Faktoreinsätze, wie in unserem Falle der Kapitaleinsatz, nicht ändern lassen. Bezeichnet man den kurzfristig, d. h. bei partieller Anpassung erzielbaren Gewinn mit G^s, so ist außerhalb des Tangentialpunktes P stets $G^s < G^*$. Das setzt voraus, daß die in *Figur 9* gestrichelt eingezeichnete Kurve G^s weniger stark gekrümmt ist als die Kurve G*. Folglich ist $\partial^2 G^s/\partial w^2 < \partial^2 G^*/\partial w^2$. Das aber impliziert

$$-\frac{\partial L^s}{\partial w} < -\frac{\partial L^*}{\partial w}.$$

Die kurzfristige Reaktion der Nachfrage ist also geringer als die langfristige, d. h. bei vollständiger Anpassung eintretende Reaktion.

Nachfrage nach Produktionsfaktoren als „abgeleitete" Nachfrage

Die Nachfrage nach den Produktionsfaktoren ist eine abgeleitete Nachfrage, die von der Nachfrage nach dem Produkt abhängig ist, das mittels der Produktionsfaktoren erzeugt wird. Andererseits hängt auch der Güterpreis von den Faktorpreisen ab. Zur Analyse der Zusammenhänge legen wir ein Modell zugrunde, in dem die Nachfrage nach den Produktionsfaktoren in der bisher beschriebenen Weise von den Faktorpreisen und dem Preis des erzeugten Gutes abhängig ist. Führt man dann zusätzlich die Nachfrage nach dem produzierten Gut ein, so läßt sich auch der Preis dieses Gutes endogen bestimmen. Er ist dann auch von den exogen gegebenen Faktorpreisen abhängig.

Zur Vereinfachung der Analyse nehmen wir an, daß die Produktionsfunktionen aller Produzenten linear-homogen sind, so daß die Betriebsgröße der einzelnen Produktionsstätten nicht von der Kostenseite her determiniert ist. Dann ist die Annahme vertretbar, alle Produzenten erzeugten im Gleichgewicht die gleiche Produktion und auf sie entfiele stets ein identischer Anteil der Marktnachfrage, so daß sich die Marktnachfragefunktion in identische „individuelle Marktnachfragefunktionen" $q = \varphi(p)$ zerlegen läßt.

Wir können dann das Gleichungssystem

$$F(K, L) = \varphi(p)$$
$$pF_K(K, L) = r$$
$$pF_L(K, L) = w$$

betrachten, nach dem die Variablen K, L und p durch die exogenen Variablen r und w determiniert werden. Zur komparativ-statischen Analyse bilden wir das vollständige Differential

$$(21) \quad \begin{pmatrix} \varepsilon F & pF_K & pF_L \\ F_K & pF_{KK} & pF_{KL} \\ F_L & pF_{LK} & pF_{LL} \end{pmatrix} \begin{pmatrix} dp^\star \\ dK^\star \\ dL^\star \end{pmatrix} = \begin{pmatrix} 0 \\ dr \\ dw \end{pmatrix}$$

wobei $\varepsilon = -\varphi'(p)p/q$ die Preiselastizität der Nachfrage nach dem erzeugten Produkt ist. Man kann jetzt zur Auswertung des Gleichungssystems einige Umformungen vornehmen, die die Lösung erleichtern. Zuerst wird in der ersten Gleichung $pF_K = r$ und $pF_L = w$ gesetzt. In der zweiten und dritten Gleichung des Systems wird dann berücksichtigt, daß $F_{KL} = F_{LK}$ sowie

$$F_{KK} = -\frac{L}{K} F_{KL}, F_{LL} = -\frac{K}{L} F_{KL}, \sigma = \frac{F_K F_L}{F F_{KL}}$$

und deshalb

$$F_{KK} = -\frac{L}{K} \frac{F_K F_L}{\sigma F}, F_{LL} = -\frac{K}{L} \frac{F_K F_L}{\sigma F}, F_{KL} = \frac{F_K F_L}{\sigma F}$$

ist. Setzt man diese Ausdrücke ein, so erhält man

$$(22) \quad \begin{pmatrix} \varepsilon F & r & w \\ \sigma F & -\dfrac{L}{K} w & w \\ \sigma F & r & -\dfrac{K}{L} r \end{pmatrix} \begin{pmatrix} dp^\star \\ dK^\star \\ dL^\star \end{pmatrix} = \begin{pmatrix} 0 \\ \dfrac{\sigma p F}{r} dr \\ \dfrac{\sigma p F}{w} dw \end{pmatrix}$$

Aus diesem Gleichungssystem ergibt sich (z. B. mit Hilfe von *Cramers* Regel) die Elastizität des Güterpreises in bezug auf die Faktorpreise als

$$\frac{w}{p^\star} \frac{\partial p^\star}{\partial w} = \frac{wL}{pq} = : 1 - \alpha$$

$$\frac{r}{p^\star} \frac{\partial p^\star}{\partial r} = \frac{rK}{pq} = : \alpha.$$

Die Elastizität ist also gleich dem Kostenanteil des betreffenden Faktors. Beträgt die Lohnkostenquote z. B. 60 v. H., so führt eine Lohnerhöhung von 1 v. H. zu einer Preiserhöhung von 0,6 v. H., denn eine Erhöhung des Lohnsatzes führt zu einer unterproportionalen Zunahme der Grenzkosten (vgl. oben S. 79). Der Preis steigt also im gleichen Maße, wie die Grenzkosten durch eine Faktorpreiserhöhung zunehmen. Es sei hervorgehoben, daß dieses Ergebnis von der Voraussetzung vollständiger Konkurrenz abhängig ist. Bei Vorliegen von monopolistischer Marktmacht ändern sich die Güterpreise gewöhnlich in geringerem Maße als die Grenzkosten (vgl. oben S. 43).

Die Elastizitäten der Faktornachfrage in bezug auf die Faktorpreise betragen[14]

$$-\frac{r}{K^\star}\,\frac{\partial K^\star}{\partial r} = \alpha\varepsilon + (1-\alpha)\sigma \qquad -\frac{w}{K^\star}\,\frac{\partial K^\star}{\partial w} = (\varepsilon-\sigma)\,(1-\alpha)$$

$$-\frac{r}{L^\star}\,\frac{\partial L^\star}{\partial r} = (\varepsilon-\sigma)\alpha \qquad -\frac{w}{L^\star}\,\frac{\partial L^\star}{\partial w} = (1-\alpha)\varepsilon+\alpha\sigma.$$

Die Faktorpreiselastizitäten sind demnach abhängig von der Preiselastizität der Güternachfrage ε, von der Substitutionselastizität zwischen Kapital und Arbeit σ und von den Faktorkostenanteilen α und $1-\alpha$.

Die Gesamtwirkung einer Faktorpreisänderung auf die Nachfrage nach dem betreffenden Faktor läßt sich in zwei Teileffekte zerlegen, in einen Expansions- und einen Substitutionseffekt. Das sei beispielhaft für die Nachfrage nach Arbeitskräften dargelegt. Wenn der Lohnsatz w bei gegebenem Kapitalnutzungspreis r sinkt, so vermindern sich erstens die Grenzkosten, und als Folge davon sinkt der Preis des produzierten Gutes. Das führt zu einer Erhöhung der Nachfrage nach dem betreffenden Gut und, daraus abgeleitet, zu einer Mehrnachfrage nach Arbeitskräften. Zweitens wird Arbeit relativ billiger, so daß Kapital durch Arbeit substituiert wird und Arbeitskräfte vermehrt nachgefragt werden. Der Expansionseffekt ist um so größer, je höher die Preiselastizität der Nachfrage ε und der Arbeitskostenanteil $1-\alpha$ ist. Der Substitutionseffekt ist um so stärker, je größer die Substitutionselastizität zwischen Kapital und Arbeit σ und je höher der Kapitalkostenanteil α ist.

Noch einmal sei daran erinnert, daß bei Vorliegen von Monopolmacht der Güterpreis gewöhnlich in geringerem Maße sinkt als die Grenzkosten, so daß der Expansionseffekt einer Faktorpreissenkung durch Monopolmacht abgeschwächt wird.

---

[14] Angenommen ist dabei, daß die Angebotselastizitäten der Faktoren unendlich groß sind. Wenn die Angebotselastizität eines Faktors b kleiner als unendlich ist ($\eta < \infty$), so ist die abgeleitete Nachfrageelastizität des Faktors a durch die Formel

$$\frac{\sigma(\varepsilon + \eta) + \alpha\eta\,(\varepsilon - \sigma)}{\varepsilon + \eta - \alpha\,(\varepsilon - \sigma)} \text{ gegeben.}$$

Vgl. *Hicks* (1963), S. 244.

IV. Kapitel
Investitionen

Der zur Durchführung der Produktion notwendige Kapitalstock wird durch den Kauf von Kapitalgütern, durch eine Investition aufgebaut, durch Ersatz unbrauchbarer oder veralteter Kapitalgüter verändert und er kann durch Verkauf von Kapitalgütern oder das Unterlassen von Ersatzinvestitionen abgebaut werden. Im vorigen Kapitel wurde gezeigt, daß die Größe des jeweils gewünschten Kapitalstocks von der Höhe des Nutzungspreises des Kapitals abhängig ist. Es fragt sich, ob auch die Investitionen durch die Höhe des Nutzungspreises des Kapitals beeinflußt werden. Da Kapitalgüter in der Regel nicht innerhalb einer einzigen Periode verbraucht werden und sich der Aufbau und Abbau des Kapitalstocks über einen längeren Zeitraum erstreckt, ist es zweckmäßig, die Nachfrage nach Kapitalgütern im Rahmen eines langfristigen Maximierungskalküls zu analysieren. Auf den ersten Blick mag es sogar erscheinen, als müsse eine Analyse, die von der Maximierung des jeweiligen Periodengewinns ausgeht, zu falschen Ergebnissen führen. Es wird sich jedoch zeigen, daß das nicht der Fall ist. Gleichwohl ist eine Analyse auf der Grundlage der Annahme einer langfristigen Gewinnmaximierung für ein besseres Verständnis der Nachfrage nach Kapitalgütern förderlich.

1. Kapitalwert und interner Zins

a. Konzept des Kapitalwertes

Unter einem Kapitalwert versteht man den Gegenwartswert des Zeitpunktes t einer Reihe zukünftiger Einnahmen und/oder Ausgaben bzw. ihrer Differenz, der sich durch Diskontierung der Reihe auf den Zeitpunkt t ergibt. Das Ende der Reihe bezeichnet man als den Zeithorizont. Zur Diskontierung kann man einen einheitlichen Zinssatz verwenden oder, wenn man erwartet, daß sich der Zinssatz in der Zukunft verändern wird, auch einen der Erwartung entsprechenden variablen Zinssatz.

Bezeichnet man die einzelnen Elemente einer Reihe des jeweiligen Saldos von Einnahmen und Ausgaben mit $R(t)$ und den Zinssatz mit $i(t)$, so ist der Kapitalwert im Zeitpunkt t einer Reihe, die sich bis zum Zeithorizont T erstreckt, bei diskreter Betrachtung

$$X(t) = \sum_{\tau=t}^{T} R(\tau) \left[1 + i(\tau)\right]^{-(\tau-t)}$$

und bei stetiger Verzinsung

$$X(t) = \int_t^T R(\tau)\, e^{-\int_t^\tau i(z)\,dz}\, d\tau.$$

Wenn der Zins als konstant angenommen werden kann, so daß $i(t) = i =$ const. ist, so vereinfacht sich die Formel für den Kapitalwert auf

$$X(t) = \sum_{\tau=t}^T R(\tau)\,(1 + i)^{-(\tau-t)},$$

bei diskreter Betrachtung und bei stetiger Verzinsung auf

$$(1) \qquad X(t) = \int_t^T R(\tau)\, e^{-i(\tau-t)}\, d\tau.$$

Der Kapitalwert kann für jeden Zeitpunkt t von 0 bis T errechnet werden.

b. Kapitalwert eines Unternehmens

Die Lebensdauer eines Unternehmens ist im allgemeinen unbestimmt, so daß der Zeithorizont bei $T = \infty$ liegt. Der Kapitalwert ist der diskontierte Wert der Reihe des jährlichen Saldo zwischen Einnahmen und Ausgaben von der Gegenwart bis in die unendlich ferne Zukunft.

Der Saldo zwischen Einnahmen und Ausgaben ist die Differenz zwischen dem Erlös aus dem Verkauf der produzierten Erzeugnisse und der Summe aus dem laufenden Aufwand für variable Faktoren sowie dem Investitionsaufwand. Der Investitionsaufwand ist der Saldo aus dem Anschaffungsaufwand neuer Kapitalgüter und dem Veräußerungserlös gebrauchter Kapitalgüter.

Nimmt man vereinfachend an, das betrachtete Unternehmen produziere nur ein einziges Gut, setze menschliche Arbeit als einzigen variablen Faktor ein und verwende ein einziges Kapitalgut, so ist der jährliche Saldo von Einnahmen und Ausgaben

$$R = pq - wL - vI$$

wobei p der Preis des verkauften Produktes und v der Anschaffungspreis des Kapitalgutes ist, von dem hier angenommen sei, daß sein Wiederverkaufspreis am Ende der Nutzungsdauer Null ist.[1] Die Produktionshöhe sei entsprechend der Produktionsfunktion $q = F(K, L)$ vom Arbeitseinsatz L und vom Kapitalstock K abhängig.

Die in der Periode t vorgenommene Investition $I(t) = \dot{K} + \delta K(t)$ besteht aus der Nettoinvestition $\dot{K} = dK/dt$, durch die sich der Kapitalstock erhöht (oder bei einem Verkauf von Kapitalgütern auch vermindert), und der Er-

---

[1] Andernfalls erhöht sich R um den Verkaufserlös gebrauchter Anlagen oder R vermindert sich um die Abbruchkosten stillgelegter Anlagen.

satzinvestition, die hier als cin Bruchteil des Kapitalstocks angenommen wird.[2]

c. Kapitalwert eines einzelnen Investitionsprojektes

Einzelne Investitionsprojekte haben im allgemeinen eine endliche Lebensdauer von n Jahren. Am Ende der Nutzungsdauer kann das verwendete Kapitalgut manchmal am Markt verkauft werden. In vielen Fällen ist das jedoch ausgeschlossen, weil das Kapitalgut ausschließlich für die Bedürfnisse des Verwenders konstruiert wurde. In solchen Fällen entstehen bei der Stillegung von Anlagen sogar nicht selten Abbruchkosten.

Der Kapitalwert eines Projektes ist bei diskreter Verzinsung und konstantem Zinssatz

$$(2a) \quad x(t) = \sum_{\tau=t}^{n} E(\tau)(1 + i)^{-(\tau-t)}$$

und bei stetiger Verzinsung mit konstanter Rate

$$(2b) \quad x(t) = \int_{t}^{n} E(\tau) e^{-i(\tau-t)} d\tau.$$

In beiden Fällen ist E(t) der dem Projekt zurechenbare Überschuß der Erlöse über die laufenden Kosten sowie die Investitionsaufwendungen und eventueller Abbruchkosten zuzüglich des Verkaufserlöses für gebrauchte Anlagen.

d. Interner Zins

Der Kapitalwert eines Projektes ist eine Funktion des Saldos der Einnahmen und Ausgaben einschließlich des Wiederverkaufserlöses gebrauchter Anlagen und etwaiger Abbruchkosten, des Zinses r, des Endzeitpunktes n sowie des Zeitpunktes t, für den der Kapitalwert errechnet wird. Der Zins, bei dem der Kapitalwert Null wird, bei dem also der Gegenwartswert der Einnah-

---

[2] In der Realität treten bei Vergrößerungen des Kapitalstocks häufig Anpassungskosten auf. Die Installation von neuen Anlagen erfordert vielfach einen besonderen Aufwand und nicht selten sind mit einer Vergrößerung des Kapitalstocks auch innerbetriebliche Umstellungen der Organisation erforderlich, zu deren Durchführung Ressourcen aus ihrer üblichen Verwendung abgezogen werden müssen, so daß sich die laufende Produktion vermindert. Es liegt nahe anzunehmen, daß die Anpassungskosten um so höher sind, je größer die in einer Periode vorgenommenen Investitionen sind. Zur Darstellung dieser Zusammenhänge kann man die laufende Produktion, die am Markt verkauft werden kann, durch die erweiterte Produktionsfunktion

$$q(K, L, I) = F(K, L) - C(I)$$

beschreiben, in der C(I) die mit zunehmender Investition steigenden realen Anpassungskosten darstellt.

men genau gleich dem Gegenwartswert der Ausgaben einschließlich der Investitionsausgaben ist, wird als interner Zins bezeichnet. Er stellt die Rentabilität eines Investitionsprojektes dar. Nun muß man allerdings bedenken, daß der durch Gleichung (2a) gegebene Kapitalwert ein Polynom n-ten Grades darstellt, das grundsätzlich bis zu n verschiedene reelle Wurzeln haben kann. Es fragt sich dann, welche dieser Wurzeln der interne Zins ist. Um zu einer Antwort zu gelangen, sei zunächst die Frage gestellt, welche optimale Dauer ein Projekt besitzt.

Optimale Dauer eines Projektes

Ausgangspunkt ist die Überlegung, daß es gewöhnlich möglich ist, durch zusätzliche Aufwendungen, durch Investitionen und Erhaltungsaufwand, ein Projekt beliebig lange zu betreiben. Umgekehrt kann man ein Projekt gewöhnlich auch zu einem beliebigen Zeitpunkt abbrechen. Die Wahl des Zeitpunktes des Abbruchs eines Investitionsprojektes ist deshalb eine Frage, die unter ökonomischen Gesichtspunkten entschieden werden muß.

Es liegt nahe, die Dauer eines Projektes so zu wählen, daß der erwartete Kapitalwert am Beginn des Projektes ein Maximum wird (*Burmeister,* 1980). Ermitteln läßt sich der optimale Abbruchzeitpunkt, indem man für jeden Zeitpunkt $t > 0$ den Kapitalwert $x(t)$ für die technisch mögliche Restlaufzeit von t bis T errechnet, wobei T auch Unendlich sein kann. Um das zu veranschaulichen, sind in *Figur 1* Kapitalwertkurven für die jeweiligen Restlaufzeiten eingezeichnet, die für unterschiedliche Zinssätze und bei einer gegebenen Reihe von Salden aus Einnahmen und Ausgaben gelten. Die optimale Dauer des Projektes ergibt sich durch den Schnittpunkt der Kapitalwertkurven mit der Abszisse, der vielfach, aber nicht immer, vom Zins abhängig ist. Durch den Schnittpunkt einer Kapitalwertkurve wird diejenige Dauer des Projektes bezeichnet, bei der der auf den Beginn des Projektes bezogene Kapitalwert maximal wird; denn eine Verlängerung der Projektdauer würde wegen der Existenz negativer Restglieder den Kapitalwert wieder senken.

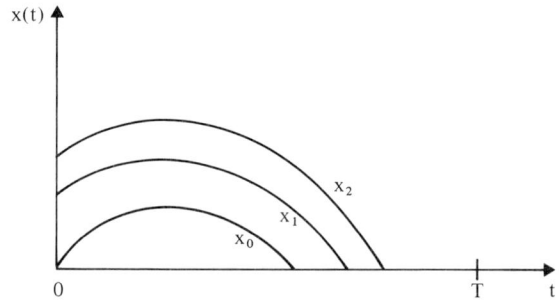

Figur 1

Eindeutigkeit des internen Zinses

Die Lage der Kapitalwertkurven in *Figur 1* hängt von der Höhe des Zinssatzes ab, mit dem die Diskontierung durchgeführt wird. Je höher der Zins, um so niedriger liegt die Kapitalwertkurve. Dieser Zusammenhang ist monoton, wie man sich auf folgende Weise klar machen kann. Zur Vereinfachung wird dabei angenommen, daß die optimale Lebensdauer n vom Zins unabhängig ist.[3] Der Kapitalwert in einem Zeitpunkt t ist

$$x(t) = E_t + E_{t+1}(1 + i)^{-1} + E_{t+2}(1 + i)^{-2} + \ldots + E_n(1 + i)^{-(n-t)}$$

und im folgenden Zeitpunkt t + 1

$$x(t + 1) = E_{t+1} + E_{t+2}(1 + i)^{-1} + \ldots + E_n(1 + i)^{-(n-t-1)},$$

so daß man für den Kapitalwert im Zeitpunkt t auch schreiben kann

$$x(t) = E_t + x(t + 1)(1 + i)^{-1}.$$

Wenn der Zins steigt, so vermindert sich $x(t)$, sofern $x(t + 1)$ positiv ist. Ein analoges Argument gilt für $x(t + 1)$, $x(t + 2)$ usw., solange der Kapitalwert der jeweils folgenden Periode positiv ist. Wenn also ein Investitionsprojekt in dem Zeitpunkt abgebrochen wird, in dem der Kapitalwert für die technisch mögliche Restlaufzeit Null wird, muß sich die Kapitalwertkurve in *Figur 1* monoton nach unten verschieben, wenn der Zins steigt. Dann aber gibt es genau einen Zinssatz, bei dem sie im Nullpunkt beginnt, so daß der Kapitalwert des Zeitpunktes 0 den Wert Null annimmt, also

$$x(0) = \sum_{\tau=0}^{n} E(\tau)(1 + i)^{-\tau} = 0$$

ist. Der interne Zins, der sich aus dieser Gleichung ergibt, ist eindeutig (*Hicks,* 1973).

Determinanten des internen Zinses

Die Determinanten des internen Zinses lassen sich mit Hilfe eines einfachen Beispieles darlegen. Wir betrachten dazu die Nutzung eines Kapitalgutes für eine einzige Periode. Das Kapitalgut, das zum Preis v gekauft wird, erbringt am Ende des Jahres einen Ertrag von E und verändert seinen Wert innerhalb des Jahres um Δv, so daß das gebrauchte Kapitalgut am Ende des Jahres zum Preis von $v + \Delta v$ verkauft werden kann. Dabei kann Δv positiv oder negativ sein. Der Gesamtertrag der Investition beträgt dann im betrachteten Jahr $E + v + \Delta v$. Dieser Ertrag steht am Ende des Jahres zur Verfügung. Am Anfang des Jahres steht ein Aufwand von v für die Anschaffung des Kapitalgutes. Der Kapitalwert des betrachteten Projektes ist deshalb am Anfang des Jahres

$$x(0) = (E + v + \Delta v)(1 + i)^{-1} - v.$$

Der interne Zins ergibt sich aus der Gleichung

$$(3a) \quad v = \frac{E + v + \Delta v}{1 + i}.$$

---

[3] Für einen allgemeinen Beweis vgl. *Hicks* (1973).

Sie läßt sich umformen zu

(3b)   E + v = (1 + i)v − Δv.

Auf der linken Seite steht dann der Bruttoertrag, der Ertrag E und die Wiedergewinnung des eingesetzten Kapitals. Mit Hilfe des wiedergewonnenen Kapitals kann die Investition in der nächsten Periode wiederholt werden. Auf der rechten Seite steht der Nutzungspreis des Kapitals, der Zins plus Abschreibungssatz mal dem Wert des eingesetzten Kapitals minus der Veränderung des Preises des Kapitalgutes. Die Abschreibungsrate beträgt in dem Beispiel, in dem das Kapitalgut nur für eine einzige Periode genutzt wird gerade Eins. Der Nutzungspreis des Kapitals wird also durch Zins, Abschreibung und Wertveränderung des Kapitalgutes determiniert.

Der interne Zins ist in dem dargestellten Beispiel

$$i = \frac{E}{v} + \frac{\Delta v}{v}$$

und setzt sich aus der Ertragsrate E/v und der Wertveränderungsrate zusammen. Ist Δv/v positiv, so ist ein Kapitalgewinn eingetreten, durch den der interne Zins günstig beeinflußt worden ist. Wenn Δv/v negativ ist, so hat sich ein Kapitalverlust ergeben, der den internen Zins ungünstig beeinflußt hat.

2. Langfristige Gewinnmaximierung

a. Maximierung des Kapitalwertes des Unternehmens

Wir wollen jetzt das Problem der Maximierung des Kapitalwertes eines Unternehmens, der durch die Gleichung (1) gegeben ist, diskutieren. Dabei sei t = 0 und T = ∞. Der jährliche Saldo der Einnahmen und Ausgaben sei R = pq − wL − vI und die Produktion werde durch die Produktionsfunktion q = F(K, L) gegeben. Von Anpassungskosten bei der Investition wird aus Gründen der Vereinfachung abgesehen. Die Investition ist I = $\dot{K}$ + δK. Setzt man die Gleichungen für R, q und I in Gleichung (1) ein, so erhält man

$$\int_0^\infty J(L, K, \dot{K}, t)\, dt = \int_0^\infty [pF(K, L) - wL - v(\dot{K} + \delta K)]\, e^{-it}\, dt.$$

Dieser Ausdruck ist durch die Wahl geeigneter Werte von L, K, und $\dot{K}$ zu maximieren.[4] Dabei sei vollständige Konkurrenz vorausgesetzt, so daß das Unternehmen p und v nicht beeinflussen kann.

Notwendig für die Verwirklichung eines Maximums ist einmal ∂J/∂L = 0 und zum anderen die Erfüllung der *Euler*-Gleichung

---

[4] Es handelt sich um ein Problem der Variationsrechnung. Zur Lösungsmethode vgl. den Mathematischen Anhang zur Theoretischen Volkswirtschaftslehre III.

$$\frac{\partial J}{\partial K} = \frac{d}{dt}\left(\frac{\partial J}{\partial \dot{K}}\right).$$

Rechnet man aus, so erhält man die beiden Bedingungen

(4) $pF_L = w$

(5) $pF_K = (\delta + i)\,v - \dot{v}.$

Gleichung (4) ist die aus der Theorie der kurzfristigen Gewinnmaximierung bekannte Bedingung, nach der das Grenzwertprodukt der Arbeit mit dem Lohnsatz übereinstimmen muß. Die Gleichung (5) besagt, daß der Wert des Bruttogrenzproduktes des Kapitals mit dem Nutzungspreis des Kapitals übereinstimmen muß, wobei der Nutzungspreis des Kapitals

$$r = (\delta + i)\,v - \dot{v}$$

durch Abschreibung, Zins und Wertveränderung des Kapitalstocks determiniert wird.

Ist in der einzelnen Periode der Nutzungspreis des Kapitals gegeben, so ist die Maximierung des Kapitalwertes des Unternehmens auch zu erreichen, indem in jeder Periode der Gewinn

$$G = pF(K, L) - wL - rK$$

durch die Wahl von K und L maximiert wird, so daß in jeder Periode $pF_L = w$ und $pF_K = r$ ist und dementsprechend der Preis p gleich den Grenzkosten ist.

b. Die Kapitalwertmethode der Wirtschaftlichkeitsrechnung

Die Kapitalwertmethode besagt, daß ein Investitionsprojekt dann realisiert werden sollte, wenn der Kapitalwert der zukünftigen Salden aus Einnahmen und laufenden Ausgaben die Anschaffungskosten des Kapitalgutes nicht unterschreitet. Wir wollen hier zeigen, daß die Befolgung dieser Regel zur Maximierung des Kapitalwertes des Unternehmens führt.

Die Kapitalwertmethode beruht auf einem Vergleich zwischen dem Kapitalwert der zukünftigen Salden aus Einnahmen und laufenden Ausgaben einerseits und dem Anschaffungspreis des Kapitalgutes andererseits. Bei der Ermittlung des Kapitalwertes dient als Diskontsatz der in den einzelnen Perioden herrschende Marktzins. Angenommen wird, daß der einzelne Investor keinen Einfluß auf den Marktzins auszuüben vermag. Wir gehen ferner davon aus, daß das Grenzprodukt des Kapitals fällt, wenn der Kapitaleinsatz bei gegebenem Arbeitseinsatz erhöht wird. Eine Zunahme des Kapitaleinsatzes erfolgt dann entsprechend der Kapitalwertmethode solange, bis der Kapitalwert des Wertes des Grenzproduktes der letzten eingesetzten Kapitaleinheit mit dem Anschaffungspreis der letzten Kapitaleinheit übereinstimmt.

Kehrt man zu dem oben verwendeten einfachen Beispiel zurück, so gilt im Gleichgewicht für die letzte investierte Kapitaleinheit die Gleichung (3a). Bezeichnet man mit $pF_K - \delta v$ den Nettoertrag der letzten eingesetzten Kapitaleinheit, so gilt generell

$$(6) \qquad v(t) = \int_t^T [pF_K - \delta v]\, e^{-i(\tau - t)}\, d\tau.$$

Der Anschaffungspreis der letzten Einheit des Kapitalgutes muß mit dem Kapitalwert des Ertrags der Investition übereinstimmen. Wenn man die vorstehende Gleichung (6) nach t differenziert,[5] so ergibt sich $\dot{v} = -(pF_K - \delta v) + iv$ oder (die Gleichung (5))

$$pF_K = (\delta + i)\, v - \dot{v}.$$

Das ist die Optimumsbedingung für den Kapitaleinsatz zur Maximierung des Kapitalwertes des Unternehmens. Die Kapitalwertmethode und die Maximierung des Kapitalwerts des Unternehmens sind also äquivalent.[6]

c. Abhängigkeit der Investition vom Zins

Unmittelbar abhängig vom Zins ist der zur Kapitalwertmaximierung erforderliche und daher angestrebte Kapitalstock eines Unternehmens. Eine Abhängigkeit der Investition vom Zins besteht nur mittelbar.

Der Zusammenhang ist am einfachsten bei den Ersatzinvestitionen. Bei gegebenem Kapitalstock ist nach Erreichung eines Gleichgewichtes $I = \delta K$. Da K vom Zins abhängig ist, hängt bei konstantem Abschreibungssatz δ auch die Ersatzinvestition vom Zins ab.

Etwas verwickelter liegen die Dinge bei der Nettoinvestition. Durch die Nettoinvestition soll der tatsächliche Kapitalstock auf das bei gegebenem

---

[5] Die Differenzierung erfolgt nach der Formel für die Differenzierung eines Integrals nach einem Parameter, wenn die Integrationsgrenzen von dem betreffenden Parameter abhängig sind (*Leibniz*sche Formel). Der Parameter ist hier t und die Formel lautet

$$\frac{d}{dt} \int_{a(t)}^{b(t)} f(t,\tau)\, d\tau = b'(t)\, f(t,b) - a'(t)\, f(t,a) + \int_a^b \frac{\partial}{\partial t} f(t,\tau)\, d\tau.$$

Angewandt auf die Gleichung (6) ergibt sich, wenn man $pF_K - \delta v = h(\tau)$ setzt und berücksichtigt, daß $b(t) = T$ und deshalb $b'(t) = 0$ ist,

$$\dot{v} = -h(t)\, e^{-i(t-t)} + \int_t^T \frac{\partial}{\partial t} h(\tau)\, e^{-i(\tau - t)}\, d\tau.$$

Daraus erhält man

$$\dot{v} = -h(t) + r \int_t^T h(\tau)\, e^{-i(\tau - t)}\, d\tau = -h(t) + iv.$$

Ersetzt man wieder $h(\tau) = pF_K - \delta v$, so ergibt sich $\dot{v} = -(pF_K - \delta v) + iv$.

[6] In dem oben verwendeten einfachen Beispiel entspricht der Gleichung (5) die Gleichung (3b).

Zins angestrebte Niveau gebracht werden. Daher löst eine Zinssenkung, durch die sich der angestrebte Kapitalstock erhöht, eine Nettoinvestition aus. Der angestrebte Kapitalstock wird um so stärker erhöht, je stärker der Zins gefallen ist, je niedriger er also im Augenblick ist. Deshalb ist auch die Nettoinvestition, die zur Realisierung des angestrebten Kapitalstocks erforderlich ist, um so größer, je niedriger der Zins ist.

Stellt man sich vor, daß der Anpassungsbedarf schrittweise verwirklicht wird, so kommt man zum modifizierten Akzelerationsprinzip der Investitionstheorie. Danach ist die Nettoinvestition

$$\dot{K} = a(K^* - K),$$

wobei K^* der zur Maximierung des Kapitalwertes des Unternehmens erforderliche und daher optimale Kapitalstock ist. Die Anpassung an den optimalen, angestrebten Kapitalstock vollzieht sich nun so, daß in jeder Periode der Bruchteil $a < 1$ des noch bestehenden Anpassungsbedarfs verwirklicht wird. Da K^* vom Zins abhängig ist, wird bei einem gegebenen Kapitalstock K auch die Nettoinvestition vom Zins bestimmt.

In jeder Periode und damit bei jedem aus der Vergangenheit vorhandenen tatsächlichen Kapitalstock K gibt es daher einen inversen funktionalen Zusammenhang zwischen Zins und Nettoinvestition. Ein über die Zeit hinweg stabiler funktionaler Zusammenhang zwischen Investition und Zins besteht jedoch nicht. Da die Differenz zwischen dem aus der Vergangenheit gegebenen Kapitalstock K und dem angestrebten Kapitalstock im Zeitablauf Schwankungen unterliegt, kann im Zeitverlauf der gleiche Zins unterschiedlich hohe Nettoinvestitionen hervorrufen. In einem bestimmten Zeitpunkt aber, bei gegebenem Kapitalstock K ist die Nettoinvestition um so größer je niedriger der Zins ist.

3. Ersatzinvestitionen

Die Annahme, daß die Ersatzinvestitionen entsprechend der Abschreibung in einem festen Verhältnis zum Kapitalstock stehen, beruht einmal auf der Voraussetzung einer gegebenen Lebensdauer des einzelnen Kapitalgutes und zum anderen darauf, daß jedes Kapitalgut am Ende seiner wirtschaftlichen Nutzungsdauer durch ein neues Kapitalgut mit mindestens gleicher Produktionskapazität ersetzt wird. Auch bei einer gegebenen wirtschaftlichen Lebensdauer hängt die Vornahme einer Ersatzinvestition jedoch davon ab, ob die bisherige Produktionskapazität aufrechterhalten werden soll. Wenn das nicht der Fall ist, kann durch Unterlassen von Ersatzinvestitionen der Kapitalstock und damit die Produktionskapazität vermindert werden.

Soll die bisherige Produktionskapazität aufrechterhalten werden, dann gilt die Regel, daß ein Kapitalgut durch ein neues ersetzt werden sollte, wenn die totalen Durchschnittskosten des neuen Kapitalgutes die variablen Durchschnittskosten des alten Kapitalgutes unterschreiten. Dann läßt sich nämlich eine bestimmte Produktion mit Hilfe des neuen Kapitalgutes billiger und bei gegebenem Erlös auch mit höherem Gewinn produzieren als mit dem alten Kapitalgut.

Mit zunehmender Nutzungsdauer eines Kapitalgutes tritt der beschriebene Ersatzzeitpunkt dann automatisch ein, wenn – was wohl realistisch ist – der Erhaltungsaufwand für ein gegebenes Kapitalgut mit zunehmender Nutzungsdauer steigt. Die mit der Nutzung eines bestimmten Kapitalgutes verbundenen laufenden Betriebsausgaben steigen also, wie das in der folgenden *Figur 2* dargestellt ist, und erreichen bei einer gewissen Nutzungsdauer – in *Figur 2* nach n^* Jahren – die totalen Durchschnittskosten einer neuen Anlage.

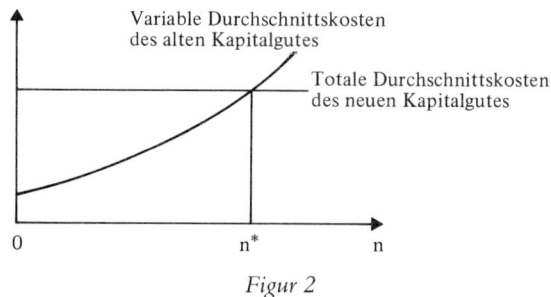

Figur 2

Wie man aus *Figur 2* unmittelbar erkennen kann, vermindert sich die Lebensdauer einer vorhandenen Anlage, wenn durch technischen Fortschritt bedingt, neue Kapitalgüter verfügbar werden, die mit niedrigeren totalen Durchschnittskosten betrieben werden können. Man beachte, daß die ursprünglichen Investitionsausgaben für das alte Kapitalgut bei der Wahl des Ersatzzeitpunktes keine Rolle spielen. Wenn schon bald nach der Anschaffung eines Kapitalgutes und noch bevor die Investitionsausgaben aus den Verkaufserlösen wiedergewonnen werden konnten, neue Kapitalgüter zur Verfügung stehen, die zu geringeren totalen Durchschnittskosten führen, so ist zwar ein Kapitalverlust eingetreten, es wäre aber teurer, würde man auf die Einführung der neuen Kapitalgüter verzichten.

Bei vollständiger Konkurrenz wird ein Ersatz zum optimalen Zeitpunkt im übrigen erzwungen. Bei der Behandlung des Modells der vollständigen Konkurrenz (vgl. II. Kapitel) wurde gezeigt, daß der Marktpreis eines Gutes durch die totalen Durchschnittskosten des jeweils kostengünstigsten Betriebes bestimmt wird. Deshalb werden alle Betriebe oder Betriebsanlagen zur Stillegung gezwungen, deren variable Durchschnittskosten höher sind als die totalen Durchschnittskosten des jeweils leistungsfähigsten Betriebes. Der Markt erzwingt also ein rationales Verhalten. Ein gleicher Zwang besteht im Falle des Monopols nicht. Gleichwohl ist es auch im Monopolfall rational, Ersatzinvestitionen nach der oben dargelegten Regel vorzunehmen.

4. Investitionen, Unternehmen und Kapitalmarkt

a. Kapitalmarkt und Investitionen

Die finanziellen Mittel, die zur Beschaffung von Kapitalgütern erforderlich sind, fließen einem Unternehmen vom Kapitalmarkt zu, von den Eigentümern der Unternehmen bei Einzelunternehmen und Personengesellschaften, von den Kapitaleigentümern bei Kapitalgesellschaften (wie Aktiengesellschaften, GmbH's und anderen) und schließlich von Kreditgebern. Die Kapitaleigentümer sind primär an einer möglichst hohen Rendite interessiert und die Kreditgeber vor allem daran, daß Kapitalverluste vermieden werden. Die Kapitaleigentümer sind deshalb daran interessiert, daß die Unternehmen, die ihnen gehören oder an denen sie beteiligt sind, den Kapitalwert der Firma maximieren. Der bei Konkurrenz zum Überleben am Markt entstehende Zwang zur Gewinnerzielung wird also durch den Druck von seiten der Kapitaleigentümer ergänzt.

Soweit die Kapitaleigentümer gleichzeitig Unternehmer sind, trifft sich das Interesse an der Rendite mit dem am Überleben am Markt in einer Person. Soweit Kapitaleigentümer Anteilsbesitzer an Kapitalgesellschaften sind, können sie ihrem Interesse auf zweifache Weise Nachdruck verleihen. Sie können einmal im Rahmen der gesellschaftsrechtlichen Organe ihr Interesse durch Stimmabgabe zur Geltung bringen. Sie können sich aber auch durch Verkauf ihrer Beteiligung vom Unternehmen trennen und damit ihr Mißfallen an der Geschäftsführung zum Ausdruck bringen oder durch Kauf von neu emittierten Anteilsrechten ihre Zufriedenheit mit der Geschäftsführung äußern. Die Beurteilung der Geschäftsführung einer Firma durch die Kapitalgeber kommt in der Bewertung der Firma bzw. ihrer Anteilsrechte am Markt, bei Anteilsrechten an der Börse, zum Ausdruck.[7]

b. Ertragswert der Firma und Marktpreis der Anlagen

Der Prozeß der Allokation des Kapitals auf die einzelnen Unternehmen erfolgt auf der Grundlage eines Vergleichs zwischen dem Ertragswert des im Unternehmen investierten Kapitals und dem Marktpreis der im Unternehmen eingesetzten Kapitalgüter.

Zur Analyse dieser Zusammenhänge sei zunächst der Ertragswert des in einem Unternehmen eingesetzten Kapitals betrachtet. Er wird bei einer als unendlich vorausgesetzten Lebensdauer des Unternehmens im Zeitpunkt 0 gegeben durch

$$V = \int_0^\infty [pF(K, L) - wL - v(\dot K + \delta K)] \, e^{-it} \, dt,$$

den mit dem herrschenden Marktzins i diskontierten Wert des Überschusses der Erlöse über die laufenden Kosten sowie die Abschreibungen und Wertveränderungen der Kapitalgüter.

Nimmt man vereinfachend an, daß die Kapitalgüterpreise konstant sind und ein stationärer Zustand erreicht ist, so daß Nettoinvestitionen nicht mehr stattfinden und der in eckigen Klammern stehende Ausdruck konstant ist, so erhält man nach Durchführung der Integration

[7] Zur weitergehenden Analyse der Problematik, die sich aus der institutionellen Trennung von Eigentum und Kontrolle in Aktiengesellschaften ergibt, vgl. Theoretische Volkswirtschaftslehre III, XIII. Kapitel.

$$V = \frac{pF - wL}{i} \qquad \delta vK$$

oder

$$(7) \quad V = \frac{pF - wL - (\delta + i)vK}{i} + vK.$$

In der weiteren Analyse ist nun der Fall der vollständigen Konkurrenz von dem des Monopols zu unterscheiden.

Vollständige Konkurrenz

Bei vollständiger Konkurrenz gelten die Maximumsbedingungen (4) und (5). Setzt man sie in die Gleichung (7) ein, so ergibt sich

$$(8) \quad V = \frac{p(F - F_L L - F_K K)}{i} + vK.$$

Das ist für den Fall der vollständigen Konkurrenz die grundlegende Beziehung zwischen dem Ertragswert V des im Unternehmen investierten Kapitals und dem Marktpreis der eingesetzten Kapitalgüter.

Im langfristigen Gleichgewicht der vollständigen Konkurrenz, wenn das Minimum der totalen Durchschnittskosten erreicht ist, liegen konstante Skalenerträge vor. Dann ist also $F = F_L L + F_K K$ und daher $V = vK$. Der Ertragswert des investierten Kapitals ist gleich dem Marktpreis der eingesetzten Kapitalgüter. Wir können diesen Zustand als ein simultanes finanz- und produktionswirtschaftliches Gleichgewicht kennzeichnen.

Die Äquivalenz der Bewertung des Kapitals mittels des Ertragswertes und der Wiederbeschaffungskosten (Marktpreis der Anlagen) ist an das Vorliegen konstanter Skalenerträge gebunden. Bei nicht-konstanten, d. h. abnehmenden oder zunehmenden Skalenerträgen, gilt die Äquivalenz nicht. Dann gilt $vF = F_L L + F_K K$, wobei v die Skalenelastizität ist, die bei zunehmenden Skalenerträgen größer und bei abnehmenden Skalenerträgen kleiner als Eins ist. Bei $v \neq 1$ erhält man aus (8)

$$V = \frac{p(1 - v)F}{i} + vK.$$

Daher ist $V < vK$ bei zunehmenden und $V > vK$ bei abnehmenden Skalenerträgen.

Bei einem u-förmigen Verlauf der Durchschnittskostenkurve liegen auf dem fallenden Abschnitt zunehmende und auf dem ansteigenden Abschnitt der Kurve abnehmende Skalenerträge vor. Betrachtet sei nun eine Situation, wie sie in *Figur 3a* dargestellt ist. Die Produktionshöhe ist durch den Schnittpunkt der Grenzkostenkurve GK mit der Preisgeraden bei einem Preis 0P bestimmt. Das Gewinnmaximum wird also bei einer Produktionshöhe erreicht, bei der abnehmende Skalenerträge vorliegen. In dieser Situation ist $V > vK$.

Die in *Figur 3a* dargestellte Situation, in der ein Gewinn erzielt wird, kann entstanden sein entweder durch eine Rechtsverschiebung der Marktnachfragekurve, als deren Folge sich der Marktpreis der erzeugten Produkte erhöh-

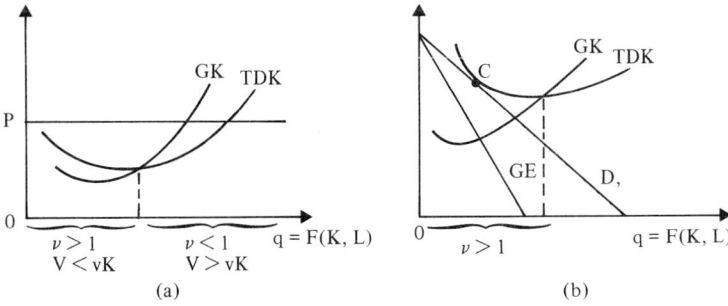

Figur 3

te, oder durch die Einführung einer technischen Neuerung, als deren Folge sich die Kostenkurven nach unten verschoben haben. Aus der Existenz eines Gewinnes haben wir im II. Kapitel den Schluß gezogen, daß ein Markteintritt neuer Anbieter erfolgt. Diese Schlußfolgerung können wir jetzt von der Investitionstheorie her besser begründen. Da in der dargestellten Situation der Ertragswert des investierten Kapitals höher ist als der Beschaffungswert der Kapitalgüter, lohnt sich die Investition zur Vergrößerung des vorhandenen Unternehmens oder auch zur Gründung eines neuen Unternehmens.

Die Vorteilhaftigkeit einer Investition wird durch die Entwicklung von Preisen signalisiert. Am besten ist das für den Fall von Aktiengesellschaften zu sehen, deren Aktien an der Börse gehandelt werden. Die durch eine Erhöhung der Nachfrage für das erzeugte Produkt oder durch technische Neuerungen verursachte Zunahme des Ertragswertes des investierten Kapitals äußert sich in einer Steigerung des Kurswertes der Aktien. Ein Vergleich mit den Beschaffungskosten der Kapitalgüter zeigt an, daß eine Investition vorteilhaft ist.

Wenn umgekehrt die Nachfrage sinkt und ein Gewinnmaximum links vom Minimum der Durchschnittskostenkurve zustande kommt, ist $V < vK$ und es lohnt sich für die Kapitalbesitzer, Anlagen stillzulegen und möglicherweise zu verkaufen.

Monopolfall

Im Monopolfall ist in den Gleichungen (4) und (5) an die Stelle des Marktpreises p des verkauften Produktes der Grenzerlös $p(1 - 1/\varepsilon)$ zu setzen, so daß die Gleichungen

(4') $\quad p(1 - 1/\varepsilon)F_L = w$

(5') $\quad p(1 - 1/\varepsilon)F_K = (\delta + i)v - \dot{v}$

gelten. Setzt man (bei $\dot{v} = 0$) die sich für die Faktorpreise ergebenden Werte in Gleichung (7) ein, so erhält man

$$V = \frac{p(F - F_L L - F_K K) + \frac{p}{\varepsilon}(F_L L + F_K K)}{i} + vK$$

und daraus unter Berücksichtigung des *Euler*schen Lehrsatzes für homogene Funktionen $\nu F = F_K K + F_L L$

$$(9) \quad V = \frac{p\left(1 - \nu + \dfrac{\nu}{\varepsilon}\right) F}{i} + \nu K.$$

Wenn ein finanzwirtschaftliches Gleichgewicht erreicht ist und deshalb $V = \nu K$ gilt, so muß auch $1 - \nu + \nu/\varepsilon = 0$ bzw.

$$\nu = \frac{\varepsilon}{\varepsilon - 1}$$

sein. Das Unternehmen muß also bei u-förmiger Durchschnittskostenkurve zunehmende Skalenerträge aufweisen, also auf dem fallenden Ast der Durchschnittskostenkurve produzieren. Aus $\partial \nu / \partial \varepsilon = -1/(\varepsilon - 1)^2 < 0$ ergibt sich, daß ν um so größer ist, je geringer die Preiselastizität der Nachfrage ist. Je größer die durch $1/\varepsilon$ gemessene Monopolmacht ist, um so weiter ist der Produktionspunkt vom Minimum der Durchschnittskosten entfernt. Geht man davon aus, daß der kostengünstigste Einsatz der Produktionsfaktoren dann erfolgt, wenn ein Minimum der Durchschnittskosten erreicht ist, so nimmt die durch Monopolmacht bedingte Abweichung von der kostengünstigsten Allokation von Faktoren mit dem Grad der Monopolmacht zu.

Im finanzwirtschaftlichen Gleichgewicht, in dem $V = \nu K$ ist, stimmt auch im Monopolfall der Preis mit den totalen Durchschnittskosten überein. Das Gleichgewicht wird allerdings nicht, wie bei vollständiger Konkurrenz, im Minimum der totalen Durchschnittskostenkurve erreicht, sondern auf deren fallendem Ast. Die Übereinstimmung von Preis und totalen Durchschnittskosten läßt sich auf folgende Weise zeigen. Einerseits ist im Gewinnmaximum Grenzerlös gleich Grenzkosten, also $p(1 - 1/\varepsilon) = GK$. Andererseits ist die Skalenelastizität $\nu = TDK/GK$, so daß $GK/TDK = (\varepsilon - 1)/\varepsilon = 1 - 1/\varepsilon$ ist. Eliminiert man aus den beiden Gleichungen GK, so folgt $p = TDK$. Wenn gleichzeitig $\nu > 1$ und $p = TDK$ sein soll, dann muß, wie in *Figur 3b* dargestellt, die Kurve der totalen Durchschnittskosten die Nachfragekurve beim gewinnmaximalen Preis berühren. Das setzt aber auch voraus, daß die Durchschnittskosten im Monopolfall von denen bei Konkurrenz abweichen. Das wieder beruht darauf, daß der Preis der eingesetzten Kapitalgüter im Monopolfall höher ist als in der Konkurrenzsituation.

Eine Monopolstellung beruht darauf, daß der Zutritt von Konkurrenten in die betreffende Produktionsrichtung gesperrt ist, entweder infolge von staatlichen Zugangssperren (Lizenzen u. ä.) oder infolge von Unvermehrbarkeit der für die Produktion des betreffenden Produktes spezifischen Produktionsfaktoren, der Kapitalgüter, des Bodens oder auch der Arbeitskräfte. Solange der Ertragswert des investierten Kapitals höher ist als der Kaufpreis der eingesetzten Kapitalgüter, solange also $V > \nu K$ ist, strömt Kapital in die betreffende Produktionsrichtung. Ist der Zutritt in die Branche frei, so erhöht sich die Größe des eingesetzten Kapitalstocks K bei gegebenem ν durch die Erweiterung der Produktionskapazität der vorhandenen Unternehmen und durch Gründung neuer Unternehmen. Ist der Zutritt in den Markt für neue Konkurrenten jedoch gesperrt, so kommt es, falls die Eintrittssperre auf der Unvermehrbarkeit spezifischer Kapitalgüter beruht, zu einem Anstieg des Preises v dieser Kapitalgüter, wenn anlagesuchendes Kapital Eigentum an diesen Kapitalgütern zu erlangen sucht. Ein Gleichgewicht ist erreicht, wenn V = vK und die totalen Durchschnittskosten soweit gestiegen sind, daß sie mit dem gewinnmaximalen Preis des Monopols übereinstimmen. Beruht das Monopol auf der Unvermehrbarkeit des Bodens, so steigt der Bodenpreis, beruht es auf Lizenzen, so erhöht sich der Preis der Lizenzen, beruht das Monopol auf einer Zugangssperre für Arbeitskräfte, so erhöht sich der Lohnsatz und der Monopolgewinn fällt insoweit den betreffenden Arbeitskräften zu.

V. Kapitel
Theorie der Güternachfrage privater Haushalte

Bei einer Analyse der Preisbildung auf dem Markt wird die Nachfrage gewöhnlich mit Hilfe einer Nachfragefunktion beschrieben, nach der die Nachfrage nach einem Gut vom Einkommen der Individuen und von den Preisen der Güter abhängig ist. Mit der Nachfragefunktion werden die Entscheidungen von Individuen beschrieben. Will man begründen, wie der Zusammenhang zwischen der Nachfrage nach einem privaten Gut einerseits und dem Einkommen sowie den Güterpreisen andererseits beschaffen ist, so muß man auf den Entscheidungsprozeß der Individuen zurückgehen. Das soll in diesem Kapitel geschehen.

1. Präferenzordnung und Nutzenfunktion

a. Rationalverhalten der Konsumenten als Hypothese

Grundlage der Nachfragetheorie ist das Rationalprinzip, nach dem ein Individuum bei gegebenen Preisen von seinem Einkommen den bestmöglichen Gebrauch macht. Impliziert wird damit die Freiheit des Individuums zur Auswahl unter vorhandenen Konsummöglichkeiten. Eindeutig abgelehnt wird damit die alternative Erklärung des Verbraucherverhaltens aus Instinkten. Etwas schwieriger ist es, zu entscheiden, ob durch das Rationalprinzip auch gewohnheitsmäßiges Verhalten erklärt werden kann. Gelegentlich ist das auf eigentlichen Entscheidungen beruhende Verhalten der Verbraucher von dem gewohnheitsmäßigen Verhalten unterschieden worden. Diese Unterscheidung beruht auf der Beobachtung, daß die Verbraucher in ihrem Alltagsverhalten weitgehend Gewohnheiten folgen und nur bei besonderen Anlässen eine bewußte Entscheidung zwischen Alternativen treffen. Tatsächlich kann aber Gewohnheit durchaus mit dem Rationalprinzip verträglich sein. In einer Umwelt, die nur geringen Änderungen unterworfen ist, kann ein Verhalten, das den bestmöglichen Gebrauch des Einkommens sicherstellt, durchaus zur Gewohnheit werden. Dabei braucht dieses Verhalten keineswegs immer auf einer individuellen Entscheidung jedes einzelnen Konsumenten zu beruhen, sondern kann auch aus einer Nachahmung des als Vorbild empfundenen Verhaltens von Freunden, Nachbarn oder sonstigen Personen hervorgehen. Das Rationalverhalten hat sich in der Gewohnheit so stabilisiert, daß ein fremder Beobachter die zugrunde liegende Entscheidung aus dem Blick verliert. Voraussetzung für die Verträglichkeit der Gewohnheit mit dem Rationalprinzip ist eine gleichbleibende Umwelt. Tatsächlich ist diese Bedingung für die Käufe des alltäglichen Bedarfs weitgehend erfüllt. Das gilt jedoch nicht für die Käufe von langlebigen Gebrauchsgütern wie Haushaltsgeräten, Automobilen, Wohnungen und Häusern. Bei Käufen dieser Art kann man aber im allgemeinen auch bewußte Entscheidungen von Individuen beobachten, bei denen verschiedene Alternativen gegeneinander abgewogen werden.

Vielfach wird gegen die Annahme des Rationalverhaltens auch eingewandt, eine rationale Entscheidung setze voraus, daß sich ein Individuum über alle Alternativen Klarheit verschaffe und dann die beste auswähle. Das würde in einer Welt mit vielfältigen Angeboten einen ausgedehnten Suchprozeß der Käufer vor jedem Kauf bedingen. Tatsächlich beobachtet man jedoch, daß viele Menschen sich nur oberflächliche Kenntnisse der verfügbaren Alternativen verschaffen, daß sie den Suchprozeß sehr bald abbrechen oder daß ihre Kenntnis der Alternativen weitgehend auf zufällig erhaltenen Informationen beruht. Daraus wird häufig der Schluß gezogen, die Käufer handelten nicht rational. Eine solche Schlußfolgerung ist jedoch recht voreilig. Man muß bedenken, daß die Beschaffung von Informationen Kosten verursacht. Der Käufer muß Zeit aufwenden. Zeit aber ist kostbar und zwar um so kostbarer, je höher das Einkommen des betreffenden Individuums ist; denn je höher sein Einkommen ist, um so größer sind die Opportunitätskosten der Informationsbeschaffung. Daraus kann man schließen, daß der Suchprozeß dann abgebrochen wird, wenn die Opportunitätskosten größer werden als die marginalen Vorteile, die man von einer zusätzlichen Information erhofft. Man kann ferner schließen, daß Personen mit hohem Einkommen für ein Gut in einer gegebenen Preislage unter sonst gleichen Bedingungen im allgemeinen weniger Zeit für die Informationsbeschaffung aufwenden als Individuen mit einem geringeren Einkommen und deshalb geringeren Opportunitätskosten.

Vorausgesetzt wird nun, daß die Konsumwahl auf einer bewußten Entscheidung der Konsumenten beruht. Nach der klassisch-liberalen Auffassung wird angenommen, daß jedes Individuum eine eigene Präferenzordnung der Konsummöglichkeiten besitzt und seine Konsumwahl daran orientiert. Demgegenüber wird von Kritikern behauptet, die Menschen würden nicht ihren eigenen Präferenzen entsprechend handeln, sondern den ihnen von den Produzenten eingeredeten oder aufgezwungenen Wertvorstellungen folgen. Unmittelbar beweisen kann man keine der beiden Thesen. Das muß mit aller Deutlichkeit festgestellt werden. Wer behauptet, die Präferenzen der Verbraucher seien von den Produzenten manipuliert, müßte beweisen können, welches die wahren, die eigentlichen Präferenzen der Konsumenten sind. Das aber ist unmöglich. Ebensowenig läßt sich unmittelbar beweisen, daß die Konsumenten rational handeln. Zu beobachten ist immer nur das tatsächliche Verhalten der Verbraucher. Es fragt sich dann, mit welcher Hypothese dieses Verhalten am besten erklärt werden kann. Entscheiden läßt sich diese Frage letztlich nur durch die Konfrontation der aus der Grundhypothese abgeleiteten theoretischen Sätze mit dem empirisch beobachteten Verhalten der Konsumenten.

Rationalität des Verhaltens bedeutet nicht, daß sich alle Menschen in jeder Hinsicht gleichförmig verhalten, bedeutet auch nicht, daß ihr Handeln von starren und unveränderlichen Wertmaßstäben geleitet ist. Es steht außer Frage, daß die das menschliche Handeln leitenden Wertvorstellungen Wandlungen unterworfen sind. Im Lichte neuer Erfahrungen wird häufig eine Neubewertung der bisher schon bekannten Alternativen vorgenommen. Ein Verbraucher kann sich an den Lebensstil von Vorbildern anpassen und nach einem Wechsel der Mode bisher für schön gehaltene Gegenstände abstoßend finden. Die Anwendbarkeit des Rationalprinzips als Erklärungsinstrument wird dadurch nicht beeinträchtigt. Durch die Hypothese, daß das Einkommen bestmöglich verwendet wird, kann ein Verhalten, das Ausfluß ganz verschiedener individueller Präferenzen ist, erklärt werden.

Dabei kann man methodisch zwei formal verschiedene Wege beschreiten, die letztlich aber äquivalent sind. Man kann einmal voraussetzen, daß ein Individuum eine Präferenzordnung besitzt, nach der alle Konsummöglichkeiten in einer Rangordnung stehen, so daß die jeweils bestmögliche ausgewählt werden kann. Den gleichen Sachverhalt kann man auch beschreiben, indem man annimmt, die Konsumgüter würden dem Individuum einen Nutzen stiften und der Verbraucher würde den Konsum realisieren, der den größten Nutzen mit sich bringt.

b. Präferenzordnung

Wir wollen nun genauer beschreiben, was in der Theorie der Nachfrage eines Individuums nach Konsumgütern als Rationalverhalten gilt. Grundlegend ist dafür die Konzeption einer Präferenzordnung. Wir betrachten dabei alle bekannten Konsumgüter.

Von einem Individuum wird angenommen, daß es in der Lage ist, Bündel (= Vektoren) von Konsumgütern $\mathbf{q}^k = (q_1^k, q_2^k, \ldots, q_n^k)$ miteinander zu vergleichen und festzustellen, ob von je zwei Bündeln $\mathbf{q}^1$ und $\mathbf{q}^2$ eines besser ist als das andere oder ob beide gleich gut sind. Wenn nach dem Urteil des Individuums das Güterbündel $\mathbf{q}^1$ weder besser noch schlechter ist als $\mathbf{q}^2$, so sagen wir, das Individuum sei indifferent. Für die Rangordnung wird außerdem Transitivität vorausgesetzt. Das bedeutet folgendes: Wenn drei Alternativen vorhanden sind und $\mathbf{q}^1$ gegenüber $\mathbf{q}^2$ und $\mathbf{q}^2$ gegenüber $\mathbf{q}^3$ vorgezogen wird, so muß $\mathbf{q}^1$ gegenüber $\mathbf{q}^3$ vorgezogen werden. Auch die Indifferenzrelation wird als transitiv angenommen. Diese Annahmen fassen wir zusammen in dem Axiom der Widerspruchsfreiheit, nach dem die Präferenzordnung vollständig und transitiv ist.

Vollständigkeit

Zur formalen Beschreibung der Präferenzordnung wird das Zeichen ,, $\gtrsim$ " verwendet. Es bedeutet ,,nicht schlechter als" oder ,,wird nicht abgelehnt". Die Annahme der Vollständigkeit der Präferenzordnung besagt, daß für zwei Güterbündel entweder $\mathbf{q}^1 \gtrsim \mathbf{q}^2$ oder $\mathbf{q}^2 \gtrsim \mathbf{q}^1$ oder beides gilt. Wenn beide Aussagen richtig sind, so ist $\mathbf{q}^1$ weder besser noch schlechter als $\mathbf{q}^2$. Das Individuum ist zwischen ihnen indifferent. Die Indifferenz wird durch das Relationszeichen ,,$\sim$" ausgedrückt. Wenn $\mathbf{q}^1 \gtrsim \mathbf{q}^2$ gilt, aber nicht $\mathbf{q}^2 \gtrsim \mathbf{q}^1$, so muß $\mathbf{q}^1 > \mathbf{q}^2$ richtig sein, d. h. daß $\mathbf{q}^1$ gegenüber $\mathbf{q}^2$ strikt vorgezogen wird.

Transitivität

Transitivität bedeutet, daß aus $\mathbf{q}^1 \gtrsim \mathbf{q}^2$ und $\mathbf{q}^2 \gtrsim \mathbf{q}^3$ die Relation $\mathbf{q}^1 \gtrsim \mathbf{q}^3$ folgt. Transitiv ist auch die Relation der Indifferenz und die des strikten Vorzuges, die durch das Zeichen ,, > " beschrieben wird.

Vollständigkeit und Transitivität beinhaltet die Widerspruchsfreiheit der Präferenzordnung. Es kann nämlich nicht gleichzeitig $\mathbf{q}^1 > \mathbf{q}^2$ und $\mathbf{q}^2 > \mathbf{q}^1$ sein. Der Beweis ist leicht zu führen: Wäre nämlich $\mathbf{q}^1 > \mathbf{q}^2$, so könnte das logische Gegenteil $\mathbf{q}^1 \lesssim \mathbf{q}^2$ nicht richtig sein. Wäre gleichzeitig $\mathbf{q}^2 > \mathbf{q}^1$, so wäre auch das logische Gegenteil dieser Relation, nämlich $\mathbf{q}^2 \lesssim \mathbf{q}^1$, ausgeschlossen. Dann wäre aber weder $\mathbf{q}^1 \lesssim \mathbf{q}^2$ noch $\mathbf{q}^2 \lesssim \mathbf{q}^1$, und die Präferenzordnung wäre entgegen der Voraussetzung nicht vollständig.

Neben dem unmittelbar einleuchtenden Axiom der Widerspruchsfreiheit wird aus formalen Gründen eine zweite Annahme getroffen. Danach soll die Präferenzordnung stetig sein (*Debreu*, S. 56f.).

Wenn die beiden Annahmen der Widerspruchsfreiheit und der Stetigkeit der Präferenzordnung erfüllt sind, dann existiert eine stetige Nutzenfunktion. Man kann also einem Güterbündel eine reelle Zahl u zuordnen, so daß $u(\mathbf{q}^1) \geqq u(\mathbf{q}^2)$ genau dann, wenn $\mathbf{q}^1 \gtrsim \mathbf{q}^2$.[1] Die Auswahl des jeweils besten Konsumgüterbündels, des Bündels, das gegenüber allen anderen vorgezogen wird, ist deshalb äquivalent mit der Wahl desjenigen Güterbündels, dem der höchste Nutzenindex u zugeordnet ist. Man kann auch sagen, daß eine Nutzenfunktion maximiert wird.

c. Nutzenfunktion

Die Nutzenfunktion, die der beschriebenen Präferenzordnung entspricht, ist ordinal zu verstehen. Das besagt, daß die Wahl der reellen Zahl, die Konsumgüterbündeln als Nutzenindex beigelegt wird, bis zu einem gewissen Grade willkürlich getroffen werden kann. Erforderlich ist lediglich, daß die Rangordnung, die sich aus der Präferenzordnung ergibt, erhalten bleibt. Man kann deshalb irgendeine Nutzenfunktion u einer monotonen Transformation F unterwerfen, vorausgesetzt, daß bei $u^1 \geqq u^2$ stets auch $F(u^1) \geqq F(u^2)$ ist. Beispiele solcher monotonen Transformationen sind $F(u) = au + b$, $F(u) = au^2$ und $F(u) = a \log u$, sofern a und u größer als Null sind. Wenn also u eine Nutzenfunktion ist, so sind auch die genannten Beispiele als Nutzenfunktion zulässig, denn die durch u gegebene Rangordnung der Konsumgüterbündel wird durch die Transformationen nicht geändert. Für die folgende Theorie der Nachfrage kommt es nur auf die Rangordnung an, so daß monotone Transformationen die Ergebnisse der Analyse nicht beeinflussen. Da die Transformation F keine Rolle spielt, können wir in der folgenden Analyse ohne Beschränkung der Allgemeinheit stets $F(u) = u$ setzen. Dabei kann u auch als eine kardinale Funktion aufgefaßt werden. Für sie sollen die Eigenschaften der Unersättlichkeit, des abnehmenden Grenznutzens sowie der Quasikonkavität gelten.

---

[1] Der Beweis der Äquivalenz zwischen den Axiomen der Widerspruchsfreiheit und der Stetigkeit einerseits und der Existenz einer Nutzenfunktion andererseits soll hier nicht geführt werden. Vgl. dazu *Debreu* sowie *Henn/Opitz*.

Unersättlichkeit

Unersättlichkeit bedeutet, daß ein größeres Güterbündel einem kleineren Güterbündel stets vorgezogen wird. Diese Aussage wird freilich erst dann verständlich, wenn festgelegt wird, wann ein Güterbündel größer ist als ein anderes. Wir sagen, ein Güterbündel q^1 sei dann größer als ein anderes Güterbündel q^2, wenn q^1 wenigstens von einem Gute mehr enthält, ohne von irgendeinem anderen Gute weniger zu enthalten, und schreiben dafür $q^1 \geqq q^2$. Unersättlichkeit besagt dann: $q^1 \geqq q^2 \Rightarrow u(q^1) > u(q^2)$. Der Nutzen steigt also, wenn wenigstens von einem Gut mehr vorhanden ist.

Setzt man die Nutzenfunktion als differenzierbar voraus, so läßt sich der Grenznutzen eines Gutes i als $u_i := \partial u / \partial q_i$ definieren. Der Grenznutzen gibt also den Nutzenzuwachs an, der sich aus einer Veränderung des Konsums um eine zusätzliche Einheit des Gutes i ergibt. Bei der vorausgesetzten Unersättlichkeit ist der Grenznutzen wenigstens eines Gutes positiv. Wenn bei einem Gut Sättigung erreicht ist, so ist der Grenznutzen dieses Gutes Null.

Abnehmender Grenznutzen

Es wird nun weiter angenommen, daß der Grenznutzen eines Gutes mit zunehmendem Konsum abnimmt, mindestens aber nicht steigt, daß also $u_{ii} := \partial^2 u / \partial q_i^2 \leqq 0$ ist. Demgegenüber wird a priori nichts darüber ausgesagt, wie sich der Grenznutzen eines Gutes i bei einer Variation des Konsums eines anderen Gutes j verändert. Es kann also $u_{ij} := \partial^2 u / \partial q_i \partial q_j \gtreqless 0$ sein. Wir setzen ferner voraus, daß stets $u_{ij} = u_{ji}$ ist. Die Nutzenfunktion sei also in diesem Sinne symmetrisch.

Indifferenzkurven und Grenzrate der Substitution

Wegen der Ordinalität der Nutzenfunktion hängt die Höhe des Grenznutzens von der durch die mögliche monotone Transformation F bestimmten Wahl des Nutzenindex ab und ist deshalb nicht eindeutig. Aus diesem Grunde wird vielfach eine andere Form der Darstellung gewählt, bei der es auf den Nutzenindex nicht ankommt. Dazu benötigen wir die Konzeption der Indifferenzkurve bzw. der Indifferenzfläche oder -hyperfläche im Falle von drei und mehr Gütern. Illustriert wird diese Konzeption im folgenden für den Zwei-Güter-Fall. Bei einer gegebenen Nutzenfunktion kann man die Menge derjenigen Güterbündel zusammenstellen, die den gleichen Nutzen stiften und deshalb für ein nutzenmaximierendes Individuum gleichwertig sind, so daß das Individuum zwischen ihnen indifferent ist. Für einen Zwei-Güter-Fall sind in *Figur 1a* durch die eingezeichnete Indifferenzkurve I alle Güterbündel wiedergegeben, für die $u = u(q_1, q_2)$ konstant ist. Wegen der Ordinalität ist dann auch eine beliebige Transformation $F[u(q_1, q_2)]$ konstant. Das bedeutet, daß

$$du = u_1 dq_1 + u_2 dq_2 = 0$$
$$dF = F'[\cdot](u_1 dq_1 + u_2 dq_2) = 0,$$

wobei $u_i := \partial u / \partial q_i$ den Grenznutzen wiedergibt und annahmegemäß $F'[\cdot] = dF/du > 0$ ist. Auf Grund der beiden vorstehenden Ausdrücke erhält man unabhängig von der gewählten Transformation die Grenzrate der Substitution

$$\text{GRS:} = -\frac{dq_2}{dq_1} = \frac{F'\,(\cdot)\,u_1}{F'\,(\cdot)\,u_2} = \frac{u_1}{u_2}\,.$$

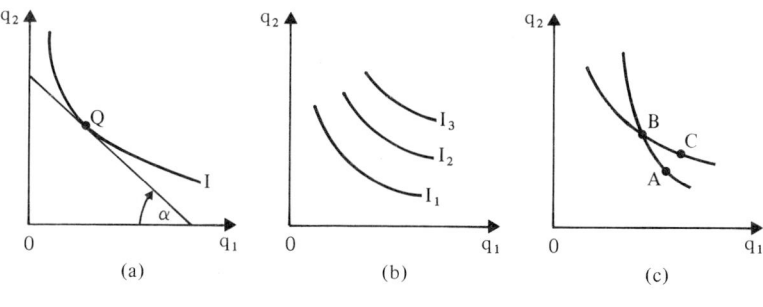

Figur 1

Die Grenzrate der Substitution ist also gleich dem Verhältnis der Grenznutzen. Geometrisch ist die Grenzrate der Substitution eines Punktes Q in *Figur 1a* auf der Indifferenzkurve gleich dem Tangens des Steigungswinkels α einer Tangente an die Indifferenzkurve.

Ein höheres Nutzenniveau wird im Zwei-Güter-Fall durch eine weiter rechts liegende Indifferenzkurve repräsentiert, denn auf Grund der Annahme der Unersättlichkeit ist der Nutzen dann höher, wenn wenigstens von einem Gut mehr zur Verfügung steht. Wegen der Ordinalitätsannahme läßt sich jedoch nicht eindeutig bestimmen, um wieviel der Nutzen beispielsweise der Indifferenzkurve I_2 in *Figur 1b* höher ist als der Nutzen der Indifferenzkurve I_1.

Aus der Existenz einer Nutzenfunktion mit den beschriebenen Eigenschaften folgt, daß sich Indifferenzkurven nicht schneiden können. Zum Beweis nehmen wir an, sie würden sich wie in *Figur 1c* schneiden, dann würde $u\,(B) = u\,(A)$ und $u\,(B) = u\,(C)$ sein. Folglich wäre auch $u\,(A) = u\,(C)$. Also müßten A und C auf ein und derselben Indifferenzkurve liegen. Das ist jedoch in *Figur 1c* nicht der Fall. Deshalb sind auf Grund unserer Annahmen sich schneidende Indifferenzkurven logisch nicht möglich.

Quasikonkavität

Zusätzlich zum Gesetz vom fallenden Grenznutzen nehmen wir an, daß die Grenzrate der Substitution entlang einer Indifferenzkurve bei einer Zunahme des Konsums von Gut 1 ständig abnimmt. Das kommt geometrisch darin zum Ausdruck, daß die Indifferenzkurven strikt konvex zum Ursprung verlaufen. Die Nutzenfunktion wird als quasikonkav bezeichnet. Die Annahme des fallenden Grenznutzens des Konsums und die Annahme der Konvexität der Indifferenzkurven bzw. Quasikonkavität der Nutzenfunktion sind freilich voneinander unabhängig. Das Gesetz vom fallenden Grenznutzen des

Konsums eines Gutes ist weder notwendig noch hinreichend für die Konvexität der Indifferenzkurven.[2]

2. Nachfrage nach Konsumgütern

a. Budgetbeschränkung und Nutzenmaximum

Bei gegebenem Einkommen und gegebenen Preisen der Konsumgüter sind die realisierbaren Konsummöglichkeiten eines Individuums beschränkt. Die Grenze der realisierbaren Konsummöglichkeiten wird durch die Bedingung determiniert, daß die Summe der Ausgaben für Konsumgüter die Höhe des Einkommens nicht übersteigen kann. Gewöhnlich hängt die Höhe des Einkommens, das für Konsumausgaben zur Verfügung steht, von zwei Komponenten ab, von der Arbeitsleistung und von Nichtarbeitseinkommen auf Grund des Besitzes von Gütern, die an andere Individuen verkauft, vermietet oder verpachtet werden. Wir wollen das Problem in diesem Abschnitt etwas vereinfachen und annehmen, daß ein Individuum am Anfang einer Periode über ein gegebenes Einkommen E verfügt. Die Budgetbeschränkung besagt dann, daß die Ausgaben für Konsumgüter das Einkommen E nicht überschreiten können. Es muß also $\sum_i p_i q_i \leqq E$ sein. Im folgenden wollen wir darüber hinaus annehmen, daß ein Individuum sein Einkommen stets vollständig ausgibt. Diese Annahme ist für die Analyse des Verhaltens eines nutzenmaximierenden Individuums, dessen Bedürfnisse für wenigstens einige Güter noch nicht gesättigt sind, nur natürlich. Wäre nämlich die Ausgabensumme kleiner als das Einkommen, so könnte der verbleibende Einkommensrest dazu verwendet werden, solche Güter zu kaufen, die den Gesamtnutzen des Individuums erhöhen. Im folgenden werden wir uns auf die Betrachtung eines Zwei-Güter-Falles beschränken. Das hat den Vorteil, daß eine anschauliche graphische Darstellung möglich wird. Eine Verallgemeinerung der Ergebnisse ist verhältnismäßig einfach.

In *Figur 2a* wird durch die Gerade AB die Budgetbeschränkung dargestellt. Wenn das gegebene Einkommen E vollständig ausgegeben wird, sind alle auf der Budget-Linie liegenden Punkte realisierbar. Die Budgetlinie wird durch die Gleichung $p_1 q_1 + p_2 q_2 = E$ bzw.

$$q_2 = \frac{E}{p_2} - \frac{p_1}{p_2} q_1$$

gegeben. Der Ordinatenabstand 0A beträgt also E/p_2 und die Steigung der Budgetlinie $\tan \beta$ ist absolut gleich p_1/p_2. Gesucht wird jetzt das bei gegebenem Einkommen und gegebenen Preisen realisierbare Güterbündel, das den höchsten Nutzen stiftet.

---

[2] Der Leser beachte die Analogie zur Produktionstheorie, vgl. S. 65–66.

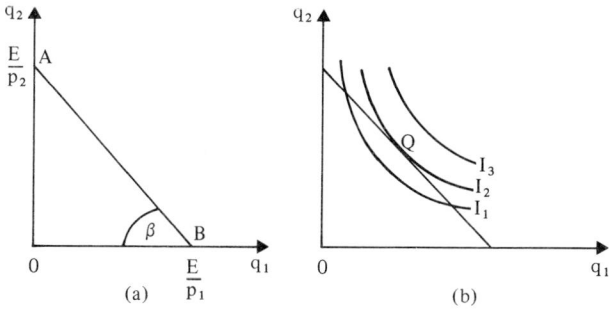

Figur 2

Graphische Lösung

Zur graphischen Lösung kombinieren wir die *Figuren 1b* und *2a* zur *Figur 2b*, in der eine Budgetlinie und eine Reihe von Indifferenzkurven eingezeichnet sind. Man sieht unmittelbar, daß das Nutzenmaximum bei einem Punkt Q erreicht wird, der (I) auf der Budgetlinie liegt und bei dem (II) die Grenzrate der Substitution einer Indifferenzkurve mit der Steigung der Budgetlinie übereinstimmt. Da die Grenzrate der Substitution gleich dem Verhältnis der Grenznutzen ist und die Steigung der Budgetlinie gleich dem Verhältnis der Preise, muß nach der Bedingung (II) das Verhältnis der Grenznutzen mit dem Verhältnis der Preise übereinstimmen. Daß wirklich ein Nutzenmaximum vorliegt, wird dadurch gewährleistet, daß die Indifferenzkurven strikt konvex zum Ursprung verlaufen.

Die Bedingung (II), nach der $u_1/u_2 = p_1/p_2$ sein muß, ist völlig unabhängig von dem gewählten Nutzenindex. Sie ist also mit der Ordinalitätsannahme verträglich. Wird ein bestimmter Nutzenindex gewählt, läßt sich der Grenznutzen also ermitteln, so folgt aus (II), daß der Grenznutzen pro Geldeinheit für jedes Gut gleich hoch sein muß.

$$\frac{\text{Grenznutzen des Gutes i}}{\text{Preis für Gut i}} = \frac{\text{Grenznutzen des Gutes j}^3}{\text{Preis für Gut j}}$$

Das ist das sog. 2. *Gossen*sche Gesetz vom Ausgleich der gewogenen Grenznutzen.

Algebraische Lösung

Die Maximumsbedingungen lassen sich nun auch algebraisch ableiten. Obgleich damit inhaltlich für den Fall zweier Güter natürlich nichts Neues gesagt werden kann, bietet die algebraische Ableitung doch die Möglichkeit der Verallgemeinerung auf den Fall beliebig vieler Güter.

Das Problem lautet, die Nutzenfunktion $u = u(q_1, q_2)$ durch die Wahl des Konsums der beiden Güter unter der Nebenbedingung der Budgetgleichung

---

[3] $F'[\cdot] \, u_i/p_i = F'[\cdot] \, u_j/p_j$.

$p_1q_1 + p_2q_2 = E$ zu maximieren. Zur Ableitung der Losung bilden wir die *Lagrange*sche Funktion

$$L(q_1, q_2, \lambda) = u(q_1, q_2) + \lambda(E - p_1q_1 - p_2q_2),$$

in der λ einen Multiplikator darstellt, dessen ökonomische Bedeutung noch diskutiert wird. Differenziert man nach q_1, q_2 sowie λ und setzt die Ableitungen gleich Null, so erhält man die Maximumsbedingungen erster Ordnung

$$\partial L/\partial q_1 = u_1 - \lambda p_1 = 0$$
$$\partial L/\partial q_2 = u_2 - \lambda p_2 = 0$$
$$\partial L/\partial \lambda = E - p_1q_1 - p_2q_2 = 0$$

nach denen das Einkommen ganz ausgegeben werden muß und $u_1/p_1 = u_2/p_2 = \lambda$ bzw. $u_1/u_2 = p_1/p_2$ sein muß. Die Bedingungen zweiter Ordnung verlangen, daß

$$\begin{vmatrix} u_{11} & u_{12} & -p_1 \\ u_{21} & u_{22} & -p_2 \\ -p_1 & -p_2 & 0 \end{vmatrix} > 0.$$

Das bedeutet, daß die Indifferenzkurven strikt konvex zum Ursprung verlaufen müssen.

Grenznutzen des Einkommens

Der *Lagrange*sche Multiplikator λ kann als Grenznutzen des Einkommens interpretiert werden. Mit steigendem Einkommen nimmt der Konsum zu und dadurch steigt der Nutzen. Der Zuwachs des Nutzens, der durch die jeweils letzte zusätzliche Einheit des Einkommens entsteht, ist der Grenznutzen des Einkommens. Daß λ gleich dem Grenznutzen des Einkommens ist, kann auf folgende Weise gezeigt werden. Die Maximumsbedingungen erster Ordnung stellen ein Gleichungssystem dar, nach dem die optimalen Quanten der Konsumgüter und des *Lagrange*schen Multiplikators Funktionen der gegebenen Preise und des gegebenen Einkommens sind, so daß $q_i^* = q_i^*(E, \mathbf{p})$ und $\lambda^* = \lambda^*(E, \mathbf{p})$ bei $\mathbf{p} = (p_1, p_2)$ ist. Deshalb gilt auch für die *Lagrange*sche Funktion

$$L^*(E, \mathbf{p}) = u[q_1^*(E, \mathbf{p}), q_2^*(E, \mathbf{p})] + \lambda^*(E, \mathbf{p})[E - p_1q_1^*(E, \mathbf{p}) - p_2q_2^*(E, \mathbf{p})].$$

Differenziert man partiell nach E und berücksichtigt die Maximumsbedingungen erster Ordnung, so erhält man $\partial L^*/\partial E = \lambda^*$. Da ferner $L^* = u^*$ ist, folgt daraus

$$\partial u^*/\partial E = \lambda^*.[4]$$

Damit ist bewiesen, daß der *Lagrange*sche Multiplikator gleich dem Grenznutzen des Einkommens ist.

---

[4] Vgl. die Analogie zur Kostentheorie (S. 74).

b. Einkommensabhängigkeit der Nachfrage

Die Bedingungen erster Ordnung für das Nutzenmaximum bilden die Grundlage für eine komparativ-statische Analyse der Auswirkungen von Veränderungen des Einkommens und der Preise auf die Güternachfrage. Wir werden dabei zunächst die Auswirkungen von Preis- und Einkommensänderungen graphisch analysieren. Wenn sich das Einkommen eines Individuums bei gegebenen Güterpreisen erhöht, so verschiebt sich die Budgetlinie parallel nach rechts. Es entsteht dann – wie in *Figur 3* dargestellt wird – eine Abfolge von Nutzenmaxima. Die Verbindungslinie dieser Maxima wird als Einkommens-Konsumkurve oder auch *Engel*-Kurve[5] bezeichnet.

Einkommens-Konsumkurven

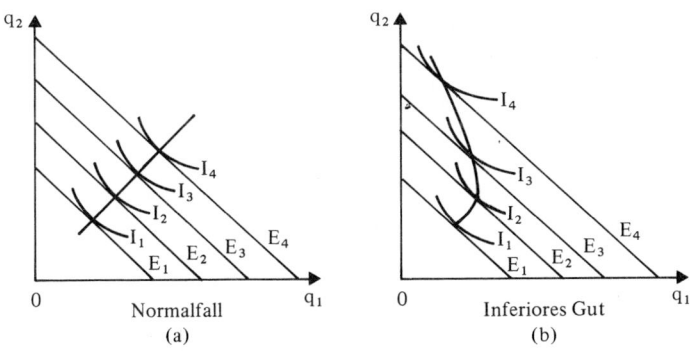

Figur 3

In welchem Verhältnis die Nachfrage nach den verfügbaren Gütern entlang einer Einkommens-Konsumkurve zunimmt, hängt von der Entwicklung der durch die Nutzenfunktion zum Ausdruck kommenden relativen Wertschätzung der verschiedenen Güter ab. Zur Veranschaulichung der Möglichkeiten sind in *Figur 3* zwei Fälle unterschieden, der Normalfall und der Fall eines inferioren Gutes. Im Normalfall *(Figur 3 a)* nimmt bei einer Einkommenserhöhung die Nachfrage nach beiden Gütern zu. Sie nimmt jedoch nicht immer im gleichen Verhältnis zu. Ein Gut wird als inferior bezeichnet, wenn die Nachfrage nach diesem Gut bei steigendem Einkommen abnimmt. In *Figur 3b* ist ein Fall dargestellt, in dem das Gut 1 nach Überschreiten eines gewissen Einkommens inferior wird. Das Auftreten der beiden Fälle wird in *Figur 3* durch die Annahme bestimmter Formen der Indifferenzkurvensysteme hervorgerufen.[6]

---

[5] Nach dem preußischen Statistiker *E. Engel,* 1821–1896.

[6] Formal gesehen setzt die Inferiorität eines Gutes eine nicht-homogene Nutzenfunktion voraus, aber nicht jede nicht-homogene Nutzenfunktion enthält inferiore Güter. Man kann sich anhand der *Figur 3a* und *b* klar machen, daß das Gut 1 inferior ist, wenn $u_{12} < 0$ ist. Geht man senkrecht parallel zur q_2-Achse nach oben, so nimmt die

Damit stoßen wir an die Grenze des von der klassischen Theorie der Nachfrage Erklärbaren. Man beobachtet, daß die Nachfrage nach gewissen Gütern bei gegebenen Preisen mit zunehmendem Einkommen steigt, während die Nachfrage nach anderen Gütern mit wachsendem Einkommen sinkt. Setzt man voraus, daß die Individuen ihren Nutzen maximieren, so muß die unterschiedliche Entwicklung der Nachfrage nach einzelnen Gütern bei Einkommenssteigerung von einer bestimmten Form der Nutzenfunktion abhängig sein. Damit wird die Beobachtung natürlich nicht erklärt, sondern nur in einer anderen Sprache beschrieben.[7]

c. Preisabhängigkeit der Nachfrage

Wenn sich der Preis des Gutes 1 bei gegebenem Einkommen und unverändertem Preis des Gutes 2 vermindert, so dreht sich die Budgetlinie – wie in *Figur 4a* dargestellt wird – um den Punkt A und wird flacher. Die Verbindungslinie der entsprechenden Nutzenmaxima wird als Preis-Konsumkurve bezeichnet. Aus der Preis-Konsumkurve kann man die Nachfragekurve nach einem Gut ableiten, indem man die bei alternativen Preisen des Gutes 1 auftretende Nachfrage nach Gut 1 in einem Diagramm mit den Achsen p_1 und q_1 wiedergibt *(Figur 4b)*. Es ist klar, daß eine solche Nachfragefunktion $q_1 = f(p_1)$ unter der Voraussetzung eines gegebenen Einkommens E und eines gegebenen Preises p_2 definiert ist. Wenn sich das Einkommen und/oder der Preis des anderen Gutes ändert, so verändert sich die Lage der Nachfragekurve in *Figur 4b*.

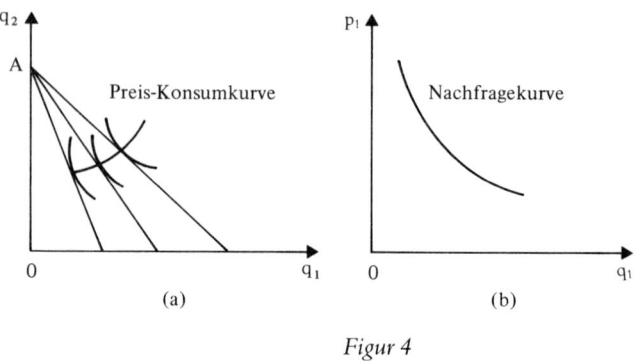

Figur 4

Einkommens- und Substitutionseffekt einer Preisänderung

Die *Figur 4a* wurde so konstruiert, daß die Nachfrage nach dem Gut 1 bei einer Preissenkung zunimmt. Es fragt sich nun, ob diese Reaktion der Nach-

---

Grenzrate der Substitution im Normalfall der *Figur 3a* zu, während sie im Falle der *Figur 3b*, in dem Gut 1 inferior ist, abnimmt. Diese Veränderung der Grenzrate der Substitution ist $\partial(u_1/u_2)/\partial q_2 = (u_2 u_{12} - u_1 u_{22})/u_2^2$. Dieser Ausdruck kann nur negativ werden, wenn $u_{12} < 0$ ist, denn annahmegemäß ist $u_{22} < 0$.

[7] Vgl. die weiterführenden Ansätze im nächsten Kapitel.

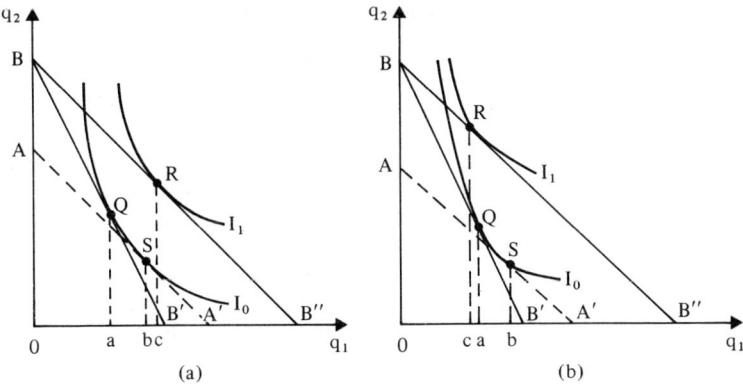

Figur 5

frage immer auftritt oder ob auch andere Fälle denkbar sind und wie wahrscheinlich das Auftreten solcher Ausnahmen ist. Um auf diese Frage eine
Antwort zu finden, wird der Effekt einer Preissenkung gedanklich in zwei
Komponenten zerlegt, in einen Einkommenseffekt und einen Substitutionseffekt. Gemeint ist damit folgendes. Durch die Preissenkung erhöht sich
einmal die Kaufkraft des gegebenen Einkommens. Das hat den gleichen
Effekt wie eine Zunahme des Einkommens bei gegebenen Preisen. Das ist
der Einkommenseffekt. Die Preissenkung eines Gutes hat ferner zur Folge,
daß dieses Gut im Vergleich zu anderen Gütern billiger geworden ist. Dadurch wird eine Umschichtung der Nachfrage zugunsten des relativ verbilligten Gutes ausgelöst. Das ist der Substitutionseffekt.

Die Zerlegung der Auswirkung einer Preisänderung in Einkommens- und
Substitutionseffekt wird in der folgenden *Figur 5* graphisch dargestellt. Nach
der Preissenkung für Gut 1, die zu einer Drehung der Budgetlinie von BB′
nach BB″ führt, wird anstelle des Güterbündels des Punktes Q das des Punktes R gekauft. Zur Aufteilung des Gesamteffektes fragen wir uns nun, welches Güterbündel gekauft worden wäre, wenn nur eine relative Verbilligung
des Gutes 1 eingetreten, das Realeinkommen aber konstant geblieben wäre.
Es ist dabei recht plausibel, von einer Konstanz des Realeinkommens dann
zu sprechen, wenn der Nutzen unverändert bleibt. In der *Figur 5* bleibt das
Realeinkommen deshalb dann konstant, wenn das Individuum vor und nach
der Preisänderung Punkte auf der Indifferenzkurve I_0 realisiert. Tatsächlich
kauft das Individuum nach der Preissenkung aber das Güterbündel des auf
einer höheren Indifferenzkurve liegenden Punktes R. Um von dieser tatsächlich eingetretenen Zunahme des Realeinkommens zu abstrahieren, nehmen
wir jetzt gedanklich eine Veränderung des Einkommens vor, die zu einem
Punkt auf der ursprünglichen Indifferenzkurve I_0 zurückführt. Dazu verschieben wir die neue Budgetlinie BB″ parallel nach links, bis sie die Indifferenzkurve I_0 beim Punkte S berührt. Nach dieser kompensierenden Einkommensvariation können wir jetzt auf der Abszisse die einzelnen Effekte

ablesen.[8] Durch die Strecke $\overline{ab}$ wird der Substitutionseffekt und durch $\overline{bc}$ wird der Einkommenseffekt wiedergegeben.

Man sieht unmittelbar, daß auf Grund der angenommenen Konvexität der Indifferenzkurven der Substitutionseffekt für sich allein genommen bei einer Preissenkung eine Zunahme der Nachfrage des relativ verbilligten Gutes herbeiführt. Da die Veränderung der Nachfrage und des Preises entgegengesetzte Vorzeichen tragen, sagt man, der Substitutionseffekt sei negativ. Demgegenüber ist die Auswirkung des Einkommenseffektes auf die Nachfrage unbestimmt. Im Normalfall, der in *Figur 5a* dargestellt ist, führt der Einkommenseffekt einer Preissenkung zu einer Erhöhung der Nachfrage nach dem verbilligten Gut. Anders liegen die Dinge bei einem inferioren Gut. Ein extremer Fall dieser Art ist in *Figur 5b* dargestellt. Auf Grund des Substitutionseffektes erhöht sich die Nachfrage. Da aber der Einkommenseffekt $\overline{cb}$ in *Figur 5b* gegenüber dem Substitutionseffekt $\overline{ab}$ dominiert, nimmt die Nachfrage nach dem Gut 1 bei einer Preissenkung ab. Diese Möglichkeit wurde von *A. Marshall* (1920) als *Giffen*-Fall bezeichnet.[9]

3. Theorie der bekundeten Präferenz
(revealed preference)

a. Substitutionseffekt

Wenn dem Verhalten der Konsumenten eine Präferenzordnung bzw. eine Nutzenfunktion zugrunde liegt, so muß sie sich in den Kaufentscheidungen offenbaren. Die Individuen bekunden also ihre Präferenzen durch ihr Verhalten. Die Theorie der bekundeten Präferenz beschäftigt sich demzufolge mit der Frage, auf welche Weise man aus dem Verhalten der Konsumenten auf die Existenz einer Präferenzordnung schließen kann. Wir gehen in zwei Schritten vor: Zunächst wird (in diesem Abschnitt) gezeigt, daß das zentrale Theorem der Nachfragetheorie, nach dem der Substitutionseffekt negativ ist, aus einem Minimum an Voraussetzungen über die Präferenzordnung eines Individuums abgeleitet werden kann. Zweitens wird (im nächsten Abschnitt) gezeigt, wie man aus einer Serie von Beobachtungen die zugrunde liegende Nutzenfunktion rekonstruieren kann.

Definition der bekundeten Präferenz

Grundlegend ist die Hypothese, daß die Konsumenten ein Güterbündel deswegen kaufen, weil sie es gegenüber allen anderen Güterbündeln vorziehen, die sie bei ihrem Einkommen und bei gegebenen Preisen auch hätten kaufen können. Die grundlegende Definition lautet daher: ,,Ein Güterbündel $\mathbf{q}^0$

---

[8] In der Literatur findet sich gelegentlich auch eine Trennung von Einkommens- und Substitutionseffekt mit Hilfe einer äquivalenten Einkommensänderung. Dabei wird die alte Budgetgerade parallel verschoben, bis sie die neue durch R laufende Indifferenzkurve berührt.

[9] Nach *Sir Robert Giffen*, der auf die Möglichkeit dieses Falles hingewiesen hatte.

wird gegenüber einem anderen Güterbündel q^1 genau dann vorgezogen, wenn bei gegebenen Preisen $p^0 = (p_1^0, p_2^0, \ldots, p_n^0)$ und einem gegebenen Einkommen das Güterbündel q^0 gekauft wird, obgleich auch das andere Güterbündel q^1 hätte gekauft werden können. In formaler Schreibweise lautet die Definition: Wird q^0 gekauft, so gilt:[10]

$$q^0 > q^1 : \Leftrightarrow p^0 q^0 \geqq p^0 q^1 \text{ bei } q^0 \neq q^1.$$

Man beachte, daß diese Definition nur einen Sinn besitzt, wenn q^0 von q^1 verschieden ist. Wäre nämlich $q^0 = q^1$, so würde man durch die Definition voraussetzen, daß das gleiche Güterbündel gegenüber sich selbst vorgezogen wird. Eine solche Reflexivitätsannahme ist für die strikte Präferenzrelation offenbar Unsinn.

Nach der Definition ist bei einem bestimmten Einkommen und gegebenen Preisen der Güter genau ein Güterbündel das beste. Erfaßt wird durch die Definition nur die strikte Präferenzrelation. Sie umfaßt nicht die Indifferenzrelation. Zu jeder Preis-Einkommen-Situation kann deshalb nur genau ein strikt bevorzugtes Güterbündel gehören. Man kann sich den Inhalt der Definition der bekundeten Präferenz durch *Figur 6a* für einen Zwei-Güter-Fall veranschaulichen. Bei einem gegebenen Einkommen und dem Preisvektor $p^0 = (p_1^0, p_2^0) = (2,1)$ werden die Konsummöglichkeiten durch die eingezeichnete Budgetlinie AB beschränkt. Wenn ein Individuum nun den Punkt q^0 wählt, so bekundet es nach der eingeführten Definition damit, daß es dieses Güterbündel gegenüber allen anderen Güterbündeln, die auf der Budgetlinie oder links davon liegen, vorzieht. In der dargestellten Preis-Einkommen-Situation ist also genau dieses Güterbündel das bestmögliche.

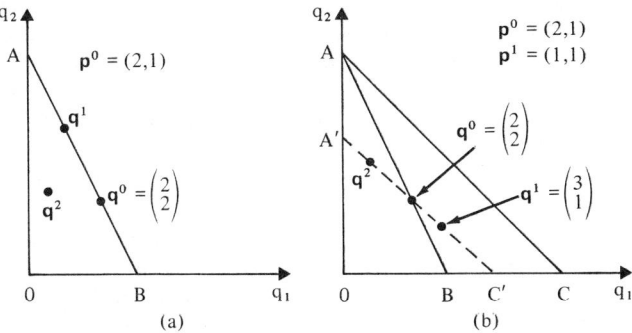

Figur 6

Das „schwache Theorem"

Wir wollen weiter die Widerspruchsfreiheit der Präferenzrelation voraussetzen. Das ist der Inhalt des sog. „schwachen Theorems" der Theorie der bekundeten Präferenz. Danach gilt folgendes: Wenn q^0 gegenüber q^1 vorge-

---

[10] Das Zeichen „$: \Leftrightarrow$" bedeutet: „ist definitionsgemäß genau dann".

zogen wird, kann nicht auch q^1 gegenüber q^0 vorgezogen werden. In formaler Sprache lautet das ,,schwache Theorem"

$$q^0 > q^1 \Rightarrow \neg \; q^1 > q^0.^{11}$$

Der Satz vom negativen Substitutionseffekt

Wir können jetzt den folgenden Satz aufstellen: Aus der Definition und dem ,,schwachen Theorem" folgt, daß der Substitutionseffekt negativ ist.

Die Richtigkeit dieses Satzes wird im folgenden zunächst für den Zwei-Güter-Fall graphisch nachgewiesen. In *Figur 6b* ist angenommen, daß der Preis des Gutes 1 sinkt, so daß an die Stelle des Preisvektors $p^0 = (2,1)$ der Preisvektor $p^1 = (1,1)$ tritt. Die Budgetlinie dreht sich um den Punkt A und verläuft flacher. Um den Substitutionseffekt isolieren zu können, muß man jetzt wieder vom Einkommenseffekt abstrahieren, indem man das Realeinkommen konstant hält. Da Indifferenzkurven im Rahmen der Theorie der bekundeten Präferenz nicht von vornherein vorausgesetzt werden, kann man Konstanz des Realeinkommens nicht als Konstanz des Nutzenniveaus definieren. Man faßt stattdessen das Realeinkommen dann als konstant auf, wenn das alte Güterbündel q^0 auch zu den neuen Preisen p^1 bei voller Verausgabung des Einkommens gekauft werden könnte. In der *Figur 6b* ist deshalb die Budgetlinie AC parallel nach links zu verschieben, bis sie die alte Budgetlinie im Punkte q^0 schneidet. Bei einem durch diese Lage repräsentierten Einkommen könnte bei den neuen Preisen auch das Güterbündel q^0 gekauft werden. Nach dieser kompensierenden Einkommensvariation bleibt der Substitutionseffekt, dessen Vorzeichen wir jetzt ermitteln müssen. Wenn das gesamte Einkommen ausgegeben wird, sind zwei Möglichkeiten denkbar: Das neue, nach der kompensierenden Einkommensvariation gekaufte Güterbündel könnte – berücksichtigt man nur die Konsummöglichkeiten – auf der Linie A'C' entweder rechts oder links vom Punkte q^0 liegen. Der Punkt q^0 selbst ist auf Grund der eindeutigen Zuordnung von Preis-Einkommen-Situation und Güterbündel ausgeschlossen.

Auf Grund der Definition und des schwachen Theorems läßt sich jetzt aber zeigen, daß das neue Güterbündel nicht links vom Punkte q^0 liegen kann. Würde nämlich z. B. das Güterbündel q^2 gekauft, so verhielte sich das Individuum nicht widerspruchsfrei, denn das Güterbündel q^2 hätte schon in der alten Preis-Einkommen-Situation gekauft werden können. Da tatsächlich q^0 gekauft wurde, gilt nach der Definition $q^0 > q^2$. Wenn jetzt q^2 gekauft würde, so wäre – da auch jetzt sowohl q^2 wie q^0 möglich ist – $q^2 > q^0$. Ein solches widersprüchliches Verhalten wird durch das schwache Theorem ausgeschlossen, deshalb kommt nur ein Punkt rechts von q^0 in Betracht, wie z. B. q^1. Dieses Güterbündel wurde in der alten Preis-Einkommen-Situation nur deshalb nicht gekauft, weil es zu teuer war und bei der Begrenzung der realisierbaren Konsummöglichkeiten durch die Budgetlinie AB nicht erworben werden konnte. Betrachtet man nun die Zusammensetzung des Güterbündels q^1, so sieht man, daß es mehr vom billiger gewordenen Gute 1

---

enthält und weniger vom relativ teurer gewordenen Gute 2. Der Substitutionseffekt ist also negativ.

Allgemein läßt sich die Richtung des Substitutionseffektes wie folgt nachweisen. Aus der Definition der bekundeten Präferenz und der Bedingung der Widerspruchsfreiheit folgt nach einer Preisänderung und der Wahl eines Güterbündels $\mathbf{q}^1$ (in *Figur 6 b* z. B. nach der Wahl des Punktes $\mathbf{q}^1$)

(1) $\mathbf{p}^1\mathbf{q}^1 \geqq \mathbf{p}^1\mathbf{q}^0 \Rightarrow \mathbf{p}^0\mathbf{q}^0 < \mathbf{p}^0\mathbf{q}^1.$

Wäre nämlich das Gegenteil von $\mathbf{p}^0\mathbf{q}^0 < \mathbf{p}^0\mathbf{q}^1$, also $\mathbf{p}^0\mathbf{q}^0 \geqq \mathbf{p}^0\mathbf{q}^1$, richtig, so würde $\mathbf{q}^0$ gegenüber $\mathbf{q}^1$ vorgezogen. Das wäre jedoch ein Widerspruch zum ersten Teil der in (1) enthaltenen Aussage, wonach $\mathbf{q}^1$ gegenüber $\mathbf{q}^0$ vorgezogen wird.

Aus (1) läßt sich nun herleiten, daß der Substitutionseffekt negativ ist. Wir führen dazu zunächst die Definitionen $\mathbf{p}^1 := \mathbf{p}^0 + \Delta\mathbf{p}$ und $\mathbf{q}^1 := \mathbf{q}^0 + \Delta\mathbf{q}$ ein. Zu berücksichtigen ist ferner, daß im ersten Teil von (1) das Gleichheitszeichen gelten muß, wenn globale Sättigung nicht erreicht ist, das Individuum also stets einen Punkt auf der Budgetgeraden wählt, bei dem das verfügbare Einkommen voll ausgeschöpft ist. Schreibt man dann die beiden in (1) aufgeführten Relationen mit Hilfe der Definitionen für $\mathbf{q}^1$ und $\mathbf{p}^1$ auf, so ergibt sich

$$(\mathbf{p}^0 + \Delta\mathbf{p})\,(\mathbf{q}^0 + \Delta\mathbf{q}) = (\mathbf{p}^0 + \Delta\mathbf{p})\,\mathbf{q}^0$$

und $\mathbf{p}^0\mathbf{q}^0 < \mathbf{p}^0(\mathbf{q}^0 + \Delta\mathbf{q}).$

Multipliziert man die Klammerausdrücke aus und subtrahiert in den beiden Relationen jeweils auf beiden Seiten gleiche Terme, so erhält man

$$\mathbf{p}^0\,\Delta\mathbf{q} + \Delta\mathbf{p}\,\Delta\mathbf{q} = 0$$

und $0 < \mathbf{p}^0\,\Delta\mathbf{q}$

Daraus folgt, daß

$$\Delta\mathbf{p}\,\Delta\mathbf{q} < 0$$

sein muß. Damit ist gezeigt, daß der Substitutionseffekt negativ ist. Im Beispiel der *Figur 6 b* ist

$$\Delta\mathbf{p}\,\Delta\mathbf{q} = (-1,\,0)\begin{pmatrix} 1 \\ -1 \end{pmatrix} = -1 < 0.$$

$\Delta\mathbf{p}\,\Delta\mathbf{q}$ ist also eine negative Zahl.

b. Rekonstruktion der Nutzenfunktion

Wir wollen nun im nächsten Schritt zeigen, daß man prinzipiell in der Lage ist, aus einer Serie von Beobachtungen eine Nutzenfunktion zu rekonstruieren. Dazu wird wieder ein Zwei-Güter-Fall betrachtet.

Eine erste Anschauung gewinnt man mit Hilfe der *Figur 7a*. Wenn auf der Budgetlinie $\mathbf{q}^0$ gewählt wird, so wird es nach der Definition gegenüber allen anderen ebenfalls möglichen Punkten als vorgezogen interpretiert. Alle anderen Punkte auf oder unterhalb der Linie AB werden deshalb gegenüber $\mathbf{q}^0$

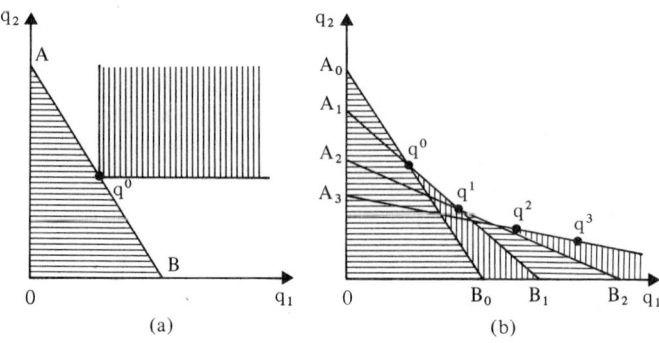

Figur 7

abgelehnt. Andererseits sind auf Grund der Unersättlichkeitsannahme alle Punkte in dem „nordöstlich" von q^0 schraffierten Feld besser als der Punkt q^0. Sie können freilich nicht realisiert werden, weil das Einkommen dazu nicht ausreicht. Wenn es eine Indifferenzkurve gibt, d. h. eine Kurve, die den vorgezogenen vom abgelehnten Bereich trennt, so muß sie durch den Punkt q^0 und das nicht schraffierte Gebiet gehen. Sie muß also konvex verlaufen.

Zur Konstruktion einer Indifferenzkurve durch q^0 wird jetzt zuerst das abgelehnte Gebiet 0AB vergrößert. Das geschieht in *Figur 7b*. Wir nehmen dazu zusätzlich Transitivität der Präferenzrelation an: Wenn $q^2 > q^1$ und $q^1 > q^0$, dann gilt auch $q^2 > q^0$.

Nachdem bei der durch die Budgetlinie A_0B_0 beschriebenen Preis-Einkommen-Situation das Güterbündel q^0 gewählt wurde, wird bei einer Senkung des Preises für Gut 1 nach einer kompensierenden Einkommensvariation das Güterbündel q^1 realisiert. Damit wird der Punkt q^1 gegenüber allen anderen auf oder unter der Budgetlinie A_1B_1 liegenden Punkten und bei der Annahme der Transitivität der Präferenzrelation auch gegenüber q^0 und allen auf oder unter der Budgetlinie A_0B_0 liegenden Punkten als vorgezogen bekundet. Der abgelehnte Bereich ist damit um die senkrecht schraffierte Fläche vergrößert worden. Sinkt der Preis des Gutes 1 nun noch einmal, so wird nach nochmaliger kompensierender Einkommensvariation ein Punkt q^2 realisiert. Damit vergrößert sich der abgelehnte Bereich weiter. Wenn man so fortfährt und vom Punkte q^0 aus auch den Preis des Gutes 2 variiert, erhält man eine Linie, durch die der abgelehnte Bereich abgegrenzt wird. Setzt man vollständige Teilbarkeit der Güter voraus und nimmt infinitesimale Preisänderungen vor, so wird der abgelehnte Bereich durch eine stetige Kurve abgegrenzt, die strikt konvex zum Ursprung verläuft. Man bezeichnet diese Kurve als untere Verhaltenslinie.

Wenn man die untere Verhaltenslinie im Lichte der Annahmen der klassischen Nachfragetheorie deutet, so stellt sie auch eine Indifferenzkurve dar. Ersetzt man nämlich die strikte Präferenzrelation durch die Ordnungsrelation „besser oder gleich gut" und nimmt an, daß die damit beschriebene Präferenzordnung vollständig, transitiv und stetig ist, so kann man das unterhalb der Verhaltenslinie liegende Gebiet als die Menge der nicht vorgezogenen Konsummöglichkeiten interpretieren. Die Grenze dieses Gebietes ist eine Indifferenzkurve. Im Zwei-Güter-Fall ist das schwache Theorem also ausreichend, eine Schar von Indifferenzkurven zu konstruieren.[12]

Die Konvexität der Indifferenzkurven, die bisher als Annahme eingeführt wurde, ergibt sich auf Grund der Theorie der bekundeten Präferenz aus den dieser Theorie zugrunde liegenden Prämissen der Konsumwahl (Definition der bekundeten Präferenz) und der Widerspruchsfreiheit (schwaches Theorem).

c. Nutzenvergleich mit Hilfe von Indexziffern

Vielfach wird versucht, ein Urteil über Nutzen- und Wohlfahrtsänderungen mit Hilfe von Indexziffern zu gewinnen. An hervorragender Stelle ist hier der Versuch zu nennen, mittels des Konzeptes des ,,realen Sozialproduktes" zu beurteilen, ob sich die ökonomische Wohlfahrt erhöht hat. Solche Urteile über die Veränderung der gesamtwirtschaftlichen Wohlfahrt müssen letztlich darauf zurückgeführt werden, wie sich die ökonomische Wohlfahrt von Individuen verändert hat. In welchen Grenzen solche Urteile möglich sind, kann nun mit Hilfe der Theorie der bekundeten Präferenz abgeschätzt werden.

Zwei alternative Indexmaße werden im allgemeinen verwendet, der *Laspeyres-* und der *Paasche*-Index. Der *Laspeyres*-Mengenindex

$$L_M = \frac{\mathbf{p}^0 \mathbf{q}^1}{\mathbf{p}^0 \mathbf{q}^0} = \frac{\sum_i p_i^0 q_i^1}{\sum_i p_i^0 q_i^0}$$

stellt der Ausgabensumme $\mathbf{p}^0 \mathbf{q}^0$, die für das Güterbündel $\mathbf{q}^0 = (q_1^0, q_2^0, \ldots, q_n^0)$ bei den Preisen $\mathbf{p}^0 = (p_1^0, p_2^0, \ldots, p_n^0)$ des Basiszeitpunktes $t = 0$ aufgewendet werden muß, die Ausgabensumme gegenüber, die für das im Zeitpunkt $t = 1$ gewählte Güterbündel $\mathbf{q}^1$ bei den Preisen des Basiszeitpunktes $t = 0$ hätten aufgewendet werden müssen. Der *Paasche*-Mengenindex

$$P_M = \frac{\mathbf{p}^1 \mathbf{q}^1}{\mathbf{p}^1 \mathbf{q}^0} = \frac{\sum_i p_i^1 q_i^1}{\sum_i p_i^1 q_i^0}$$

---

[12] Für den Fall von mehr als zwei Gütern ist das schwache Theorem nicht ausreichend, um sicherzustellen, daß sich die Indifferenzflächen nicht schneiden. Hinreichend dafür ist jedoch das von *Houthakker* aufgestellte starke Theorem. Es lautet: ,,Wenn $\mathbf{q}^0$ gegenüber $\mathbf{q}^1$ vorgezogen wird, $\mathbf{q}^1$ gegenüber $\mathbf{q}^2$, $\mathbf{q}^2$ gegenüber $\mathbf{q}^3$ usw. und schließlich $\mathbf{q}^{n-1}$ gegenüber $\mathbf{q}^n$, so darf nicht $\mathbf{q}^n$ gegenüber $\mathbf{q}^0$ vorgezogen werden." Formal:

$$\mathbf{q}^0 > \mathbf{q}^1, \mathbf{q}^1 > \mathbf{q}^2, \ldots, \mathbf{q}^{n-1} > \mathbf{q}^n \Rightarrow \neg\, \mathbf{q}^n > \mathbf{q}^0.$$

Man sieht leicht, daß diese Annahme eine Verallgemeinerung des schwachen Theorems darstellt.

führt den Ausgabenvergleich auf der Grundlage der Preise des Zeitpunktes t = 1 durch.

Die Theorie der bekundeten Präferenz enthält nun ebenfalls Aussagen über Indexziffern. Die Relation (1) (S. 119) kann alternativ in der Form

$$(1') \quad P_M := \frac{\mathbf{p}^1 \mathbf{q}^1}{\mathbf{p}^1 \mathbf{q}^0} \geqq 1 \Rightarrow 1 < \frac{\mathbf{p}^0 \mathbf{q}^1}{\mathbf{p}^0 \mathbf{q}^0} =: L_M$$

geschrieben werden. Wenn der *Paasche*-Mengenindex $P_M \geqq 1$ und der *Laspeyres*-Mengenindex $L_M > 1$ ist, kann nach der Theorie der bekundeten Präferenz eindeutig darauf geschlossen werden, daß das Güterbündel $\mathbf{q}^1$ gegenüber dem Güterbündel $\mathbf{q}^0$ vorgezogen wird, daß $\mathbf{q}^1$ also einen höheren Nutzen mit sich bringt als $\mathbf{q}^0$. Wenn genau das Gegenteil gilt, wenn $P_M < 1$ und $L_M \leqq 1$, muß der Nutzen von $\mathbf{q}^1$ geringer sein als der Nutzen von $\mathbf{q}^0$. Ein Urteil ist dagegen nicht möglich, wenn $L_M > 1$ und gleichzeitig $P_M < 1$ oder wenn gleichzeitig $L_M < 1$ und $P_M > 1$ ist.

4. Nutzenfunktionen und Nachfragefunktionen

a. Korrespondenz zwischen Nutzen- und Nachfragefunktionen

Wir haben jetzt das Verhältnis zwischen Nutzen- und Nachfragefunktionen auf zweifache Weise beschrieben. Einmal gingen wir von gegebenen Nutzenfunktionen aus und zeigten, wie sich Einkommens- und Preisänderungen auf die Nachfrage auswirken. Zweitens gingen wir von der Beobachtung der Nachfrage aus und zeigten, wie sich die zugrunde liegende Nutzenfunktion rekonstruieren läßt. Auf Grund dieser Darlegungen kann man den Schluß ziehen, daß zu jeder Nutzenfunktion eine ganz bestimmte Nachfragefunktion und zur Nachfragefunktion eine ganz bestimmte Nutzenfunktion gehört. Das sei an einem Beispiel demonstriert.

Zu der Nutzenfunktion

$$u(q_1, q_2, \ldots, q_n) = \sum_{i=1}^{n} a_i \ln(q_i - b_i),$$

in der b_i der „lebensnotwendige" Konsum des Gutes i und a_i der marginale Budgetanteil des Gutes i (bei $\sum_{i=1}^{n} a_i = 1$) ist, gehört das System von n Nachfragefunktionen

$$(2) \quad q_i = b_i + \frac{a_i}{p_i} (E - \sum_{j=1}^{n} p_j b_j), \; i = 1, 2, \ldots, n.$$

Der Beweis für diese Zuordnung läßt sich auf folgende Weise führen. Die Maximumsbedingung erster Ordnung lautet im vorliegenden Fall (vgl. oben S. 112)

$$u_i - \lambda p_i = 0$$

$$E - \sum_i p_i q_i = 0.$$

Errechnet man bei der vorausgesetzten Nutzenfunktion $u_i = \partial u/\partial q_i$, so ergibt sich aus $u_i - \lambda p_i = 0$

$$\frac{a_i}{q_i - b_i} = \lambda p_i,$$

das auch in der Form einer Nachfragefunktion für Gut i als

$$q_i = b_i + \frac{1}{\lambda}\,\frac{a_i}{p_i}$$

geschrieben werden kann. Um λ zu eliminieren, betrachten wir die Maximumsbedingung erster Ordnung $u_j - \lambda p_j = 0$ für ein anderes Gut j, aus der sich ebenso wie für das Gut i eine Nachfragefunktion

$$q_j = b_j + \frac{1}{\lambda}\,\frac{a_j}{p_j}$$

ergibt. Multipliziert man diesen Ausdruck mit p_j, so erhält man nach Umformung

$$p_j q_j - p_j b_j = \frac{a_j}{\lambda}\,.$$

Addiert man über alle j, so folgt unter Berücksichtigung von $\sum_j a_j = 1$ sowie der Butgetgleichung $\sum_j p_j q_j = E$

$$\frac{1}{\lambda} = E - \sum_j p_j b_j.$$

Setzt man diesen Wert für $1/\lambda$ in die Nachfragefunktion für das Gut i ein, so erhält man das oben dargestellte System von Nachfragefunktionen (2).

Nachfragefunktionen dieser Art werden als lineare Ausgabensysteme bezeichnet. Sie wurden von *Stone* (1954) und anderen empirisch geschätzt.[13]

b. Eigenschaften von Nachfragefunktionen

Die Abhängigkeit der Nachfrage nach Konsumgütern vom Einkommen und von den Preisen wurde bisher nur graphisch für den Zwei-Güter-Fall und für den n-Güter-Fall unter der Voraussetzung einer speziellen Nutzenfunktion dargelegt. Wir wollen in diesem Abschnitt die Analyse verallgemeinern. Dabei sollen allgemeine, empirisch prinzipiell falsifizierbare Eigenschaften der Nachfragefunktionen herausgearbeitet werden. Grundlage der Analyse bildet das System der Maximumsbedingungen erster Ordnung

$$u_i - \lambda p_i = 0 \qquad i = 1, 2, \ldots, n$$
$$E - \sum_i p_i q_i = 0$$

---

[13] Zuordnungen anderer Systeme von Nachfragefunktionen zu den entsprechenden Nutzenfunktionen gibt *Pollak* (1970).

das ein System von n + 1 Gleichungen darstellt. Darin sind Einkommen und Preise exogene Variable und die gekauften Güterquanten sowie der Multiplikator λ die endogenen Variablen.

Im Interesse einer leichteren Überschaubarkeit wird auch die folgende Analyse zunächst für den Zwei-Güter-Fall (i = 1, 2) durchgeführt. Das Ergebnis läßt sich dann aber, wie gezeigt wird, leicht verallgemeinern.

Für den Zwei-Güter-Fall erhält man nach vollständiger Differenzierung des Systems der Maximumsbedingungen erster Ordnung das Gleichungssystem

$$(3) \quad \begin{pmatrix} u_{11} & u_{12} & -p_1 \\ u_{21} & u_{22} & -p_2 \\ -p_1 & -p_2 & 0 \end{pmatrix} \begin{pmatrix} dq_1^* \\ dq_2^* \\ d\lambda^* \end{pmatrix} = \begin{pmatrix} \lambda^* dp_1 \\ \lambda^* dp_2 \\ -dE + q_1^* dp_1 + q_2^* dp_2 \end{pmatrix}$$

in dem die Ableitungen u_{ij} an der Stelle des Maximums berechnet werden. Nach der *Cramer*schen Regel ergibt sich als Lösung für die Veränderung der Nachfrage

$$(4a) \quad dq_1^* = \frac{D_{11}\lambda^* dp_1 + D_{21}\lambda^* dp_2 + D_{31}(-dE + q_1^* dp_1 + q_2^* dp_2)}{D}$$

$$(4b) \quad dq_2^* = \frac{D_{12}\lambda^* dp_1 + D_{22}\lambda^* dp_2 + D_{32}(-dE + q_1^* dp_1 + q_2^* dp_2)}{D}.$$

Darin ist D die Hauptdeterminante des Gleichungssystems, von der auf Grund der Maximumsbedingungen zweiter Ordnung bekannt ist, daß sie positiv sein muß. D_{ij} sind die Kofaktoren, also die mit den entsprechenden Vorzeichen versehenen jeweiligen Unterdeterminanten zu dem durch i und j bezeichneten Element der Determinante D.[14]

Einkommensänderung

Wir können jetzt zunächst die Partialeffekte isolieren. Der Partialeffekt einer Einkommensänderung für das Gut 1 beträgt

$$(5) \quad \frac{\partial q_1^*}{\partial E} = \frac{-D_{31}}{D}$$

Dabei erhält man D_{31} aus D durch Streichen der dritten Zeile und der ersten Spalte als $D_{31} = -p_2 u_{12} + p_1 u_{22}$. Da u_{12} positiv oder negativ sein kann, ist das Vorzeichen von D_{31} und damit auch das Vorzeichen der Auswirkung einer Einkommensänderung auf die Güternachfrage unbestimmt.

Preisänderung (*Slutsky*-Gleichungen)

Der Effekt einer Änderung des Preises für Gut 1 auf die Nachfrage nach diesem Gut wird durch

$$(6) \quad \frac{\partial q_1^*}{\partial p_1} = \frac{D_{11}\lambda^*}{D} + q_1^* \frac{D_{31}}{D}$$

---

[14] Generell erhält man die Unterdeterminanten D_{ij} aus D durch Streichen der i-ten Zeile und j-ten Spalte. Das anzuwendende Vorzeichen ist positiv (negativ), wenn i + j eine gerade (ungerade) Zahl ergibt.

gegeben. Man sieht unmittelbar, daß sich dieser Effekt aus zwei Komponenten zusammensetzt, die sich als Substitutions- und Einkommenseffekt identifizieren lassen. Wir wollen zuerst fragen, wie sich die Nachfrage nach Gut 1 ändern würde, wenn das Nutzenniveau auf Grund einer kompensierenden Einkommensvariation konstant bliebe. Aus der Nutzenfunktion erhält man für Bewegungen auf einer Indifferenzkurve $du = u_1 dq_1 + u_2 dq_2 = 0$. Berücksichtigt man, daß im Nutzenmaximum $u_1 = \lambda p_1$ und $u_2 = \lambda p_2$ ist und setzt das in den vorstehenden Ausdruck ein, so erhält man $du = \lambda(p_1 dq_1 + p_2 dq_2) = 0$ und bei $\lambda > 0$ auch $p_1 dq_1 + p_2 dq_2 = 0$. In der letzten Zeile des Gleichungssystems (3) ist also die linke Seite Null. Folglich ist auch die rechte Seite $-dE + q_1{}^\star dp_1 + q_2{}^\star dp_2 = 0$. Berechnet man also auf Grund von Gleichung (3) die Veränderung der Nachfrage nach Gut 1 auf Grund einer Änderung des Preises dieses Gutes bei konstantem Nutzen und bei gegebenem Preis des Gutes 2, so erhält man $\partial q_1{}^\star / \partial p_1 = \lambda^\star D_{11}/D$. Das ist also der Substitutionseffekt. Er ist auf jeden Fall negativ. Das folgt aus der Konvexität der Indifferenzkurven. Im hier betrachteten Zwei-Güter-Fall ist $D_{11} = -p_2{}^2 < 0$ und wegen der vorausgesetzten Quasikonkavität der Nutzenfunktion (Konvexität der Indifferenzkurven) $D > 0$, so daß $\lambda^\star D_{11}/D$ negativ ist.

Wir wissen ferner aus Gleichung (5), daß $-D_{31}/D$ den Effekt einer Einkommensänderung auf die Nachfrage darstellt. Man kann deshalb (6) auch in der Form

$$(7) \qquad \frac{\partial q_1{}^\star}{\partial p_1} = \left(\frac{\partial q_1{}^\star}{\partial p_1} \right)_{du=0} - q_1{}^\star \left(\frac{\partial q_1{}^\star}{\partial E} \right)_{d\mathbf{p}=0}$$

schreiben. Das ist die sogenannte *Slutsky*-Gleichung für den direkten Preiseffekt. Sie gibt die Steigung der Nachfragekurve nach einem Gute an. Nach Gleichung (7) kommt es auf Grund des Substitutionseffektes, betrachtet man ihn allein, bei einer Preiserhöhung immer zu einer Minderung der Nachfrage nach dem verteuerten Gut. Bei normalen Gütern hat der Einkommenseffekt die gleiche Wirkung, denn die Verteuerung des Gutes bedeutet ja, daß das Realeinkommen sinkt. Ganz ähnlich ergibt sich die Auswirkung einer Veränderung des Preises von Gut 2 auf die Nachfrage nach dem Gut 1. Aus (3) erhält man dafür den Ausdruck

$$(8) \qquad \frac{\partial q_1{}^\star}{\partial p_2} = \frac{D_{21} \lambda^\star}{D} + q_2{}^\star \frac{D_{31}}{D}$$

und kann wieder feststellen, daß der erste Term den Substitutionseffekt darstellt, der in diesem Falle natürlich positiv ist. Unter Berücksichtigung von (5) erhält man also

$$(9) \qquad \frac{\partial q_1{}^\star}{\partial p_2} = \left(\frac{\partial q_1{}^\star}{\partial p_2} \right)_{du=0} - q_2{}^\star \left(\frac{\partial q_1{}^\star}{\partial E} \right)_{d\mathbf{p}=0},$$

die *Slutsky*-Gleichung für den Kreuzpreiseffekt.

Die Verallgemeinerung für den Fall beliebig vieler Güter ist jetzt sehr einfach. Aus (7) und (9) ergibt sich, daß für ein beliebiges Güterpaar i und j stets

(10) $\dfrac{\partial q_i}{\partial p_j} = \left(\dfrac{\partial q_i}{\partial p_j}\right)_{du\,=\,0} - q_j \left(\dfrac{\partial q_i}{\partial E}\right)_{d\mathbf{p}\,=\,0}$

gelten muß.[15] Das ist die allgemein *Slutsky*-Gleichung, die Fundamentalgleichung der Nachfragetheorie. Sie gilt nicht nur für den Zwei-Güter-Fall, sondern generell.

Aus den *Slutsky*-Gleichungen läßt sich das totale Differential der Nachfragefunktion $q_i = f_i(p_1, p_2 \ldots, p_n, E)$ nach einem Gute rekonstruieren. Im Zwei-Güter-Fall erhält man aus (4a) und (4b) unter Berücksichtigung der Gleichungen (5) und (6)

$$dq_1 = S_{11}dp_1 + S_{12}dp_2 - q_1 \dfrac{\partial q_1}{\partial E} dp_1 - q_2 \dfrac{dq_1}{\partial E} dp_2 + \dfrac{dq_1}{\partial E} dE$$

$$dq_2 = S_{21}dp_1 + S_{22}dp_2 - q_1 \dfrac{\partial q_2}{\partial E} dp_1 - q_2 \dfrac{\partial q_2}{\partial E} dp_2 + \dfrac{\partial q_2}{\partial E} dE$$

und allgemein ergibt sich für ein beliebiges Gut i

(11) $dq_i = \displaystyle\sum_{j\,=\,1}^{n} S_{ij}dp_j - \sum_{j\,=\,1}^{n} q_j \dfrac{\partial q_i}{\partial E} dp_j + \dfrac{\partial q_i}{\partial E} dE,\ i = 1, 2, \ldots, n$

wobei S_{ij} der jeweilige Substitutionsterm $(\partial q_i / \partial p_j)_{du\,=\,0}$ ist.

Aus der Nachfragetheorie ergeben sich eine Reihe empirisch gehaltvoller, d. h. prinzipiell falsifizierbarer Aussagen:

A. Die Nachfragefunktionen sind homogen vom Grade Null

Erstens kann man zeigen, daß die in den Maximumsbedingungen erster Ordnung enthaltenen Nachfragefunktionen $q_i^* = f_i(p_1, p_2, \ldots, p_n, E)$ homogen vom Grade Null sind. Wenn man nämlich das Einkommen und alle Preise mit dem gleichen Faktor μ multipliziert, bleiben die Nachfragequanten aller Güter unverändert. Für alle Nachfragefunktionen gilt also $q_i = f_i(\mu p_1, \ldots, \mu p_n, \mu E)$. Das kann man aus den Maximumsbedingungen unmittelbar ableiten.

Die Homogenität vom Grade Null hat nun einige interessante empirische Implikationen. Für homogene Funktionen gilt der *Euler*'sche Lehrsatz, nach dem wir für ein beliebiges Gut i den Ausdruck

$$p_1 \dfrac{\partial q_i}{\partial p_1} + p_2 \dfrac{\partial q_i}{\partial p_2} + \ldots + p_n \dfrac{\partial q_i}{\partial p_n} + E \dfrac{\partial q_i}{\partial E} = 0$$

erhalten. Dividiert man durch q_i, so folgt

(12) $\dfrac{p_1}{q_i} \dfrac{\partial q_i}{\partial p_1} + \ldots + \dfrac{p_n}{q_i} \dfrac{\partial q_i}{\partial p_n} + \dfrac{E}{q_i} \dfrac{\partial q_i}{\partial E} = 0$

---

[15] In Gleichung (10) wie auch im folgenden wird aus Gründen der Vereinfachung der Schreibweise der Stern fortgelassen.

oder unter Verwendung von Elastizitätskoeffizienten[16]

$$\varepsilon_{ii} = \varepsilon_{iE} + \sum_{j \neq i} \varepsilon_{ij}.$$

Die direkte Preiselastizität ist also gleich der Summe aus der Einkommenselastizität und den Kreuzpreiselastizitäten aller anderen Güter.

B. Die Summe der Substitutionsterme ist Null.

Zweitens kann man zeigen, daß die Summe aller durch Elastizitätskoeffizienten ausgedrückten Substitutionsterme der *Slutsky*-Gleichung für die Nachfrage eines Individuums nach einem Gut i Null ist. Wir schreiben dazu zunächst die *Slutsky*-Gleichung nach Erweiterung um p_j/q_i in der Form

$$(13) \quad \frac{p_j}{q_i} \frac{\partial q_i}{\partial p_j} = \left(\frac{p_j}{q_i} \frac{\partial q_i}{\partial p_j} \right)_{du=0} - \frac{p_j q_j}{E} \left(\frac{E}{q_i} \frac{\partial q_i}{\partial E} \right)_{d\mathbf{p}=0}$$

und addieren dann über alle j. Das ergibt

$$(14) \quad \sum_j \frac{p_j}{q_i} \frac{\partial q_i}{\partial p_j} + \frac{E}{q_i} \frac{\partial q_i}{\partial E} = \sum_j \left(\frac{p_j}{q_i} \frac{\partial q_i}{\partial p_j} \right)_{du=0}$$

Da nach (12) wegen der Homogenität der Nachfragefunktion die linke Seite Null ist, muß auch die rechte Seite Null sein. Damit ist die Behauptung bewiesen.

C. Symmetrie der Substitutionsterme

Drittens sind die direkten Substitutionsterme der *Slutsky*-Gleichung negativ und alle Substitutionsterme symmetrisch. Es gilt also

$$\left(\frac{\partial q_i}{\partial p_i} \right)_{du=0} < 0, \quad \left(\frac{\partial q_i}{\partial p_j} \right)_{du=0} = \left(\frac{\partial q_j}{\partial p_i} \right)_{du=0}$$

Die Symmetrieeigenschaft ist für den Zwei-Güter-Fall einsichtig. Formal ergibt sie sich aus der Symmetrie der Systemdeterminante des Gleichungssystems (3), in der annahmegemäß $u_{ij} = u_{ji}$ ist, und gilt deshalb auch allgemein.[17]
Will man die Nachfragetheorie einem empirischen Test unterziehen, so kann man Systeme von Nachfragefunktionen, wie sie z. B. im Zwei-Güter-Fall durch die Gleichungen (4a) und (4b) oder allgemein durch Gleichung (11) gegeben sind, ökonometrisch schätzen. Die Güte der Theorie kann dann daran überprüft werden, ob die Elastizitätskoeffizienten die erwarteten Vorzeichen besitzen und den Homogenitäts- und Symmetrieeigenschaften genügen.

---

[16] Zu berücksichtigen ist dabei, daß $\varepsilon_{ii} = -\dfrac{p_i}{q_i} \dfrac{\partial q_i}{\partial p_i}$ ist.

[17] Vgl. *Hicks* (1946), S. 310. Vgl. auch unten S. 131.

Relevanz des *Giffen*-Falles

Wir können die Gleichung (13) dazu benutzen, die Relevanz des *Giffen*-Falles abzuschätzen. Man kann nämlich anhand von (13) zeigen, daß der Einkommenseffekt bei gegebener Einkommenselastizität ein um so geringeres Gewicht besitzt, je kleiner der Anteil der Ausgaben für ein Gut j an der Gesamtausgabensumme eines Haushaltes ist. Wenn der Anteil $p_j q_j / E$ sehr klein ist, so ist die Preiselastizität der Nachfrage praktisch gleich der Preiselastizität, die sich nach einer kompensierenden Einkommensvariation ergibt. Aus dieser Tatsache wird vielfach der Schluß gezogen (vgl. *Hicks*, 1946, S. 310 f.), daß der Einkommenseffekt bei den meisten Gütern von untergeordneter Bedeutung ist und gegenüber dem Substitutionseffekt nicht ins Gewicht fällt. Lediglich bei solchen Gütern, die einen sehr großen Anteil der Ausgaben eines Haushalts bilden, spiele der Einkommenseffekt eine Rolle. Handelt es sich um inferiore Güter, so könne nur in solchen Fällen der *Giffen*-Fall eintreten. Dieser Schluß ist jedoch nicht zwingend, denn die Einkommenselastizität kann selbst von der Höhe des Ausgabenanteils abhängig sein, so daß der letzte Term der Gleichung (13) nicht notwendigerweise mit sinkendem Ausgabeanteil gegen Null geht (vgl. dazu *Lipsey/Rosenbluth* (1971)).

Substitutive und komplementäre Güter

Anhand des Substitutionsterms in der Fundamentalgleichung der Nachfragetheorie, Gleichung (10), kann man die Fälle der substitutiven und komplementären Güter unterscheiden.

Nach dem Allgemeinverständnis dieser Begriffe sind Güter komplementär, wenn sie vom Konsumenten nur zusammen, d. h. in einem mehr oder weniger festen Verhältnis verbraucht werden können. Beispiele sind Bilder und Bilderrahmen, Kaffee und Sahne. Es ist zu vermuten, daß die Nachfrage nach einem Gut zunimmt, wenn der Preis eines komplementären Gutes sinkt. Demgegenüber wird bei substitutiven Gütern die Preissenkung eines Gutes zu einer Verminderung der Nachfrage nach einem anderen, substitutiven Gut, führen. Aus diesem Grund könnte man daran denken, substitutive und komplementäre Güter anhand des Vorzeichens der Kreuzpreiselastizität zu unterscheiden, und von substitutiven Gütern bei positiver und von komplementären Gütern bei negativer Kreuzpreiselastizität sprechen. Diese Begriffsbildung ist aber ungenau und manchmal sogar irreführend, weil eine Preisänderung stets auch einen Einkommenseffekt auslöst. Vom Einkommenseffekt muß man abstrahieren. Deshalb ist es zweckmäßig, substitutive und komplementäre Güter mit Hilfe des Substitutionsterms zu definieren. Zwei Güter i und j sind bei

$$\left(\frac{\partial q_i}{\partial p_j}\right)_{du=0} \begin{array}{l} > 0 : \text{Substitutionsgüter} \\ < 0 : \text{Komplementärgüter.} \end{array}$$

Man muß jedoch beachten, daß eine Komplementarität auf diese Weise nur definiert werden kann, wenn es mindestens drei Güter gibt. Gut 1 und 2 können nur dann komplementär sein, wenn es ein drittes Gut gibt, auf dessen Kosten bei einer Preissenkung für Gut 1 oder 2 von diesen Gütern mehr nachgefragt wird. Die Zusammenhänge seien anhand des Beispiels von Bier, Kaffee und Sahne erläutert. Wenn der Preis für Kaffee sinkt, so erhält man nach der kompensierenden Einkommensvariation folgendes Ergebnis: Eine Erhöhung des Verbrauchs der komplementären Güter Kaffee und Sahne und eine Verminderung des Konsums des substitutiven Gutes Bier.

c. Dualität in der Nutzen- und Nachfragetheorie

Der Zusammenhang zwischen dem Nutzen des Konsums und den Ausgaben für Konsumgüter läßt sich – ebenso wie in der Produktionstheorie der Zusammenhang zwischen der Produktionsfunktion und der Kostenfunktion – als eine duale Beziehung zwischen der Nutzenfunktion und einer Ausgabenfunktion beschreiben.

Ausgabenfunktion

Durch die Ausgabenfunktion wird der minimale Aufwand

$E = \sum_{i=1}^{n} p_i q_i$ bestimmt, der zur Realisierung eines bestimmten, vorgegebe-

nen Nutzenniveaus $u(q) = u^0$ erforderlich ist. Um die Ausgabenfunktion zu ermitteln, muß daher der Vektor q der Konsumgüterquanten gesucht werden, der die Ausgaben, d. h. die Lebenshaltungskosten, minimiert, die für die Erreichung eines bestimmten Nutzenniveaus aufgewendet werden müssen. Die hier gewählte Betrachtungsweise entspricht derjenigen, die in der Produktionstheorie zur Ermittlung desjenigen Faktoreinsatzes führt, durch den die Produktionskosten minimiert werden, die zur Verwirklichung eines bestimmten Produktionsniveaus notwendig sind (vgl. III. Kapitel, Abschnitt 3). In der Produktionstheorie erhält man auf diese Weise eine Kostenfunktion, nach der die Kosten vom Produktionsniveau und von den Nutzungspreisen der Produktionsfaktoren abhängig sind. Auf analoge Weise erhält man als Ergebnis der Minimierung der Ausgaben, die zur Realisierung eines bestimmten Nutzenniveaus aufgewendet werden müssen, eine Ausgabenfunktion E = E(p, u), nach der die Ausgaben von dem Vektor der Güterpreise und vom Nutzenniveau abhängig sind.

Die Ausgabenfunktion besitzt – analog zur Kostenfunktion der Produktionstheorie – die folgenden Eigenschaften:

• Die zur Realisierung eines bestimmten Nutzenniveaus jeweils minimalen Ausgaben nehmen mit dem vorgegebenen Nutzenniveau zu.

• Die Ausgabenfunktion ist bezüglich der Güterpreise linear-homogen und konkav. Das beinhaltet folgendes: Wenn alle Güterpreise im gleichen Maße steigen, so nehmen die Ausgaben im gleichen Maße zu. Wenn sich der Preis nur eines Gutes erhöht, so steigen die Ausgaben nur unterproportional.

Für die Ausgabenfunktion gilt (ebenso wie für die Kostenfunktion in der Produktionstheorie) *Shephards* Lemma, so daß

$$(15) \quad \frac{\partial E(\mathbf{p}, u)}{\partial p_i} = q_i(\mathbf{p}, u), \; i = 1, 2, \ldots, n$$

ist. Danach ergibt sich die Nachfrage nach einem Gut i als partielle Ableitung der Ausgabenfunktion nach dem Preis des Gutes i. Der Beweis wird ebenso geführt wie in der Produktionstheorie (vgl. S. 78).

Kompensierte Nachfragefunktion

In Gleichung (15) stellt $q_i(\mathbf{p}, u)$ die sog. kompensierte Nachfragefunktion dar, nach der die Nachfrage nach einem Gut i vom Preisvektor $\mathbf{p}$ und vom Nutzenniveau abhängt. Dieser Zusammenhang kann mit Hilfe der Figur 8 erläutert werden. Darin wird ein vorgegebenes Nutzenniveau durch die Lage der Indifferenzkurve I_0 beschrieben. Bei dem durch die Steigung der Budgetgerade AB gegebenen Preisverhältnis der beiden Güter 1 und 2 ergibt sich ein Gleichgewicht im Punkte Q_0. Die zur Erreichung des Nutzenniveaus notwendigen minimalen Ausgaben werden durch die Koordinatenabschnitte 0A bzw. 0B bestimmt. Wenn sich der Preis eines Gutes verändert, das Nutzenniveau aber konstant gehalten wird, so wird das neue Gleichgewicht durch einen anderen Punkt auf der Indifferenzkurve I_0 beschrieben. Bei einer Senkung des Preises p_1 zum Beispiel ergibt sich ein Punkt wie Q_1. Die Ausgaben, die zur Realisierung dieses Punktes notwendig sind, verringern sich, denn die Budgetgerade $A'B'$ schneidet die Ordinate bei einem geringeren Wert E/p_2. Da p_2 annahmegemäß unverändert ist, haben sich die Ausgaben E vermindert.

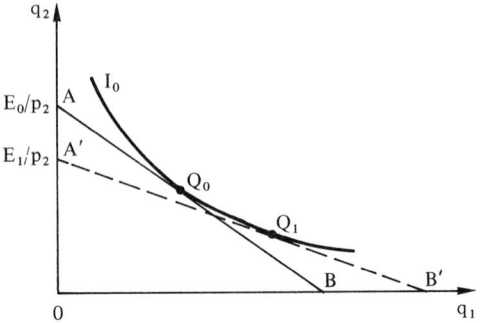

Figur 8

Die Zunahme der Nachfrage nach dem Gut 1, dessen Preis gefallen ist, ergibt sich auf Grund der Bewegung des Punktes Q entlang der Indifferenzkurve I_0. Sie stellt den Substitutionseffekt der Preissenkung dar, der sich bei einer Preissenkung für Gut 1 nach einer kompensierenden Einkommensänderung ergeben würde. Aus diesem Grunde bezeichnet man die Nachfragefunktion $q_i(\mathbf{p}, u)$ als kompensierte Nachfragefunktion.

Die Veränderung der kompensierten Nachfrage, die bei einer Preisvariation auftritt, wird auf Grund von Gleichung (15) durch

$$\frac{\partial q_i(\mathbf{p}, u)}{\partial p_i} = \frac{\partial^2 E(\mathbf{p}, u)}{\partial p_i^2} < 0$$

beschrieben. Das ist der Substitutionseffekt einer Preisveränderung.[18] Wegen der Konkavität der Ausgabenfunktion ist er eindeutig negativ.

Indirekte Nutzenfunktion

Anders als die kompensierte Nachfragefunktion beschreibt die gewöhnliche Nachfragefunktion die Nachfrage nach einem Gut als Funktion des Preisvektors und des Einkommens. Wenn das Einkommen vollständig ausgegeben wird, lautet die gewöhnliche Nachfragefunktion $q_i = q_i(\mathbf{p}, E)$. Sie beschreibt, welche Güterquanten bei gegebenem Preisvektor und gegebenem Einkommen erforderlich sind, um einen maximalen Nutzen zu erreichen. Der jeweils maximierte Nutzen ist deshalb ebenfalls vom Preisvektor und vom Einkommen abhängig. Es gilt

$$u(q[\mathbf{p}, E]) = V(\mathbf{p}, E).$$

Die Funktion $V(\mathbf{p}, E)$ bezeichnet man als indirekte Nutzenfunktion.

Die indirekte Nutzenfunktion steht zu der direkten Nutzenfunktion in einem Dualitätsverhältnis. Zur Maximierung der direkten Nutzenfunktion durch die Wahl der Konsumgüterquanten gehört dual die Maximierung der indirekten Nutzenfunktion durch die geeignete Wahl der Preise und des Einkommens. Maximiert man die *Lagrange*-Funktion

$$L^d = V(\mathbf{p}, E) + \mu(E - \sum_i p_i q_i),$$

so erhält man als notwendige Bedingungen

$$\partial V / \partial p_i - \mu q_i = 0, \; i, = 1,2, \ldots, n$$
$$\partial V / \partial E + \mu = 0$$
$$E - \sum_i p_i q_i = 0.$$

Aus den ersten beiden Gleichungen ergibt sich die Formel von *Roy*

$$(16) \quad -\frac{\partial V(\mathbf{p}, E) / \partial p_i}{\partial V(\mathbf{p}, E) / \partial E} = q_i(\mathbf{p}, E)$$

Die gewöhnliche Nachfragefunktion $q_i(\mathbf{p}, E)$ läßt sich daher mit Hilfe der Formel von *Roy* aus der indirekten Nutzenfunktion herleiten.

Der Zusammenhang zwischen der gewöhnlichen Nachfragekurve und einer kompensierten Nachfragekurve soll anhand der *Figur 9* veranschaulicht werden. Dabei wird ein normales Gut (mit positivem Einkommenseffekt) angenommen. Vorausgesetzt sei zunächst in *Figur 9a* ein Preis von 0A, bei dem die Nachfrage nach dem betrachteten Gut Null ist. Wenn nun der Preis des Gutes geringer wird, nimmt die Nachfrage nach dem Gut entlang der gewöhnlichen Nachfragekurve AD zu und zwar auf Grund des Substitutions-

---

[18] Man kann auf Grund der Ausgabenfunktion auch leicht zeigen, daß die Substitutionsterme symmetrisch sind. Auf Grund von Gleichung (15) gilt

$$\frac{\partial q_i(\mathbf{p}, u)}{\partial p_j} = \frac{\partial^2 E(\mathbf{p}, u)}{\partial p_i \partial p_j} = \frac{\partial^2 E(\mathbf{p}, u)}{\partial p_j \partial p_i} = \frac{\partial q_j(\mathbf{p}, u)}{\partial p_i}$$

Da die Kreuzableitungen der Ausgabenfunktion identisch sind, ergibt sich unmittelbar die Symmetrie der Substitutionsterme.

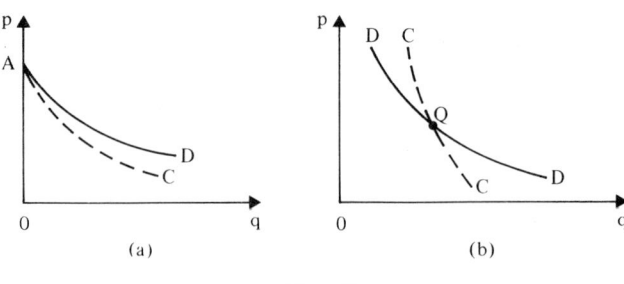

Figur 9

sowie des Einkommenseffektes der Preisenkung. Abstrahiert man vom Ein-kommenseffekt, so ist der um den Einkommenseffekt bereinigte Nachfrage-zuwachs (da ein normales Gut angenommen wurde) geringer als durch den Verlauf der Kurve AD angegeben wird. Die kompensierte Nachfrage AC verläuft deshalb unterhalb der gewöhnlichen Nachfragekurve AD.

In *Figur 9b* gehen wir von einer anderen Ausgangslage aus. Gegeben sei der Punkt Q. Wenn jetzt der Preis des betrachteten Gutes fällt (steigt), so nimmt die Nachfrage infolge von Substitutions- und Einkommenseffekt entlang der gewöhnlichen Nachfragekurve DD zu (ab). Abstrahiert man wieder vom Einkommenseffekt, so kommt es allein auf Grund des Substitutionseffektes zu einer geringeren Reaktion der nachgefragten Menge auf die Preisände-rung entlang der kompensierten Nachfragekurve CC.[19]

Slutsky-Gleichung

Mit Hilfe der Ausgabenfunktion und der indirekten Nutzenfunktion läßt sich die *Slutsky*-Gleichung auf recht einfache Weise herleiten.

Angenommen sei, daß das Güterbündel q^0 die Nutzenfunktion bei gegebe-nem Preisvektor und Einkommen maximiert. Das dadurch erreichte Nut-zenniveau sei mit $u^0 = u(q^0)$ bezeichnet. Dann werden bei den gegebenen Preisen auch die Ausgaben minimiert, die zur Verwirklichung des Nutzenni-veaus u^0 notwendig sind. In *Figur 8* zum Beispiel stellt der Punkt Q_0 gleich-zeitig das Nutzenmaximum bei der gegebenen Budgetgeraden AB und das Ausgabenminimum beim Nutzenniveau der Indifferenzkurve I_0 dar. Des-halb gilt die Identität

$$q_i(p, u^0) = q_i(p, E(p, u^0)).$$

Differenziert man diese Identität nach dem Preis p_j eines Gutes j (wobei j = i oder j ≠ i sein kann), so erhält man

$$(17) \quad \frac{\partial q_i(p, u^0)}{\partial p_j} = \frac{\partial q_i(p, E)}{\partial p_j} + \frac{\partial q_i(p, E)}{\partial E} \frac{\partial E(p, u^0)}{\partial p_j}$$

---

[19] Es sei dem Leser überlassen, sich klar zu machen, daß die kompensierte Nachfrage-kurve in *Figur 9a* oberhalb der Kurve AD verläuft und in *Figur 9b* die Kurve DD von unten her schneidet, wenn das betrachtete Gut inferior ist.

Da nach *Shephards* Lemma $\partial E(\mathbf{p}, u^0)/\partial q_j = q_j(\mathbf{p}, u^0)$ ist, kann man den Ausdruck (17) auch in der Form

$$(18) \quad \frac{\partial q_i(\mathbf{p}, E)}{\partial p_j} = \frac{\partial q_i(\mathbf{p}, u^0)}{\partial p_j} - q_j(\mathbf{p}, E) \frac{\partial q_i(\mathbf{p}, E)}{\partial E}$$

schreiben. Das aber ist die *Slutsky*-Gleichung.

Ein Beispiel zur Illustration

Zur Veranschaulichung der Zusammenhänge sei als Beispiel ein Zwei-Güter-Fall mit einer Nutzenfunktion $u(q_1, q_2) = q_1^\alpha q_2^{1-\alpha}$ verwendet. Aus den Maximumsbedingungen erster Ordnung $u_i - \lambda p_i = 0 \ (i = 1, 2)$ und $E = p_1 q_1 + p_2 q_2$, erhält man zunächst

$$\alpha u = \lambda p_1 q_1$$
$$(1 - \alpha)u = \lambda p_2 q_2.$$

Addiert man, so ergibt sich $u = \lambda E$. Nach Elimination von λ folgt

$$\alpha E = p_1 q_1$$
$$(1 - \alpha)E = p_2 q_2.$$

Daraus ergeben sich die gewöhnlichen Nachfragefunktionen

$$(19) \quad q_1(\mathbf{p}, E) = \frac{\alpha E}{p_1} , \quad q_2(\mathbf{p}, E) = \frac{(1 - \alpha)E}{p_2} .$$

Setzt man diese Werte in die Nutzenfunktion ein, so erhält man die indirekte Nutzenfunktion

$$(20) \quad V(\mathbf{p}, E) = A p_1^{-\alpha} p_2^{-(1-\alpha)} E, \quad A := \alpha^\alpha (1 - \alpha)^{1-\alpha}.$$

Wählt man ein bestimmtes Nutzenniveau $u^0 = V(\mathbf{p}, E)$, so erhält man

$$u^0 = A p_1^{-\alpha} p_2^{-(1-\alpha)} E$$

und daraus die Ausgabenfunktion

$$(21) \quad E(\mathbf{p}, u^0) = A^{-1} p_1^\alpha p_2^{(1-\alpha)} u^0.$$

Aus der Ausgabenfunktion lassen sich die kompensierten Nachfragefunktionen ableiten. Für das Gut 1 ergibt sich zum Beispiel

$$(22) \quad q_1(\mathbf{p}, u^0) = \frac{\partial E(\mathbf{p}, u^0)}{\partial p_1} = \alpha A^{-1} p_1^{\alpha-1} p_2^{1-\alpha} u^0.$$

Ebenso läßt sich die Formel von *Roy* bestätigen. Für Gut 1 findet man, daß

$$- \frac{\partial V/\partial p_1}{\partial V/\partial E} = \frac{\alpha V/p_1}{V/E} = \frac{\alpha E}{p_1} .$$

Die *Slutsky*-Gleichung bestätigt man auf folgende Weise. Aus der gewöhnlichen Nachfragefunktion (19) folgt

$$\frac{\partial q_1(\mathbf{p}, E)}{\partial p_1} = - \frac{\alpha E}{p_1^2} , \quad \frac{\partial q_1(\mathbf{p}, E)}{\partial E} = \frac{\alpha}{p_1}$$

und aus der kompensierten Nachfragefunktion (22) ergibt sich

$$\frac{\partial q_1(\mathbf{p}, u^0)}{\partial p_1} = \alpha (\alpha - 1) A^{-1} p_1^{\alpha-2} p_2^{1-\alpha} u^0$$
$$= \alpha (\alpha - 1) p_1^{-2} E,$$

denn $u^0 = V$. Setzt man jetzt in die *Slutsky*-Gleichung (18) ein, so findet man

$$\frac{\partial q_1(\mathbf{p}, E)}{\partial p_1} = \frac{\partial q_1(\mathbf{p}, u^0)}{\partial p_1} - q_1(\mathbf{p}, E) \frac{q_1(\mathbf{p}, E)}{\partial E}$$

$$= \alpha (\alpha - 1) p_1^{-2} E - \frac{\alpha E}{p_1} \frac{\alpha}{p_1} = \frac{-\alpha E}{p_1^2}.$$

5. Nutzen des Konsums und die Konsumentenrente

a. Grenznutzen, Gesamtnutzen und Preis

Das berühmte Paradoxon des Nutzens, das darin besteht, daß Diamanten als außerordentlich wertvoll gelten, während Wasser vielfach umsonst zu haben ist, obgleich man sehr wohl ohne Diamanten auskommt, jedoch nicht längere Zeit ohne Wasser leben kann, führt zu der Frage, worin der Nutzen des Konsums eines Gutes zum Ausdruck kommt.

Um eine Antwort auf diese Frage zu erhalten, wollen wir zuerst ein einfaches Beispiel bilden, in dem der Nutzen kardinal gemessen werden kann. Wenn man voraussetzt, daß der Grenznutzen des Einkommens gleich Eins ist, müssen Preis und individueller Grenznutzen des Gutes übereinstimmen. Beim Preis 0P ist in *Figur 10a* der Gesamtnutzen eines Individuums daher gleich der Fläche 0QRA unter der individuellen Nachfragekurve. Das Individuum muß einen Betrag, der durch die Fläche 0QRP gegeben wird, zum Kauf des Quantums 0Q des betrachteten Gutes aufwenden. Subtrahiert man diesen Betrag vom Gesamtnutzen, so erhält man die Fläche PRA als Überschuß des Nutzens über die Kosten. Dieser Wert wird als Konsumentenrente bezeichnet. Die Konsumentenrente ist offenbar um so größer, je niedriger der Preis ist, und am höchsten bei einem freien Gut, dessen Preis Null ist.

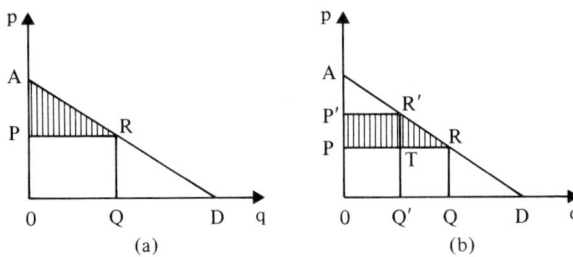

Figur 10

Wenn sich der Preis eines Gutes erhöht, so sinkt die Konsumentenrente. Das ist in *Figur 10b* dargestellt. Bei einer Erhöhung des Preises von 0P auf 0P′ (z. B. auf Grund neu entstandener Monopolmacht oder infolge von Kosten-erhöhungen) vermindert sich die Konsumentenrente um den Inhalt der Flä-che PRR′P′. In Höhe des Inhalts der Fläche PTR′P′ kommt es zu einer

Einkommensumverteilung (zugunsten des Monopols oder, bei Kostenerhöhungen, zugunsten der Anbieter der verteuerten Faktoren). Demgegenüber geht infolge der Preiserhöhung Konsumentenrente in Höhe des Inhalts der Fläche TRR' verloren. Umgekehrt würde bei einer Preissenkung von $0P'$ auf $0P$ Konsumentenrente in gleicher Höhe neu entstehen. Die bei Preisveränderungen eintretenden Minderungen bzw. Zuwächse an Konsumentenrente können als Wohlfahrtsmaßstab für solche wirtschaftspolitischen Maßnahmen aufgefaßt werden, durch die Preisveränderungen bewirkt werden. Wegen der wirtschaftspolitischen Relevanz der Konzeption der Konsumentenrente ist es wichtig zu untersuchen, ob die Konzeption der Konsumentenrente auch unter realistischeren Voraussetzungen als denen, die bisher getroffen wurden, ihren Sinn behält.

c. Kompensierende Einkommensvariation als Maß der Konsumentenrente

Eine einwandfreie Ermittlung der Konsumentenrente ist mit Hilfe der kompensierenden Einkommensvariation möglich. Das soll zunächst auf graphischem Wege und anschließend mittels des Konzepts der Ausgabenfunktion dargestellt werden.

Graphische Methode

In *Figur 11,* in der auf der Abszisse der Konsum des Gutes 1 und auf der Ordinate der des Gutes 2 abgetragen wird, sei als Ausgangssituation der Punkt Q auf der Budgetgeraden AB_0 gegeben, deren Steigung das Preisverhältnis p_1/p_2 wiedergibt. Angenommen sei nun, daß das Gut 2 als Numéraire dient, sein Preis also identisch gleich Eins gesetzt ist. Dann läßt sich das Einkommen der Ausgangssituation durch die Strecke $0A$ darstellen, denn diese Strecke ist $E/p_2 = E$, wenn $p_2 = 1$ ist.

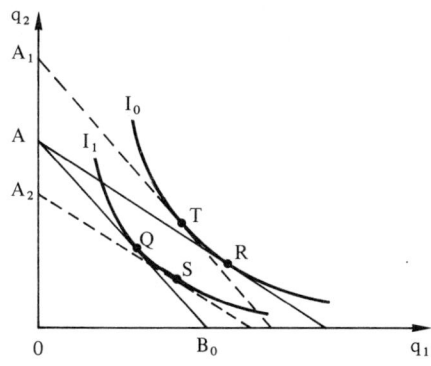

Figur 11

Sinkt der Preis des Gutes 1 und dreht sich die Budgetgerade um den Punkt A, so daß der Punkt R auf der Indifferenzkurve I_0 erreicht wird, so könnte das Individuum den Betrag AA_2 aufgeben, wenn das alte Nutzenniveau der Indifferenzkurve I_1 erhalten bleiben soll.

Alternativ sei als Ausgangslage der Punkt R auf der Indifferenzkurve I_0 betrachtet. Steigt der Preis des Gutes 1 und dreht sich die Budgetgerade um den Punkt A, so daß der Punkt Q auf der Indifferenzkurve I_1 erreicht wird, so müßte das Individuum den Betrag AA_1 als zusätzliches Einkommen erhalten, wenn das alte Nutzenniveau unverändert bleiben soll.

Die aus der Preisänderung resultierende Änderung der Konsumentenrente wird durch die jeweils kompensierende Einkommensvariation AA_1 bzw. AA_2 dargestellt. Die Größe der Änderung der Konsumentenrente hängt offensichtlich von der Ausgangssituation ab. Im allgemeinen sind die Beträge AA_1 und AA_2 nicht gleich hoch. Das ist nur dann der Fall, wenn die Nutzenfunktion linear-homogen ist. In diesem Fall ist der Grenznutzen des Einkommens konstant. Intuitiv ergibt sich für die im allgemeinen zu beobachtende Unterschiedlichkeit der beiden jeweils kompensierenden Einkommensvariationen folgende Erklärung. Wenn der Grenznutzen des Einkommens mit steigendem Einkommen sinkt, muß die eine Preiserhöhung kompensierende Einkommensvariation (in *Figur 11* die Strecke AA_1) größer sein als die eine Preissenkung kompensierende Einkommensvariation (in *Figur 11* die Strecke AA_2).

Konsumentenrente als Fläche unter der kompensierten Nachfragekurve

Bei einer Preiserhöhung für das Gut 1 wird, wie anhand der *Figur 11* gezeigt wurde, die mit der Preiserhöhung einhergehende Änderung der Konsumentenrente durch die Einkommensvariation AA_1 dargestellt. Dieser Betrag ist die Differenz zwischen den zur Erreichung des Nutzenniveaus der Indifferenzkurve I_0 jeweils minimalen Ausgaben beim alten wie beim neuen, höheren Preis des Gutes 1.

Man kann nun zeigen, daß diese Differenz als Fläche unter der kompensierten Nachfragekurve dargestellt werden kann. Bezeichnet man das Nutzenniveau, das durch die Indifferenzkurve I_0 repräsentiert wird, mit u^0, so läßt sich die Einkommensvariation AA_1 in folgender Form darstellen.

$$E(p_1^1, p_2^0, u^0) - E(p_1^0, p_2^0, u^0)$$

$$= \int_{p_1^0}^{p_1^1} \frac{\partial E(p_1, p_2^0, u^0)}{\partial p_1} \, dp_1$$

$$= \int_{p_1^0}^{p_1^1} q_1(p_1, p_2^0, u^0) \, dp_1$$

Die erste Gleichung folgt aus der Definition des bestimmten Integrals. Die zweite Gleichung ergibt sich auf Grund von *Shephards* Lemma. Danach ist die kompensierende Einkommensvariation die Fläche unter der kompensierten Nachfragefunktion $q_1(p_1, p_2^0, u^0)$.

Das ist in *Figur 12* dargestellt.

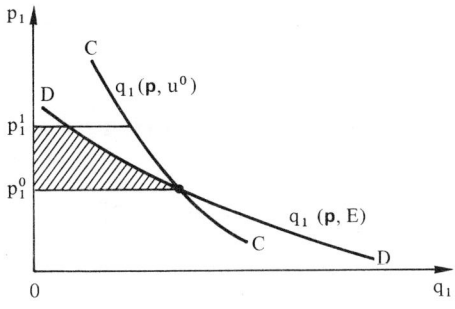

Figur 12

Der Fehler, den man begeht, wenn zur Ermittlung der Konsumentenrente anstelle der Fläche unter der kompensierten Nachfragekurve die Fläche unter der gewöhnlichen Nachfragekurve $q_i(\mathbf{p}, E)$ benutzt wird, hängt von der Stärke des Einkommenseffektes ab. In vielen Fällen ist, wie oben gezeigt wurde (vgl. S. 128) der Einkommenseffekt gering, und der Fehler, der bei der Berechnung der Konsumentenrente auf der Grundlage der gewöhnlichen Nachfragekurve entsteht, kann in vielen Fällen vernachlässigt werden (*Willig* 1976). Da die gewöhnliche Nachfragekurve für ein normales Gut wegen des Einkommenseffektes eine größere Steigung aufweist als die kompensierte Nachfragekurve, ist die bei einer Preiserhöhung von p_1^0 auf p_1^1 entstehende Fläche unter der gewöhnlichen Nachfragekurve geringer als die Fläche unter der kompensierten Nachfragekurve. Mißt man die Konsumentenrente als Fläche unterhalb der gewöhnlichen Nachfragekurve, so erhält man eine von der Stärke des Einkommenseffekts abhängige Unterschätzung des wahren Wertes der Konsumentenrente.

VI. Kapitel
Theorie des privaten Haushaltes

Die im vorigen Kapitel dargestellte Theorie der Nachfrage nach Konsumgütern ist in der Fragestellung eng begrenzt. Sie geht von einer gegebenen Präferenzordnung aus und analysiert die Nachfrage nach Konsumgütern bei alternativen Einkommen und Güterpreisen. Tatsächlich ist aber die Höhe des Einkommens von Entscheidungen des Haushaltes abhängig, da Arbeitseinkommen vom Arbeitsangebot des Haushaltes und das Kapitaleinkommen auch vom vorangegangenen Sparen des Haushaltes determiniert wird. Ferner sind einige Annahmen, die im vorigen Kapitel hinsichtlich der Nutzenfunktion getroffen wurden, erklärungsbedürftig: Warum bestehen zwischen einzelnen Gütern enge, zwischen anderen nur lockere oder praktisch gar keine Substitutionsbeziehungen? Warum sind einzelne Güter inferior, während bei anderen die Einkommenselastizität hoch ist? Sind die Präferenzordnungen im Zeitablauf konstant oder wandeln sie sich und wenn das der Fall ist, wodurch wird ihre Veränderung bestimmt? Welche Rolle spielen dabei soziale Interdependenzen? Mit diesen Problemen wird sich das vorliegende Kapitel beschäftigen.

1. Arbeitseinkommen des Haushaltes

a. Freizeit, Konsum und Arbeitsangebot

Das Einkommen eines Individuums, das bisher als exogene Variable betrachtet wurde, setzt sich zusammen aus Arbeits- und Besitzeinkommen. Das Besitzeinkommen wird durch die Verteilung des Vermögensbesitzes determiniert und soll zunächst auch weiterhin als exogen bestimmt aufgefaßt werden. Das Arbeitseinkommen dagegen hängt bei gegebenen Lohnsätzen vom Arbeitsangebot ab, das endogen bestimmt werden soll. Da das Arbeitsangebot gleichbedeutend mit Verzicht auf Freizeit ist, kann das Problem der Ableitung des Arbeitsangebotes als eine Entscheidung des Individuums über die Aufteilung der insgesamt verfügbaren Zeit in Arbeits- und Freizeit dargestellt werden. Unter Freizeit wird hier also der Teil der insgesamt verfügbaren Zeit verstanden, der nicht am Arbeitsmarkt als Arbeitszeit angeboten wird. Für ein Individuum wird angenommen, daß es Arbeitsleistungen anbietet, um mit dem Entgelt Konsumgüter zu kaufen. Die Entscheidung, eine bestimmte Arbeitsleistung anzubieten, stellt deshalb eine Wahl zwischen Konsumgütern und Freizeit dar. Zur Vereinfachung nehmen wir an, daß es nur ein einziges Konsumgut gibt. Man kann dieses Konsumgut natürlich auch als ein Güterbündel mit konstanter Zusammensetzung auffassen. Der Nutzen des Individuums hängt dann vom Konsum und der Freizeit ab. Die Nutzenfunktion lautet: $u = u(q, F)$. Wir nehmen auch hier an, daß der

Grenznutzen des Konsums sowie der Freizeit positiv ist, aber mit zunehmendem Konsum bzw. zunehmender Freizeit abnimmt. Die Konsummöglichkeiten werden bei einem gegebenen Preis für das Konsumgut und gegebenem Lohnsatz beschränkt durch das Einkommen aus Arbeit und aus dem gegebenen Besitzeinkommen. Es wird wieder angenommen, daß das gesamte Einkommen für den Kauf des Konsumgutes ausgegeben wird. Der Preis des Konsumgutes soll identisch gleich Eins gesetzt werden, so daß w den in Konsumguteinheiten ausgedrückten Reallohn darstellt. Ferner sei T die insgesamt verfügbare Zeit und F die Freizeit. Die angebotene Arbeitszeit beträgt deshalb $L = T - F$. Die Höhe des Konsums kann mit q und das Besitzeinkommen, ausgedrückt in Konsumgütereinheiten, mit E_0 bezeichnet werden. Die Budgetbeschränkung des Individuums lautet dann $q = E_0 + wL$ oder $q = E_0 + wT - wF$. Unter dieser als Nebenbedingung gegebenen Beschränkung ist die Nutzenfunktion $u(q, F)$ zu maximieren. Wir stellen die Lösung dieses Problems nur graphisch dar.

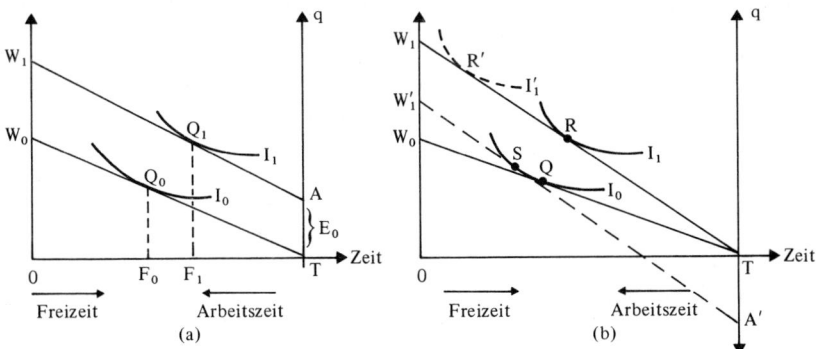

Figur 1

Horizontal wird die Aufteilung der insgesamt verfügbaren Zeit T in Freizeit und Arbeitszeit abgetragen und vertikal der Konsum. Wenn man die Freizeit als Variable betrachtet, so ist in *Figur 1* der Punkt 0 Koordinatenursprung. Interessiert man sich für das Arbeitsangebot, so betrachtet man besser den Punkt T als Koordinatenursprung. Die Nutzenfunktion wird durch Indifferenzkurven dargestellt, von denen zwei, nämlich I_0 und I_1 eingezeichnet sind. Die Budgetlinie beginnt auf der Ordinate bei einem Betrag $W_0 = E_0 + wT$ und hat die Steigung $- w$. In *Figur 1a* und *b* stellt die Budgetlinie TW_0 einen Fall dar, in dem das Individuum über Besitzeinkommen nicht verfügt, so daß $E_0 = 0$ ist. Im Fall der bei W_1 beginnenden Budgetlinie beträgt das Besitzeinkommen TA.

Das Nutzenmaximum und damit das optimale Arbeitsangebot bzw. die optimale Freizeit wird durch den Berührungspunkt einer Indifferenzkurve mit der jeweils gültigen Budgetlinie bestimmt. Dort ist die Grenzrate der Substitution zwischen Konsum und Freizeit gleich der Steigung der Budgetlinie, also ist $- dq/dF = u_F/u_q = w$.

Änderung des Besitzeinkommens

Komparativ-statisch wollen wir zunächst eine Veränderung des Besitzeinkommens behandeln. Wenn das Besitzeinkommen steigt, so verschiebt sich – wie man aus *Figur 1 a* ablesen kann – die Budgetlinie parallel nach rechts. Ist Freizeit kein inferiores Gut, so nimmt infolge der Erhöhung des Besitzeinkommens die gewünschte Freizeit zu, wie es in *Figur 1 a* dargestellt wird. Das Arbeitsangebot nimmt in diesem Fall bei einer Erhöhung des Besitzeinkommens also ab. Wäre Freizeit ein inferiores Gut, so würde das Arbeitsangebot zunehmen.

Änderung des Lohnsatzes

Der Fall einer Änderung des Lohnsatzes ist in *Figur 1 b* dargestellt. Dabei wird ein Fall behandelt, in dem das Individuum über kein Besitzeinkommen verfügt. Durch eine Erhöhung des Lohnsatzes dreht sich die Budgetlinie um den Punkt T und wird steiler. Das Nutzenmaximum verschiebt sich vom Punkt Q zum Punkt R. Es hängt von der Form der durch die Indifferenzkurven abgebildeten Nutzenfunktion ab, ob das Arbeitsangebot dabei sinkt oder steigt. Wenn die Indifferenzkurve I_1 angenommen werden kann, nimmt das Arbeitsangebot auf Grund der Lohnerhöhung ab. Gilt hingegen die Indifferenzkurve I'_1, so steigt das Arbeitsangebot auf Grund der Lohnerhöhung.

Die unbestimmte Reaktionsweise des Arbeitsangebotes hat die gleichen Gründe wie die Unbestimmtheit der Reaktion der Nachfrage nach einem Konsumgut, die bei einer Preisänderung eintritt. Auch für die Veränderung des Arbeitsangebotes kann man einen Substitutions- und einen Einkommenseffekt unterscheiden. Zur Trennung der beiden Effekte verschiebt man in *Figur 1 b* die neue Budgetlinie TW_1 parallel nach unten, bis sie die ursprüngliche Indifferenzkurve berührt. Diese Verschiebung stellt eine kompensierende Einkommensvariation dar.[1] Nach dieser kompensierenden Einkommensvariation wird durch die Bewegung von Q nach S der Substitutionseffekt und durch die Bewegung von S nach R der Einkommenseffekt determiniert. Auf Grund des Substitutionseffektes würde bei einer Lohnerhöhung das Arbeitsangebot zunehmen. Das ist leicht verständlich, denn die Lohnerhöhung bedingt, daß die Opportunitätskosten der Freizeit zunehmen, so daß weniger Freizeit gewünscht wird. Auf der anderen Seite bewirkt aber die Lohnerhöhung auf Grund des Einkommenseffektes dann, wenn Freizeit kein inferiores Gut ist, eine Zunahme der gewünschten Freizeit und deshalb eine Verminderung des Arbeitsangebotes. Der Effekt einer Lohnerhöhung auf das Arbeitsangebot ist also wegen des Einkommenseffektes nicht eindeutig. Dabei ist es im allgemeinen nicht möglich, den Einkommenseffekt zu vernachlässigen, denn das Arbeitseinkommen stellt gewöhnlich einen wesentlichen Teil des Gesamteinkommens dar.

---

[1] Sie ist gleichbedeutend mit einer Senkung des Besitzeinkommens. Im Fall der *Figur 1 b*, in dem ursprünglich ein Besitzeinkommen nicht vorhanden ist, entsteht also ein (fiktives) negatives Besitzeinkommen TA', eine (fiktive) Verschuldung.

Arbeitsangebotskurve

Über den Verlauf der Arbeitsangebotskurve läßt sich daher Allgemeingültiges nicht sagen. Die Arbeitsangebotskurve kann fallend oder steigend verlaufen. Bei einem niedrigen Lohnsatz, der in Volkswirtschaften mit niedrigerem wirtschaftlichen Entwicklungsstand anzutreffen ist, könnte Freizeit ein inferiores Gut sein. Eine Erhöhung des Lohnsatzes würde dann eindeutig eine Zunahme des Arbeitsangebotes herbeiführen. Bei einem höheren Niveau der Löhne in Ländern mit fortgeschrittener ökonomischer Entwicklung könnte die Bedeutung und die relative Wertschätzung der Freizeit zunehmen. Die Freizeit wäre dann ein normales Gut. Bei einer Lohnerhöhung könnte dann auf Grund der Dominanz des Einkommenseffektes das Arbeitsangebot sinken. Auf diese Weise läßt sich der in *Figur 2* dargestellte Verlauf der Arbeitsangebotskurve begründen.

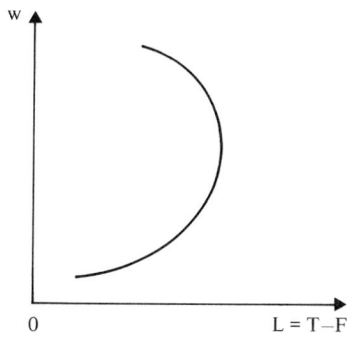

Figur 2

Auf Grund empirischer Studien kann man annehmen, daß Freizeit in Industrieländern kein inferiores Gut ist und daß der Einkommenseffekt gegenüber dem Substitutionseffekt überwiegt (*Barzel/McDonald,* 1973), während in Entwicklungsländern der Substitutionseffekt dominiert und die Arbeitsangebotskurve dementsprechend eine positive Steigung aufweist (*Bardhan* 1979).

b. Theorie der Zeitallokation und das Arbeitsangebot

Bisher wurde Freizeit als Differenz zwischen der insgesamt verfügbaren Zeit und der am Markt angebotenen Arbeitszeit aufgefaßt. Eine differenziertere Betrachtung der „Freizeit" führt zu einem besseren Verständnis auch des Arbeitsangebotes eines Haushaltes. Zum Teil wird Freizeit dazu verwendet, um die am Markt erworbenen Güter zu genießen, also z. B. zur Einnahme von Mahlzeiten, zur Teilnahme an Theateraufführungen und Sportveranstaltungen. Der Konsum selbst erfordert also Zeit. Außerdem aber bedarf der Konsum vielfach der Vorbereitung durch Arbeiten im Haushalt. Mahlzeiten müssen zubereitet werden, die Wohnung und das Haus müssen instandgehalten werden. Die am Markt erworbenen Güter sind daher vielfach ungeeignet, unmittelbar einen Nutzen zu stiften. Sie müssen durch den Einsatz von Zeit, nämlich von Konsumzeit und Hausarbeitszeit, in ein nützliches Gut verwandelt werden.

Generell ist der Nutzen nach dieser Vorstellung eine Funktion u $(Z_1, Z_2, \ldots, Z_n)$ von Endprodukten Z_i. Das Angebot an Endprodukten wiederum hängt vom Einsatz von Konsumgütern sowie von der Konsumzeit ab. Zur Vereinfachung sei jetzt angenommen, daß nur ein einziges Endprodukt Z konsumiert wird, das durch den Einsatz des Gutes X und der Konsumzeit G erzeugt wird. Es gilt also eine „Haushalts-Produktionsfunktion"

(1) $Z = Z(X, G)$,

die als quasi-konkav angenommen wird.

Das Gut X kann entweder am Markt erworben oder im Haushalt produziert werden. Ein Kuchen z. B. kann gekauft oder selbst gebacken werden. Wir wollen zur Vereinfachung annehmen, daß die Herkunft des Gutes X, ob also gekauft oder selbst produziert, keinen Einfluß auf die Eignung hat, zur Erzeugung des Endproduktes Z beizutragen. Die Menge des am Markt gekauften Gutes X sei mit q, die im Haushalt produzierte Menge mit y bezeichnet. Die Menge des Gutes X kann deshalb durch die Summe

(2) $X = q + y$

beschrieben werden. Das im Haushalt produzierte Quantum y des Gutes X hängt vom Einsatz an Hausarbeitszeit H entsprechend der Produktionsfunktion

(3) $y = f(H)$, mit $f'(H) > 0$, $f''(H) < 0$

ab. Für die Hausarbeit wird also ein positives, aber abnehmendes Grenzprodukt der Arbeit vorausgesetzt. Zur Vereinfachung werden die Marktgüter, die zur Produktion von Endprodukten im Haushalt im allgemeinen erforderlich sind, vernachlässigt, da ihre ausdrückliche Berücksichtigung zu keinen zusätzlichen Voraussagen mit empirischem Gehalt führen würde.

Der Nutzen des betrachteten Individuums wird maximiert, wenn Z maximiert wird. Für die Maximierungsaufgabe gilt als Nebenbedingung die Budgetgleichung

$q = wL + E$,

nach der die Ausgabe für das am Markt gekaufte Gut (dessen Preis als identisch gleich Eins angenommen wird) gleich der Summe aus dem Lohneinkommen (= Lohnsatz w mal der am Markt verwerteten Arbeitszeit) und dem Besitzeinkommen E ist; und die Zeitbeschränkung

$T = G + H + L$,

nach der die Gesamtzeit T in Konsumzeit, Hausarbeitszeit und am Markt verwertete Arbeitszeit aufgeteilt werden kann.

Bildet man unter Berücksichtigung von (2) und (3) die *Lagrange*-Funktion

$\Gamma = Z(q + f(H), G) + \lambda_1(q - wL - E) + \lambda_2(T - G - H - L)$, und setzt die partiellen Ableitungen nach q, H, G und L gleich Null, so erhält man

$$\partial\Gamma/\partial q = Z_X + \lambda_1 = 0$$
$$\partial\Gamma/\partial H = Z_X f'(H) - \lambda_2 = 0$$
$$\partial\Gamma/\partial G = Z_G - \lambda_2 = 0$$
$$\partial\Gamma/\partial L = -\lambda_1 w - \lambda_2 = 0.$$

Eliminiert man die *Lagrange*schen Multiplikatoren λ_1 und λ_2, so ergibt sich

$$Z_G/Z_X = f'(H) = w.$$

Die Grenzrate der Substitution zwischen dem Konsumgut und der Konsumzeit muß also mit dem Grenzprodukt der Hausarbeitszeit sowie dem Lohnsatz übereinstimmen und das Grenzprodukt der Hausarbeitszeit muß dementsprechend auch gleich dem Lohnsatz sein.

Das Gleichgewicht ist in *Figur 3* graphisch dargestellt. Der Arbeitseinsatz wird ausgehend vom Punkt T nach links abgetragen. Die Produktionsfunktion f(H) wird durch die strikt konkave Kurve TC_0 wiedergegeben, deren von Punkt T aus positive, aber abnehmende Steigung das Verhalten der Grenzproduktivität der Hausarbeit widerspiegelt. Würde das Individuum die gesamte verfügbare Zeit für Hausarbeit verwenden, so könnte maximal ein Konsum von $0C_0$ realisiert werden. Die Möglichkeit der Verwertung der Arbeitszeit am Markt vergrößert den Konsummöglichkeitsbereich, wenn – wie in *Figur 3* – der Lohnsatz nicht niedriger ist als die Steigung der Produktionsfunktion f(H) am Punkte C_0. Wenn der Lohnsatz durch die Steigung der Linie $A_0 W_0$ gegeben wird, so ist Eigenproduktion im Haushalt bis zum Punkte A_0 zweckmäßig, weil bis dorthin das Grenzprodukt der Hausarbeit höher ist als der Lohnsatz. Der Konsummöglichkeitsbereich wird dann durch die Linie $TA_0 W_0$ begrenzt. Würde der Lohnsatz höher sein als das Grenzprodukt der Hausarbeit am Punkte T, so würde die Budgetlinie des Haushalts allein – wie in *Figur 1* – durch eine dann bei T beginnende Lohngerade TW_0 gegeben.

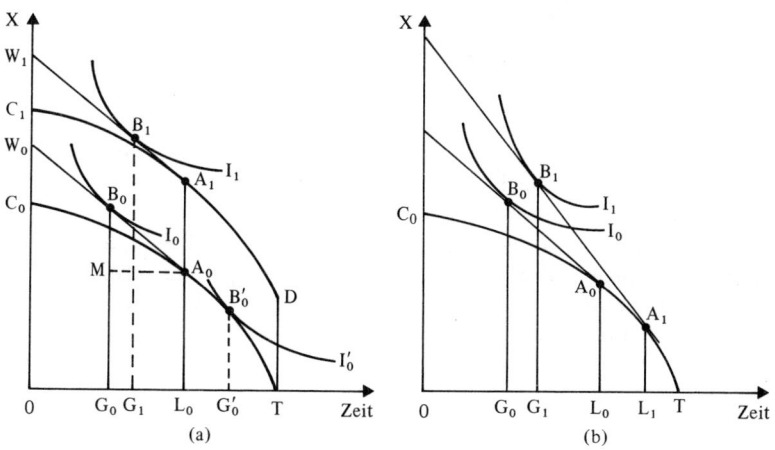

Figur 3

Isoquanten der Funktion $Z(X, G)$ sind in *Figur 3* durch konvexe Linien dargestellt. Wenn eine Isoquante I_0 den Konsummöglichkeitsbereich im Punkte B_0 berührt, so beträgt in diesem Gleichgewicht die Hausarbeitszeit TL_0, die am Markt angebotene Zeit L_0G_0 und die Konsumzeit G_00, die Eigenproduktion des Konsumgutes L_0A_0 und am Markt wird das Quantum MB_0 gekauft.

Würde dagegen, bei einer anderen Funktion $Z(X, G)$, eine Isoquante I'_0 den Konsummöglichkeitsbereich am Punkte B'_0 berühren, so würde die Nachfrage nach Konsumgütern ausschließlich durch Eigenproduktion im Haushalt gedeckt, die Konsumzeit betrüge $0G'_0$.

Änderung des Besitzeinkommens

Bei einer Erhöhung des Besitzeinkommens verschiebt sich die Konsummöglichkeitsgrenze um das zusätzliche Besitzeinkommen parallel nach oben (so daß die Konsummöglichkeitsgrenze z. B. bei A_0 und A_1 die gleiche Steigung aufweist). In *Figur 3a,* in der in der Ausgangslage ein Besitzeinkommen von Null angenommen wurde, trete eine Verschiebung um die Strecke TD ein. Für den Fall der Ausgangslage B_0 kommt es zu keiner Änderung der Länge der Hausarbeitszeit, wohl aber zu einer Erhöhung der Konsumzeit (auf $0G_1$) und dementsprechend zu einer Verringerung der am Markt angebotenen Arbeitszeit.

Änderung des Lohnsatzes

Erhöht sich wie in *Figur 3b* der Lohnsatz, so verschiebt sich der Punkt A_0 nach rechts. Das bedeutet, daß sich die Länge der Hausarbeitszeit auf jeden Fall vermindert. Ob sich die Konsumzeit erhöht oder verringert, hängt davon ab, ob der Einkommens- oder der Substitutionseffekt der Lohnerhöhung dominiert. In vielen Fällen dürfte auch bei einer Dominanz des Einkommenseffektes wie in *Figur 3b* die am Markt angebotene Arbeitszeit per Saldo zunehmen, weil die Verminderung der Hausarbeitszeit die Erhöhung der Konsumzeit überkompensiert.

Erwerbsbeteiligung von Ehefrauen

Berücksichtigt man, daß bei Eheleuten die Hausarbeit überwiegend von der Ehefrau besorgt wird, so ist verständlich, weshalb das am Markt auftretende Arbeitsangebot von Ehefrauen bei Lohnerhöhungen im allgemeinen steigt, während der Effekt einer Lohnerhöhung auf das Arbeitsangebot von Männern gewöhnlich unbestimmt ist.

Eine Lohnerhöhung für den Ehemann bedeutet für die Ehefrau, daß sich ihr Besitzeinkommen erhöht, so daß eine Lohnerhöhung des Ehemannes für die Ehefrau die gleichen Konsequenzen hat wie eine Erhöhung des Besitzeinkommens. Bei berufstätigen Ehefrauen ist deshalb bei einer Lohnerhöhung des Mannes mit einer Verringerung ihrer am Markt angebotenen Arbeitszeit zu rechnen.

2. Sparen und Kapitaleinkommen

a. Grundzüge des intertemporalen Nutzenkalküls

Da Sparen oder Verschuldung in der Gegenwart das zukünftige Wohlergehen beeinflußt, wird ein Individuum bei Entscheidungen über die Höhe des
gegenwärtigen Konsums auch die Zukunft mit in Betracht ziehen. Um die
Grundzüge des intertemporalen Kalküls herauszuarbeiten, sei angenommen,
daß sich die Planung auf zwei Perioden erstrecke, in denen Einkommen E_0
und E_1 erwartet werden und ein Konsum von C_0 und C_1 geplant wird. Die
zu maximierende Nutzenfunktion ist $u = (C_0, C_1)$. Sie wird als quasikonkav
vorausgesetzt.

Grenzrate der intertemporalen Substitution

In *Figur 4* wird eine strikt quasikonkave intertemporale Nutzenfunktion
durch eine Schar von Indifferenzkurven dargestellt. Das marginale Austauschverhältnis zwischen Gegenwarts- und Zukunftskonsum wird als
Grenzrate der intertemporalen Substitution bezeichnet. Die strikte Konvexität der Indifferenzkurven impliziert, daß zunehmender Konsumverzicht, der
durch eine Bewegung auf einer Indifferenzkurve z. B. von Punkt Q nach S
beschrieben wird, nur bei stets steigenden Zuwächsen an Zukunftskonsum
akzeptiert wird.

Zeitpräferenz

Angenommen, der Konsum der Periode 1 sei ebenso hoch wie der in Periode 0. Dann ist vorstellbar, daß die Grenzrate der intertemporalen Substitution gerade gleich Eins, der Grenznutzen des Konsums der Periode 1 also
gleich dem der Periode 0 ist. Vielfach freilich wird man finden, daß die
Grenzrate der Substitution bei temporal gleichverteiltem Konsum größer als
Eins ist. Das bedeutet, daß zur Konstanz des Nutzens ein marginaler Konsumverzicht von 1 DM durch einen zukünftigen Konsum von mehr als
1 DM ausgeglichen werden muß. Man sagt dann, es existiere eine Zeitpräferenzrate, mit der der Nutzen des zukünftigen Konsums abdiskontiert wird.

Intertemporale Budgetgleichung

Angenommen wird nun, daß das Individuum in Periode 0 ein Einkommen
E_0 besitzt und daß am Kapitalmarkt beliebige Beträge zu einem gegebenen
Zins verliehen oder aufgenommen werden können. Ein Individuum könnte
dann z. B. in der Periode 0 den Betrag $E_0 - C_0$ sparen, am Kapitalmarkt
anlegen und diesen Betrag sowie die Zinsen darauf, also $(1 + r)(E_0 - C_0)$, in
der nächsten Periode als Konsum ausgeben. Das Individuum könnte sich
auch in Höhe des Betrages $C_0 - E_0$ verschulden, wenn es in Periode 0 einen
Konsum realisieren will, der das laufende Einkommen übersteigt. Es muß
dann den Betrag der aufgenommenen Schuld und die darauf entfallenden
Zinsen in Periode 1 zurückzahlen, wodurch sich der Konsum der Periode 1

entsprechend vermindert. Die Budgetgleichung für die Dauer der zwei betrachteten Perioden lautet daher

$$(1 + r)(E_0 - C_0) + E_1 - C_1 = 0$$

oder, umgeformt,

$$C_1 = (1 + r)\left(E_0 + \frac{E_1}{1 + r}\right) - (1 + r)C_0.$$

Darin ist $E_0 + E_1/(1 + r) = V_0$ der Kapitalwert des erwarteten Einkommensstromes, kurz das Vermögen in Periode 0.

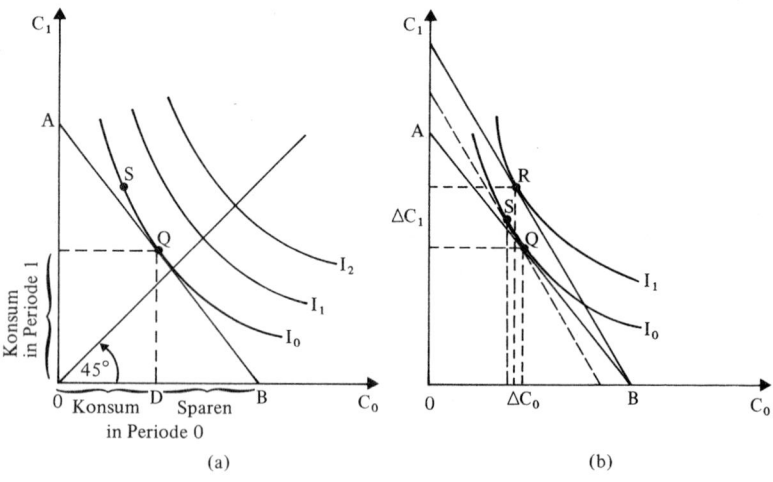

Figur 4

Optimales Sparen: Graphische Darstellung

In der graphischen Darstellung der *Figur 4* sei angenommen, daß $E_1 = 0$ ist. Das Problem besteht dann darin, das in Periode 0 erzielte Einkommen in optimaler Weise für den Konsum der beiden Perioden 0 und 1 zu verwenden. Die Budgetgleichung $C_1 = (1 + r)E_0 - (1 + r)C_0$ ist für diesen Fall in *Figur 4a* als Gerade dargestellt. Auf der Abszisse ist E_0 durch die Strecke 0B abgetragen. Die Steigung der Budgetgeraden beträgt $-(1 + r)$, so daß auf der Ordinate durch die Strecke 0A der Betrag $(1 + r)E_0$ abgetragen ist.

Die nutzenmaximale Verteilung des Konsums auf die beiden Perioden wird durch den Punkt Q bestimmt, bei dem die Grenzrate der intertemporalen Substitution gleich $1 + r$ ist. Da das Einkommen der Periode 0 durch den Punkt B gegeben ist, wird in Periode 0 ein Betrag gespart, der durch die Strecke DB gegeben wird.

Auswirkung einer Vermögensänderung

Ändert sich das Vermögen in der Weise, daß entweder das Einkommen der Periode 0 oder das der Periode 1 steigt, so verschiebt sich die Budgetgerade nach rechts und sowohl der Gegenwarts- wie auch der Zukunftskonsum erhöht sich.

Auswirkung einer Zinserhöhung

Erhöht sich der Zins r, so dreht sich die Budgetgerade wie in *Figur 4b* um den Punkt B und wird steiler. Das neue Nutzenmaximum wird durch Punkt R gekennzeichnet, in dem der Gegenwartskonsum um den Betrag ΔC_0 geringer und der Konsum der folgenden Periode um den Betrag ΔC_1 höher ist.

Der Gesamteffekt der Zinsänderung läßt sich auch hier in einen Einkommens- und einen Substitutionseffekt zerlegen. Der Substitutionseffekt wird in *Figur 4b* durch die Bewegung von Q nach S auf der Indifferenzkurve I_0 dargestellt. Er führt zu einem Konsumverzicht in der Gegenwart zugunsten eines höheren Konsums in der Zukunft. Auf Grund des Substitutionseffektes erhöht sich also das Sparen in der Gegenwart. Der Einkommenseffekt, der durch die Bewegung von Punkt S nach Punkt R charakterisiert wird, läßt Gegenwarts- und Zukunftskonsum steigen, so daß sich das Sparen vermindert.

Optimales Sparen: Algebraische Darstellung

Nachdem wir uns durch die graphische Darstellung einen Überblick über das Problem verschafft haben, soll jetzt die Annahme, daß $E_1 = 0$ ist, wieder aufgegeben werden. Zu maximieren ist die Nutzenfunktion $u(C_0, C_1)$ unter der Nebenbedingung der Budgetgleichung. Differenziert man die *Lagrange*-Funktion

$$L = u(C_0, C_1) + \lambda [(1 + r)(E_0 - C_0) + E_1 - C_1]$$

partiell nach C_0 und C_1, sowie nach λ, so erhält man als Bedingungen erster Ordnung

$$u_1 - \lambda(1 + r) = 0$$
$$u_2 - \lambda = 0$$

und die Budgetgleichung.

$$(1 + r)(E_0 - C_0) + E_1 - C_1 = 0.$$

Aus den beiden ersten Gleichungen erhält man nach Eliminierung des *Lagrange*schen Multiplikators $u_1/u_2 = 1 + r$, also die Bedingung, daß die Grenzrate der intertemporalen Substitution gleich $1 + r$ sein muß.

Die notwendigen Bedingungen stellen ein Gleichungssystem dar, nach dem die endogenen Variablen C_0, C_1 und λ durch die exogenen Variablen r, E_0 und E_1 determiniert werden. Zur Durchführung der komparativ-statischen Analyse dieser Abhängigkeiten bilden wir das totale Differential der notwendigen Bedingungen des Nutzenmaximums:

$$(4) \begin{pmatrix} u_{11} & u_{12} & -(1+r) \\ u_{21} & u_{22} & -1 \\ -(1+r) & -1 & 0 \end{pmatrix} \begin{pmatrix} dC_0 \\ dC_1 \\ d\lambda \end{pmatrix} = \begin{pmatrix} \lambda dr \\ 0 \\ -(1+r)\,dE_0 - dE_1 - (E_0 - C_0)\,dr \end{pmatrix}$$

Dieses lineare Gleichungssystem liefert für die Veränderung des Gegenwartskonsums die Lösung

$$dC_0 = \frac{\lambda D_{11}}{D}\,dr + \frac{D_{31}}{D}\,[-(E_0 - C_0)\,dr - (1+r)\,dE_0 - dE_1],$$

wobei wegen der Maximumsbedingung zweiter Ordnung (Konvexität der intertemporalen Indifferenzkurven) $D > 0$ ist.

Bei gegebenem Zins erhält man daher als Reaktion auf Einkommensänderungen

$$\frac{\partial C_0}{\partial E_0} = -(1+r)\,\frac{D_{31}}{D}, \quad \frac{\partial C_0}{\partial E_1} = -\frac{D_{31}}{D}$$

woraus sich die Beziehung

$$\frac{\partial C_0}{\partial E_0} = (1+r)\,\frac{\partial C_0}{\partial E_1} = : \frac{\partial C_0}{\partial V} \quad \text{bei } V = E_0 + \frac{E_1}{1+r}$$

ergibt und natürlich

$$-\frac{D_{31}}{D} = (1+r)^{-1}\,\frac{\partial C_0}{\partial V}.$$

Obgleich das Vorzeichen von $D_{31} = -u_{12} + (1+r)u_{22}$ wegen der Unbestimmtheit des Vorzeichens von u_{12} nicht eindeutig feststeht, kann doch als plausibel gelten, daß sowohl der Gegenwarts- wie der Zukunftskonsum „normale Güter" sind, so daß eine Erhöhung des Vermögens V eine Zunahme des Konsum sowohl in der Gegenwart wie in der Zukunft bewirkt.

Eine Erhöhung des Zinses führt zu

$$\frac{\partial C_0}{\partial r} = \frac{\lambda D_{11}}{D} - (E_0 - C_0)\,\frac{D_{31}}{D}$$

Der erste Term auf der rechten Seite stellt den Substitutionseffekt dar, der sich bei $du = u_1 dC_0 + u_2 dC_1 = u_2 \left(\dfrac{u_1}{u_2}\,dC_0 + dC_1 \right) = u_2[(1+r)\,dC_0 + dC_1] = 0$ einstellt. Wenn nämlich die Summe in eckigen Klammern Null ist, so ist auch $(E_0 - C_0)\,dr + (1+r)\,dE_0 + dE_1 = 0$. Der zweite Term auf der rechten Seite stellt den Einkommenseffekt dar. Nach Einsetzen des oben für D_{31}/D gefundenen Ausdrucks erhält man daher die *Slutsky*-Gleichung

$$\frac{\partial C_0}{\partial r} = \frac{\partial C_0}{\partial r}\bigg|_{du=0} + (E_0 - C_0)(1+r)^{-1}\,\frac{\partial C_0}{\partial V}\bigg|_{dr=0}$$

Der Substitutionseffekt ist, da $D_{11} = -1$, immer negativ. Eine Erhöhung des Zinses führt via Substitutionseffekt zu einer Senkung des Gegenwartskonsums, also zu erhöhtem Sparen. Der Einkommenseffekt hat, wenn $E_0 - C_0 > 0$ ist und wenn Gegenwarts- und Zukunftskonsum „normale" Güter sind, eine Zunahme des Konsums in der Gegenwart wie in der Zukunft zur Folge. Wenn $E_0 - C_0 < 0$ ist, wenn das Individuum sich also in der Gegenwart verschuldet, kommt es bei einer Zinserhöhung auf Grund des Einkommenseffektes zu einer tendenziellen Verringerung des Gegenwarts- und Zukunftskonsums.

Da in einer Volkswirtschaft einem Gläubiger stets ein Schuldner gegenübersteht, müssen sich Forderungen und Verbindlichkeiten ausgleichen. Hätten alle Individuen identische Nutzenfunktionen, so würden sich auch die Einkommenseffekte gegenseitig neutralisieren. In diesem Falle würde eine Zinserhöhung nur einen Substitutionseffekt auslösen und damit eindeutig zu einer Erhöhung des Sparens führen. Tatsächlich sind die individuellen Nutzenfunktionen natürlich nicht identisch. Gleichwohl kann man davon ausgehen, daß sich die Einkommenseffekte der Zinserhöhung in einer Volkswirtschaft weitgehend gegenseitig aufheben.

b. Kapitalbildung der Haushalte

Geplantes Sparen wird im Rahmen der Theorie der intertemporalen Nutzenmaximierung als ein Vorgang aufgefaßt, bei dem ein Individuum durch zeitweiligen Konsumverzicht zukünftigen Ertrag aus Kapitalbesitz zu erhalten hofft. Durch geplantes Sparen wird eine Beteiligung am Kapitalstock der Volkswirtschaft erworben. Konkret kann das einmal durch den Kauf von Wertpapieren wie z. B. Aktien und Obligationen geschehen oder durch Einlagen bei Banken, die ihrerseits Kredite an Wirtschaftsunternehmen geben und dem Sparer damit indirekt eine Beteiligung an den Erträgnissen des volkswirtschaftlichen Kapitalstocks verschaffen. Sparen kann ferner dazu benutzt werden, unmittelbar Kapitalgüter zu kaufen, um damit ein Unternehmen selbständig zu betreiben oder ein bestehendes Unternehmen zu erweitern. Sparen kann schließlich dazu dienen, langlebige Konsumgüter zu erwerben. Ebenso wie der Kauf von Investitionsgütern durch Handwerker, Geschäftsleute und freiberuflich Tätige ist auch der Kauf von langlebigen Konsumgütern, wie sie Automobile, Waschmaschinen, Kühlschränke, Fernsehgeräte usw. darstellen, eine Investition; denn nicht diese Güter werden konsumiert, sondern die Nutzung, die diese Güter im Laufe ihrer Lebensdauer hervorbringen. Vom ökonomischen Standpunkt aus produziert der Haushalt diese Nutzungsleistungen, um sie dann selbst zu verbrauchen. Viele Nutzungen dieser Art werden gleichzeitig von Unternehmen angeboten und können von Haushalten gekauft werden. Wäschereien, Mietautofirmen, Kühlhäuser sind Beispiele dafür. In der jüngsten Vergangenheit sind viele Dienstleistungen dieser Art, die früher am Markt erworben wurden, in die privaten Haushalte verlagert worden. Die Produktion, die früher in selbständigen Unternehmen stattfand, vollzieht sich nun im Haushalt.

c. Humankapital

Eine Kapitalbildung liegt auch dann vor, wenn jemand eine zusätzliche Ausbildung in der Hoffnung erwirbt, die abgeschlossene Ausbildung werde sein späteres Einkommen erhöhen. Kapitalbildung liegt vor, wenn jemand Zeit aufwendet, um zusätzliche Informationen über Berufs- und Erwerbsmöglichkeiten zu sammeln, die es ihm erlauben, den Arbeitsplatz mit den für ihn günstigsten Bedingungen zu finden, wenn jemand Kosten eines Wohnortwechsels auf sich nimmt, um einen neuen Arbeitsplatz mit besseren Verdienstmöglichkeiten einzunehmen. Auf den ersten Blick mag der Erwerb einer Ausbildung als Konsum erscheinen. In manchen Fällen wird das auch der Fall sein. Gewöhnlich aber erfolgt der mit einer Ausbildung verbundene zeitweilige Verzicht auf Gegenwartseinkommen letztlich im Hinblick auf die erwarteten zukünftigen höheren Einkommen, seien es Einkommen bei der Verwertung der Arbeitskraft am Markt, seien es nicht-pekuniäre Erträge wie z. B. die größere Leichtigkeit, sich nach einer Sprachausbildung bei Urlaubsreisen im Ausland zu bewegen, oder die Erweiterung des kulturellen Horizontes durch eine verbesserte Allgemeinbildung. Nicht selten bestehen die nicht-pekuniären Erträge der Ausbildung auch in dem sozialen Prestige, das ein bestimmter ausgewiesener Ausbildungsstand vermittelt.

Ein wichtiges Merkmal des Humankapitals besteht darin, daß es untrennbar mit der Person des Erwerbers verbunden ist und am Markt nur durch das Angebot der Arbeitsleistung verwertet werden kann. Aus diesem Grunde kann der Kapitalmarkt bei der Finanzierung des Humankapitals nicht die gleiche Rolle spielen wie bei der Bildung von Realkapital. Die bei der Darlegung des Grundprinzips intertemporaler Maximierung des Nutzens getroffene Annahme, daß beliebige Beträge am Kapitalmarkt zum herrschenden Zins aufgenommen und verliehen werden können, ist deshalb in bezug auf Humankapital nicht haltbar. Ein Gläubiger, der Mittel für die Finanzierung einer Ausbildung zur Verfügung gestellt hat, könnte sich z. B. nicht wie bei Immobilien durch ein Grundpfandrecht eine Sicherheit verschaffen, ohne die Freiheit des Individuums zu beeinträchtigen. Die Einräumung solcher Sicherheiten etwa in Form einer Verpfändung zukünftigen Einkommens führt häufig in die Nähe der Sklaverei und ist bei dem heutigen Verständnis der Menschenrechte unmöglich. Andererseits kann Humankapital nicht enteignet werden und ist deshalb extrem mobil, was vielleicht eine Erklärung dafür ist, daß häufig verfolgte Bevölkerungsgruppen wie die Juden eine Vorliebe für die Bildung von Humankapital entwickelt haben.

Die Tatsache, daß mit der Bildung von Humankapital vielfach auch nichtpekuniäre zukünftige Erträge angestrebt werden, macht die empirische Überprüfung der These, der Erwerb von Bildung sei ein Vorgang der Kapitalbildung, schwierig. Zusätzlich erschwerend für die empirische Überprüfung wirkt sich aus, daß der Kalkül, durch Ausbildung in der Jugend während des 30 und mehr Jahre währenden Erwerbslebens ein höheres Einkommen zu erzielen, von außerordentlichen Unsicherheiten belastet ist. Daher kann zwischen der Höhe der Investition in Humankapital und dem tatsächlichen zukünftigen Einkommen von vornherein nur eine schwache Korrelation erwartet werden.

Soweit sich die Investition zur Bildung von Humankapital gelohnt hat, wird das Arbeitseinkommen zu einem Teil in Wahrheit Kapitaleinkommen sein. Aus der Theorie des Humankapitals ergibt sich, daß in der Jugend Humankapital aufgebaut wird und zwar sowohl durch formale Ausbildung in Schulen wie auch durch Lernen am Arbeitsplatz. Das Arbeitseinkommen hat deshalb in der ersten Phase des Erwerbslebens wegen der zunehmenden Bedeutung des Humankapitals eine steigende Tendenz. Mit fortschreitendem Alter werden zusätzliche Investitionen wegen der sinkenden verbleibenden Nutzungsdauer immer weniger lohnend und außerdem unterliegt das vorhandene Humankapital durch den allgemeinen Fortschritt des Wissensstandes einer Gesellschaft einer ständigen Entwertung, so daß das Erwerbspotential eines Individuums zum Ende des Erwerbslebens hin eine sinkende Tendenz aufweist. Daraus folgt insgesamt ein von unten her konkaves Zeitprofil der Kurve des Lebenseinkommens.

3. Gütereigenschaften und Güternachfrage

a. Effizienter Konsum

Die Voraussetzung der klassischen Nachfragetheorie, daß es eine Präferenzordnung in bezug auf Güter gibt, daß also die Güter einen Nutzen stiften, ist in mancher Hinsicht fragwürdig. Tatsächlich beruht der Nutzen der Güter darauf, daß sie bestimmte Eigenschaften enthalten. Der Nutzen des Brotes beruht u. a. auf seinem Kaloriengehalt und dem Wohlgeschmack, der Nutzen des Autos u. a. auf den Fahrleistungen. Es liegt deshalb nahe anzunehmen, daß die Konsumenten Präferenzen im Hinblick auf die von ihnen letztlich durch den Kauf von Gütern erworbenen Eigenschaften besitzen. Güter sind nach dieser Anschauung nichts weiter als Träger von Eigenschaften. Die vom Konsumenten gewünschten Eigenschaften können dabei durch ganz verschiedene Güter zur Verfügung gestellt werden. Transportleistungen z. B. können durch ein Auto, die Eisenbahn, ein Flugzeug, ein Schiff, durch Fahrräder und Motorräder realisiert werden. Natürlich besitzt jedes der genannten Güter noch andere Eigenschaften, die mehr oder weniger gewünscht oder abgelehnt werden. Aus den Beispielen ergibt sich die Vermutung, daß die Zahl der für die Konsumenten relevanten Eigenschaften viel kleiner ist als die Zahl der Güter. Güter werden überdies ständig neu erfunden, und längst nicht alle Güter sind dem einzelnen Konsumenten bekannt. Die Eigenschaften, die ein Konsument nachfragt, sind demgegenüber verhältnismäßig konstant und dem Konsumenten wohl bekannt. Die Annahme gegebener Präferenzen ist deshalb in bezug auf Eigenschaften viel plausibler als in bezug auf Güter. Vorausgesetzt wird dabei, daß man die Eigenschaften quantifizieren kann. Auf der anderen Seite sind nicht alle quantifizierbaren Eigenschaften für den Konsumenten relevant. Das gilt insbesondere für manche technische Eigenschaften eines Gutes, die nur für den Hersteller vom technischen Standpunkt aus bedeutsam sind. Für die Konsumtheorie von Belang sind nur die Eigenschaften, die vom Konsumenten prinzipiell wahrgenommen werden können und für seine Kaufentscheidungen in Betracht gezogen werden.

Für den Haushalt stellen also die Eigenschaften die eigentlich gewünschten Endprodukte dar, während die Konsumgüter und die im Haushalt aufzuwendende Arbeitszeit Inputs sind. Zwischen Gütern und Eigenschaftsquanten besteht eine als Produktionsfunktion interpretierbare technologische Beziehung.

Vereinfachend soll hier jetzt angenommen werden, daß die Produktionsfunktion aus linearen Input-Output-Beziehungen besteht. Die Eigenschaften werden durch den Vektor $z = (z_1, z_2, \ldots, z_m)$ und die Güter durch den Vektor $q = (q_1, q_2, \ldots, q_n)$ bezeichnet. Die Relation zwischen Gütern und Eigenschaftsquanten sei dann $z = Bq$, wobei B die Matrix der technischen Koeffizienten darstellt. Wenn z. B. $m = 2$ Eigenschaften und $n = 3$ Güter vorhanden sind, so wird der technologische Zusammenhang zwischen Gütern und Eigenschaften durch das Gleichungssystem

$$(5) \quad \begin{aligned} z_1 &= b_{11}q_1 + b_{12}q_2 + b_{13}q_3 \\ z_2 &= b_{21}q_1 + b_{22}q_2 + b_{23}q_3 \end{aligned}$$

beschrieben. Der Koeffizient b_{ij} gibt das Quantum der Eigenschaft i an, die von einer Einheit des Gutes j verkörpert wird. In *Figur 5* wird ein Gut durch einen Strahl repräsentiert, dessen Steigung $z_2/z_1 = b_{2j}/b_{1j}$ beträgt. Die drei angenommenen Güter stellen die gleichen Eigenschaften zur Verfügung, allerdings in unterschiedlicher Zusammensetzung.

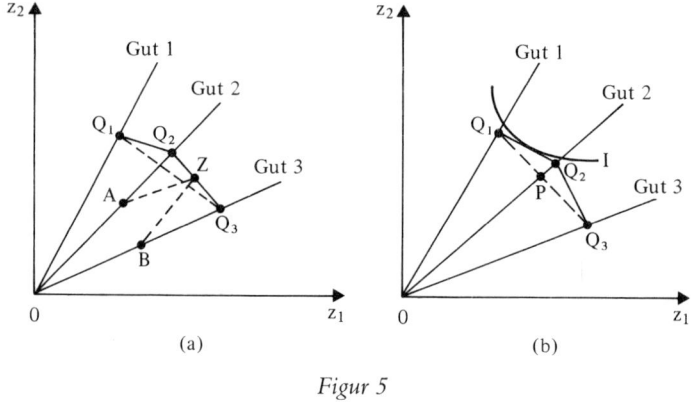

Figur 5

Für ein Individuum gilt bei gegebenen Preisen der n Güter und gegebenem Einkommen E die Budgetgleichung $\sum_{j=1}^{n} p_j q_j = E$. Mit Hilfe dieser Gleichung läßt sich in *Figur 5* der Bereich der realisierbaren Eigenschaftsquanten abgrenzen. Der höchstmögliche Konsum des Gutes j wird dann, wenn das gesamte Einkommen für den Kauf dieses Gutes verwendet wird, durch $\bar{q}_j = E/p_j$ gegeben. Mit Hilfe des Gleichungssystems (5) lassen sich dann die höchstmöglichen Eigenschaftsquanten ermitteln. Für das Gut j erhält man $\bar{z}_1 = b_{1j}E/p_j$ und $\bar{z}_2 = b_{2j}E/p_j$. Die so festgelegten höchstmöglichen Eigenschaftsquanten werden in *Figur 5* durch die Punkte (Vektoren) Q_1, Q_2 und Q_3 wiedergegeben.

Konsumiert werden können die durch die Punkte Q_1, Q_2, Q_3 dargestellten Eigenschaftsbündel oder Linearkombinationen von je zwei Punkten. Wenn z. B. der Punkt Z realisiert wird, muß der Haushalt vom Gute 2 das durch die Strecke 0A und vom Gute 3 das durch die Strecke 0B bestimmte Quantum konsumieren. Aus den Konsummöglichkeiten sind jedoch nur jeweils die Punkte Q_1, Q_2 und Q_3 und Linearkombinationen von benachbarten Punkten effizient. Linearkombinationen von Q_1 und Q_3, also Eigenschaftsbündel, die auf der Verbindungslinie zwischen Q_1 und Q_3 liegen, sind ineffizient, weil durch die Wahl eines auf der Linie $Q_1Q_2Q_3$ liegenden Bündels von Eigenschaften wenigstens von einer Eigenschaft mehr verfügbar ist, ohne daß von anderen Eigenschaften weniger konsumiert werden muß. Die Effizienz des Konsums verlangt also, daß bei zwei Eigenschaften höchstens zwei Güter gekauft werden.

Ein nutzenmaximierendes Individuum, dessen Nutzenfunktion $u = u(z_1, z_2)$ ist, wird einen Konsum der beiden Eigenschaften realisieren, bei dem eine Indifferenzkurve den Rand des Konsummöglichkeitsbereiches $0Q_1Q_2Q_3$ berührt. Das ist in *Figur 5b* dargestellt.

b. Substitution

Wenn der Preis eines Gutes, z. B. des Gutes 2, steigt, so wandert der Punkt Q_2 auf dem Strahl $0Q_2$ in Richtung auf den Koordinatenursprung. Der Streckenabschnitt Q_1Q_2 wird dadurch steiler. Wenn der Berührungspunkt einer Indifferenzkurve mit dem Rand des Konsummöglichkeitsbereichs auf der Strecke Q_1Q_2 lag, so führt die Erhöhung des Preises von Gut 2 zuerst zu einer Substitution des Gutes 2 durch das Gut 1. Schließlich aber – wenn der Preis des Gutes 2 so stark steigt, daß der Punkt Q_2 den Punkt P überschreitet – wird der Konsum des Gutes 2 ineffizient. Effizient ist dann der Konsum eines Bündels der Güter 1 und 3 auf der Verbindungslinie Q_1Q_3. Das Gut 2 wird nicht mehr gekauft. Zu der Substitution entlang einer Indifferenzkurve kommt also bei einer genügend großen Preisveränderung eine Effizienzsubstitution hinzu. Eine Effizienzsubstitution tritt jedoch nur zwischen solchen Gütern auf, die die gleichen Eigenschaften enthalten.

Nun gibt es natürlich ganz verschiedenartige Eigenschaftsbündel bei den einzelnen Gütern. Die Eigenschaftsbündel z. B., die von einem Auto und von einem Fernsehgerät zur Verfügung gestellt werden, sind völlig verschieden. Allgemein kann man sich die Matrix **B** der technologischen Koeffizienten so vorstellen, daß einige Güter eine Gruppe von Eigenschaften und andere Güter eine andere Gruppe von Eigenschaften enthalten. Durch das folgende Beispiel wird das veranschaulicht.

$$\begin{pmatrix} z_1 \\ z_2 \\ z_3 \\ z_4 \end{pmatrix} = \begin{pmatrix} b_{11} & b_{12} & 0 & 0 \\ b_{21} & b_{22} & 0 & 0 \\ 0 & 0 & b_{33} & b_{34} \\ 0 & 0 & b_{43} & b_{44} \end{pmatrix} \begin{pmatrix} q_1 \\ q_2 \\ q_3 \\ q_4 \end{pmatrix}$$

Die Eigenschaften 1 und 2 werden in diesem Beispiel nur von den Gütern 1 und 2 und die Eigenschaften 3 und 4 nur von den Gütern 3 und 4 verkörpert. Eine Effizienzsubstitution gibt es nur zwischen den Gütern 1 und 2 sowie 3 und 4. Es leuchtet ein, daß die Substituierbarkeit zwischen solchen Gütern, zwischen denen eine Effizienzsubstitution stattfindet, größer ist als zwischen Gütern, zwischen denen eine Effizienzsubstitution ausgeschlossen ist.

c. Inferiore Güter

Wir wollen uns jetzt der Frage zuwenden, wodurch inferiore Güter charakterisiert sind. Als Beispiele für inferiore Güter findet man meistens Brot oder Kartoffeln, deren Verbrauch bei steigendem Einkommen zugunsten des Verbrauchs von Fleisch eingeschränkt wird. Ein zweites Beispiel ist das Fahrrad oder die Benutzung der öffentlichen Verkehrsmittel. Man hat beobachtet, daß bei steigendem Einkommen das Fahrrad und öffentliche Verkehrsmittel zunehmend durch das private Auto ersetzt wurden. Wenn man diese Beispiele im Lichte der neuen Konsumtheorie betrachtet, so stellt man fest, daß dem Brot und dem Fleisch, Fahrrädern und Autos jeweils gewisse Eigenschaften gemeinsam sind. Dem Brot und Fleisch gemeinsam ist der Kaloriengehalt. Fahrräder und Autos sind beides Transportmittel. Die Güter unterscheiden sich aber jeweils durch verschiedene andere Eigenschaften. Man kann den Prozeß des Ersatzes eines inferioren Gutes durch ein überlegenes (superiores) Gut dann wie folgt erklären. Für eine gemeinsame Eigenschaft gibt es eine Sättigung. Bei Brot und Fleisch z. B. gibt es eine Sättigung mit Kalorien. Da die Deckung des Kalorienbedarfs eines Menschen lebensnotwendig ist, wird bei niedrigem Einkommen vornehmlich das Gut gekauft, das den Kalorienbedarf besonders preiswert befriedigen kann, weil das Gut im Vergleich zu anderen weniger dringlich benötigten Eigenschaften besonders viel Kalorien liefert. Wenn sich das Individuum mit steigendem Einkommen allmählich der Sättigungsgrenze für Kalorien nähert, werden anstelle des Brotes zunehmend andere Güter verbraucht, die zwar auch Kalorien liefern, darüber hinaus aber noch andere Eigenschaften besitzen. In ähnlicher Weise kann man die bei steigendem Einkommen beobachtete Ersetzung des Fahrrades und der Benutzung öffentlicher Verkehrsmittel durch das private Auto erklären.

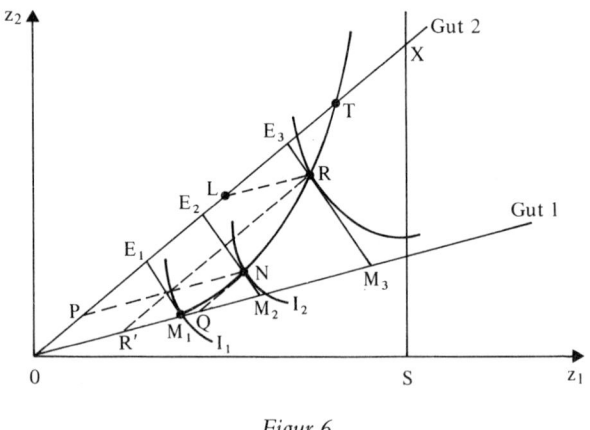

Figur 6

Die Ersetzung eines inferioren Gutes durch ein superiores Gut soll nun im Rahmen der auf den Gütereigenschaften aufbauenden Konsumtheorie anhand eines Beispiels graphisch dargestellt werden. Wir nehmen dazu an, daß es zwei Güter gibt, deren Eigenschaften in *Figur 6* durch die Steigung der eingezeichneten Strahlen wiedergegeben werden. Das Gut 1 enthält vergleichsweise viel von der Eigenschaft 1, für die beim Verbrauch von 0S eine Sättigung eintritt. Demgegenüber besitzt Gut 2 einen komparativen Vorteil im Hinblick auf die Eigenschaft 2. Eingezeichnet sind ferner die bei gegebenen Preisen der Güter und bei zunehmendem Einkommen geltenden Budgetlinien (E_1M_1, E_2M_2 usw.). Die Berührungspunkte der Indifferenzkurven des Individuums mit den Budgetlinien bilden die Einkommens-Konsum-Linie $0M_1NRT$. Dic Indifferenzkurve I_1 berührt den beim Einkommen E_1 realisierbaren Konsummöglichkeitsbereich an der Ecke M_1. Da die Indifferenzkurven, die links von I_1 liegen, alle eine absolut größere Steigung als die bei E_1 geltende Budgetgerade besitzen, liegen die Berührungspunkte von Indifferenzkurven mit Budgetlinien für Einkommen, die kleiner als E_1 sind, alle auf der Strecke $0M_1$. Da ferner die Indifferenzkurven bei der Sättigungsgrenze horizontal[2], die Budgetlinien aber geneigt verlaufen, muß die Einkommens-Konsumkurve links von der bei S errichteten Senkrechten bleiben und deshalb die Gerade 0X schneiden.

Nach dieser Beschreibung der Figur können wir nun zeigen, wie sich der Verbrauch der beiden Güter bei steigendem Einkommen auf der Einkommens-Konsumkurve entwickelt. Bei einem Einkommen bis zu E_1 wird nur das inferiore Gut 1 verbraucht. Steigt das Einkommen weiter, so nimmt die Nachfrage nach Gut 1 zunächst noch zu, es wird aber auch vom Gute 2 gekauft. Bei einem Einkommen von E_2 z. B. wird vom Gute 1 die durch 0Q und vom Gute 2 die durch 0P repräsentierte Nachfrage entfaltet. Während zunächst noch der Konsum des inferioren Gutes mit zunehmendem Einkommen steigt, nimmt er ab, wenn das Einkommen weiter zunimmt. Beim Einkommen E_3 z. B. sinkt die Nachfrage nach dem Gute 1 auf $0R'$ und verschwindet völlig zugunsten des Verbrauches des superioren Gutes, wenn die Einkommens-Konsumkurve im Punkte T die Gerade 0X schneidet.

Wir haben damit folgendes gezeigt: Auch wenn es keine inferioren Eigenschaften gibt, kann es dennoch inferiore Güter geben. Inferiorität eines Gutes ist dadurch begründet, daß es für die dominante Eigenschaft dieses Gutes eine Sättigung geben kann. Es ist völlig klar, daß eine solche Konstellation nicht allein für die gewöhnlich zitierten Beispiele des Brotes oder der Kartoffeln typisch ist, sondern für zahlreiche andere Güter gelten kann. Das hat zur Folge, daß auch die extreme Konsequenz eines inferioren Gutes, der *Giffen*-Fall, möglicherweise häufiger ist, als man bisher anzunehmen geneigt war (*Lipsey/Rosenbluth, 1971*).

Aus der vorstehenden Analyse kann man ferner den Schluß ziehen, daß die Preiselastizität der Nachfrage eines Konsumenten mit zunehmendem Einkommen steigt (*Reinhardt, 1976*). Bei geringem Einkommen ist ein Verbraucher ziemlich starr auf Güter angewiesen, die lebensnotwendige Eigenschaften besitzen, für die eine Sättigung noch nicht erreicht ist. Diese Beschränkung der Wahlmöglichkeit des Konsumenten vermindert sich mit steigen-

---

[2] Die Grenzrate der Substitution u_1/u_2 wird an der Sättigungsgrenze für die Eigenschaft 1 Null, weil der Grenznutzen der Eigenschaft 1 Null wird.

dem Einkommen. Mehr und mehr normale Güter werden konsumiert. Das hat zur Folge, daß wegen des normalen Vorzeichens des Einkommenseffektes in der *Slutsky*-Gleichung die Preiselastizität der Nachfrage zunimmt. Bedenkt man nun, daß die Monopolmacht von Anbietern und die monopolistische Ausbeutung von Konsumenten um so größer ist, je geringer die Preiselastizität der Nachfrage ist, so ist leicht verständlich, weshalb ärmere Bevölkerungskreise mehr als wohlhabende Personen, ärmere Länder mehr als reichere über monopolistische Ausbeutung klagen werden.

4. Konstanz und Variabilität der Präferenzordnung

a. Gewohnheitsbildung

Es ist sicherlich unrealistisch anzunehmen, die aus einer gegebenen Nutzenfunktion abgeleiteten Nachfragefunktionen eines Konsumenten würden im Zeitverlauf unverändert bleiben. Strittig ist jedoch, wie ihre Veränderlichkeit zu erklären ist. Ein erster Ansatz beruht auf der Annahme, daß ein Konsument im Laufe der Zeit Informationen über die Güter gewinne, Erfahrungen mit ihnen sammle und deshalb Gewohnheiten bilde (*Pollak*, 1970, *Gorman, Phlips, v. Weizsäcker*). Der Nutzen der Güter hängt nach dieser Auffassung auch vom vergangenen Konsum ab.

Wenn z. B. die Nutzenfunktion $u(\mathbf{q}) = \sum_{i=1}^{n} a_i \log(q_i - b_i)$ gegeben ist, könnte man annehmen, daß der als lebensnotwendig angesehene Konsum b_i des Gutes i sich in der Zeit nach der Gleichung

$$b_{it} = b_i^* + ßq_{it-1}, (0 \leqq ß < 1)$$

entwickelt. Je höher der Konsum ist, um so größer wird entsprechend dem Anpassungskoeffizienten ß der in Zukunft als notwendig empfundene Konsum. Mit der Erfüllung der Konsumwünsche erhöht sich das Anspruchsniveau. Auf diese Weise kann man auch erklären, weshalb trotz steigendem Konsum die Zufriedenheit der Menschen nicht zunimmt.

b. „Über Geschmack läßt sich nicht streiten"

Die Annahme, daß sich die Nutzenfunktion allein durch Gewohnheitsbildung verschiebt, ist verhältnismäßig speziell. In einem allgemeineren Ansatz (*Stigler/Becker*, 1977), der an die Konsumtheorie *Lancasters* anknüpft, wird angenommen, daß sich die Präferenzen auf Endprodukte beziehen, die von den Konsumenten mit Hilfe der am Markt erworbenen Güter, ihrer Zeit und eigener Anstrengung bei erworbener Geschicklichkeit und Kenntnissen produziert werden. Die Genußfähigkeit für am Markt erworbene Güter (für gute Musik z. B. „beneficial addiction", für Drogen „harmful addiction") wird sich im Laufe der Zeit durch Informationen und Erfahrungen, die als Bildung von Humankapital gedeutet werden können, verändern.

Eine unerwartete Änderung der Umwelt macht Investitionen des Konsumenten zum Erwerb neuen Wissens erforderlich. Deshalb kann man erwarten, daß die Reaktion eines Individuums auf Umweltänderungen kurzfristig schwächer ist als langfristig. Ebenso kann man erwarten, daß die Reaktion auf eine Umweltänderung bei älteren Personen schwächer ausfällt als bei jungen Leuten. Für die Älteren würde sich durch eine Neuinvestition vorhandenes Humankapital entwerten und sich deshalb weniger lohnen als bei jungen Leuten.

Der *Stigler/Becker*-Ansatz verschafft ferner einen Zugang zum Phänomen der Wirtschaftswerbung. Werbung verschafft Informationen über den Zusammenhang zwischen Marktgütern und Basisgütern. Gegeben sei die Nutzenfunktion $u(z)$ mit der Produktionsfunktion für die Basisgüter $z = g(a, E, d)q$, wobei a die Werbeausgaben der Anbieter der Marktgüter, E das Humankapital des Individuums und d ein Sammelausdruck für andere Faktoren ist. Die Nutzenfunktion kann dann auch $u(g(a, E, d)q)$ geschrieben werden. Bezieht man die Nutzenfunktion allein auf den Konsum von Marktgütern q, so wird eine Veränderung der Werbeausgaben oder des Humankapitals zu einer Verschiebung der Nutzenfunktion führen. Durch die konzeptionelle Trennung der Nutzenfunktion von der Produktionsfunktion des Haushaltes wird der Zusammenhang leichter durchschaubar.

5. Soziale Interdependenz im Konsum

a. Gewohnheitsbildungsmodelle

Vielfach hängt der Nutzen eines Individuums nicht nur vom eigenen Konsum, sondern auch von dem anderer Menschen ab. Innerhalb des Gewohnheitsbildungsmodells kann man die soziale Interdependenz dadurch berücksichtigen, daß der lebensnotwendige Konsum b_i nicht nur vom eigenen Konsum der Vergangenheit abhängt, sondern auch von dem anderer Personen (*Gaertner, Krelle*). Das Verhalten des ,,Keeping up with the Joneses", aber auch Versuche, sich durch auffallenden Konsum zu distinguieren, kann auf diese Weise abgebildet werden.

b. Altruismus und Egoismus in der Nutzenfunktion

Wenn der Zuwachs des Konsums anderer Menschen zu einem Nutzenzuwachs führt, kann man von Altruismus sprechen; wenn er zu keiner Änderung des Nutzens führt, von Egoismus. Gegeben seien zwei Personen, ein Altruist a und ein Egoist e mit den Nutzenfunktionen $u^a(q_a, q_e)$ und $u^e(q_e)$. Konsumiert wird ein einziges Gut bzw. ein Güterbündel gegebener Zusammensetzung. Der Altruist, der an den anderen einen Transfer von h_e leistet, sucht seine Nutzenfunktion unter der Nebenbedingung $y_a = q_a + h_e$ zu maximieren. Da das Individuum e bei einem Einkommen von y_e einen Konsum von $q_e = y_e + h_e$ haben kann, kann man die Budgetgleichung des a auch als $q_a + q_e = y_a + y_e = S_a$ schreiben, wobei S_a als ,,Sozialeinkommen" bezeichnet wird. Im Nutzenmaximum des a muß $u_a^a/u_e^a = 1$ sein. Wie sich

aus der Lage von Punkt Q in *Figur 7* unmittelbar ergibt, kann dabei der
Konsum des Altruisten a höher sein als der des Egoisten e.

Aus diesem Ansatz ergibt sich die interessante Folgerung, daß sich der Egoist
so verhalten wird, als ob auch er altruistisch wäre. Er wird auf jeden Fall
vermeiden, sich so zu verhalten, daß der Altruist Schaden erleidet, und wird
sich bemühen, das Wohlergehen des Wohltäters zu erhöhen. Andernfalls
würde er sich selber schädigen, denn je höher das Einkommen des a ist, um
so größer ist auch der Konsum des e. *Becker* hat dieses Ergebnis als das
,,rotten kid theorem'' bezeichnet, weil innerhalb einer Familie auch das ego-
istische und verwöhnte Kind den Eltern und den Geschwistern keinen Schaden zufügen wird; dadurch würde es sich selber schädigen, weil die elterli-
chen Zuwendungen, die allen Kindern gleichmäßig zugute kommen, insgesamt geringer werden müßten.

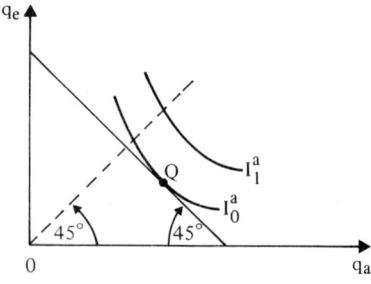

Figur 7

C. Allgemeines Gleichgewicht einer stationären Wirtschaft

VII. Theorie der Tauschwirtschaft 162

  1. Grundlage des Tausches 162
  2. Bilateraler Tausch 163
    a. *Pareto*-Kriterium und *Pareto*-Optimum 163
    b. Wettbewerbsgleichgewicht im Modell des bilateralen Tausches 166
  3. Das Wettbewerbsgleichgewicht im Rahmen der Theorie des kooperativen Tausches 169
    a. Der ,,Kern" der Tauschwirtschaft und das Wettbewerbsgleichgewicht 169
    b. Monopolmacht im Tausch 172
  4. Wettbewerbsgleichgewicht im nicht-kooperativen Tausch 173
    a. Existenz des Gleichgewichtes und Stabilität durch Tâtonnement ... 173
    b. Handel 176
    c. Geld als allgemeines Tauschmittel 178

VIII. Allokation gegebener Ressourcen in der Produktionswirtschaft bei Konkurrenz 180

  1. Produktionsmöglichkeitsgrenze 180
    a. Effizienter Faktoreinsatz 180
    b. Transformations- oder Produktionsmöglichkeitskurven 182
    c. Transformationskurven bei linear-homogenen Produktionsfunktionen 184
    d. Transformationskurve bei zunehmenden Skalenerträgen 186
  2. Optimale Zusammensetzung der Produktion bei gegebenen Faktorbeständen 187
    a. Gesellschaftliche Indifferenzkurven 187
    b. Volkswirtschaftliches Optimum bei vollständiger Konkurrenz 189
  3. Faktorpreise und funktionale Einkommensverteilung 195
    a. Faktorpreise und Verteilung als Ergebnis des Marktprozesses 195
    b. Zusammenhang zwischen Faktorpreisen und Güterpreisen 196
    c. Änderung eines Faktorbestandes 199

IX. Allokation und Bewertung von Ressourcen bei linearer Technologie .. 204

  1. Optimale Allokation bei gegebenen Faktorbeständen 204
    a. Mathematische Struktur des Problems 204
    b. Graphische Lösung 205
    c. *Kuhn-Tucker*-Bedingungen 206
  2. Bewertung der Faktoren 208
    a. Schattenpreise 208
    b. Dual und Faktorpreisgrenze 210
  3. Wettbewerbsgleichgewicht und Faktorpreise 211

X. Monopolmacht von Produzenten 213

1. Monopolmacht und Allokation 213
   a. Verzerrung der Produktionsstruktur 213
   b. Monopolmacht und Faktorpreise 214
   c. Funktionale Verteilung 216
2. Gesellschaftliche Kosten von Monopolmacht 217
   a. Wohlfahrtsverlust 217
   b. Gesamtwirtschaftliche Kosten durch Rentensuche 220

XI. Lohnbildung am Arbeitsmarkt 222

1. Gleichgewichtslohn bei Wettbewerb auf allen Märkten 222
2. Lohn und Marktmacht der Produzenten 223
   a. Interessengegensätze zwischen Kapital und Arbeit und das Wettbe-
      werbsgleichgewicht auf dem Arbeitsmarkt 223
   b. Koalitionen und der ,,Kern'' der Wirtschaft 227
   c. Beschränkungen der Koalitionsfreiheit und Monopole 228
3. Gewerkschaften 230
   a. Die Rolle der Gewerkschaften 230
   b. Arbeitskämpfe 232
   c. Auswirkungen gewerkschaftlich bedingter Lohndifferentiale 236
4. Vermögensbesitz der Arbeiter und Lohnhöhe 238
   a. Vermögensbesitz und Arbeitsangebot 238
   b. Sucharbeitslosigkeit 239
5. Humankapital und Lohnhöhe 240
   a. Humankapital als Produktionsfaktor 240
   b. Ausbildung als ,,Filter'' 241

XII. Externe Effekte 242

1. Konzeption der externen Effekte 242
   a. Zwei Arten externer Effekte: Pekuniäre und technologische Externa-
      litäten 242
   b. Externalitäten und zunehmende Skalenerträge in einem Industrie-
      zweig 243
   c. Externe Schäden privater Produktion 244
2. Internalisierung externer Effekte durch Verträge 247
   a. Reziproke Nachbarschaftsexternalitäten 247
   b. Diffundierte Nachbarschaftsexternalitäten 249
3. Staatliche Interventionen zur Korrektur externer Schäden 250
   a. Notwendigkeit staatlicher Interventionen 250
   b. Zuteilung von Eigentumsrechten 251
   c. Steuern, Gebühren und Auflagen 251

XIII. Öffentliche Güter, Steuern und öffentliche Unternehmen 254

1. Theorie der öffentlichen Güter........................... 254
   a. Arten öffentlicher Güter............................. 254
   b. Optimum der Versorgung mit einem reinen öffentlichen Gut 255
   c. *Pareto*-Optimum und *Lindahl*-Gleichgewicht 258
   d. Theorie der optimalen Größe eines Gemeinwesens 261
   e. Struktur des Gemeinwesens: Die Föderation 263

2. Steuern 264
   a. Steuerzwecke und Steuergrundsätze 264
   b. Preiseffekte indirekter Steuern 267
   c. Wohlfahrtseffekte indirekter Steuern 268
   d. Indirekte Steuern und Einkommensverteilung 274
3. Öffentliche Unternehmen 275
   a. Notwendigkeit staatlicher Intervention bei natürlichem Monopol. . . 275
   b. Optimale Preise für Leistungen öffentlicher Unternehmen 276
   c. Spitzenlastpreise. 280

XIV. Internationaler Handel. 283

1. Ursachen des internationalen Handels 283
   a. Unterschiedliche Präferenzen 283
   b. Kostendifferenzen als Grundlage des internationalen Handels 284
   c. Internationaler Handel auf der Grundlage neuer Güter und neuer
      Nachfrage. 289
2. Ursachen von Kostendifferenzen 291
   a. *Heckscher-Ohlin*-Theorie der Handelsströme 291
   b. Reichweite der *Heckscher-Ohlin*-Theorie. 295
3. Das internationale Preisverhältnis. 297
   a. Vollständige Spezialisierung 297
   b. Unvollständige Spezialisierung 301
   c. Abweichungen vom Freihandelsgleichgewicht 307

XV. Standort- und Raumtheorie 317

1. Transportkosten und internationaler Handel 317
2. Standorttheorie 318
   a. Absatzgebiete 318
   b. Ungleichmäßige Verteilung von Rohstofflagerstätten 322
   c. Ursachen für die Entstehung von Ballungsgebieten und Städten. . . . 323
3. Raumtheorie. 324
   a. *Thünens* Kreise und die landwirtschaftliche Bodenrente 324
   b. Struktur einer Stadt und die städtische Bodenrente 326
   c. Hierarchie der Städte und Räume 332

VII. Kapitel
Theorie der Tauschwirtschaft

In individualistischen Wirtschaftsordnungen stellt der Tausch das vorherrschende Organisationsprinzip dar. Aus dem Tauschprozeß gehen als Ergebnis der Einigung zwischen den Tauschpartnern bestimmte Austausch- bzw. Preisrelationen zwischen den einzelnen Gütern hervor. Einen besonders wichtigen Mechanismus der Preisbildung im Tausch stellt der Wettbewerb dar. Die Preisbildung unter Wettbewerbsbedingungen soll deshalb eingehend diskutiert werden. Im Gegensatz zur Darstellung in früheren Kapiteln werden hier nicht einzelne Märkte partial-analytisch untersucht. Gegenstand der Analyse dieses Kapitels ist vielmehr die Diskussion des allgemeinen Gleichgewichtes auf interdependenten Märkten.

1. Grundlage des Tausches

Selbstverständliche Voraussetzung des Tausches ist die Verschiedenartigkeit von Individuen. Sie kann einmal darin bestehen, daß verschiedene Menschen unterschiedliche Begabungen besitzen oder besondere Erfahrungen erworben haben, die sie befähigen, bestimmte Güter vergleichsweise billig zu produzieren und die sie deshalb im Tausch gegen andere Güter abgeben, die von anderen Menschen vergleichsweise günstiger hergestellt werden können. Die für das Zustandekommen von Tauschbeziehungen erforderliche Verschiedenartigkeit der Individuen kann aber auch darin bestehen, daß sie unterschiedliche Präferenzen oder Nutzenfunktionen besitzen, auf Grund deren die relative Wertschätzung der Güter durch verschiedene Individuen voneinander abweicht. Der Tausch beruht also auf zwei Grundlagen, auf unterschiedlichen Produktionsmöglichkeiten und unterschiedlichen Präferenzen. Wir wollen in diesem Kapitel nicht auf die Ursachen der Verschiedenartigkeit der Produktionsmöglichkeiten eingehen.[1] Es wird vielmehr vorausgesetzt, daß die einzelnen Individuen über verschiedene Anfangsausstattungen an Gütern verfügen, die das Ergebnis ihrer speziellen Produktionsmöglichkeiten darstellen.

Ein Tausch findet immer dann statt, wenn es möglich ist, zu einer Einigung zu gelangen, in der mindestens einer der Tauschpartner besser gestellt wird, ohne daß sich die Lage eines anderen verschlechtert hat. In den meisten Fällen werden durch den Tausch von allen Partnern Vorteile erzielt. Voraussetzung für ein solches Ergebnis ist Freiheit der Teilnahme am Tausch. Ein Individuum, dessen Lage sich durch den Tausch verschlechtern würde, kann dann von der Teilnahme am Tausch Abstand nehmen. Aus der vorausge-

---

[1] Vgl. dazu das XIV. Kapitel: Internationaler Handel.

setzten Freiheit am Tausch folgt also zwingend, daß sich durch den Tausch niemand schlechter stellen kann.

Man sollte freilich nicht übersehen, daß in der Geschichte die Voraussetzung der Freiheit zur Teilnahme am Tausch nicht immer gegeben war, so daß gelegentlich ein aufgezwungener Tausch stattfand, der natürlich für den gezwungenen Partner nachteilig sein konnte. Doch auch im Handel imperialistischer Mächte mit ihren Kolonien, wo dieser Fall auftrat, erzielten die unmittelbar am Tausch Beteiligten Vorteile. Gewöhnlich aber war mit der Einführung des Handels einerseits eine wirtschaftliche Umstrukturierung der kolonialen Wirtschaft verbunden, die für gewisse Bevölkerungsschichten Nachteile mit sich brachte (z. B. der Untergang des indischen Baumwollgewerbes) und auf der anderen Seite traten auch in der dominierenden Wirtschaft regelmäßig Strukturänderungen ein, die für einige Gruppen der Bevölkerung nachteilig waren (z. B. die englische Landwirtschaft im 19. Jahrhundert).

Die Idee, daß der Tausch für alle Beteiligten vorteilhaft ist, hat erst mit den Arbeiten der Klassiker der Nationalökonomie Eingang in das allgemeine Bewußtsein gefunden. Noch im 18. Jahrhundert waren die vom Merkantilismus geprägten Schriftsteller und Politiker der Auffassung, daß durch Handel stets nur das gewonnen werden kann, was ein anderer verliert. Aus dieser Auffassung wurde mit verhängnisvoller Logik geschlossen, daß der Handel nur eine andere Form des Krieges sei.[2] Dieser Standpunkt kann heute als überwunden gelten.[3]

2. Bilateraler Tausch

a. *Pareto*-Kriterium und *Pareto*-Optimum

Die Vorteilhaftigkeit des Tausches soll jetzt zunächst für den Tausch zwischen zwei Personen, also für den bilateralen Tausch, herausgearbeitet werden. Angenommen wird dazu, daß

- beide Individuen egoistisch handeln, ihr Nutzen also nur von den selbst konsumierten Gütern abhängt,
- beide Individuen unersättlich sind,
- die Indifferenzkurven beider Individuen strikt konvex verlaufen,
- jedes Individuum von jedem Gut einen Anfangsbestand besitzt.

Der Zweck dieses Modelles besteht darin, zu zeigen, daß es auch zwischen unersättlichen Egoisten ein Tauschgleichgewicht gibt, in dem beide Individuen besser fahren als in der Ausgangslage. Die Annahme, daß jedes Individuum von jedem Gut einen Anfangsbestand besitzt, und die Annahme der strikten Konvexität der Indifferenzkurven dienen dazu, die Analyse zu vereinfachen.

---

[2] Vgl. dazu die hervorragende zusammenfassende Darstellung von *E. F. Heckscher,* 1932, S. 16 ff.

[3] In bezug auf den Tausch zwischen Arbeitern und Unternehmern lebt dieser Standpunkt jedoch heute noch teilweise in der Form von Klassenkampftheorien weiter.

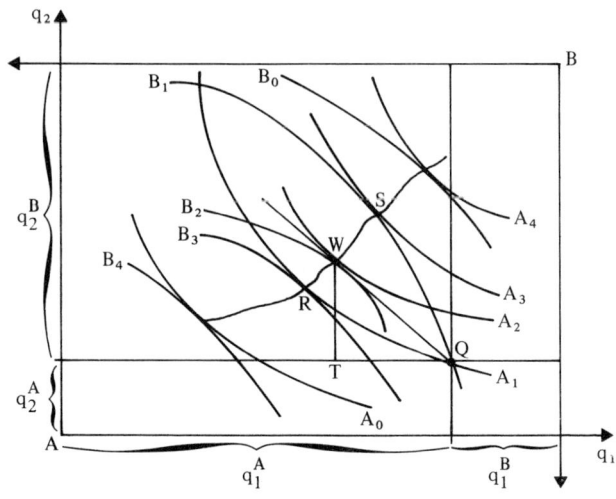

Figur 1

Mögliche Lösungen des Tausches werden für den Zwei-Güter-Fall in der *Figur 1* dargestellt. Die Figur stellt – sieht man zunächst von den eingezeichneten Indifferenzkurven ab – einen Kasten dar, dessen Seitenlänge die von den beiden Gütern insgesamt verfügbaren Mengen wiedergibt. Ein Punkt in dem Kasten beschreibt dann die in der Ausgangslage gegebene Verteilung der beiden Güter auf die zwei Individuen. Bei dem Punkte Q z. B. besitzt das Individuum A den Betrag q_1^A vom Gute 1 und q_2^A vom Gute 2. Das Individuum B besitzt q_1^B und q_2^B. Die mit A_0, A_1, A_2 usw. bezeichneten Indifferenzkurven des Individuums A werden nun so eingezeichnet, daß der Punkt A den Koordinatenursprung darstellt. Die Darstellung der mit B_0, B_1, B_2 usw. bezeichneten Indifferenzkurven des Individuums B hat demgegenüber Punkt B als Koordinatenursprung.

Wir gehen jetzt von der Anfangsausstattung Q aus und überlegen, welche Lösungen als Ergebnis des Tausches in Betracht kommen könnten. Man kann zunächst feststellen, daß bei allen Punkten innerhalb des Bereichs, der von den durch Q laufenden Indifferenzkurven A_1 und B_1 umschlossen wird, keines der Individuen schlechter fährt als in der Ausgangslage, aber mindestens eines besser gestellt wird. Alle Punkte dieses Gebietes sind durch Tausch erreichbar. Der von den Indifferenzkurven A_1 und B_1 umschlossene Bereich in *Figur 1* wird deshalb als Tauschbereich bezeichnet. Der Punkt W z. B. kann im Tauschbereich realisiert werden, indem die Menge QT des ersten Gutes gegen die Menge TW des zweiten Gutes eingetauscht wird. Die Steigung der Tauschgeraden QW, deren Tangens WT/TQ ist, gibt also das Austauschverhältnis zwischen den beiden Gütern an. Es ist gleich dem Preisverhältnis p_1/p_2.

Geht man vom Punkte Q aus und bewegt sich entlang der Indifferenzkurve B_1, so bleibt der Nutzen des Individuums B konstant, während der Nutzen des Individuums A bis zum Punkte S steigt. Bewegt man sich entlang der Indifferenzkurve A_1, so nimmt der Nutzen des Individuums B bis zum Punkte R zu, während der Nutzen des A konstant bleibt. Auf Grund dieser Überlegung ist der Punkt S vom Standpunkt des Individuums A aus die bestmögliche Lösung, während für das Individuum B der Punkt R die bestmögliche Lösung darstellt. Bei den Punkten R und S wird jeweils ein Individuum „ausgebeutet", da es durch den Tausch keinerlei Vorteile genießt. Der Vorteil des Tausches fällt allein dem anderen Partner zu. Beide Lösungen besitzen jedoch eine interessante Eigenschaft. Vom Punkt S aus (wie auch vom Punkte R aus) ist es nicht mehr möglich, einen der Partner besser zu stellen, ohne daß sich die Lage des anderen verschlechtert. Tatsächlich sind nun allerdings die Punkte R und S nicht die einzigen Punkte im Tauschbereich, die diese Eigenschaft besitzen. Bevor wir weitere Punkte ableiten, die die gleiche Eigenschaft haben, soll jedoch nur durch eine zusätzliche Überlegung deutlich gemacht werden, weshalb die Bewegung von Q nach S bzw. R vorteilhaft ist.

Man beachte, daß sich im Punkte Q zwei Indifferenzkurven schneiden. Die Grenzraten der Substitution sind also verschieden. Die Grenzrate der Substitution (Steigung der Indifferenzkurve in bezug auf die Abszisse) ist bei dem Individuum A kleiner als bei dem Individuum B. Man erinnere sich nun daran, daß die Grenzrate der Substitution gleich dem Verhältnis der Grenznutzen ist. Wenn $GRS^A < GRS^B$, so bedeutet das, daß $(u_1/u_2)^A < (u_1/u_2)^B$. Das Gut 1, von dem das Individuum A vergleichsweise viel besitzt, wird von A im Verhältnis zum Gut 2 niedrig bewertet. Das Individuum A ist deshalb bereit, vom Gute 1 abzugeben, wenn es dafür zusätzliche Mengen des Gutes 2 erhält. Bei dem Individuum B liegen die Verhältnisse gerade umgekehrt, deshalb ist ein Tausch für beide Individuen prinzipiell vorteilhaft. Ein Tausch bringt offenbar dann keine Vorteile, wenn sich die Indifferenzkurven der beiden Individuen berühren und damit das Verhältnis der Grenznutzen beider Güter für beide Tauschpartner identisch ist. Dann ist es nicht mehr möglich, ein Individuum besser zu stellen, ohne die Lage des anderen zu verschlechtern. Den damit erreichten Zustand nennt man nach dem italienischen Ökonomen und Soziologen *Vilfredo Pareto* als *Pareto*-Optimum.

Tatsächlich gibt es nun – wie aus *Figur 1* hervorgeht – eine ganze Reihe von Tangentialpunkten zwischen den Indifferenzkurven der beiden Individuen. Die Berührungspunkte liegen auf einer stetigen Verbindungslinie, die auch die Punkte R und S enthält. Diese Linie wird als Kontraktkurve bezeichnet, weil sie die Menge aller prinzipiell möglichen Tauschlösungen darstellt. Alle innerhalb des Tauschbereiches liegenden Punkte der Kontraktkurve sind, geht man von dem Punkt der Anfangsausstattung aus, in bezug auf diesen Punkt *Pareto*-optimal.[4]

---

[4] Formal findet man die Eigenschaften eines *Pareto*-Optimums, indem die Nutzenfunktion eines Individuums unter Nebenbedingungen maximiert wird. Im Zwei-Güter – Zwei-Personen-Fall ist das Maximum der Funktion $u^A(q_1^A, q_2^A)$ unter den Nebenbedingungen eines konstanten Nutzens des anderen Individuums $u_0^B = u^B(q_1^B, q_2^B)$ und der Bedingung gegebener Gütermengen $q_1^0 = q_1^A + q_1^B$ sowie $q_2^0 = q_2^A + q_2^B$ zu maximieren. Man beachte, daß diese formale Aufgabe im Text durch die Bewegung entlang einer Indifferenzkurve eines Individuums beschrieben wird, durch welche das Maximum des Nutzens des anderen Individuums erreicht wird.

Das *Pareto*-Kriterium ist in zweifacher Hinsicht mehrdeutig: Einmal gibt es innerhalb des Tauschbereiches mehrere *Pareto*-Optima, nämlich alle Punkte auf der Kontraktkurve. Zum anderen ist die Lage des Tauschbereiches von der Anfangsausstattung abhängig. Durch Tausch wird zwar in der Regel eine Erhöhung des Nutzens beider Individuen erreicht, aber doch nur innerhalb des von der Anfangsverteilung der Güter determinierten Tauschbereiches.

Als Wohlfahrtsmaßstab ist das *Pareto*-Kriterium deshalb nur beschränkt geeignet. Wenn man verlangen würde, daß stets ein *Pareto*-Optimum erreicht wird, so sind damit ganz unterschiedliche Verteilungssituationen vereinbar. *Pareto*-Optima kann es bei einer ganz extremen Ungleichverteilung der Güter geben, wie auch bei einer annähernd gleichmäßigen Verteilung. Als Wohlfahrtsmaßstab ist das *Pareto*-Kriterium deshalb nur in Verbindung mit einem Urteil über eine wünschenswerte Verteilung brauchbar. Die Erfüllung des *Pareto*-Kriteriums sichert nur, daß die durch Tausch realisierbaren Vorteile auch tatsächlich verwirklicht werden, welche Verteilung man dabei auch immer als erwünscht ansehen mag. Über die Wünschbarkeit einer bestimmten Verteilung kann man auf Grund der bisher getroffenen Annahmen jedoch kein Urteil fällen. Wir haben angenommen, daß die Individuen egoistisch handeln. Auf der Kontraktkurve – nach der Realisierung eines *Pareto*-Optimums also – herrschen aber genau entgegengesetzte Interessen. Auf der Kontraktkurve steht einem Gewinn des einen Partners ein Verlust des anderen gegenüber. Es ist also unmöglich, ohne Zuhilfenahme weiterer Annahmen zu einem Urteil über eine gerechte Verteilung zu gelangen.

Das *Pareto*-Kriterium spielt jedoch auch im Rahmen der positiven Theorie eine wichtige Rolle. Bei Freiheit des Tausches kann man davon ausgehen, daß alle Möglichkeiten der individuellen Besserstellung, die ohne Beeinträchtigung des Wohlergehens anderer realisierbar sind, auch verwirklicht werden. Das *Pareto*-Optimum bildet insofern die Grundlage für empirisch gehaltvolle Theorien. Solange ein *Pareto*-Optimum noch nicht erreicht ist, bestehen Möglichkeiten des Tausches. Mit Hilfe des *Pareto*-Kriteriums kann man deshalb ableiten, welche Tauschvorgänge zu erwarten sind. Es werden dabei in aller Regel auch keine *Pareto*-Optima realisiert, wohl aber durch Tausch Änderungen der Lage der Tauschpartner verwirklicht, die im Sinne des *Pareto*-Kriteriums Verbesserungen (*Pareto*-improvements) sind.

b. Wettbewerbsgleichgewicht im Modell des bilateralen Tausches

Im Rahmen des Modells des bilateralen Tausches soll nun unter den *Pareto*-Optima eines besonders hervorgehoben werden, weil es in einer Wirtschaft mit zahlreichen Tauschpartnern von besonderem Interesse ist. In der Tat lassen sich die aus dem bilateralen Tauschmodell abgeleiteten Eigenschaften eines *Pareto*-Optimums leicht für den Mehr-Personen-Fall verallgemeinern. Da man sich je zwei Personen als Tauschpartner vorstellen kann, verlangt das *Pareto*-Kriterium in einem Mehr-Personen-Fall, daß die Grenzraten der Substitution von je zwei Personen in einem Optimum für je zwei Güter übereinstimmen müssen. Solange das noch nicht der Fall ist, läßt sich durch einen Tausch die Lage wenigstens eines Individuums verbessern, ohne daß ein anderes schlechter gestellt wird.

Wenn zahlreiche Tauschpartner vorhanden sind, haben wir im zweiten Kapitel von vollständiger Konkurrenz gesprochen. Dabei gehen die Individuen – so wurde vorausgesetzt – von der Annahme aus, daß sie keinen Einfluß auf die Tausch- bzw. Preisrelationen auszuüben vermögen. Wir wollen diese Annahme beibehalten, ohne zunächst die Frage zu stellen, warum es für die Individuen vorteilhaft ist, sich so zu verhalten. Dieses Problem wird im folgenden Abschnitt behandelt.

Man kann das Modell der vollständigen Konkurrenz jetzt auch für den Fall des reinen Tausches darstellen. Dazu wird angenommen, daß es sehr viele Individuen des Typs A gibt, die alle gleiche Nutzenfunktionen und gleiche Anfangsausstattungen besitzen, und ebenfalls sehr viele Individuen vom Typ B mit gleichen Nutzenfunktionen und Anfangsausstattungen. Die *Figur 1* kann dann als Darstellung der Tauschlösungen von zwei repräsentativen Individuen der beiden Typen aufgefaßt werden. Trifft man die Annahme, daß alle Individuen die jeweils gegebenen Preise als Daten akzeptieren und sich daran anpassen, so ist die Zahl der möglichen Lösungen kleiner als im Fall des bilateralen Tausches. Unter den für die Konstruktion der *Figur 1* getroffenen Annahmen über die Indifferenzkurven gibt es nur eine einzige Lösung. Zur Ableitung dieser Lösung dient die *Figur 2*.

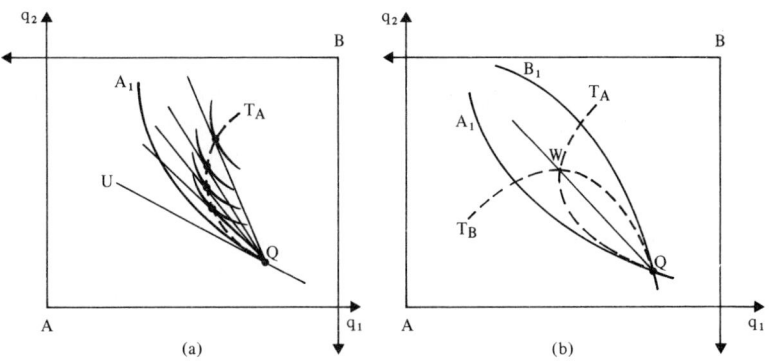

Figur 2

Ein gegebenes Preisverhältnis wird durch die Steigung einer vom Punkte Q ausgehenden Tauschgeraden QU dargestellt. Die Steigung einer solchen Geraden (in bezug auf die Abszisse) ist $-p_1/p_2$. Wenn der Preis des Gutes 1 im Verhältnis zu dem des Gutes 2 steigt, so dreht sich die Preisgerade um den Punkt Q und wird steiler. Ein nutzenmaximierendes Individuum paßt sich nun so an, daß das Preisverhältnis mit der Grenzrate der Substitution in Übereinstimmung gebracht wird. In *Figur 2a* wird das Verhalten eines Individuums vom Typ A beschrieben. Bei der Tauschgeraden QU ist gerade der Punkt Q nutzenmaximal. Steigt der relative Preis des Gutes 1, so wird Gut 1 zum Tausch angeboten und dafür vom Gut 2, das relativ billiger geworden ist, nachgefragt. Die bei alternativen Preisrelationen von einem Individuum des Typs A gewünschten Güterbündel werden durch die in *Figur 2a* dargestellte Tauschkurve T_A beschrieben. Diese Tauschkurve ist nichts anderes als eine Preis-Konsum-Kurve, deren Verlauf durch den Substitutions- und Einkommenseffekt determiniert wird. Der Einkommenseffekt beruht hier darauf, daß der Anfangsbestand des relativ verteuerten Gutes das Individuum ebenso wie eine Erhöhung des Realeinkommens in die Lage versetzt, mehr von dem relativ billiger gewordenen Gut zu kaufen. Die Tauschkurve determiniert die jeweils gewünschten Gütermengen. Im Zusammenhang mit der Anfangsausstattung ergibt sich dann, welche Güterquanten nachgefragt und welche angeboten werden. In analoger Weise läßt sich eine Tauschkurve T_B für ein Individuum des Typs B ableiten. Beide Tauschkurven sind in *Figur 2b* eingetragen. Sie schneiden sich in einem Punkte auf der Kontraktkurve im Tauschbereich. Dieser Punkt wird Wettbewerbsgleichgewicht genannt.

Im Wettbewerbsgleichgewicht ist ein Preisverhältnis erreicht, bei dem die vom Individuum A angebotene Menge des Gutes 1 mit der vom Individuum B nachgefragten Menge dieses Gutes übereinstimmt und bei dem gleichzeitig die vom Individuum B angebotene Menge des Gutes 2 mit der vom Individuum A nachgefragten Menge dieses Gutes übereinstimmt. Bei dem in *Figur 2b* durch die Steigung der Geraden QW bestimmten Preisverhältnis p_1/p_2 sind also die jeweils zum Tausch angebotenen und nachgefragten Güterquanten gleich groß.

Das Wettbewerbsgleichgewicht besitzt nun eine interessante und wichtige Eigenschaft: Es ist ein *Pareto*-Optimum. Das läßt sich auf folgende Weise zeigen. Die Tauschkurven sind der geometrische Ort aller Punkte, bei denen eine Tauschgerade eine Indifferenzkurve des jeweils betrachteten Individuums berührt, bei dem also das Preisverhältnis mit der Grenzrate der Substitution übereinstimmt. In einem Wettbewerbsgleichgewicht haben sich alle Individuen an das gleiche Preisverhältnis angepaßt. Die Grenzrate der Substitution aller Individuen stimmt also mit dem gleichgewichtigen Preisverhältnis überein. Daher sind auch die Grenzraten der Substitution der Individuen untereinander gleich. In dem in *Figur 2b* betrachteten Fall sind deshalb die Grenzraten der Substitution der Individuen A und B im Wettbewerbsgleichgewicht des Punktes W gleich. Der Punkt W, der Schnittpunkt der beiden Tauschkurven, liegt also auf der Kontraktkurve. Er ist ein *Pareto*-Optimum.

Umgekehrt kann man feststellen, daß jedes *Pareto*-Optimum bei einer gewissen Anfangsausstattung als Wettbewerbsgleichgewicht realisiert werden kann. Man kann danach für jeden Punkt auf der Kontraktkurve eine Anfangsausstattung finden, von der aus der betreffende Punkt der Kontraktkurve ein Wettbewerbsgleichgewicht ist. Die Richtigkeit dieses Satzes ist geometrisch unmittelbar einzusehen.

Diese Sätze stellen die Grundlage dafür dar, daß man die Realisierung eines *Pareto*-Optimums dem Marktmechanismus überlassen kann, sofern Wettbewerb gesichert ist. In unserem Modell waren die Annahmen so gewählt, daß ein Wettbewerbsgleichgewicht auch existierte. Soll der Satz über die Äquivalenz eines Wettbewerbsgleichgewichtes mit einem *Pareto*-Optimum jedoch praktische Bedeutung als Grundlage ordnungspolitischer Entscheidungen besitzen, so muß man nachweisen können, daß ein Wettbewerbsgleichgewicht auch tatsächlich existiert.

3. Das Wettbewerbsgleichgewicht im Rahmen der Theorie des kooperativen Tausches

a. Der „Kern" der Tauschwirtschaft und das Wettbewerbsgleichgewicht

Bisher haben wir, ausgehend von der Darstellung des bilateralen Tausches,
gleich das Verhalten der Mengenanpassung vorausgesetzt, das zum Wettbewerbsgleichgewicht führte. Wir wollen jetzt eine größere Breite von möglichen Verhaltensweisen unterstellen und in diesem Rahmen fragen, ob es ein
Wettbewerbsgleichgewicht gibt und welche Rolle es in diesem Rahmen
spielt. Wir gehen davon aus, daß jedes Individuum mit jedem beliebigen
anderen Individuum Verträge abschließen kann und sich dabei auch Gruppen
von Individuen zu Koalitionen zusammenschließen können. Um eine graphische Darstellung zu ermöglichen, nehmen wir an, es gebe zwei Typen
von Individuen, die jeweils identische Nutzenfunktionen und Anfangsausstattungen haben.

Wir beginnen mit der Analyse einer Situation, in der es von den zwei Typen
A und B je zwei Individuen gibt. Die Tauschmöglichkeiten sind in der
Figur 3 dargestellt. Die Anfangsausstattungen werden darin durch den
Punkt Q gekennzeichnet. Punkt R, der auf dem unteren Rand des Tauschbereichs liegt, stellt den Ausbeutungspunkt für die Individuen vom Typ A dar.
Es kann nun gezeigt werden, daß dieser Punkt, der bei bilateralem Tausch
prinzipiell möglich wäre, in dem jetzt behandelten Fall der aus vier Individuen bestehenden Wirtschaft durch andere Lösungen blockiert wird und deshalb nicht auftreten kann.

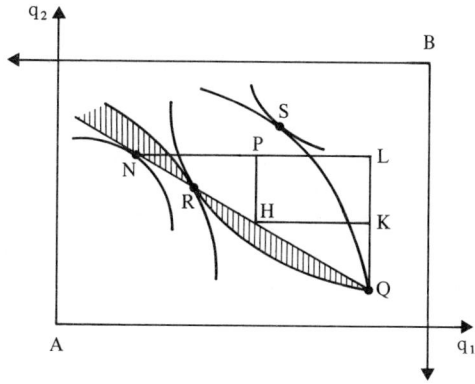

Figur 3

Wäre nämlich der Punkt R zufällig realisiert worden, so könnte sich eine Koalition von mehreren Individuen bilden, die durch Tausch innerhalb der Koalition ihre Lage verbessern könnten. Daraus ergibt sich der Satz:

In der Wirtschaft mit je zwei Individuen vom Typ A und B ist die Menge der Tauschgleichgewichte, die nicht durch andere blockiert werden kann, kleiner als die Menge der auf der Kontraktkurve liegenden *Pareto*-Optima.

Die Menge der nicht blockierbaren Tauschgleichgewichte wird als Kern der Wirtschaft bezeichnet.

Der Beweis für den genannten Satz kann anhand der *Figur 3* geführt werden. Möglich wäre eine Koalition zwischen zwei Individuen vom Typ A und einem Individuum vom Typ B. Innerhalb dieser Koalition würden die zwei A's zusammen vom Gute 1 das Quantum LN anbieten, so daß jeder die Hälfte davon, also PL = PN aufgeben müßte. Sie erhalten dafür von dem an der Koalition beteiligten Individuum des Typs B das Quantum LQ des Gutes 2, von dem jeder wieder die Hälfte (LK = KQ) erhält. Als Ergebnis dieses Tausches gelangt jedes Individuum des Typs A zum Punkte H, während das an der Koalition beteiligte Individuum der Art B zum Punkte N gelangt. Alle an der Koalition beteiligten Individuen haben also ihren Nutzen vergrößern können, denn die Punkte H und N liegen jeweils auf einer „höheren" Indifferenzkurve. Da es einigen Individuen besser geht als am Punkte R, wenn sie sich zu einer Koalition zusammentun, kann der Punkt R blockiert werden. Er gehört also nicht zum Kern. Das von der Koalition ausgeschlossene Individuum wird nun aber versuchen, durch das Angebot günstigerer Tauschmöglichkeiten ebenfalls seine Lage zu verbessern. Die sich schließlich einstellende Situation wird auf jeden Fall rechts vom Punkte R und – auf Grund einer analogen Überlegung auch links vom Punkte S – liegen. Das Tauschgleichgewicht muß aber auf der Kontraktkurve liegen; es muß also *Pareto*-optimal sein. Wäre das nämlich nicht der Fall, so könnte es blockiert werden, weil die alle Individuen umfassende Koalition alle besser stellen würde. Damit ist gezeigt, daß im Fall einer Wirtschaft, die aus je zwei Individuen des Typs A und B besteht, der Kern der Wirtschaft kleiner ist als die Menge aller *Pareto*-Optima.

Wir können jetzt fortfahren und zeigen: Der Kern der Wirtschaft wird mit zunehmender Zahl der Individuen immer kleiner und fällt schließlich im Grenzfall, d. h. bei unendlich großer Zahl von Individuen, mit dem Wettbewerbsgleichgewicht zusammen.

Um diesen Satz zu beweisen, nehmen wir an, der Punkt E in *Figur 4* sei in einer Wirtschaft mit je zwei Individuen des Typs A und B nicht blockierbar, gehöre also zum Kern. Man kann dann zeigen, daß dieser Punkt in einer größeren Wirtschaft mit je drei Individuen vom Typ A und B nicht mehr zum Kern gehört.

In der größeren Wirtschaft ist eine Koalition von drei Individuen des Typs A und zwei Individuen des Typs B möglich, wie das folgende Beispiel zeigt: Die drei A's bieten 2xML vom Gute 1 an, so daß jedes Individuum ⅔ der Strecke ML, also GL, aufgibt. Im Austausch dafür bieten die zwei B's 2xLQ des Gutes 2 an, von der wieder jedes Individuum des Typs A ⅔, d. h. die Strecke FQ, erhält und damit zum Punkte D gelangt. Jedes der Individuen vom Typ B erhält im Austausch gegen das Quantum LQ des Gutes 2 vom Gute 1 das Quantum LM und gelangt damit zum Punkte M. Wieder haben alle an der Koalition Beteiligten ihren Nutzen gegenüber der Ausgangslage beim Punkte E erhöhen können. Der Punkt E wird also blockiert. Ein nicht blockierbarer Punkt muß daher rechts vom Punkte E zu suchen sein.

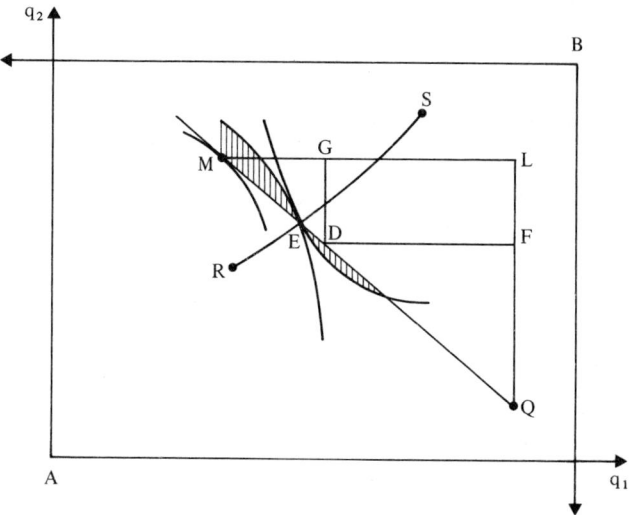

Figur 4

Durch die Vergrößerung der Zahl der Tauschteilnehmer schrumpft also die Menge der nicht blockierbaren *Pareto*-Optima. Vergleicht man *Figur 3* mit *Figur 4,* so fällt auf, daß der Lösungspunkt für die Individuen des Typs A, der im Fall der *Figur 3* beim Punkte H und im Fall der *Figur 4* bei Punkt D liegt, mit der Zunahme der Zahl der Tauschteilnehmer näher an die Kontraktkurve heranrückt. Der Punkt D teilt die Strecke QM im Verhältnis $QD/QM = (m - 1)/m$, wobei m die Zahl der potentiellen Tauschpartner vom Typ A und vom Typ B ist. Bei $m \to \infty$ geht QD/QM gegen Eins, so daß die Punkte M, E und D im Grenzfall zusammenfallen.

Um den Beweis zu vervollständigen, müssen wir noch zeigen, daß der Kern nicht leer ist. Tatsächlich gehört das Wettbewerbsgleichgewicht immer zum Kern, denn es ist nicht blockierbar. Wie man aus den *Figuren 3* und *4* unmittelbar entnehmen kann, ist eine Lösung nur dann blockierbar, wenn die Tauschgerade (QN, QM usw.), die durch einen Punkt auf der Kontraktkurve läuft, von den sich in diesem Punkte berührenden Indifferenzkurven Segmente abschneidet. Das trifft jedoch für ein Wettbewerbsgleichgewicht nicht zu, denn im Wettbewerbsgleichgewicht existiert eine Tauschgerade, die die Indifferenzkurven gerade berührt. Daher kann das Wettbewerbsgleichgewicht nicht blockiert werden, es gehört immer zum Kern.

Je größer nun die Zahl der Teilnehmer am Tausch ist, um so kleiner ist die Teilmenge der zum Kern gehörenden *Pareto*-Optima. Da das Wettbewerbs-

gleichgewicht immer zum Kern gehört, ist bei unendlich großer Zahl der
Teilnehmer am Tausch der Kern mit dem Wettbewerbsgleichgewicht identisch. Wenn das Wettbewerbsgleichgewicht einmal erreicht ist, kann es
durch keine noch so kunstvoll ausgedachte Koalition umgestoßen werden,
weil keine Koalition in der Lage ist, ihre Mitglieder besser zu stellen als im
Wettbewerbsgleichgewicht. In einer Wirtschaft mit sehr großer Zahl von
Tauschteilnehmern gibt es also keine vorteilhaftere Verhaltensweise als die
Anpassung des Angebotes und der Nachfrage an jeweils gegebene Preise. Es
ist daher verständlich, warum sich der Markt als Koordinationssystem individueller Pläne immer wieder durchsetzt und sich damit gegenüber anderen
Koordinationsmechanismen als überlegen erweist.

b. Monopolmacht im Tausch

Im Rahmen der dargestellten Tauschwirtschaft entsteht ein Monopol, wenn
die Individuen eines bestimmten Typs, z. B. die des Typs B, die Übereinkunft treffen, nur zu identischen Bedingungen mit Angehörigen der anderen
Gruppe zu tauschen und wenn diese Übereinkunft auch tatsächlich eingehal-
ten wird. Einen solchen Zusammenschluß nennt man auch ein Kartell. Den
Angehörigen der Gruppe A bleibt dann keine andere Wahl, als sich an die
vom Kartell angebotenen Bedingungen anzupassen. Das geschieht in der
Weise, daß jeweils ein Tauschpunkt gewählt wird, der durch einen Tangentialpunkt einer von Q ausgehenden Tauschgeraden in *Figur 5* mit einer Indifferenzkurve eines Individuums vom Typ A bestimmt ist. Die Angehörigen
der Gruppe A maximieren dann bei den vom Kartell jeweils diktierten
Tauschbedingungen ihren Nutzen. Die Menge aller Punkte dieser Art stellt
die Tauschkurve eines Individuums vom Typ A dar. Sie ist in *Figur 5* als die
vom Punkt Q ausgehende Linie T_A eingetragen. Das Kartell wählt sodann
dasjenige Tauschverhältnis, also den Punkt auf der Tauschkurve der Individuen der Gruppe A, bei dem die Tauschkurve eine Indifferenzkurve eines
Individuums des Typs B berührt. Das Kartell maximiert also den Nutzen
seiner Mitglieder bei einer gegebenen Tauschkurve der Individuen des Typs
A. In *Figur 5* wird dieses Gleichgewicht durch den Punkt M beschrieben, in
dem das Preisverhältnis p_1/p_2 durch die Steigung der Geraden QM gegeben
wird.

Da sich im Punkte M die Indifferenzkurven der Individuen beider Typen
schneiden, ist M offensichtlich kein *Pareto*-Optimum. Deshalb bestehen nach
Erreichen des Monopolgleichgewichtes noch Möglichkeiten, durch zusätzliche Verträge die Lage beider Seiten zu verbessern. Das Kartell könnte etwa
anbieten, durch zusätzliche Geschäfte zu einem Punkte auf der zwischen den
Punkten R und S verlaufenden Kontraktkurve zu gelangen. Das Austauschverhältnis der beiden Güter würde in diesem Zusatzvertrag von dem durch
die Steigung der Gerade QM bestimmten Verhältnis abweichen, das Preisverhältnis p_1/p_2 müßte höher sein. Um die Individuen der Gruppe A zu
einem Tausch von zusätzlichen Einheiten des Gutes 1 gegen Einheiten des
Gutes 2 zu bewegen, muß vom Kartell ein höherer Preis für das Gut 1 geboten und das Gut 2 zu einem niedrigeren Preis abgegeben werden, so daß eine
Lösung im schraffierten Bereich zustande kommt. Es kommt also zu einer

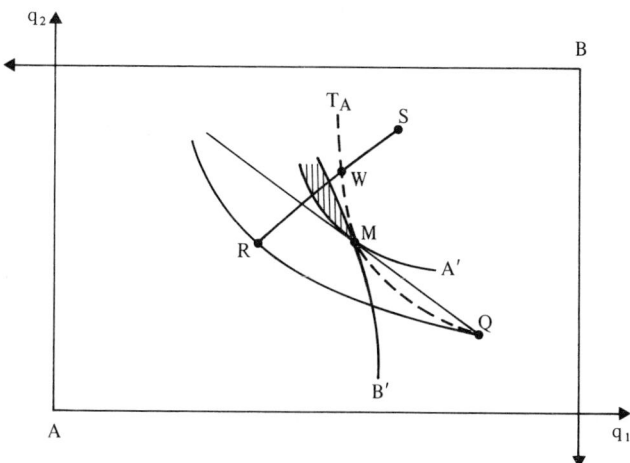

Figur 5

Preisdifferenzierung. Sie führt dann wohl zu einem *Pareto*-Optimum, das erreichbare Gleichgewicht liegt aber auf der Kontraktkurve links vom Wettbewerbsgleichgewicht, das durch den Schnittpunkt der Tauschkurve T_A mit der Kontraktkurve gegeben ist. Die Monopolmacht des Kartells führt also auch dann, wenn ein *Pareto*-Optimum erreicht wird, zu einer Schlechterstellung der Gruppe A gegenüber dem Wettbewerbsgleichgewicht.

Das Monopol würde natürlich zusammenbrechen, wenn es einzelnen Individuen erlaubt wäre, Verträge außerhalb des Kartells abzuschließen. Wenn es, wie bisher unterstellt wurde, eine große Zahl von Individuen beider Typen gibt, gehört das Monopolgleichgewicht mit oder ohne Preisdifferenzierung nicht zum Kern. Es gibt also Möglichkeiten, daß sich Individuen beider Typen zu Koalitionen zusammenfinden, durch die sie ihre Lage gegenüber dem Monopolgleichgewicht verbessern können. Soll das Monopol Bestand haben, so muß der Kartellvertrag erzwingbar und so ausgestaltet sein, daß ein Anreiz zum Ausbrechen aus der Kartelldisziplin nicht besteht.

4. Wettbewerbsgleichgewicht im nicht-kooperativen Tausch

a. Existenz des Gleichgewichtes und Stabilität durch Tâtonnement

Im vorigen Abschnitt haben wir gezeigt, daß ein Wettbewerbsgleichgewicht im Rahmen des kooperativen Tausches als Grenzfall aufgefaßt werden kann, der bei zunehmender Zahl der Teilnehmer am Tauschprozeß zustande kommt. Nun ist freilich bei einer sehr großen Zahl von Tauschteilnehmern eine kooperative Lösung kaum mehr vorstellbar. Der Einzelne kann unmittelbar nicht mit allen anderen Individuen Kontakte aufnehmen. Es ist auch nicht zu erwarten, daß er, wie im Modell des kooperativen Tausches vorausgesetzt wird, Vorstellungen hinsichtlich des Verhaltens der Tauschpartner entwickelt. Das würde die Fähigkeit des Einzelnen zur Informationsgewinnung und -verarbeitung weit übersteigen. In einer Tauschwirtschaft mit sehr vielen Individuen schafft die anonyme Koordination durch den Markt eine wesentliche Entlastung für den Einzelnen; denn er braucht nur die Preise der Güter zu kennen, die er im Tausch abgeben oder erwerben will. Auf den ersten Blick allerdings muß eine solche, durch den anonymen Mechanismus des Marktes gesteuerte Tauschwirtschaft den Eindruck eines Chaos hervorrufen. Die Konzeption des Wettbewerbsgleichgewichtes scheint für eine solche Wirtschaft nichts als eine Utopie zu sein. Aus diesem Grunde ist es wichtig, sich Rechenschaft über die logische Möglichkeit, die Existenz eines Wettbewerbsgleichgewichts abzulegen, und darüber nachzudenken, auf welche Weise ein Gleichgewicht, falls es existiert, tatsächlich zustande kommt, ob es m. a. W. stabil ist.

Beide Fragen stehen in einem engen Zusammenhang. Ihre Beantwortung beruht deshalb auch auf einem einheitlichen Grundgedanken (*Morishima,* S. 613). Man untersucht, ob es Regeln gibt, bei deren Befolgung ein Wettbewerbsgleichgewicht erreicht wird. Bei der Frage nach der Existenz eines Gleichgewichtes werden diese Regeln als ein Algorithmus zur Lösung eines simultanen Gleichungssystems aufgefaßt. Bei der Frage nach der Stabilität werden die Regeln als Beschreibung eines Such- und Anpassungsprozesses verstanden, der in der Realität durch bestimmte Institutionen verkörpert wird.

Existenz eines Wettbewerbsgleichgewichtes ·

Ausgangspunkt der Überlegungen ist die Definition eines Gleichgewichtes. Ein Gleichgewicht wird dann als gegeben definiert, wenn die Preise aller Güter so gewählt worden sind, daß die Überschußnachfrage (= Nachfrage minus Angebot) für jedes einzelne Gut gleich Null ist.[5]

Bezeichnet man die Überschußnachfrage nach einem Gut $i = 0, 1, 2, \ldots, n$ mit z_i und verwendet das Gut 0 als ,,numéraire", so daß die Preise aller übrigen Güter in Einheiten des Gutes 0 (z. B. Geld) ausgedrückt sind, so hat man zunächst $n + 1$ Gleichungen $z_i = 0$, wobei die Überschußnachfrage für das einzelne Gut von dem Vektor der relativen, d. h. in Einheiten des ,,numéraire"-Gutes ausgedrückten, Preise $\mathbf{p} = (p_1, p_2 \ldots, p_n)$ abhängig ist. Der Preis des ,,numéraire"-Gutes 0 ist identisch Eins, es gilt $p_0 \equiv 1$.

Von den $n + 1$ Gleichungen sind nur n Gleichungen unabhängig, denn die $(n + 1) -$ te Gleichung ist erfüllt, wenn die ersten n Gleichungen gelten. Das ist das Gesetz von *Walras.* Die Gültigkeit dieses Gesetzes kann auf folgende Weise gezeigt werden: In jeder Wirtschaft ist die Summe der Werte aller Käufe identisch mit der Summe der Werte aller Verkäufe. Daher ist die Summe der mit den relativen Preisen multiplizierten Überschußnachfragen identisch gleich Null. Es gilt also die Identität

---

[5] Vielfach findet man als Definition des Gleichgewichtes, daß $z_i(\mathbf{p}) \leqq 0$, die Überschußnachfrage nach einem Gut also Null oder negativ sein muß. Ist die Überschußnachfrage negativ, so ist die Nachfrage geringer als das Angebot. In diesem Fall liegt ein freies Gut vor, dessen Preis Null ist.

$$\sum_{i=0}^{n} p_i z_i(\mathbf{p}) \equiv 0.$$

Ist nun $z_i(\mathbf{p}) = 0$ für $i = 1, 2, \ldots, n$, so ist auch

$$\sum_{i=1}^{n} p_i z_i(\mathbf{p}) = 0.$$

Subtrahiert man diesen Ausdruck von der Identität, so ergibt sich $p_0 z_0(\mathbf{p}) = z_0(\mathbf{p}) = 0$, denn $p_0 \equiv 1$.

Das Wettbewerbsgleichgewicht ist also die Lösung des aus n Gleichungen bestehenden Gleichungssystems $z_i(\mathbf{p}) = 0$ für $i = 1, 2, \ldots, n$.

Die Regeln zur Auffindung einer Lösung lauten:

▶ Man erhöhe den Preis eines Gutes, wenn eine positive Überschußnachfrage besteht.

▶ Man lasse den Preis eines Gutes unverändert, wenn die Überschußnachfrage Null ist.

▶ Man senke den Preis eines Gutes, wenn die Überschußnachfrage negativ ist. Der Preis darf jedoch nicht negativ werden.

Es läßt sich zeigen, daß die Befolgung dieser Regeln unter bestimmten Voraussetzungen über die Stetigkeit der Nutzenfunktionen, die Konvexität der Indifferenzkurven und über die Anfangsausstattungen der Individuen zu einem Wettbewerbsgleichgewicht führt (*Debreu* 1959, *Arrow/Hahn* 1971). Die zum Gleichgewicht führenden Regeln stellen den Kern eines Algorithmus dar, mit dessen Hilfe der gleichgewichtige Preisvektor gefunden werden kann (*Scarf* 1973).

Stabilität des Gleichgewichtes durch Tâtonnement

Durch den Nachweis der Existenz eines Gleichgewichtes wird nur dessen logische Möglichkeit sichergestellt. Gezeigt wird, daß es einen Algorithmus gibt, der die Ermittlung eines Gleichgewichtes möglich macht. Untersucht werden muß noch, ob sich ein Gleichgewicht auch tatsächlich einstellt, wenn man von einer durch exogene Störungen geschaffenen beliebigen Ungleichgewichtssituation ausgeht. Eine Wiederherstellung des Gleichgewichtes setzt voraus, daß sich die Preise ändern und daß am Ende des Anpassungsprozesses wieder Gleichgewichtspreise realisiert werden.

Es geht jetzt darum, Institutionen zu beschreiben und zu erklären, deren Rolle darin besteht, ein gestörtes Gleichgewicht wiederherzustellen. Dabei kommt es nicht darauf an, daß immer genügend Zeit vorhanden ist, damit ein Gleichgewicht auch tatsächlich wieder erreicht wird. Das wird in der Realität nur ganz selten der Fall sein. Der Anpassungsprozeß sollte aber so funktionieren, daß sich eine Wirtschaft stets auf dem Weg zu einem Gleichgewicht befindet.

Hier soll ein Anpassungsprozeß beschrieben werden, der ursprünglich von *Walras* in die Theorie eingeführt und von ihm als Tâtonnement bezeichnet wurde. Dieser Prozeß knüpft ganz eng an den iterativen Algorithmus an, der in den oben aufgeführten drei Regeln der Preissetzung verkörpert ist. Angenommen wird ein unparteiischer Makler. Er macht den Tauschpartnern

Preisvorschläge und fordert sie auf, die bei den genannten Preisen nachgefragten und angebotenen Güterquanten anzugeben. Diese Angaben führen jedoch noch nicht zu bindenden Verträgen. Der Makler registriert vielmehr die sich einstellende Überschußnachfrage nach den einzelnen Gütern und ändert seine Preisvorschläge, um erneut die sich einstellende Überschußnachfrage zu ermitteln. Dieser Prozeß setzt sich fort, bis ein Preisvektor gefunden worden ist, bei dem für alle Güter die Überschußnachfrage Null wird. Erst dann kommt es zu den Gleichgewichtspreisen zum wirklichen Austausch der angebotenen und nachgefragten Güterquanten.

Der Vorgang des Tâtonnement läßt sich durch ein System von Differentialgleichungen beschreiben. Es gilt

$$\dot{p}_i = k_i z_i(\mathbf{p}) \quad i = 1, 2, \ldots, n$$

wobei $k_i > 0$, $p_i \geqq 0$, $\dot{p}_i = 0$, wenn $z_i(p) = 0$.

Die Konstante k_i gibt an, wie stark der Preis des Gutes i bei Vorliegen einer von Null verschiedenen Überschußnachfrage vom Makler geändert wird.

Ob durch den Prozeß des Tâtonnement ein Gleichgewicht erreicht wird, ob der Prozeß also stabil ist, hängt von den Eigenschaften der *Jacobi*schen Matrix

$$[z_{ij}(\mathbf{p})] = \begin{pmatrix} \dfrac{\partial z_1}{\partial p_1} & \dfrac{\partial z_1}{\partial p_2} & \cdots & \dfrac{\partial z_1}{\partial p_n} \\ \cdots \cdots \\ \dfrac{\partial z_n}{\partial p_1} & \dfrac{\partial z_n}{\partial p_2} & \cdots & \dfrac{\partial z_n}{\partial p_n} \end{pmatrix}$$

ab (vgl. Übersicht bei *Quirk/Saposnick* 1968), also davon, wie die Überschußnachfrage nach den einzelnen Gütern auf Preisänderungen reagiert.

Das Modell des Tâtonnement ist natürlich weit davon entfernt, eine zutreffende Beschreibung der Realität abzugeben. Man kann allerdings sagen, daß die grundlegenden Merkmale des Tâtonnement in der Realität vorhanden sein müssen, wenn die Funktionsfähigkeit des Marktmechanismus gewährleistet sein soll.

b. Handel

In der Realität wird die Funktion, die im Tâtonnement dem Makler zugeschrieben wird, in erheblichem Umfang durch den institutionellen Handel wahrgenommen. Die Händler verfolgen dabei ihr Eigeninteresse. Führt man den Handel als selbständige Institution in das Modell der Tauschwirtschaft ein, so lassen sich zwei Typen von Wirtschaftssubjekten unterscheiden. Einerseits haben wir die mit Anfangsausstattungen versehenen Individuen, die ihre Nutzenfunktionen zu maximieren suchen und sich dabei jeweils an gegebene Preisrelationen anpassen. Sie fixieren die nachgefragten bzw. angebotenen Güterquanten und gehen von den am Markt gegebenen Preisen aus. Auf der anderen Seite haben wir die Händler, die von gegebenen Nachfrage-

und Angebotsfunktionen ausgehen und die Preise fixieren. Zu erklären ist noch, von welchen Zielen die Händler geleitet werden.

Wir wollen annehmen, die Händler versuchten, die Konsumentenrente, die sich beim Gleichgewichtspreisvektor einstellt, zu maximieren und als Entgelt für ihre Vermittlungstätigkeit zu erhalten. Um die Idee zu verdeutlichen, stelle man sich zwei Inseln vor, A und B, die von Individuen mit unterschiedlichen Präferenzen und verschiedenartigen Anfangsausstattungen bewohnt werden. Es soll einen einzigen Händler geben, der in der Lage ist, eine Handelsverbindung zwischen den beiden Inseln herzustellen. Durch einen Tausch läßt sich sowohl der Nutzen der Bewohner der Insel A wie auch der Bewohner der Insel B erhöhen. Der Händler möge versuchen, (fast) den gesamten Nutzengewinn, der aus dem Austausch resultiert, als Entgelt zu erhalten. Er wird dann als Austauschrelation den Wettbewerbspreisvektor fixieren und von den Inselbewohnern die Konsumentenrente als Entgelt verlangen.

Von dem Händler dieses Modells nehmen wir also an, daß er die Konsumentenrente aller Tauschwilligen der beiden Inseln,

$$\int_{\mathbf{p}}^{\bar{\mathbf{p}}} \sum_{i=1}^{n} s_i(\pi) \, d\pi_i,$$

durch Festlegung des Preisvektors $\mathbf{p} = (p_1, \ldots, p_n)$ maximiert. Dabei ist $s_i(p)$ die kompensierte Überschußnachfrage nach dem Gute i (vgl. V. Kapitel) und $\bar{p}$ ist der Vektor derjenigen Preise, bei denen die Nachfrage nach den jeweiligen Gütern Null wird.

Notwendig und hinreichend für die Erreichung des Maximums ist

$$s_i(\mathbf{p}) = 0 \quad i = 1, 2, \ldots, n$$

und daß die *Jacobi*sche Matrix $[s_{ij}(\mathbf{p})]$ negativ definit ist. Beide Bedingungen sind erfüllt, wenn ein Gleichgewicht erreicht ist und wenn die Konsumenten ihren Nutzen maximieren.[6]

Wenn nicht nur ein einziger Händler die Handelsverbindung zwischen den Konsumenten übernehmen kann, sondern zahlreiche Händler miteinander in Konkurrenz stehen, werden sie sich hinsichtlich der Vermittlungsprovision zu unterbieten suchen. Bei vollständiger Konkurrenz der Händler untereinander werden sie im Gleichgewicht nur noch ihre Kosten decken können und der Überschuß der Konsumentenrente über die Kosten des Handels wird bei den Konsumenten verbleiben.

Bedingung für das Funktionieren einer Tauschwirtschaft mit institutionellem Handel ist die Existenz von Privateigentum an der Handelsware, an produzierten Produktionsmitteln (*Hicks* 1969). Eine zweite Bedingung besteht darin, daß die Einhaltung von Verträgen erzwungen werden kann. Die Erfüllung dieser Bedingung wird praktisch gesichert durch die Etablierung und Durchsetzung von Rechtsregeln durch den Staat.

---

[6] Zur Äquivalenz des Wettbewerbsgleichgewichtes mit einem „kompensierten" Gleichgewicht vgl. *Arrow/Hahn* 1971, S. 109 ff. Die *Jacobi*sche Matrix $[s_{ij}(\mathbf{p})]$ ist die Matrix der Substitutionsterme der *Slutsky*gleichung. Sie ist negativ definit (*Hicks* 1946, S. 310).

c. Geld als allgemeines Tauschmittel

Das Gleichgewicht der Tauschwirtschaft wurde dadurch definiert, daß Preise gefunden sind, bei denen die Überschußnachfrage nach jedem Gut Null ist. Diese Definition stellt auf die sog. Markträumungsfunktion ab und ist insofern ausreichend, um die Rolle von Gleichgewichtspreisen zu verstehen. Die Definition ist jedoch unzureichend, um zu verstehen, worin die Bedeutung eines Gleichgewichtes für das einzelne Individuum besteht.

Vom Standpunkt der Individuen liegt ein vollständiges Gleichgewicht nur dann vor, wenn die Überschußnachfrage aller Individuen für alle Güter Null ist. Tatsächlich tauscht ein Individuum nicht mit dem ,,Markt'', sondern mit anderen Individuen. Der Tauschprozeß einer Volkswirtschaft besteht also aus einer großen Zahl bilateraler Tauschvorgänge. Bei jedem Tausch muß ein bilateraler Wertausgleich erreicht werden, d. h. der Wert der abgegebenen Ware muß gleich dem Wert der empfangenen Ware sein.

Um den Aspekt der Verwirklichung eines vollständigen Gleichgewichtes in voller Reinheit herauszuarbeiten, nehmen wir an, daß die Gleichgewichtspreise bekannt sind. Es leuchtet unmittelbar ein, daß bei gegebenen Gleichgewichtspreisen ein bilateraler Wertausgleich nicht immer realisiert sein muß. Es gibt aber sicher eine Sequenz aufeinanderfolgender Tauschvorgänge mit bilateralem Wertausgleich, die schließlich zum vollständigen Gleichgewicht führt, bei dem die Überschußnachfrage aller Individuen nach allen Gütern Null ist. Die Sequenz kann aber unter Umständen sehr lang sein, also Zeit verbrauchen, Zeit, in der die Tauschwilligen nach geeigneten Partnern suchen müssen. Zeit aber muß mit den Opportunitätskosten, also in Höhe des individuellen Lohnsatzes bewertet werden. Wäre es möglich, die Sequenz der erforderlichen Tauschakte zu verkürzen, so würden Kosten, Transaktionskosten, gespart und der Wohlstand eines Landes würde zunehmen. Dieses Argument hat nichts mit Ungewißheit über die Preise zu tun. Wir sind ja davon ausgegangen, daß die Gleichgewichtspreise bekannt sind. Ungeachtet dessen ist wegen des Erfordernisses des bilateralen Wertausgleichs eine Sequenz von Tauschakten nötig, um ein Gleichgewicht herzustellen.

Transaktionskosten können eingespart werden, wenn ein allgemeines Tauschmittel benutzt wird, denn dadurch wird die Zahl der erforderlichen Tauschakte vermindert. In modernen Wirtschaften dient gewöhnlich ein von Banken geschaffenes Geld als allgemeines Tauschmittel. Für ein Individuum lohnt es sich, einen Bestand des Tauschmittels als Lager (bufferstock) zu besitzen, um den an sich fehlenden bilateralen Wertausgleich herbeizuführen. Es ist dann möglich, den eigentlichen Tausch zwischen dem Anfangsbestand an Gütern, über den ein Individuum verfügt, und dem gewünschten Bestand an Gütern in zwei Teile zu zerlegen: Ware gegen Geld und Geld gegen Ware. In jedem dieser Teile ist der bilaterale Wertausgleich verwirklicht. Bei jedem Individuum reicht für jede Ware also eine Sequenz von zwei Tauschakten aus, um das Gleichgewicht zu erreichen, während ohne die Benutzung des allgemeinen Tauschmittels eine viel längere Sequenz erforderlich wäre. Auf diese Weise läßt sich begründen, weshalb auch in einer Tauschwirtschaft, in welcher Preisungewißheit nicht besteht, das Halten eines Geldbestandes vorteilhaft ist.

Darüber hinaus ist ein allgemeines Tauschmittel von Nutzen, wenn über die Preise, über die Lokalität der Tauschpartner sowie über die Eigenschaften der angebotenen Güter Ungewißheit besteht. Es ist dann bei der Benutzung eines allgemeinen Tauschmittels möglich, daß spezialisierte Händler erscheinen, die den Tausch vermitteln. Wegen der Vorteile der Spezialisierung werden durch das Auftreten von Händlern Transaktionskosten eingespart.

Als Tauschmittel wird sich ein solches Gut herausbilden, über dessen Eigenschaften sich die Individuen relativ leicht zuverlässige Informationen beschaffen können. Das Tauschmittel muß sich jederzeit zu mit großer Gewißheit bekannten Relationen in Güter eintauschen lassen. Das war in der Geschichte der Wirtschaft gewöhnlich bei Edelmetallen, die mit einem Garantiestempel einer als zuverlässig geltenden Ausgabestelle versehen waren, der Fall. Gleiches gilt mutatis mutandis für Papiergeld und Buchgeld.

12*

VIII. Kapitel
Allokation gegebener Ressourcen in der Produktionswirtschaft bei Konkurrenz

Im Modell der Tauschwirtschaft hatten wir als Determinanten der Preisbildung im Gleichgewicht die Präferenzen der Konsumenten und die aus der Produktion vergangener Perioden hervorgegangenen Anfangsausstattungen der Individuen mit Gütern herangezogen. In diesem Kapitel sollen nun an die Stelle der gegebenen Anfangsbestände der verschiedenen Güter die Produktionsmöglichkeiten gesetzt werden, die sich bei gegebenen Beständen der Volkswirtschaft an Produktionsfaktoren ergeben. In diesem Kapitel werden wir also den Produktionsprozeß mit in die Analyse einbeziehen.

1. Produktionsmöglichkeitsgrenze

a. Effizienter Faktoreinsatz

Zur Beschreibung der bei gegebenen Faktorbeständen einer Volkswirtschaft bestehenden Produktionsmöglichkeiten verwenden wir zunächst vereinfachend ein Modell, in dem zwei Konsumgüter bei neoklassischer Technologie mit Hilfe von zwei Faktoren produziert werden. Wir nehmen an, daß von den Faktoren die Bestände K^0 und L^0 vorhanden sind, die stets vollbeschäftigt werden. Die Abhängigkeit der jeweiligen Produktionshöhe vom Faktoreinsatz wird durch die neoklassischen Produktionsfunktionen $q_1 = F_1 (K_1, L_1)$ und $q_2 = F_2 (K_2, L_2)$ beschrieben. Wegen der Vollbeschäftigungsannahme ist stets $K_1 + K_2 = K^0$ und $L_1 + L_2 = L^0$.

Die Allokation der beiden Faktoren auf die Produktionsrichtungen soll nach dem Effizienzprinzip vorgenommen werden. Effizienz wird, wie schon am Anfang des III. Kapitels dargelegt wurde, negativ definiert. Eine Allokation ist nicht effizient, wenn es noch möglich ist, durch eine Umschichtung der Faktoren zwischen den Produktionsrichtungen von einem Gut mehr zu erzeugen, ohne daß die Produktion des anderen Gutes gesenkt werden muß.

Die effiziente Allokation kann man mit Hilfe eines Box-Diagramms darstellen. In einem solchen Diagramm werden zwei Isoquanten-Abbildungen bei gegenüberliegenden Koordinatenursprungspunkten derart ineinander geschoben, daß auf der Abszisse der verfügbare Faktorbestand L^0 und auf der Ordinate der Bestand K^0 abgetragen wird. Der Ursprung der Isoquanten-Abbildung der Produktionsrichtung 1 wird durch 0_1 und der Koordinatenursprung der Isoquanten-Abbildung der Produktionsrichtung 2 durch 0_2 bezeichnet. Einige Isoquanten der beiden Produktionsrichtungen, die zum jeweiligen Ursprung hin konvex verlaufen, sind in *Figur 1* dargestellt. Bei einer beliebigen Allokation T wird vom Faktor L die Menge 0_1A in Produktionsrichtung 1 und AL^0 in Produktionsrichtung 2 eingesetzt. Vom Faktor K wird bei einer Allokation des Punktes T die Menge 0_1B in Produktionsrichtung 1 und BK^0 in Produktionsrichtung 2 beschäftigt.

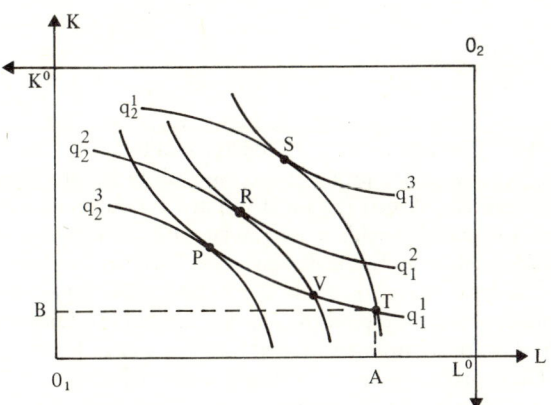

Figur 1

Man kann nun leicht sehen, daß die Allokation z. B. des Punktes T nicht effizient ist. Es ist nämlich durch eine Umschichtung der Faktoren möglich, mehr von einem Gute zu erzeugen, ohne daß die Produktion des anderen Gutes eingeschränkt werden muß. Man kann nämlich vom Punkte T entlang der Isoquante q_1^1, also bei Konstanz der Produktion des ersten Gutes, die Produktion des zweiten Gutes steigern und maximal das Produktionsniveau q_2^3 des zweiten Gutes erreichen. Ebenso gut könnte man auch bei Konstanz der Produktion des zweiten Gutes eine Umschichtung der Produktionsfaktoren entlang der Isoquante q_2^1 vornehmen und die Produktion des ersten Gutes auf maximal q_1^3 erhöhen. Man beachte, daß ein Maximum der Produktion eines Gutes, das bei Konstanz der Produktion des anderen Gutes erreicht worden ist, jeweils bei einem Berührungspunkt (P und S) zweier Isoquanten liegt. Geht man von einer anderen beliebigen Allokation, dem Punkte V aus, so kann man in analoger Weise die Punkte P bzw. R erreichen. Auch R ist ein Berührungspunkt zweier Isoquanten. In der Tat läßt sich zeigen, daß man von einer beliebigen Allokation, die nicht effizient ist, durch eine Umschichtung der Faktoren jeweils die Produktion eines Gutes bei Konstanz der Produktion des anderen Gutes maximieren kann und dabei immer Berührungspunkte zweier Isoquanten erreicht. Von einem solchen Berührungspunkt aus ist es nicht mehr möglich, die Produktion eines Gutes zu erhöhen, ohne daß vom anderen Gute weniger erzeugt wird.

Die Menge aller Berührungspunkte von Isoquanten stellt die Menge der effizienten Allokationen dar. Der geometrische Ort der effizienten Allokation wird (in Analogie zur Tauschtheorie) als Kontraktkurve bezeichnet. Man kann deutlich sehen, daß entlang der Kontraktkurve von einem Gut nur dann mehr produziert werden kann, wenn man die Produktion des anderen Gutes vermindert.

Bei einer Allokation auf der Kontraktkurve stimmen die Grenzraten der Substitution zwischen den zwei Faktoren in beiden Produktionsrichtungen überein, d. h. das Verhältnis der Grenzprodukte der beiden Faktoren ist in allen Produktionsrichtungen gleich hoch. Es gilt also

(1) $\dfrac{F_{1L}}{F_{1K}} = \dfrac{F_{2L}}{F_{2K}}$.

Das ist bei einer nicht effizienten Allokation nicht der Fall. So ist z. B. bei einem Punkte T das Verhältnis der Grenzprodukte F_L/F_K, die Steigung der Isoquante in Produktionsrichtung 1, niedriger als in Produktionsrichtung 2. Es lohnt sich deshalb, Arbeit (L) aus der ersten Produktionsrichtung, in der Arbeit verhältnismäßig reichlich eingesetzt und ihr Grenzprodukt relativ niedrig ist, abzuziehen und statt dessen in der zweiten Produktionsrichtung einzusetzen, in der das Grenzprodukt der Arbeit relativ hoch ist. Ebenso läßt sich begründen, weshalb Kapital (K) aus der zweiten Produktionsrichtung in die erste Produktionsrichtung verlagert werden sollte. Erst wenn das Verhältnis der Grenzprodukte in beiden Produktionsrichtungen übereinstimmt, läßt sich durch eine weitere Umschichtung der Faktoren eine Verbesserung des Produktionsergebnisses nicht mehr erzielen.

b. Transformations- oder Produktionsmöglichkeitskurven

Die bei einem gegebenen Faktorangebot bestehenden Produktionsmöglichkeiten einer Volkswirtschaft, in der zwei Güter erzeugt werden, können durch eine Transformationskurve beschrieben werden. Die Transformationskurve läßt sich aus der Kontraktkurve ableiten. Man überträgt dazu einfach die an den Isoquanten ablesbaren Produktionsniveaus der beiden Güter in ein Diagramm mit den Achsen q_1 und q_2. Die Transformationskurve kann linear (konkav), strikt konkav oder konvex verlaufen. Möglich ist aber auch ein teils konkaver, teils konvexer Verlauf. Denkbare Verlaufsformen sind in *Figur 2* veranschaulicht.

Die Steigung der Transformationskurve wird als Grenzrate der Transformation bezeichnet. Man kann zeigen, daß die Grenzrate der Transformation (GRT) gleich dem Verhältnis der Grenzprodukte eines Faktors in den beiden Produktionsrichtungen ist. Es gilt also

(2) $-\dfrac{dq_2}{dq_1} = \dfrac{F_{2K}}{F_{1K}} = \dfrac{F_{2L}}{F_{1L}}$.

Zum Beweis schreiben wir die vollständigen Differentiale der Produktionsfunktionen der beiden Produktionsrichtungen auf, nämlich

(3) $dq_1 = F_{1K}dK_1 + F_{1L}dL_1 = F_{1K}(dK_1 + \dfrac{F_{1L}}{F_{1K}}\,dL_1)$

(4) $dq_2 = F_{2K}dK_2 + F_{2L}dL_2 = F_{2K}(dK_2 + \dfrac{F_{2L}}{F_{2K}}\,dL_2).$

Wegen der Vollbeschäftigungsannahme ist $dK_2 = -dK_1$ und $dL_2 = -dL_1$. Deshalb folgt aus Gleichung (4)

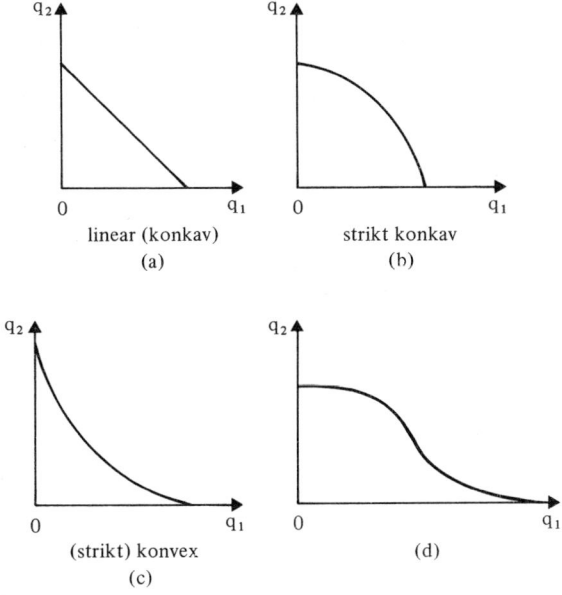

Figur 2

(5) $dq_2 = F_{2K} \left(-dK_1 - \dfrac{F_{2L}}{F_{2K}} dL_1 \right).$

Auf Grund der durch (1) vorausgesetzten effizienten Allokation sind in (3) und (5) die in der Klammer stehenden Ausdrücke, vom Vorzeichen abgesehen, gleich. Dividiert man (5) durch (3), so folgt $-dq_2/dq_1 = F_{2K}/F_{1K}$. Analog kann man zeigen, daß auch $-dq_2/dq_1 = F_{2L}/F_{1L}$ gelten muß. Damit ist die Behauptung (2) bewiesen.

Man kann ferner zeigen, daß die Grenzrate der Transformation gleich dem Verhältnis der Grenzkosten ist. Zu diesem Zweck erweitern wir die rechts vom Gleichheitszeichen stehenden Ausdrücke der Gleichung (2) mit r bzw. w und schreiben

$$-\frac{dq_2}{dq_1} = \frac{r/F_{1K}}{r/F_{2K}} = \frac{w/F_{1L}}{w/F_{2L}}$$

Aus dem III. Kapitel (vgl. dort Gleichung (10) und (7a)) wissen wir, daß r/F_K und w/F_L gleich den Grenzkosten ist. Wir erhalten deshalb

(6) $GRT = \dfrac{C'(q_1)}{C'(q_2)}.$

Bei Bewegungen auf einer linearen Transformationskurve bleibt daher das Verhältnis der Grenzkosten konstant. Bei einer Zunahme der Produktion des Gutes 1 (und einer der Transformationskurve entsprechenden Abnahme der Produktion des Gutes 2) nimmt das Verhältnis der Grenzkosten des Gutes 1 zu denen des Gutes 2 auf einer strikt konkaven Transformationskurve zu, während es auf einer strikt konvexen Transformationskurve abnimmt.

c. Transformationskurven bei linear-homogenen Produktionsfunktionen

In der ökonomischen Theorie spielen linear-homogene Produktionsfunktionen eine große Rolle. Bei linear-homogenen Produktionsfunktionen sind die Skalenerträge konstant und in der einzelnen Produktionsrichtung ergeben sich bei einem gegebenen Faktorpreisverhältnis konstante Grenzkosten. Es fragt sich nun, ob im Fall linear-homogener Produktionsfunktionen die Grenzkosten auch bei einer Bewegung entlang einer Produktionsmöglichkeitskurve in einer Volkswirtschaft konstant sind.

Produktionsfunktionen lassen sich in vielen Fällen nach ihrer Kapitalintensität (oder allgemeiner nach ihrer Faktorintensität) eindeutig unterscheiden.[1] Eine Produktionsfunktion F_1 wird als relativ kapitalintensiv bezeichnet, wenn bei gegebener Grenzrate der Substitution die Kapitalintensität stets höher ist als bei der Produktionsfunktion F_2. Bei einem gegebenen Lohn/Zins-Verhältnis wird dann, wie in *Figur 3* dargestellt ist, bei der Produktionsfunktion F_1 stets eine höhere Kapitalintensität realisiert werden als bei der Produktionsfunktion F_2. Produktionsfunktionen haben die gleiche Kapitalintensität, wenn bei gegebener Grenzrate der Substitution die gleiche Kapitalintensität auftritt.

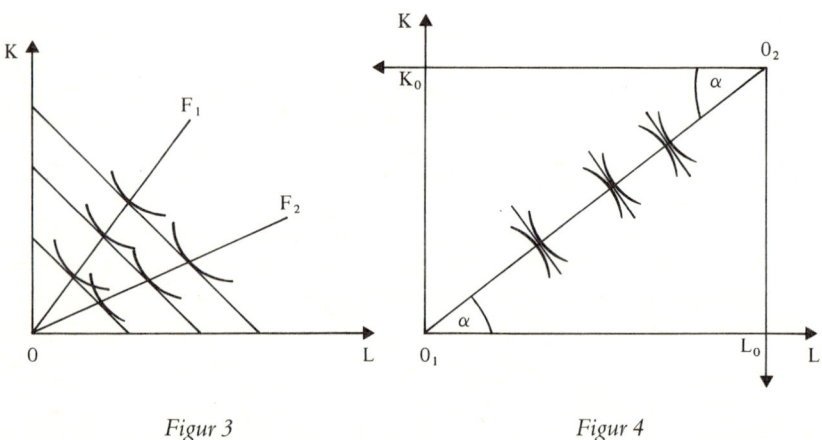

Figur 3   *Figur 4*

Wenn die linear-homogenen Produktionsfunktionen zweier Produktionsrichtungen die gleiche Kapitalintensität haben, ist die Transformationskurve zwischen den beiden Produktionsrichtungen eine Gerade. Das wird in *Figur 4* illustriert. Die Kapitalintensität der Produktionsrichtung 1 wird durch

---

[1] Der Fall sog. umschlagender Faktorintensitäten, dessen praktische Bedeutung gering zu sein scheint, wird außer acht gelassen.

die Steigung des von 0_1 ausgehenden Fahrstrahls charakterisiert, während die der Produktionsrichtung 2 durch die Steigung eines von Punkt 0_2 ausgehenden Fahrstrahls beschrieben wird. Bei gleicher Kapitalintensität stellt die Diagonale $0_1 0_2$ den gemeinsamen Fahrstrahl beider Produktionsrichtungen dar, auf dem die Grenzraten der Substitution selbstverständlich gleich sind. Wegen der Konstanz der Skalenerträge ist dann auch die Transformationskurve eine Gerade. In diesem Falle sind die Grenzkosten in beiden Produktionsrichtungen auch bei einer Reallokation der Faktoren von einer zur anderen Produktionsrichtung konstant.

Anders liegen die Dinge bei Produktionsrichtungen, in denen die Produktionsfunktionen von unterschiedlicher Kapitalintensität sind. In diesem Falle hat die Kontraktkurve einen gekrümmten Verlauf. Das wird in *Figur 5a* veranschaulicht, in der die Kapitalintensität in der Produktionsrichtung 2 größer ist als die in der Produktionsrichtung 1. Die Produktionsfunktion in der Produktionsrichtung 1 ist also von größerer Arbeitsintensität. Man sieht aus der Konstruktion unmittelbar, daß die Berührungspunkte von Isoquanten der beiden Produktionsfunktionen weder auf dem Fahrstrahl $0_1 0_2$ noch auf dem Strahl $0_2 U$ liegen können, sondern zwischen ihnen liegen müssen. Die Kontraktkurve verläuft also unterhalb der Diagonalen $0_1 0_2$, sie hängt also geometrisch zu der Achse des Faktors hin durch, der in der Produktionsrichtung 1 intensiver eingesetzt wird.

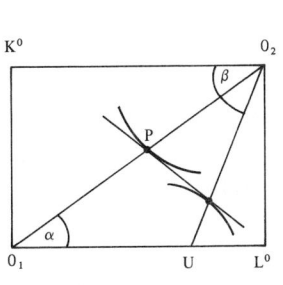

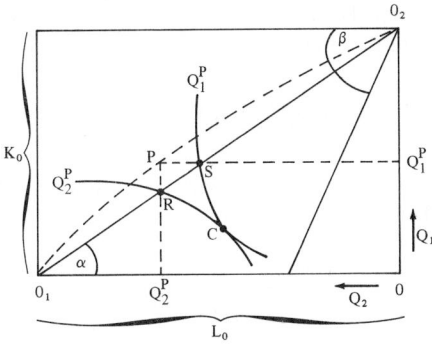

Figur 5a   *Figur 5b*

Die Transformationskurve kann man mit Hilfe einer graphischen Methode aus der Kontraktkurve ableiten. Wir gehen in *Figur 5b* von dem auf der Kontraktkurve liegenden Punkte C aus, bei dem die Produktion des Gutes 1, wie durch die Isoquantenbezeichnungen zum Ausdruck gebracht wird, Q_1^P und die des Gutes 2 Q_2^P beträgt. In der Produktionsrichtung 1 betrachten wir jetzt weiter das Verhältnis zwischen der tatsächlichen Produktion und der Produktion, die maximal möglich wäre, wenn der gesamte Faktorbestand in der Produktionsrichtung 1 eingesetzt würde. Dieses Verhältnis wird durch das Streckenverhältnis $0_1 S / 0_1 0_2 = 0 Q_1^P / 0 0_2$ beschrieben. Für die Produktionsrichtung 2 beträgt das entsprechende Verhältnis $0_2 R / 0_2 0_1 = 0 Q_2^P / 0 0_1$. Ausgedrückt als Bruchteil der jeweils maximal möglichen Produktion stellen die Strecken $0Q_1^P$ und $0Q_2^P$ die zum Punkt C korrespondierenden Produktionsmengen der beiden Güter dar. Man kann dann den Punkt 0 als Koordinatenursprung einer Darstellung ansehen, in der die Produktion des Gutes 2 von 0 aus horizontal nach links und die des Gutes 1 vertikal nach oben abgetragen wird und in der P einen Punkt auf der zur Kontraktkurve gehörenden Transformationskurve bildet. In ähnlicher Weise wie P lassen sich die übrigen Punkte der Transformationskurve konstruieren. Da auch 0_1 und 0_2 Punkte der Transformationskurve sind, muß die Transformationskurve einen strikt konkaven Verlauf haben.

Aus der strikten Konkavität der Transformationskurve, die sich bei linear-homogenen Produktionsfunktionen von unterschiedlicher Faktorintensität ergibt, folgt, daß das Verhältnis der Grenzkosten $C'(q_1)/C'(q_2)$ bei einer Erhöhung der Produktion des Gutes 1 auf Kosten der Produktion des Gutes 2 steigen muß.

d. Transformationskurve bei zunehmenden Skalenerträgen

Um die Auswirkungen zunehmender Skalenerträge auf den Verlauf der Transformationskurve zu analysieren, legen wir einen Fall zugrunde, in dem es nur einen einzigen Produktionsfaktor, die Arbeit, gibt.[2] Die Produktionsfunktion in der Produktionsrichtung i (i = 1, 2) sei $q_i = L_i^{v_i}$, wobei v_i die Skalenelastizität ist. Löst man nach L_i auf und setzt in die Vollbeschäftigungsbedingung $L_0 = L_1 + L_2$ ein, so erhält man

$$L_0 = q_1^{1/v_1} + q_2^{1/v_2}$$

als Gleichung der Transformationskurve. Aus dem totalen Differential folgt dann bei konstantem L_0 die Grenzrate der Transformation

$$-\frac{dq_2}{dq_1} = \frac{v_2}{v_1}\frac{q_1^{(1-v_1)/v_1}}{q_2^{(1-v_2)/v_2}} \; .$$

Bei zunehmenden Skalenerträgen in beiden Sektoren ($v_1 > 1$, $v_2 > 1$) ist die Grenzrate der Transformation bei $q_1 = 0$ Null und bei $q_2 = 0$ unendlich groß. Die Transformationskurve verläuft also, wie in *Figur 2c* dargestellt ist strikt konvex zum Koordinatenursprung.

Bei zunehmenden Skalenerträgen in der Produktionsrichtung 2 und abnehmenden Skalenerträgen in der Produktionsrichtung 1 ist sowohl bei $q_1 = 0$ als auch bei $q_2 = 0$ die Grenzrate der Transformation Null. Da die Grenzrate der Transformation im übrigen negativ ist, muß die Transformationskurve einen Wendepunkt aufweisen und einen Verlauf nehmen, wie er in *Figur 2d* dargestellt ist.

---

[2] Vgl. im übrigen *Herberg* 1969 für den allgemeineren Fall zweier Produktionsfaktoren.

2. Optimale Zusammensetzung der Produktion bei gegebenen Faktorbeständen

a. Gesellschaftliche Indifferenzkurven

Nachdem wir die Produktionsmöglichkeiten beschrieben haben, wollen wir uns jetzt der Frage zuwenden, welches der Optimalpunkt auf der Transformationskurve ist, welches Güterbündel also das bestmögliche darstellt. Um diese Frage zu beantworten, verwenden wir weiterhin das Zwei-Güter-Modell und nehmen zusätzlich an, daß die Gesellschaft aus nur zwei Individuen besteht. Um eine Antwort auf die Frage nach dem bestmöglichen Güterbündel zu finden, benötigen wir eine Präferenzordnung der angenommenen Zwei-Personen-Gesellschaft, nach der es möglich ist, die im Güterraum prinzipiell vorhandenen Alternativen in eine Rangordnung zu bringen.

Zur Aufstellung einer solchen Rangordnung bedienen wir uns des *Pareto*-Kriteriums. Danach wird die gesellschaftliche Präferenzordnung ausschließlich durch die individuellen Präferenzen determiniert. Gesellschaftlich ist ein Zustand x dann besser als ein Zustand y, wenn wenigstens ein Individuum nach dem aus der eigenen Präferenzordnung abgeleiteten Urteil besser gestellt ist, ohne daß ein anderes Individuum – ebenfalls nach seinem eigenen Urteil – schlechter gestellt wird. Bei Freiheit des Tausches werden solche Kontrakte zustande kommen, die dem *Pareto*-Kriterium folgen.

Wie wir schon bei der Behandlung der Tauschwirtschaft gesehen haben, ist man auf Grund des *Pareto*-Kriteriums nicht in der Lage, Verteilungsänderungen zu beurteilen. Man kann also nicht sagen, ob ein Zustand, in dem es dem Individuum A besser geht, während das Individuum B nach eigenem Urteil schlechter gestellt ist, gesellschaftlich zu bevorzugen oder abzulehnen ist. Man kann deshalb im Rahmen des bisher entwickelten Ansatzes keine Voraussagen über Verteilungsänderungen treffen. Wegen dieser im *Pareto*-Kriterium inhärenten Beschränkungen müssen wir bei der Konstruktion einer gesellschaftlichen Präferenzordnung, die auf dem *Pareto*-Kriterium beruht, stets von einer gewissen Anfangsverteilung des Nutzens der Individuen ausgehen.

Wählt man als Ausgangspunkt eine gewisse Nutzenverteilung, so läßt sich eine gesellschaftliche Indifferenzkurve im Zwei-Güter-Raum durch alle diejenigen Güterbündel beschreiben, bei denen weder der Nutzen des Individuums A, noch der Nutzen des Individuums B gegenüber der Ausgangssituation verändert wird. In der folgenden *Figur 6* wird die Konstruktion derartiger gesellschaftlicher Indifferenzkurven veranschaulicht. Auf den Achsen sind die Güterquanten abgetragen. Punkt B stellt ein beliebiges Güterbündel dar. Um die *Pareto*-optimale Aufteilung dieses Güterbündels auf die beiden Individuen abzuleiten, legen wir ein Boxdiagramm mit den Ecken A und B zugrunde. In diesem Boxdiagramm ergibt sich als geometrischer Ort aller *Pareto*-Optima eine Kontraktkurve. Als Grundlage für die Konstruktion einer gesellschaftlichen Indifferenzkurve müssen wir jetzt aus den oben dargelegten Gründen von irgendeiner Nutzenverteilung ausgehen. Wir wählen dazu auf der Kontraktkurve den Punkt R, bei dem sich die Indifferenzkurven A_0 und B_1 berühren. Die gesellschaftliche Indifferenzkurve, die auf der Grundlage der Nutzenverteilung des Punktes R zu konstruieren ist, läuft durch den Punkt B.

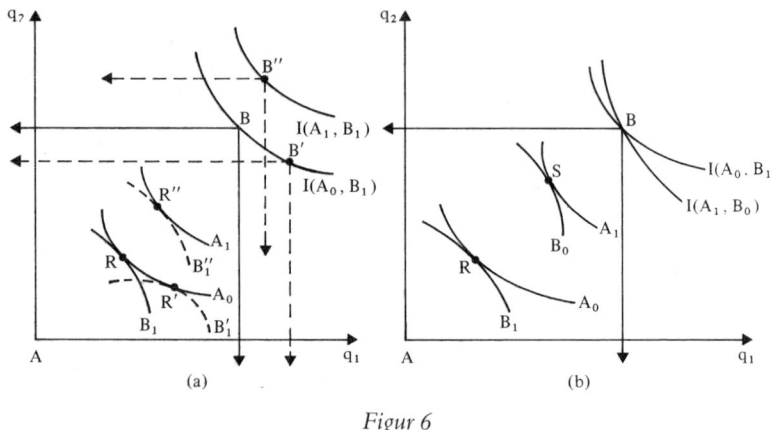

Figur 6

Man kann jetzt zunächst festhalten, daß bei der Ausgangsverteilung des Punktes R die Grenzraten der Substitution zwischen den beiden Gütern für beide Individuen übereinstimmen. Es gibt also eine gemeinsame relative Bewertung der beiden Güter in der Gesellschaft. Diese gemeinsame Bewertung muß auch in der gesellschaftlichen Indifferenzkurve zum Ausdruck kommen. Deshalb ist die Steigung der gesellschaftlichen Indifferenzkurve im Punkte B gleich der gemeinsamen Steigung der individuellen Indifferenzkurven im Punkte R.

Weitere Punkte derselben gesellschaftlichen Indifferenzkurve erhält man nun auf folgende Weise: Wir suchen alternative Güterbündel, bei denen der Nutzen beider Individuen unverändert ist. Dazu verschieben wir das Koordinatensystem des Individuums B, also den Punkt B, in der Weise, daß die in bezug auf den Punkt B festliegende Indifferenzkurve B_1 entlang der Indifferenzkurve A_0 wandert. Hat der Koordinatenursprung der Indifferenzkurven des Individuums B z. B. die Lage des Punktes B' erreicht, so erhält man den Punkt R' als Berührungspunkt der individuellen Indifferenzkurven. B' ist ein Punkt der gesellschaftlichen Indifferenzkurve, bei dem die gesellschaftliche Grenzrate der Substitution mit den individuellen Grenzraten der Substitution übereinstimmt. Die Steigung der gesellschaftlichen Indifferenzkurve bei dem Punkte B' muß also gleich sein der Steigung der individuellen Indifferenzkurven am Punkte R'. In der beschriebenen Weise läßt sich die gesamte Indifferenzkurve $I(A_0, B_1)$ konstruieren.

Eine Indifferenzkurve, die einen höheren gesellschaftlichen Nutzen garantiert als $I(A_0, B_1)$, läßt sich unter Zugrundelegung des *Pareto*-Kriteriums ableiten. Ein höherer gesellschaftlicher Nutzen als im Punkte B wird nach dem *Pareto*-Kriterium erreicht, wenn der Nutzen wenigstens eines Individuums höher ist, während der Nutzen des anderen Individuums unverändert bleibt. Verschiebt man das Koordinatensystem des Individuums B nach rechts oben, so daß die in bezug auf den individuellen Koordinatenursprung des Individuums B festliegende Indifferenzkurve B_1 die Indifferenzkurve A_1 des Individuums A im Punkte R″ berührt, so entsteht der Punkt B″. Das ist ein Punkt auf der gesellschaftlichen Indifferenzkurve $I(A_1, B_1)$, die einen höheren gesellschaftlichen Nutzen repräsentiert als die gesellschaftliche Indifferenzkurve $I(A_0, B_1)$, denn A ist besser gestellt, während B nicht schlechter gestellt ist. Andere Punkte der gesellschaftlichen Indifferenzkurve $I(A_1, B_1)$ erhält man durch eine Verschiebung des Koordinatensystems des Individuums B in der Weise, daß die individuelle Indifferenzkurve B_1 entlang der individuellen Indifferenzkurve A_1 bewegt wird.

Durch einen Punkt des Güterraumes laufen im allgemeinen mehrere auf unterschiedlichen Ausgangsverteilungen beruhende gesellschaftliche Indifferenzkurven, die an der gleichen Stelle des Güterraumes unterschiedliche Grenzraten der Substitution aufweisen. Das wird in *Figur 6 b* dargestellt. Geht man von der Verteilung des Punktes R entlang der Kontraktkurve zu der Verteilung des Punktes S über, so läßt sich auf der Grundlage dieser Verteilung auch eine andere gesellschaftliche Indifferenzkurve konstruieren, die ebenfalls durch den Punkt B läuft. Wenn die gemeinsame Grenzrate der Substitution beider Individuen auf der Kontraktkurve im Punkte S höher (niedriger) ist als bei Punkt R, so ist auch die Grenzrate der Substitution auf der gesellschaftlichen Indifferenzkurve $I(A_1, B_0)$ im Punkte B höher (niedriger) als die auf der gesellschaftlichen Indifferenzkurve $I(A_0, B_1)$. Gesellschaftliche Indifferenzkurven können sich also schneiden. Wenn sich Indifferenzkurven schneiden, so ist die Präferenzordnung intransitiv. Das bedeutet, daß allein auf Grund des *Pareto*-Kriteriums eine widerspruchsfreie gesellschaftliche Präferenzordnung aller Punkte im Güterraum nicht möglich ist. Auf Grund des *Pareto*-Kriteriums läßt sich nur eine partielle Rangordnung aufstellen, in der die Verteilung als gegeben angenommen wird.

b. Volkswirtschaftliches Optimum bei vollständiger Konkurrenz

Auf der Grundlage einer gegebenen Nutzenverteilung und einer darauf beruhenden gesellschaftlichen Präferenzordnung läßt sich eine optimale Zusammensetzung der Produktion ableiten. Veranschaulicht wird das in *Figur 7,* in der ein volkswirtschaftliches Optimum durch den Tangentialpunkt zwischen der Transformationskurve TT mit einer gesellschaftlichen Indifferenzkurve beschrieben wird. Die durch den Punkt Q dargestellte Produktion der Güter 1 und 2 wird entsprechend dem auf einer Kontraktkurve liegenden Punkte R zwischen den Individuen A und B aufgeteilt. Beim Punkte R ist die Steigung der gemeinsamen Grenzrate der Substitution, die mit der Grenzrate der Substitution auf der gesellschaftlichen Indifferenzkurve am Punkte Q übereinstimmt, gleich der Grenzrate der Transformation an diesem Punkt. Die Verteilung der Güter auf die beiden Individuen ist eindeutig, wenn sich die Grenzrate der Substitution der Individuen entlang der Kontraktkurve KRS monoton verändert.[3]

---

[3] Andernfalls könnte es mehrere Punkte auf der Kontraktkurve geben, bei denen GRT = GRS ist.

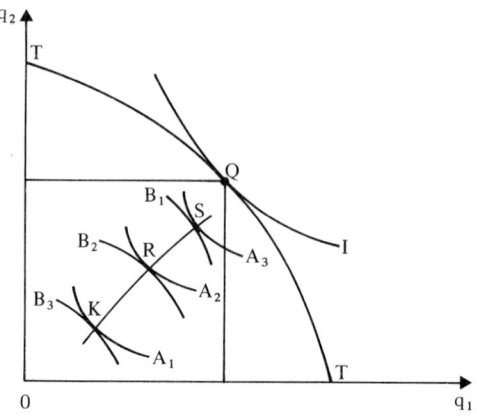

Figur 7

In einem Gleichgewicht von der Art, wie es durch den Punkt Q dargestellt wird, sind alle Preise der Volkswirtschaft determiniert. Im Punkte Q ist die Grenzrate der Transformation gleich der Grenzrate der Substitution zwischen den Gütern. Damit ist ein bestimmtes Austausch- und Preisverhältnis zwischen den Gütern festgelegt.

Das dargestellte Optimum kann deshalb auch als ein Wettbewerbsgleichgewicht aufgefaßt werden, das auf Märkten zustande kommt, auf denen sich alle Teilnehmer an gegebene Preise anpassen. Die Konsumenten passen sich mit ihren Käufen an ein für sie gegebenes Preisverhältnis an, so daß die Grenzrate der Substitution aller Konsumenten mit dem Preisverhältnis übereinstimmt. Die Produzenten passen ihre Produktion so an, daß das Verhältnis der Grenzkosten gleich dem Verhältnis der Preise wird. Da das Verhältnis der Grenzkosten gleich der Grenzrate der Transformation ist, kommt auch eine Übereinstimmung der Grenzrate der Transformation mit dem Preisverhältnis zustande. Da sich Konsumenten und Produzenten im Gleichgewicht des Marktes an ein einheitliches Preisverhältnis anpassen müssen, stimmen Grenzrate der Substitution und Grenzrate der Transformation überein. Aus dieser Überlegung ergibt sich, daß man die Entdeckung des volkswirtschaftlichen Optimums unter gewissen Voraussetzungen dem Markt überlassen kann. Grundlage dieser Überlegung ist das auch in einer Produktionswirtschaft gültige Theorem, daß jedes Wettbewerbsgleichgewicht ein *Pareto*-Optimum darstellt und jedes *Pareto*-Optimum als ein Wettbewerbsgleichgewicht realisiert werden kann.

Jedes Wettbewerbsgleichgewicht ist ein *Pareto*-Optimum

Daß jedes Wettbewerbsgleichgewicht ein *Pareto*-Optimum darstellt, ergibt sich aus folgender Überlegung: Man nehme an, ein Wettbewerbsgleichgewicht wäre kein *Pareto*-Optimum, dann muß es möglich sein, wenigstens ein Individuum besser zu stellen, ohne daß die anderen Individuen schlechter gestellt werden. Daraus resultieren für die Unternehmer Gewinnchancen, denn das Individuum, das noch besser gestellt werden kann, ist bereit, für wenigstens ein Gut einen höheren Preis zu zahlen oder bei dem bisherigen Preis eine größere Menge irgendeines Gutes zu kaufen. Für irgendeinen Unternehmer ist also ein Gewinnmaximum noch nicht realisiert, so daß dann auch kein Wettbewerbsgleichgewicht vorliegen kann. Damit ist bewiesen, daß jedes Wettbewerbsgleichgewicht auch ein *Pareto*-Optimum sein muß.[4]

Jedes *Pareto*-Optimum ist als Wettbewerbsgleichgewicht realisierbar

Die Umkehrung des Satzes, nach dem jedes *Pareto*-Optimum als Wettbewerbsgleichgewicht realisiert werden kann, läßt sich verständlich machen, indem wir eine neue Konzeption, nämlich die der Nutzenmöglichkeitskurve, einführen. Wir gehen von der Überlegung aus, daß es im allgemeinen mehrere *Pareto*-Optima gibt, und beziehen uns noch einmal auf die Konstruktion der gesellschaftlichen Indifferenzkurven. Im vorigen Abschnitt wurde gezeigt, daß zu jeder Nutzenverteilung ein anderes System von gesellschaftlichen Indifferenzkurven gehört. Der Punkt Q in *Figur 7* kann deshalb nur auf der Grundlage der durch Punkt R gegebenen Nutzenverteilung als optimal bezeichnet werden. Von einer anderen Nutzenverteilung aus würden unter Umständen andere Punkte auf der Transformationskurve optimal sein. In *Figur 8a* sind zwei Punkte auf der Transformationskurve dargestellt, die jeweils für eine andere Nutzenverteilung optimal sind. Eingezeichnet sind auch die zu diesen beiden Punkten Q_1 und Q_2 gehörigen Kontraktkurven K_1R_1 und K_2R_2. Bei jeweils einer Nutzenverteilung ist in *Figur 8a* die gemeinsame Grenzrate der Substitution gleich der Grenzrate der Transformation. Auf der Grundlage der Nutzenverteilung des Punktes R_1 ist das Güterbündel Q_1 optimal, während unter Zugrundelegung der Nutzenverteilung des Punktes R_2 das Güterbündel Q_2 optimal ist. Dementsprechend existieren zwei gesellschaftliche Indifferenzkurven $I(R_1)$ und $I(R_2)$, die bei Q_1 bzw. Q_2 die Transformationskurve berühren. Da die Indifferenzkurven auf verschiedenen Verteilungssituationen beruhen, können sie sich schneiden.

Prinzipiell sind bei einem realisierten Produktionspunkt, wie z. B. Q_1, unterschiedliche Nutzenverteilungen möglich, die sich aus der Kontraktkurve ergeben. Die Nutzenverteilungen, die bei dem Güterbündel Q_1 entlang der Kontraktkurve K_1R_1 verwirklicht werden können, werden in *Figur 8b* durch die Nutzenmöglichkeitskurve Q_1Q_1 wiedergegeben. Der Punkt R'_1 auf dieser Kurve entspricht dem Punkt R_1 auf der Kontraktkurve K_1R_1 in *Figur 8a,* er stellt also diejenige Nutzenverteilung dar, bei der die gemeinsame Grenzrate der Substitution mit der Grenzrate der Transformation übereinstimmt. Die Nutzenmöglichkeitskurve Q_2Q_2 in *Figur 8b* gibt die Nutzenverteilungen wieder, die bei dem Güterbündel Q_2 entlang der Kontraktkurve K_2R_2 in *Figur 8a* realisiert werden können. Es ist klar, daß man eine Nutzenmöglichkeitskurve für alle Punkte auf der Transformationskurve konstruieren kann. Zeichnet man alle in ein Diagramm wie das der *Figur 8b* ein, so läßt sich eine Einhüllungskurve H zeichnen, durch welche die Grenze der Nutzenmöglich-

---

[4] Die formale Fassung dieses Beweises findet der Leser bei *Quirk/Saposnick,* S. 137 f.

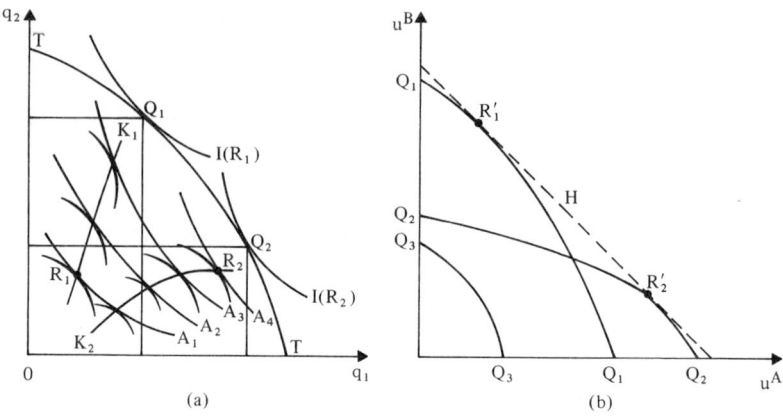

Figur 8

keiten beschrieben wird, die bei einer bestimmten Transformationskurve, d. h. bei effizientem Einsatz gegebener Faktorbestände, existiert. Die Punkte R'_2 und R'_1, Punkte also, bei denen die gemeinsame Grenzrate der Substitution mit der Grenzrate der Transformation übereinstimmt, liegen auf der Einhüllungskurve. Nicht ausgeschlossen werden kann, daß es Nutzenmöglichkeitskurven gibt, wie z. B. Q_3Q_3, die ganz im Inneren der Einhüllungskurve H liegen, weil es auf der zugehörigen Kontraktkurve keine Nutzenverteilung gibt, bei der die gemeinsame Grenzrate der Substitution gleich der Grenzrate der Transformation ist. Möglich ist andererseits auch, daß auf einer Kontraktkurve die Optimumsbedingungen bei mehreren Nutzenverteilungen erfüllt sind, so daß die zugehörige Nutzenmöglichkeitskurve an mehreren Punkten mit der Einhüllungskurve zusammenfällt.

Die Menge aller *Pareto*-Optima, die in der Wirtschaft möglich sind, wird durch die Punkte auf der Einhüllungskurve der Nutzenmöglichkeitskurve gegeben. Jeder dieser Punkte stellt eine Situation dar, in der es nicht mehr möglich ist, den Nutzen eines Individuums zu erhöhen, ohne den des anderen zu senken. Ausgehend von einem bestimmten Nutzenniveau des Individuums A ist das Maximum des Nutzens des Individuums B erreicht (und vice versa). Bei jedem dieser Punkte ist die Grenzrate der Transformation gleich der gemeinsamen Grenzrate der Substitution. Jeder dieser Punkte könnte daher als Wettbewerbsgleichgewicht realisiert werden, wenn eine entsprechende Ausgangsverteilung der Nutzen vorausgesetzt wird, denn jeder dieser Punkte kann offensichtlich dadurch erreicht werden, daß sich Produzenten und Konsumenten an ein gemeinsames gleichgewichtiges Preisverhältnis der beiden Güter anpassen. Die Produzenten passen sich bei vollständiger Konkurrenz so an, daß die Grenzkosten mit den Preisen übereinstimmen und deshalb auch das Verhältnis der Preise gleich dem Verhältnis der Grenzkosten ist. Die Konsumenten bringen ihre Grenzrate der Substitution zweier Güter mit dem Preisverhältnis dieser Güter in Übereinstimmung. Als Ergebnis dieser Verhaltensweisen stimmt im Gleichgewicht die Grenzrate der Substitution zweier Güter für alle Konsumenten überein und ist gleich dem Verhältnis der Grenzkosten und damit gleich der Grenzrate der Transformation.

Privates Interesse und gesellschaftliches Optimum

Die Tatsache, daß ein Wettbewerbsgleichgewicht ein *Pareto*-Optimum darstellt, hat eine bemerkenswerte gesellschaftspolitische Implikation. Obgleich die Produzenten individuell das Ziel der Gewinnmaximierung verfolgen, kann gleichwohl das gesellschaftlich wünschenswerte Ergebnis einer effizienten und insoweit optimalen Allokation zustandekommen. Die private Zielsetzung der Unternehmer braucht also keineswegs mit dem gesellschaftlichen Zweck identisch zu sein. Dennoch kann die Verfolgung des privaten Interesses der Produzenten ein Mittel darstellen, um gesellschaftlich erwünschte Ergebnisse hervorzubringen. Diese Einsicht wurde bereits vor 200 Jahren von *Adam Smith* mit großer Klarheit ausgedrückt: „Nicht vom Wohlwollen des Metzgers, Brauers und Bäckers erwarten wir, was wir zum Essen brauchen, sondern daß sie ihre eigenen Interessen wahrnehmen. Wir wenden uns nicht an ihre Menschen-, sondern an ihre Eigenliebe, und wir erwähnen nicht die eigenen Bedürfnisse, sondern sprechen von ihrem Vorteil." (*Smith*, S. 17).

Das eigene Interesse der Produzenten wird also mobilisiert, um vorhandene Kenntnisse und Fähigkeiten einzusetzen, damit eine möglichst gute Versorgung mit Gütern zustande kommt. Obgleich der einzelne lediglich nach eigenem Gewinn strebt, verhält er sich wie „von einer unsichtbaren Hand geleitet, um einen Zweck zu fördern, den zu erfüllen er in keiner Weise beabsichtigt hat." (*Smith*, S. 371) Unabdingbare Voraussetzung für den Gleichklang privater Interessen mit dem gesellschaftlichen Nutzen ist freilich die Konkurrenz unter den Produzenten.

Der Markt als Suchprozeß

Man wird nun die Frage stellen, warum es vorteilhaft sein soll, die Realisierung eines Optimums dem Markt zu überlassen, wenn für eine Wirtschaft alle Informationen vorliegen, die wir für unser Modell einer Zwei-Güter-Zwei-Personen-Wirtschaft angenommen haben. Wenn die Transformationsfunktion und die Präferenzordnungen der Individuen bekannt sind, dann ist in der Tat nicht einzusehen, weshalb man sich des Marktmechanismus bedienen müßte, um eine optimale Lösung zu finden. Man könnte das Problem unmittelbar lösen, indem man von einer gewissen Nutzenverteilung ausgeht und das Maximum des Nutzens des Individuums A bei einem gegebenen Nutzen des Individuums B und einer durch die Produktionsfunktionen an die Faktorausstattung determinierten Transformationsfunktion ermittelt. Tatsächlich liegen diese Informationen aber in der Realität in keiner Wirtschaft vor. Ein Auffinden des Optimums ist deshalb für eine zentrale Planungsbehörde jedenfalls nicht in der Weise möglich, daß eine einfache Maximierungsaufgabe gelöst wird. Der Vorschlag, den Marktmechanismus zur Lösung des Optimierungsproblems einzusetzen, beruht darauf, daß niemand in einer Wirtschaft über die erforderlichen Informationen verfügen kann. Jedes Individuum besitzt bestenfalls Kenntnisse über seine eigene Präferenzordnung und jeder Produzent kennt bestenfalls seine eigene Produktionsfunktion. Gewöhnlich kennen die einzelnen Produzenten die Produktionsmöglichkeiten nur insoweit, als kleine Änderungen gegenüber dem gegenwärtigen Zustand zur Diskussion stehen. Weder die Produzenten, noch sonst irgend jemand besitzt ausreichende Informationen über die Präferenzen der Konsumenten und ist deshalb auch nicht in der Lage, die Produktion nach den Präferenzen der Konsumenten auszurichten. Die Informationen, die in unserem Modell vorausgesetzt wurden, werden in der Realität nur schrittweise bei der Durchführung der Produktion und bei dem Verkauf von Gütern am Markt erworben. Erst nachdem ein Gleichgewicht erreicht ist und keine neuen Informationen mehr auftauchen, die eine Änderung der Wirtschaftspläne erforderlich machen, kann man – wenigstens prinzipiell – die Präferenzordnungen und die Produktionsmöglichkeiten am Punkte des Gleichgewichtes eindeutig beschreiben und dann gegebenenfalls überprüfen, ob die tatsächlich eingetretene Lösung ein Optimum im Sinne des *Pareto*-Kriteriums darstellt.

Welchen Sinn hat dann aber die Theorie? Aus den vorangegangenen Darlegungen ergibt sich eindeutig, daß sie nicht den Sinn haben kann, als Anweisung für die Mitglieder einer Planungsbehörde zu dienen. Die Theorie hat vielmehr den Zweck, als Grundlage für empirische Hypothesen über die Wirklichkeit zu dienen. Aus der zentralen Annahme, daß sich in der Wirtschaft auf die Dauer nur Situationen behaupten können, die den Kriterien des Rationalprinzips gehorchen, folgt, daß sich unter Wettbewerbsbedingungen wenigstens tendenziell *Pareto*-Optima einstellen.

Da von der Theorie nicht konkrete Voraussagen hinsichtlich genau spezifizierter Ereignisse aufgestellt werden sollen und können, folgt, daß die Unbestimmtheit des *Pareto*-Kriteriums im Hinblick auf die vorausgesetzte Verteilung die Nützlichkeit der Theorie nicht in Frage stellen kann. Die Theorie besagt nur, daß unter Wettbewerbsbedingungen irgendein Punkt auf der Nutzenmöglichkeitsgrenze, d. h. auf der Einhüllungskurve aller einzelnen Nutzenmöglichkeitskurven, realisiert wird. Umgekehrt kann man daraus den Schluß ziehen, daß immer dann, wenn die Bedingungen der vollständigen Konkurrenz verletzt sind, Abweichungen vom *Pareto*-Optimum erwartet werden müssen. Da die Bedingungen der vollständigen Konkurrenz in der Realität so gut wie niemals verwirklicht sind, mag diese Voraussage auf den ersten Blick verhältnismäßig nichtssagend erscheinen, weil so gut wie immer Abweichungen vom *Pareto*-optimalen Zustand zu erwarten sind. Man kann das Wettbewerbsgleichgewicht jedoch als Bezugspunkt verwenden, um zu ermitteln, in welchen Richtungen Verletzungen der Voraussetzungen des Wettbewerbsgleichgewichtes zu Abweichungen vom *Pareto*-Optimum führen.

3. Faktorpreise und funktionale Einkommensverteilung

a. Faktorpreise und Verteilung als Ergebnis des Marktprozesses

Im volkswirtschaftlichen Gleichgewicht korrespondieren zu den Güterpreisen jeweils bestimmte Faktorpreise. Dem Gleichgewichtspunkt auf der Transformationskurve unseres Modells, durch den das Güterpreisverhältnis bestimmt wird, entspricht ein Punkt auf der Kontraktkurve der Faktorallokation mit einem bestimmten Verhältnis der Grenzproduktivitäten der Faktoren (oder in dem Sonderfall identischer Faktorintensität eine Kontraktkurve mit einem bei jedem Punkte identischen Verhältnis der Grenzproduktivitäten der Faktoren). Erblickt man in der Präferenzordnung der Konsumenten die Grundlage der Allokation der Ressourcen einer Volkswirtschaft, bestimmten also die Bedürfnisse der Konsumenten die Struktur der volkswirtschaftlichen Produktion, so ist das Verhältnis der Grenzprodukte der Faktoren nichts weiter als die Konsequenz der Nachfrage nach produzierten Gütern und den Güterpreisen entsprechen ,,Schattenpreise" der Faktoren.

Am Markt der Produktionsfaktoren tritt eine aus der Güternachfrage abgeleitete Nachfrage nach Faktoren in Erscheinung, die zusammen mit den Angebotskurven der Faktoren zu Faktorpreisen führt, die mit den Schattenpreisen übereinstimmen. Die Nachfragefunktionen ergeben sich aus dem Gewinnmaximierungskalkül der Produzenten (vgl. III. Kapitel). Die Angebotskurven der Faktoren sind unter den Bedingungen unseres Modells, d. h. bei gegebenen Faktorbeständen, vertikal verlaufende Linien. Der Gleichgewichtspreis eines Faktors ergibt sich durch die Übereinstimmung des gesamten Angebotes eines Faktors mit der Nachfrage aller Produzenten nach dem betreffenden Faktor.

In jeder einzelnen Produktionsrichtung wird bei vollständiger Konkurrenz im langfristigen Gleichgewicht das Produktionsergebnis durch die Faktorentlohnung nach der Grenzproduktivität vollkommen ausgeschöpft. Der Beweis für diese Behauptung kann folgendermaßen geführt werden. Erstens ist daran zu erinnern, daß im langfristigen Gleichgewicht der vollständigen Konkurrenz Durchschnitts- und Grenzkosten gleich hoch sind, so daß konstante Skalenerträge vorliegen. Zweitens gilt bei konstanten Skalenerträgen der *Euler*sche Lehrsatz, nach dem $q_i = F_{iK}K_i + F_{iL}L_i$ ist. Multipliziert man mit dem Preis des Gutes i, so ergibt sich $p_iq_i = p_iF_{iK}K_i + p_iF_{iL}L_i = rK_i + wL_i$. Das Produktionsergebnis p_iq_i wird also durch die Faktoreinkommen $rK_i + wL_i$ vollständig ausgeschöpft.

Die funktionale Einkommensverteilung, die sich in einer aus zwei Produktionsrichtungen bestehenden Volkswirtschaft einstellt, wird bei zwei Produktionsfaktoren durch die Gleichung $w(L_1 + L_2) + r(K_1 + K_2) = wL_0 + rK_0 = Y$ beschrieben. Bei vollständiger Konkurrenz ist auch für die gesamte Volkswirtschaft bei einer Faktorentlohnung nach der Grenzproduktivität die Summe der Faktoreinkommen gleich dem Produktionsergebnis $p_1q_1 + p_2q_2 = Y$.

Die funktionale Einkommensverteilung wird durch den Preisbildungsprozeß von zwei Einflußgrößen determiniert, dem relativen Faktorangebot und den relativen Güterpreisen sowie der dadurch bedingten Zusammensetzung der Produktion.

b. Zusammenhang zwischen Faktorpreisen und Güterpreisen

In komparativ-statischer Analyse lassen sich nun die Zusammenhänge zwischen Güterpreisen und Faktorpreisen untersuchen.

Güterpreise, Faktorpreise und Verteilung

Die Auswirkungen einer Veränderung der Güterpreise und der dadurch bedingten Änderung der Zusammensetzung der Produktion auf Faktorpreise und funktionale Einkommensverteilung sei zunächst auf graphischem Wege analysiert. Angenommen wird dabei, daß die Produktionsrichtung 1 relativ arbeitsintensiv und die Produktionsrichtung 2 relativ kapitalintensiv ist. In *Figur 9a* wird die Kontraktkurve der Faktorallokation und in *Figur 9b* wird die dazugehörige Transformationskurve dargestellt.

Wenn sich die Nachfrage nach dem Gut 1 relativ erhöht und die nach Gut 2 relativ sinkt, nimmt das Preisverhältnis p_1/p_2 zu und die Produktionszusammensetzung ändert sich. Es wird mehr vom Gut 1 und weniger vom Gut 2 produziert, wie in *Figur 9a* durch die Punkte Q_1 und Q_2 zum Ausdruck gebracht wird. Zu den Punkten Q_1 und Q_2 in *Figur 9a* mögen die Punkte C und D auf der Kontraktkurve in *Figur 9b* korrespondieren. Bei einer Bewegung von Punkt C zu Punkt D nimmt das Lohn/Zins-Verhältnis zu.

Der Grund dafür ist leicht einzusehen. Bei einer Zunahme der Produktion des Gutes 1 wird verhältnismäßig viel Arbeit benötigt, während durch die Verminderung der Produktion des (relativ kapitalintensiv erzeugten) Gutes 2 relativ weniger Arbeit freigesetzt wird. Es entsteht also beim bisherigen Faktorpreisverhältnis eine Überschußnachfrage nach Arbeit (und ein Überschußangebot an Kapital), so daß das Lohn/Zins-Verhältnis steigt.

Geometrisch läßt sich das wie folgt zeigen. Angenommen sei in *Figur 9a* eine Reallokation der Faktoren, die vom Punkte C zum Punkte D auf der Kontraktkurve führt. Wegen der linearen Homogenität ist nun die Grenzrate der Substitution in der Produktionsrichtung 2 auf dem Strahl 0_2C identisch, beim Punkte E also ebenso groß wie bei C. Der Punkt E liegt aber nicht auf der Kontraktkurve. Wegen der strikten Konvexität der Isoquanten ist die Grenzrate der Substitution F_{2L}/F_{2K} beim Punkte D größer als beim Punkt E. Folglich ist die Grenzrate der Substitution auch bei D größer als bei C. Durch die Reallokation der Faktoren entlang der Kontraktkurve von Punkt C nach D, bei der sich die Produktion in dem relativ arbeitsintensiven Sektor der Wirtschaft erhöht und in dem relativ kapitalintensiven Sektor vermindert hat, ist das Lohn/Zins-Verhältnis gestiegen.

Als Ergebnis der Analyse kann man folgendes festhalten: Wenn der relative Preis des arbeitsintensiv erzeugten Gutes steigt, so nimmt das Lohn/Zins-Verhältnis zu. Umgekehrt würde bei einer relativen Preiserhöhung für das kapitalintensiv erzeugte Gut das Lohn/Zins-Verhältnis sinken. Als Folge der Güterpreis- und Faktorpreisveränderungen verschiebt sich auch die funktionale Einkommensverteilung. Bei gegebenen Faktorbeständen L^0 und K^0

wird bei einer Zunahme des Lohn/Zins-Verhältnisses die Relation rK^0/wL^0 kleiner, und die Lohnquote nimmt zu. Auf Grund einer Änderung der relativen Güterpreise und der damit einhergehenden Änderung der Zusammensetzung der Produktion nimmt also der funktionale Einkommensanteil desjenigen Faktors zu, der in der expandierenden Produktionsrichtung relativ intensiv genutzt wird.

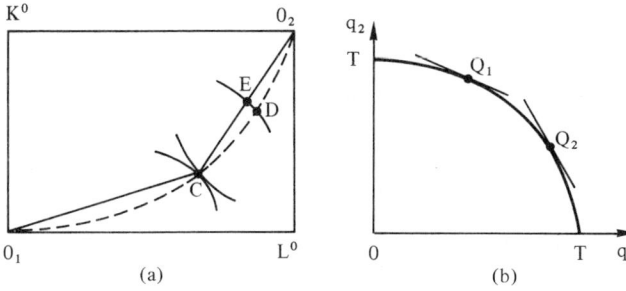

Figur 9

Stolper-Samuelson-Theorem

Im vorigen Abschnitt wurde gezeigt, daß eine Zunahme der Preisrelation p_1/p_2 zu einer Erhöhung des Lohn/Zins-Verhältnisses w/r führt, sofern das Gut 1 relativ arbeitsintensiv produziert wird. Man kann nun darüber hinaus zeigen, daß erstens das Lohn/Zins-Verhältnis in dem beschriebenen Fall in stärkerem Maße steigt als die Preisrelation und daß zweitens bei einer Zunahme des Preises für das Gut 1 der Lohnsatz steigt, während der Zins sinkt. Das ist das *Stolper-Samuelson*-Theorem.

Zum Beweis des ersten Teils des Theorems greifen wir auf die Tatsache zurück, daß bei konstanten Skalenerträgen die Kostenfunktion $C(r, w, q) = c(r, w)q$ geschrieben werden kann, daß die Durchschnittskosten $c(r, w)$ also von der Produktionshöhe unabhängig sind und mit den Grenzkosten übereinstimmen. Auf Grund von *Shephards* Lemma gilt dann $\partial C/\partial r = q\partial c/\partial r = K$ und $\partial C/\partial w = q\partial c/\partial w = L$. Für eine Produktionsrichtung i ergibt sich daher, daß

$$c_{ir}: = \partial c_i/\partial r = K_i/q_i$$
$$c_{iw}: = \partial c_i/\partial w = L_i/q_i$$

ist.

In einem Wettbewerbsgleichgewicht stimmen in jeder Produktionsrichtung $i = 1,2$ Preis und Durchschnittskosten überein, so daß $p_i = c_i(r, w)$ für $i = 1,2$ ist. Für beide Produktionsrichtungen gilt deshalb das vollständige Differential $dp_i = c_{ir}dr + c_{iw}dw$. Durch Umformung erhält man daraus

$$\frac{dp_i}{p_i} = \frac{rc_{ir}}{p_i} \frac{dr}{r} + \frac{wc_{iw}}{p_i} \frac{dw}{w} \ .$$

Berücksichtigt man *Shephards* Lemma, so erkennt man, daß $rc_{ir}/p_i = rK_i/p_iq_i =:$ α_i die Kapitaleinkommensquote im Sektor i und $wc_{iw}/p_i = wL_i/p_iq_i =: 1-\alpha_i$ die Lohnquote im Sektor i ist. Wenn die Produktionsrichtung 1, wie angenommen, relativ arbeitsintensiv ist, so ist $1-\alpha_1 > 1-\alpha_2$ bzw. $\alpha_2 > \alpha_1$.

Bezeichnet man die Veränderungsrate einer Variablen durch das Zeichen $''\hat{}''$, schreibt man also z. B. $dp_1/p_1 = \hat{p}_1$, so erhält man für die Preisveränderungsraten die folgenden Gleichungen:

$$\hat{p}_1 = \alpha_1\hat{r} + (1 - \alpha_1)\hat{w}$$
$$\hat{p}_2 = \alpha_2\hat{r} + (1 - \alpha_2)\hat{w}.$$

Subtrahiert man die beiden Gleichungen voneinander, so ergibt sich $\hat{p}_1 - \hat{p}_2 = (\alpha_2 - \alpha_1)(\hat{w} - \hat{r})$ oder

$$\hat{w} - \hat{r} = \frac{1}{\alpha_2 - \alpha_1}(\hat{p}_1 - \hat{p}_2).$$

Da sowohl α_2 als auch α_1 kleiner als Eins ist, ist auch ihre Differenz kleiner als Eins. Wenn $\alpha_2 > \alpha_1$ ist, weil die Produktionsrichtung 1 relativ arbeitsintensiv ist, so muß $(\hat{w} - \hat{r}) > (\hat{p}_1 - \hat{p}_2)$ sein. Das bedeutet, daß eine Zunahme der Preisrelation p_1/p_2 zu einer überproportionalen Erhöhung des Lohn/Zins-Verhältnisses w/r führt.

Der durch das *Stolper-Samuelson*-Theorem beschriebene Zusammenhang zwischen Lohn/Zins-Verhältnis und dem Güterpreisverhältnis wird in der folgenden *Figur 10* dargestellt.

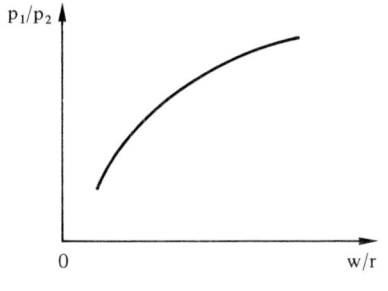

Figur 10

Da auf Grund des *Stolper-Samuelson*-Theorems die Elastizität der Preisrelation p_1/p_2 in bezug auf das Lohn/Zins-Verhältnis $(\hat{p}_1 - \hat{p}_2)/(\hat{w} - \hat{r}) = (\alpha_2 - \alpha_1) < 1$ ist, verläuft die in *Figur 10* eingezeichnete Kurve strikt konkav zur w/r-Achse.

Zum Beweis des zweiten Teils des *Stolper-Samuelson*-Theorems benutzen wir Iso-Durchschnittskostenkurven, die auch als Faktorpreiskurven bezeichnet werden. In jeder Produktionsrichtung $i = 1,2$ gilt die Gleichung $p_i = c_i(r, w)$. Sie stellt bei gegebenem Preis eine implizite Funktion zwischen r und w dar, deren Graphen in *Figur 11* abgebildet sind. Die Steigung ergibt sich aus dem totalen Differential $c_{ir}dr + c_{iw}dw = 0$ als $dw/dr = - c_{ir}/c_{iw}$. Das ist auf Grund von *Shephards* Lemma gleich $dw/dr = - (K_i/q_i)/(L_i/q_i) = - K_i/L_i$. Die Steigung ist also negativ und betragsmäßig gleich der Kapitalintensität in der betreffenden Produktionsrichtung. In *Figur 11* ist auf jedem Strahl aus dem Ursprung, durch dessen Steigung ein bestimmtes Lohn/Zins-Verhältnis beschrieben wird, die Steigung der Iso-Durchschnittskostenkurve in Produktionsrichtung 2 größer als in Produktionsrichtung 1, weil das Gut 2 mit einer kapitalintensiveren Produktionstechnik produziert wird.

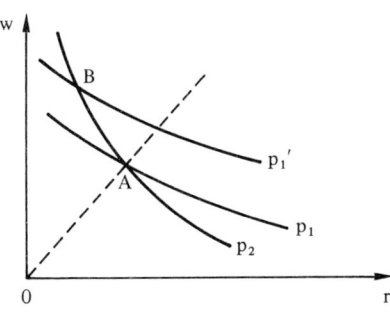

Figur 11

Im Gleichgewicht sind bei der angenommenen Mobilität der Faktoren zwischen Produktionsrichtungen Lohn und Zins in beiden Sektoren gleich hoch. Das Gleichgewicht wird also durch den Schnittpunkt A der beiden in *Figur 11* eingezeichneten Iso-Durchschnittskostenkurven dargestellt.

Wenn sich jetzt der Preis des Gutes 1 erhöht, so verschiebt sich die Iso-Durchschnittskostenkurve der Produktionsrichtung 1 nach rechts, wobei jeweils auf einem Strahl aus dem Ursprung die Steigung der Kurve unverändert bleibt. Im neuen Gleichgewicht, das durch den Punkt B beschrieben wird, ist der Lohnsatz gestiegen, während der Zins gesunken ist.

c. Änderung eines Faktorbestandes

Zur Analyse der Auswirkungen einer Änderung des Bestandes eines Produktionsfaktors soll zunächst der Fall behandelt werden, in dem beide Produktionsrichtungen die gleiche Faktorintensität aufweisen. In diesem Fall ist für den Effekt einer Faktorbestandsänderung auf das Faktorpreisverhältnis und die funktionale Einkommensverteilung die Substitutionselastizität zwischen den Faktoren ausschlaggebend.

Substitutionselastizität und funktionale Verteilung

Zur Veranschaulichung möge die *Figur 12* dienen, in der eine Vergrößerung des Kapitalbestandes um $\triangle K$ dargestellt wird. Da die beiden Produktionsrichtungen identische Faktorintensitäten aufweisen, bilden die Kontraktkurven jeweils Diagonalen zwischen den Koordinatenendpunkten 0_1 und 0_2 bzw. 0_1 und $0_2'$, sofern die Produktionsfunktionen in den beiden Produktionsrichtungen linear-homogen sind. Das soll hier angenommen werden.

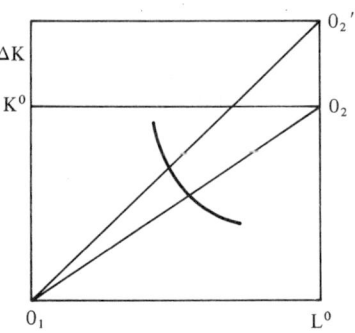

Figur 12

Durch die Erhöhung des Kapitalbestandes um $\triangle K$ nimmt die Kapitalintensität in beiden Produktionsrichtungen in gleicher Weise zu. Gleichzeitig steigt das Lohn/Zins-Verhältnis, denn wegen der strikten Konvexität der Isoquanten ist die Grenzrate der Faktorsubstitution für die Produktionsrichtung 1 auf der Kontraktkurve $0_1 0_2'$ größer als auf der ursprünglichen Kontraktkurve $0_1 0_2$. Die Auswirkung der in beiden Produktionsrichtungen identischen Veränderung der Kapitalintensität und des Lohn/Zins-Verhältnisses auf die – in beiden Produktionsrichtungen identische – funktionale Einkommensverteilung hängt von der Substitutionselastizität ab. Da diese ebenfalls in beiden Produktionsrichtungen identisch ist, kann im folgenden auf eine Indizierung der verschiedenen Variablen verzichtet werden.

Die Substitutionselastizität ist als

$$\sigma := \frac{d(K/L)}{K/L} : \frac{d(GRS)}{GRS}$$

definiert. Da bei kostenminimalem Faktoreinsatz die Grenzrate der Substitution GRS gleich dem Lohn/Zins-Verhältnis w/r ist, muß die Beziehung

$$\sigma = \frac{d(K/L)}{K/L} : \frac{d(w/r)}{w/r}$$

erfüllt sein. Die funktionale Einkommensverteilung läßt sich durch die Relation

$$z = \frac{rK/pQ}{wL/pQ} = \frac{rK}{wL} = \frac{K/L}{w/r}$$

beschreiben. Ist nun $\sigma = 1$, so wird eine Erhöhung von w/r um 1% zu einer Erhöhung der Kapitalintensität von ebenfalls 1% führen. Die Einkommensverteilung bleibt unverändert. Bei einer Substitutionselastizität von $\sigma < 1$ ($\sigma > 1$) wird eine Erhöhung von w/r um 1% zu einer Erhöhung der Kapitalintensität von weniger (mehr) als 1% führen, und die Lohnquote wird dementsprechend steigen (sinken).

Da die Beziehung zwischen der Kapitalintensität und der Lohn/Zins-Relation monoton ist, läßt sich der beschriebene Zusammenhang zwischen K/L und w/r auch umkehren. Eine Erhöhung der Kapitalintensität K/L ist von einer Zunahme der Lohn/Zins-Relation w/r begleitet, die bei $\sigma < 1$ zu einer Erhöhung der Lohnquote und bei $\sigma > 1$ zu einer Senkung der Lohnquote führt.

Rybczynski-Theorem

Die Frage des Einflusses der Veränderung des Bestandes eines Faktors auf Faktor- und Güterpreise bei unterschiedlicher Faktorintensität soll anhand eines Zwei-Güter-Zwei-Faktoren-Modells diskutiert werden. Wir nehmen dazu an, die Produktionsfunktionen seien linear-homogen.

Wir wollen zunächst in komparativ-statischer Analyse zeigen, daß bei einer Erhöhung des Angebotes an Arbeit (Kapital) und einem gegebenen Güterpreisverhältnis die Produktion des arbeitsintensiv (kapitalintensiv) erzeugten Gutes steigt, während die des anderen Gutes fällt. Der Beweis wird mit Hilfe der *Figur 13* geführt, in der Box-Diagramme der Faktorallokation dargestellt sind.

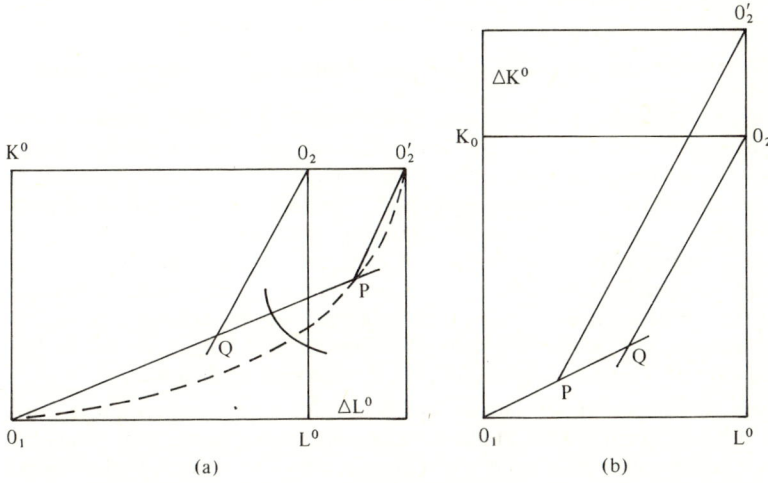

Figur 13

In *Figur 13a* ist die Erhöhung des Angebotes an Arbeit um den Betrag ΔL^0 wiedergegeben. Das Gut 1 wird arbeitsintensiv erzeugt, so daß die Kontraktkurve unterhalb der Diagonale verläuft. Der Punkt Q sei ein Punkt auf der Kontraktkurve, bei dem eine Grenzrate der Substitution realisiert wird, die zu einem gegebenen Verhältnis der Güterpreise und damit zu einer bestimmten Grenzrate der Transformation korrespondiert. Die Grenzrate der Substi-

tution der Faktorallokation ist gleich dem Verhältnis der Faktorpreise. Da
jeweils zu einem Güterpreisverhältnis und damit zu einem Punkt auf der
Transformationskurve eine bestimmte Grenzrate der Substitution der Faktorallokation gehört, muß bei gegebenem Verhältnis der Güterpreise nach
der Erhöhung des Faktorangebotes die gleiche Grenzrate der Substitution
herrschen wie im Punkte Q. Bei linear-homogenen Produktionsfunktionen
ist nun die Grenzrate der Substitution entlang einem vom Ursprung ausgehenden Strahl konstant. Also muß der neue Gleichgewichtspunkt, der sich
nach der Erhöhung des Arbeitsangebotes einstellt, auf dem vom Punkte 0_1
ausgehenden Strahl liegen, auf dem auch der Punkt Q liegt. Da sich der
Ursprung des Koordinatensystems für das Gut 2 nach $0_2'$ verschoben hat und
der Punkt Q auf dem Strahl 0_2Q lag, muß das neue Gleichgewicht auf einem
zu dieser Linie parallelen Strahl liegen, der vom Punkte $0_2'$ ausgeht. Das neue
Gleichgewicht liegt deshalb im Schnittpunkt der Linien 0_1P und $0_2'$P. Nun ist
bei linear-homogenen Produktionsfunktionen die Produktionshöhe proportional zur Länge des Expansionspfades. Da die Strecke 0_1P größer ist als die
Strecke 0_1Q und ferner die Strecke $0_2'$P kleiner als die Strecke 0_2Q, hat sich
im neuen Gleichgewicht die Produktion des arbeitsintensiv erzeugten Gutes 1 erhöht, während die des kapitalintensiv erzeugten Gutes 2 gesunken ist.

In *Figur 13 b* ist eine Erhöhung des Kapitalbestandes dargestellt. Nach der
Verschiebung des Gleichgewichtspunktes von Q nach P hat die Produktion
des kapitalintensiv erzeugten Gutes 2 zugenommen, während die des arbeitsintensiv erzeugten Gutes 1 sich verringert hat.

Güterpreise und Faktorpreise bei einer Änderung des Faktorbestandes

Die zur Ableitung des *Rybczynski*-Theorems getroffene Annahme konstanter
Güterpreise ist, wie jetzt im nächsten Schritt der Analyse gezeigt werden
soll, im allgemeinen nicht haltbar. Wir betrachten jetzt lediglich den Fall der
Vermehrung des Arbeitsangebotes und stellen in *Figur 14* die mit der Faktor-
vermehrung einhergehende Verschiebung der Transformationskurve dar.
Die Transformationskurve T_0T_0 muß sich asymmetrisch in der Weise verschieben, daß bei konstantem Preisverhältnis und damit konstanter Grenzrate der Transformation der neue Gleichgewichtspunkt auf der Transformationskurve T_1T_1 rechts von dem schraffierten Bereich liegt, so daß die Produktion des Gutes 1 gestiegen und die des Gutes 2 gefallen ist.

Nun ist auf Grund der Theorie der Nachfrage nach Konsumgütern offensichtlich, daß ein solcher Punkt nur dann eintreten könnte, wenn das Gut 2,
von dem weniger produziert wird, ein inferiores Gut wäre; denn der Punkt P
liegt ja gegenüber der Ausgangslage (Punkt Q) auf einer Budgetgeraden, die
bei gleicher Steigung nach rechts verschoben ist. Die Verschiebung des
Gleichgewichtspunktes von Q nach P kann deshalb vom Standpunkt der
Nachfrage aus als die Reaktion auf eine Änderung des Einkommens bei
gegebenem Preisverhältnis aufgefaßt werden.

Wenn keines der Güter inferior ist, muß das neue Gleichgewicht auf dem
Abschnitt der Transformationskurve T_1T_1 liegen, der sich innerhalb des
schraffierten Bereiches befindet, in dem, im Vergleich zum Punkt Q, von
keinem der Güter weniger, wenigstens aber von einem mehr nachgefragt

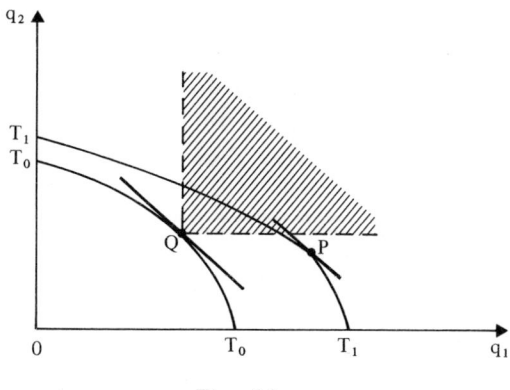

Figur 14

wird. Im Vergleich zum Punkte P ist aber in dem schraffierten Bereich die Steigung der neuen, nach rechts verschobenen Transformationskurve geringer und daher ist das Preisverhältnis p_1/p_2 niedriger. Als Folge der Erhöhung des Arbeitsangebotes muß also für den Fall, daß keines der Güter inferior ist, der Preis des arbeitsintensiv erzeugten Gutes relativ gefallen sein.

Zu dem neuen Güterpreisverhältnis gehört nun auch ein anderes Faktorpreisverhältnis. Betrachtet man noch einmal *Figur 13a,* so entspricht einer Bewegung auf der Transformationskurve vom Punkte P aus nach links eine Bewegung auf der Kontraktkurve in *Figur 13a* vom Punkt P aus ebenfalls nach links. Der neue Punkt auf der Kontraktkurve liegt unterhalb des Strahles O_1P, so daß wegen der strikten Konvexität der Isoquanten die Grenzrate der Substitution und damit auch das Lohn/Zins-Verhältnis geringer sein muß als im Punkte P. Zu dem relativ gesunkenen Preis des Gutes 1 korrespondiert also ein geringeres Lohn/Zins-Verhältnis.

Wäre das Gut 2 inferior, so würde natürlich in dem Maße, in dem auf Grund der Rechtsverschiebung der Transformationskurve die Nachfrage nach Gut 1 gestiegen ist, die relative Verbilligung des Gutes 1 verhindert werden. Dementsprechend würde auch das Lohn/Zins-Verhältnis weniger stark sinken, gar nicht sinken oder sich sogar erhöhen.

IX. Kapitel
Allokation und Bewertung von Ressourcen bei linearer Technologie

Durch die Annahme einer neoklassischen Technologie wurde für alle Produktionsrichtungen eine Produktionsfunktion vorausgesetzt, nach der zwischen den Faktoren eine kontinuierliche Substitution möglich ist. Insbesondere die Konzeption der Grenzproduktivität von Faktoren scheint an die Voraussetzung der stetigen Substituierbarkeit zwischen Faktoren und an die Existenz von Produktionsfunktionen gebunden zu sein. In der Realität ist eine stetige Substituierbarkeit zwischen den Faktoren häufig nicht gegeben. Dennoch kann man zeigen, daß die Konzeption der Grenzproduktivität von Faktoren ihre Gültigkeit auch in einem etwas weiteren Rahmen behält.

Aufrecht erhalten wird die Annahme gegebener Faktorbestände, die Ausstoßbeziehungen sollen jetzt aber durch lineare Verbrauchsfunktionen beschrieben werden, durch die der Bedarf an Faktoren für die Produktion der verschiedenen Güter technisch festgelegt ist. Als Beschränkung der Produktionsmöglichkeiten ist dann zu berücksichtigen, daß die benötigten Faktoreinsätze die vorhandenen Bestände nicht überschreiten können.

Da es hier nur auf eine Analyse der Produktionsseite ankommt, können wir vollständige Konkurrenz voraussetzen und annehmen, daß die Preise der Güter für die Produzenten Daten sind. Wir betrachten dann das Problem der Allokation vom Standpunkt eines Produzenten aus, der bei gegebenen Güterpreisen, gegebenen Faktorbeständen und linearer Technik den Erlös maximiert.

1. Optimale Allokation gegebener Faktorbestände

a. Mathematische Struktur des Problems

Zur Veranschaulichung der Zusammenhänge werden wir annehmen, daß zwei Güter produziert werden und drei fixe Faktoren vorhanden sind. Zusätzlich wird ein konkretes Zahlenbeispiel benutzt. Die Verallgemeinerung des Modells für eine beliebige Zahl von Gütern und Faktoren ist immer leicht möglich, da alle Ausdrücke auch in Vektor- bzw. Matrixschreibweise angegeben werden.

Zu maximieren sei der Erlös $\sum_{i=1}^{n} p_i q_i$. Dabei sind $p_1, \ldots, p_n$ die Verkaufspreise der produzierten Güter. Wenn neben den fixen Faktoren noch variable, in beliebiger Menge verfügbare Faktoren proportional zum Ausstoß eingesetzt werden, ist p_i als die jeweilige Differenz zwischen dem Verkaufspreis des Gutes i und den variablen Durchschnittskosten zu interpretieren. Die Maximierung des Erlöses bzw. Nettoerlöses ist äquivalent mit der Maximierung des Gewinnes.

Das Problem lautet:

$$\max_{q_1, q_2} (p_1 q_1 + p_2 q_2) \qquad \max_{q_1, q_2} (q_1 + 0,8\, q_2)$$

unter den Nebenbedingungen

$$
\begin{aligned}
a_{11}q_1 + a_{12}q_2 &\leqq b_1 & q_1 + 0,5\, q_2 &\leqq 80 \\
a_{21}q_1 + a_{22}q_2 &\leqq b_2 & q_1 + q_2 &\leqq 100 \\
a_{31}q_1 + a_{32}q_2 &\leqq b_3 & 0,5 q_1 + q_2 &\leqq 90 \\
& q_1, q_2 \geqq 0
\end{aligned}
$$

bzw. allgemein $\max_{q} \mathbf{pq}$ bei $\mathbf{Aq} \leqq \mathbf{b}, \mathbf{q} \geqq 0$.

Die Güterpreise p_1 und p_2 sind gegeben, ebenso die Faktorbestände b_1, b_2 und b_3. Die Faktorbestände können Gebäudeflächen, Maschinenstunden, Lagerbestände, verfügbare Arbeitszeit verschiedener Art o. ä. darstellen. Die Matrix $\mathbf{A}$ enthält die Verbrauchskoeffizienten. So stellt a_{ij} die Menge des Faktors i dar, die für die Produktion einer Einheit des Gutes j benötigt wird. Wird z. B. die verfügbare Arbeitszeit als Faktor 3 bezeichnet, so gibt a_{31} die Arbeitsstunden an, die für eine Einheit des Gutes 1 erforderlich sind. Alle Elemente der Matrix $\mathbf{A}$ sind nicht-negativ, es gibt also keine negativen Koeffizienten. Es ist aber durchaus möglich, daß einige Koeffizienten Null sind. Die Ungleichung $\mathbf{Aq} \leqq \mathbf{b}$ bedeutet, daß der Verbrauch an Faktoren die vorhandenen Bestände nicht überschreiten kann. Durch diese Beschränkung werden die Produktionsmöglichkeiten beschrieben. Sie werden in der folgenden *Figur 1* für den Fall von drei Faktoren graphisch dargestellt.

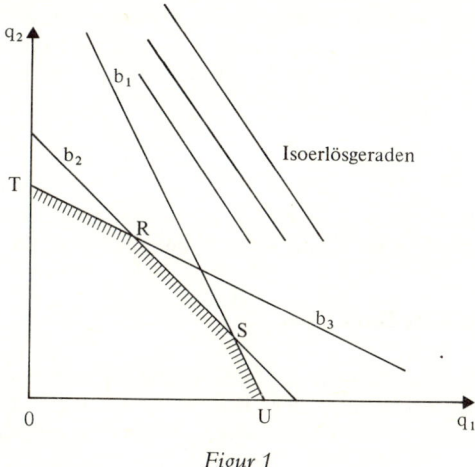

Figur 1

b. Graphische Lösung

Für je einen Faktor ergibt sich auf Grund der Gleichung eine Gerade. Wenn nur die i-te Beschränkung gilt, sind alle Produktionsmengen-Kombinationen, die auf der Geraden oder links davon liegen, möglich. Berücksichtigt man alle 3 Beschränkungen, so sind alle Produktionsmengen-Kombinationen realisierbar, die auf dem Linienzug TRSU oder links davon im schraffierten Bereich liegen. Die Linie TRSU stellt die Transformationskurve unseres Modelles dar. Es ist klar, daß bei einem Punkt auf der Transformationskurve nur höchstens zwei Faktoren voll beschäftigt sind. Am Punkte R sind das die Faktoren 2 und 3, am Punkte S die Faktoren 1 und 2. Am Punkte T sowie zwischen T und R ist nur der Faktor 3 voll beschäftigt, zwischen R und S nur der Faktor 2 und zwischen S und U sowie am Punkte U nur der Faktor 1. Es ist also möglich, daß auf der Transformationskurve Faktoren unterbeschäftigt sind, weil sie nicht vollständig benötigt werden. Eine Erhöhung ihres Bestandes trägt dann nichts zur Produktion bei. Solche Faktoren sind freie Güter.

Die Maximierungsaufgabe kann man in unserem Zwei-Güter-Drei-Faktoren-Modell auch graphisch lösen. Wir zeichnen dazu in *Figur 1* Isoerlösgeraden ein, die der Gleichung $R = p_1 q_1 + p_2 q_2$ gehorchen. Ein Maximum des Erlöses bzw. Produktionswertes R ist offenbar bei derjenigen Produktionsmengenkombination erreicht, bei der eine Isoerlösgerade die Transformationskurve berührt. Das Ergebnis ist jedoch nur dann eindeutig, wenn der Berührungspunkt an einer Ecke liegt. Wenn die Isoerlösgerade die gleiche Steigung hat wie ein flacher Abschnitt der Transformationskurve, wenn ihre Steigung also z. B. mit der des Abschnittes RS übereinstimmt, so läßt sich ein Maximum des Erlöses durch alle Güterkombinationen realisieren, die durch diesen Abschnitt gegeben werden.

In einer Lösung können höchstens zwei Faktoren knapp sein. Welche der Faktoren das sind, wird durch die Lösung eindeutig determiniert und hängt sowohl von der Form der Transformationskurve, also von den technischen Beziehungen, wie auch von den gegebenen Güterpreisen ab. In dem Beispiel der *Figur 1* liegt die Lösung beim Punkt S, so daß die Faktoren 1 und 2 voll beschäftigt sind, während Faktor 3 ein freies Gut ist. Am Punkt S gelten die Gleichungen

$$(1) \quad \begin{array}{l} q_1 + 0,5\, q_2 = 80 \\ q_1 + q_2 = 100, \end{array}$$

woraus sich als Lösung $q_1^* = 60$, $q_2^* = 40$ ergibt, so daß der maximale Produktionswert $R^* = 60 + 0,8 \cdot 40 = 92$ beträgt.

c. *Kuhn-Tucker*-Bedingungen

Eine allgemeine Beschreibung der Lösung, die auch für eine beliebige Zahl von Gütern und Faktoren verwendbar ist, wird durch die *Kuhn-Tucker*-Bedingungen geliefert.[1] Für eine Ableitung bildet man zunächst die *Lagrange*sche Funktion

$$Z = \mathbf{p}\mathbf{q} + \mathbf{w}\,(\mathbf{b} - \mathbf{A}\mathbf{q})$$

---

[1] Die *Kuhn-Tucker*-Bedingungen eignen sich nur zur Beschreibung, nicht dagegen zum Auffinden einer Lösung. Zur Ermittlung von Lösungen muß man sich anderer Verfahren bedienen. Vgl. dazu z. B. *Müller-Merbach*.

bzw. für unser Zwei-Güter-Drei-Faktoren-Modell

$$Z = (p_1, p_2) \begin{pmatrix} q_1 \\ q_2 \end{pmatrix} + (w_1, w_2, w_3) \left[\begin{pmatrix} b_1 \\ b_2 \\ b_3 \end{pmatrix} - \begin{pmatrix} a_{11} & a_{12} \\ a_{21} & a_{22} \\ a_{31} & a_{32} \end{pmatrix} \begin{pmatrix} q_1 \\ q_2 \end{pmatrix} \right]$$

$$Z = p_1 q_1 + p_2 q_2 + w_1 (b_1 - a_{11} q_1 - a_{12} q_2)$$
$$+ w_2 (b_2 - a_{21} q_1 - a_{22} q_2) + w_3 (b_3 - a_{31} q_1 - a q_{32} q_2).$$

Darin ist **w** der Vektor der *Lagrange*schen Multiplikatoren, die – wie wir nachher sehen werden – ökonomisch als Schattenpreise der Faktorbestände gedeutet werden können.

Notwendig und hinreichend für ein Maximum sind die *Kuhn-Tucker*-Bedingungen

(2)
$$\frac{\partial Z}{\partial \mathbf{q}} = \mathbf{p} - \mathbf{wA} \leqq 0 \qquad \frac{\partial Z}{\partial \mathbf{w}} = \mathbf{b} - \mathbf{Aq} \geqq 0$$

$$\frac{\partial Z}{\partial \mathbf{q}} \, \mathbf{q} = (\mathbf{p} - \mathbf{wA})\mathbf{q} = 0 \qquad \mathbf{w} \frac{\partial Z}{\partial \mathbf{w}} = \mathbf{w}(\mathbf{b} - \mathbf{Aq}) = 0.$$

Wir betrachten zunächst die auf der linken Seite stehenden Bedingungen. Sie können in etwas anderer Form wie folgt geschrieben werden:

$$\frac{\partial Z}{\partial q_j} \leqq 0, \text{ doch } = 0, \text{ wenn } q_j > 0$$

$$q_j \geqq 0, \text{ doch } = 0, \text{ wenn } \frac{\partial Z}{\partial q_j} < 0.$$

Der ökonomische Sinn dieser Bedingungen wird klarer, wenn wir sie für unseren Zwei-Güter-Drei-Faktoren-Fall voll ausschreiben. Man erhält dann

$$\frac{\partial Z}{\partial \mathbf{q}} = \left(\frac{\partial Z}{\partial q_1}, \frac{\partial Z}{\partial q_2} \right)$$

$$= \left[p_1 - (w_1, w_2, w_3) \begin{pmatrix} a_{11} \\ a_{21} \\ a_{31} \end{pmatrix}, p_2 - (w_1, w_2, w_3) \begin{pmatrix} a_{12} \\ a_{22} \\ a_{32} \end{pmatrix} \right] \leqq \mathbf{0}.$$

In der eckigen Klammer stehen für beide Güter die Differenzen zwischen dem Preis und den Stückkosten. Als Stückkosten werden dabei die verbrauchten Faktorquanten, bewertet mit den Schattenpreisen der jeweiligen Faktoren, aufgefaßt. Die Bedingung besagt also, daß der Preis eines Gutes entweder gerade gleich den Stückkosten sein muß oder die Stückkosten größer sein können als der Preis. Solange der Preis die Stückkosten noch übersteigt, lohnt sich eine Ausdehnung der Produktion des betreffenden Gutes. Ein Erlösmaximum ist dann noch nicht erreicht.

Wenn bei einem Gute die Stückkosten höher sind als der Preis, so wird die Produktion dieses Gutes eingestellt. Das ist unmittelbar einleuchtend und ergibt sich aus

$$\frac{\partial Z}{\partial \mathbf{q}} \, \mathbf{q} = \left(\frac{\partial Z}{\partial q_1}, \frac{\partial Z}{\partial q_2} \right) \binom{q_1}{q_2} = \frac{\partial Z}{\partial q_1} \, q_1 + \frac{\partial Z}{\partial q_2} \, q_2 = 0.$$

Ist für ein Gut j der Preis gleich den Stückkosten, so ist $\partial Z/\partial q_j = 0$. Dann ist $q_j \geqq 0$, d. h. entweder wird produziert oder nicht. Wenn dagegen für ein Gut j der Preis niedriger ist als die Stückkosten, so ist $\partial Z/\partial q_j < 0$. Deshalb muß $q_j = 0$ sein. Da eine Produktion dieses Gutes Verluste bringen würde, muß die Produktion eingestellt werden.

Aus der *Kuhn-Tucker*-Bedingung ergibt sich gleichzeitig, daß im Erlösmaximum ein Gewinn nicht erzielt wird. Bei den Gütern, die produziert werden, ist der Preis wie in dem schon aus früheren Kapiteln bekannten Modell der vollständigen Konkurrenz gleich den Stückkosten und eine verlustbringende Produktion findet nicht statt.

2. Bewertung der Faktoren

a. Schattenpreise

Der zweite, rechts stehende Teil der *Kuhn-Tucker*-Bedingungen (2) liefert uns die Interpretation der *Lagrange*schen Multiplikatoren. In alternativer Form können die sich auf die *Lagrange*schen Multiplikatoren beziehenden Bedingungen wie folgt geschrieben werden:

$$\frac{\partial Z}{\partial w_i} \geqq 0, \text{ doch } = 0, \text{ wenn } w_i > 0$$

$$w_i \geqq 0, \text{ doch } = 0, \text{ wenn } \frac{\partial Z}{\partial w_i} > 0.$$

Der Ausdruck $\partial Z/\partial \mathbf{w} \geqq \mathbf{0}$ ist nichts anderes als das System der Beschränkungen, die als Nebenbedingungen der Maximierungsaufgabe zu berücksichtigen sind. Danach ist ein Faktor entweder voll beschäftigt, dann ist $\partial Z/\partial w_i = b_i - \sum_i a_{ij} q_j = 0$, oder der Faktor ist unterbeschäftigt, dann ist $\partial Z/\partial w_i = b_i - \sum_i a_{ij} q_j > 0$. Wenn ein Faktor i voll beschäftigt ist, so muß $w_i > 0$ sein, ist der Faktor dagegen unterbeschäftigt, so stellt er ein freies Gut dar und es ist $w_i = 0$. Das ergibt sich aus

$$\mathbf{w} \frac{\partial Z}{\partial \mathbf{w}} = \left(w_1 \frac{\partial Z}{\partial w_1} + w_2 \frac{\partial Z}{\partial w_2} + w_3 \frac{\partial Z}{\partial w_3} \right) = 0.$$

In unserem Zahlenbeispiel ist – wie man aus Figur 1 entnehmen kann – der Faktor 3 unterbeschäftigt. Deshalb ist $w_3 = 0$. Die Gleichgewichtswerte der beiden übrigen *Lagrange*schen Multiplikatoren erhält man aus dem Gleichungssystem $\mathbf{p} - \mathbf{wA} = \mathbf{0}$, nachdem darin $w_3 = 0$ gesetzt worden ist. Dieses Gleichungssystem lautet in unserem Beispiel also

$$p_1 - w_1 a_{11} - w_2 a_{21} = 0 \qquad 1 - w_1 - w_2 = 0$$
$$p_2 - w_1 a_{12} - w_2 a_{22} = 0 \qquad 0,8 - 0,5 w_1 - w_2 = 0.$$

Daraus erhält man für das Zahlenbeispiel $w_1^* = 0,4$ und $w_2^* = 0,6$.

Da ein positiver *Lagrange*scher Multiplikator die Knappheit eines Faktors signalisiert, insofern also die gleiche Funktion wie ein Preis ausübt, liegt es nahe, die *Lagrange*schen Multiplikatoren als Preise zu deuten. Man bezeichnet sie deshalb auch als Schattenpreise.

Man kann nun nachweisen, daß ein Schattenpreis nichts anderes ist als der Wert des Grenzproduktes des betreffenden Faktors. Er stellt die Veränderung des Erlöses dar, die bei einer Erhöhung des Faktorbestandes um eine Einheit eintritt. Wir zeigen das zuerst anhand unseres Zahlenbeispiels. Nimmt man an, daß sich der Bestand des Faktors 1 um eine Einheit erhöht, daß also $\Delta b_1 = 1$ ist, so hat man zur Bestimmung der optimalen Produktionsmengen anstelle des Gleichungssystems (1) das System

$$(1') \qquad \begin{aligned} q_1 + 0,5\, q_2 &= 81 \\ q_1 + q_2 &= 100 \end{aligned}$$

zu lösen. Das Ergebnis ist $q_1^{**} = 62$, $q_2^{**} = 38$ und der Produktionswert beträgt $R^{**} = 62 + 0,8 \cdot 38 = 92,4$. Deshalb ist $\Delta R/\Delta b_1 = 0,4$. Das ist genau der Wert des Schattenpreises w_1^*. In ähnlicher Weise erhält man für den Fall, daß der Bestand des Faktors 2 um eine Einheit erhöht wird, $q_1^{***} = 59$, $q_2^{***} = 42$ und auf Grund dessen den Produktionswert $R^{***} = 92,6$, so daß $\Delta R/\Delta b_2 = 0,6 = w_2^*$ ist.

Allgemein kann man Übereinstimmung des Schattenpreises eines Faktors mit dem Wert des Grenzproduktes auf folgende Weise ableiten. Wir gehen von der *Lagrange*schen Funktion aus, die an der Stelle der in *Figur 1* dargestellten Lösung der Maximierungsaufgabe in unserem Zwei-Güter-Drei-Faktoren-Fall die Form

$$Z^* = (p_1, p_2) \begin{pmatrix} q_1^* \\ q_2^* \end{pmatrix} + (w_1^*, w_2^*) \left[\begin{pmatrix} b_1 \\ b_2 \end{pmatrix} - \begin{pmatrix} a_{11} & a_{12} \\ a_{21} & a_{22} \end{pmatrix} \begin{pmatrix} q_1^* \\ q_2^* \end{pmatrix} \right]$$

bzw.

$$Z^* = \mathbf{p}\mathbf{q}^* + \mathbf{w}^* (\mathbf{b} - \mathbf{A}\mathbf{q}^*)$$

besitzt, wobei $w_3^* = 0$ ist, denn bei der in *Figur 1* dargestellten Lösung ist der Faktor 3 ein freies Gut, dessen Preis Null ist. Die optimale Produktionsmenge hängt dabei von der Höhe der Faktorbestände ab, so daß $\mathbf{q}^* = \mathbf{q}^* (\mathbf{b})$ ist. Ebenso ist der Wert des Schattenpreises vom Faktorbestand abhängig und deshalb ist $\mathbf{w}^* = \mathbf{w}^* (\mathbf{b})$. Um die Veränderung der Funktion Z^* bei einer Änderung des Bestandes des Faktors b_i zu ermitteln, differenzieren wir nach b_i und erhalten

$$\frac{\partial Z^*}{\partial b_i} = (\mathbf{p} - \mathbf{w}^*\mathbf{A}) \frac{\partial \mathbf{q}^*}{\partial b_i} + (\mathbf{b} - \mathbf{A}\mathbf{q}^*) \frac{\partial \mathbf{w}^*}{\partial b_i} + w_i^* \qquad (i = 1, 2).$$

Da nach den *Kuhn-Tucker* Bedingungen $\partial Z^*/\partial q^* = p - w^*A = 0$ und $\partial Z^*/\partial w^* = b - Aq = 0$, ergibt sich $\partial Z^*/\partial b_i = w_i^*$. Ferner ist $Z^* = pq^* = R^*$. Deshalb gilt

$$\frac{\partial R^*}{\partial b_i} = w_i^*.$$

Damit ist die Behauptung bewiesen, daß der Schattenpreis gleich dem Wert des Grenzprodukts ist.

Das ist ein wichtiger ökonomischer Sachverhalt. Aus dem Maximierungs-kalkül ergibt sich eine implizite Bewertung von Faktoren. Man kann nicht nur feststellen, welche Faktoren knapp sind, der Maximierungskalkül liefert darüber hinaus Informationen über den Beitrag der einzelnen Faktoren zum Produktionswert. Man muß jedoch darauf aufmerksam machen, daß die Bewertung der Faktoren durch die Schattenpreise nur in der Umgebung einer Lösung gilt. Wenn sich die Faktorbestände um nichtmarginale Beträge verändern, so ändert sich auch die Qualität der Lösung. Wenn z. B. in *Figur 1* der Bestand des Faktors 1 sehr stark erhöht wird, kann es sein, daß der Faktor 1 zum freien Gut wird und sein Preis auf Null sinkt, weil dann eine völlig andere Lösung, in der die Faktoren 2 und 3 knapp sind, zum Erlösma-ximum führt.

Das Gesetz vom positiven, aber fallenden Grenzprodukt eines Faktors, das ein wichtiges Element der neoklassischen Produktionstheorie darstellt, tritt hier in veränderter Form in Erscheinung. Daß der Wert des Grenzproduktes eines Faktors positiv sein kann, haben wir gesehen, indem wir zeigten, daß bei einem Erlösmaximum knappe Faktoren mit einem positiven Schatten-preis bewertet werden. Wenn man den Bestand eines Faktors vergrößert, so bleibt der Schattenpreis wegen der Annahme linearer Verbrauchsfunktionen zunächst konstant. Man kann sich das leicht klar machen, indem man z. B. den Faktor b_1 um zwei Einheiten erhöht und dann bei der Lösung $q_1^* = 64$, $q_2^* = 36$ den Erlös $R^* = 92,8$ erhält, so daß $\Delta R/\Delta b_1 = 0,8/2 = 0,4$ ist, der Wert des Schattenpreises also unverändert bleibt. Nimmt der Bestand eines Faktors jedoch weiter zu, so wird der Faktor schließlich zu einem freien Gut und sein Preis fällt plötzlich auf Null.

b. Dual und Faktorpreisgrenze

Zu dem Problem der Maximierung des Erlöses bei gegebenen Preisen der produzierten Güter und gegebenen Faktorbeständen korrespondiert ein ma-thematisch duales Problem der Minimierung der Faktorkosten bei gegebe-nen Güterpreisen.

Gesucht wird

$$\min_{w_1, w_2, w_3} (w_1 b_1 + w_2 b_2 + w_3 b_3)$$

bei
$$w_1 a_{11} + w_2 a_{21} + w_3 a_{31} \geqq p_1$$
$$w_1 a_{12} + w_2 a_{22} + w_3 a_{32} \geqq p_2$$

und $w_1, w_2, w_3 \geqq 0$,

oder allgemein min **wb** bei **wA** $\geqq$ **p** und **w** $\geqq$ 0.

Aus der *Lagrange*-Funktion des Problems, $Z_d = \mathbf{wb} + (\mathbf{p} - \mathbf{wA})\mathbf{q}$, in der der Vektor $\mathbf{q}$ als *Lagrange*scher Multiplikator dient, erhält man ebenfalls die *Kuhn-Tucker*-Bedingungen (2). Daraus ergibt sich, daß das Primal- und Dualproblem die gleiche Lösung beinhalten.

Gehen wir wieder von der in Figur 1 dargestellten Lösung aus, so ist $w_3^* = 0$ und die Beschränkungen des Duals nehmen die Form der Gleichungen

$$w_1 a_{11} + w_2 a_{21} = p_1$$
$$w_1 a_{12} + w_2 a_{22} = p_2$$

an, die für das der Figur 1 zugrundeliegende Zahlenbeispiel

$$w_1 + w_2 = 1$$
$$0,5 w_1 + w_2 = 0,8$$

lauten und in *Figur 2* dargestellt sind.

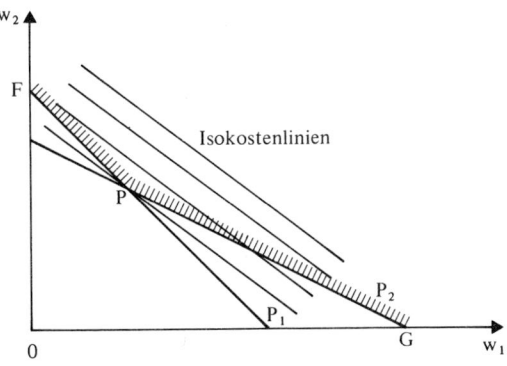

Figur 2

Man erhält zwei Geraden, die sich im Punkte P schneiden. Die Kurve FPG ist die sog. Faktorpreisgrenze. Der Punkt P ist der Lösungspunkt, der zum Punkt S in *Figur 1* korrespondiert. Während der Punkt S in *Figur 1* die Produktionsmengen q_1 und q_2 bestimmt, die den Erlös maximieren, determiniert der Punkt P in *Figur 2* die Faktorpreise w_1 und w_2, durch die die Kosten minimiert werden. Eingetragen in *Figur 2* sind auch Isokostenlinien, die sich aus der Gleichung $C = w_1 b_1 + w_2 b_2 = 100 w_1 + 80 w_2$ ergeben. Sie haben in dem verwendeten Zahlenbeispiel eine Steigung von $-0,8$. Die niedrigste Isokostenlinie wird von der Faktorpreisgrenze im Punkte P berührt. Daher stellt dieser Punkt das Kostenminimum dar.

3. Wettbewerbsgleichgewicht und Faktorpreise

Die bisherige Betrachtung ging vom Standpunkt eines Produzenten aus, der in vollständiger Konkurrenz bei gegebenen Preisen der produzierten Güter und gegebenen Faktorbeständen seinen Erlös maximiert. Nimmt man nun

an, für alle Produzenten einer Volkswirtschaft würden bei freiem Marktzutritt die gleichen technischen Möglichkeiten offenstehen, so wird sich als
Wettbewerbsgleichgewicht eine Situation einstellen, in der jeder einzelne
Produzent seinen Erlös bei gegebenen Preisen und gegebenen Faktorbeständen maximiert und zwar so, daß die Stückkosten jeweils gleich dem Preis der
produzierten Güter werden. Die Zuteilung der in der Volkswirtschaft insgesamt vorhandenen Faktorbestände auf die einzelnen Produzenten erfolgt
durch Faktormärkte. Jeder einzelne Produzent wird Faktorbestände zusätzlich solange nachfragen, wie seine Stückkosten geringer sind als der Preis des
produzierten Gutes und deswegen noch ein Gewinn entsteht. Im Gleichgewicht der vollständigen Konkurrenz wird ein Gewinn nicht mehr erzielt und
die Preise aller Güter sind gleich den Stückkosten. Ist dieser Zustand erreicht, so haben sich Faktorpreise eingestellt, die gleich dem Wert des Grenzproduktes der Faktoren sind und die Kosten minimieren.

X. Kapitel
Monopolmacht von Produzenten

Grundlegend für das im VIII. Kapitel beschriebene Gleichgewicht der Allokation war die Voraussetzung der vollständigen Konkurrenz. In diesem Kapitel soll untersucht werden, wie die Allokation der Ressourcen, die Faktorpreise und die Einkommensverteilung durch Marktmacht von Produzenten beeinflußt werden.

1. Monopolmacht und Allokation

a. Verzerrung der Produktionsstruktur

Wenn sich das Angebot einer Produktionsrichtung in der Hand eines Monopolisten befindet und das andere Gut unter Konkurrenzbedingungen angeboten wird, ist die vom Monopolisten erzeugte Produktion zu niedrig, während vom anderen Gut zuviel hergestellt wird. Durch Monopolmacht wird also eine Verzerrung der Produktionsstruktur hervorgerufen.

Zum Beweis dieser These bedienen wir uns der *Figur 1*. Angenommen wird wieder eine Wirtschaft mit zwei Produktionsrichtungen. Das Gut 1 werde von einem Monopolisten angeboten. Voraussetzen können wir zunächst, daß auch in diesem Fall ein Güterbündel erzeugt wird, das durch einen Punkt auf der Transformationskurve dargestellt werden kann, sofern sich auf den Faktormärkten die Preise nach den Regeln der vollständigen Konkurrenz bilden. Der Faktoreinsatz ist dann bei allen Produzenten kostenminimal, und die Grenzraten der Faktorsubstitution stimmen bei allen Produzenten überein. Gegenüber einer optimalen Situation wird die Zusammensetzung der Produktion jedoch verzerrt. Insofern ist dann der Faktoreinsatz nicht optimal. Wenn die Produzenten beider Güter ihr Gewinnmaximum realisieren, so ist in der Produktionsrichtung 2 der Preis des Gutes gleich den Grenzkosten und in der Produktionsrichtung 1, in der das Monopol angenommen wurde, sind die Grenzkosten gleich dem Grenzerlös. Deshalb ist

$$\frac{p_1(1 - 1/\varepsilon_1)}{p_2} = \frac{C'(q_1)}{C'(q_2)} = \text{GRT}.$$

Dabei ist ε_1 die Preiselastizität der Nachfrage für Gut 1. Wenn die Konsumenten ihre Nutzenmaxima verwirklichen, ist die Grenzrate der Substitution aller Individuen gleich hoch. Es gilt

$$\frac{p_1}{p_2} = \text{GRS}_i \qquad (i = 1, 2, \ldots, n).$$

Da $\varepsilon_1 > 1$ angenommen werden muß, ist

> $GRT < GRS_i$.

Ein solches Gleichgewicht wird in *Figur 1* durch den Punkt M_1 beschrieben. Durch diesen Punkt läßt sich eine gesellschaftliche Indifferenzkurve zeichnen, welche die Transformationskurve schneidet und dort eine Steigung besitzt, die gleich dem Preisverhältnis und der Grenzrate der Substitution der Konsumenten ist. Da die Indifferenzkurve die Transformationskurve schneidet, kann Punkt M_1 kein *Pareto*-Optimum sein. Gegenüber einem bei dem gleichen System gesellschaftlicher Indifferenzkurven optimalen Punkt Q wird von dem Gut 1, das der Monopolist anbietet, zu wenig und von dem anderen Gut zuviel produziert.[1]

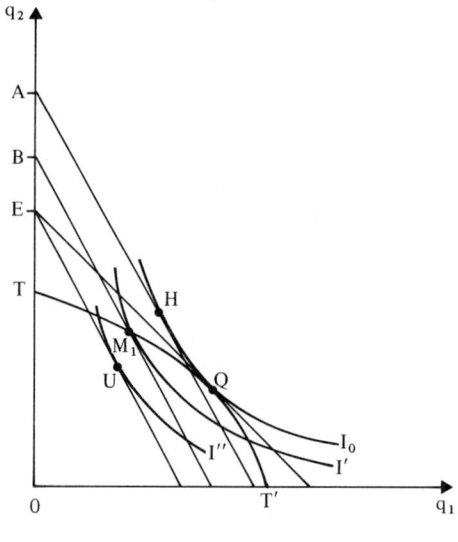

Figur 1

b. Monopolmacht und Faktorpreise

Im Monopolfall sind die Faktorpreise gleich dem Produkt aus Grenzerlös und dem physischen Grenzprodukt des jeweiligen Produktionsfaktors. Es fragt sich nun, wie sich das auf das Verhältnis der Faktorpreise, auf die Höhe der Faktorpreise und die Einkommensverteilung auswirkt.

---

[1] Man kann sich leicht klar machen, daß die Zusammensetzung der Produktion in dem Sonderfall optimal ist, in dem beide Güter von Monopolen angeboten werden und die Preiselastizität der Nachfrage beider Güter gleich hoch ist. In diesem Fall ist das Verhältnis der Grenzerlöse gleich dem Verhältnis der Preise, so daß die Grenzrate der Substitution gleich dem Verhältnis der Preise und der Grenzrate der Transformation ist. Die praktische Relevanz dieses Falles ist jedoch sehr gering.

Monopolmacht in einer Produktionsrichtung hat zur Folge, daß die Produktion in diesem Sektor sinkt, während sie in anderen Sektoren zunimmt *(Figur 2)*. Das führt zu einer Umschichtung des als gegeben angenommenen Bestandes der Produktionsfaktoren. Im Zwei-Güter-Zwei-Faktoren-Fall entspricht der Bewegung auf der Transformationskurve eine Bewegung auf der Kontraktkurve der Faktorallokation. Um die Auswirkungen einer solchen Reallokation zu analysieren, müssen drei Fälle unterschieden werden.

Wenn die Kapitalintensität in beiden Produktionsrichtungen identisch ist und die Produktionsfunktionen homogen sind, verändert sich das Faktorpreisverhältnis nicht, denn die Kontraktkurve ist gleich dem mit identischer Steigung verlaufenden linearen Expansionspfad beider Produktionsrichtungen, auf dem die Grenzrate der Substitution identisch und konstant ist.

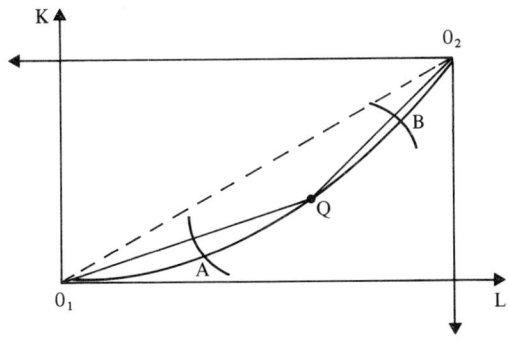

Figur 2

Wenn die Monopolmacht in dem arbeitsintensiven Sektor entsteht und im Wettbewerbsfall das Gleichgewicht durch den Punkt Q der *Figur 2* bezeichnet ist, so kommt infolge der Monopolmacht ein Punkt zustande, der wie Punkt A entlang der Kontraktkurve näher am Ursprung 0_1 der arbeitsintensiven Produktionsrichtung liegt. Die durch A gehende Isoquante der Produktionsrichtung 1 hat auf der Kontraktkurve eine geringere Steigung als im Punkte Q, denn wegen der Homogenität der Produktionsfunktion ist die Grenzrate der Substitution entlang der Geraden 0_1Q identisch und wegen der Konvexität der Isoquante ist sie im Punkte A geringer als auf der Geraden 0_1Q. Im Vergleich zur Wettbewerbssituation führt die in der arbeitsintensiven Produktionsrichtung entstandene Monopolmacht daher zu einer Senkung des Lohn/Zins-Verhältnisses. Das ist auch plausibel, denn in der arbeitsintensiven Produktionsrichtung werden relativ mehr Arbeitskräfte freigesetzt, als in der expandierenden kapitalintensiven Produktionsrichtung zusätzlich benötigt werden. Das hat ein Überschußangebot an Arbeit und deshalb eine relative Senkung des Lohnsatzes zur Folge.

Wenn umgekehrt Monopolmacht in der kapitalintensiven Produktionsrichtung entsteht, wird dort die Produktion im Vergleich zum Wettbewerbsgleichgewicht geringer. In der arbeitsintensiven Produktionsrichtung werden aber relativ mehr Arbeitskräfte zusätzlich benötigt, als in der kapitalintensiven Produktionsrichtung infolge der Entstehung von Monopolmacht freigesetzt werden. Der Nachfrageüberhang nach Arbeitskräften führt zu einem Anstieg des Lohn/Zins-Verhältnisses. In *Figur 2,* in der Punkt B das bei Monopolmacht in der Produktionsrichtung 2 eintretende Gleichgewicht darstellt, ist die Steigung einer Isoquante der Produktionsrichtung 2 im Punkte B größer als im Punkte Q.

c. Funktionale Verteilung

Um die Auswirkungen von Monopolmacht auf die funktionale Einkommensverteilung zu analysieren, legen wir zunächst den Fall linear-homogener Produktionsfunktionen mit identischer Faktorintensität zugrunde. Betrachtet sei wieder ein Modell mit zwei Produktionsrichtungen und zwei Produktionsfaktoren. Die Kontraktkurve ist dann gleich der Diagonalen des Boxdiagramms. Das Verhältnis der Faktorpreise ist entlang der Kontraktkurve konstant und damit technisch eindeutig festgelegt. Nimmt man nun an, daß Monopolmacht in Produktionsrichtung 1 besteht, daß die Faktoren nach ihrem Grenzerlösprodukt entlohnt werden und daß Vollbeschäftigung herrscht, so ist das ausgeschüttete Einkommen kleiner als der Verkaufswert der beiden Produkte, denn

$$wL_0 + rK_0 = p_1(1 - 1/\varepsilon_1)(F_{1K}K_1 + F_{1L}L_1) + p_2(F_{2K}K_2 + F_{2L}L_2)$$
$$= p_1(1 - 1/\varepsilon_1)q_1 + p_2q_2 < (p_1q_1 + p_2q_2).$$

Herrschen in den einzelnen Produktionsrichtungen unterschiedliche Faktorintensitäten, so verändert sich infolge von Monopolmacht, wie im vorigen Abschnitt gezeigt wurde, auch das Lohn/Zins-Verhältnis. Wenn Monopolmacht z. B. im kapitalintensiven Sektor entsteht, erhöht sich das Lohn/Zins-Verhältnis. Dadurch würde sich ceteris paribus die Lohnquote erhöhen. Gleichzeitig jedoch wird die Lohnquote durch die Entstehung eines Monopolgewinns gemindert.

Wenn die Produktion unter der Bedingung zunehmender Skalenerträge stattfindet und die Durchschnittskostenkurve dementsprechend fallend verläuft, so kann eine durch die Technik bedingte Monopolstellung entstehen. Ein solcher Fall ist in *Figur 3* dargestellt.

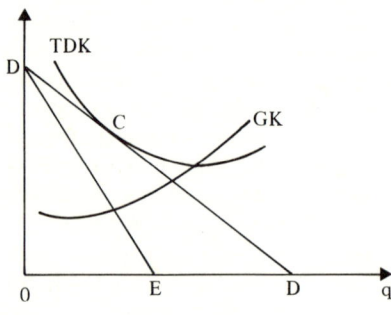

Figur 3

Dabei sei zunächst angenommen, daß beim Gleichgewichtspreis die fallende Durchschnittskostenkurve die Nachfragekurve gerade berührt, so daß ein Monopolgewinn nicht entsteht. Zunehmende Skalenerträge implizieren im Fall homogener Produktionsfunktionen, daß die Summe der mit dem Faktoreinsatz multiplizierten Grenzprodukte der Faktoren größer ist als die Produktion. Würden die Faktoren mit dem Wert ihres Grenzproduktes entlohnt, so müßten sich für die Unternehmen Verluste einstellen. Wenn sich ein Monopolpreis bildet und die Faktoren mit ihrem Grenzerlösprodukt entlohnt werden, kann die aus zunehmenden Skalenerträgen resultierende Verlusttendenz gerade durch die Preisbildung für das erzeugte Gut kompensiert werden.

In diesem Fall ist die Skalenelastizität $v = 1/(1 - 1/\varepsilon_1)$, so daß

$$wL_0 + rK_0 = p_1(1 - 1/\varepsilon_1) \, vq_1 + p_2q_2 = p_1q_1 + p_2q_2$$

ist. Der Produktionswert wird also in diesem Falle trotz des Monopols in Produktionsrichtung 1 durch die Faktorentlohnung nach der Grenzproduktivität vollständig ausgeschöpft.

Dieser Fall tritt als finanzwirtschaftliches Gleichgewicht auf, wenn die Eigentumstitel (z. B. Aktien) am Monopol an der Börse erworben werden können (vgl. IV. Kapitel). Der Monopolgewinn fällt dann den Kapitaleigentümern als Vermögenszuwachs zu. Gelingt es einem Unternehmen, monopolistische Marktmacht zu erlangen, so nimmt der Wert des Unternehmens zu. Dieser Wertzuwachs kann, wenn die Firma eine Aktiengesellschaft ist, durch den Verkauf von Aktien, sonst durch den Verkauf des ganzen Unternehmens realisiert werden. Neuaktionäre bzw. die neuen Eigentümer des Unternehmens mit Marktmacht erhalten demgegenüber auf ihr Kapital nur eine Normalverzinsung.

2. Gesellschaftliche Kosten von Monopolmacht

a. Wohlfahrtsverlust

Infolge der durch Monopolmacht bedingten Verzerrung der Produktionsstruktur entstehen für die Volkswirtschaft Wohlfahrtsverluste. Die Messung solcher Wohlfahrtsverluste beruht auf einer Überlegung, die in der *Figur 1* für den Zwei-Güter-Fall illustriert ist.

Im Optimum wird ein gesellschaftlicher Nutzen realisiert, der durch die gesellschaftliche Indifferenzkurve I_0 repräsentiert wird. Das Monopolgleichgewicht M_1 liegt dagegen auf einer Indifferenzkurve, die einen geringeren gesellschaftlichen Nutzen beschreibt. Eine Messung des Wohlfahrtsverlustes muß darauf hinauslaufen, die Nutzendifferenz durch eine hypothetische Einkommensdifferenz zum Ausdruck zu bringen.

Um das zu erreichen, gehen wir vom volkswirtschaftlichen Optimum aus. Im Optimum haben sich Produzenten und Konsumenten an gegebene Preisrelationen angepaßt. Das Optimum kann deshalb vom Standpunkt des Konsumenten aus als ein Berührungspunkt einer Indifferenzkurve mit der Budgetgeraden dargestellt werden. Die Lage der Budgetgeraden wird bekanntlich durch die Höhe des Einkommens bestimmt. Wir müssen deshalb zuerst feststellen, wie hoch das Volkseinkommen im Fall des volkswirtschaftlichen Optimums ist.

Die Budgetgerade kann man durch die Gleichung $q_2 = Y/p_2 - (p_1/p_2)q_1$ beschreiben, in der Y das nominelle Volkseinkommen ist. Ohne Beschränkung der Allgemeinheit kann man weiter annehmen, daß der Preis des Gutes 2 identisch gleich Eins ist, daß also der Preis des Gutes 1 in Einheiten des Gutes 2 ausgedrückt wird. Die Höhe des Einkommens wird in Einheiten des Gutes 2 durch den Schnittpunkt der Budgetlinie mit der Ordinate gegeben, in *Figur 1* also durch die Strecke 0E.

Wenn nun der Preis des Gutes 1 infolge der Monopolmacht des Produzenten dieses Gutes erhöht wird, so dreht sich die Budgetlinie um den Punkt E. Das Gleichgewicht der Konsumenten würde zum Punkte U auf der Indifferenzkurve I'' wandern. Dann würde aber Unterbeschäftigung herrschen, da U links von der Produktionsmöglichkeitskurve liegt. Das beim Punkt U auftretende Überschußangebot an Produktionsfaktoren (Kapital und Arbeit) führt an den Märkten zu einer Senkung ihrer Preise. Reallohn und Zins sinken. Dadurch vermindert sich einerseits das den Produktionsfaktoren zufließende Einkommen, andererseits aber ruft die Senkung der Faktorpreise eine höhere Nachfrage nach den Produktionsfaktoren hervor. Im Monopolgleichgewicht des Punktes M_1 sind die Faktorpreise soweit gefallen, daß wieder Vollbeschäftigung herrscht. Gleichzeitig ist eine Einkommensumverteilung zugunsten des Monopols dadurch eingetreten, daß auf Kosten der Faktoreinkommen ein Monopolgewinn entstanden ist. Er wird durch die Strecke BE gemessen.

Der Punkt M_1 liegt auf einem niedrigeren Nutzenniveau. Soll das ursprüngliche Nutzenniveau der Indifferenzkurve I_0 erreicht werden, so müßte das Einkommen um den Betrag AB zunehmen, so daß die nach rechts verschobene Budgetgerade die Indifferenzkurve I_0 berührt. Der Betrag AB stellt den durch Monopolmacht bedingten Wohlfahrtsverlust dar. Er ist die Einkommensveränderung, die erforderlich wäre, um die Nutzendifferenz zwischen dem Monopolgleichgewicht (M_1) und dem volkswirtschaftlichen Optimum (Q) auszugleichen.

Um eine empirische Messung des Wohlfahrtsverlustes vornehmen zu können, müßte man die volkswirtschaftliche Transformationskurve und die gesellschaftlichen Indifferenzkurven kennen. Das ist praktisch unmöglich. Man muß deshalb Näherungsverfahren verwenden.

Um den durch Monopolmacht bedingten Wohlfahrtsverlust zu messen, kann man sich der Konzeption der Konsumentenrente bedienen.[2] Man kann zeigen, daß die hypothetische Einkommensdifferenz AB nichts anderes ist als der Teil der Konsumentenrente, der infolge der Erhöhung des Preises durch Monopolmacht verloren geht.

Die Veränderung der Konsumentenrente durch die Preiserhöhung, die vom Punkte Q zum Punkte U führt, wird in *Figur 1* durch die Einkommensvaria-

---

[2] Vgl. V. Kapitel, Abschnitt 5.

tion AE dargestellt. Endgültig verloren geht aber nur der durch die Strecke AB gegebene Teil der Konsumentenrente. In Höhe der Einkommensvariation BE findet eine Umverteilung statt. Diese Zusammenhänge kann man sich auch klarmachen, wenn man die Konsumentenrente durch die Fläche unter der Nachfragekurve mißt (vgl. V. Kapitel). Zur Vereinfachung wird dabei angenommen, daß der Einkommenseffekt einer Preisveränderung bei dem betreffenden Gut vernachlässigt werden kann, so daß die gewöhnliche Nachfragekurve mit der kompensierten Nachfragekurve identisch ist.[3] In *Figur 4* werden konstante Grenzkosten angenommen, die mit den Durchschnittskosten übereinstimmen. Der Konkurrenzpreis wird durch Punkt Q, der Monopolpreis durch Punkt C bestimmt. Durch die Preiserhöhung vom Punkte Q zum Punkte C nimmt die Kosumentenrente um den Inhalt der Fläche BCQD ab. Im Monopolfall entsteht jedoch ein Monopolgewinn, der durch den Flächeninhalt des Rechtecks BCED gegeben wird. Insoweit führt der Monopolpreis zu einer Umverteilung. Verloren geht dagegen der durch den Inhalt des Dreiecks CQE beschriebene Teil der Konsumentenrente. Das ist der durch Monopolmacht bedingte Wohlfahrtsverlust.

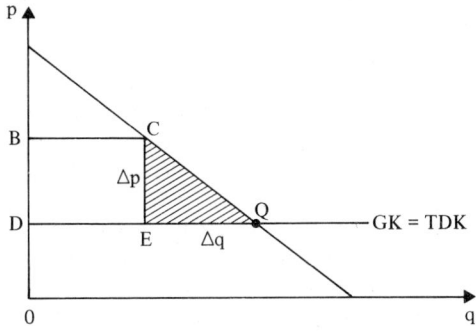

Figur 4

Der durch den Flächeninhalt des Dreiecks CQE gegebene Wohlfahrtsverlust ist gleich

$$WL = -\frac{1}{2}\,\Delta p\,\Delta q.$$

Berücksichtigt man, daß die Preiselastizität näherungsweise durch $\varepsilon = -(p/q)\,\Delta q/\Delta p$ bestimmt ist, so erhält man durch Einsetzen und geringfügige arithmetische Umformungen

$$WL = \frac{1}{2}\left(\frac{\Delta p}{p}\right)^2 \varepsilon pq.$$

---

[3] Wenn kompensierte und gewöhnliche Nachfragekurve verschieden sind, wird der Wohlfahrtsverlust durch die Fläche des Dreiecks CQE unter der gewöhnlichen Nachfragekurve unterschätzt. Vgl. S. 137.

Darin ist $\Delta p/p = (p - GK)/p$ die relative Differenz zwischen dem Monopolpreis und dem Konkurrenzpreis, und ε ist die Preiselastizität der Nachfrage des Marktes. Im Fall des reinen Monopols ist $\Delta p/p = (p - GK)/p = 1/\varepsilon$ und der Wohlfahrtsverlust ist demzufolge

$$WL = \frac{1}{2} \frac{p - GK}{p} pq.$$

In der Realität jedoch ist der Fall des reinen Monopols selten. In den realistischen Fällen unvollständiger Konkurrenz weicht die für das Verhalten des einzelnen Anbieters maßgebliche Preiselastizität des Absatzes von der Preiselastizität der Nachfrage des Marktes ab[4], so daß in diesen Fällen $\Delta p/p$ und ε unabhängig voneinander abgeschätzt werden müssen.

b. Gesamtwirtschaftliche Kosten durch Rentensuche

Durch die im vorigen Abschnitt dargestellten Wohlfahrtsverluste werden die gesellschaftlichen Kosten der Monopolmacht nur unvollständig erfaßt, denn neben den Wohlfahrtsverlusten führt Monopolmacht zu einer Verschwendung von Ressourcen.

Durch Monopolmacht entsteht bei gegebenen Kostenfunktionen ein Gewinn, der eine Rente darstellt. Als Rente bezeichnet man in der ökonomischen Theorie einen Faktorertrag (in Form eines Kapitalertrags, Bodenrente oder Lohn), der über die Opportunitätskosten dieses Faktors hinausgeht, also höher ist als der Ertrag des Faktors in der nächstbesten Verwendung. Renten in diesem Sinne können auf zweierlei Weise entstehen, durch naturgegebene oder durch künstlich geschaffene Knappheit. Naturgegebene Knappheit findet man bei natürlichen Ressourcen und bei menschlichen Begabungen und Fähigkeiten. Künstliche Knappheit wird durch eine Monopolstellung herbeigeführt. Solche Monopolstellungen beruhen, sieht man von dem verhältnismäßig seltenen Fall des natürlichen Monopols (z. B. auf Grund zunehmender Skalenerträge) ab, letztlich auf staatlichen Sanktionen. Diese bestehen erstens in staatlichen Schutzmaßnahmen, namentlich durch Außenhandelsprotektion, durch staatliche Lizenzierung und damit einer Zugangsbeschränkung zu Berufen oder Gewerbezweigen sowie durch Patentschutz. Zweitens kommen Monopolstellungen dadurch zustande, daß die staatliche Rahmenordnung wettbewerbsbeschränkende Absprachen von Unternehmen toleriert.

Soweit ökonomische Renten durch künstlich geschaffene Knappheit bedingt sind, ist mit rentensuchendem Verhalten von Nutznießern künstlicher Knappheiten zu rechnen. Rentensuchendes Verhalten kann darin bestehen, daß Unternehmen und ihre Verbände versuchen, Einfluß auf die Gesetzgebung oder auch auf behördliche Entscheidungen zu gewinnen, um sich Schutz vor Konkurrenz zu verschaffen. Rentensuchendes Verhalten besteht auch darin, daß Arbeitnehmer und ihre gewerkschaftlichen Vertretungen versuchen, in Tarifauseinandersetzungen oder durch Ausnutzung des arbeitsrechtlichen Rahmens an der Monopolrente zu partizipieren.

---

[4] Vgl. Theoretische Volkswirtschaftslehre III, VIII. Kapitel.

Rentensuche hat zur Folge, daß Ressourcen verschwendet werden. Renten-suchendes Verhalten innerhalb von Unternehmen führt zu überhöhten Ko-sten. Schon *Adam Smith* stellte auf Grund der Erfahrungen seiner Zeit mit staatlich privilegierten Monopolgesellschaften im Kolonialhandel fest, daß die Monopolpreise dazu dienen, ,,die Nachlässigkeit, Verschwendung und Korruption der Angestellten zu ermöglichen", so daß die Dividende selten die normale Höhe übersteigt und manchmal dahinter zurückbleibt (*Smith* S. 278). Solche Ineffizienzen können sehr leicht Kostenvorteile von Mono-polen, die aus großbetrieblicher Produktion erwachsen, überkompensieren.

Rentensuche führt ferner zu einem Ressourcenverzehr insoweit, als Organi-sationen finanziert werden, mit deren Hilfe Einfluß auf staatliche Entschei-dungen genommen werden soll. Die Kosten fallen dabei keineswegs aus-schließlich bei denjenigen an, die am Ende in den Genuß von Monopolposi-tionen kommen. Ein Beispiel mag das verdeutlichen. Angenommen sei, daß der Staat eine Lizenz für die Produktion eines Gutes vergibt, auf Grund der ein Monopol entsteht. Der Gegenwartswert des Monopolgewinns betrage 100000 DM. Es möge 10 Bewerber geben, von denen jeder 10000 DM auf-wendet, um die Lizenz zu erhalten. Nur einer erhält sie jedoch und gewinnt damit 90000 DM. Insgesamt sind freilich 100000 DM aufgewendet worden, so daß der Monopolgewinn durch Ressourcenverzehr vollständig aufgewo-gen worden ist.

Berücksichtigt man, daß an der Rentensuche zahlreiche Personen beteiligt sind, so liegt es nahe, die Rentensuche zur Erlangung und Erhaltung einer Monopolposition als einen kompetitiven Prozeß aufzufassen (*Posner* 1975, *Tollison* 1982). Ressourcen zu Erlangung und Erhaltung von Monopolposi-tionen werden solange eingesetzt, als die Grenzkosten der Erlangung von Monopolpositionen geringer sind als die Grenzerträge in Form von zusätzli-chen Renteneinkommen. Bei konstanten Skalenerträgen und damit konstan-ten Durchschnittskosten würde dieser Prozeß dazu führen, daß am Ende Monopolgewinne vollständig in Kosten verwandelt werden. Tatsächlich dürften aber im Prozeß der Rentensuche steigende Durchschnittskosten auf-treten, so daß etablierte Unternehmen Differentialrenten erzielen können (*Fisher* 1985).

XI. Kapitel
Lohnbildung am Arbeitsmarkt

In den vorangegangenen Kapiteln wurde angenommen, daß der Bestand an Produktionsfaktoren in der Volkswirtschaft gegeben ist. Die Faktorpreise ergaben sich dann als implizite Bewertungen der Faktorbestände. In diesem Kapitel soll die Annahme gegebener Bestände hinsichtlich des Bodens und des Kapitalstocks aufrechterhalten bleiben. Für das Arbeitsangebot soll hingegen eine Abhängigkeit vom Lohnsatz vorausgesetzt werden. Grundlage dafür ist die Theorie des privaten Haushalts.

1. Gleichgewichtslohn bei Wettbewerb auf allen Märkten

Als Bezugspunkt der nachfolgenden Analyse der Auswirkungen von Marktmacht sei zunächst ein Modell der Lohnbildung auf dem Markt für eine bestimmte Arbeitsart behandelt, in dem vorausgesetzt wird, daß die Produzenten, die Arbeitsleistungen nachfragen, sowohl auf ihrem Absatzmarkt als auch am Arbeitsmarkt untereinander in vollständiger Konkurrenz stehen und daß auch die Arbeitnehmer ihre Arbeitsleistung in Konkurrenz miteinander anbieten. Die Arbeitsangebotskurve eines Individuums ergibt sich aus der Theorie des Haushalts (vgl. VI. Kapitel). Die Arbeitsangebotskurve des betrachteten Marktes für eine Arbeitsart findet man durch Horizontaladdition der individuellen Arbeitsangebotskurven. Eine solche Arbeitsangebotskurve S ist in *Figur 1* eingetragen. Die Nachfragekurve für Arbeitsleistungen ergibt sich aus der Produktionstheorie (vgl. III. Kapitel). Sie besitzt, wie dort gezeigt wurde, eine negative Steigung. Das gleiche gilt für die Marktnachfragekurve D. Der Gleichgewichtslohn wird durch den Schnittpunkt der Kurven S und D bestimmt.

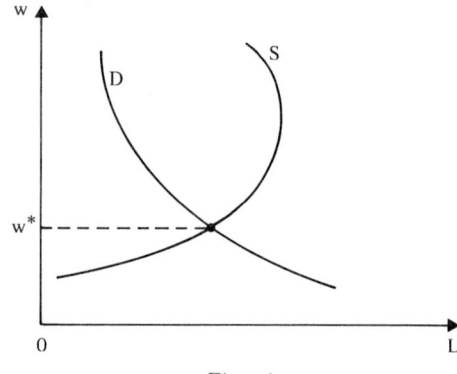

Figur 1

Der Gleichgewichtslohnsatz steigt, wenn sich die Nachfragekurve nach rechts und/oder wenn sich die Angebotskurve nach links verlagert.

Dieses Modell ist wegen seiner Annahmen in mancher Hinsicht unrealistisch und stößt außerdem vielfach auf Widerspruch, weil in ihm menschliche Arbeit wie eine gewöhnliche Ware behandelt wird. Nichtsdestoweniger ist dieses einfache Modell in zahlreichen Fällen durchaus geeignet, zutreffende Voraussagen über Vorgänge am Arbeitsmarkt abzuleiten. Richtig ist aber, daß Marktmacht am Arbeitsmarkt eine herausragende Bedeutung besitzt.

2. Lohn und Marktmacht der Produzenten

a. Interessengegensätze zwischen Kapital und Arbeit und das Wettbewerbsgleichgewicht am Arbeitsmarkt

Um eine graphische Behandlung zu ermöglichen, wird vereinfachend angenommen, daß nur ein einziges Gut durch den Einsatz von Kapital und Arbeit produziert wird. Der Bestand an Kapital wird als exogen gegeben vorausgesetzt. Die Produktionshöhe kann dann als eine Funktion der eingesetzten Arbeit dargestellt werden.

Nach klassischem Vorbild werden zwei Gruppen von Wirtschaftssubjekten unterschieden: Arbeiter und Kapitalisten. Die Kapitalisten verfügen über den Kapitalstock und arbeiten selbst nicht, während die Arbeiter ihre Arbeitskraft gegen Lohn anbieten. Die Arbeiter können jedoch festverzinsliche Wertpapiere besitzen, die ihnen unabhängig von ihrer Arbeitsleistung einen Anspruch auf einen Teil der Produktion garantieren. Den Kapitalisten fließt der Rest des Produktionsergebnisses einer Periode zu. Betrachtet man das Einkommen eines Jahres, so besitzen die Arbeiter eine positive Anfangsausstattung in Höhe ihres Zinsanspruches und die Kapitalisten eine negative Anfangsausstattung in gleicher Höhe, denn sie müssen unabhängig von der tatsächlichen Produktion aus ihrem Bestand an Gütern einen Zins an die Besitzer festverzinslicher Wertpapiere zahlen.

Wollte man sich unter Kapitalisten bestimmte Personen vorstellen, so würde man nur wenige Menschen finden, für die diese Annahmen zutreffen. Aus diesem Grunde soll unter einem Kapitalisten eine bloße Rolle verstanden werden, die von ganz verschiedenen Personen übernommen werden kann. Wir wollen uns dabei weiter vorstellen, daß jeder Kapitalist in diesem Sinne, jede Rolle eines Kapitalisten also, den gleichen Kapitalstock repräsentiert. Natürlich können von einem Individuum mehrere solche Rollen übernommen werden. Die Annahme der Existenz von Kapitalisten im Sinne einer Rolle bedeutet, daß ein vom Interesse der Arbeiter unabhängiges Interesse der Kapitalbesitzer vorausgesetzt wird. Dieses Interesse braucht keineswegs immer von den Personen selbst unmittelbar vertreten zu werden, in deren Eigentum sich der Kapitalstock befindet. Vielfach findet man bezahlte Vertreter, wie Banken oder Investmentgesellschaften, die im Interesse ihrer Auftraggeber auf gewinnbringende Investitionen des Kapitals bedacht sind.

Wir können jetzt die Interessenlage der beiden Klassen unseres Modelles genauer beschreiben, indem wir annehmen, daß die Angehörigen beider Klassen eine Nutzenfunktion maximieren. Vereinfachend wird dazu angenommen, daß alle Arbeiter gleich sind, also die gleiche Nutzenfunktion besitzen und über die gleiche Anfangsausstattung verfügen, und daß alle Kapitalisten gleich sind, also die gleiche Nutzenfunktion maximieren und die gleiche Anfangsausstattung besitzen. Der Nutzen eines Arbeiters soll entsprechend der Nutzenfunktion $u^A = u^A(y^A, \lambda)$ von seinem Einkommen y^A und von der verfügbaren Freizeit λ abhängen. Die Kapitalisten maximieren die Nutzenfunktion $u^B = u^B(y^B)$, nach der ihr Nutzen von ihrem Einkommen y^B abhängig ist. Wir wollen jetzt weiter voraussetzen, daß die Zahl der Arbeiter einer Wirtschaft stets genau so groß ist, wie die Zahl der Kapitalisten. Diese Annahme kann ohne weiteres getroffen werden, da wir einen Kapitalisten lediglich als eine Rolle auffassen. Die Annahme einer gleich großen Zahl von Arbeitern und Kapitalisten bedeutet deshalb nicht, daß die Zahl der Personen, die als Kapitalisten handeln, gleich der Zahl der Arbeiter ist.

Unter der getroffenen Annahme ist die Gesamtproduktion der Wirtschaft pro Arbeiter $y = y^A + y^B$. Bei einem gegebenen realen Kapitalstock wird die Produktion durch die Höhe des Arbeitseinsatzes determiniert. Bezeichnet man mit λ^0 die insgesamt verfügbare potentielle Arbeitszeit, die unter Berücksichtigung physiologischer Notwendigkeiten und sozialer Standards angeboten werden könnte, so ist $\lambda^0 - \lambda$ die tatsächlich eingesetzte Arbeit. Die Produktion, die mit Hilfe des Kapitalstocks eines einzelnen Kapitalisten erzeugt werden kann, beträgt $y = f(\lambda^0 - \lambda)$. Vorausgesetzt wird dabei, daß das Grenzprodukt der Arbeit positiv ist und mit zunehmendem Arbeitseinsatz abnimmt.

Eine Nutzenfunktion eines Arbeiters wird in *Figur 2a* durch Indifferenzkurven dargestellt. Wir nehmen an, daß Freizeit ein normales Gut ist. Die Präferenzrichtung wird durch einen Pfeil angedeutet. Mehr Einkommen und mehr Freizeit wird danach gegenüber weniger Einkommen und weniger Freizeit vorgezogen.

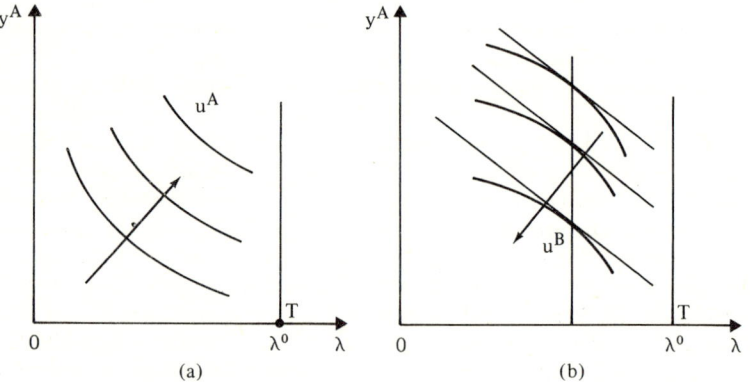

Figur 2

Die Nutzenfunktion eines Kapitalisten kann als $u^B(y - y^A) = u^B[f(\lambda^0 - \lambda) - y^A]$ geschrieben werden. Da der Grenznutzen des Einkommens der Kapitalisten als positiv anzunehmen ist und das Einkommen der Kapitalisten um so höher ist, je länger die Arbeitszeit der Arbeiter und je geringer deren Einkommen ist, nimmt der Nutzen der Kapitalisten zu (vgl. *Figur 2b*), wenn die Freizeit der Arbeiter und das Einkommen der Arbeiter abnimmt. Kapitalisten und Arbeiter werden somit von entgegengesetzten Interessen geleitet. Die Grenzrate der Substitution auf der Indifferenzkurve eines Kapitalisten ergibt sich aus $du^B = (du^B/dy^B) [-f'(\lambda^0 - \lambda) d\lambda - dy^A] = 0$ als $- dy^A/d\lambda = f'(\lambda^0 - \lambda)$ und ist deshalb gleich dem Grenzprodukt der Arbeit. Man kann daher festhalten, daß die Grenzrate der Substitution auf allen Indifferenzkurven eines Kapitalisten bei einem gegebenen λ gleich hoch ist.

Die Tatsache, daß Kapitalisten und Arbeiter von entgegengesetzten Interessen geleitet werden, bedeutet freilich nicht, daß bei einer Beschäftigung von Arbeitern durch Kapitalisten stets der Nutzen einer Partei gleich dem Schaden der anderen ist. Es handelt sich vielmehr um einen Tausch, der von einer beliebigen Ausgangslage aus für beide Parteien Vorteile mit sich bringen kann. In *Figur 3* werden mögliche Lösungen einer Zusammenarbeit von einem Kapitalisten und einem Arbeiter wiedergegeben.

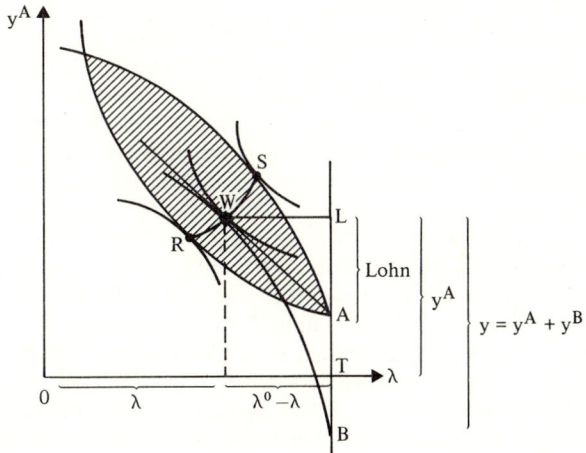

Figur 3

In *Figur 3* wird angenommen, daß die Arbeiter ein von ihrem Arbeitslohn unabhängiges Zinseinkommen von y_0^A beziehen, das durch die Strecke TA dargestellt wird.[1] Der Kapitalist tritt demzufolge in den Tausch mit einer negativen Anfangsausstattung von $-y_0^A$ ein. Ausgangspunkt des Tausches ist deshalb Punkt A. Ein Arbeiter wird keine Lösung akzeptieren, die ihn auf

---

[1] Das Einkommen TA kann alternativ auch als Existenzminimum gedeutet werden, das dem einzelnen Arbeiter vom Staat garantiert und bei Verlust des Arbeitsplatzes gezahlt wird.

ein geringeres Nutzenniveau bringt, als durch die den Punkt A schneidende Indifferenzkurve zum Ausdruck gebracht wird. Ebenso wird der Kapitalist keine Lösung akzeptieren, die rechts von seiner durch den Punkt A laufenden Indifferenzkurve liegt. Die möglichen Lösungen, durch die wenigstens ein Partner besser gestellt wird als in der Ausgangslage, ohne daß der andere schlechter gestellt ist, liegen in dem schraffierten Bereich, der von den durch A laufenden Indifferenzkurven des Arbeiters und des Kapitalisten umschlossen wird. In dem schraffiert gezeichneten Tauschbereich ist der Nutzen des Arbeiters oder des Kapitalisten oder der Nutzen beider höher als in der Ausgangslage. Daraus ergibt sich die Richtigkeit der eingangs aufgestellten Behauptung, daß die Beschäftigung eines Arbeiters durch einen Kapitalisten für beide Partner Vorteile mit sich bringen kann.

Zur Diskussion der möglichen Lösungen können wir weitgehend auf die Ergebnisse der im VII. Kapitel dargestellten Tauschtheorie zurückgreifen. Im Tauschbereich existiert demzufolge eine Kontraktkurve, die alle *Pareto*-Optima umfaßt. Unter diesen *Pareto*-Optima befinden sich auch die Ausbeutungspunkte R und S. Beim Punkte R werden die Arbeiter in dem Sinne ausgebeutet, daß sich ihre Lage gegenüber der Ausgangssituation nicht verbessert. Beim Punkte S werden die Kapitalisten im entsprechenden Sinne ausgebeutet. Auf der Kontraktkurve befindet sich in *Figur 3* ferner genau ein Wettbewerbsgleichgewicht, bei dem eine vom Punkt A ausgehende Tauschgerade auf der Kontraktkurve gerade die Indifferenzkurve des Arbeiters und die des Kapitalisten berührt. Die Steigung der Tauschgeraden AW gibt das Austauschverhältnis zwischen dem produzierten Gut und der Arbeit wieder und ist deshalb gleich dem Reallohn. Wenn das Wettbewerbsgleichgewicht realisiert ist, wird die gesamte Produktion durch die Strecke BL beschrieben. Faßt man nun B als Koordinatenursprung zur Darstellung der gesamten Produktion pro Kopf eines Arbeiters auf, so ist die bei B beginnende Indifferenzkurve des Kapitalisten gleichzeitig eine Darstellung der Produktionsfunktion. Von der Gesamtproduktion pro Kopf erhält der Arbeiter als Lohn die durch die Strecke LA wiedergegebene Menge des produzierten Gutes. Als Zinseinkommen erhält er die durch TA dargestellte Menge des Gutes. Der Rest von TB fällt als Einkommen an den Kapitalisten. Der Reallohnsatz LA/WL ist gleich dem Grenzprodukt der Arbeit. Wenn die Produktionsfunktion linear-homogen ist, so ist der Zins gleich dem Grenzprodukt des Kapitals. Nur im Wettbewerbsgleichgewicht jedoch stimmen die Faktorentgelte mit ihren jeweiligen Grenzprodukten überein. Bei allen anderen Punkten auf der Kontraktkurve weicht der Reallohn vom Grenzprodukt der Arbeit ab und dementsprechend auch der Zins vom Grenzprodukt des Kapitals. Bei Lösungen, die auf der Kontraktkurve links (rechts) vom Punkte W liegen, ist der Reallohn geringer (höher) als das Grenzprodukt der Arbeit. Man kann deshalb zusammenfassend festhalten, daß bei einer Bewegung auf der Kontraktkurve vom Punkte R zum Punkte S der Reallohn steigt und die Arbeitszeit sinkt.

Kurzfristig, d. h. bei dem gegebenen Kapitalstock, wird die Höhe des Reallohnes nach oben hin durch den Punkt S begrenzt, bei dem das gesamte Produktionsergebnis als Lohn gezahlt wird und die Kapitalverzinsung Null ist. Auf längere Sicht ist die Obergrenze des möglichen Lohnsatzes jedoch geringer. Wenn für Kapitaleigentümer alternative Anlagechancen bestehen, z. B. im Ausland, so kann die Kapitalverzinsung nicht unter die im Ausland realisierbare Verzinsung sinken und der maximal mögliche Lohnsatz ist dementsprechend niedriger. Darüber hinaus besitzen Kapitaleigentümer auch stets die Möglichkeit, auf Kapitalbildung zu verzichten und statt dessen ihre Einkommen in stärkerem Maße oder sogar vollständig zu konsumieren, falls ihnen die Verzinsung des Kapitals unzureichend erscheint. Da der Kapitalstock nicht ewig hält, sondern stets durch Ersatzinvestitionen erhalten werden muß, wird eine Verminderung der Kapitalbildung infolge vermehrten Konsums der Kapitaleigentümer zu einer Senkung des Kapitalstocks pro Kopf führen. Das wieder hat eine Senkung der Kurve der Produktion pro Arbeiter zur Folge. Die Kurve der Funktion $f(\lambda^0 - \lambda)$ beginnt nach wie vor im Punkte A, sie wird aber flacher, so daß infolge des gesunkenen Kapitalstocks das Grenzprodukt der Arbeit bei jedem Arbeitseinsatz geringer wird. Dadurch wird der Tauschbereich von oben her eingeschränkt, so daß auch der maximal mögliche Lohnsatz sinkt.

b. Koalitionen und der „Kern" der Wirtschaft

Wenn Verträge allein zwischen einem einzelnen Arbeiter und einem einzelnen Kapitalisten zugelassen sind, kann man nur voraussagen, daß die Lösung des bilateralen Tausches irgendwo auf der Kontraktkurve liegen wird. Die Wettbewerbslösung besitzt keine besondere Relevanz. Man kann nun jedoch zeigen, daß in einer Wirtschaft mit einer großen Zahl von Arbeitern und Kapitalisten bei völliger Vertragsfreiheit die Menge der möglichen Lösungen kleiner ist und daß schließlich, wenn die Zahl der Arbeiter und der Kapitalisten gegen Unendlich geht, nur noch die Wettbewerbslösung möglich ist. Wenn die Zahl der Arbeiter und Kapitalisten zunimmt, werden Koalitionen zwischen mehreren Arbeitern und Kapitalisten möglich, die für die Beteiligten vorteilhaft sind. Andere Lösungen werden durch Koalitionen blockiert. Wie in der Theorie des reinen Tausches wird die Menge aller nicht blockierbaren Lösungen als „Kern" der Wirtschaft bezeichnet.

Im Fall des bilateralen Tausches zwischen einem Kapitalisten und einem Arbeiter bildet die Kontraktkurve innerhalb des Tauschbereiches den Kern der Wirtschaft. Koalitionen können nur zwischen je einem Arbeiter und einem Kapitalisten gebildet werden. Für keine der Lösungen auf der Kontraktkurve im Tauschbereich kann ein Tauschpartner besser gestellt werden, ohne daß der andere schlechter gestellt wäre, denn die Kontraktkurve stellt die Menge aller *Pareto*-Optima dar. Betrachtet man jedoch eine größere Wirtschaft, so ist der Kern der Wirtschaft kleiner als die Menge der *Pareto*-Optima. Wie in der Theorie des reinen Tausches gezeigt wurde, schrumpft der Kern der Wirtschaft mit zunehmender Zahl der Tauschpartner und fällt im Grenzfall – im vorliegenden Modell bei unendlich-großer Zahl von Arbeitern und Kapitalisten – mit dem Wettbewerbsgleichgewicht zusammen.

Wenn ein Wettbewerbsgleichgewicht einmal erreicht ist, so kann es durch keine noch so kunstvoll ausgedachte Koalition umgestoßen werden, weil keine Koalition in der Lage ist, ihren Mitgliedern gegenüber dem Wettbewerbsgleichgewicht Vorteile zu verschaffen. Voraussetzung für die Gültigkeit des Grenztheorems ist allerdings völlige Vertrags- und Koalitionsfreiheit. Es müssen insbesondere Koalitionen zwischen Teilnehmern entgegengesetzter Marktseiten möglich sein. Um den Prozeß der Koalitionsbildung, auf dem die Robustheit des Wettbewerbsgleichgewichts beruht, durchleuchten zu können, sollen zunächst einige Beispiele von relevanten Koalitionsbildungen dargestellt werden.

Als Koalitionen im Sinne der Theorie können alle Verträge zwischen Arbeitern und Arbeitgebern und zwischen Konsumenten und Produzenten angesehen werden. Koalitionen in diesem Sinne sind insbesondere kollektive Verträge zwischen Gewerkschaften und Arbeitgebern oder deren Verbänden. Koalitionen sind ebenfalls Konsumgenossenschaften oder sonstige Einkaufsgenossenschaften von Verbrauchern, die mit Produzenten Lieferverträge abschließen. Durch unser Modell werden die engen Beziehungen zwischen Koalitionen auf dem Arbeitsmarkt und den Gütermärkten besonders hervorgehoben. Das Modell weist daraufhin, daß die engen historischen Verbindungen zwischen den Gewerkschaften und den Konsumgenossenschaften keineswegs Zufall sind. Man sollte sich in diesem Zusammenhang daran erinnern, daß im 19. Jahrhundert mit außerordentlicher Heftigkeit über die Frage debattiert worden ist, ob die Bildung von Konsumgenossenschaften als ein geeignetes Mittel zur Verbesserung der Lage der arbeitenden Klassen gelten kann.

Koalitionen zwischen Kapitalisten und Arbeitern werden schließlich auch durch Firmen begründet. Unternehmen stellen mittels einer komplexen Organisation eine dauernde Plattform der Kooperation zwischen Arbeitern und Kapitalisten dar. Diese Interpretation einer Unternehmung wird besonders plausibel, wenn man Publikumsaktiengesellschaften betrachtet, bei denen die Zahl der Aktionäre zum Teil größer ist als die Zahl der Arbeiter. Eine interessante Frage ergibt sich in diesem Zusammenhang bei der Deutung der Rolle des angestellten Managements. Traditionell wird angenommen, das Management stehe ausschließlich im Dienst der Kapitaleigentümer und sei deshalb verpflichtet, als ihr Agent zu handeln. Wenn man eine Unternehmung als Plattform einer permanenten Kooperation zwischen Arbeitern und Kapitaleigentümern ansieht, erscheint die Rolle des Managements jedoch in einem anderen Licht. Von diesem Standpunkt aus fällt dem Management die Rolle eines Maklers zu, der die Aufgabe hat, die Bedingungen herauszufinden, unter denen Kapital und Arbeit im Unternehmen tätig bleiben wollen.

c. Beschränkung der Koalitionsfreiheit und Monopole

Um die Wirkung von Beschränkungen der Koalitionsfreiheit zu untersuchen, nehmen wir an, auf der Seite des Kapitaleigentums bestehe ein Monopol. Es wird also angenommen, daß alle Unternehmen ein Kartell bilden. Der Kartellvertrag verbietet den Mitgliedern, auf eigene Faust mit Arbeitern oder Konsumenten Verträge abzuschließen, die von den Konditionen abweichen, die das Kartell festgelegt hat. Die Macht des Kartells hängt in erheblichem Umfang davon ab, ob die Kartellmitglieder zu einem gleichförmigen Verhalten gezwungen werden können. Aus der Geschichte der Kartelle ist bekannt, daß abweichendes Verhalten häufig mit Vertragsstrafen belegt

wurde und daß Kartellaußenseiter durch die Androhung von Unterbietungs-
wettbewerb zu einem kartellkonformen Verhalten gezwungen wurden.

In dem Modell, das wir zur Analyse der Wirkungen von Monopolpositionen
der Kapitaleigentümer jetzt betrachten, wird angenommen, daß die Arbeiter
zu einem einheitlichen Lohnsatz beschäftigt werden müssen und daß die Produzenten das erzeugte Gut zu einem einheitlichen Preise verkaufen müssen.
Für die Arbeiter stellt der Lohnsatz bzw. der Preis ein Datum dar, an das sie
sich zur Erreichung eines Nutzenmaximums anpassen. Ihr Verhalten wird in
Figur 4 durch die Tauschkurve T_A beschrieben, die alle Punkte verbindet, an
denen eine Tauschgerade die Indifferenzkurve eines Arbeiters berührt.

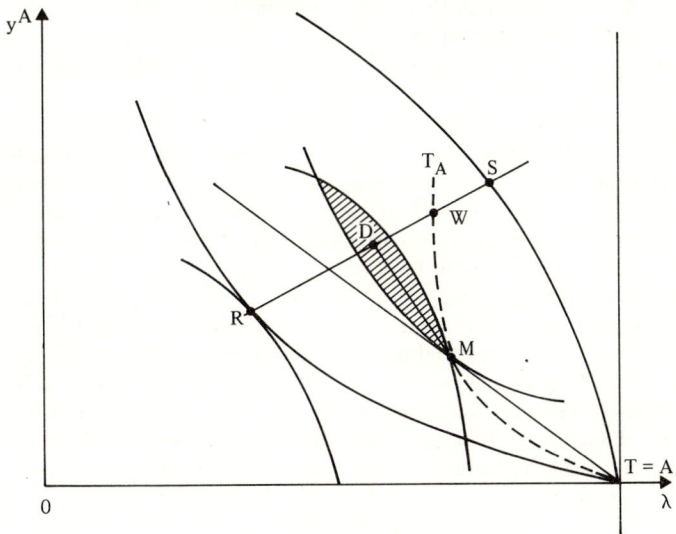

Figur 4

Das Monopol kann von dieser Tauschkurve der Arbeiter ausgehen und findet das Nutzenmaximum der Kapitaleigentümer dort, wo die Tauschkurve
eine ihrer Indifferenzkurven berührt. Auf diese Weise erhält man in *Figur 4*
den Punkt M. Bei diesem Punkt M ist offensichtlich der Reallohn, der durch
die Steigung der Tauschgeraden AM gegeben wird, niedriger als das Grenzprodukt der Arbeit, das durch die Steigung der Indifferenzkurve eines Kapi-
taleigentümers am Punkt M determiniert ist.

Der Punkt M liegt allerdings nicht auf der Kontraktkurve und ist deshalb
nicht *Pareto*-optimal. Er gehört daher auch nicht zum Kern. Wenn die Koalitionsbildung völlig frei wäre, könnte der Punkt M auf die Dauer keinen
Bestand haben. Für einen einzelnen Produzenten würde es sich lohnen, das
Kartell zu verlassen. Das Kartell müßte zerbrechen. Hier wird noch einmal
ganz deutlich, daß die Monopolmacht eines Kartells darauf beruht, daß die
Kartellmitglieder nicht die Freiheit besitzen, allein im eigenen Interesse zu
handeln. Allerdings – das wird nachher noch klar werden – führt die Unter-

werfung unter die Kartelldisziplin zu einem für alle Kartellmitglieder besseren Ergebnis als die Wettbewerbslösung, die dann zustande kommt, wenn jeder Produzent seine Interessen auf eigene Faust zu verwirklichen sucht.

Doch auch im Fall eines vollkommenen Monopols würden Arbeiter wie auch Kapitalisten besser fahren, wenn sie Verhandlungen aufnähmen, um einen Punkt in dem schraffierten Gebiet der *Figur 4* zu erreichen, der von den durch M laufenden Indifferenzkurven der Arbeiter und der Kapitalisten umschlossen wird. So würden Arbeiter und Kapitalisten z. B. beim Punkte D besser gestellt sein als beim Punkte M. Da die Indifferenzkurven der Arbeiter annahmegemäß streng konvex sind, besitzt die Tauschgerade MD, durch die ausgehend von M der Punkt D erreicht werden kann, eine größere Steigung als die Linie TM. Um den Punkt D zu verwirklichen, müssen die Kapitalisten deshalb einen höheren Reallohn für die zusätzliche Arbeitsleistung bieten oder sie müssen die zusätzliche Produktion zu einem niedrigeren Preis verkaufen.

Ein typisches Beispiel für den im Modell dargestellten Fall bildet die unterschiedliche Bezahlung für die normale Arbeitszeit und für Überstunden. Es ist interessant festzuhalten, daß eine solche differenzierte Entlohnung im Rahmen des vorliegenden Modells nur dadurch erklärt werden kann, daß die Kapitalisten eine gewisse Monopolmacht besitzen. Man beachte dabei, daß auf Grund der differenzierten Entlohnung eine Lösung zustande kommt, die auf der Kontraktkurve links vom Wettbewerbsgleichgewicht liegt. Der durchschnittliche Reallohn für die insgesamt geleistete Arbeit, der durch die Steigung der (nicht eingezeichneten) Verbindungslinie des Punktes T mit dem Punkte D determiniert wird, ist geringer als der Reallohn des Wettbewerbsgleichgewichtes. Die weite Verbreitung der differenzierten Entlohnung für die normale Arbeitszeit und für Überstunden kann als empirische Bestätigung dafür angesehen werden, daß der Reallohn auf Grund von Monopoleinflüssen niedriger ist als das Grenzprodukt der Arbeit.

3. Gewerkschaften

a. Die Rolle der Gewerkschaften

Gewerkschaften sind Kampfverbände und Interessenvertretungen von Arbeitnehmern mit dem Ziel einer wirtschaftlichen Besserstellung der vertretenen Arbeitnehmer. Das angestrebte Ziel wird auf unterschiedliche Weise verfolgt, durch Beratung und Information der Mitglieder, durch kollektive Lohnverhandlungen und durch Einflußnahme auf die Gesetzgebung.

Gibt es am Arbeitsmarkt ein bilaterales Monopol?

Sind alle Arbeitnehmer in einer Gewerkschaft und sind die Arbeitgeber zu einer Vereinigung zusammengeschlossen, zwischen denen Lohnsätze kollektiv ausgehandelt werden, so liegt ein bilaterales Monopol vor. Die möglichen Lösungen, die sich aus Kollektivverhandlungen ergeben können, sind durch die Menge der *Pareto*-Optima gegeben, in dem Modell der *Figur 3* durch die Kontraktkurve RS. Es sollte jedoch beachtet werden, daß die in der Realität übliche Konstellation, in der die tariflichen Lohnsätze das Ergebnis von Kollektivverhandlungen sind, kein bilaterales Monopol darstellt. Gegenstand der Tarifverträge ist nur der Nominallohn, nicht dagegen der Reallohn (wie in dem Modell des vorigen Abschnittes); denn die Preisbildung für die erzeugten Güter unterliegt nicht der kollektiven Vereinbarung. Außerdem besteht keine absolute Bindung der vertragsschließenden Parteien an die ausgehandelten Lohnsätze. Der Tariflohn ist nur ein Mindestlohn. Ferner gehören nicht alle Arbeitnehmer und auch nicht alle Arbeitgeber Gewerkschaften bzw. Arbeitgeberverbänden an. Schließlich gibt es keine umfassenden Tarifverträge für alle Arbeitnehmer eines Landes. Vielmehr werden die Tarifverträge für Industriezweige, Berufsgruppen und dazu regional differenziert abgeschlossen.

Die Rolle der Gewerkschaften ist differenzierter und vielschichtiger. Die Möglichkeiten ihrer Einflußnahme bedürfen deshalb einer genaueren Analyse.

Eine Grundbedingung für die Wirksamkeit von Gewerkschaften im Rahmen der Lohnbildung ist, daß sie von der Arbeitgeberseite als Vertragspartner anerkannt werden. Das beruht einmal auf der Ausgestaltung der Gesetzgebung eines Landes, zum anderen aber auch auf der Mitgliederzahl der Gewerkschaften. Für die Gewerkschaften kommt es deshalb darauf an, die Mitgliedschaft für die Arbeitnehmer attraktiv zu gestalten. Die Leistungen einer Gewerkschaft stellen für die Mitglieder ein öffentliches Gut dar, an dessen Kosten sie sich durch Beiträge beteiligen. Die Leistungen der Gewerkschaft im Rahmen kollektiver Arbeitsverträge sind für alle Arbeitnehmer im Geltungsbereich der Verträge auch unabhängig von der Mitgliedschaft in der Gewerkschaft ein öffentliches Gut, wenn kollektive Arbeitsverträge auf Grund der Gesetzgebung allgemeingültig sind oder wenn sie von den Arbeitgebern auch für solche Arbeitnehmer angewandt werden, die nicht Mitglied der Gewerkschaft sind.

Um die Mitgliedschaft in der Gewerkschaft attraktiv zu machen, stehen prinzipiell zwei Mittel zur Verfügung, die Beschränkung der Geltung von kollektiven Arbeitsverträgen auf Gewerkschaftsmitglieder und/oder ein mit der Mitgliedschaft in der Gewerkschaft verbundenes Angebot privater Güter, wie Information und individuelle Rechtsberatung, Organisation beruflicher Weiterbildungskurse, verbilligter Urlaubsreisen und ähnliches.

Kollektive Arbeitsverträge

Ein kollektiver Arbeitsvertrag kann im Sinne der kooperativen Tauschtheorie als eine Koalition zwischen Unternehmen und einer Gruppe von Arbeitnehmern aufgefaßt werden, durch den beide Seiten einen Vorteil erlangen. Die Unternehmer erhalten dank des durch den Vertrag begründeten Friedens ein durch Streiks nicht gefährdetes Arbeitsangebot, die Arbeitnehmer erhalten einen höheren Lohn als bisher. Durch einen Tarifvertrag für die Arbeitnehmer einer Firma, die Arbeitnehmer eines Industriezweiges oder einer Region können die durch vergleichsweise höhere Arbeitsproduktivität vorhandenen Spielräume für Lohnerhöhungen voll ausgeschöpft werden. Damit werden für die Arbeitnehmer des betreffenden Tarifbereichs günstigere Abschlüsse möglich als in einem breiteren Geltungsbereich, in dem die Arbeitgeberseite auf die ökonomisch schwächeren Mitglieder ihrer Gruppe stärker Rücksicht nehmen muß.

Voraussetzung für Tarifabschlüsse mit unterschiedlichen Bedingungen für verschiedene Industriezweige und Unternehmen ist, daß der Marktzutritt für Arbeitnehmer beschränkt wird. Ein höherer Lohnsatz in einem bestimmten Industriezweig oder Unternehmen führt dazu, daß sich eine ,,Schlange" von Bewerbern bildet, durch die ein Druck auf das Lohnniveau des betreffenden Industriezweiges oder Unternehmens ausgeübt wird. Das Ergebnis wäre eine Egalisierung der Lohnsätze zwischen den Industriezweigen bzw. Unternehmen, es sei denn die ,,Schlange" bleibt wegen einer Beschränkung des Eintritts bestehen. Eintrittsbeschränkungen für Arbeitnehmer können auf verschiedene Weise zustande kommen.

Einmal können Unternehmen und Gewerkschaften, wie das in manchen Ländern legal ist, vereinbaren, daß ein Unternehmen nur Gewerkschaftsmitglieder beschäftigen darf. Die Folge ist, daß die Gewerkschaft den Markteintritt von Arbeitnehmern kontrollieren kann. Eine Eintrittsbeschränkung wird zweitens durch Kündigungsschutzvorschriften begründet. Will ein Unternehmen nämlich einen in der ,,Schlange" wartenden Bewerber zu niedrigerem Lohn beschäftigen, so muß ein bisher Beschäftigter entlassen werden. Wird eine solche Entlassung durch Kündigungsschutzvorschriften erschwert oder ist sie unmöglich, so ist auch der Markteintritt eines neuen Arbeitnehmers erschwert oder unmöglich. Vorstellbar ist drittens, daß ein Unternehmen von sich aus im Interesse der Erhaltung des sozialen Friedens im eigenen Unternehmen eine ,,Schlange" von Bewerbern bestehen läßt.

Bei differenzierter Tarifgestaltung werden einzelne Gruppen von Arbeitnehmern relativ benachteiligt. Sie werden deshalb versuchen, ähnliche Vorteile zu erlangen, wie sie in den begünstigten Bereichen realisiert worden sind. Soweit zwischen Firmen, Branchen und Regionen Mobilität der Arbeit möglich ist, werden Lohndifferentiale durch Wanderungen der Arbeitskräfte tendenziell eingeebnet. Soweit das nicht möglich ist, und soweit die relativ benachteiligten Arbeitnehmer der gleichen Gewerkschaft angehören wie die relativ begünstigten, wird die Gewerkschaftsführung unter Druck geraten, tendenziell gleichförmige Tarifabschlüsse anzustreben.

b. Arbeitskämpfe

Arbeitskämpfe sind ein heute allgemein als legitim angesehenes Mittel zur Durchsetzung der eigenen Interessen im Rahmen kollektiver Lohnbildungsprozesse. Durch Streiks versuchen Gewerkschaften, Lohnerhöhungen durchzusetzen, durch Aussperrungen versuchen Arbeitgeber, die Gewerkschaften in Arbeitskämpfen zum Einlenken zu zwingen.

Zur Beschreibung der Lohnbildung durch Vereinbarungen nach Arbeitskämpfen sollen hier zwei Modelle dargestellt werden, das auf Ideen von *Hicks* (1963) aufbauende Verhandlungsmodell von *Ashenfelter/Johnson* (1969) und die von *Thompson* (1980) eingeführte Idee, daß Streiks von den Unternehmen als Substitut für Kartelle auf den Absatzmärkten benutzt werden.

Verhandlungsmodell von *Ashenfelter/Johnson*

Unterschieden werden drei Parteien, die Unternehmer, die Gewerkschaftsführung und die Mitglieder der Gewerkschaft.

Die Unternehmer suchen den Kapitalwert ihrer Firma zu maximieren und haben abzuwägen zwischen den zukünftigen Aufwendungen, die aus Lohnzugeständnissen erwachsen, und den Kosten, die durch einen Streik (oder auch eine Aussperrung) verursacht werden.

Hinsichtlich der Ziele der Gewerkschaftsführung sind in der Literatur verschiedene Hypothesen diskutiert worden, wie z. B. die Maximierung der Lohnsumme der Gewerkschaftsmitglieder oder die Maximierung der Lohnquote. Die Hypothese der Maximierung einer Zielgröße durch die Gewerkschaft ist als Erklärungsansatz jedoch nur dann zweckmäßig, wenn die Gewerkschaft über ein Instrument verfügt, daß zur Erreichung dieses Zieles eingesetzt werden kann. Man könnte daran denken, den Lohnsatz als ein solches Instrument zu betrachten, durch dessen Veränderung bei einer gegebenen Nachfrage der Unternehmer nach Arbeitsleistungen das Ziel der Maximierung z. B. der Lohnsumme angestrebt werden könnte. Dieser Ansatz ist jedoch unrealistisch; denn die Gewerkschaften können den Lohnsatz wohl im Rahmen der Tarifvertragsverhandlungen beeinflussen, sie können ihn jedoch nicht festsetzen. Tatsächlich gehen Lohnverhandlungen auch in der Weise vor sich, daß die Gewerkschaft Lohnforderungen erhebt und während der Verhandlungen bei der normalerweise auftretenden Divergenz zwischen ihrer Forderung und dem Angebot der Unternehmerseite diese auffordert, ein ,,realistisches'' und verhandlungsfähiges Angebot vorzulegen. Angesichts dieses empirischen Sachverhaltes ist es nicht zweckmäßig, die Lohnbildung als einen Vorgang darzustellen, bei dem die Gewerkschaft durch Wahl eines Instrumentes eine Zielfunktion maximiert.

Realistischer ist es, davon auszugehen, daß die Gewerkschaftsmitglieder bestimmte Erwartungen hinsichtlich des realisierbaren Lohnzuwachses entwickeln und daß die Gewerkschaftsführung auf der Grundlage dieser Erwartungen Lohnforderungen erhebt. Die Gewerkschaftsführung wird in der Regel von dem Ziel geleitet sein, das Überleben und das Wachstum ihrer Gewerkschaft als Institution und nicht zuletzt auch ihr eigenes politisches Überleben zu sichern. Die Gewerkschaftsführung besitzt im allgemeinen bessere Informationen als die Gewerkschaftsmitglieder darüber, welcher Lohnzuwachs bei der herrschenden Wirtschaftslage für die Unternehmen tragbar und ohne Gefahr für die Arbeitsplätze durchsetzbar ist. Ihre Lohnforderungen werden deshalb häufig hinter den Erwartungen der Mitglieder zurückbleiben. Die Gewerkschaftsführung darf mit dem Ergebnis der Tarifverträge aber andererseits auch nicht zu weit hinter den Erwartungen der Mitglieder zurückbleiben, wenn ihr politisches Überleben nicht in Frage gestellt sein soll.

Die anfängliche Lohnforderung der Gewerkschaftsführung wird deshalb erstens bestimmt sein von den Lohnerwartungen der Arbeitnehmer, die ihrerseits

● vielfach aus einer Extrapolation vorangegangener Lohnerhöhungen erwachsen, ferner

- von der Inflationsrate und damit dem Anstieg der Lebenshaltungskosten genährt und schließlich
- durch Arbeitslosigkeit gedämpft werden.

Die anfängliche Lohnforderung der Gewerkschaftsführung wird zweitens von ihrer Durchsetzbarkeit abhängig sein, die wiederum

- einmal von der durch die Gewinnhöhe angezeigten wirtschaftlichen Lage der Unternehmen beeinflußt wird und außerdem
- von dem Machtpotential der Gewerkschaft, konkret davon, welchen Schaden die Gewerkschaft den Unternehmen durch einen Streik zufügen kann. Das wieder hängt ab von dem Anteil der Gewerkschaftsmitglieder an der Gesamtzahl der Arbeitnehmer eines Tarifbereichs und den finanziellen Reserven einer Gewerkschaft.

Wenn es zum Streik kommt, werden mit zunehmender Streikdauer auch für die Gewerkschaftsmitglieder Kosten entstehen, weil im allgemeinen die Streikunterstützungen aus der Gewerkschaftskasse geringer sind als die bisherigen Löhne. Die Erfahrung zeigt, daß mit zunehmender Streikdauer die Lohnerwartungen der Gewerkschaftsmitglieder nach unten revidiert werden, sie werden dabei jedoch ein gewisses Mindestniveau selten unterschreiten.

Graphisch ist dieses Modell in *Figur 5* dargestellt. Eingetragen ist einmal eine Schar von Iso-Kapitalwertkurven, die jeweils Kombinationen der Lohnzuwachsrate $\hat{y}$ und der Streikdauer s angeben, bei denen der Kapitalwert der Firma konstant ist.

Der Kapitalwert einer Firma im Zeitpunkt t = 0, an dem ein Streik mit der Dauer von s Perioden beginnt, ergibt sich aus der Summe des auf den Zeitpunkt t = 0 diskontierten Stroms der Überschüsse der Erlöse über die laufenden Kosten und den auf den Zeitpunkt t = 0 diskontierten Fixkosten, die jährlich anfallen werden. Vereinfachend sei angenommen, daß die laufenden Kosten nur aus Lohnkosten bestehen. Dann ist der Kapitalwert einer Firma

$$V = \int_s^\infty [pq - w(1 + \hat{y})L]\, e^{-rt}\, dt - \int_0^\infty He^{-rt}\, dt,$$

wobei pq den Erlös, L die eingesetzte Arbeit, w den bisherigen Lohnsatz, $\hat{y}$ die Lohnzuwachsrate und H die Fixkosten darstellt. Nach Integration erhält man unter der Annahme, daß pq, w, $\hat{y}$ und L Konstante sind,

$$V = [pq - w(1 + \hat{y})L]\, \frac{e^{-rs}}{r} - \frac{H}{r}$$

und daraus als Gleichung einer Iso-Kapitalwertkurve

$$\hat{y} = \frac{pq - (rV + H)e^{rs}}{wL} - 1,$$

deren Steigung

$$\frac{d\hat{y}}{ds} = -re^{rs} \left(\frac{rV + H}{pq} \right) \frac{pq}{wL} < 0$$

beträgt. Da auch $d^2\hat{y}/ds^2 = rd\hat{y}/ds < 0$ ist, verlaufen die Iso-Kapitalwertkurven strikt konkav zum Ursprung. Je näher eine Iso-Kapitalwertkurve am

Koordinatenursprung liegt, um so höher ist der durch sie repräsentierte Kapitalwert der Firma.

In *Figur 5* eingezeichnet ist ferner eine Forderungskurve[2] der Gewerkschaft, durch die beschrieben wird, wie sich die Lohnforderung mit der Dauer des Streiks verändert. Die anfängliche Lohnforderung wird durch die Lohnzuwachsrate $\hat{y}_0$ angegeben. Angenommen wird eine konvex verlaufende Kurve, die sich asymptotisch einer minimalen Lohnzuwachserwartung von $\hat{y}_m$ nähert[3].

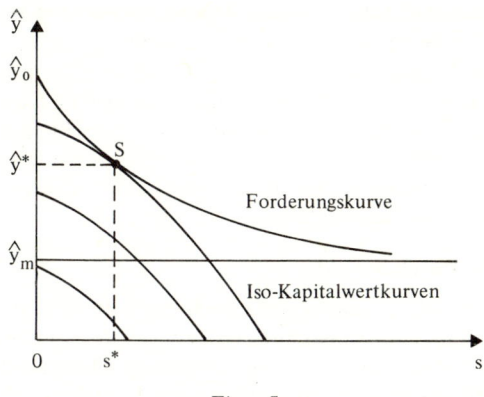

Figur 5

Das für die Unternehmen bestmögliche Ergebnis wird durch den Berührungspunkt S der gewerkschaftlichen Forderungskurve mit einer Iso-Kapitalwertkurve bestimmt. Die Unternehmensseite wird also, wenn sie der anfänglichen Lohnforderung der Gewerkschaft nicht folgt, eine gewisse Streikdauer hinnehmen, um ein Ergebnis zu erreichen, das bei den gegebenen Verhaltensweisen der Gewerkschaft den Kapitalwert der Firma maximiert.

Das aus dem Arbeitskampf und den Verhandlungen zwischen Unternehmen und Gewerkschaft resultierende Ergebnis hängt von der Lage und der Gestalt der gewerkschaftlichen Forderungskurve sowie von der Gestalt der Iso-Kapitalwertkurven ab. Der resultierende Lohnzuwachs ist um so höher, je größer der Satz der anfänglichen Lohnforderung und je langsamer der erwartete Satz der Lohnerhöhung mit der Dauer eines Streiks abgebaut wird und je geringer deshalb die Steigung der Forderungskurve ist. Die Steigung der Forderungskurve wieder hängt einmal von der Höhe der finanziellen Unterstützung ab, mit der streikende Gewerkschaftsmitglieder aus der Kasse der Gewerkschaft oder von Seiten des Staates rechnen können, und zum anderen von der Höhe der minimalen Lohnforderung, d. h. von der Lohnforderung, für die man um jeden Preis streiken würde. Die Steigung der Iso-Kapital-

---

[2] *Ashenfelter/Johnson* nennen sie „decay curve". Sie ist nicht identisch mit der von *Hicks* (1963) eingeführten „Widerstandskurve", obgleich sie auf der gleichen Idee beruht.

[3] Ein Beispiel stellt die Gleichung $\hat{y} = \hat{y}_m + (\hat{y}_0 - \hat{y}_m) e^{-rs}$ dar.

wertkurven $-d\hat{y}/ds$ ist um so größer, je höher die Fixkosten sind. Um so höher ist dann auch der resultierende Lohnzuwachs $\hat{y}$ und um so geringer ist die Streikdauer. Das hängt damit zusammen, daß ein Streik infolge der hohen Fixkostenbelastung den Kapitalwert eines Unternehmens relativ stärker belastet als zugestandene Lohnerhöhungen. Ein Unternehmen hat deshalb bei hoher Fixkostenbelastung ein Interesse daran, Streiks rasch zu beenden und wird dafür höhere Lohnkosten in Kauf nehmen. Je höher umgekehrt die Lohnquote wL/pq ist, um so stärker wiegen zugestandene Lohnerhöhungen. Um so nachhaltiger ist der Widerstand der Unternehmen gegenüber Lohnforderungen und um so länger dauern Streiks, um so geringer sind dann auch die Lohnzugeständnisse der Unternehmer.

Bemerkenswert ist, daß die aus einem Arbeitskampf resultierende Lösung nicht *Pareto*-optimal ist. Ein Lohnzuwachs, wie der in *Figur 5* dargestellte Zuwachs $\hat{y}^*$, könnte prinzipiell auch ohne Streik erreicht werden und damit sowohl die Arbeitnehmer als auch die Unternehmer mit geringeren Kosten belasten. Diese Beobachtung ist ein Hinweis darauf, daß ein Arbeitskampf stets ein Element der Irrationalität enthält.

Monopolmacht durch Streiks

Von *Thompson* (1980) wurde darauf verwiesen, daß die Unternehmen eines Wirtschaftszweiges die gemeinsame Front gegenüber den Gewerkschaften dazu benutzen können, auf ihren Absatzmärkten Marktmacht zu erlangen, sofern die Nachfrage intertemporal substituierbar ist (wie z. B. bei dauerhaften Konsumgütern) und die Produktionskapazitäten ausgelastet sind, so daß die Produktion intertemporal nicht verschiebbar ist. Ein Streik führt unter diesen Voraussetzungen zu einer Minderung der jährlichen Produktion und damit zu höheren Preisen der verkauften Produkte, also zu einem Ergebnis, das alternativ auch durch ein Kartell der Produzenten erreichbar wäre.

Der mittels Streiks realisierbare Monopolgewinn begründet einen Anreiz, die Entstehung von Streiks durch anfänglich niedrige Lohnangebote zu provozieren. Die aus den Lohnverhandlungen schließlich resultierende Lohnhöhe kann dann das wettbewerbliche Lohnniveau durchaus überschreiten.

Aus diesem theoretischen Ansatz ergeben sich die folgenden Hypothesen. Streiks sind relativ selten in Industriezweigen mit einer geringen intertemporalen Substituierbarkeit der Nachfrage wie z. B. in Dienstleistungsbereichen (Restaurants, Theater). Streiks sind häufiger in konjunkturellen Aufschwungsphasen, in denen die Produktionskapazitäten ausgelastet sind, als in Rezessionen. Streiks sind seltener in Industriezweigen, in denen Monopolmacht auf Grund hoher Konzentration des Angebotes besteht oder durch Kartelle relativ leicht geschaffen werden kann und es deshalb des Umwegs über die Solidarisierung der Unternehmen gegenüber den Gewerkschaften nicht bedarf.

c. Auswirkungen gewerkschaftlich bedingter Lohndifferentiale

Wenn, bedingt durch gewerkschaftlichen Einfluß, Lohndifferentiale zwischen einzelnen Wirtschaftszweigen entstehen, so ergibt sich ein ineffizienter Faktoreinsatz. Da nur der Lohn, nicht aber der Zins (und im allgemeinen

auch nicht der Nutzungspreis anderer Produktionsfaktoren) durch gewerk-
schaftlichen Einfluß verändert werden kann, entstehen bei unterschiedlicher
Durchsetzungskraft der einzelnen Gewerkschaften zwischen den verschiede-
nen Wirtschaftszweigen Unterschiede der Lohn/Zins-Relationen. Wenn die
Unternehmen die Kapitalintensität zur Erreichung eines kostenminimalen
Faktoreinsatzes so wählen, daß die Lohn/Zins-Relation mit dem Verhältnis
der Grenzprodukte von Arbeit und Kapital übereinstimmt, müssen die
Grenzraten der Substitution zwischen Kapital und Arbeit in den einzelnen
Produktionsrichtungen verschieden sein. Eine grundlegende Voraussetzung
des effizienten Faktoreinsatzes ist dann verletzt.

Ferner tritt infolge des durch Gewerkschaftseinfluß entstandenen Lohndif-
ferentials eine Veränderung der Zusammensetzung der Produktion ein. Infolge einer Lohnerhöhung, die ein Lohndifferential begründet, steigen die
Grenzkosten in dem betreffenden Sektor. Das führt zu einem Rückgang der
Produktion und damit zu einer Freisetzung von Arbeit und Kapital. Die
freigesetzten Produktionsfaktoren müssen, soll weiterhin Vollbeschäftigung
herrschen, in anderen Produktionsrichtungen beschäftigt werden, wo die
Produktion dementsprechend steigen muß. Parallel zu dieser Produktions-
umschichtung wird der Preis der in den schrumpfenden Produktionsrichtungen erzeugten Güter relativ steigen und der Preis der in expandierenden
Sektoren produzierten Güter relativ fallen.

Wir müssen in der weiteren Analyse nun danach differenzieren, ob der gewerkschaftliche Einfluß stärker im arbeitsintensiven Sektor oder im kapitalintensiven Sektor der Wirtschaft eintritt. Vorausgesetzt wird dabei, daß sich
Produktionsrichtungen eindeutig nach ihrer Faktorintensität unterscheiden
lassen.

Es sei zunächst angenommen, ein gewerkschaftlich bedingtes Lohndifferential entstehe im arbeitsintensiven Sektor der Wirtschaft. Die Produktion
dieses Sektors geht dann zurück und Arbeit und Kapital werden freigesetzt.
Da in dem anderen Sektor der Wirtschaft, dessen Produktion zunimmt, bei
einem gegebenen Lohn/Zins-Verhältnis relativ mehr Kapital pro Beschäftig-
ten und deshalb bei der Expansion relativ weniger Arbeit benötigt wird, als
in der arbeitsintensiven Produktionsrichtung freigesetzt wird, kommt es zur
Lohnsenkung. Obgleich das Lohndifferential zugunsten des gewerkschaftlich stärker beeinflußten Sektors bestehen bleibt, sinkt doch das allgemeine
Lohnniveau, so daß über den Effizienzverlust hinaus, der die Gesamtheit
trifft, die Arbeiter insgesamt als Folge der gewerkschaftlichen Lohnpolitik
schlechter gestellt sind.

Wenn dagegen der Gewerkschaftseinfluß im kapitalintensiven Sektor der
Wirtschaft stärker ist und ein Lohndifferential zugunsten der Arbeiter dieses
Sektors entsteht, kann sich der Lohnsatz generell, d. h. auch im gewerkschaftlich schwächer oder gar nicht beeinflußten Sektor erhöhen. Der Produktionsrückgang im kapitalintensiven Gewerkschaftssektor setzt relativ
mehr Kapital als Arbeit frei, so daß bei der Wiedereingliederung der Produktionsfaktoren im arbeitsintensiven Sektor ein Angebotsüberschuß an Kapital
entsteht, der zu einer Erhöhung der globalen Lohn/Zins-Relation führt.

Wegen dieser Zusammenhänge ist der Effekt von gewerkschaftlich bedingten Lohndifferenzen zwischen einzelnen Wirtschaftszweigen auf die globale Lohn/Zins-Relation und auch auf die funktionale Einkommensverteilung nicht eindeutig.

Einerseits kann damit gerechnet werden, daß der Anteil der Gewerkschaftsmitglieder an der Gesamtzahl der Arbeitnehmer eines Industriezweiges, der gewerkschaftliche Organisationsgrad, in relativ arbeitsintensiven Industriezweigen verhältnismäßig hoch ist. Da durch Streiks ein relativ großer Teil der Gesamtproduktion betroffen wird, führt ein hoher gewerkschaftlicher Organisationsgrad zu einem starken Druck, der trotz des Widerstandes der Unternehmen arbeitsintensiver Industriezweige im Ergebnis zu einem hohen Lohnniveau in diesem Industriezweig führen kann. Das ist insbesondere dann der Fall, wenn die Streiks von den Unternehmen als Mittel zur Begründung monopolistischer Marktmacht benutzt werden.

Auf der anderen Seite muß man berücksichtigen, daß in kapitalintensiven Industriezweigen der Widerstand der Unternehmen gegen Lohnerhöhungen wegen der relativ großen Fixkostenbelastung geringer ist als in arbeitsintensiven Industriezweigen und daß deshalb um so höhere Löhne gezahlt werden, je höher die Kapitalintensität ist.

Wegen dieser gegenläufigen Tendenzen läßt sich nicht generell sagen, ob sich per Saldo ein gewerkschaftlich bedingtes Lohndifferential zugunsten arbeitsintensiver oder kapitalintensiver Industriezweigen einstellen wird. Aus dem gleichen Grund ist der Effekt des Gewerkschaftseinflusses auf die Lohnquote indeterminiert. Würde sich ein Lohndifferential zugunsten arbeitsintensiver Industriezweige einstellen, so würde dadurch die Lohnquote fallen, sofern das Kapitalangebot gegeben ist und das Arbeitsangebot mit sinkendem Lohn abnehmen oder (bei einer Elasitzität des Arbeitsangebotes von Null) konstant bleiben würde. Unter den gleichen Voraussetzungen würde die Lohnquote steigen, wenn sich ein gewerkschaftlich bedingtes Lohndifferential zugunsten kapitalintensiver Wirtschaftszweige einstellte.

4. Vermögensbesitz der Arbeiter und Lohnhöhe

a. Vermögensbesitz und Arbeitsangebot

Wenn Freizeit ein normales Gut ist, führt ein Zuwachs des arbeitsunabhängigen Einkommens zu einer Verminderung des Arbeitsangebotes (vgl. VI. Kapitel). Das bedeutet, daß sich die Arbeitsangebotskurve nach links verschiebt. Als Folge davon nimmt unter Wettbewerbsbedingungen auf dem Arbeitsmarkt der gleichgewichtige Lohnsatz zu. Das gilt unabhängig davon, ob die Arbeitsangebotskurve ansteigend, wie in *Figur 6a,* oder im relevanten Bereich fallend, wie in *Figur 6b,* verläuft.

Dieses Ergebnis gilt nicht nur für den Fall des Wettbewerbs, sondern generell. Man kann das mit Hilfe der *Figur 3* ableiten. Dort ist zu sehen, daß eine Erhöhung des arbeitsunabhängigen Einkommens TA der Arbeiter zu einer Verschiebung des Tauschbereichs nach oben führt. Bei allen denkbaren Lösungen nimmt daher der Lohnsatz im Vergleich zu einer Situation mit geringerem arbeitsunabhängigen Einkommen zu (*Neumann*, 1976).

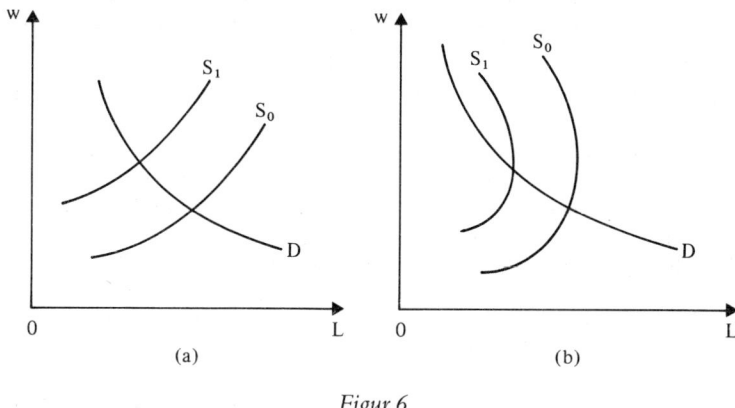

Figur 6

Das abgeleitete Ergebnis ist von großer praktischer Bedeutung. Vermögensbesitz der Arbeiter, der zu einem von der Produktionshöhe unabhängigen Anspruch auf Einkommen führt, hat für die Arbeiter einen doppelten Vorteil, nämlich einen Anteil am Kapitaleinkommen und zum anderen einen höheren Reallohn. Vermögensbesitz dagegen, auf Grund dessen nur ein Anspruch auf ein Residualeinkommen besteht, verschafft seinem Besitzer nur einen Anteil am Kapitaleinkommen, hat aber keinen Einfluß auf den Reallohn. Es scheint deshalb für Arbeiter vorteilhafter zu sein, festverzinsliche Wertpapiere zu besitzen, als Aktien zu halten. Diese Überlegung könnte als Erklärung dafür dienen, weshalb tatsächlich der Anteil der Arbeiter am Besitz von Aktien und ähnlichem Vermögen, das nur einen Anspruch auf Residualeinkommen verschafft, sehr gering ist.

b. „Sucharbeitslosigkeit"

Praktisch wirkt sich Vermögensbesitz eines Arbeiters vielfach so aus, daß er nicht gezwungen ist, jede sich bietende Arbeitsstelle anzunehmen, um seinen Lebensunterhalt zu bestreiten. Auf Grund des Vermögensbesitzes ist er in der Lage, zu warten und sich bei der Suche nach einem neuen Arbeitsplatz Zeit zu lassen. Je größer der Anteil der Arbeiter ist, für die das zutrifft, um so stärker ist in der *Figur 6* die Arbeitsangebotskurve nach links verschoben und um so höher ist der gleichgewichtige Lohnsatz. Die Folge ist andererseits ein relativ hoher Prozentsatz von Arbeitnehmern, die in einem gegebenen Zeitpunkt keinen Arbeitsplatz besitzen, also arbeitslos sind. Diese Art der Arbeitslosigkeit enthält ein beträchtliches Element der Freiwilligkeit. Zwar haben viele, wenn nicht die meisten dieser Arbeitslosen einen früher besessenen Arbeitsplatz nicht freiwillig aufgegeben, sondern sind aus den verschiedensten Gründen entlassen worden, die Dauer der Arbeitslosigkeit aber wird – im wahrsten Sinne des Wortes – durch ihr Vermögen, eine längere Zeit der Suche nach einem neuen Arbeitsplatz auf sich nehmen zu können, positiv beeinflußt.

Besonders ausgeprägt ist dieser Zusammenhang bei Verheirateten, für die das Einkommen des Ehepartners ein von eigener Arbeit unabhängiges Einkommen darstellt und eine längere Suche möglich macht.

Die gleiche Rolle wie eigenes Vermögen spielen die Ansprüche der Arbeitnehmer an die Sozialversicherung, insbesondere die Ansprüche auf Arbeitslosenunterstützung. Je höher die Arbeitslosenunterstützung ist, um so größer ist das „Vermögen", eine längere Suchzeit zu durchstehen. Um so höher ist auch die Arbeitslosenquote und der gleichgewichtige Lohnsatz. Es wäre deshalb falsch, die dargestellte Gleichzeitigkeit von Arbeitslosigkeit und Lohnhöhe als einen kausalen Zusammenhang zu deuten, auf Grund dessen die Arbeitslosigkeit durch die Lohnhöhe verursacht sei. Vielmehr ist beides, die Lohnhöhe und die Sucharbeitslosigkeit auf die Höhe des im Anspruch auf Arbeitslosenunterstützung verkörperten effektiven Vermögens der Arbeitnehmer zurückzuführen. Nicht auszuschließen ist natürlich, daß es neben der beschriebenen Sucharbeitslosigkeit auch durch andere Gründe bedingte Arbeitslosigkeit geben kann.[4]

5. Humankapital und Lohnhöhe

a. Humankapital als Produktionsfaktor

Ein Teil des auf Grund von Arbeitsverträgen gezahlten Einkommens ist vom ökonomischen Standpunkt aus dem im Arbeitnehmer verkörperten Humankapital zuzurechnen. Die Höhe des auf Humankapital entfallenden Teils des Arbeitslohnes hängt dabei von der Größe des Angebotes und von der Nachfrage nach den durch Humankapital bedingten Arbeitsleistungen ab. Deshalb besteht keineswegs eine Proportionalität zwischen dem zu historischen Kosten ermittelten Gesamtbestand an Humankapital und der Höhe des Einkommensdifferentials zugunsten qualifizierter Arbeit gegenüber einfacher Arbeit, in der wenig oder kein Humankapital zur Geltung kommt. Das Einkommensdifferential wird vielmehr um so geringer sein, je größer das Angebot der durch Humankapitalbesitz qualifizierten Arbeit im Vergleich zum Angebot einfacher Arbeit ist.

Ausbildung und berufliche Fähigkeiten können genereller Natur und damit unabhängig vom jeweiligen Arbeitsplatz wertvoll sein. Daneben gibt es spezielle Fähigkeiten, die nur in einer bestimmten Firma, an einem bestimmten Arbeitsplatz von Bedeutung sind und die für den Arbeitnehmer beim Verlassen der Firma wertlos werden. Die Kosten des Erwerbs generell verwertbarer Fähigkeiten, solcher Fähigkeiten also, die das Erwerbspotential eines Individuums erhöhen, müssen vom Arbeitnehmer selbst getragen werden, soweit nicht der Staat die Kosten übernimmt. Praktisch wirkt sich das in der Weise aus, daß die Lohnsätze während der Ausbildungszeit im Betrieb geringer sind als nach Vollendung der Ausbildung. Anders liegen die Dinge bei dem Erwerb firmenspezifischer Kenntnisse. Die Kosten für ihren Erwerb

---

[4] Vgl. dazu „Theoretische Volkswirtschaftslehre I".

muß das Unternehmen übernehmen. Insoweit tritt also während der Ausbildungszeit keine Minderung des Lohnes ein.

Die Kosten der firmenspezifischen Ausbildung eines Arbeitnehmers stellen für das Unternehmen eine Investition dar, Arbeit wird damit zu einem quasifixen Faktor. Verläßt ein Arbeiter den Betrieb, so geht der Wert des vom Unternehmen finanzierten Humankapitals verloren. Bei vorübergehenden Nachfrageschwankungen werden Arbeitnehmer mit firmenspezifischen Kenntnissen und Erfahrungen deshalb nur zögernd entlassen, insbesondere dann, wenn zu erwarten ist, daß entlassene Arbeitnehmer in anderen Unternehmen Arbeitsplätze finden und damit auch für eine Wiedereinstellung nach Besserung der Wirtschaftslage nicht mehr zur Verfügung stehen. Da die Fluktuation von Arbeitskräften mit firmenspezifischem Humankapital für das Unternehmen mit Kosten verbunden ist, wird die einzelne Firma darüber hinaus versuchen, durch Sozialleistungen, die an die Dauer der Firmenzugehörigkeit gebunden sind, die Fluktuation von Arbeitnehmern zu verringern. Diese Zusammenhänge führen zu einer Einschränkung der Mobilität von Arbeitskräften und gleichzeitig zu einer Lohndifferenzierung zwischen Firmen und Branchen.

b. Ausbildung als „Filter"

Kritisch ist zu der These, Humankapital erhöhe das Erwerbspotential eines Individuums, eingewandt worden, daß die Schulbildung kaum einen Einfluß auf die Grenzproduktivität der Arbeit habe. Die Grenzproduktivität sei vielmehr an einen Arbeitsplatz gebunden und für das Unternehmen komme es nur darauf an, denjenigen Bewerber einzustellen, dessen Einarbeitung die geringsten Kosten verursache. Schulzeugnisse würden überwiegend, wenn nicht ausschließlich Auskunft über die Bildungsfähigkeit des Bewerbers und seine Bereitschaft zu disziplinierter Arbeit geben und deshalb dem Arbeitgeber erlauben, denjenigen Bewerber auszuwählen, der sich am schnellsten einarbeiten läßt. Diese Interpretation der Rolle der außerbetrieblichen Bildung, die ursprünglich als Kritik an der herkömmlichen Deutung der Bildung als Erwerb von Humankapital konzipiert wurde, hat sicherlich einen richtigen Kern und kann ergänzend zu der traditionellen Interpretation herangezogen werden.

XII. Kapitel
Externe Effekte

Die Verwirklichung eines *Pareto*-Optimums in einer Wettbewerbswirtschaft ist an verschiedene notwendige Bedingungen geknüpft. Eine wichtige Voraussetzung, mit der sich dieses Kapitel beschäftigen soll, besteht darin, daß das Verhältnis der Grenzkosten, mit dem in der privaten Wirtschaft gerechnet wird, mit der volkswirtschaftlichen Grenzrate der Transformation übereinstimmt. Wenn das der Fall ist, stimmen die privaten Erträge der Produktion, die sich aus der Übereinstimmung von privatwirtschaftlich kalkulierten Grenzkosten und Preisen der produzierten Güter ergeben, und die gesellschaftlichen Erträge, die sich aus der Übereinstimmung von volkswirtschaftlichen Grenzkosten und marginalen Bewertungen der Güter durch die Konsumenten ergeben, überein. Nur wenn die privaten Erträge der Produktion mit den gesellschaftlichen Erträgen übereinstimmen, kann man erwarten, daß auf Grund privater Initiative ein gesellschaftlich erwünschtes Ergebnis hervorgebracht wird. Die Erfüllung der für die Realisierung eines *Pareto*-Optimums notwendigen Voraussetzung der Übereinstimmung zwischen privaten und gesellschaftlichen Erträgen kann verhindert werden durch externe Effekte der privaten Produktion.

1. Konzeption der externen Effekte

a. Zwei Arten externer Effekte: Pekuniäre und technologische Externalitäten

Von externen Effekten spricht man dann, wenn die Wirtschaftstätigkeit eines Individuums, sei es seine Produktion oder sein Konsum, den Nutzen anderer Individuen vorteilhaft oder nachteilig beeinflußt.

Pekuniäre externe Effekte

Eine gegenseitige Beeinflussung kann durch den Markt vermittelt werden und dann vornehmlich in Preisänderungen zum Ausdruck kommen. Wenn z. B. die Nachfrage nach den in einer Produktionsrichtung erzeugten Gütern steigt und deshalb in dieser Produktionsrichtung Produktionsfaktoren vermehrt nachgefragt werden, steigen infolge der Erhöhung der Faktorpreise auch die Kosten in anderen Produktionsrichtungen. Die Entwicklung anderer Produktionsrichtungen wird also beeinträchtigt. Andererseits werden die Anbieter von Rohstoffen, die in der expandierenden Produktionsrichtung benötigt werden, durch die zunehmende Produktion begünstigt. Ein zweites Beispiel stellt eine Investition dar, durch die in einer Produktionsrichtung eine neue Technik eingeführt wird. Nach dieser Innovation können die

Durchschnittskosten sinken, so daß bei Wettbewerb auch die Preise fallen und die Nachfrage nach dem betreffenden Produkt zunimmt. Das wieder löst eine vermehrte Nachfrage nach Produktionsfaktoren aus, so daß Zulieferindustrien ebenfalls expandieren können. Wenn eine Innovation in einem Sektor der Produktionsmittelindustrie stattgefunden hat, kann die Verbilligung des Produktes auch die Entwicklung nachgelagerter Industriezweige begünstigen, in denen dieses Produkt verwendet wird.

Technologische Externalitäten

Neben den pekuniären externen Effekten gibt es direkte Interdependenzen zwischen Wirtschaftssubjekten, deren Ursache wir später noch näher analysieren werden. Eine direkte Interdependenz, die zu technologischen Externalitäten führt, liegt vor, wenn der Nutzen eines Individuums i nicht nur von den eigenen Aktivitäten, sondern auch von denen anderer Individuen abhängig ist. Im Gegensatz zu den pekuniären externen Effekten werden die technologischen Externalitäten nicht durch den Preismechanismus übertragen.

Technologische Externalitäten können für die Betroffenen Begünstigungen oder Schäden bewirken. Im ersten Fall spricht man von externen Vorteilen, im zweiten von externen Schäden.

Als Folge technologischer Externalitäten ist es möglich, daß

- in der privaten Produktion konstante (oder abnehmende) Skalenerträge existieren, während für einen Industriezweig als Ganzem zunehmende (externe) Skalenerträge auftreten oder daß
- in einem Industriezweig als Ganzem konstante Skalenerträge existieren, während infolge der Externalitäten bei den einzelnen Produzenten abnehmende Skalenerträge zu beobachten sind.

Meade (1952) nannte den ersten Fall „creation of atmosphere", den zweiten „unpaid factors".

b. Externalitäten und zunehmende Skalenerträge in einem Industriezweig

Von *Meade* wurde zur Erläuterung der „creation of atmosphere" die Wechselbeziehung zwischen Land- und Forstwirtschaft als Beispiel genannt. Aufforstung hat zur Folge, daß die Niederschlagsmenge steigt, wodurch ein günstiger Effekt für manche Zweige der Landwirtschaft hervorgerufen wird. Wechselwirkungen ähnlicher Art finden sich aber auch in der Industrie. So sind z. B. die Produktionskosten in Räumen mit hoher Industriedichte niedriger als in dünner besetzten Gebieten. In den dicht besetzten Agglomerationsräumen ist meistens ein besser ausgebildetes Arbeitsangebot vorhanden, weil die Ausbildung der Arbeitskräfte in den Betrieben nicht nur betriebsspezifische Kenntnisse vermittelt, sondern auch allgemein verwertbare Fähigkeiten. Die Fluktuation von Arbeitskräften zwischen den Unternehmen in Agglomerationsräumen ist deshalb mit geringeren Kosten für die Unternehmen verbunden als in Gebieten mit geringerer Industriedichte. Darüber hinaus sind Wege und Zeiten für den Hin- und Herfluß von Waren zwischen einzelnen Produktionsstätten in Agglomerationsräumen kürzer, so daß weniger Kapital in Lägern gebunden ist.

Technologische Externalitäten entstehen auch mit zunehmender Produktion eines Industriezweiges, denn mit zunehmendem Produktionsvolumen ist eine weitergehende Spezialisierung möglich. Spezialisierung setzt voraus, daß ein enges Netz von gegenseitigen Lieferbeziehungen vorhanden ist und daß ein ausreichend hohes Produktionsvolumen verwirklicht werden kann, denn nur auf diese Weise können die Unteilbarkeiten der Produktionstechnik ausgenutzt werden. Das Ausmaß der Spezialisierung ist also durch die Größe des Marktes begrenzt und nimmt mit zunehmender Marktgröße zu. Wenn und soweit durch die Spezialisierung die Durchschnittskosten sinken, treten für den Industriezweig als Ganzen zunehmende Skalenerträge auf, obwohl für den einzelnen Betrieb konstante oder auch abnehmende Skalenerträge vorliegen können.

Zur Illustration sei das folgende Beispiel angeführt: Die Nachfolger des im Mittelalter eingeführten Buchdrucks sind nicht allein die heutigen, auf Buchdruck spezialisierten Betriebe; vielmehr gehören dazu auch die Produzenten von Zellstoff und Papier, die Hersteller von Druckfarben, von Druckmaschinen und anderen Geräten, also ein ganzes Geflecht von spezialisierten Betrieben, die mit zunehmender Größe des Marktes für Druckerzeugnisse ins Leben traten. Für den ganzen Komplex der mit der Druckindustrie zusammenhängenden Produktionslinien hat die fortschreitende Spezialisierung eine Kostendegression möglich gemacht. Gleichwohl können für die einzelnen Betriebe konstante oder abnehmende Skalenerträge vorliegen.

c. Externe Schäden privater Produktion

Von externen Schäden der Produktion spricht man dann, wenn die Herstellung eines Gutes die Produktionsmöglichkeiten und damit die Produktionsfunktion für andere Güter nachteilig beeinflußt. Wenn z. B. zwei Produzenten, die ihren Sitz an einem Binnensee haben, Wasser entnehmen und es verschmutzt wieder zurückleiten, so wird die Produktion des einen Betriebes durch die Produktion des anderen beeinträchtigt, sofern die naturgegebene Selbstreinigungskraft des Wassers nicht ausreicht, alle Anlieger mit ausreichend sauberem Brauchwasser zu versorgen. Externe Effekte der Produktion entstehen auch insoweit, als Schädigungen der Umwelt durch Verschmutzung der Luft, der Gewässer, durch Lärmbelästigung von Flughäfen oder durch Zerstörung der natürlichen Landschaft zu einer Beeinträchtigung des Wohlbefindens oder der Gesundheit der Bewohner eines Landes führen. Externe Effekte der Produktion entstehen schließlich dadurch, daß zukünftige Generationen geschädigt werden. Das kann einmal durch den Raubbau vorhandener Bodenschätze geschehen, der die Konsummöglichkeiten zukünftiger Generationen mindert. Zukünftige Generationen können auch dadurch geschädigt werden, daß die heutige Produktion giftige und nicht vollständig abbaufähige Abfallstoffe hinterläßt, die sich erst nach dem Erreichen eines gewissen Schwellenwertes als gefährlich erweisen.

Alle Fälle externer Schädigung durch Güterproduktion lassen sich als eine

Interdependenz der Produktionsfunktion beschreiben.[1] Bei den zuerst erwähnten Beispielen der Interdependenz zwischen Produzenten ist das evident. Um zu sehen, daß sich auch die Fälle der Umweltschäden, welche die Konsumenten unmittelbar berühren, nach diesem Muster beschreiben lassen, gehen wir davon aus, daß nicht die Konsumgüter selbst, sondern ihre Eigenschaften einen Nutzen stiften. Die Konsumgüter werden in dieser Betrachtungsweise als Faktoren einer Produktionsfunktion der Haushalte angesehen. Die Umwelt ist also dann ein Input der Haushalte in ihrer Produktionsfunktion. Dieser einheitliche Ansatz ist deshalb zweckmäßig, weil auf seiner Grundlage eine wichtige Einsicht in die eigentlichen Ursachen externer Effekte eröffnet wird.

Gemeinsam genutzte Ressourcen als Ursache der Interdependenz

Wenn die Produktion eines Gutes, z. B. des am Gewässer gelegenen Betriebes, nicht allein von dem durch den Produzenten kontrollierten Faktoreinsatz bestimmt wird, sondern seine Produktionsfunktion selbst durch externe Effekte verändert wird, so muß das daran liegen, daß nicht alle knappen und damit wirksamen Produktionsfaktoren in der Produktionsfunktion enthalten sind. An der Produktion ist in dem Beispiel auch der Bestand des verfügbaren Brauchwassers beteiligt. Dieser wieder wird von der Menge der abgegebenen Abfallstoffe der Anlieger beeinflußt. Bei sehr geringer industrieller Besetzung der Umgebung des Sees reicht die natürliche Selbstreinigungskraft des Gewässers aus, um die Absorption der Abfallstoffe zu gewährleisten. Das Brauchwasser ist dann ein freies Gut, das in der Produktionsfunktion – die nur knappe Faktoren enthält – nicht erscheint. Bei größerer Dichte des Industriebesatzes dagegen wird Brauchwasser knapp und begrenzt die Produktionsmöglichkeiten. Wenn man den knappen Faktor nicht in die Produktionsfunktion einbezieht, so muß es den Anschein haben, daß die Produktion eines Betriebes durch die Produktion benachbarter Betriebe beeinträchtigt wird. An diesem Beispiel kann man sehen, wie externe Effekte durch die Existenz einer knapp gewordenen gemeinsamen Ressource hervorgerufen werden.

Externe Schäden würden nicht entstehen, wenn und soweit man die gemeinsam genutzten Ressourcen durch Zuteilung privater Eigentumsrechte aufteilen und die Nutzungsrechte auf diese Weise individualisieren würde. Ein Beispiel soll das verdeutlichen: Bis zur Mitte des 19. Jahrhunderts gab es in Deutschland Bodenflächen, die Allmende, die als gemeinsame Viehweide der Bewohner eines Dorfes dienten. Diese Flächen wurden notorisch überweidet und ergaben nur geringe Erträge. Das änderte sich im Gefolge der Landreform des 19. Jahrhunderts, durch welche die Allmende abgeschafft und in Privateigentum überführt wurde. Durch die Aufteilung der von allen gemeinsam benutzten Ressourcen und die Zuteilung von Privateigentum

---

[1] Die Interdependenz der Produktionsfunktionen läßt sich wie folgt formal genauer beschreiben. Wenn $\mathbf{x}^i$ und $\mathbf{x}^j$ die Vektoren der von den Produzenten i und j eingesetzten Faktoren sind, so besteht eine Interdependenz der Produktionsfunktionen, wenn die Produktion der beiden Güter durch $q^i = f(\mathbf{x}^i, q^j)$ und $q^j = g(q^i, \mathbf{x}^j)$ gegeben wird und $\partial q^i / \partial q^j \neq 0$ sowie $\partial q^j / \partial q^i \neq 0$ ist.

wurden die privaten und gesellschaftlichen Erträge in Übereinstimmung gebracht.

Ganz ähnlich liegen die Probleme bei der Nutzung der Meere. Obgleich man allgemein einsieht, daß die Bestände mancher Fischarten durch Überfischung allmählich schwinden, besteht für den einzelnen Fischer kein Anreiz, den Fischfang zu beschränken. Im Gegensatz zur Allmende ist es jedoch weitaus schwieriger, private Eigentumsrechte für die Nutzung der Meere zu begründen. Versuche werden freilich unternommen, indem z. B. eine Ausdehnung der nationalen Hoheitsgewässer vorgenommen wird.

Auch die Umwelt kann als eine Ressource aufgefaßt werden, an der ein privates Eigentum nicht besteht. Jedermann kann sie deshalb nutzen, ohne ein Entgelt dafür zahlen zu müssen, und zwar auch dann, wenn die Umwelt zu einem knappen Produktionsfaktor geworden ist. Daraus folgt die Tendenz zur Übernutzung der Umwelt.

Übernutzung frei zugänglicher Ressourcen

Das generelle Prinzip der Übernutzung einer allgemein zugänglichen Ressource soll jetzt anhand eines einfachen Modells verständlich gemacht werden.[2] Angenommen sei, daß ein variabler Faktor L, z. B. Arbeit, mit vollständiger Elastizität zum Preis w/p angeboten und mit einer Ressource R, deren Bestand gegeben ist, zur Produktion eines Gutes kombiniert wird. Das erzeugte Gut wird bei vollständiger Konkurrenz zum Preise p verkauft. Wenn die Ressource knapp ist, führt ihre Existenz zu abnehmenden Grenzerträgen des Faktors L, wenn dessen Einsatz erhöht wird. In *Figur 1* sind die Kurve des Grenzproduktes F_L des Faktors L und die des Durchschnittsprodukts q/L eingetragen.

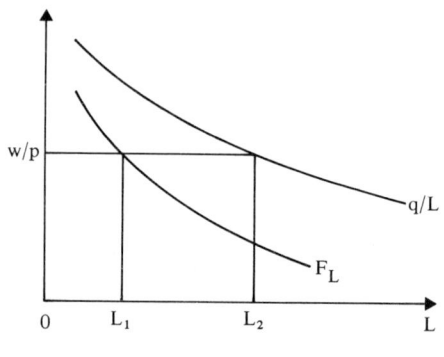

Figur 1

Wenn der Zugang zur Nutzung der Ressource frei ist und dementsprechend ein Nutzungsentgelt nicht entrichtet werden muß, wird die Produktion des erzeugten Gutes durch Zustrom neuer Anbieter solange ausgedehnt, bis ein Gewinn nicht mehr erzielt wird, der Erlös pq gleich den Kosten wL ist oder

---

[2] Vgl. weiterführend auch Theoretische Volkswirtschaftslehre III, V. Kapitel.

das Durchschnittsprodukt q/L gleich dem Lohnsatz w/p ist. Wenn sich die Ressource dagegen in Privateigentum befindet, wird der Eigentümer ein Nutzungsentgelt verlangen, das durch den Wert des Grenzproduktes der Ressource bestimmt wird. Die Produzenten des erzeugten Gutes würden den Einsatz des Faktors L solange ausdehnen, bis der Wert seines Grenzproduktes mit dem Reallohn w/p übereinstimmt, so daß an die Eigentümer der Ressource der Betrag $pq - wL = p (q/L - F_L) L$ als Nutzungsgebühr abgeführt werden kann. Wie man aus *Figur 1* erkennen kann, wird bei freiem Zugang zur Ressource die Menge L_2 des Faktors L eingesetzt, bei Privateigentum jedoch nur L_1.

Betrachtet man das Problem vom Standpunkt des Produzenten des erzeugten Gutes, so muß bei Realisierung eines Gewinnmaximus das private Grenzprodukt F_L' mit dem Reallohn übereinstimmen, so daß $F_L' = w/p$ ist. Bei freiem Zugang zur Ressource ist, wie wir oben sahen, $w/p = q/L$. Da $q/L > F_L$, das gesellschaftliche Durchschnittsprodukt größer als das gesellschaftliche Grenzprodukt ist, muß bei dem gegebenen Reallohn $F_L' > F_L$, das private Grenzprodukt des variablen Faktors also größer sein als das gesellschaftliche Grenzprodukt. Dementsprechend sind die privaten Grenzkosten $(w/p)/F_L'$ kleiner als die gesellschaftlichen Grenzkosten $(w/p)/F_L$. Das beruht natürlich darauf, daß ein Nutzungsentgelt für den an sich knappen Faktor R nicht gezahlt werden muß und deshalb von den Produzenten auch nicht in ihre Kalkulation einbezogen wird.[3]

2. Internalisierung externer Effekte durch Verträge

a. Reziproke Nachbarschaftsexternalitäten

Man muß andererseits sehen, daß Privateigentum das Auftreten externer Effekte nicht ausschließt. Man stelle sich z. B. einen Getreidebauern vor, dessen Nachbar Viehzüchter ist und dessen streunendes Vieh immer wieder in die Felder des Getreidebauern eindringt und Schäden anrichtet. Oder man denke an einen Gewerbebetrieb, der in unmittelbarer Nähe einer Wohnsiedlung errichtet ist und für die Bewohner durch die Immission von Lärm und Abfallstoffen eine Belästigung darstellt. Obgleich sich der Boden der jeweiligen Parteien in Privateigentum befindet, werden in beiden Fällen externe Effekte verursacht. Es hängt von der inhaltlichen Ausgestaltung der Eigentumsrechte ab, ob das Auftreten externer Effekte unterbunden wird. Es fragt sich allerdings, ob die Eigentumsrechte so ausgestaltet werden sollen, daß externe Effekte nicht auftreten. Ein wichtiger Gesichtspunkt bei der Beantwortung dieser Frage ist, ob externe Effekte die Effizienz der Produktion beeinträchtigen. Es läßt sich nun zeigen, daß das Auftreten externer Effekte nicht notwendigerweise die Effizienz der Produktion verhindert.

---

[3] Wenn mehrere variable Faktoren eingesetzt werden, ist es prinzipiell möglich, daß trotz der Nichtberücksichtigung des Schattenpreises der knappen Ressource die privaten Grenzkosten höher sind als die gesellschaftlichen Grenzkosten, so daß eine Übernutzung der knappen Ressource nicht auftritt (*J. R. Gould* 1972).

Um das zu sehen, betrachten wir zunächst das schon oben erwähnte Beispiel des Verhältnisses zwischen einem Viehzüchter und einem Getreidebauern. Wir nehmen an, daß die Rinder des Viehzüchters wie auch der Weizen des Bauern unter den Bedingungen der vollständigen Konkurrenz verkauft werden, so daß die Preise der jeweiligen Erzeugnisse für den individuellen Anbieter gegeben sind und ihre Relation gleich der gesellschaftlichen Grenzrate der Substitution ist und damit die gesellschaftliche Bewertung der Produkte widerspiegelt. Wenn nun die Zahl der im Jahr gezüchteten Rinder erhöht wird und dadurch der Ernteschaden bei den Getreidebauern zunimmt, so wird die volkswirtschaftliche Effizienz solange nicht beeinträchtigt, wie der zusätzliche Produktionswert der Rinderzucht die marginalen Ernteschäden übertrifft. Der Viehzüchter könnte dann, wenn er dazu gezwungen wäre, den Bauern entschädigen und würde dennoch durch die Ausdehnung der Rinderzucht eine Verbesserung seiner Lage erreichen.

Ob eine Entschädigung tatsächlich gezahlt werden muß, hängt von der geltenden Rechtsordnung ab. Wenn der Viehzüchter für Schäden haftbar ist, wird er seine Herden solange vergrößern, bis der zusätzliche Schaden, den er ersetzen muß, gleich dem zusätzlichen Gewinn ist, den er erzielen kann. Das ist in *Figur 2* bei einer Größe des Viehbestandes von 0P der Fall. Bei einem geringerem Viehbestand, wie z. B. 0L, kann er den marginalen Schaden in Höhe von LW ersetzen und hat einen zusätzlichen Ertrag von LT, so daß er netto durch die Vergrößerung des Viehbestandes um eine Einheit einen Vorteil erlangt. Ein Gleichgewicht ist erst bei 0P erreicht, wenn er bei einer weiteren Erhöhung des Viehbestandes zu Schadenersatzzahlungen verpflichtet wäre, die den zusätzlichen Gewinn übersteigen.

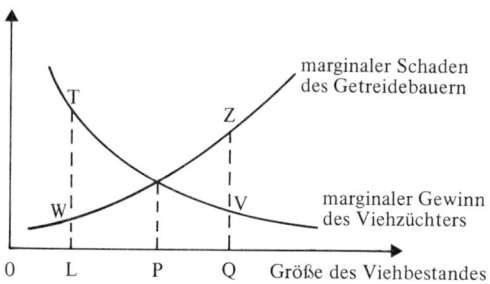

Figur 2

Wenn der Viehzüchter nicht haftbar gemacht werden kann, wird er seine Herde ohne Rücksicht auf den angerichteten Schaden solange vergrößern, wie sein Grenzgewinn positiv ist. Der geschädigte Getreidebauer hat jedoch die Möglichkeit, den Viehzüchter durch vertragliche Abmachungen davon abzuhalten, ihm Schaden zuzufügen. Gehen wir z. B. von einer Ausgangslage aus, in der der Viehbestand 0Q beträgt, so beläuft sich der marginale Schaden des Bauern auf QZ, der Grenzgewinn des Viehzüchters auf QV. Der Bauer könnte deshalb den Viehzüchter durch die Zahlung einer Gebühr von QV dazu veranlassen, seinen Viehbestand um eine Einheit zu verringern und würde dadurch den erlittenen Schaden marginal um QZ vermindern, so daß sein marginaler Vorteil durch die Strecke VZ gegeben wird. Möglichkeiten zu Übereinkünften dieser Art bestehen offensichtlich immer dann, wenn der marginale Schaden höher ist als der marginale Gewinn des Viehzüchters. Ein Gleichgewicht ist erreicht, wenn der marginale Schaden genau gleich dem Grenzgewinn des Viehzüchters ist. Das ist bei einem Viehbestand von 0P der Fall. Das aber ist, sieht man von der Verteilung des Einkommens ab, das gleiche Ergebnis, das sich bei einer Haftung des Viehzüchters einstellte. In beiden Fällen liegt das Gleichgewicht bei einem Viehbestand von 0P (weitere Beispiele bei *Coase* 1960).

Vorausgesetzt wurde dabei, daß die Verteilung der Rechte ohne Einfluß auf die Höhe der Nachfrage nach Getreide und Vieh ist. Diese Annahme ist natürlich etwas fragwürdig, denn die Verteilung der Rechte auf die beteiligten Individuen ist eine Komponente der Einkommens- und Vermögensverteilung und die Höhe des individuellen Einkommens beeinflußt im allgemeinen auch die Nachfrage. Praktisch aber dürften diese Einkommenseffekte relativ klein sein, so daß ihre Vernachlässigung vertretbar erscheint.

Die Beziehungen zwischen dem Viehzüchter und dem Bauern sind reziproker Natur. Welcher der beiden Produzenten für den anderen externe Effekte verursacht, hängt von der Verteilung der Rechtsansprüche ab. Wenn eine Haftung des Viehzüchters für angerichtete Schäden besteht und ein Bauer ein früher als Viehweide benutztes Stück Land in einen Acker verwandelt, so verursacht dieser Vorgang für den Nachbarn externe Effekte, da jetzt eine Schadensersatzverpflichtung besteht. Das gleiche gilt, wenn sich in der Nähe einer Fabrik Wohnsiedlungen bilden und die Fabrikanten zu Schadensersatz für Staub- und Lärmimmissionen verpflichtet werden. Unabhängig davon, wie die Rechtsordnung die gegenseitigen Ansprüche und Verpflichtungen regelt, kann man vermuten, daß durch vertragliche Abmachungen eine Situation entsteht, durch welche die Effizienzbedingungen nicht verletzt werden, obgleich externe Effekte entstehen. Es besteht dann für den Staat unter dem Gesichtspunkt der Effizienz keinerlei Anlaß, die verbleibenden externen Effekte zu beseitigen.

b. Diffundierte Nachbarschaftsexternalitäten

Mit dem Zustandekommen vertraglicher Abmachungen, die eine Erfüllung der Effizienzbedingungen sicherstellen, kann man jedoch nicht immer rechnen und zwar vor allem dann nicht, wenn die Schäden stark verstreut sind und deshalb eine große Zahl von Personen treffen. In diesem Fall würden auf der Seite der Geschädigten erhebliche Transaktionskosten erforderlich sein, um ein gemeinsames Handeln zu ermöglichen. Wenn einem Viehzüchter z.B. eine große Zahl von Bauern gegenübersteht und keine Schadensersatzansprüche bestehen, müßte für den einzelnen Bauern der vermeidbare marginale Schaden gleich der Summe aus seiner Schutzgebühr und seinem Anteil an den Transaktionskosten sein. Für den Viehzüchter müßte die Schutzgebühr gleich dem marginalen Produktionswert sein, also wäre im Gleichgewicht die Differenz zwischen vermiedenem Schaden des einzelnen Bauern und dem marginalen Produktionswert des Viehzüchters gleich den

Transaktionskosten. In *Figur 2* käme dann ein Punkt, der rechts von P liegt, zustande, bei dem die Effizienzbedingungen verletzt sind. In einem solchen Fall ist deshalb eine staatliche Regelung angebracht, durch die dem Schädiger eine Ersatzpflicht auferlegt wird. Dann wären die Transaktionskosten der Geschädigten geringer und man käme näher an Punkt P heran.

Effizienzrelevante externe Effekte liegen also bei Privateigentum an der knappen Ressource dann vor, wenn sich durch vertragliche Vereinbarungen eine effiziente Lösung wegen der entstehenden Transaktionskosten nicht einstellen kann. Effizienzrelevante externe Effekte liegen ferner vor, wenn ein Privateigentum an der knappen Ressource nicht begründet werden kann. Das kann einmal darauf beruhen, daß sich privates Eigentum an der Sache nicht definieren läßt, wie z. B. bei der Luft. Zum anderen versagt das Prinzip der Eigentumszuteilung dann, wenn die Eigentümer, wie z. B. die zukünftigen Generationen, noch nicht geboren sind und deshalb ihre Interessen nicht wahrnehmen können.

Das Auftreten effizienzrelevanter externer Effekte führt dazu, daß die Produktion des Verursachers externer Schäden zu hoch ist. Das ist deshalb der Fall, weil der Verursacher nicht die vollen Kosten der Produktion des von ihm angebotenen Gutes trägt. Ein Teil der Kosten entsteht bei dem Geschädigten. Die durch externe Effekte hervorgerufene Ineffizienz des Produktionsprozesses wird besonders deutlich, wenn man sich vor Augen führt, daß von anderen Gütern zu wenig angeboten wird. Die effizienzrelevante Immission von Schadstoffen durch die Industrie führt zu einem zu geringen Angebot des Gutes ,,Umwelt".

3. Staatliche Interventionen zur Korrektur externer Schäden

a. Notwendigkeit staatlicher Intervention

Soweit auf vertraglicher Grundlage eine effiziente Lösung aus den dargelegten Gründen nicht erwartet werden kann, bedarf es einer staatlichen Regelung. Diese kann einmal darin bestehen, Eigentumsrechte in einer solchen Weise zuzuteilen, daß der Unterschiedlichkeit der Transaktionskosten bei Schädigern und Geschädigten Rechnung getragen wird. Wenn z. B. einem Verursacher von externen Schäden eine große Zahl von Geschädigten gegenübersteht, so wird bei einem Fehlen von Schadenersatzansprüchen ein gemeinsames Handeln der Geschädigten nicht erwartet werden können; wenn aber den Geschädigten Schadenersatzansprüche eingeräumt werden, kann durchaus eine effiziente Lösung erwartet werden.

Falls externe Effekte dadurch entstehen, daß sich ein Privateigentum an einer Ressource nicht definieren läßt, kann der Staat durch die Begründung eines fiktiven Eigentums eingreifen. Der Staat kann von dieser Position aus Vorschriften über die zulässige Nutzung der Ressource erlassen, durch die eine übermäßige Nutzung der Ressource verhindert wird, oder er kann für die Nutzung eine Gebühr erheben.

b. Zuteilung von Eigentumsrechten

Mit der Zuteilung von Eigentumsrechten werden gleichzeitig die Weichen
für die am Markt resultierende Einkommensverteilung gestellt. Die Einkommensverteilung wieder kann einen erheblichen Einfluß auf die Investitionsneigung der Produzenten ausüben. Wenn man daher erwartet, daß
durch eine großzügige Einräumung von Schadenersatzansprüchen die industrielle Entwicklung behindert wird, so wird man das bei der Zuteilung von
Eigentumsrechten berücksichtigen. Ferner kann ein Dilemma dadurch entstehen, daß durch eine bestimmte Zuteilung von Eigentumsrechten zwar
eine effiziente Lösung erreicht wird, aber eine Einkommensverteilung resultiert, die vom Standpunkt der sozialen Gerechtigkeit als untragbar gilt.
Schließlich kann selbst eine effiziente Lösung daran scheitern, daß die Zuteilung von Schadenersatzansprüchen gegenüber der Industrie zu so großen
Unsicherheiten und Risiken bei den Investoren führt, daß an sich rentable
Investitionen unterbleiben.

Zur Lösung der dargelegten Probleme werden zwei Wege beschritten. Einmal nimmt der Staat im Rahmen der Regionalplanung eine Zonenbildung
vor und weist bestimmte Gebiete als Gewerbezonen, andere als Wohngebiete aus. Auf diese Weise kann das Ausmaß der externen Schäden der Industrie
gemindert werden. Zweitens soll durch die Regelung des Genehmigungs-
verfahrens für industrielle Anlagen für die Investoren Sicherheit geschaffen
werden. Im Rahmen der Genehmigungsverfahren besitzen die Eigentümer
benachbarter Grundstücke ein Einspruchsrecht. Nach Erteilung einer Be-
triebsgenehmigung bestehen Schadenersatzansprüche benachbarter Grundstückseigentümer nur noch in ganz beschränktem Maße.

c. Steuern, Gebühren und Auflagen

Zur Korrektur effizienzrelevanter externer Effekte sind verschiedene Methoden vorgeschlagen worden, die wir hier kurz behandeln wollen.

Pigou-Steuern

Der älteste Vorschlag geht auf *Pigou* zurück. Danach soll ein Gut, dessen
Produktion externe Schäden verursacht, mit einer indirekten Steuer belegt
werden. Die Steuer ist so zu bemessen, daß sie gleich der Differenz zwischen
den privaten Grenzkosten des Produzenten und den gesellschaftlichen
Grenzkosten ist. In diesem Fall wird die private Produktion mit den externen
Kosten belastet. Die Folge der Steuererhebung ist eine Preiserhöhung für das
Gut, dessen Produktion externe Schäden hervorruft, und dementsprechend
ein Rückgang der Nachfrage und der Produktion des betreffenden Gutes. Im
Gleichgewicht gibt es zwar noch externe Effekte, aber die Verbraucher des
Gutes, das die externen Schäden verursacht, zahlen im Preis auch eine Ge-
bühr für die Benutzung der gemeinsamen knappen Ressourcen, auf deren
Existenz die externen Effekte letztlich zurückgehen (*Shibata* 1972).

Während *Pigou* selbst daran dachte, den Produktionsausstoß als Steuerbemessungsgrundlage zu wählen, neigt man heute mehr dazu, die Immission von Schäden (Abfälle, Abgase, Abwässer etc.) als Bemessungsgrundlage zu wählen. Das hat den Vorteil, daß für die Produzenten ein Anreiz besteht, Einrichtungen zur Vermeidung der Immissionen zu schaffen (z. B. Filter zur Abwässerklärung), falls technische Verfahren bekannt sind, bei deren Verwendung die Erhöhung der Durchschnittskosten der Verursacher geringer ist als die erhobene Steuer.

Bei der Verwirklichung des Vorschlags von *Pigou* entsteht das Problem, daß die Höhe der Steuer nicht von vornherein bekannt ist. In dem Beispiel des Verhältnisses zwischen dem Viehzüchter und dem Bauern konnte man annehmen, daß die Verhandlungslösung auf der Grundlage einer Kenntnis der Produktionsmöglichkeiten der beiden Vertragspartner gefunden werden konnte. Um durch die Festlegung von Steuern ein *Pareto*-Optimum zu finden, müßte die Finanzverwaltung die Produktionsmöglichkeiten der Produzenten und außerdem die Präferenzordnung der Konsumenten im Hinblick auf die erzeugten Güter, wie auch im Hinblick auf die Umwelt kennen. Diese Informationen sind im allgemeinen nicht vorhanden. Aus diesem Grunde wurde von *Baumol* und *Oates* (1971) vorgeschlagen, daß Standardwerte für die Qualität der Umwelt vom Staat aufgestellt werden. Damit wird das Problem der relativen Bewertung privater Güter und der Umwelt in den Bereich der politischen Willensbildung verwiesen.

Immissionsnormen

Zur Verwirklichung der vorgegebenen Qualitätsstandards stehen drei alternative Methoden zur Wahl. Einmal kann der Staat den Produzenten Auflagen machen, nach denen sie die gegebenen Immissionsnormen nicht überschreiten dürfen. Der Staat kann zweitens eine Besteuerung der Immission vorsehen, durch welche die Produktion verteuert wird, so daß es zu einer Einschränkung der Nachfrage und der Produktion kommt. Die Steuern sind so zu bemessen, daß der vorgegebene Qualitätsstandard der Umwelt erhalten bleibt. Als dritte Methode ist vorgeschlagen worden, daß der Staat an Interessenten ,,Verschmutzungsrechte" verkauft. Er läßt also Schadstoffimmissionen bis zu der Grenze zu, durch welche die gegebenen Qualitätsstandards nicht verletzt werden und verkauft die Rechte zur Immission an den Meistbietenden. Dadurch könnte sich unter gewissen Voraussetzungen ein Markt bilden, an dem eine Bewertung der Immissionsrechte zustande kommt und damit gleichzeitig eine Bewertung für die Nutzung der knappen Ressource Umwelt. Die Aufgabe der Festlegung des Nutzungspreises der Umwelt, die bei der Besteuerung durch die Finanzverwaltung gelöst werden muß, soll hier also dem Markt übertragen werden.

Alle drei Methoden haben Vorzüge und Schwächen. Am elegantesten ist zweifellos die Einrichtung eines Marktes für Immissionsrechte. Im gewünschten Sinn funktionieren kann dieses Modell jedoch nur dann, wenn ein Markt mit vollständiger Konkurrenz möglich ist. Tatsächlich ist das aber praktisch ausgeschlossen. Umweltschäden sind meistens lokaler oder regionaler Natur und werden von wenigen Produzenten verursacht, so daß wesentliche Voraussetzungen der vollständigen Konkurrenz nicht erfüllt sind. Die Festlegung von Steuern auf Immissionen verlangt von den Finanzverwaltungen ein Maß an Informationen, das gewöhnlich nicht vorhanden ist. Die Festsetzung von Steuersätzen wird deshalb nur in seltenen Fällen unmittelbar zu einem optimalen Zustand führen. Der optimale Steuersatz könnte prinzipiell zwar durch Versuch und Irrtum gefunden werden, praktisch aber wird das nicht möglich sein. Aus diesem Grunde spricht vieles für eine Fixierung von Auflagen zur Einhaltung bestimmter Umweltnormen. Ergänzend dazu kann eine Besteuerung der Immission eingesetzt werden, um einen Anreiz zur Anwendung von Maßnahmen zur Reinhaltung der Umwelt zu schaffen.

XIII. Kapitel
Öffentliche Güter, Steuern und öffentliche Unternehmen

Eine optimale Versorgung mit öffentlichen Gütern läßt sich durch private Initiative nicht sicherstellen. Dazu bedarf es vielmehr eines kollektiven Handelns. Solche kollektiven Aktionen können auf privater Basis in Vereinen organisiert werden. Überwiegend jedoch stellen sie staatliche Aufgaben dar. Der Begriff des Staates ist hier weit gefaßt. Wir verstehen darunter alle öffentlich-rechtlichen Körperschaften, von denen die wichtigsten die Gebietskörperschaften sind, der Bund, die Länder, sowie Gemeinden und Gemeindeverbände.

Neben öffentlichen Gütern werden vom Staat auch eine Reihe von privaten Gütern bereitgestellt, die gewöhnlich von öffentlichen Unternehmen am Markt verkauft werden. Unter den Begriff der öffentlichen Unternehmen werden hier sowohl Regiebetriebe der öffentlichen Hand wie auch Unternehmen in privater Rechtsform subsumiert, deren Kapital sich ganz oder überwiegend im Besitz des Staates befindet.

1. Theorie der öffentlichen Güter

a. Arten öffentlicher Güter

Güter werden in die sich ausschließenden Klassen der privaten und öffentlichen Güter eingeteilt. Ein Gut wird dann als öffentliches Gut bezeichnet, wenn das Ausschlußprinzip nicht angewandt wird (vgl. dazu I. Kapitel).

Von einem reinen öffentlichen Gut spricht man dann, wenn der Nutzen des Gutes für ein Individuum durch das Hinzutreten weiterer Nutznießer nicht beeinträchtigt wird, wenn also keine Rivalität bei der Nutzung des öffentlichen Gutes besteht. Es ist evident, daß diese Eigenschaft nicht bei allen öffentlichen Gütern vorliegt. Bei Autostraßen z. B. nimmt der individuelle Grenznutzen mit zunehmender Verkehrsdichte ab. Demgegenüber ist die durch Außenpolitik und Militär begründete äußere Sicherheit ein öffentliches Gut, dessen Nutznießung für das einzelne Individuum von der Zahl der Nutznießer unabhängig ist. Manchmal fehlt die Rivalität bei der Nutzung nur innerhalb gewisser Kapazitätsgrenzen. Das ist vielfach der Fall, wenn das öffentliche Gut in unteilbaren Einheiten zur Verfügung gestellt werden muß. Eine Autofernstraße z. B. kann nur in großen Abschnitten angeboten werden. Solange die Kapazität einer unteilbaren Einheit nicht ausgelastet ist, besteht keine Rivalität in der Nutzung.

b. Optimum der Versorgung mit einem reinen öffentlichen Gut

Um Optimumsbedingungen für reine öffentliche Güter abzuleiten, wollen wir überlegen, welche Relation zwischen dem Grenznutzen und den Kosten erfüllt sein müßte. Geht man zur Vereinfachung zunächst davon aus, daß sich der Nutzen kardinal messen läßt, so kann man eine leicht verständliche Regel aufstellen, nach der die Summe der Grenznutzen aller Individuen aus dem öffentlichen Gut mit den Grenzkosten übereinstimmen muß. Da ein öffentliches Gut allen Mitgliedern einer Gesellschaft zur Verfügung steht, ergibt sich der ,,benefit" des öffentlichen Gutes als Summe der individuellen Grenznutzen, die im einzelnen natürlich verschieden hoch sein können. Das Angebot des öffentlichen Gutes muß solange auf Kosten der Produktion privater Güter ausgedehnt werden, bis die Summe der individuellen Grenznutzen gleich den Grenzkosten wird.

Optimalitätsregel von *Samuelson*

Angenommen sei eine Wirtschaft mit einem reinen öffentlichen Gut und einem privaten Gut. Da ein reines öffentliches Gut allen Bürgern zugute kommt, kann man die Nutzenfunktion eines Individuums i als $u^i = u^i(q^i, G)$ schreiben. Danach hängt der Nutzen des Einzelnen vom individuellen Konsum q^i des privaten Gutes und von dem insgesamt verfügbaren Angebot des öffentlichen Gutes G ab. Die volkswirtschaftlichen Kosten hängen von der Produktion des privaten Gutes, $\sum_{i=1}^{n} q^i$, und der des öffentlichen Gutes G ab, so daß die Kostenfunktion $C = C(\sum_{i=1}^{n} q^i, G)$ angenommen werden kann.

Die Optimumsregel für das Angebot des öffentlichen Gutes, nach der die Summe der individuellen Grenznutzen des öffentlichen Gutes mit seinen Grenzkosten übereinstimmen muß, kann deshalb auch in der Form

$$\sum_{i=1}^{n} u_G^i = C_G$$

geschrieben werden, wobei $u_G^i := \partial u^i / \partial G$ der Grenznutzen des Individuums i aus dem Gebrauch des öffentlichen Gutes ist und $C_G := \partial C / \partial G$ die Grenzkosten der Bereitstellung des öffentlichen Gutes sind.

Für das private Gut muß demgegenüber in einem Optimum, die Möglichkeit kardinaler Nutzenmessung vorausgesetzt, der Grenznutzen mit den Grenzkosten $C_q := \partial C / \partial q$ übereinstimmen, so daß

$$u_q^i = C_q, \quad \text{für alle } i = 1, 2, \ldots, n$$

und deshalb der Grenznutzen des privaten Gutes für alle Individuen gleich hoch ist.

Dividiert man die beiden vorstehenden Gleichungen, so erhält man

$$\sum_{i=1}^{n} \frac{u_G^i}{u_q^i} = \frac{C_G}{C_q} = -\frac{dq}{dG}.$$

Danach muß die Summe der Grenzraten der Substitution zwischen dem privaten und dem öffentlichen Gut mit der Grenzrate der Transformation auf der volkswirtschaftlichen Produktionsmöglichkeitskurve übereinstimmen. In dieser Formulierung gilt die Regel unabhängig von der Möglichkeit kardinaler Nutzenmessung, denn die Grenzrate der Substitution ist von der Wahl des Nutzenindex unabhängig.

Auf formale Weise erhält man dieses Ergebnis, ohne zunächst hilfsweise die Annahme kardinaler Nutzenmessung zu treffen, indem man den Nutzen eines Individuums i, also $u^i = u^i(q^i, G)$ bei Konstanz des Nutzens aller übrigen Individuen j, also bei $u_0^j = u^j(q^j, G)$ für alle $j \neq i$, und einer gegebenen Produktionsmöglichkeitsgrenze $G = F(q)$ sowie der Bedingung $\sum_{i=1}^{n} q^i$ $= q$ maximiert. Das Ergebnis ist, wie sich aus der Problemstellung ergibt, ein *Pareto*-Optimum, denn innerhalb der technischen Möglichkeiten ist der Nutzen eines Individuums bei Konstanz des Nutzens aller anderen Individuen maximiert worden. Nach Erreichen des Optimums ist es nicht mehr möglich, ein Individuum besser zu stellen, ohne ein anderes schlechter stellen zu müssen.

Graphisch läßt sich die Optimumsregel auf folgende Weise darstellen. In *Figur 1* sind die Nachfragekurven $M_1 M_1'$ und $M_2 M_2'$ zweier Individuen nach dem öffentlichen Gut abgebildet. Auf der Ordinate ist dabei die Grenzrate der Substitution zwischen dem privaten und dem öffentlichen Gut als Ausdruck der marginalen Bewertung des öffentlichen Gutes durch ein Individuum abgetragen und auf der Abszisse das Angebot des öffentlichen Gutes. Die Nachfragekurve gibt an, welches Quantum des privaten Gutes ein Individuum aufgeben würde, wenn sich das Angebot des öffentlichen Gutes um eine Einheit erhöhte, denn die Grenzrate der Substitution ist $u_G^i / u_q^i = - dq^i/dG$.

Fragt man jetzt, welchen Betrag des privaten Gutes alle Individuen einer Wirtschaft zusammen aufgeben würden, um eine zusätzliche Einheit des öffentlichen Gutes zu erhalten, so muß man die marginalen Bewertungen des öffentlichen Gutes aller Individuen addieren. Das erreicht man durch eine vertikale Addition der individuellen Nachfragekurven nach dem öffentlichen Gut.[1] In *Figur 1* erhält man dementsprechend durch vertikale Addition der beiden eingezeichneten individuellen Nachfragekurven die Gesamtnachfragekurve MRM_1'.

Das Optimum, das durch die Übereinstimmung der Summe der Grenzraten der Substitution mit den volkswirtschaftlichen Grenzkosten gekennzeichnet ist, ergibt sich durch den Schnittpunkt dieser Kurve mit der Grenzkostenkurve GRT, welche die Grenzrate der Transformation zwischen dem privaten und dem öffentlichen Gut wiedergibt; denn die Grenzrate der Transformation $C_G/C_q = - dq/dG$ gibt an, um welchen Betrag des privaten Gutes sich die Produktion vermindern muß, wenn man eine zusätzliche

---

[1] Demgegenüber werden Nachfragekurven nach einem privaten Gut horizontal addiert, um die Gesamtnachfragekurve zu finden; denn man fragt dabei, welches Quantum des privaten Gutes bei einem gegebenen Preis von allen Individuen zusammen nachgefragt wird.

Einheit des öffentlichen Gutes herstellen will. In dem Beispiel der *Figur 1* ist die Grenzrate der Transformation als konstant angenommen worden.

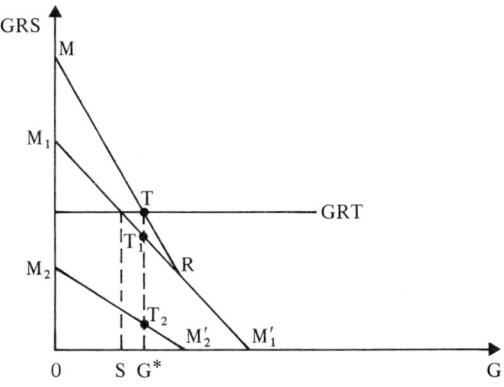

Figur 1

Aus der *Figur 1* kann man auch entnehmen, daß eine private Versorgung mit dem öffentlichen Gut zu einer suboptimalen Lösung führen würde. Da der Anbieter des öffentlichen Gutes Grenzkosten in Höhe von G^*T aufwenden muß, würde das Individuum 2 das öffentliche Gut nicht produzieren wollen, weil sein Grenznutzen immer geringer ist als die Grenzkosten. Das Individuum 1 würde die Menge 0S anbieten, die dann natürlich auch dem Individuum 2 zur Verfügung stünde. Die Menge 0S ist aber geringer als das Optimum $0G^*$.

Das Kollektivangebot des öffentlichen Gutes durch den Staat bringt beiden Individuen eine Verbesserung ihrer Wohlfahrt. Beide Individuen können also davon ausgehen, daß die Tätigkeit des Staates für alle nützlich ist. Es fragt sich nur, welchen Beitrag der Einzelne zur Finanzierung der Staatstätigkeit leisten sollte. Von dem bisher angenommenen Standpunkt aus scheint es gerecht zu sein, daß jeder Bürger eine Steuer zahlt, die seinem individuellen Nutzen der Staatstätigkeit entspricht. Im Beispiel der *Figur 1* sollte also das Individuum 1 den Betrag T_1G^* zahlen und das Individuum 2 den, entsprechend seiner geringeren Wertschätzung des öffentlichen Gutes niedrigeren Betrag T_2G^*. Die Besteuerung würde dann nach dem sog. Äquivalenzprinzip erfolgen.

Staatsanteil und Faktorpreise

Wenn sich der Staatsanteil an der Güterproduktion ändert, wenn also entlang der volkswirtschaftlichen Produktionsmöglichkeitsgrenze auf Grund einer Änderung der gesellschaftlichen Präferenzordnung mehr vom öffentlichen Gut und weniger vom privaten Gut produziert wird, so kann es auch zu einer Änderung der Faktorpreise kommen. Angenommen seien zunächst gegebene Faktorbestände.

Der Verschiebung des Gleichgewichtspunktes auf der Transformationskurve entspricht eine Verschiebung des Gleichgewichtspunktes auf der Kontraktkurve, die die Menge aller Punkte effizienter Allokation gegebener Faktorbestände für die Produktion des öffentlichen und des privaten Gutes enthält. Eine Änderung des Faktorpreisverhältnisses tritt nur dann nicht ein, wenn das öffentliche und das private Gut mit gleicher Faktorintensität produziert werden. Im allgemeinen aber sind die Faktorintensitäten verschieden und zwar in der Weise, daß das öffentliche Gut relativ arbeitsintensiver erzeugt wird als das private Gut. In diesem Falle kommt es bei einer Zunahme der Produktion des öffentlichen Gutes (und einer Abnahme der Produktion des privaten Gutes) zu einer Erhöhung des Lohn/Zins-Verhältnisses; denn im schrumpfenden, relativ kapitalintensiven privaten Sektor werden weniger Arbeitskräfte freigesetzt, als im expandierenden, relativ arbeitsintensiven öffentlichen Sektor benötigt werden. Aus der Überschußnachfrage nach Arbeit und dem Überschußangebot an Kapital resultiert die Erhöhung des Lohn/Zins-Verhältnisses. Umgekehrt würde es dann, wenn der öffentliche Sektor relativ kapitalintensiv wäre, zu einer Verminderung des Lohn/Zins-Verhältnisses kommen.

Wenn die Faktorbestände fest gegeben sind und wenn der öffentliche Sektor relativ arbeitsintensiv ist, wenn also bei einer Veränderung der Zusammensetzung der Produktion zugunsten des öffentlichen Sektors das Lohn/Zins-Verhältnis steigt, so erhöht sich auch die Lohnquote der Volkswirtschaft. Ein zunehmender Anteil des Staates an der volkswirtschaftlichen Produktion ist deshalb im allgemeinen mit einer Erhöhung der Lohnquote verbunden.

Auf längere Sicht freilich ist die Annahme gegebener Faktorbestände problematisch. Damit stoßen wir an die Grenze der Aussagefähigkeit des Modells einer stationären Wirtschaft. Möglich wäre z. B. daß mit steigendem Staatsanteil und damit zunehmender Steuerhöhe das Sparen sich vermindert und damit auf längere Sicht auch der Kapitalstock geringer wird. Ein Anhaltspunkt über die Änderungen der Faktorpreise, die sich daraus ergeben, lassen sich mit Hilfe des *Rybczynski*-Theorems (VIII. Kapitel) herleiten. Im VIII. Kapitel wurde gezeigt, daß bei einer Erhöhung des Arbeitsangebotes das Lohn/Zins-Verhältnis fällt, wenn beide Güter normal auf Einkommensänderungen reagieren. Dementsprechend würde bei einem Sinken des Arbeitsangebotes das Lohn/Zins-Verhältnis steigen. Analog läßt sich dann zeigen, daß bei einer Verminderung des Kapitalangebotes das Zins/Lohn-Verhältnis steigen muß, so daß das Lohn/Zins-Verhältnis fällt. Dem anfänglichen Anstieg des Lohn/Zins-Verhältnisses infolge einer Zunahme der Produktion des öffentlichen Gutes steht also auf längere Sicht eine Verminderung des Lohn/Zins-Verhältnisses gegenüber.

c. *Pareto*-Optimum und *Lindahl*-Gleichgewicht

Zu einem tieferen Verständnis des Äquivalenzprinzips der Besteuerung gelangt man mit Hilfe eines auf *Lindahl* zurückgehenden Modells, in dem die Fixierung der Steuern durch Verhandlungen zwischen den beteiligten Individuen oder auf einem Quasi-Markt zustande kommt (*Johannsen*, 1963; *Shibata*, 1971).

Wir betrachten eine Zwei-Personen-Wirtschaft, in der ein privates und ein öffentliches Gut produziert wird, deren Quanten mit q und G bezeichnet werden. Die Produktionsmöglichkeiten seien durch die lineare Transformationskurve $E = q + G$ beschrieben, deren Grenzrate der Transformation $-dq/dG = 1$ ist. Das aus der Produktion hervorgehende Gesamteinkommen E möge in einer bestimmten Weise mit E^1 und E^2 auf die beiden Individuen verteilt sein. Das Angebot des privaten Gutes teilt sich entsprechend der Nachfrage auf die beiden Individuen auf, so daß $q = q^1 + q^2$ ist. Von den Kosten des öffentlichen Gutes trägt das Individuum 1 den Anteil h ($0 \leqq h \leqq 1$), so daß seine Steuer hG beträgt. Dementsprechend zahlt das andere Individuum eine Steuer von $(1 - h)G$. Das Einkommen des Individuums 1 ist $E^1 = q^1 + hG$ und das Einkommen des Individuums 2 beträgt $E^2 = q^2 + (1 - h)G$. In *Figur 2a* und *2b* sind nun die Steuer-Konsumkurven der beiden Individuen abgebildet, durch welche die Nachfrage der beiden Individuen nach dem privaten und dem öffentlichen Gut dargestellt wird, die sich bei unterschiedlichen Steuersätzen ergibt. Die Steigung der Budgetlinie beträgt für das erste Individuum $-h$ und für das zweite Individuum $-(1 - h)$.

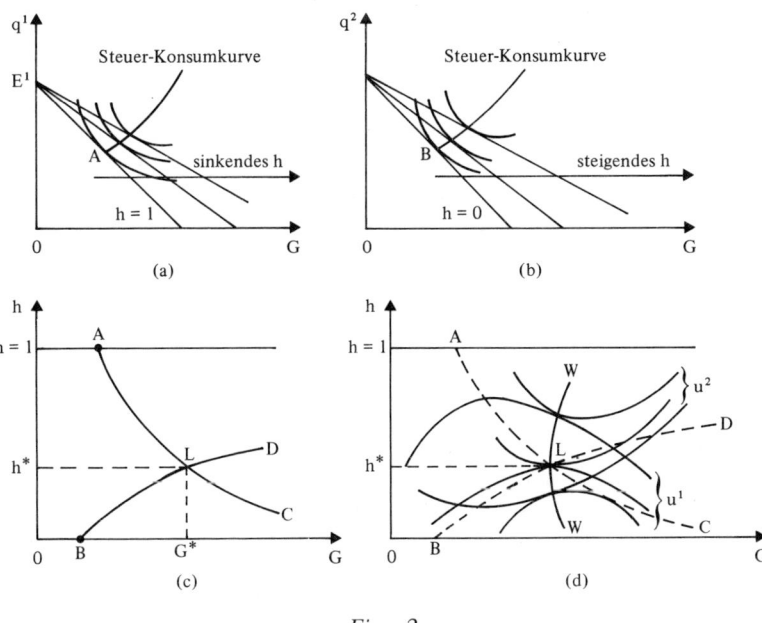

Figur 2

Wir wollen jetzt zeigen, wie sich die Nachfrage nach dem öffentlichen Gut bei einer Veränderung der Steueranteile der Individuen entwickelt. Wir beginnen dazu mit *Figur 2a* und betrachten zunächst die Situation, in der Individuum 1 die gesamte Steuerlast zu tragen hat, so daß $h = 1$ ist. Seine Nachfrage wird dann durch Punkt A dargestellt. Wenn der Anteilssatz h sinkt, wird das öffentliche Gut für Individuum 1 billiger und die Budgetlinie dreht sich um den Punkt E^1. Die Nachfragequanten des privaten und öffentlichen Gutes werden durch die Steuer-Konsumkurve wiedergegeben. Analog erhält man in *Figur 2b* die Steuer-Konsumkurve des Individuums 2. Trägt man jetzt die bei unterschiedlichen Anteilssätzen h auftretende Nachfrage nach dem öffentlichen Gut in *Figur 2c* ein, so erhält man für Individuum 1 die Kurve AC und für Individuum 2 die Kurve BD. Die beiden Kurven schneiden sich im Punkt L bei einem gleichgewichtigen Steuersatz h*.

Dieses Gleichgewicht des Punktes L kann wie folgt interpretiert werden: Wenn den Individuen von einem unparteiischen Schiedsrichter unterschiedliche Steuersätze h genannt würden und beide Individuen ihre jeweiligen Präferenzen durch die Nachfrage nach dem öffentlichen Gut aufdecken würden, so erhielte man die in *Figur 2c* eingetragenen Nachfragekurven. Solange h > h*, würde das Individuum 2 eine größere Nachfrage nach dem öffentlichen Gut haben als Individuum 1 und deshalb bereit sein, einen höheren Anteil an den Kosten des öffentlichen Gutes zu tragen. Der Schiedsrichter würde daraufhin den Kostenanteil 1 − h heraufsetzen und h dementsprechend senken. Im Gleichgewicht bei L trägt jeder den Anteil an den Kosten des öffentlichen Gutes, der seiner individuellen Wertschätzung des öffentlichen Gutes entspricht. In diesem Sinne hat *Lindahl* die Besteuerung in dem beschriebenen Gleichgewicht als gerecht bezeichnet. Den Punkt L nennt man heute ein *Lindahl*-Gleichgewicht.

Das *Lindahl*-Gleichgewicht ist ein *Pareto*-Optimum. Das kann man sich leicht klar machen. Auf Grund der *Figur 2a* und *2b* sieht man, daß auf der Steuer-Konsumkurve die Grenzrate der Substitution gleich dem individuellen Anteilssatz an den Kosten des öffentlichen Gutes ist. Es ist also

$$- dq^1/dG = h$$
$$- dq^2/dG = 1 - h.$$

Wenn sich nun ein Gleichgewicht mit h = h* einstellt, kann man die beiden vorstehenden Gleichungen addieren und erhält

$$- \frac{dq^1}{dG} - \frac{dq^2}{dG} = 1.$$

Danach ist die Summe der individuellen Grenzraten der Substitution zwischen dem privaten und dem öffentlichen Gut gleich der Grenzrate der Transformation, die in dem behandelten Modell gleich Eins ist. Das aber ist genau die schon bekannte Bedingung für ein *Pareto*-Optimum.

Nicht jedes *Pareto*-Optimum ist jedoch auch ein *Lindahl*-Gleichgewicht. Allgemein ist die Menge der *Pareto*-Optima größer als die der *Lindahl*-Gleichgewichte. Das *Lindahl*-Gleichgewicht ist nur ein einziger Punkt auf einer Kontraktkurve WW, wie sie in *Figur 2d* dargestellt wird. Berücksichtigt man nämlich, daß man in den Nutzenfunktionen der beiden Individuen das jeweilige Quantum des privaten Gutes auf Grund der Einkommensgleichungen durch $q^1 = E^1 - hG$ bzw. $q^2 = E^2 - (1 - h)G$ ersetzen kann, so erhält man die Nutzenfunktionen $u^1 (E^1 - hG, G)$ und $u^2 (E^2 - (1 - h)G, G)$, nach denen der individuelle Nutzen von h und G abhängt. Man kann deshalb auch in *Figur 2d* Indifferenzkurven einzeichnen. Diese Indifferenzkurven verlaufen im Schnittpunkt mit den in *Figur 2d* gestrichelt gezeichneten Nachfragekurven AC bzw. BD jeweils horizontal. Die Präferenzrichtung verläuft für

Individuum 1 von oben nach unten und für Individuum 2 von unten nach oben. Aus den Tangentialpunkten der Indifferenzkurven erhält man die Kontraktkurve WW. Man sieht unmittelbar, daß das *Lindahl*-Gleichgewicht einen Punkt auf der Kontraktkurve darstellt.

Die Menge aller *Pareto*-Optima kann man sich auch als das Ergebnis eines Tauschprozesses vorstellen. Dazu nehmen wir an, daß eine Ausgangssituation durch irgendeinen Punkt in *Figur 2d* beschrieben wird, bei dem ein gewisses Angebot des öffentlichen Gutes vorliegt und eine bestimmte Aufteilung der Steuerlast gegeben ist. Offensichtlich können sich beide Partner besser stellen, wenn sie Punkte innerhalb des Bereiches realisieren, der durch die sich im Ausgangspunkt schneidenden Indifferenzkurven gebildet wird. *Pareto*-optimal sind Punkte auf der Kontraktkurve innerhalb des Tauschbereiches. Das *Lindahl*-Gleichgewicht, das eine Möglichkeit aus der Menge der *Pareto*-Optima darstellt, nimmt also eine ähnliche Position ein wie das Wettbewerbsgleichgewicht in der Theorie des Tausches mit privaten Gütern. Während man für private Güter zeigen kann, daß mit zunehmender Zahl der Tauschpartner die Menge der zulässigen Lösungen schrumpft und im Grenzfall mit der Wettbewerbslösung zusammenfällt, konnte ein analoges Grenztheorem für das *Lindahl*-Gleichgewicht bisher nicht bewiesen werden.

Im *Lindahl*-Gleichgewicht ist die Steuer gewissermaßen der Preis, den ein Individuum für die Teilnahme an der Nutznießung des öffentlichen Gutes zahlen muß. Wenn es mehrere öffentliche Güter gibt, läßt sich ein solcher Preis für jedes einzelne öffentliche Gut ableiten. Bei strikter Anwendung des Äquivalenz-Prinzips müßte also jedermann entsprechend seinem Nutzen an den verschiedenen öffentlichen Gütern besteuert werden. Das bedeutet, daß für jedes einzelne öffentliche Gut besondere Steuern zu erheben wären, deren Verwendungszweck gebunden ist. In der Praxis der öffentlichen Haushaltsführung der Gebietskörperschaften geschieht das gewöhnlich nicht. Eine Zweckbindung von Steuern wird im allgemeinen durch das sog. Non-Affektation-Prinzip ausgeschlossen. Eine Zweckbindung erfolgt jedoch in föderativen Staaten insoweit, als Gliedkörperschaften eigene Steuern erheben und damit ihnen zugewiesene Aufgaben erfüllen.

d. Theorie der optimalen Größe eines Gemeinwesens

Alle bisherigen Darlegungen bezogen sich auf reine öffentliche Güter, also auf die Fälle, in denen eine Rivalität im Verbrauch nicht besteht. Vorausgesetzt wurde dabei die Existenz eines Gemeinwesens von gegebener Größe N. Wir wollen jetzt die Rivalität des Verbrauchs mit in die Betrachtung einbeziehen, um von dieser Seite her Determinanten für die optimale Größe eines Gemeinwesens von n c N aufzudecken. Dazu wird das sehr stark vereinfachte Modell einer homogenen Bevölkerung zugrunde gelegt, in der alle Personen die gleichen Präferenzen und das gleiche Einkommen besitzen. Der Nutzen jedes Individuums sei von dem einzigen privaten Gut und dem öffentlichen Gut abhängig. Die Nutzenfunktion eines Individuums i sei also $u^i (q^i, G)$, wobei $i \in \{1, 2, \ldots, N\}$ und q^i den individuellen Konsum des privaten Gutes sowie G den kollektiven Verbrauch des öffentlichen Gutes darstellt. Die in Einheiten des privaten Gutes gemessenen Kosten für die

Bereitstellung des öffentlichen Gutes seien durch die Funktion $C(G, n)$ gegeben, nach der die Kosten einmal vom Angebot des öffentlichen Gutes und zum anderen von der Zahl der dem Gemeinwesen angehörenden Personen abhängig sind. Dabei sind die Grenzkosten des privaten Gutes wie der Preis des privaten Gutes identisch Eins. Natürlich nehmen die Kosten zu, wenn das Angebot des öffentlichen Gutes bei gegebener Größe des Gemeinwesens erhöht wird, so daß die Grenzkosten $C_G := \partial C/\partial G > 0$ sind. Ebenso sind die Grenzkosten einer Vergrößerung des Gemeinwesens positiv, denn wegen der vorausgesetzten Rivalität in der Nutzung des öffentlichen Gutes verlangt ein konstantes Versorgungsniveau des Einzelnen, daß bei einer Zunahme der Zahl der zu versorgenden Personen das Gesamtangebot des öffentlichen Gutes erhöht werden muß. Dadurch aber steigen die Kosten, so daß $C_n := \partial C/\partial n > 0$ ist. Weiter sei c^i die Steuer, die vom Individuum i erhoben wird. Bei einem Einkommen vor der Besteuerung von $\bar{E}^i$ beträgt das verfügbare Einkommen eines Individuums deshalb $E^i = \bar{E}^i - c^i$. Es wird vollständig für den Kauf des privaten Gutes ausgegeben, so daß man $q^i = \bar{E}^i - c^i$ setzen kann.

Da alle Individuen annahmegemäß die gleiche Nutzenfunktion und das gleiche Einkommen haben, müssen auch alle die gleiche Steuer $c^i = C(G, n)/n$ zahlen. Man kann dann den Index i auch fortlassen und die Nutzenfunktion als

$$u = u\left[\bar{E} - C(G, n)/n, G\right]$$

schreiben. Notwendig für ein Maximum des Nutzens sind die Bedingungen

$$nu_G/u_q = C_G$$
$$C(G, n)/n = C_n$$

Die erste Gleichung besagt, daß die Summe aller individuellen Grenzraten der Substitution zwischen dem privaten und dem öffentlichen Gut gleich der Grenzrate der Transformation, also gleich den Grenzkosten des öffentlichen Gutes, sein muß. Die zweite Bedingung besagt, daß die Grenzkosten einer Veränderung der Zahl der Mitglieder eines Gemeinwesens gleich den Durchschnittskosten sein müssen, welche wiederum gleich der individuellen Steuerlast sind (*McGuire*, 1974). Nach der zweiten Optimumsbedingung muß die individuelle Steuer also genau gleich den Grenzkosten sein, die der Eintritt des letzten Individuums in die Gruppe verursacht. Die beiden Maximumsbedingungen zusammen determinieren die Höhe des Angebots des öffentlichen Gutes und die optimale Größe des Gemeinwesens.

Die optimale Größe eines Gemeinwesens hängt nach der zweiten Maximumsbedingung entscheidend von der Relation zwischen den Durchschnittskosten C/n und den Grenzkosten C_n des öffentlichen Gutes ab. Wenn es keine Rivalität im Verbrauch des öffentlichen Gutes gibt, sind die Grenzkosten C_n Null, so daß die Durchschnittskosten immer größer sind als die Grenzkosten. Optimal ist deshalb nur ein Gemeinwesen, das alle N Personen umfaßt. Ein Optimum von $n^* < N$ kann nur auftreten, wenn die Grenzkosten von einer gewissen Größe des Gemeinwesens an steigen, so daß die Grenzkostenkurve die Durchschnittskostenkurve schneidet.

Obgleich man Größe und Struktur von Staaten nicht monokausal erklären kann, leistet doch die Theorie der optimalen Größe eines Gemeinwesens einen sehr interessanten Beitrag zur Erklärung der Größe von Staaten sowie der Entstehung von Staatenbündnissen und Föderationen. Das sei durch einen Hinweis auf die Zusammenhänge zwischen äußerer und innerer Sicherheit beispielhaft demonstriert.

Die Durchschnittskosten für die Gewährleistung äußerer Sicherheit durch Diplomatie und militärische Macht sinken verhältnismäßig lange. Unter sonst gleichen Voraussetzungen ist ein volkreicher Staat mächtiger als ein kleiner Staat, denn mit dem gleichen Aufwand pro Kopf kann sich der größere Staat ein vergleichsweise größeres Heer leisten. Das ist nur eine andere Ausdrucksweise für die Tatsache, daß die Durchschnittskosten einer gegebenen Militärmacht mit zunehmender Bevölkerungszahl eines Staates sinken. Als Konsequenz dieses Zusammenhangs ergibt sich aus dem militärischen Gesichtswinkel heraus ein Expansionsdrang von Staaten, der in der Geschichte häufig zur Bildung von Großmächten geführt hat. Steigende Grenzkosten und damit auch steigende Durchschnittskosten entstehen vor allem im Bereich der zivilen Verwaltung. Die Einziehung von Steuern, die Aufrechterhaltung der inneren Sicherheit und Ordnung und andere Aufgaben der inneren Verwaltung sind in der Regel mit steigenden Durchschnittskosten verbunden. Dies ist ein Grund dafür, daß viele Versuche zur Gründung von Großreichen in der Vergangenheit gescheitert oder steckengeblieben sind. Nur in dem Maße, wie durch Fortschritte der Technik der inneren Verwaltung ein Anstieg der Durchschnittskosten gemildert werden konnte, war es möglich, die günstigen Effekte des Sinkens der Durchschnittskosten der militärischen Macht zur Geltung zu bringen.

Vielfach wird das Dilemma zwischen sinkenden Durchschnittskosten der äußeren Sicherheit und den steigenden Durchschnittskosten der inneren Verwaltung dadurch gemildert, daß Föderationen und Bündnisse gebildet werden. In solchen Gebilden bleiben die Verwaltungseinheiten verhältnismäßig klein. Das Sinken der Durchschnittskosten der äußeren Sicherheit wird dadurch ausgenutzt, daß die Sorge für die Verteidigung dem Bündnis übertragen wird. Damit erhält man auch eine einfache Erklärung für die typische Aufgabenverteilung in föderativen Staatswesen.

e. Struktur des Gemeinwesens: Die Föderation

Da bei den einzelnen öffentlichen Gütern die jeweils optimale Größe des Gemeinwesens unterschiedlich sein kann, führt das Angebot aller öffentlichen Güter durch ein einziges Gemeinwesen im allgemeinen zu Effizienzverlusten. Zweckmäßig wäre es, daß jedes einzelne öffentliche Gut von einem Gemeinwesen jeweils optimaler Größe angeboten würde. In einem gewissen Maße realisierbar ist das im Rahmen einer Föderation. Öffentliche Güter, für deren Angebot der größte Umfang des Gemeinwesens zweckmäßig ist – insbesondere reine öffentliche Güter – werden von der Zentralregierung bereitgestellt, andere öffentliche Güter von Länderregierungen, von Kommunen, Zweckverbänden und anderen öffentlich-rechtlichen Körperschaften.

Die Zweckmäßigkeit eines föderativen Aufbaues des Staates ergibt sich schon bei identischen Nutzenfunktionen der Individuen. Eine föderative Struktur des Staates ist insbesondere aber dann vorteilhaft, wenn die individuellen Vorstellungen über den wünschenswerten Umfang des Angebotes an öffentlichen Gütern innerhalb der Bevölkerung auseinandergehen, wenn also die Nutzenfunktionen verschieden sind und wenn diesen Unterschieden durch eine Zentralregierung aus administrativen Gründen nicht ausreichend Rechnung getragen werden kann. In einer Föderation ist es dagegen in höherem Maße möglich, die individuellen Vorstellungen zu berücksichtigen.

Ein Problem, das mit lokal oder regional angebotenen öffentlichen Gütern verbunden ist, besteht darin, daß solche öffentlichen Güter externe Effekte auslösen können. Ein Beispiel ist das Schulwesen. Weiterführende Schulen einer Stadt werden vielfach auch von Kindern besucht, deren Eltern außerhalb der Stadt leben. Universitäten eines Bundeslandes werden auch von Bewohnern anderer Bundesländer besucht.

Als Folge solcher externen Effekte, die man vielfach als ,,spill-over-Effekte" bezeichnet, kann eine Tendenz zur Unterversorgung mit öffentlichen Leistungen entstehen. Wenn nämlich ein Gemeinwesen allein den Nutzen der eigenen Bürger in Betracht zieht und die Summe der Grenznutzen dieser Bürger mit den Grenzkosten in Übereinstimmung bringt, so ist das Angebot eines öffentlichen Gutes kleiner, als wenn auch die durch ,,spill-over-Effekte" entstandenen Grenznutzen der Bürger anderer Gemeinwesen berücksichtigt werden.[2]

Ein solches Ergebnis kann vermieden werden, wenn die Gemeinwesen, deren Bürger Nutznießer von ,,spill-over-Effekten" sind, sich durch Ausgleichszahlungen an den Kosten der von ihren Bürgern mitbenutzten Infrastruktur beteiligen. Solche Ausgleichszahlungen können in föderativen Staatswesen durch einen Finanzausgleich bewirkt werden. Da sich durch die Gewährleistung einer optimalen Versorgung mit öffentlichen Gütern alle Gemeinwesen besser stellen können, besteht auch Interesse daran, ein System von Ausgleichszahlungen auszuhandeln.

Falls eine Beseitigung der nachteiligen Auswirkungen externer Effekte durch einen Finanzausgleich nicht erreicht werden kann, müssen die betreffenden öffentlichen Güter auf der nächsthöheren föderalen Ebene, notfalls von der Zentralregierung bereitgestellt werden.

2. Steuern

a. Steuerzwecke und Steuergrundsätze

Steuern können drei verschiedenen Zwecken dienen. Die wichtigste Funktion der Steuern besteht darin, Ressourcen aus der privaten Verwendung in die öffentliche Verwendung zur Produktion öffentlicher Güter umzulenken. Steuern können zweitens dazu dienen, die Preisrelationen zu verändern, um

---

[2] Es gibt jedoch Ausnahmen, vgl. *A. Williams* (1966).

die Allokation innerhalb der privaten Wirtschaft zu beeinflussen. Ein wichtiges Beispiel solcher Lenkungssteuern sind Abgaben zur Kompensation externer Effekte. Ein anderes Beispiel sind die Zölle, die zur Beeinflussung der Außenhandelsströme erhoben werden. Der dritte Zweck der Steuern besteht darin, mit ihrer Hilfe eine Einkommensumverteilung im Interesse sozialer Gerechtigkeit herbeizuführen.[3]

Steuern als Zwangsabgaben

Wegen der Nichtanwendung des Ausschlußprinzips für öffentliche Güter müssen die zu ihrer Finanzierung dienenden Steuern als Zwangsabgaben erhoben werden. Das ergibt sich aus folgendem Grund. Da von der Nutzung öffentlicher Güter niemand ausgeschlossen werden kann oder soll, besteht eine Tendenz, daß sich der Einzelne der Steuerbelastung entzieht, um – gewissermaßen als Schwarzfahrer (free rider) – umsonst in den Genuß öffentlicher Güter zu gelangen. Andererseits wird jedermann im Prinzip einsehen, daß die Position des Schwarzfahrers, würde sie von allen eingenommen, ein Angebot öffentlicher Güter unmöglich machen würde und insoweit zu einer Schlechterstellung aller führen müßte. Die kooperative Lösung, bei der jeder zu den Kosten der Bereitstellung öffentlicher Güter beiträgt, wird daher jedem Einzelnen im Prinzip als richtig erscheinen. Der Einzelne kann aber, wenn das öffentliche Gut einmal bereitgestellt wird, durch Ausscheren aus der Kooperation seine Lage verbessern, indem er sowohl in den Genuß des öffentlichen Gutes kommt, als auch im ungeschmälerten Besitz des privaten Einkommens bleibt. Der Anreiz zum nicht-kooperativen Verhalten ist dabei um so größer, je größer die Zahl der Personen ist, die dem Gemeinwesen angehören; denn je größer das Gemeinwesen ist, um so geringer ist das Gewicht des Beitrags eines Individuums zum Budget des Staates und um so größer ist die Wahrscheinlichkeit, daß die öffentlichen Güter auch dann bereitgestellt werden, wenn sich ein Einzelner der Steuerlast entzieht. Demgegenüber ist in kleinen Gruppen, in denen sich jedes Mitglied darüber im klaren sein muß, daß sein Ausscheren aus der Kooperation die Bereitstellung des öffentlichen Gutes verhindern kann, die Neigung zum nicht-kooperativen Verhalten geringer. Da in einer großen Gruppe die für alle günstigste kooperative Lösung gefährdet ist, müssen Steuern als Zwangsabgaben erhoben werden.

Probleme des Äquivalenzprinzips

Auf Grund des *Lindahl*-Modells ergibt sich, daß die Steuern im Idealfall als individualisierter Preis für die Nutzung der öffentlichen Güter bemessen werden sollten (Äquivalenzprinzip). Praktisch stößt der Versuch einer solchen Bemessung der Steuern aber auf erhebliche Schwierigkeiten.

Erstens hat ein Individuum aus den oben dargelegten Gründen kein Interesse daran, seine Präferenzen aufzudecken. Es besteht vielmehr eine Neigung, die wahren Präferenzen zu verbergen, um der Steuerlast auszuweichen.

---

[3] Die Höhe der Steuern kann darüber hinaus im Interesse der makroökonomischen Stabilisierung intertemporal variiert werden.

Zweitens müßte für jedes öffentliche Gut ein jeweils anderer individualisierter Preis festgelegt werden. Das würde zu erheblichen administrativen Problemen führen.

Drittens könnte durch eine Besteuerung nach dem Äquivalenzprinzip eine Umverteilung des Einkommens unter dem Gesichtspunkt der sozialen Gerechtigkeit behindert werden und umgekehrt würde eine Benutzung des Steuersystems zur Umverteilung der Einkommen dem Äquivalenzprinzip der Besteuerung zuwiderlaufen.

Aus den dargelegten Schwierigkeiten ergeben sich drei Konsequenzen. Einmal sollte der Steuerwiderstand so niedrig wie möglich gehalten werden und zweitens sollten die aus den Abweichungen vom Äquivalenzprinzip resultierenden volkswirtschaftlichen Effizienzverluste minimiert werden. Drittens sollte der administrative Aufwand beschränkt und gleichzeitig die Möglichkeit offen gehalten werden, Steuern für die oben genannten unterschiedlichen Zwecke einsetzen zu können.

Vermeidung des Steuerwiderstandes

Zur Vermeidung des Steuerwiderstandes werden im allgemeinen zwei Wege beschritten. Einmal kann man daran anknüpfen, daß nicht wenige öffentliche Güter in einem komplementären Verhältnis zu privaten Gütern stehen. Zahlreiche private Güter sind nur deshalb nützlich, weil der Staat komplementäre Infrastruktureinrichtungen geschaffen hat und bereithält; der Vorteil des Autos z. B. ergibt sich gerade dadurch, daß es ausgebaute Straßen und eine durch die Organe der inneren Sicherheit durchgesetzte Verkehrsordnung gibt. Die Bedeutung solcher öffentlichen Güter hängt daher von der Benutzung der komplementären privaten Güter ab und die individuelle Wertschätzung dieser öffentlichen Güter wird durch die Nachfrage nach den komplementären privaten Gütern signalisiert. Damit bietet die Nachfrage nach den zu den öffentlichen Gütern komplementären privaten Gütern einen natürlichen Anknüpfungspunkt der Besteuerung. Auf diese Weise wird einerseits eine Annäherung an das Äquivalenzprinzip erreicht und andererseits der Steuerwiderstand herabgesetzt, weil dem Individuum der Zusammenhang zwischen der Steuer und der staatlichen Leistung bewußt wird.

Um den Steuerwiderstand möglichst zu vermeiden, wird vielfach eine Verbrauchsbesteuerung realisiert (sog. indirekte Steuern). Die Verbrauchsbesteuerung gilt als verhältnismäßig unmerklich. Tatsächlich scheint die beabsichtigte Täuschung der Besteuerten auch weitgehend zu gelingen. Wie Befragungen ergeben haben, ist der Durchschnittsverbraucher über die ihm mittels indirekter Steuern auferlegte Last nur sehr unvollständig informiert (*Schmölders* 1970).

Verminderung des administrativen Aufwandes

Um den administrativen Aufwand zu beschränken und gleichzeitig Steuern sowohl als Lenkungsinstrument wie auch als Mittel der Einkommensumverteilung benutzen zu können, wird generell eine dem Äquivalenzprinzip entsprechende Zweckbindung von Steuereinnahmen für bestimmte öffentliche Aufgaben vermieden. Es gilt das sog. Nonaffektationsprinzip des staatlichen

Budgets. Aus dem Nonaffektationsprinzip folgt, daß der Prozeß der Aufstellung des staatlichen Budgets in zwei getrennte Schritte zerfällt. Erstens ist der Umfang des Angebots an öffentlichen Gütern festzulegen. Zweitens ist zu bestimmen, wie die zur Finanzierung der öffentlichen Güter erforderlichen Mittel aufgebracht werden sollen und welche Umverteilungs- und Lenkungseffekte damit gleichzeitig verwirklicht werden sollen.

Kosten der Steuererhebung

Wenn aus den dargelegten Gründen vom Äquivalenzprinzip der Besteuerung abgewichen wird, entstehen volkswirtschaftliche Kosten, die dem Angebot öffentlicher Güter zugerechnet werden müssen. Es handelt sich einmal um psychische Kosten, die aus dem Steuerwiderstand erwachsen (*Neumann* 1973), zweitens um administrative Kosten der Steuererhebung (*Posner* 1975) und drittens um volkswirtschaftliche Effizienzverluste, die darauf beruhen, daß durch die Besteuerung die relativen Preise privater Güter gegenüber dem Verhältnis ihrer Grenzkosten verzerrt werden.

Da die Grenzkosten des Angebotes öffentlicher Güter infolge der aufgezählten Zusatzkosten höher sind als die Grenzkosten des Ressourcenverbrauchs bei der Produktion der öffentlichen Güter, muß bei der Bestimmung eines optimalen Angebotes an öffentlichen Gütern die Summe der individuellen Grenzraten der Substitution zwischen öffentlichen und privaten Gütern mit der Summe aus den Grenzkosten des Ressourcenverbrauchs und den aufgezählten Zusatzkosten in Übereinstimmung gebracht werden. Das hat zur Folge, daß das optimale Angebot öffentlicher Güter gegenüber einer Situation ohne Zusatzkosten vermindert wird. Würden die Zusatzkosten nicht berücksichtigt, so wäre das Angebot öffentlicher Güter zu hoch.

b. Preiseffekte indirekter Steuern

Die Auswirkung von Verbrauchsteuern auf den Preis des besteuerten Produktes hängt von der Preiselastizität der Nachfrage und des Angebotes ab. Die bei preiselastischer Nachfrage prinzipiell möglichen drei Fälle, die bei einer pro Mengeneinheit erhobenen Verbrauchsteuer auftreten können, sind in *Figur 3* dargestellt.

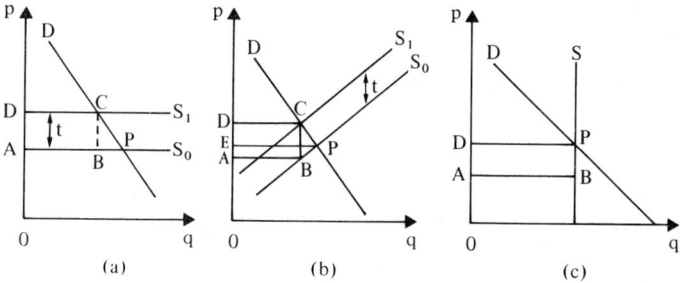

Figur 3

Wenn das Angebot vollstandig elastisch ist, wie in *Figur 3a,* so erhöht sich der Preis um den Betrag t der Steuer. Liegt die Preiselastizität des Angebotes zwischen Null und Unendlich, wie in *Figur 3b,* so steigt der Preis um einen geringeren Betrag als den der Steuer. Das liegt daran, daß die Nachfrage bei steigendem Preis zurückgeht und dementsprechend auch das Angebot sinkt. Da bei geringerem Angebot die Grenzkosten niedriger sind, führt die Steuer von t nur zu einer Preiserhöhung, die geringer ist als der Betrag t. Wenn das Angebot völlig unelastisch ist, wie in *Figur 3c,* so verändert sich der Preis überhaupt nicht.

Im Fall eines völlig elastischen Angebotes wird die Steuer allein von den Verbrauchern getragen, deren Konsumentenrente sich näherungsweise um den Inhalt der Fläche APCD vermindert. Die Steuereinnahme des Staates wird durch den Inhalt der Fläche ABCD gegeben, so daß sich als Folge der Besteuerung ein Wohlfahrtsverlust ergibt, der durch den Inhalt der Fläche BPC dargestellt wird. Im Fall der *Figur 3b* beträgt die Steuereinnahme des Staates ABCD. Sie ist geringer als die infolge der Besteuerung fortfallende Summe aus der Konsumentenrente EPCD und der Produzentenrente ABPE. Der Wohlfahrtsverlust BPC setzt sich in diesem Falle aus einem Verlust an Konsumenten- und Produzentenrente zusammen. Im Fall des völlig unelastischen Angebotes wird die Steuerlast allein von den Produzenten getragen, deren Einkommen sich um den Inhalt der Fläche ABPD vermindert. Das Vermögen der Anbieter verringert sich deshalb als Folge der Besteuerung um den Kapitalwert der gezahlten Steuer.

Der Vergleich der drei dargestellten Fälle zeigt, daß die Überwälzung einer Verbrauchsteuer auf die Konsumenten bei gegebener Preiselastizität der Nachfrage von der Elastizität des Angebotes abhängig ist. Je höher die Angebotselastizität ist, um so größer ist das Ausmaß der Überwälzung. Da die Angebotselastizität langfristig höher ist als kurzfristig, ist auch die Überwälzungsmöglichkeit von Verbrauchsteuern langfristig größer als kurzfristig. Ferner zeigen die drei Fälle, daß bei preiselastischem Angebot aus indirekten Steuern Wohlfahrtsverluste resultieren.

c. Wohlfahrtseffekte indirekter Steuern

Aus der Feststellung, daß indirekte Steuern Wohlfahrtsverluste nach sich ziehen, ergibt sich die Frage, ob sie sich vermeiden lassen, wenn indirekte Steuern durch eine Einkommensteuer ersetzt werden.

Indirekte Steuern vs. Einkommensteuer

Betrachtet wird ein repräsentatives Individuum in einem Zwei-Güter-Modell. Die Ausgangslage vor der Besteuerung wird durch die Budgetgerade AB beschrieben, deren Steigung mit der volkswirtschaftlichen Grenzrate der Transformation übereinstimmen möge. Bei einer gegebenen Nutzenfunktion werde das Güterbündel des Punktes P gekauft. Wird nun der Verbrauch des Gutes 1 mit einer Steuer belegt und erhöht sich der Preis dieses Gutes, so dreht sich die Bugetgerade um den Punkt A und wird steiler. Der neue Verbrauchspunkt auf der neuen Budgetgerade AC sei Q.

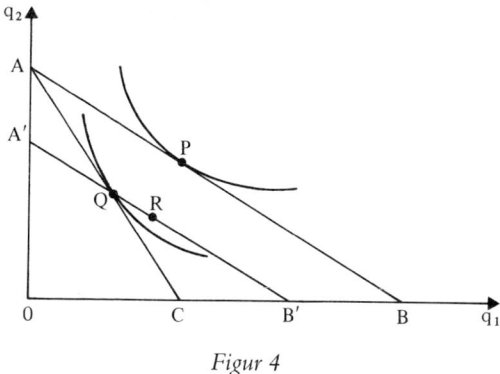

Figur 4

Als Alternative zu der Verbrauchsbesteuerung kommt eine Besteuerung des Einkommens in Betracht, durch die sich die Budgetgerade AB parallel nach links verschieben würde. Wenn dem Individuum durch die Einkommensteuer der gleiche Geldbetrag entzogen werden soll wie durch die Verbrauchsteuer, so muß die infolge der Besteuerung des Einkommens nach links verschobene Budgetgerade A′B′ durch den Punkt Q laufen, so daß das Güterbündel des Punktes Q unabhängig von der Art der Besteuerung erworben werden kann.

Bei einer Besteuerung des Einkommens, die zu der in *Figur 4* eingezeichneten Budgetgerade A′B′ führt, könnte das Individuum nun aber außer dem Güterbündel des Punktes Q auch ein Güterbündel R erwerben, das auf einer höheren Indifferenzkurve liegt. Es wäre bei der aus der Auferlegung einer Verbrauchsteuer resultierenden Budgetgeraden AC nicht erreichbar. Daraus ergibt sich der Schluß, daß die Verbrauchsteuer zu einem Wohlfahrtsverlust (excess burden) führt, der bei der Erhebung einer Einkommensteuer vermeidbar wäre.

Der entscheidende Punkt des dargestellten Modells besteht darin, daß das Einkommen vor Steuern als gegeben angenommen und damit vorausgesetzt wurde, daß das Einkommen von der Höhe der Steuer unabhängig ist. Tatsächlich jedoch ist das Einkommen aus einem Faktorangebot, sei es das Einkommen aus Arbeit oder aus Kapitalbesitz, im allgemeinen auch vom Faktorpreis abhängig, weil das Faktorangebot durch den realisierten Faktorpreis bestimmt wird. Wenn die effektive Faktorentlohnung durch eine Besteuerung des Einkommens reduziert wird, geht in zahlreichen Fällen auch das Faktorangebot zurück. Berücksichtigt man diese Zusammenhänge, so wird klar, daß sich eine Einkommensteuer nicht wesentlich von Verbrauchsteuern unterscheiden kann. Ein Wohlfahrtsverlust tritt als Folge einer Einkommensteuer nur insoweit nicht ein, als das Faktorangebot preisunelastisch ist und das Einkommen vor Steuern deshalb als exogen gegeben angesehen werden kann.

Optimale Verbrauchsteuern

Angesichts der Möglichkeit von Wohlfahrtsverlusten als Folge der Steuererhebung entsteht die Frage, wie ein Steuersystem beschaffen sein muß, wenn die unumgänglichen Wohlfahrtsverluste möglichst klein gehalten werden sollen. Die Antwort darauf liefert die Theorie der optimalen Verbrauchsteuern.

Zu unterscheiden ist dabei zwischen einer allgemeinen Verbrauchsteuer, durch die der Konsum aller Güter gleichmäßig belastet wird, und einer Besteuerung des Verbrauchs unterschiedlicher Güter mit verschieden hohen Sätzen. Eine allgemeine Verbrauchsteuer wäre dann, wenn das gesamte Volkseinkommen für den Konsum verwendet würde, mit einer Einkommensteuer identisch. Wird dagegen ein Teil des Einkommens gespart und für Realkapitalbildung verwendet, so bleibt die Kapitalbildung bei einer Verbrauchsteuer unbelastet, während sie durch eine Einkommensteuer ebenso wie der Konsum belastet wird. Unabhängig davon, ob eine Einkommensteuer oder eine Verbrauchsteuer erhoben wird, ein Gut, die Freizeit, bleibt immer unbesteuert.

Mit Hilfe der Theorie optimaler Verbrauchsteuern kann insbesondere die Frage beantwortet werden, ob eine allgemeine Verbrauchsteuer zweckmäßig ist, oder ob Verbrauchsteuern mit unterschiedlichen Sätzen vorteilhafter sind. Ferner können Prinzipien für die optimale Struktur der Verbrauchsteuersätze herausgearbeitet werden.

Mit $P_i = p_i + t_i$ sei der Verkaufspreis eines vollständig elastisch angebotenen Gutes i bezeichnet, wobei t_i die Verbrauchsteuer für das Gut i sei. Angenommen sei, daß durch Verbrauchsteuern die Summe

(1) $$T = \sum_{i=1}^{n} t_i q_i$$

erhoben werden soll, wobei q_i die von den Güterpreisen abhängige Nachfrage nach dem Gute i darstellt.

Angenommen wird nun, daß es ein repräsentatives Individuum gibt, so daß sich die Präferenzordnung der Gesellschaft durch die Nutzenfunktion eines einzigen Individuums darstellen läßt. Das optimale Steuersystem läßt sich dann finden, indem man die indirekte Nutzenfunktion $V(\mathbf{P})$ bei $\mathbf{P} = (P_1, P_2, \ldots, P_n)$ unter der Nebenbedingung der Gleichung (1) maximiert.

Leitet man die *Lagrange*-Funktion

$$Z = V(\mathbf{P}) + \mu \left(\sum_{i=1}^{n} t_i q_i - T \right)$$

partiell nach den einzelnen Steuern t_k (k = 1, 2, ..., n) ab, so erhält man unter Berücksichtigung dessen, daß

$$\frac{\partial Z}{\partial t_k} = \frac{\partial Z}{\partial P_k} \frac{\partial P_k}{\partial t_k} \text{ und } \frac{\partial P_k}{\partial t_k} = 1 \text{ ist,}$$

als notwendige Bedingung für ein Maximum das Gleichungssystem

(2) $$\frac{\partial V}{\partial P_k} + \mu \left(q_k + \sum_{i=1}^{n} t_i \frac{\partial q_i}{\partial P_k} \right) = 0, \quad k = 1, 2, \ldots, n$$

Wegen der Formel von *Roy* (vgl. V. Kapitel) ist

$$\partial V / \partial P_k = -\lambda q_k,$$

wobei λ der Grenznutzen des Einkommens ist. Deshalb kann man das Gleichungssystem (2) auch in der Form

$$-\lambda q_k + \mu \left(q_k + \sum_{i=1}^{n} t_i \frac{\partial q_i}{\partial P_k} \right) = 0, \quad k = 1, 2, \ldots, n$$

schreiben. Daraus erhält man nach Umstellung das Gleichungssystem

$$(3) \quad \sum_{i=1}^{n} t_i \frac{\partial q_i}{\partial P_k} = -v q_k, \quad v = \frac{\mu - \lambda}{\mu}, \quad k = 1, 2, \ldots, n$$

mit dessen Hilfe sich prinzipiell die optimalen Steuern t_i ermitteln lassen. Eine weitere Überlegung zeigt, daß mindestens ein Gut unbesteuert bleiben muß (*Sandmo* 1974). Ausgangspunkt ist die Budgetgleichung des repräsentativen Individuums

$$(4) \quad \sum_{i=1}^{n} P_i q_i = 0.$$

Differenziert man diese Gleichung nach P_k für ein beliebiges Gut k, so erhält man

$$q_k + \sum_{i=1}^{n} P_i \frac{\partial q_i}{\partial P_k} = 0.$$

Eingesetzt in (3) folgt daraus

$$(5) \quad \sum_{i=1}^{n} (t_i - v P_i) \frac{\partial q_i}{\partial P_k} = 0, \quad k = 1, 2, \ldots, n.$$

Das ist ein homogenes Gleichungssystem, das nur dann eine nichttriviale Lösung (d. h. $t_i - v P_i \neq 0$) besitzen würde, wenn die Matrix der Koeffizienten $\partial q_i / \partial P_k$ singulär wäre. Tatsächlich muß diese Matrix aber als nichtsingulär angenommen werden, denn andernfalls besäße das Gleichungssystem (3), mit dessen Hilfe die optimalen Steuersätze errechnet werden sollen, keine Lösung. Ist aber die Matrix nicht-singulär, so muß $t_i - v P_i = 0$ für alle i sein. Deshalb ist der Steuersatz $\theta_i := t_i / P_i = v$ für alle Güter gleich hoch (*Dixit* 1970). Dann kann man die Gleichung (1) auch in der Form

$$T = \sum_{i=1}^{n} \theta_i P_i q_i = v \sum_{i=1}^{n} P_i q_i$$

schreiben. Auf Grund der Gleichung (4) ist dann aber $T = 0$. Das macht keinen Sinn, denn durch die Besteuerung sollte ja eine bestimmte Summe an Steuern aufgebracht werden. Deshalb muß mindestens ein Gut unbesteuert bleiben.

Man kann weiter zeigen, daß die Steuersätze θ_i für alle besteuerten Güter identisch sein müssen, wenn die Nachfrageelastizität des unbesteuerten Gutes Null ist. Wenn das Gut n unbesteuert bleibt, so läßt sich Gleichung (5) auch in der Form

$$(6) \quad \sum_{i=1}^{n-1} (t_i - vP_i) \frac{\partial q_i}{\partial P_k} = vP_n \frac{\partial q_n}{\partial P_k}$$

schreiben. Ist nun $\partial q_n / \partial P_k = 0$, weil die Nachfrage nach dem Gut n völlig unelastisch ist, und ist die Matrix der Koeffizienten $\partial q_i / \partial P_k$ nicht-singulär, so folgt $t_i - vP_i = 0$ für $i = 1, 2, \ldots, n - 1$ und deshalb $\theta_i = v$. Für alle besteuerten Güter gilt also der gleiche Steuersatz. Ist z. B. die Nachfrageelastizität für Freizeit und damit die Angebotselastizität für Arbeit Null, so ist eine allgemeine Verbrauchsteuer optimal. In dem hier diskutierten Modell einer stationären Wirtschaft ist die allgemeine Verbrauchsteuer mit einer Einkommensteuer äquivalent. Eine Einkommensteuer ist also dann optimal, wenn das Arbeitsangebot völlig unelastisch ist. Generell kann man davon jedoch nicht ausgehen. Im allgemeinen hängt der optimale Steuersatz der einzelnen Güter deshalb von der Preiselastizität der jeweiligen Nachfrage ab und ist für die einzelnen Güter verschieden hoch.

Ramsey–Steuer

Legt man den einfachsten Fall zugrunde, in dem die Kreuzableitungen der Nachfragefunktionen Null sind, also $\partial q_i / \partial P_k = 0$ für $i \neq k$, so ergibt sich aus (3) der einfachere Ausdruck $t_i \partial q_i / \partial P_i = - vq_i$. Daraus wieder erhält man unter Verwendung der Elastizitätsformel $\varepsilon_i = - (P_i / q_i) \partial q_i / \partial P_i$ die *Ramsey*-Formel für den optimalen Steuersatz

$$\theta_i := t_i / P_i = v / \varepsilon_i$$

Danach hängt der Steuersatz von der Preiselastizität der Nachfrage ab. Da die Preiselastizität der Nachfrage für die einzelnen Güter verschieden hoch ist, sind die optimalen Steuersätze für die einzelnen Güter unterschiedlich hoch. Der Steuersatz muß um so höher sein, je geringer die Preiselastizität der Nachfrage ist.

Da lebensnotwendige Güter gewöhnlich eine besonders geringe Preiselastizität der Nachfrage aufweisen, muß der Steuersatz bei diesen Gütern nach der *Ramsey*-Formel vergleichsweise hoch sein. Die Besteuerung wird dann vornehmlich die ärmeren Bevölkerungsschichten treffen. Der Konflikt zwischen dem Ziel einer möglichst effizienten Besteuerung und dem der sozialen Gerechtigkeit wird hier besonders deutlich.

Die Rolle der Kreuzpreiselastizitäten

Ein etwas anderes Bild ergibt sich, wenn die Kreuzpreiselastizitäten von Null verschieden sind (*Corlett/Hague* 1953). In diesem Fall sind Komplementaritätsbeziehungen zwischen den Gütern möglich. Da Komplementarität anhand der Vorzeichen der Substitutionsterme der *Slutsky*-Gleichung definiert wird, müssen wir die Gleichung (3) zunächst umformen. Mit Hilfe der *Slutsky*-Gleichung

$$\frac{\partial q_i}{\partial P_k} = s_{ik} - q_k \frac{\partial q_i}{\partial E} ,$$

in der s_{ik} den Substitutionseffekt und $-q_k \partial q_i/\partial E$ den Einkommenseffekt der Preisänderung wiedergibt, erhält man aus (3)

$$\sum_i t_i (s_{ik} - q_k \, \partial q_i/\partial E) = -vq_k.$$

Berücksichtigt man, daß die Substitutionsterme symmetrisch sind, so daß $s_{ik} = s_{ki}$ ist, so erhält man alternativ zu (3)

$$(7) \quad \sum_{i=1}^{n} t_i s_{ki} = -zq_k, \; k = 1, 2, \ldots, n$$

wobei $z := v - \sum_i t_i \, \partial q_i/\partial E$ ist.

Zur weiteren Analyse soll jetzt ein Beispiel verwendet werden, in dem zwei Güter besteuert werden, während das dritte Gut, die Freizeit, unbesteuert bleibt.

Das Gleichungssystem (7) lautet dann

$$t_1 s_{11} + t_2 s_{12} = - zq_1$$
$$t_1 s_{21} + t_2 s_{22} = - zq_2.$$

Als Lösung erhält man

$$(8) \quad \begin{aligned} t_1 &= (z/S)(s_{12}q_2 - s_{22}q_1) \\ t_2 &= (z/S)(s_{21}q_1 - s_{11}q_2), \end{aligned}$$

wobei $S = s_{11}s_{22} - s_{12}^2 > 0$ ist.[4]

Führt man nun die Elastizitäten der kompensierten Nachfrage

$$\epsilon_{11} := P_1 s_{11}/q_1 \quad \epsilon_{12} := P_2 s_{12}/q_1$$
$$\epsilon_{21} := P_1 s_{21}/q_1 \quad \epsilon_{22} := P_2 s_{22}/q_2$$

ein und setzt alle Preise vor Steuern $p_i \equiv 1$, so erhält man aus (8)

$$\frac{t_1}{1 + t_1} = z \left(\frac{\epsilon_{12} - \epsilon_{22}}{\epsilon_{11}\epsilon_{22} - \epsilon_{12}\epsilon_{21}} \right)$$

$$\frac{t_2}{1 + t_2} = z \left(\frac{\epsilon_{21} - \epsilon_{11}}{\epsilon_{11}\epsilon_{22} - \epsilon_{12}\epsilon_{21}} \right)$$

---

[4] Diese Eigenschaft ergibt sich aus folgender Tatsache: Die zugrundeliegende Nutzenfunktion enthält neben den besteuerten Konsumgütern auch die Freizeit als Gut Nr. 3, deren Preis (als Opportunitätskosten) der Lohnsatz ist. Der Nutzenmaximierungskalkül, aus dem die Nachfragefunktionen hervorgehen, umfaßt also drei Güter, zwei Konsumgüter und Freizeit. Dementsprechend lautet die Matrix der Substitutionsterme

$$J = \begin{pmatrix} s_{11} & s_{12} & s_{13} \\ s_{21} & s_{22} & s_{23} \\ s_{31} & s_{32} & s_{33} \end{pmatrix}$$

Die Matrix der Substitutionsterme ist aber gleichzeitig die *Jakob*ische Matrix der Ausgabenfunktion. Da die Ausgabenfunktion konkav ist, ist die Matrix J negativ semidefinit. Das beinhaltet, daß

$$s_{11} < 0, \; S = \begin{vmatrix} s_{11} & s_{12} \\ s_{21} & s_{22} \end{vmatrix} > 0 \text{ und } \det J = 0$$

ist.

und daraus

$$(9) \qquad \frac{t_1}{1 + t_1} = \frac{t_2}{1 + t_2} \left(\frac{\epsilon_{12} - \epsilon_{22}}{\epsilon_{21} - \epsilon_{11}} \right)$$

Bezeichnet man die Nachfrageelastizität für Gut i in Bezug auf den Lohnsatz (d. h. die Opportunitätskosten der Freizeit) mit ϵ_{i3} und berücksichtigt, daß die Summe aller Substitutionsterme gleich Null ist (vgl. S. 127), so folgt

$$\epsilon_{11} + \epsilon_{12} + \epsilon_{13} = 0$$
$$\epsilon_{21} + \epsilon_{22} + \epsilon_{23} = 0.$$

Ersetzt man dann in (9) die Kreuzpreiselastizitäten ϵ_{12} und ϵ_{21}, so ergibt sich

$$(10) \qquad \frac{t_1}{1 + t_1} = \frac{t_2}{1 + t_2} \left(\frac{-(\epsilon_{11} + \epsilon_{22}) - \epsilon_{13}}{-(\epsilon_{11} + \epsilon_{22}) - \epsilon_{23}} \right),$$

wobei zu berücksichtigen ist, daß die direkten Elastizitäten ϵ_{11} und ϵ_{22} negativ sind.

Aus (10) folgt, daß $t_1 < t_2$ ist, wenn $\epsilon_{13} > \epsilon_{23}$. Das bedeutet: Das Gut mit der geringeren Kreuzpreiselastizität der kompensierten Nachfrage bezüglich der Freizeit muß vergleichsweise hoch besteuert werden. Eine vergleichsweise niedrige Kreuzpreiselastizität liegt bei komplementären Gütern vor, denn deren Kreuzpreiselastizität ist negativ. Vergleichsweise hohe Verbrauchsteuersätze sind danach für solche Güter optimal, die zur Freizeit komplementär sind. Das aber sind vielfach Luxusgüter.

d. Indirekte Steuern und Einkommensverteilung

Verbrauchsteuern haben auch einen Effekt auf die funktionale Einkommensverteilung. Zu unterscheiden ist dabei der Effekt der Steuererhebung von dem Effekt der durch Steuern finanzierten Nachfrage des Staates nach Produktionsfaktoren, die sich aus dem Angebot öffentlicher Güter ergibt.

Wir wollen zuerst den Einfluß der Steuererhebung auf Faktorpreise und Verteilung betrachten. Angenommen sei dazu eine Volkswirtschaft mit zwei Produktionsfaktoren, Kapital und Arbeit, deren jeweiliger Bestand gegeben ist, und zwei Produktionsrichtungen, die sich eindeutig nach ihrer Kapitalintensität unterscheiden lassen.

Wenn für das Erzeugnis der relativ kapitalintensiven Produktionsrichtung eine Verbrauchsteuer erhoben wird, geht die Produktion des betreffenden Gutes zurück und die des arbeitsintensiv erzeugten Produktes steigt. In der besteuerten Produktionsrichtung wird beim Produktionsrückgang relativ mehr Kapital freigesetzt als zur Expansion in der relativ arbeitsintensiven Produktionsrichtung benötigt wird. Als Folge des resultierenden Überschußangebotes für Kapital sinkt dessen relativer Nutzungspreis und dementsprechend nimmt der Reallohn relativ zu. Umgekehrt sinkt die Lohn/ Zins-Relation, wenn ein relativ arbeitsintensiv erzeugtes Gut mit einer Verbrauchsteuer belegt wird. Der Veränderung der Faktorpreisrelation entspricht wegen des gegebenen Bestandes an Produktionsfaktoren eine Änderung der funktionalen Einkommensverteilung. Das Ergebnis läßt sich zu dem allgemeinen Satz zusammenfassen: Durch eine Verbrauchsteuer wird der Faktorpreis und der Einkommensanteil des Faktors vermindert, der in der besteuerten Produktionsrichtung relativ intensiv genutzt wird.

Die durch die Steuererhebung eintretenden Effekte auf Faktorpreise und Verteilung können durch die aus den Steuern finanzierte Nachfrage des Staates ganz oder teilweise kompensiert, sie können aber auch verstärkt werden. Stellt der Staat öffentliche Güter zur Verfügung, bei deren Produktion derjenige Faktor verhältnismäßig intensiv genutzt wird, der auch in der besteuerten Produktionsrichtung intensiv eingesetzt ist, so werden die für den betreffenden Faktor ungünstigen Effekte der Besteuerung ganz oder teilweise kompensiert oder sogar überkompensiert. Wird dagegen bei der Produktion öffentlicher Güter derjenige Faktor relativ intensiv genutzt, der in der unbesteuerten Produktionsrichtung relativ intensiv verwendet wird, so werden die ungünstigen Einflüsse der Besteuerung auf den Preis und den Einkommensanteil des durch Verbrauchsteuern indirekt belasteten Faktors verstärkt.

3. Öffentliche Unternehmen

a. Notwendigkeit staatlicher Intervention bei natürlichem Monopol

Zahlreiche vom Staat bereitgestellte Leistungen werden unmittelbar als Konsumgüter von der privaten Wirtschaft nachgefragt oder dienen ihr als Produktionsmittel. Straßen und Brücken, die Elektrizitätsversorgung, Post und Fernmeldewesen sowie staatliche Verkehrsmittel sind Beispiele dieser Art. Anders als bei den klassischen öffentlichen Gütern, der äußeren und inneren Sicherheit, werden in den genannten Beispielen Leistungen angeboten, die prinzipiell gegen Entgelt verkauft werden könnten, für die das Ausschlußprinzip also grundsätzlich anwendbar ist. Tatsächlich werden die Leistungen der Wasser- und Elektrizitätswerke, der Post und der Eisenbahnen sowie anderer öffentlicher Unternehmen auch als private Güter verkauft. Straßen, Brücken und Wasserwege dagegen werden meistens unentgeltlich zur Verfügung gestellt, der Staat bietet sie also als öffentliches Gut an. Das Problem besteht nun darin zu bestimmen, welche Leistungen der Staat als privates Gut anbieten sollte und welche als öffentliches Gut, welcher Preis für die als privates Gut bereitgestellten Leistungen berechnet werden und zu welchem Teil ihr Angebot aus dem Staatshaushalt finanziert werden soll.

Auf einige Gesichtspunkte für die Entscheidung, ob ein Produkt als öffentliches Gut bereitgestellt werden soll, wurde bereits im I. Kapitel hingewiesen: Die Anwendung des Ausschlußprinzips kann erstens aus verteilungspolitischen Gründen unterbleiben, zweitens, weil die Durchsetzung des Ausschlußprinzips mit zu hohen administrativen Kosten verbunden wäre, und drittens, weil die betreffenden Güter in hohem Maße positive externe Effekte nach sich ziehen, die nur durch ein öffentliches Angebot ausgenutzt werden können.

Darüber hinaus gibt es noch einen weiteren wichtigen Grund für ein öffentliches Angebot bestimmter Leistungen. Charakteristisch für viele der eingangs erwähnten Infrastruktureinrichtungen ist die Unteilbarkeit der Investition, so daß die Durchschnittskosten für die betreffende Leistung mit zunehmender Produktionshöhe sinken. In vielen Fällen liegt ein natürliches Monopol vor. Wegen der fallenden Durchschnittskosten sind die Grenzkosten niedriger als die Durchschnittskosten. Eine Grenzkosten-Preisbildung, die an sich aus Gründen der Effizienz geboten wäre, würde zu Verlusten führen. Das klassische Beispiel ist die Brücke. Wenn sie einmal gebaut ist, sind die Grenzkosten der Benutzung praktisch Null. Ähnliches gilt für Eisenbahnen. Wenn auf einer Strecke ein Zug verkehrt, sind die Grenzkosten, die ein weiterer Fahrgast verursacht, ebenfalls kaum von Null verschieden. Würde man in diesen Fällen einen Preis in Höhe der Grenzkosten verlangen, so müßte die Benutzung der Brücke und die Fahrt auf der Eisenbahn nahezu kostenlos gestattet werden. Dann aber würden die Investitionsaufwendungen für die Brücke und die Aufwendungen für den Betrieb der Eisenbahn nicht gedeckt sein. Ein privates Unternehmen, das den Preis zu Grenzkosten setzte, könnte nicht existieren. Wenn andererseits ein Preis verlangt wird, der gleich den Durchschnittskosten ist, wird eine grundlegende Effizienzbedingung verletzt. Ohne Staatseingriff würde auf Grund des Sinkens der Durchschnittskosten ein Monopol entstehen, durch dessen Preisbildung ein Ergebnis zustande käme, das ebenfalls nicht *Pareto*-optimal ist.

Deshalb muß der Staat in dem beschriebenen Fall des natürlichen Monopols intervenieren, indem er

- die Versorgung mit der betreffenden Leistung durch eigene Betriebe (Regiebetriebe) oder Unternehmen übernimmt oder
- privaten Unternehmen die Produktion überträgt, die Weitergabe der Leistungen aber an die Verbraucher – wie das in der Elektrizitätswirtschaft z. B. häufig geschieht – durch eigene Betriebe oder Unternehmen besorgt oder
- Produktion und Verkauf privaten Unternehmen überläßt, diese aber durch staatliche Organe überwacht (Regulierung).

Praktisch gibt es in zahlreichen Ländern aus vielfältigen Gründen staatliche Unternehmen oder Beteiligungen des Staates an privaten Unternehmen auch in Bereichen, in denen ein natürliches Monopol nicht vorliegt. Die Preisbildung für die Produkte solcher Unternehmen stellt aber kein besonderes Problem dar. Deshalb bleiben öffentliche Unternehmen, die kein natürliches Monopol darstellen, in diesem Kapitel außer Betracht.

b. Optimale Preise für Leistungen öffentlicher Unternehmen

Ausgangspunkt der Ableitung eines optimalen Preises für die Leistungen eines öffentlichen Unternehmens ist das Konzept der Konsumentenrente. Sie stellt den Betrag dar, den ein Konsument zahlen würde, um nicht auf den Konsum des Gutes verzichten zu müssen (vgl. V. Kapitel). Die Konsumentenrente kann deshalb als Ausdruck der Wertschätzung eines Gutes durch den Konsumenten angesehen werden.

Man nimmt nun an, der Staat würde sich beim Angebot der Leistungen des öffentlichen Unternehmens vom Ziel der Maximierung der Konsumentenrente leiten lassen. Als Nebenbedingung wird verlangt, daß der Gewinn des öffentlichen Unternehmens eine bestimmte Höhe M nicht überschreiten darf. Möglich ist z. B. die Forderung, daß das Angebot der öffentlichen Leistung dem Prinzip der Eigenwirtschaftlichkeit genügen soll, daß der Gewinn also M = 0 sein muß. Möglich ist auch, daß ein Defizit, also M < 0, realisiert werden soll. Eine solche Forderung kann z. B. verteilungspolitisch begründet sein.

Die Konsumentenrente, die mit dem Konsum eines Gutes verbunden ist, kann durch die Fläche unter der kompensierten Nachfragekurve des betreffenden Gutes dargestellt werden (vgl. V. Kapitel). Das ist in *Figur 5* illu-

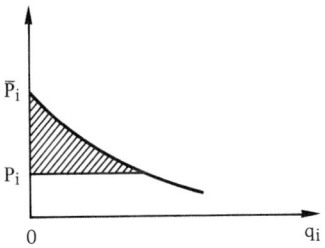

Figur 5

striert. Bezeichnet man den Vektor aller Preise mit **P** = $(P_1, P_2, \ldots P_n)$, so ist die kompensierte Nachfrage nach Gut i durch die Funktion q_i (**P**, u^0) gegeben, und die Konsumentenrente, die mit dem Konsum dieses Gutes verbunden ist, beträgt

$$r_i (\mathbf{P}) = \int_{P_i}^{\bar{P}_i} q_i (\Pi, u^0) d\Pi_i.$$

Dabei ist $\bar{P}_i$ derjenige Preis des Gutes i, bei dem die Nachfrage nach diesem Gut Null wird.

Die gesamte Konsumentenrente, die mit dem Konsum aller n Güter verbunden ist, beträgt

$$R (\mathbf{P}) = \sum_{i=1}^{n} r_i (\mathbf{P}) = \sum_{i=1}^{n} \int_{P_i}^{\bar{P}_i} q_i (\Pi, u^0) d\Pi_i.$$

Man kann nun leicht zeigen, daß die Konsumentenrente R (**P**) mit steigendem Preis eines Gutes i sinkt. Das läßt sich unmittelbar aus *Figur 5* ablesen. Je höher der Preis P_i ist, um so kleiner ist die Fläche unter der kompensierten Nachfragekurve. Generell findet man durch partielle Ableitung von R (**P**) nach der unteren Integrationsgrenze P_i, daß

$$\partial R (\mathbf{P})/\partial P_i = - q_i (\mathbf{P}, u^0) < 0.$$

Je höher der Preis eines Gutes i ist, um so geringer ist die Konsumentenrente.

Ramsey-Preise

Von den Preisen abhängig ist auch der Gewinn $G(\mathbf{P})$ eines öffentlichen Unternehmens. Daher ergibt sich der optimale Preis aus der Lösung einer Maximierungsaufgabe, nach der die *Lagrange*-Funktion

$$Z = R(\mathbf{P}) + \varkappa (M - G(\mathbf{P}))$$

zu maximieren ist. Ein Maximum von Z in bezug auf P_i ist erreicht, wenn die Gleichungen

$$\partial R(\mathbf{P})/\partial P_i = \varkappa \, \partial G(\mathbf{P})/\partial P_i, \quad i = 1, 2, \ldots, n$$

erfüllt sind. Da $\partial R(\mathbf{P})/\partial P_i = - q_i$ ist, folgt

(11) $- q_i = \varkappa \, \partial G(\mathbf{P})/\partial P_i.$

Nun ist der Gewinn $G(\mathbf{P}) = \sum_i P_i q_i - C(q_1, \ldots, q_n)$ gleich der Differenz zwischen dem Erlös und den Kosten der vom öffentlichen Unternehmen erzeugten Produkte und deren Absatz ist wieder von den Preisen abhängig. Zur Vereinfachung soll dabei angenommen werden, daß der Absatz eines Gutes stets nur vom Preis dieses Produktes abhängig ist, von den Preisen anderer Güter also nicht beeinflußt wird. Unter dieser Voraussetzung erhält man aus (11)

(11') $- q_i = \varkappa (P_i + q_i dP_i/dq_i - \partial C/\partial q_i) \, dq_i/dP_i.$

Multipliziert man auf beiden Seiten mit dP_i/dq_i und addiert auf beiden Seiten $P_i + q_i dP_i/dq_i - \partial C/\partial q_i$, so ergibt sich unter Verwendung der Bezeichnung $GE_i = P_i + q_i dP_i/dq_i$ für den Grenzerlös und $GK_i = \partial C/\partial q_i$ für die Grenzkosten

(12) $P_i - GK_i = (1 + \varkappa)(GE_i - GK_i).$

Dieser Ausdruck besagt, daß die Differenz zwischen Preis und Grenzkosten der Differenz zwischen Grenzerlös und Grenzkosten proportional sein muß. Dabei wird durch $\varkappa$ der Einfluß eines Gewinnes (oder Defizits) M auf die Konsumentenrente gemessen. Je höher der Gewinn (je geringer das Defizit) ist, um so höher sind die Preise und um so niedriger ist die Konsumentenrente. Aus diesem Grunde ist $\varkappa$ negativ. Wäre z.B. $\varkappa = -2$, so würde das Ergebnis für den Preis P_i^* in der folgenden *Figur 6* dargestellt. In dieser Figur ist der vertikale Abstand RS zwischen der Grenzkostenkurve und der Nachfragekurve ebenso groß wie der Abstand ST zwischen der Grenzkosten- und der Grenzerlöskurve. Offensichtlich ist der Preis niedriger als der Monopolpreis, der beim Punkt C liegen würde. Der Preis ist aber auch höher als die Grenzkosten. Welcher Preis realisiert wird, hängt von der Größe $\varkappa$ ab. Für $\varkappa$ ergibt sich auf Grund des Gleichungssystems der notwendigen Bedingungen, also aus den Gleichungen (12) und der Nebenbedingung G = M ein bestimmter Wert.

Um den Preis verschiedener öffentlicher Leistungen miteinander vergleichen zu können, wird die Gleichung (11') in der Form

$$- \varkappa(P_i - GK_i) = (1 + \varkappa) \, q_i dP_i/dq_i$$

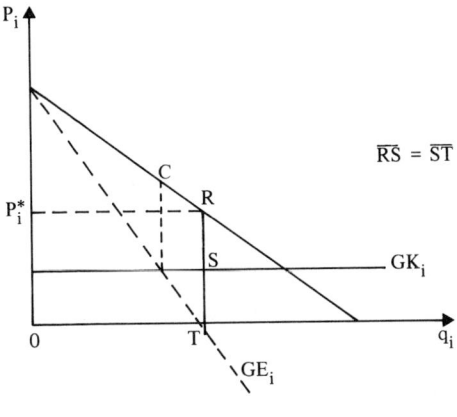

Figur 6

geschrieben, aus der man unter Verwendung des Elastizitätskoeffizienten ε_i $= - (P_i/q_i) \, dq_i/dP_i$ die Formel für die sog. *Ramsey*-Preise

$$(13) \quad \frac{P_i - GK_i}{P_i} = \frac{1 + \varkappa}{\varkappa} \frac{1}{\varepsilon_i}$$

erhält. Auf der linken Seite steht ein Ausdruck für die relative Abweichung des Preises vom Konkurrenzpreis. Beim Monopolpreis wäre sie $1/\varepsilon_i$, bei der Realisierung von *Ramsey*-Preisen ist sie geringer, denn $(1 + \varkappa)/\varkappa = 1 + 1/\varkappa$ ist kleiner als Eins. Um das zu sehen, erinnere man sich daran, daß $\varkappa < 0$. Wäre $\varkappa$ absolut größer als Eins, so müßte $1 + 1/\varkappa$ kleiner als Eins aber größer als Null sein. Der Preis wäre dann höher als die Grenzkosten. Wenn $\varkappa$ absolut kleiner als Eins ist, muß der Preis die Grenzkosten sogar unterschreiten. Die Höhe des Preises hängt ferner von der Preiselastizität der Nachfrage ab. Der Preis ist im Verhältnis zu den Grenzkosten um so höher, je geringer die Preiselastizität der Nachfrage ist. Je dringlicher die Nachfrage ist, um so geringer ist die Preiselastizität und um so höher muß der Preis sein. Die Nachfrage soll danach entsprechend der in der Preiselastizität zum Ausdruck kommenden Wertschätzung der öffentlichen Leistung zur Finanzierung ihrer Kosten beitragen. Diese Idee besitzt natürlich eine gewisse Ähnlichkeit mit dem Äquivalenzprinzip der Besteuerung.

Man kann sich die dargestellte Preisbildung für Leistungen öffentlicher Unternehmen auch so vorstellen, daß jeweils die Grenzkosten als Basispreis berechnet werden und je nach der Preiselastizität der Nachfrage ein Zuschlag als indirekte Steuer erhoben oder als Subvention ein Abschlag vorgenommen wird. Das System der indirekten Steuern und Subventionen folgt dabei dem Muster der *Ramsey*-Steuern, denn die Formel (13) für die *Ramsey*-Preise besitzt die gleiche formale Struktur wie die Formel für die *Ramsey*-Steuern (S. 272).

Eine approximative Form der *Ramsey*-Preise für Leistungen öffentlicher Unternehmen ist der zweiteilige Tarif, der sich aus einem Grundpreis und einem Arbeitspreis zusammensetzt. Der Arbeitspreis wird nach den Grenzkosten bemessen. Der Grundpreis ist eine Steuer, die entsprechend dem geschätzten individuellen Nutzen des Abnehmers der öffentlichen Leistung festgelegt wird. Der Grundpreis knüpft vielfach an Investitionen des Abnehmers der öffentlichen Leistung an, in deren Höhe die Wertschätzung der öffentlichen Leistung durch den Abnehmer zum Ausdruck kommt. Ein Abnehmer von elektrischem Strom z. B. gibt durch den Umfang seiner Investitionen für elektrische Geräte und Anlagen zu erkennen, welche Bedeutung er dem Strom beimißt.

Eigenwirtschaftlichkeit oder Defizite

Ramsey-Preise können bei Eigenwirtschaftlichkeit öffentlicher Unternehmen realisiert werden, sie sind aber auch bei Defiziten möglich, die durch Zuschüsse des Staates an die öffentlichen Unternehmen gedeckt werden. Eine solche Finanzierung eines Defizits aus allgemeinen Steuermitteln, bei der ein Teil der Aufwendungen für die Erstellung der öffentlichen Leistungen auch von Nicht-Benutzern getragen wird, kann einmal – wie schon erwähnt wurde – aus verteilungspolitischen Gründen vorgenommen werden. Eine Abweichung von der Eigenwirtschaftlichkeit öffentlicher Unternehmen kann aber auch unter dem Gesichtspunkt der optimalen Allokation gerechtfertigt sein.

Wir sind bisher von der Annahme ausgegangen, daß bei dem Verkauf von öffentlichen Leistungen das Ausschlußprinzip angewandt wird und daß der Nutzen der Leistung allein dem Kreis der Abnehmer der öffentlichen Leistung zugute kommt. Unberücksichtigt geblieben ist bisher, daß öffentliche Leistungen externe Effekte hervorrufen können. Das Straßennetz, insbesondere die Autobahnen, aber auch Eisenbahnlinien kommen nicht nur den unmittelbaren Benutzern zugute, sondern tragen als volkswirtschaftliche Produktionsmittel zum allgemeinen Wohlstand bei. Auch Individuen, die Autobahnen oder Eisenbahnen nie oder selten selbst benutzen, sind indirekte Nutznießer dieser Einrichtungen. In dem Maße, in dem die Leistungen öffentlicher Unternehmen positive externe Effekte nach sich ziehen, ist ein Defizit gerechtfertigt und erforderlich, das aus allgemeinen Steuermitteln abgedeckt werden muß.

c. Spitzenlastpreise

Öffentliche Unternehmen stehen wegen der Unteilbarkeit ihrer Anlagen oft vor dem Problem, daß die Auslastung der Produktionskapazität zeitlichen Schwankungen unterworfen ist. Ein Elektrizitätsversorgungsunternehmen z. B. sieht sich am Tage und in der Nacht einer unterschiedlich großen Stromnachfrage gegenüber. Ähnliche Bedarfsschwankungen treten bei öffentlichen Verkehrsunternehmen auf. Wenn die Leistungen der öffentlichen Unternehmen wie z. B. Elektrizität oder Transportleistungen nicht lagerfähig sind, muß die Produktionskapazität auf die Spitzenbelastung hin ausgelegt sein. Es fragt sich dann, ob die Preise für öffentliche Leistungen nach der Belastungsintensität der Kapazitäten differenziert werden sollen und wie eine optimale Struktur der Preise beschaffen ist.

Zur Analyse des Problems sei ein einfacher Fall betrachtet, in dem ein bestimmtes Gut in zwei Zeitperioden von gleicher Länge (z. B. Tag und Nacht) erzeugt wird. Mit c seien die als konstant angenommenen variablen Durchschnittskosten (= Grenzkosten) und mit b die Kapazitätskosten pro Produktionseinheit bezeichnet. Angenommen wird eine in beiden Perioden unterschiedlich große Nachfrage. Gesucht werden die optimalen Produktionsmengen und die Preise in beiden Perioden. Als Zielsetzung sei die Maximierung der Konsumentenrente vorausgesetzt.

In *Figur 7a* und *7b* seien E_1 und E_2 Kurven, die sich ergeben, wenn man von der Nachfragekurve der jeweiligen Periode die Grenzkosten c subtrahiert. Sie stellen die ,,Nachfrage nach Produktionskapazität" dar. Die Kurve E_c ist die vertikale Summe der Kurven E_1 und E_2. Die Kapazität wird hier also wie ein öffentliches Gut aufgefaßt. Die Grenzkosten der Kapazität mögen b betragen. Das optimale Angebot eines öffentlichen Gutes ergibt sich durch den Schnittpunkt der vertikal addierten Nachfragekurven mit der Grenzkostenkurve für das öffentliche Gut. Deshalb erhält man in *Figur 7* die optimale Kapazität jeweils durch den Schnittpunkt der Kurve E_c mit der bei b beginnenden Geraden.

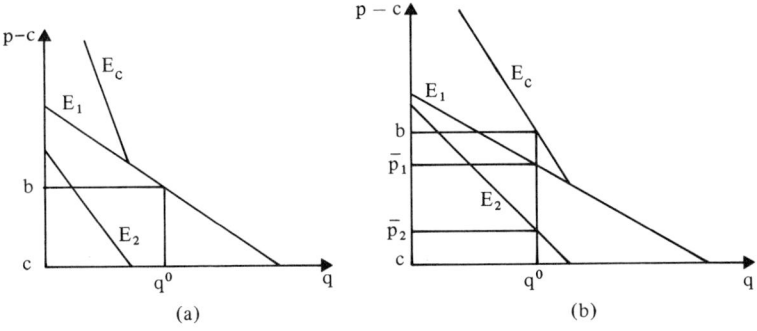

Figur 7

In *Figur 7a* ergibt sich die optimale Kapazität allein aus der Nachfrage der Periode 1. Die Kapazität q^0 würde auch dann erforderlich sein, wenn es nur die Nachfrage in der Periode 1 gäbe. Deshalb ist es richtig, die Kosten der Errichtung der Produktionskapazität allein von der Nachfrage in der Periode 1 tragen zu lassen. Der Preis in dieser Periode beträgt deshalb c + b. In der Periode 2 dagegen wird ein Preis von c berechnet, ein Preis also, der gleich den Grenzkosten des laufenden Betriebes ist.

Im Fall der *Figur 7b* resultiert die optimale Kapazität sowohl aus der Nachfrage in Periode 1 als auch aus der in Periode 2. Deshalb muß die Nachfrage beider Perioden zur Deckung der Kapazitätskosten beitragen. Aus *Figur 7b* ergeben sich die Nettopreise $\bar{p}_1$ und $\bar{p}_2$. Die Nachfrage in Periode 1 trägt im Betrag der Strecke $\bar{p}_1 c$ und die Nachfrage der Periode 2 mit $\bar{p}_2 c$ zur Deckung der Kosten der Produktionskapazität bei. Der Preis in den einzelnen Perioden übersteigt deshalb die variablen Durchschnittskosten um den Betrag, um den die Summe der Nachfragepreise die variablen Durchschnittskosten überschreitet.

Wenn anstelle der Konsumentenrente der Gewinn maximiert werden soll, so ergibt sich die Lösung dadurch, daß an die Stelle der Nettonachfrage der Nettogrenzerlös tritt. An die Stelle der um den Betrag der variablen Durchschnittskosten nach unten verschobenen Nachfragekurven treten die um den gleichen Betrag nach unten verschobenen Grenzerlöskurven. Die Preise sind bei der Maximierung des Gewinns höher und die Produktionskapazität ist geringer als bei der Maximierung der Konsumentenrente.

XIV. Kapitel
Internationaler Handel

Bisher haben wir angenommen, daß die Produktionsfaktoren zwischen den einzelnen Produktionsrichtungen frei beweglich sind und durch den Preismechanismus so gelenkt werden, daß eine den Konsumentenwünschen entsprechende Allokation der Produktionsfaktoren zustande kommt. In der Theorie des internationalen Handels wird nun vorausgesetzt, daß die Produktionsfaktoren wohl innerhalb eines Landes frei beweglich sind, nicht aber von Land zu Land. Diese Annahme ist in der Realität sicher nicht voll zutreffend, weil es auch zwischen den einzelnen Ländern Wanderungen von Arbeit und Kapital gibt. Sicher ist aber richtig, daß die Beweglichkeit der Produktionsfaktoren innerhalb eines Landes größer ist als zwischen verschiedenen Ländern. International völlig immobil ist der Boden. Um die Konsequenzen unterschiedlicher Mobilität der Faktoren innerhalb eines Landes und zwischen verschiedenen Ländern herauszuarbeiten, ist es zweckmäßig, die Annahme völliger Mobilität innerhalb eines Landes und internationaler Immobilität zu treffen.

Internationaler Handel kann auf zwei Gruppen von Ursachen zurückgeführt werden. Er kann einmal, ebenso wie jeder Tausch von Gütern, darauf beruhen, daß die Tauschpartner unterschiedliche Präferenzordnungen besitzen und zweitens darauf, daß die Produktionsmöglichkeiten unterschiedlich sind, so daß eine Spezialisierung der Produktion auf die kostengünstigsten Produktionsrichtungen erfolgt.

1. Ursachen des internationalen Handels

a. Unterschiedliche Präferenzen

Um die Auswirkungen unterschiedlicher Präferenzordnungen für das Zustandekommen eines internationalen Handels herauszuarbeiten, nehmen wir an, in einem Zwei-Länder-Modell herrschten in beiden Ländern identische Produktionsbedingungen, so daß die Produktionsmöglichkeiten beider Länder durch die gleiche Transformationskurve beschrieben werden können.

Wenn die Transformationskurve linear verläuft, weil etwa die Produktionsfunktionen in beiden Ländern linear homogen und von identischer Faktorintensität sind, wird jedes Land die den Präferenzen seiner Bewohner entsprechende Zusammensetzung der Produktion realisieren. Ein internationaler Handel findet nicht statt. Dieser Fall ist in *Figur 1a* illustriert. In Land A wird die durch Punkt Q, in Land B die durch Punkt P beschriebene Zusammensetzung der Produktion verwirklicht.

Ein internationaler Handel kommt hingegen zustande, wenn die Transformationskurve beider Länder strikt konkav verläuft. Dieser Fall ist in *Figur 1b*

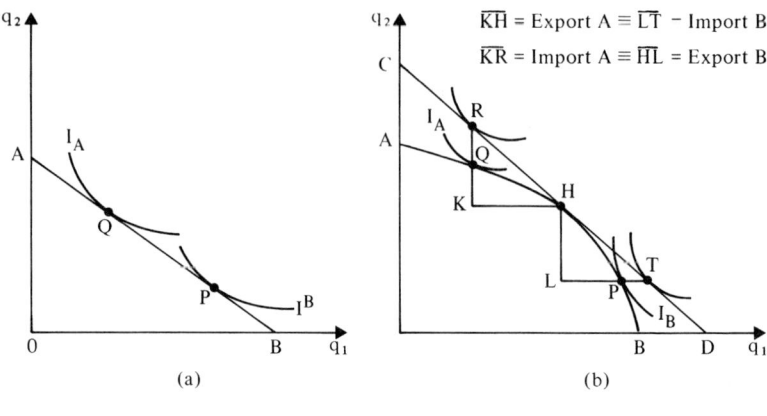

Figur 1

dargestellt. Um die Konsequenzen unterschiedlicher Präferenzen rein herauszuarbeiten, wird angenommen, daß die Transformationskurven beider Länder identisch sind. Im autarken Zustand wird entsprechend den jeweiligen Präferenzen im Land A der Punkt Q und im Land B der Punkt P realisiert. Wenn internationaler Handel möglich ist, können beide Länder bei einem durch die Steigung der Geraden CD gegebenen internationalen Preisverhältnis p_1/p_2 die durch Punkt H beschriebene Produktion verwirklichen. An diesem Punkt ist das Preisverhältnis der beiden Güter gegenüber dem im autarken Zustand im Lande A herrschenden Preisverhältnis gestiegen und gegenüber dem des Landes B gesunken. Für das Land A ist das relativ bevorzugte Gut 2 verhältnismäßig billiger geworden, für das Land B das von den Bewohnern dieses Landes bevorzugte Gut 1. Durch die Möglichkeit des internationalen Handels wird für beide Länder die Konsummöglichkeitskurve CD geschaffen, auf der für das Land A das Güterbündel R und für das Land B das Güterbündel T realisierbar wird. Da beide Länder das durch Punkt H bezeichnete Güterbündel produzieren, muß Land A vom Gute 1 den Betrag KH exportieren und vom Gute 2 den Betrag KR importieren. Der Export des Landes A ist der Import des Landes B und umgekehrt der Export des Landes B der Import des Landes A. Deshalb ist KH = LT und KR = HL. Durch internationalen Handel läßt sich das Nutzenniveau beider Länder erhöhen, wie sich anhand der Lage der gesellschaftlichen Indifferenzkurven unmittelbar ergibt. Beide Länder haben daher ein Interesse an der Eröffnung des internationalen Handels.

b. Kostendifferenzen als Grundlage des internationalen Handels

Um den Einfluß von Kostendifferenzen auf die Entstehung eines internationalen Handels isolieren zu können, wird im folgenden angenommen, daß die Präferenzordnungen der am Handel beteiligten Länder identisch sind. Wieder wird ein Zwei-Länder-Modell betrachtet.

Absolute Kostendifferenzen

Wenn die durchschnittlichen Produktionskosten des Gutes 1 im Lande A niedriger sind als im Lande B und wenn umgekehrt die durchschnittlichen Produktionskosten des Gutes 2 im Lande B niedriger sind als im Lande A, so liegt es auf der Hand, daß es für beide Länder vorteilhaft ist, wenn sich Land A auf die Produktion des Gutes 1 und Land B auf die Produktion des Gutes 2 spezialisiert.

Dieser Fall absoluter Kostendifferenzen wird in *Figur 2* dargestellt. Angenommen sind zwei Länder mit linearen Transformationskurven, deren Steigung unterschiedlich ist und die sich schneiden. Den linearen Transformationskurven liegen linear-homogene Produktionsfunktionen zugrunde, so daß Grenzkosten und Durchschnittskosten der Produktion eines Gutes identisch sind. Aus der Steigung der Transformationskurve ergibt sich, daß erstens relative Kostendifferenzen bestehen, denn in Land A sind die Durchschnittskosten des Gutes 1 relativ niedriger als im Lande B. Im Land B sind dagegen die Durchschnittskosten des Gutes 2 relativ niedriger. Es bestehen ferner absolute Kostendifferenzen, denn beim Einsatz aller Produktionsfaktoren kann Land A vom Gute 1 mehr ($0A' > 0B'$) und Land B vom Gute 2 mehr ($0B > 0A$) erzeugen.

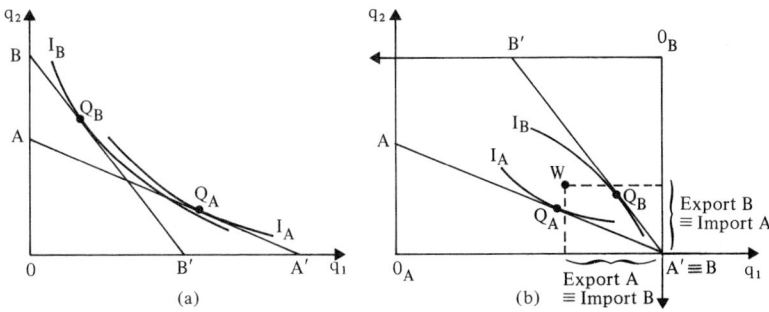

Figur 2

Angenommen sei nun, daß bei Autarkie und identischen gesellschaftlichen Indifferenzkurven der beiden Länder die durch die Punkte Q_A und Q_B bezeichneten Güterbündel produziert und konsumiert werden. Bei internationalem Handel ist demgegenüber eine vollständige Spezialisierung des Landes A auf die Produktion des Gutes 1 und des Landes B auf die Produktion des Gutes 2 möglich und vorteilhaft. Beide Länder können dann in einen internationalen Austausch eintreten, dessen Ausgangslage in *Figur 2b* dargestellt ist. Das Land A verfügt über einen Anfangsbestand des Gutes 1 in Höhe von $0A'$ in *Figur 2a* bzw. $0_A A'$ in *Figur 2b*. Das Land B tritt in den Tausch mit einem Anfangsbestand des Gutes 2 in Höhe von $0B$ in *Figur 2a* bzw. $0_B B$ in *Figur 2b* ein. Der Anfangsbestand des Tauschprozesses ist also in *Figur 2b* durch den Punkt $A' \equiv B$ gekennzeichnet. Um zu ermitteln, ob ein internationaler Austausch gegenüber der Autarkie vorteilhaft ist, können wir jedoch nicht von dem Ausgangspunkt A' ≡ B ausgehen. Vielmehr muß als Bezugsgrundlage der Autarkiezustand mit den Punkten Q_A und Q_B gewählt werden. Aus der *Figur 2b* ist nun aber offensichtlich, daß im internationalen Austausch ein Punkt erreichbar ist, der von den durch Q_A und Q_B laufenden Indifferenzkurven der beiden Länder eingeschlossen wird und deshalb für beide Länder eine höhere ökonomische Wohlfahrt repräsentiert. Ein Beispiel stellt der Punkt W dar, für den in *Figur 2b* die jeweils ausgetauschten Mengen der beiden Güter eingetragen sind.

Komparative Kostendifferenzen: Grundprinzip

Internationaler Handel kommt nicht nur bei absoluten Kostendifferenzen zustande, sondern auch dann, wenn nur komparative Kostenunterschiede bestehen. Von komparativen Kostenunterschieden spricht man dann, wenn die Relation der Grenzkosten international unterschiedlich ist.

Das Prinzip der von *Ricardo* entwickelten Theorie des internationalen Handels auf der Grundlage komparativer Kostenvorteile sei zunächst anhand eines klassischen Beispiels erläutert. Angenommen wird dabei, daß zur Produktion der Güter Wein und Tuch nur menschliche Arbeit eingesetzt werden muß. Boden sei ein freies Gut. In England seien zur Produktion einer Gallone Wein 120 Arbeitsstunden und zur Produktion von einem Yard Tuch 100 Arbeitsstunden erforderlich, während in Portugal für eine Gallone Wein 80 Arbeitsstunden und für ein Yard Tuch 90 Arbeitsstunden notwendig seien. Portugal (das Land, aus dem die Vorfahren *Ricardos* stammten) besitzt demnach bei der Produktion beider Güter einen absoluten Kostenvorteil. Bei der Produktion von Wein besitzt es aber auch einen komparativen Vorteil, denn eine Gallone Wein kostet in England 120/100 = 1,2 Yard Tuch, in Portugal dagegen nur 80/90 = 0,88 Yard Tuch, während 1 Yard Tuch in England 100/120 = 0,83 Gallone Wein und in Portugal 90/80 = 1,25 Gallone Wein kostet. Daher sollte sich Portugal auf die Produktion von Wein spezialisieren und Tuch importieren, während sich England auf die Produktion von Tuch spezialisieren und Wein importieren sollte. Warum? Die Antwort ist einfach. Wenn internationaler Handel zustande kommen soll, muß das Preisverhältnis zwischen Wein und Tuch, das im autarken Zustand in Portugal 0,88 und in England 1,2 beträgt, innerhalb dieser Spanne liegen. Wir wollen annehmen, es würde genau 1 betragen. Portugal würde dann im internationalen Handel eine Gallone Wein für ein Yard Tuch verkaufen, muß also 80 Arbeitsstunden (in der Weinerzeugung) aufwenden, um ein Yard Tuch zu erhalten, während es 90 Arbeitsstunden aufwenden müßte, um das Tuch selbst zu produzieren. England würde ein Yard Tuch für eine Gallone Wein verkaufen und müßte dann 100 Arbeitsstunden (in der Tuchherstellung) aufwenden, um eine Gallone Wein zu erhalten, während es 120 Stunden Arbeit einsetzen müßte, um den Wein selbst zu erzeugen. Bei dem angenommenen Preisverhältnis ist der internationale Austausch daher für beide Länder vorteilhaft.

Unter den in dem Beispiel angenommenen Bedingungen führt der internationale Handel zu einer vollständigen Spezialisierung. Portugal wird nur noch Wein, England dagegen nur noch Tuch erzeugen. Die entscheidende

Bedingung für dieses Ergebnis ist die vorausgesetzte Konstanz der Grenzkostenverhältnisse in den beiden Ländern.

Unvollständige Spezialisierung bei steigendem Grenzkostenverhältnis

Wenn die Grenzkosten eines Gutes bei der Ausdehnung der Produktion dieses Gutes steigen, wenn die Transformationskurven also strikt konkav verlaufen, führt internationaler Handel auf Grund komparativer Kostendifferenzen im allgemeinen nur zu einer unvollständigen Spezialisierung auf das Gut, für das ein Land einen komparativen Kostenvorteil besitzt. Das wird in *Figur 3* an einem Beispiel dargestellt.

Das Land A realisiert im autarken Zustand den Punkt Q, an dem eine gesellschaftliche Indifferenzkurve die strikt konkave Transformationskurve berührt. Einen komparativen Vorteil soll das Land bei der Produktion des Gutes 1 haben. Auf Grund des internationalen Handels möge sich der Preis des Gutes 1 relativ erhöhen, so daß das Preisverhältnis p_1/p_2 steigt. Es sei durch die Steigung der Geraden HH' dargestellt. Bei diesem Preisverhältnis wird das Güterbündel des Punktes P produziert, RP vom Gute 1 exportiert und RC vom Gute 2 importiert, so daß das Güterbündel des Punktes C konsumiert wird, bei dem die Preisgerade HH' eine gesellschaftliche Indifferenzkurve berührt, die ein höheres Nutzenniveau repräsentiert als die durch Punkt Q laufende gesellschaftliche Indifferenzkurve. Bei dem durch die Linie HH' gegebenen internationalen Preisverhältnis wird im Vergleich zum autarken Zustand zwar mehr vom Gute 1, bei dessen Produktion ein komparativer Vorteil besteht, erzeugt, die Spezialisierung ist jedoch nicht vollständig. Sie würde erst vollständig, wenn das internationale Preisverhältnis p_1/p_2 so stark ansteigen würde, daß die Preisgerade die Transformationskurve im Punkte A' berühren würde. Damit ist aber im allgemeinen nicht zu rechnen.

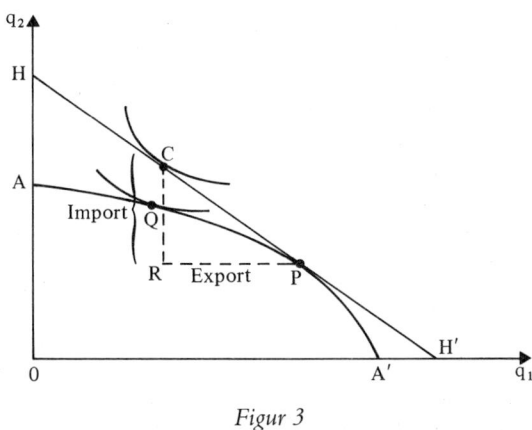

Figur 3

Vollständige Spezialisierung bei zunehmenden Skalenerträgen

Sofern in einer Produktionsrichtung zunehmende Skalenerträge vorliegen, ist eine internationale Spezialisierung auch dann lohnend, wenn komparative Kostenvorteile nicht bestehen. Besitzen z. B. in einem Zwei-Länder-Modell

beide Länder identische Produktionsmöglichkeiten, die in *Figur 4a* durch
eine konvexe Transformationskurve beschrieben werden, so kann im Prinzip der Zufall darüber entscheiden, welches Land sich auf die Produktion
von Gut 1 und welches sich auf die Produktion von Gut 2 spezialisiert. Für
beide Länder eröffnet sich durch diese Spezialisierung und den internationalen Austausch in analoger Weise wie im Fall der vollständigen Spezialisierung bei absoluten Kostenvorteilen die Möglichkeit, die ökonomische
Wohlfahrt gegenüber dem Zustand der Autarkie zu erhöhen.

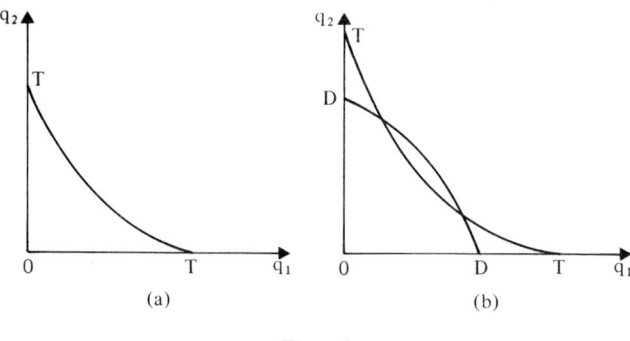

Figur 4

Die (strikt) konvexe Transformationskurve stellt vielfach einen Möglich-
keitsbereich dar, der erst durch internationalen Handel erschlossen wird.
Eine Konvexität der Transformationskurve kann in dem Zwei-Güter-Modell entstehen, wenn in beiden Produktionsrichtungen zunehmende Skalenerträge vorliegen. Diese können durch Arbeitsteilung innerhalb der heimischen Wirtschaft und den damit eng verbundenen Einsatz von neuartigen
Maschinen, die Unteilbarkeiten mit sich bringen, hervorgerufen werden.
Zunehmende Skalenerträge führen mit steigender Produktion zu sinkenden
Durchschnittskosten, sind bei geringem Produktionsvolumen aber oft mit
höheren Durchschnittskosten verbunden als alternative Produktionsverfahren. Die Ausnutzung zunehmender Skalenerträge setzt deshalb eine genü-
gende Größe des Marktes voraus, was *A. Smith* durch das berühmte Dictum
,,The division of labour is limited by the extent of the market" zum Ausdruck brachte. Die für die Rentabilität arbeitsteiliger Produktionsprozesse
erforderliche Marktgröße kann vielfach nur durch internationalen Handel
erreicht werden. Erst die Eröffnung des internationalen Handels also schafft
die konvexe Produktionsmöglichkeitskurve. Das sei in *Figur 4b* illustriert.
Darin ist DD die ohne internationalen Handel relevante Transformationskurve, während TT die konvexe, bei Ausnutzung des internationalen Handels und der damit verbundenen Marktgröße relevante Transformationskurve ist. Ohne internationalen Handel sind auf DD Punkte erreichbar, die auf
TT nicht realisierbar wären. Durch internationalen Handel werden Konsummöglichkeiten begründet, die den Produktions- und Konsummöglichkeiten
einer autarken Wirtschaft eindeutig überlegen sind.
Die zunehmenden Skalenerträge, die eine Konvexität der volkswirtschaftlichen Produktionsmöglichkeitsgrenze bewirken, sind nicht notwendigerwei-

se auch zunehmende Skalenerträge der privaten Produktion. Vielmehr werden die zunehmenden Skalenerträge der volkswirtschaftlichen Produktion häufig durch externe Effekte hervorgerufen (vgl. XII. Kapitel), so daß die private Produktion nach wie vor unter konstanten oder abnehmenden Skalenerträgen stattfinden kann und ein Wettbewerb unter privaten Produzenten durch technologische Gründe nicht ausgeschlossen wird.

Mit dem Modell der Ausnutzung von zunehmenden Skalenerträgen auf Grund wachsender Märkte läßt sich die Zunahme des internationalen Handels, der mit der industriellen Revolution gegen Ende des 18. Jahrhunderts in England einsetzte, abbilden. Die industrielle Entwicklung Englands wurde vor allem durch die Exporte von Baumwollwaren vorangetrieben, die auf einer Vergrößerung des Marktes für englische Waren und der damit verbundenen Ausnutzung von Skalenerträgen beruhte. Dem entsprach in den britischen Kolonien eine Spezialisierung auf tropische und subtropische Stapelprodukte, die zum Teil Rohstoffe für die englische Industrie darstellten.

c. Internationaler Handel auf der Grundlage neuer Güter und neuer Nachfrage

Die internationale Spezialisierung muß sich nicht notwendigerweise auf ganze Warengruppen beziehen. Möglich ist vielmehr, daß ein Land sich auf ein einzelnes Gut oder mehrere Güter aus einer Warengruppe spezialisiert und andere Länder sich auf andere Güter der gleichen Warengruppe spezialisieren. Erklären kann man das auf der Grundlage der Konsumtheorie von *Lancaster* (vgl. VI. Kapitel), nach der ein Gut als Kombination mehrerer Eigenschaften aufgefaßt wird.

Wenn die Präferenzordnungen der Individuen innerhalb eines Landes und international verschieden sind und wenn in der Produktion einzelner Güter zunehmende Skalenerträge realisiert werden können, wird es häufig unmöglich sein, für ein einzelnes Produkt die zunehmenden Skalenerträge bis zum Minimum der Durchschnittskostenkurve im autarken Zustand auszunutzen. Durch internationalen Handel jedoch kann der einzelne Produzent ein größeres Absatzpotential erschließen und dabei eine weitergehende Ausnutzung der zunehmenden Skalenerträge erreichen. Er wird sich deshalb auf die Produktion bestimmter Varianten aus einer Warengruppe spezialisieren (*Lancaster* 1980; *Krugman* 1980, 1981; *Helpman* 1981). Es ist dann verständlich, warum Industrieländer untereinander mit Konsumgütern der gleichen Art Handel treiben, warum z. B. Uhren, Automobile, Erzeugnisse der Bekleidungsindustrie, Milchprodukte und viele andere Güterarten von einem Land sowohl exportiert wie auch importiert werden.

Zu erwarten ist, daß Länder mit einem großen heimischen Markt, also große Länder und Länder mit einem hohen Pro-Kopf-Einkommen, die technisch möglichen Größenvorteile durch eine ausschließliche Belieferung des heimischen Marktes eher ausnutzen können als kleine Länder. Kleinere Länder sind zur Ausnutzung technisch gegebener Skalenvorteile in einem höheren Maße auf Außenhandel angewiesen. Dieser Zusammenhang trägt zur Erklärung der Tatsache bei, daß große Länder im allgemeinen eine kleinere Außenhandelsquote aufweisen als kleinere Länder.

Produktzyklus und Export

Durch die Entwicklung neuer Produkte, die durch eine neuartige Kombination von Eigenschaften charakterisiert sind, erhält der internationale Handel immer neue Impulse. Dabei kann ein Land für die von ihm neu entwickelten Güter vorübergehend einen Vorsprung erlangen, der es erlaubt, für die Exportgüter höhere Preise zu erzielen. Dieser Vorsprung ist jedoch auf längere Sicht der Erosion durch Imitation ausgesetzt.

Der internationale Handel kann sich in diesem Rahmen mit dem Ablauf von Produktzyklen entwickeln. Wenn ein neues Produkt entwickelt wird, besitzt der Innovator zunächst einen Vorsprung, der es ihm erlaubt, das Gut auch im Ausland zu verkaufen. Im Laufe der Zeit treten Imitatoren sowohl im Inland als auch im Ausland auf, die – sofern kein Patentschutz besteht – das gleiche Produkt oder sonst ähnliche Produkte erzeugen. Der anfänglich begrenzte Absatz zu relativ hohen Preisen weitet sich bei fallenden Preisen aus, das Produkt erreicht seine Reifephase und wird schließlich bei weiter sinkenden Preisen ganz oder teilweise durch neue Produkte verdrängt.

Soweit der internationale Handel auf der Entwicklung neuer Produkte beruht, ergeben sich zwei Konsequenzen: Einmal setzt die Innovation technische Erfahrungen, aber nicht zuletzt auch Erfahrungen im Marketing voraus, die auf dem heimischen Markt erworben wurden; denn es ist leichter, im Export erfolgreich zu sein, wenn man auf Erfahrungen aufbauen kann, die im Inland gemacht wurden. Demgegenüber ist eine ausschließliche Orientierung auf den Export verhältnismäßig kostspielig. Deshalb ist in den meisten Fällen der Export gewissermaßen die ,,Verlängerung" des heimischen Markterfolges im Ausland. Da die heimische Marktgröße in der Höhe des Sozialproduktes pro Kopf zum Ausdruck kommt, wird zweitens die internationale Handelsverflechtung zwischen Ländern mit hohem und in etwa gleichgroßem Pro-Kopf-Einkommen intensiver sein als zwischen Ländern mit unterschiedlicher Höhe des Pro-Kopf-Einkommens *(Linder)*. Je höher das Sozialprodukt pro Kopf ist, um so höher ist der vorhandene Bestand an technischem Wissen und um so größer ist deshalb die Wahrscheinlichkeit, daß von beiden Ländern neue Produkte entwickelt werden und sich die Märkte der beiden Länder im Ablauf der Produktzyklen gegenseitig durchdringen.

Demgegenüber ist der Umfang des internationalen Handels zwischen Ländern mit unterschiedlichem Pro-Kopf-Einkommen, also etwa zwischen Industrie- und Entwicklungsländern, geringer; denn die Vorsprungsstellungen der Innovatoren in den Industrieländern lösen sich nicht so rasch durch Imitation auf und ferner ist in den Ländern mit geringem Pro-Kopf-Einkommen die Wahrscheinlichkeit der Entwicklung neuer Produkte niedriger. Nicht zufällig wurden in ökonomisch unterentwickelten Ländern selbst Rohstofflager vielfach von ausländischen Firmen abgebaut, weil sie es waren, die auf Grund ihrer Marktübersicht und Markterfahrung die Chancen erkannten, die der Besitz der Rohstofflager mit sich brachte. Das gilt ganz unabhängig von der Existenz kolonialer Beziehungen, wie man aus der Wirtschaftsgeschichte Europas sehen kann. Als Beispiele seien genannt die von Ausländern eingeleitete Ausbeutung der Wälder in Schweden *(Linder)* und die anfänglich dominierende Kapitalbeteiligung belgischer Firmen in der rheinisch-westfälischen Kohleindustrie im 19. Jahrhundert.

Verfügbarkeitsthese und „vent for surplus"-Handel

Internationaler Handel kann auch darauf beruhen, daß infolge der Möglichkeit des Handels latent vorhandene Nachfrage geweckt wird und parallel dazu das Faktorangebot steigt. Durch internationalen Handel werden dann vorhandene Produktionskapazitäten, die bisher brach lagen, genutzt (vent for surplus). Dieser Fall ist typisch für eine große Zahl von tropischen Produkten, die gegen Waren aus den Industrieländern getauscht werden. In zahlreichen dünn besiedelten tropischen Ländern war Boden ein freies Gut und wurde nur insoweit bebaut, als das für die Ernährung der Bevölkerung erforderlich war. Ferner war der Anteil der Arbeitszeit an der insgesamt verfügbaren Zeit relativ gering. Durch die Eröffnung des Handels und das Angebot europäischer Produkte wurde Nachfrage geweckt, die zu einer Erhöhung des Arbeitsangebotes und zur Nutzung des vorher brachliegenden Bodens führte, um damit tropische Produkte zu erzeugen, die in die Industrieländer verkauft wurden. Die Erhöhung des Arbeitsangebotes erfolgte z. T. in den bäuerlichen Wirtschaften selbst, z. T. auch durch den Aufbau von Plantagenwirtschaften, in denen vielfach Wanderarbeiter beschäftigt wurden.

2. Ursachen von Kostendifferenzen

a. *Heckscher-Ohlin*-Theorie der Handelsströme

Absolute wie komparative Kostendifferenzen gehen weitgehend auf die unterschiedliche Ausstattung der Länder mit Produktionsfaktoren zurück. Das Prinzip ist relativ einfach. Ausgangspunkt ist die Beobachtung, daß die einzelnen Güter im allgemeinen mit unterschiedlichen Faktorintensitäten produziert werden. Betrachtet man z. B. die Güter Tuch und Weizen, so ist leicht zu sehen, daß Weizen mit höherer Bodenintensität erzeugt wird als Tuch, bei dessen Erzeugung relativ mehr Arbeit und Kapital benötigt wird. Ein Land, das über relativ viel Boden verfügt, besitzt deshalb für die Weizenproduktion, ein Land, in dem menschliche Arbeit reichlich vorhanden ist, für die Tuchproduktion einen komparativen Vorteil. Die Handelsströme werden so gelenkt, daß jedes Land vorzugsweise jene Güter produziert, bei deren Erzeugung der relativ reichlich vorhandene Faktor intensiv genutzt wird.

Die Faktorausstattung kann einmal auf den natürlichen Gegebenheiten eines Landes beruhen. Reichhaltige und leicht abbaubare Bodenschätze werden zu einem Export der abgebauten Rohstoffe und/oder zu einer Spezialisierung auf die Produktion und den Export solcher Güter führen, bei deren Erzeugung die Rohstoffe intensiv genutzt werden. So werden sich Länder mit fruchtbarem Ackerland auf landwirtschaftliche Produkte spezialisieren und diese vorzugsweise exportieren. Die Faktorausstattung kann aber auch historisch bedingt und damit das Ergebnis der bisherigen wirtschaftlichen Entwicklung eines Landes sein. Eine relativ reichliche Ausstattung mit Kapitalgütern beruht auf einer vorangegangenen Kapitalakkumulation, die die Rate der Kapitalbildung in anderen Ländern übertroffen hat. Ähnliches gilt für Humankapital, durch dessen Bildung in der Vergangenheit die Geschicklichkeit und Erfahrung der Arbeitskräfte erhöht wurde, ihre Fähigkeiten und Kenntnisse vergrößert wurden und ein Land in die Lage versetzt wird, solche Produkte mit komparativen Kostenvorteilen zu erzeugen, bei deren Produktion es auf Humankapital in besonderem Maße ankommt. Aus diesen Beispielen ergibt sich, daß die Richtung der Handelsströme zwar in jedem Zeitpunkt durch die relative Verfügbarkeit von Produktionsfaktoren bestimmt ist, daß aber im Laufe der Zeit durchaus eine Umlenkung der Handelsströme durch eine Veränderung der Faktorproportionen im Gefolge der Bildung von physischem Kapital und von Humankapital eintreten kann.

Um die Grundzüge dieser auf *Heckscher* und *Ohlin* zurückgehenden Erklärung der Richtung der Handelsströme genauer darstellen zu können, betrachten wir wieder ein Zwei Länder-Zwei Faktoren-Zwei Güter-Modell. Wir nehmen folgendes an:

(1) Beide Länder produzieren die beiden Güter mit den gleichen Faktoren (Kapital und Arbeit) bei identischen, linear-homogenen Produktionsfunktionen.

(2) Die Produktionsfunktionen können eindeutig nach ihrer Faktorintensität unterschieden werden.

(3) Es herrscht Vollbeschäftigung aller Ressourcen und vollständige Konkurrenz auf allen Märkten.

(4) Es gibt weder Transportkosten noch Handelshemmnisse anderer Art, wie z. B. Zölle.

(5) Die beiden Länder sind mit Faktorbeständen in unterschiedlicher Proportion ausgestattet.

(6) Die Präferenzordnungen der Konsumenten sind in beiden Ländern identisch. Die Nutzenfunktionen sind homothetisch.

In dem Beispiel, das im folgenden verwendet wird, nehmen wir an, Land A sei relativ reichlich mit Arbeit und Land B relativ reichlich mit Kapital ausgestattet. Gut 1 werde arbeitsintensiv und Gut 2 kapitalintensiv produziert.

Faktorpreisausgleich

Im ersten Schritt der Analyse gehen wir vom *Stolper-Samuelson*-Theorem aus (vgl. S. 197). Die daraus folgende Beziehung zwischen dem Lohn/Zins-Verhältnis und der Relation der Güterpreise ist in *Figur 5* dargestellt. Die abgebildete Kurve ist rein technologisch begründet, und ihre Steigung beruht ausschließlich auf den Faktorintensitäten. Da für beide Länder identische Produktionsfunktionen vorausgesetzt wurden, gilt für beide Länder die gleiche Kurve.

Da Arbeit und Kapital international immobil sind, können bei Autarkie Güter- und Faktorpreise in den beiden Ländern unterschiedlich hoch sein. Wie durch die Punkte A und B dargestellt, wird in dem relativ reichlich mit

Arbeit ausgestatteten Land A das Lohn/Zins-Verhältnis und die Preisrelation p_1/p_2 niedriger sein als in dem relativ reichlich mit Kapital ausgestatteten Land B.

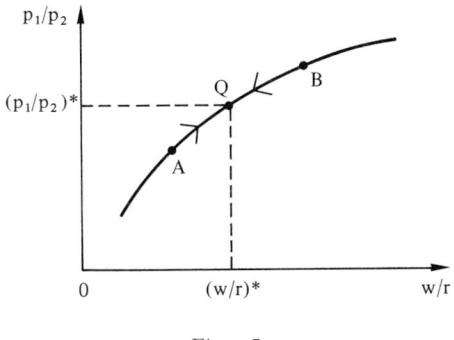

Figur 5

Internationaler Handel führt nun zu einem einheitlichen Preisverhältnis p_1/p_2 und ebenfalls zu einem einheitlichen Lohn/Zins-Verhältnis. Mit der Angleichung der Preise für die gehandelten Güter bewegen sich die Punkte A und B aufeinander zu, so daß am Ende ein Gleichgewicht wie beim Punkte Q erreicht ist.

Im Gleichgewicht stimmen nicht nur die Lohn/Zins-Verhältnisse überein, vielmehr sind in beiden Ländern sowohl der Lohn als auch der Zins gleich hoch. Um das zu sehen, sei daran erinnert, daß bei vollständiger Konkurrenz die Gleichungen $p_1 = c_1(r, w)$ und $p_2 = c_2(r, w)$ gelten, nach denen der Preis eines Gutes mit den Durchschnittskosten übereinstimmt. Wären nun die absoluten Faktorpreise, Zins und Lohn, im Land A höher als im Land B, so wären wegen der linearen Homogenität der Kostenfunktionen in den Faktorpreisen (vgl. dazu S. 79) auch die Durchschnittskosten beider Güter im Land A höher als im Land B. Folglich müßten auch die Preise beider Güter höher sein. Das aber ist bei internationalem Handel ausgeschlossen. Deshalb folgt aus der Einheitlichkeit der Güterpreise auch die Einheitlichkeit der Faktorpreise.

Faktorproportionentheorem

Aus dem Theorem des Faktorpreisausgleichs und dem *Rybczynski*-Theorem (vgl. S. 201) folgt nun, welches Gut exportiert und welches importiert wird. Das *Rybczynski*-Theorem besagt, daß unter der Voraussetzung gegebener Güter- und Faktorpreise bei einer Erhöhung des Bestandes eines Faktors die Produktion desjenigen Gutes zunimmt, bei dessen Produktion der betreffende Faktor relativ intensiv genutzt wird, während die Produktion des anderen Gutes zurückgeht. Das impliziert folgendes: Wenn Land A relativ reichlich mit Arbeit ausgestattet ist und Land B relativ reichlich mit Kapital, so wird bei einem gegebenen Güter- und Faktorpreisverhältnis Land A mehr vom arbeitsintensiv erzeugten Gut 1 und weniger vom kapitalintensiv erzeugten Gut 2 produzieren als Land B. Da voraussetzungsgemäß die Präferenzen der

Konsumenten in beiden Ländern identisch sind, wird in beiden Ländern ein Güterbündel konsumiert, das beide Güter im gleichen Mengenverhältnis enthält. Daher muß Land A Gut 1 exportieren und Gut 2 importieren.

Das Gleichgewicht, das bei einem Faktorpreisausgleich durch internationalen Handel zustande kommt, wird in *Figur 6* mit Hilfe eines Boxdiagramms beschrieben, auf dessen Achsen die in der Welt insgesamt vorhandenen Bestände von Arbeit L_w und Kapital K_w abgetragen sind. Unter den getroffenen Voraussetzungen führt Freihandel zum gleichen Ergebnis, als wenn die Faktoren international völlig mobil wären. Durch Freihandel wird trotz internationaler Immobilität der Faktoren eine völlig integrierte Weltwirtschaft geschaffen.

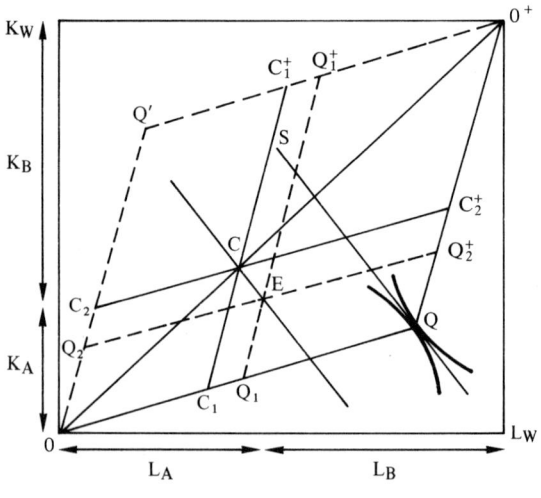

Figur 6

Bei dem gleichgewichtigen Faktorpreisverhältnis wird in beiden Produktionsrichtungen von beiden Ländern eine bestimmte Kapitalintensität realisiert, die durch die Steigung der Geraden $0Q$ und 0^+Q (bzw. $0Q'$) wiedergegeben wird. Das Gleichgewicht der Allokation liegt auf einer (in *Figur 6* nicht eingezeichneten) Kontraktkurve im Punkte Q. Das Faktorpreisverhältnis sei durch die Steigung der Geraden QS wiedergegeben, die im Punkt Q Isoquanten beider Produktionsrichtungen tangiert. Wegen der linearen Homogenität der Produktionsfunktionen wird die Produktionshöhe der beiden Güter durch die Vektoren $0Q$ (= $0^+Q'$) und $0Q'$ (= 0^+Q) dargestellt. Ihre Summe, der Vektor 00^+, kann als Ausdruck des Weltsozialprodukts aufgefaßt werden.

Die Faktorausstattung der beiden Länder wird in *Figur 6* durch den Punkt E beschrieben. Dabei ist angenommen, daß Land A relativ reichlich mit Arbeit und Land B relativ reichlich mit Kapital ausgestattet ist. Es gilt also $K_A/L_A <$ $K_w/L_w <K_B/L_B$. Vollbeschäftigung der Faktoren verlangt, daß die in den beiden Ländern jeweils zur Produktion der zwei Güter eingesetzten Faktor-

quanten zum Ausstattungspunkt E führen. Für Land A ist also die Summe der Vektoren $0Q_1$ und $0Q_2$ gleich dem Vektor 0E.

Der Konsumpunkt muß auf der Strecke 00^+ liegen, denn bei identischen Nutzenfunktionen werden die beiden Güter und damit indirekt die ihrer Produktion zugrunde liegenden Faktoren in beiden Ländern im gleichen Verhältnis konsumiert. Man findet den Konsumpunkt C, indem durch den Ausstattungspunkt E eine Gerade gezogen wird, deren Steigung das Faktorpreisverhältnis und damit indirekt auch das Güterpreisverhältnis wiedergibt. Für Land A ist die Summe der Vektoren $0C_1$ und $0C_2$ gleich dem Vektor 0C. Für Land B gilt entsprechendes.

Man kann dann aus *Figur 6* unmittelbar ablesen, daß vom Land A das Überschußangebot Q_1C_1 des Gutes 1 exportiert und die Überschußnachfrage C_2Q_2 für Gut 2 importiert wird. Vom Land A, das relativ reichlich mit Arbeit ausgestattet ist, wird also das arbeitsintensiv erzeugte Gut 1 exportiert, während das kapitalintensiv erzeugte Gut 2 importiert wird. Für Land B gilt das Umgekehrte. Die Handelsströme entsprechen also den Faktorproportionen.

Gibt man die Annahme identischer Präferenzordnungen der Konsumenten beider Länder auf, so kann die Richtung der Handelsströme von der auf Grund der Faktorproportionen vorausgesagten Richtung abweichen, sofern immer gerade dasjenige Gut relativ bevorzugt wird, bei dessen Produktion der relativ reichlich vorhandene Faktor intensiv benötigt wird. Im Extremfall kann es sogar zum inversen Handel kommen.

b. Reichweite der *Heckscher-Ohlin*-Theorie

Es ist klar, daß der Ausgleich der Faktorpreise durch internationalen Handel von der Erfüllung aller oben aufgeführten Bedingungen abhängig ist. Darüber hinaus ist für den Ausgleich der Faktorpreise erforderlich, daß nur eine unvollständige Spezialisierung eintritt. Das sei im folgenden zunächst gezeigt.

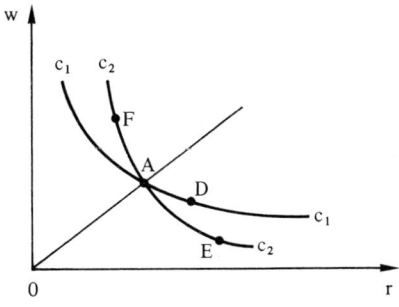

Figur 7

Wir benutzen dazu die Darstellung der Faktorpreiskurven in *Figur 7*. Eine Faktorpreiskurve für Gut i ist durch die Gleichung $p_i = c_i (r, w)$ definiert. Sie gibt diejenigen Werte von Zins und Lohn an, die bei einem gegebenen Preis p_i zur Übereinstimmung von Preis und Durchschnittskosten führen. Links von einer Faktorpreiskurve ist $p_i > c_i$ (r, w), denn mit sinkenden Faktorpreisen r und w verringern sich die Kosten, so daß die Durchschnittskosten niedriger sind als der gegebene Preis. Die Steigung einer Faktorpreiskurve ergibt sich aus dem vollständigen Differential $dp_i = c_{ir}$ dr $+ c_{iw}d_w = 0$ als $dw/dr = - c_{ir}/c_{iw}$ und ist auf Grund von *Shephards* Lemma gleich $dw/dr = -(K_i/q_i)/(L_i/q_i) = -K_i/L_i$, also gleich der Kapitalintensität in der betreffenden Produktion. In *Figur 7* ist auf jedem Strahl aus dem Ursprung, durch dessen Steigung ein bestimmtes Lohn/Zins-Verhältnis beschrieben wird, die Steigung der Faktorpreiskurve in Produktionsrichtung 2 größer als in Produktionsrichtung 1, weil Gut 2 mit höherer Kapitalintensität produziert wird.

Angenommen sei nun, daß ein Land beide Güter produziert. Dann muß die gesamtwirtschaftliche Kapitalintensität dieses Landes gleich dem gewogenen arithmetischen Mittel

$$\frac{K}{L} = \frac{L_1}{L_1 + L_2} \frac{K_1}{L_1} + \frac{L_2}{L_1 + L_2} \frac{K_2}{L_2}$$

sein. Dabei ist in dem Fall der *Figur 7* $K_1/L_1 < K_2/L_2$. Daher muß der Wert der gesamtwirtschaftlichen Kapitalintensität K/L zwischen den Werten der Kapitalintensität in den Sektoren 1 und 2 liegen.

Wenn nun auf Grund der Ausstattung eines Landes mit Kapital und Arbeit die gesamtwirtschaftliche Kapitalintensität K_0/L_0 innerhalb der bei einer bestimmten Lohn/Zins-Relation geltenden Werte K_1/L_1 und K_2/L_2 liegt, kann ein Punkt wie A verwirklicht werden, bei dem sich zwei Faktorpreiskurven schneiden, so daß beide Güter produziert werden. Ist dagegen die gesamtwirtschaftliche Kapitalintensität K_0/L_0 kleiner als K_1/L_1 am Punkte A, so kann der Punkt A nicht in Betracht kommen. Es wäre deshalb für dieses Land nicht möglich, beide Güter zu produzieren. Es müßte sich vollständig auf eines der Güter spezialisieren. Angenommen sei z. B., daß K_0/L_0 gleich der Steigung der Faktorpreiskurve c_1c_1 am Punkte D und der Faktorpreiskurve c_2c_2 am Punkte E ist. Dann kann E kein Gleichgewicht sein. Es wäre zwar $p_2 = c_2$, aber auch $p_1 > c_1$. Es würde sich also für die Produzenten lohnen, die Produktion des Gutes 1 auszudehnen und dafür die des Gutes 2 völlig einzustellen. Als Gleichgewicht würde der Punkt D entstehen, bei dem $p_1 = c_1$ und $p_2 < c_2$ ist. In analoger Weise läßt sich zeigen, daß eine vollständige Spezialisierung auf die Produktion des Gutes 2 eintritt, wenn die gesamtwirtschaftliche Kapitalintensität größer ist als die Steigung der Faktorpreiskurve c_2c_2 am Punkte A.

Wenn es zu einer vollständigen Spezialisierung kommt, wenn z. B. Land A nur noch Gut 1 und Land B nur noch Gut 2 produziert, stimmen Lohn und Zins in den beiden Ländern nicht mehr überein. Land A würde z. B. den Punkt D und Land B würde den Punkt F wählen.

Fragwürdig ist auch die der *Heckscher-Ohlin*-Theorie zugrunde liegende Annahme identischer Produktionsfunktionen. Gelegentlich findet man – entsprechend der Entstehungsgeschichte der verschiedenen theoretischen Ansätze – die Unterscheidung von *Ricardo*-Gütern, *Heckscher-Ohlin*-Gütern und

Produktzyklus-Gütern (*Hirsch* 1974 u. a.). Als *Ricardo*-Güter gelten solche, auf die sich ein Land auf Grund seiner Naturgegebenheiten, wie Klima, Bodenschätze usw. spezialisiert. Kritisch wird man dagegen einwenden müssen, daß solche Faktoren unter den Begriff des Bodens subsumiert werden können, so daß ihr Einfluß auf die Handelsströme im Rahmen der *Heckscher-Ohlin*-Theorie erfaßt werden kann (Vgl. *Harkness* 1978). Soweit bei Produktzyklusgütern internationaler Handel auf der Grundlage eines technologischen Vorsprungs von Industrieländern entsteht, läßt sich das Spezialisierungsmuster auf Unterschiede in der Ausstattung mit Humankapital zurückführen, so daß auch in diesem Falle die *Heckscher-Ohlin*-Theorie anwendbar ist. Tatsächlich hat sich diese Theorie in zahlreichen empirischen Studien recht gut bewährt.[1]

Die Grenzen der *Heckscher-Ohlin*-Theorie liegen vielmehr darin, daß sie in ihrer formalen Version nur für den Fall unvollständiger Spezialisierung gilt und deshalb insbesondere den Fall zunehmender Skalenerträge nicht erfassen kann. Ferner bleiben die Auswirkungen national und international unterschiedlicher Präferenzordnungen außer Betracht.[2]

3. Das internationale Preisverhältnis

a. Vollständige Spezialisierung

Es fragt sich nun, wie das internationale Preisverhältnis, das in den bisherigen Darlegungen einfach angenommen wurde, zustande kommt. Betrachtet sei ein Zwei-Länder-Modell. Wir nehmen zunächst an, die Transformationskurven beider Länder seien linear. Das kann entweder bedeuten, daß nur ein einziger Produktionsfaktor knapp ist oder daß die Produktionsfunktionen linear-homogen sind und in beiden Produktionsrichtungen die gleiche Faktorintensität besitzen. Das Land A mit der Transformationskurve AA' habe, wie in *Figur 8* dargestellt ist, einen komparativen Vorteil bei der Produktion des Gutes 1, während Land B mit der steiler verlaufenden Transformationskurve BB' einen komparativen Vorteil bei der Produktion des Gutes 2 besitzt.

Im autarken Zustand wird in Land A die in *Figur 8a* durch Punkt Q_A bezeichnete Zusammensetzung der Produktion realisiert, denn an diesem Punkte wird die Transformationskurve des Landes A von einer gesellschaftlichen Indifferenzkurve des Landes A berührt. Ein internationaler Handel

---

[1] Das sog. *Leontief*-Paradoxon, demzufolge die U. S. A., die allgemein als kapitalreich gelten, arbeitsintensiv erzeugte Produkte exportieren (*Leontief* 1954), scheint nach dem heutigen Stand der Diskussion darauf zu beruhen, daß erstens Humankapital unberücksichtigt geblieben ist (*Roskamp/MacMeekin* 1968, *Keesing* 1971, *Wolter* 1977, *Steinherr/Runge* 1978), zweitens darauf, daß die Faktoren zu summarisch spezifiziert wurden (*Harkness* 1978) und drittens darauf, daß ein der *Heckscher-Ohlin*-Theorie nicht entsprechendes Kriterium verwendet wurde (*Leamer* 1980).

[2] Mit dem Einfluß der Transportkosten auf Umfang und Richtung der Handelsströme wird sich das XV. Kapitel beschäftigen.

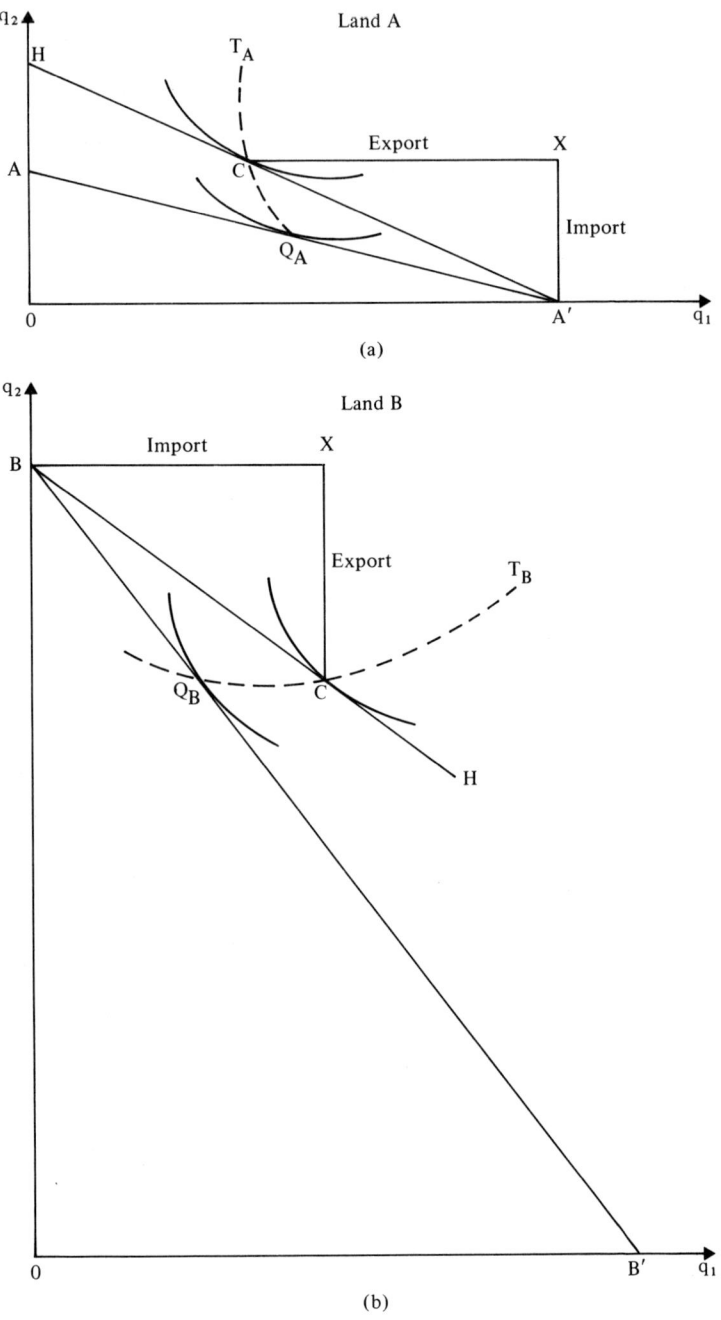

(a)

(b)

Figur 8

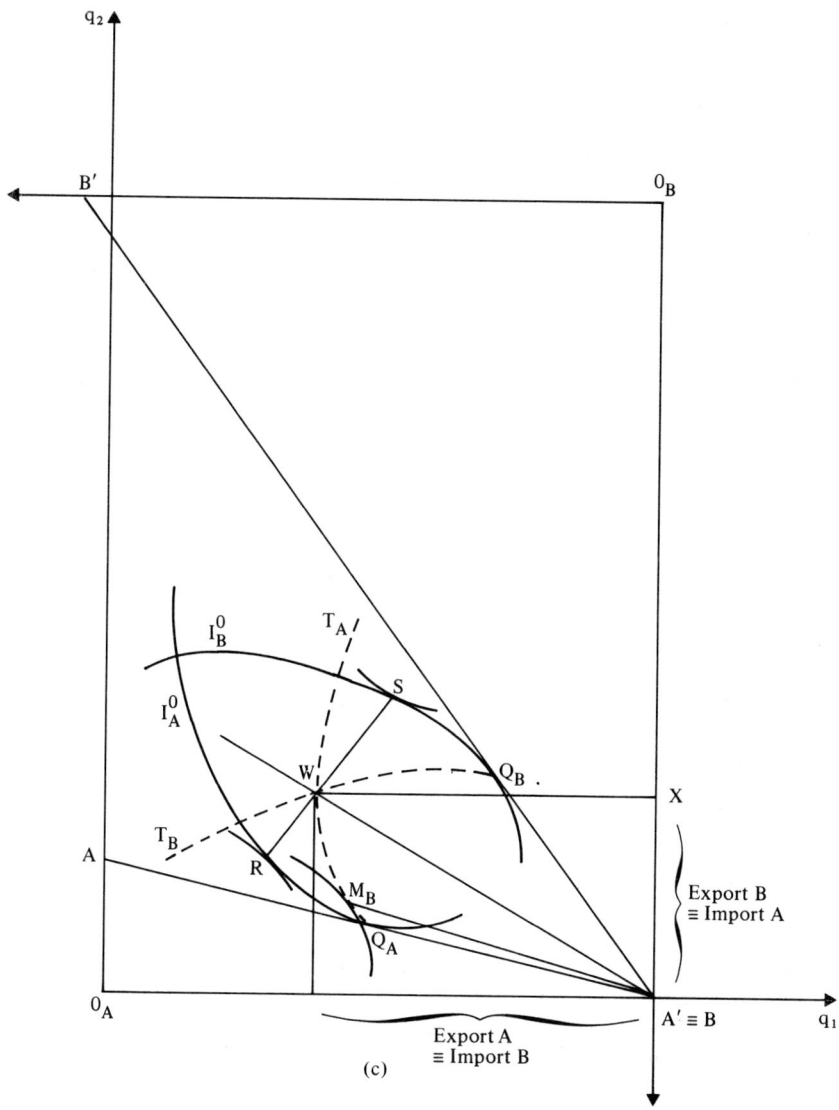

Figur 8

wird für das Land A lohnend, wenn das Preisverhältnis p_1/p_2 gegenüber der Steigung der Transformationskurve zunimmt. Wird das Preisverhältnis z. B. durch die Steigung der Linie A'H gegeben, so lohnt sich eine vollständige Spezialisierung auf die Produktion des Gutes 1. Der neue Konsumpunkt ist C, bei dem die Preisgerade A'H eine (höhere) gesellschaftliche Indifferenzkurve berührt. Um zu diesem Punkt zu gelangen, wird vom Gute 1 die Menge CX exportiert und vom Gute 2 die Menge A'X importiert. Da Punkt

C auf einer höheren Indifferenzkurve liegt als Punkt Q_A, ist internationaler Handel für Land A vorteilhaft.

In analoger Weise läßt sich mittels *Figur 8b* zeigen, daß internationaler Handel für Land B vorteilhaft ist, wenn das Preisverhältnis p_1/p_2 gegenüber der Steigung der Transformationskurve BB′ sinkt. Wenn z. B. nach Eröffnung des internationalen Handels ein Preisverhältnis entsteht, das durch die Steigung der Geraden BH gegeben wird, spezialisiert sich Land B völlig auf die Produktion des Gutes 2, exportiert davon die Menge XC und importiert vom Gute 1 die Menge BX. Dadurch gelangt es zum Punkt C, der auf einer höheren Indifferenzkurve liegt als Punkt Q_B.

Für beide Länder läßt sich für alternative internationale Preisverhältnisse ermitteln, welcher Punkt jeweils als Konsumpunkt nachgefragt wird und welche Mengen der beiden Güter dann jeweils zum Export angeboten und für den Import nachgefragt werden. Dreht man in *Figur 8a* die Gerade A′H um den Punkt A′, so ergibt sich eine Serie von Tangentialpunkten mit gesellschaftlichen Indifferenzkurven, die die jeweils nachgefragten Konsumpunkte darstellen. Da die Konsumpunkte jeweils auch gewünschte Austauschmengen der beiden Güter determinieren, ist die Serie der Tangentialpunkte eine Tauschkurve. Sie ist in *Figur 8* als T_A für Land A und als T_B für Land B eingezeichnet.

Das Gleichgewicht des internationalen Preisverhältnisses ergibt sich durch den Schnittpunkt der beiden Tauschkurven. Zur Ableitung des gleichgewichtigen Preisverhältnisses des internationalen Handels stellen wir nun die Transformationskurven beider Länder in einem gemeinsamen Diagramm zusammen.

Wie in *Figur 8c* dargestellt wird, drehen wir die beiden *Figuren 8a* und *8b,* so daß sie zusammengeschoben werden können und zwar so, daß die Punkte B (der *Figur 8b*) und A′ (der *Figur 8a*) zusammenfallen. Das Ergebnis ist *Figur 8c.*

Das Wettbewerbsgleichgewicht des internationalen Handels wird durch den Schnittpunkt W der Tauschkurven dargestellt. Dort wird von Land B die Menge A′X des Gutes 2 exportiert und vom Lande A importiert, die Menge WX des Gutes 1 vom Lande A exportiert und vom Lande B importiert. Beide Länder haben sich an das gleiche Preisverhältnis angepaßt und haben gegenüber dem autarken Zustand ein höheres Nutzenniveau erreicht.

Das gilt jedoch nicht nur für den Punkt W, sondern für alle Punkte innerhalb des von den Indifferenzkurven I_A^0 und I_B^0 eingeschlossenen Tauschbereichs. Die *Pareto*-optimalen Punkte des internationalen Handels liegen auf der Kontraktkurve, die zwischen den Ausbeutungspunkten R und S verläuft. An den Ausbeutungspunkten hat das jeweils ,,ausgebeutete" Land gegenüber dem autarken Zustand keinen Vorteil. Der gesamte Vorteil des internationalen Handels fließt dem anderen Lande zu. Solange jedoch Freiheit zur Teilnahme am Tausch besteht, könnte das von Ausbeutung bedrohte Land den Handel verweigern und damit den Tauschpartner zwingen, eine gleichmäßigere Verteilung der Vorteile des internationalen Handels zu akzeptieren.

Monopolmacht im internationalen Handel

Ebenso wie im Tausch innerhalb einer geschlossenen Wirtschaft ist es auch im internationalen Handel möglich, daß ein Land eine Monopolstellung besitzt. Historisch wurden Außenhandelsmonopole – z. B. in der Zeit des Merkantilismus – dadurch geschaffen, daß die Regierung eines Landes einer privaten Gesellschaft das ausschließliche Recht des Handels mit einer bestimmten Region übertrug. Es handelte sich dabei um ein staatlich legalisiertes und geschütztes Exportkartell. Marktmacht im internationalen Handel kann jedoch nicht nur durch Exportkartelle begründet werden, sondern auch dadurch, daß der Konzentrationsgrad des Angebotes in einem Land höher ist als in einem anderen Land, mit dem ein internationaler Warenaustausch stattfindet.

Angenommen sei nun, daß Land B über ein Außenhandelsmonopol für das von ihm exportierte Gut 2 verfügt. Der Monopolpunkt für Land B ist der Punkt M_B in *Figur 8c*. Er liegt dort, wo die Tauschkurve T_A eine Indifferenzkurve des Landes B berührt. Beim Punkt M_B ist die Tauschgerade, deren Steigung gleich dem Preisverhältnis p_1/p_2 ist, flacher als beim Wettbewerbsgleichgewicht W. Der Preis des Gutes 1, auf das sich Land A vollständig spezialisiert hat, ist also durch die Monopolmacht des Landes B relativ gesenkt worden und der Preis des Gutes 2, auf das sich Land B vollständig spezialisiert hat, ist relativ gestiegen. Der Vergleich der Punkte M_B und W zeigt ferner, daß der Umfang des Außenhandels durch die Monopolmacht eines Landes vermindert wird. Wie man sieht, bringt der internationale Handel aber auch in diesem Falle dem Land A noch Vorteile gegenüber dem autarken Zustand, geringere Vorteile allerdings als die Wettbewerbslösung. Zu beachten ist ferner, daß die Monopollösung nicht *Pareto*-optimal ist, denn der Punkt M_B liegt nicht auf der Kontraktkurve.

b. Unvollständige Spezialisierung

Um das Preisgleichgewicht bei unvollständiger Spezialisierung darzustellen, bedienen wir uns der folgenden graphischen Methode, die schrittweise erläutert wird. Vorausgesetzt wird dabei zunächst vollständige Konkurrenz auf allen Märkten und das Fehlen jeglicher Handelshemmnisse.

Handelsindifferenzkurven

In *Figur 9* werden vom Nullpunkt aus die Produktionsmengen der beiden Güter in allen Richtungen als positive Quanten abgetragen. Im Quadranten II ist die Transformationskurve des Landes A, im Quadranten IV die des Landes B eingezeichnet. Wieder soll dabei Land A bei der Produktion von Gut 1, Land B bei der Produktion des Gutes 2 einen komparativen Vorteil besitzen. Im Quadranten I werden Export und Import eingetragen. Der Produktionsmöglichkeitsbereich AB0 des Landes A berührt im Punkte Q eine gesellschaftliche Indifferenzkurve I_A^0 des Landes A. Dieser stellt deshalb im autarken Zustand den Produktionspunkt dar. Verschiebt man nun den Produktionsblock AB0 entlang der Indifferenzkurve I_A^0, so beschreibt

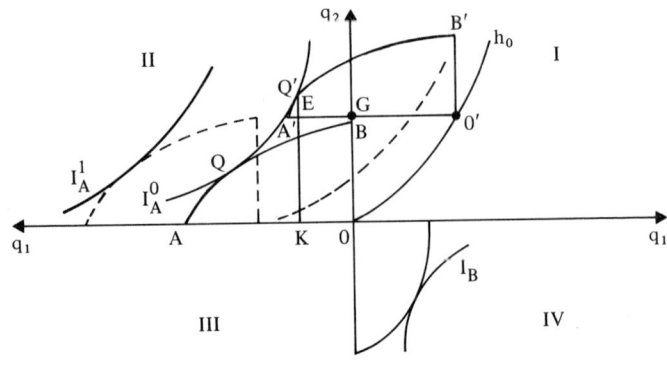

Figur 9

der wandernde Punkt 0' des Blockes im Quadranten I eine Linie, die man als Handelsindifferenzkurve bezeichnet, und zwar aus folgendem Grund: Man betrachte den eingezeichneten verschobenen Produktionsblock in der Lage A'B'0'. Der Produktionspunkt ist jetzt Q'. Vom Gute 1 wird dann 0'E produziert, aber nur GE konsumiert, so daß von diesem Gute G0' exportiert wird. Vom Gute 2 wird EQ' produziert, aber KQ' konsumiert, so daß von diesem Gute KE = 0G importiert werden muß. Die Koordinaten des Punktes 0' im Quadranten I stellen daher horizontal die Export- und vertikal die Importmengen dar, bei denen das Land A gegenüber dem im autarken Zustand erreichten Punkt Q indifferent ist. Durch die Verschiebung des Produktionsbereiches AB0 entlang der Indifferenzkurve I_A^0 wird also im Quadranten I eine Serie von Punkten erzeugt, deren Koordinaten alternative Export-Import-Kombinationen bezeichnen, bei denen das Land A gegenüber der in Punkt Q realisierten Situation indifferent ist. Daher kommt die Bezeichnung ,,Handelsindifferenzkurve''. Da die Indifferenzkurven des Quadranten II konvex zum Punkte 0 verlaufen, müssen auf Grund der Konstruktion auch die Handelsindifferenzkurven konvex gegenüber der horizontalen Koordinatenachse verlaufen.

Man kann sich nun leicht klar machen, daß es neben der durch den Ursprung 0 laufenden Handelsindifferenzkurve andere Handelsindifferenzkurven des Landes A gibt, die links von h_0 verlaufen und damit einen höheren Nutzen repräsentieren. Um das einzusehen, verschiebe man den gestrichelt eingezeichneten Produktionsbereich entlang der Indifferenzkurve I_A^1, die einen höheren Nutzen als die Kurve I_A^0 repräsentiert. Daß die im Diagramm weiter links liegenden Handelsindifferenzkurven des Landes A ein höheres Nutzenniveau darstellen, ist leicht verständlich, wenn man sich klar macht, daß sie Situationen darstellen, in denen bei gleicher heimischer Produktion mehr importiert und weniger exportiert wird, so daß der Konsum beider Güter größer sein kann.

In ähnlicher Weise läßt sich für Land B eine Schar von Handelsindifferenzkurven konstruieren, die gegenüber der horizontalen Achse strikt konkav verlaufen.

Freihandelsgleichgewicht

In *Figur 10* sind Handelsindifferenzkurven beider Länder eingetragen. Ihre Berührungspunkte bilden die Menge der *Pareto*-Optima des internationalen Tausches. Zeichnet man vom Ursprung 0 ausgehende Preisgeraden ein, deren Steigung das internationale Preisverhältnis wiedergibt, so lassen sich für beide Länder Tauschkurven T_A und T_B bilden. Sie sind der geometrische Ort von Tangentialpunkten der Preisgeraden mit den Handelsindifferenzkurven des jeweiligen Landes. Durch den Schnittpunkt der Tauschkurven T^A und T^B wird das internationale Wettbewerbsgleichgewicht determiniert. Im Wettbewerbsgleichgewicht ist eine vom Ursprung ausgehende Preisgerade gemeinsame Tangente an Handelsindifferenzkurven beider Länder.

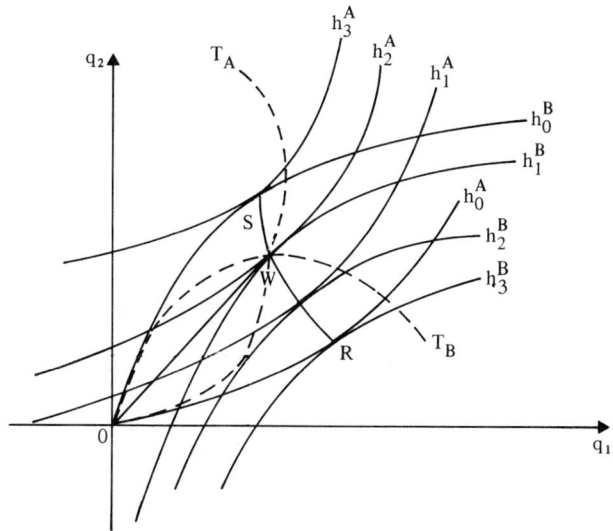

Figur 10

Eine vollständige Darstellung des Wettbewerbsgleichgewichts findet sich in *Figur 11*, in der auch die Produktionsblöcke beider Länder und die resultierenden Exporte und Importe abgebildet sind.

Ausgetauscht werden zu dem durch die Steigung der Geraden 0W gegebenen Preisverhältnis p_1/p_2 die Quanten 0N des Gutes 1 (Export des Landes A = Import des Landes B) gegen 0G vom Gute 2 (Import des Landes A = Export des Landes B). Die Produktionspunkte der beiden Länder sind Q_A und Q_B. An den Produktionspunkten stimmt die Grenzrate der Transformation mit dem Preisverhältnis, das durch die Steigung der Geraden 0W gegeben ist, überein. Der Konsum des Landes A besteht aus den Quanten 0H vom Gute 1 und 0F vom Gute 2. Der Konsum des Landes B besteht aus den Quanten aus 0M vom Gute 1 und 0K vom Gute 2. Wegen der Annahme identischer Präferenzordnungen ist der Konsum in beiden Ländern identisch.

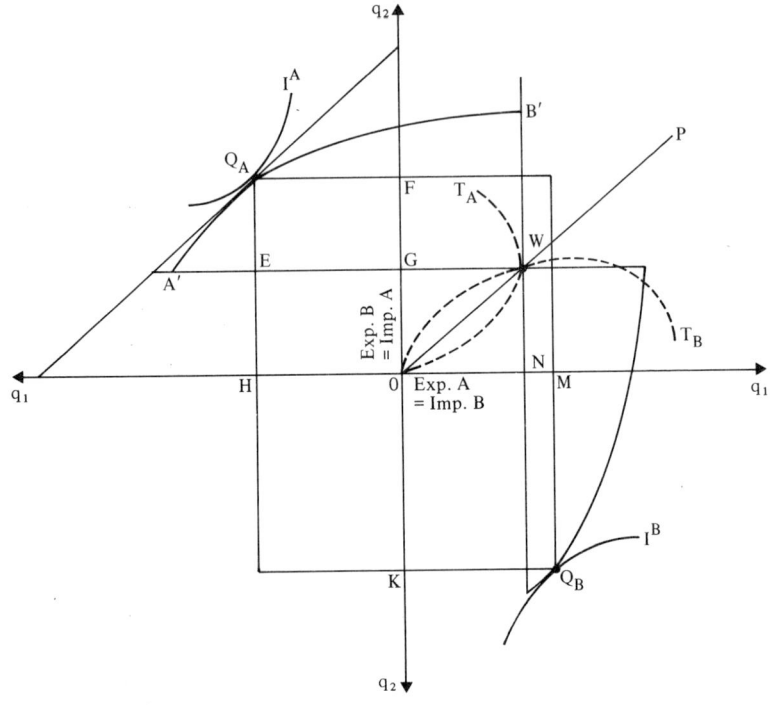

Figur 11

Das Wettbewerbsgleichgewicht kommt zustande, wenn völlige Freiheit des Tausches besteht. Es ist das Freihandelsgleichgewicht. Das ökonomische Wohlergehen beider Länder ist im Freihandelsgleichgewicht größer als in der Autarkie. Das kann man sich anhand der *Figur 11* dadurch klar machen, daß man die Produktionsblöcke beider Länder in die Autarkielage verschiebt, also so, daß der Punkt W mit dem Punkt 0 zusammenfällt. Man stellt dann fest, daß für beide Länder der durch internationalen Handel erreichbare Konsumpunkt Q_A und Q_B außerhalb des Produktionsmöglichkeitsbereichs der Autarkie liegt.

Formale Darstellung des Freihandelsgleichgewichtes

Zur formalen Darstellung des Freihandelsgleichgewichtes sei wie in *Figur 11* angenommen, daß Land A das Gut 1 exportiert und das Gut 2 importiert, während Land B das Gut 2 exportiert und das Gut 1 importiert. Mit $p = p_2/p_1$ sei der relative Preis des Gutes 2, ausgedrückt in Einheiten des Gutes 1, bezeichnet.

Für die beiden Länder gelten die Budgetgleichungen

$$D_1 + pD_2 = Y\ = Q_1 + pQ_2 \qquad \text{Land A}$$
$$D_1^+ + p^+D_2^+ = Y^+ = Q_1^+ + p^+Q_2^+ \qquad \text{Land B}$$

nach denen das Volkseinkommen einerseits gleich den Gesamtausgaben D_1 + pD_2 und andererseits gleich dem Produktionswert $Q_1 + pQ_2$ sein muß. Subtrahiert man von der Nachfrage D_i nach dem Gute i das Angebot Q_i des Gutes i und bezeichnet $D_i - Q_i = E_i$ als die Überschußnachfrage nach dem Gute i, so erhält man für beide Länder

(1 a) $E_1 + pE_2 = 0$ Land A
(1 b) $E_1^+ + p^+E_2^+ = 0$ Land B

Die Handelsbilanz des Landes A ist

$$B = E_1^+ - pE_2$$

und die des Landes B ist

$$B^+ = pE_2 - E_1^+,$$

so daß $B = -B^+$ ist, wenn $p = p^+$ ist. Der Export des Landes A ist gleich der Überschußnachfrage des Landes B nach dem Gute 1 und der Import des Landes A ist gleich der Überschußnachfrage des Landes A nach dem Gute 2. Bei Freihandel muß im Gleichgewicht bei einem einheitlichen Preis $p = p^+$ die Überschußnachfrage für jedes Gut Null sein, so daß

(2 a) $E_1 + E_1^+ = 0$
(2 b) $E_2 + E_2^+ = 0$

gelten muß. Von diesen beiden Gleichungen ist jedoch nur eine zur Beschreibung des Gleichgewichtes erforderlich, denn aus der Addition von (1 a) und (1 b) folgt für das Freihandelsgleichgewicht

$$E_1 + E_1^+ + p(E_2 + E_2^+) = 0.$$

Wenn also Gleichung (2 a) erfüllt ist, so ist auch (2 b) erfüllt. Die Überschußnachfrage für die einzelnen Güter hängt nun vom relativen Preis ab. Die Nachfrage nach einem Gut ist um so niedriger und die Produktion dieses Gutes ist um so größer, je höher sein relativer Preis ist. Auf Grund dieser Abhängigkeiten ist die Überschußnachfrage nach dem Gute 2 z. B. gleich

(3) $E(p) = E_2(p) + E_2^+(p),$
denn $E_2(p) = D_2(p) - Q_2(p)$ und $E_2^+(p) = D_2^+(p) - Q_2^+(p).$

Auf Grund dieser Abhängigkeiten hängt auch die Handelsbilanz des Landes A vom relativen Preis der beiden Güter ab. Es gilt

(4) $B(p) = E_1^+(1/p) - pE_2(p),$

denn wegen $E_1^+ = D_1^+(1/p) - Q_1^+(1/p)$ hängt die Überschußnachfrage des Landes B nach Gut 1 von 1/p ab, weil die Nachfrage nach Gut 1 um so geringer und die Produktion dieses Gutes um so größer ist, je höher sein relativer Preis $1/p = p_1/p_2$ ist. Aus der Gleichgewichtsbedingung $E(p) = 0$, nach der im Freihandelsgleichgewicht die Überschußnachfrage gleich Null sein muß, ergibt sich als Lösung der relative Gleichgewichtspreis.

Stabilität des Freihandelsgleichgewichtes

Die Stabilität des Freihandelsgleichgewichtes hängt von den Elastizitäten der Nachfrage und des Angebotes ab. Im Ungleichgewicht wird sich der relative Preis des Gutes 2 erhöhen, wenn die Überschußnachfrage nach diesem Gut positiv ist und der relative Preis wird sich vermindern, wenn die Überschußnachfrage negativ ist. Die Veränderung des relativen Preises für Gut 2 kann deshalb durch die Differentialgleichung

$$(5) \qquad \dot{p} = k p E(p), \ k > 0$$

beschrieben werden, wobei $E = E_2 + E_2^+$ ist.

Man kann nun pE durch die Handelsbilanz des Landes A darstellen. Aus $pE = p(E_2 + E_2^+) = pE_2 + pE_2^+$ ergibt sich unter Berücksichtigung der Gleichung (1 b), nach der $pE_2^+ = -E_1^+$ ist, $p(E_2 + E_2^+) = pE_2 - E_1^+ = -B$. Daher kann man die Differentialgleichung (5) unter Berücksichtigung von Gleichung (4) auch in der Form

$$\dot{p} = k(-B) = -k\,[E_1^+(1/p) - pE_2(p)\,]$$

schreiben. Stabilität liegt dann vor, wenn $d\dot{p}/dp < 0$ ist. Das ist der Fall, wenn

$$\frac{d[E_1^+(1/p) - pE_2(p)\,]}{dp} = -\frac{dE_1^+}{d(1/p)}\frac{1/p}{E_1^+}\frac{E_1^+}{p} - E_2 - p\frac{dE_2}{dp}\frac{p}{E_2}\frac{E_2}{p}$$

$$= (\varepsilon^+ + \varepsilon - 1)\,E_2 > 0$$

ist. Dabei ist

$$\varepsilon^+ = -\frac{dE_1^+}{d(1/p)}\frac{1/p}{E_1^+}$$

und $\quad \varepsilon = -\dfrac{dE_2}{dp}\dfrac{p}{E_2}$

die Preiselastizität der Überschuß(import)nachfrage des Landes B nach Gut 1 und des Landes A nach Gut 2. Stabilität des Freihandelsgleichgewichtes liegt also dann vor, wenn die Summe der beiden Preiselastizitäten größer als Eins ist. Diese Bedingung bezeichnet man als *Marshall-Lerner*-Bedingung.

Terms of Trade und Wohlfahrtsgewinn durch internationalen Handel

Die Verteilung des Gewinnes an ökonomischer Wohlfahrt, der aus dem internationalen Handel resultiert, auf die beteiligten Länder hängt von dem internationalen Preisverhältnis, den Terms of Trade ab. Je höher die Exportpreise der heimischen Wirtschaft in Relation zu den Importpreisen sind, um so größer ist der Anteil der heimischen Wirtschaft an den Wohlfahrtsgewinnen, die der internationale Handel mit sich gebracht hat. Je höher die Exportpreise in Relation zu den Importpreisen sind, um so geringer ist nämlich die Menge an exportierten Gütern und damit die Beanspruchung heimischer Ressourcen, die für den Erwerb einer Einheit des Bündels importierter Güter aufgewendet werden muß, um so mehr Ressourcen stehen für den heimischen Konsum zur Verfügung.

Die Entwicklung der Terms of Trade, die durch die Preisrelation p_x/p_m (net barter terms of trade) definiert sind, wird durch die Entwicklung des Index

$$\frac{p_x^1}{p_m^1} : \frac{p_x^0}{p_m^0} = \frac{p_x^1}{p_x^0} : \frac{p_m^1}{p_m^0}$$

dargestellt, wobei 1 das laufende Jahr und 0 das Basisjahr des Index ist. Man dividiert also für jedes Jahr den Preisindex der Exporte durch den Preisindex der Importgüter.

Diese Messung des Wohlfahrtsgewinnes ist jedoch problematisch, wenn sich im Laufe der Zeit auch die Produktivität in den am Handel beteiligten Ländern verändert. Ein Beispiel soll das zunächst verdeutlichen. Wenn die Produktivität der heimischen Wirtschaft um 10 v. H. steigt und die Preise der Exportgüter (relativ zu denen der Importgüter) um 5 v. H. fallen, so sind zum Erwerb einer Einheit des Bündels der importierten Güter trotz der Verschlechterung der Terms of Trade weniger Ressourcen erforderlich als zuvor. Dem könnte man freilich entgegenhalten, daß der durch Produktivitätsfortschritt potentielle Wohlfahrtsgewinn der heimischen Wirtschaft infolge der Verschlechterung der Terms of Trade der heimischen Wirtschaft zum Teil verloren gegangen ist. Andererseits ist zu berücksichtigen, daß gerade infolge der internationalen Spezialisierung im Rahmen des internationalen Handels Produktivitätsfortschritte möglich sind. Soweit das der Fall ist, müßte man die Änderung der Terms of Trade gegen die Änderung der Produktivität aufrechnen. Dementsprechend wird bei der Berechnung der einfachen Faktor-Terms of Trade (single factoral terms of trade) der Index der heimischen Exportpreise mit dem Index der Produktivitätsentwicklung (gewöhnlich der Arbeitsproduktivität) der heimischen Wirtschaft deflationiert. Man erhält

$$\frac{\overline{P}_x^1}{\overline{P}_x^0} : \frac{p_m^1}{p_m^0} \; .$$

Bei den doppelten Faktor-Terms of Trade (double factoral terms of trade)

$$\frac{\overline{P}_x^1}{\overline{P}_x^0} : \frac{\overline{P}_m^1}{\overline{P}_m^0}$$

wird nicht nur der Index der heimischen Exportpreise um die heimische Produktivitätsentwicklung korrigiert, sondern auch der Index der Importpreise um die Veränderung der ausländischen Produktivität.

c. Abweichungen vom Freihandelsgleichgewicht

Das Freihandelsgleichgewicht ist nicht das einzig mögliche Gleichgewicht bei internationalem Handel. Abweichungen vom Freihandelsgleichgewicht können insbesondere durch Marktmacht und durch Zölle bedingt sein.

Monopolmacht im internationalen Handel

Ähnlich wie bei vollständiger Spezialisierung kann auch bei unvollständiger Spezialisierung gezeigt werden, daß sich das internationale Preisverhältnis durch Marktmacht gegenüber dem bei Freihandel und vollständiger Konkurrenz resultierenden Preisverhaltnis verändert. Im Gegensatz zum Fall der vollständigen Spezialisierung hat Marktmacht aber auch einen Einfluß auf das Ausmaß der internationalen Arbeitsteilung und damit auf die Zusammensetzung der Produktion in den einzelnen Ländern.

Zwei Fälle sollen unterschieden werden. Im ersten Fall besitzt ein Land A gegenüber Land B ein den Export- und Importhandel umfassendes Monopol. Man denke dabei an die zur Zeit des Merkantilismus entstandenen Außenhandelsmonopole für den Handel mit den Kolonien in Übersee. Im zweiten Fall sei in einer Produktionsrichtung sowohl im Land A als auch im Land B Monopolmacht gegeben, während in der anderen Produktionsrichtung vollständige Konkurrenz vorliegt.

Der Fall des umfassenden Außenhandelsmonopols des Landes A gegenüber dem Land B wird in *Figur 12* dargestellt. Das Außenhandelsmonopol des Landes A setzt die Preise im Export wie im Import so, daß der Nutzen des Landes A maximiert wird. Das wird beim Punkt M erreicht, bei dem die Tauschkurve T_B des Landes B eine Handelsindifferenzkurve des Landes A berührt. Das für den internationalen Austausch maßgebliche Preisverhältnis wird dann durch die Steigung der Geraden 0M gegeben, die größer ist als die Steigung der Geraden 0W, die das bei Freihandel geltende Preisverhältnis wiedergibt. Durch die Monopolmacht des Landes A verbessern sich also die Terms of Trade dieses Landes, d. h. der Preis des von Land A exportierten Gutes 1 ist relativ gestiegen. Ein Vergleich der Punkte W und M zeigt ferner, daß der Umfang des internationalen Handels zurückgegangen ist. Das Land A exportiert und importiert weniger als im Zustand des Freihandels. Als Folge der Monopolmacht verändert sich auch die Zusammensetzung der Produktion. Der Konsumpunkt des Landes A wird durch Q_M^A beschrieben. Am Konsumpunkt stimmt die Steigung der Tauschkurve des Landes B mit der Steigung einer Handelsindifferenzkurve h_M^A überein und deshalb auch mit der Steigung einer gesellschaftlichen Indifferenzkurve des Landes A. Auf Grund der Konstruktion des Diagramms der *Figur 12* ist dann die Grenzrate der Substitution des Landes A auch gleich der Grenzrate der Transformation. Da sich die Konsumenten des Landes A so verhalten, daß die Grenzrate der Substitution aller Individuen mit dem inländischen Preisverhältnis übereinstimmt, muß die im Punkte Q_M^A geltende Grenzrate der Transformation und Substitution gleich dem inländischen Preisverhältnis im Lande A sein. Das inländische Preisverhältnis ist also von dem internationalen Preisverhältnis verschieden. Im Lande A ist das inländische Preisverhältnis p_1/p_2 geringer als das internationale Preisverhältnis, das durch die Steigung der Gerade 0M gegeben ist. Die Konsumenten des Landes A passen sich an das inländische Preisverhältnis an, während die Konsumenten des Landes B sich an das höhere internationale Preisverhältnis anpassen. Die Grenzraten der Substitution der beiden Länder sind also verschieden. Das ergibt sich auch daraus, daß der Punkt M nicht auf der Kontraktkurve liegt. Das Monopolgleichgewicht ist also kein *Pareto*-Optimum. Da in beiden Ländern jeweils die Grenzrate der Substitution mit der Grenzrate der Transformation übereinstimmt, muß auch die Grenzrate der Transformation im Lande A von der im Lande B verschieden sein. Wenn, wie in *Figur 12*, die Grenzrate der Substitution im Punkte M geringer ist als die im Freihandelsgleichgewicht im Punkte W geltende Grenzrate der Substitution, so wird beim Punkte Q_M^A im Land A vom Exportgut 1 dieses Landes weniger und vom Importgut 2 mehr produziert als bei Freihandel. Im Land B, für das das Preisverhältnis p_1/p_2 gestiegen ist, muß die Grenzrate der Transformation größer werden und demzufolge muß vom Gut 1 mehr und vom Gut 2 weniger produziert werden als bei Freihandel.

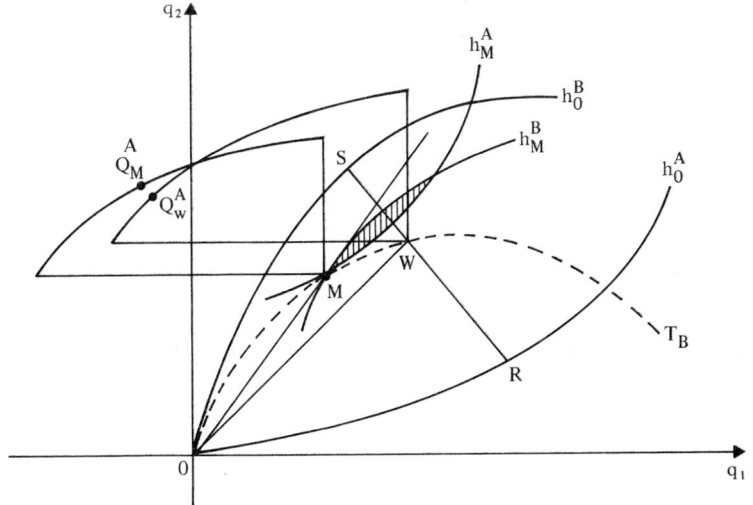

Figur 12

Da das durch Punkt M bestimmte Gleichgewicht kein *Pareto*-Optimum ist, kann durch Zusatzgeschäfte zu einem niedrigeren als dem durch die Steigung der Geraden 0M gegebenen Preisverhältnis eine Besserstellung beider Länder gegenüber dem Punkt M erreicht werden. Der durch den Punkt M gegebene Export bzw. Import wird zu dem internationalen Preisverhältnis abgewikkelt, das durch die Steigung der Geraden 0M beschrieben wird. Eine Besserstellung beider Länder kann erreicht werden, wenn ein Punkt in dem schraffierten, durch die Handelsindifferenzkurven h_M^A und h_M^B eingeschlossenen Bereich realisiert wird. *Pareto*-optimal sind dabei die Punkte dieses Bereichs, die auf der Kontraktkurve liegen. Da die Handelsindifferenzkurve h_M^B die Gerade 0M im Punkte M berührt, muß jede Preisgerade für ein Zusatzgeschäft, die in den schraffierten Bereich der *Figur 12* führt, wegen der strikten Konvexität der Handelsindifferenzkurven eine geringere Steigung aufweisen als die Gerade 0M.

Im zweiten Fall sei nun angenommen, daß in der Produktionsrichtung 1 Monopolmacht besteht,[3] während in der Produktionsrichtung 2 vollständige

---

[3] Vorstellbar ist z. B. eine Kartellabsprache zwischen den Produzenten des Gutes 1 in beiden Ländern. Möglich ist auch ein Gleichgewicht bei oligopolistischer Konkurrenz, vgl. *Neumann* III, S. 160ff.

Konkurrenz herrscht. Das Land A besitze auf Grund seiner Faktorausstattung einen komparativen Vorteil bei der Produktion des Gutes 1. Zur Darstellung der Zusammenhänge dient *Figur 13*.

Verglichen wird darin das bei Monopolmacht in Produktionsrichtung 1 und vollständiger Konkurrenz in Produktionsrichtung 2 entstehende Gleichgewicht mit dem bei vollständiger Konkurrenz für beide Märkte zustande kommenden Freihandelsgleichgewicht. Dieses als Bezugspunkt dienende Freihandelsgleichgewicht wird durch den Punkt W beschrieben, in dem sich die Transformationskurven der beiden Länder, AA' und BB', berühren, so daß die Grenzraten der Transformation übereinstimmen. Die Gesamtproduktion beider Länder zusammen wird durch die Strecke 0_A0_B dargestellt. Beide Länder mögen identische und homothetische Nutzenfunktionen besitzen. Daher werden bei dem durch die Steigung der Geraden WC wiedergegebenen internationalen Preisverhältnis beide Güter in den Ländern A und B im gleichen Verhältnis konsumiert. Der Konsum des Landes A beträgt 0_AC, während der des Landes B durch die Strecke 0_BC gegeben wird.

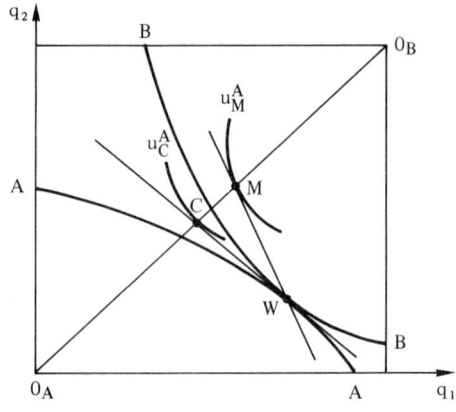

Figur 13

Wenn in der Produktionsrichtung 1 Monopolmacht besteht, bleibt gleichwohl der Produktionspunkt W erhalten. Es ändert sich jedoch das internationale Preisverhältnis. Der Preis des Gutes 1 steigt relativ zum Preis des Gutes 2. In beiden Ländern gilt $p_1(1-1/\varepsilon_1)/p_2 = GRT = GK_1/GK_2$ (vgl. S. 213), wobei ε_1 die Preiselastizität der Nachfrage für Gut 1 darstellt und GK Grenzkosten bedeutet. In den beiden Ländern ist daher im Gleichgewicht des internationalen Handels

$$\frac{p_1}{p_2} = \left(\frac{GK_1}{GK_2(1-1/\varepsilon_1)}\right)^A = \left(\frac{GK_1}{GK_2(1-1/\varepsilon_1)}\right)^B.$$

Daraus folgt $(GK_1/GK_2)^A = (GK_1/GK_2)^B$. Das bedeutet, daß die Grenzraten der Transformation beider Länder gleich hoch sind. Es ändert sich jedoch das internationale Preisverhältnis. Der Preis des Gutes 1 steigt relativ zu dem des

Gutes 2, wie das durch die Steigung der Geraden WM dargestellt wird. Der neue Konsumpunkt ist M. Dort stimmt das Preisverhältnis mit der Grenzrate der Substitution der gesellschaftlichen Indifferenzkurven beider Länder überein. Man sieht unmittelbar, daß sich infolge der Monopolmacht in der Produktionsrichtung 1 die gesellschaftliche Wohlfahrt des Landes A gegenüber dem Freihandelsgleichgewicht, in dem auf beiden Märkten vollständige Konkurrenz herrscht, erhöht, während die des Landes B sinkt. Daraus kann man folgenden allgemeinen Schluß ziehen: Durch Monopolmacht in einer Produktionsrichtung wird die gesellschaftliche Wohlfahrt desjenigen Landes erhöht, das bei der Produktion des Gutes, auf dessen Markt Monopolmacht besteht, einen komparativen Vorteil besitzt. Wenn zum Beispiel zwei Produktionsfaktoren, Boden und Arbeit, benötigt werden und in der arbeitsintensiven Industrie Monopolmacht vorliegt, während in der bodenintensiven Landwirtschaft Konkurrenz herrscht, wird durch internationalen Handel das mit Arbeit reichlich ausgestattete Land stärker begünstigt als das mit Boden reichlich ausgestattete Land.

Zölle und Terms of Trade

Zölle stellen Abgaben dar, die vom Staat für eine Ware beim Überschreiten der Grenze des Staates oder eines Zollgebietes, wie z. B. der Europäischen Gemeinschaft, erhoben wird. Man unterscheidet nach der Art der Erhebung zwei Arten des Zolls, den spezifischen Zoll, der pro Mengeneinheit bemessen wird, und den Wertzoll, der als Prozentsatz des Warenwertes erhoben wird. Äquivalent mit einem Zoll ist eine Verbrauchsteuer für ein importiertes Gut.

Einfuhrzölle haben einen Einfluß auf das internationale Preisverhältnis, auf das inländische Preisverhältnis sowie auf die Zusammensetzung der Produktion. Durch einen Zoll wird die heimische Produktionsrichtung geschützt, die einer Importkonkurrenz ausgesetzt ist. In manchen Fällen ist dieser Schutzeffekt der Hauptgrund für die Einführung eines Zolls. Man spricht dann von einem Schutzzoll. Sieht man von dem Fall ab, in dem der Zoll so hoch ist, daß eine Einfuhr der betreffenden Ware völlig unterbunden wird, so erhöhen sich durch die Zölle die Staatseinnahmen.

Durch einen Zoll wird der Preis, den die heimischen Verbraucher zahlen müssen, gegenüber dem Preis, den die ausländischen Lieferanten erhalten, erhöht. Es entsteht also eine Differenz zwischen dem Verkaufspreis des ausländischen Lieferanten und dem Einkaufspreis des inländischen Verbrauchers. Ebenso wie bei einer Verbrauchsteuer kann sich aber durch den Zoll der Verkaufspreis des ausländischen Lieferanten verändern, so daß ein Teil des Zolls effektiv vom Ausland getragen wird. Durch einen Einfuhrzoll können sich also die Terms of Trade verändern.

Um diesen Effekt verständlich zu machen, sei angenommen, daß der von Land A erhobene Zoll zur Finanzierung des Staatsverbrauchs dienen soll und durch die Abgabe einer bestimmten Menge des von Land A exportierten Gutes 1 pro Einheit des importierten Gutes 2 zu entrichten ist. Dadurch vermindert sich das an den Weltmarkt kommende Angebot des von Land A exportierten Gutes 1. Bei gegebener Nachfrage nach diesem Gut muß sein

Preis relativ zum Preis des Importgutes steigen. Die Terms of Trade des Landes A verbessern sich also als Folge der Erhebung eines Einfuhrzolles.

Graphisch läßt sich die Auswirkung eines Einfuhrzolls auf den Umfang des internationalen Handels und auf die Terms of Trade mit Hilfe der *Figur 14* erläutern. Die Erhebung des Einfuhrzolls, von dem wir wieder annehmen, daß er zur Finanzierung des Staatsverbrauchs verwendet und durch die Abgabe einer bestimmten Menge des Exportgutes 1 des Landes A pro Einheit des importierten Gutes 2 erhoben wird, verändert die Tauschkurve des Landes A. Betrachtet sei z. B. der Punkt K auf der Tauschkurve des Landes A, der horizontal die von Land A zum Export angebotene Menge des Gutes 1 und vertikal die von Land A für den Import nachgefragte Menge des Gutes 2 angibt, wenn das Preisverhältnis durch die Steigung der (nicht eingezeichneten) Geraden 0K gegeben ist. Bei einer Importnachfrage 0L entsteht ein Exportangebot LK. Wenn nun bei dem Import 0L ein Zoll in Höhe von DK entrichtet werden muß, steht für den Export nur noch die Menge LD zur Verfügung. Dem Punkte K auf der ursprünglichen Tauschkurve entspricht also auf Grund der Zollerhebung ein Punkt D auf der zollmodifizierten Tauschkurve T_{AZ}. Eine ähnliche Überlegung läßt sich für jeden Punkt der ursprünglichen Tauschkurve durchführen. Daraus ergibt sich, daß die zollmodifizierte Tauschkurve des Landes A nach links verschoben ist.

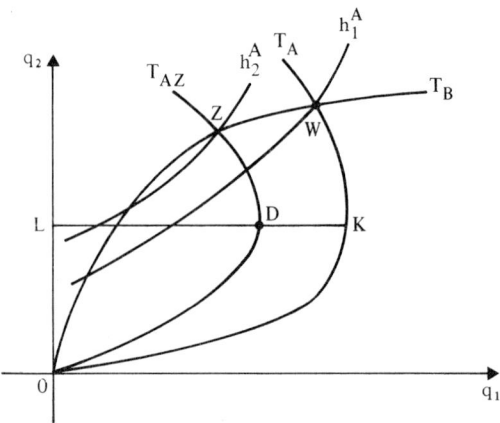

Figur 14

Das Außenhandelsgleichgewicht wird dann durch den Punkt Z bestimmt, bei dem die Tauschkurve des Landes B von der zollmodifizierten Tauschkurve des Landes A geschnitten wird. Im neuen Gleichgewicht ist der Preis des Gutes 1 relativ gestiegen, der Preis des Gutes 2 dagegen relativ gefallen. Die Terms of Trade haben sich also zugunsten des Landes A verändert. Das bedeutet, daß das Ausland durch höhere Preise für die aus dem Inland exportierten Güter einen Teil des Zolles trägt.

Die Verbesserung der Terms of Trade würde abgeschwächt oder ganz unterbleiben, wenn der Staat die Zolleinnahmen benutzte, um damit Güter im

Ausland zu erwerben. Wenn der Staat z. B. die als Zoll erhobenen Quanten des Exportgutes 1 verwendet, um das Importgut 2 zu kaufen, so tritt an die Stelle der durch die Zollerhebung ausgefallenen privaten Nachfrage eine staatliche Nachfrage und an die Stelle des durch Zollerhebung ausgefallenen Angebotes des Exportgutes 1 ein staatliches Angebot dieses Gutes. Die Tauschkurve des Landes A behält dann ihre alte Lage bei und die Terms of Trade verändern sich nicht.

Der Terms-of-Trade-Effekt eines Zolles beruht darauf, daß als Folge des Zolls die Importnachfrage sowie das Exportangebot des zollerhebenden Inlandes sinkt und dadurch die Weltmarktpreise der betreffenden Güter verändert werden. Ob das geschieht, hängt von der Größe des zollerhebenden Landes und seines Anteils am Welthandel ab. Ist sein Anteil am Welthandel klein, so wird eine Veränderung der Importnachfrage und des Exportangebots dieses Landes nur einen geringen oder häufig überhaupt keinen Einfluß auf die Weltmarktpreise ausüben.

Formale Analyse des Terms-of-Trade-Effekts

Ausgangspunkt einer formalen Analyse der Auswirkung einer Zollerhebung in Land A auf die Terms of Trade ist die Handelsbilanz des Landes A,

$$B = E_1^+ (Y^+, 1/p) - pE_2 (Y, pt).$$

Dabei ist angenommen, daß die Überschußnachfrage, d. h. der Import des Landes B und des Landes A, neben dem relativen Preis auch vom Volkseinkommen des jeweiligen Landes abhängig ist. Je größer das Volkseinkommen Y bzw. Y^+ ist, um so höher ist ceteris paribus die Importnachfrage. Der Import des Landes A hängt ferner vom zollmodifizierten relativen Preis pt ab, wobei t gleich Eins plus Zollsatz ist. Im Gleichgewicht muß die Handelsbilanz ausgeglichen sein (man beachte, daß wir hier von internationalen Übertragungen und vom internationalen Kapitalverkehr abstrahieren).

Die Auswirkung einer Erhöhung des Zolles kann man nun komparativ-statisch ermitteln, indem man durch totale Differentiation der Gleichgewichtsbedingung den Effekt von dt auf dp errechnet. Dabei sei Y^+, das Einkommen des Auslandes, als gegeben angenommen.

Das totale Differential dB = 0 ergibt

$$E_2(\varepsilon^+ + \varepsilon - 1)\,dp - p\,\frac{\partial E_2}{\partial (pt)}\,pdt - p\,\frac{\partial E_2}{\partial Y}\,dY = 0$$

wobei hier

$$\varepsilon = -\,\frac{pt}{E_2}\,\frac{\partial E_2}{\partial (pt)}$$

ist, die Elastizität der Importnachfrage des Landes A in bezug auf den effektiven Preis pt. Da ferner

$$-\,p\,\frac{\partial E_2}{\partial (pt)}\,p = -\,p\,\frac{pt}{E_2}\,\frac{\partial E_2}{\partial (pt)}\,\frac{E_2}{pt}\,p = +\,\varepsilon pE_2/t$$

geschrieben werden kann, erhält man aus dem vollständigen Differential

$$E_2(\varepsilon^+ + \varepsilon - 1)\frac{dp}{dt} = p\frac{\partial E_2}{\partial Y}\frac{\partial Y}{\partial t} - \varepsilon p E_2 / t.$$

Mit m: $= p \, \partial E_2 / \partial Y$ sei die Grenzneigung zum Import des Landes A bezeichnet. Da der Importwert des Landes A einschließlich Zoll durch ptE_2 gegeben ist, erhöhen sich die Zolleinnahmen und das Einkommen im Lande A um $\partial Y / \partial t = pE_2$. Nimmt man vereinfachend an, daß im Ausgangsgleichgewicht ein Zoll nicht erhoben wird, so daß $t = 1$ ist, so erhält man

$$\frac{1}{p}\frac{dp}{dt} = \frac{-(\varepsilon - m)}{\varepsilon^+ + \varepsilon - 1} \leqq 0.$$

Der Nenner ist positiv, weil Stabilität des Gleichgewichts $\varepsilon^+ + \varepsilon - 1 > 0$ erfordert. Ferner ist stets $\varepsilon - m > 0$. Um das zu sehen, gehen wir von der *Slutsky*-Gleichung

$$\frac{\partial E_2}{\partial(pt)} = \frac{\partial E_2}{\partial(pt)}\bigg|_{du=0} - E_2\frac{\partial E_2}{\partial Y}$$

aus, in der der Substitutionsterm immer negativ ist. Multipliziert man mit $- pt/E_2$, so folgt

$$-\frac{pt}{E_2}\frac{\partial E_2}{\partial(pt)} = -\frac{pt}{E_2}\frac{\partial E_2}{\partial(pt)}\bigg|_{du=0} + pt\frac{\partial E_2}{\partial Y}$$

oder — bei $t = 1$ —

$$\varepsilon = s + m.$$

Das bedeutet, daß $\varepsilon - m = s > 0$ ist. Eine Zollerhebung des Landes A führt also, falls der Nenner nicht unendlich groß ist, zu einer Senkung von p und damit zu einer Verbesserung der Terms of Trade des Landes A.

Je größer ε^+, die ausländische Preiselastizität der Importe, um so weniger verbessern sich die Terms of Trade des Landes A infolge einer Zollerhebung durch dieses Land. Daraus ergibt sich eine interessante Schlußfolgerung hinsichtlich der Wirksamkeit einer Zollpolitik in Abhängigkeit von der Größe eines Landes. Ausgangspunkt dafür ist die Feststellung, daß die Elastizität der Importnachfrage entlang der Tauschkurve vom Koordinatenursprung aus abnimmt. Das kann man sich wie folgt klar machen. Die Tauschkurve ist nichts anderes als eine Gesamtausgaben- oder Gesamterlöskurve. Für Land A z. B. gibt die Tauschkurve T_A in *Figur 10* an, welche Menge des Gutes 2 (das importiert wird) bei alternativen Preisrelationen erhältlich ist. Sie gibt an, welche Menge des Gutes 1 (das exportiert wird) angeboten, d. h. bezahlt werden muß, um eine bestimmte Menge des Gutes 2 erhalten zu können, ebenso wie eine Erlöskurve angibt, welcher Geldbetrag für den Kauf einer bestimmten Menge der gekauften Ware aufgewendet werden muß. Nun wissen wir, daß die Ausgaben- bzw. Erlöskurve einen ansteigenden Verlauf nimmt, wenn die Preiselastizität der Nachfrage größer als Eins ist, daß sie ihr Maximum erreicht, wenn die Elastizität gleich Eins ist und einen fallenden Verlauf nimmt, wenn die Elastizität kleiner als Eins ist. Ausgehend vom Koordinatenursprung bleibt also die Importelastizität entlang einer Tauschkurve bis zu ihrem Maximum größer als Eins. Man kann sich zweitens klar machen, daß kleine Länder im allgemeinen stärker spezialisiert sind als große Länder, so daß der Gleichgewichtspunkt des internationalen Handels für ein kleines Land näher am Maximum der Tauschkurve liegt als bei einem großen Land. Das bedeutet aber, daß die Importelastizität kleiner Länder wegen der weitergehenden Spezialisierung geringer ist als die großer Länder.

Betrachtet man ein Land mit einer gegebenen Importelastizität, so kann es durch einen Zoll auf Güter, die aus einem kleinen Land importiert werden, die Terms of Trade zu seinen Gunsten in stärkerem Maße beeinflussen als durch einen Zoll auf Güter, die aus einem großen Land importiert werden.

Wohlfahrtseffekte von Zöllen

Als Folge eines Zolles verringert sich der internationale Güteraustausch. Ein Zoll führt deshalb ein Stück zurück zur Autarkie, so daß die aus dem internationalen Handel erwachsenden Wohlstandsgewinne reduziert werden. Für das zollerhebende Land freilich und erst recht für die durch einen Zoll geschützten Wirtschaftszweige, kann ein Zoll Wohlstandsgewinne mit sich bringen. Das geschieht jedoch zu Lasten anderer Länder oder Wirtschaftszweige.

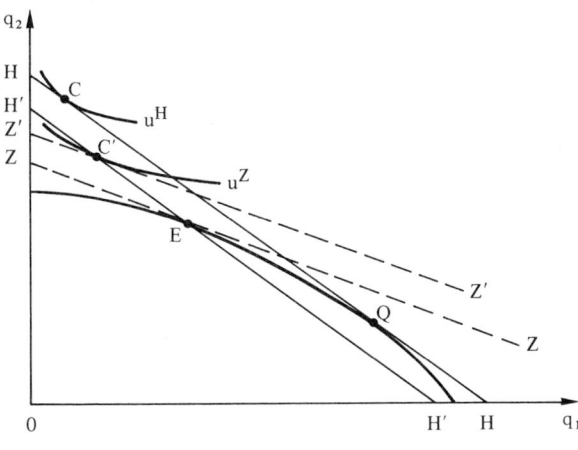

Figur 15

Die Auswirkungen eines Zolles, die bei unveränderten Terms of Trade (also bei unendlich großer Importelastizität des Auslands) eintreten, werden in *Figur 15* für das Inland dargestellt. Bei Freihandel sei das internationale Preisverhältnis durch die Steigung der Geraden HH gegeben. Dann ist Q der Produktionspunkt und C der Konsumpunkt. Bei der Erhebung eines Einfuhrzolles für Gut 2 kommt ein neues Gleichgewicht zustande, in dem E der Produktionspunkt und C′ der Konsumpunkt ist. Infolge des Einfuhrzolles steigt im Inland der relative Preis des Gutes 2, so daß die Inlandspreisgerade ZZ eine geringere Steigung aufweist als HH. Der Produktionspunkt E ist derjenige Punkt auf der Transformationskurve AA, bei der das inländische Preisverhältnis mit der Grenzrate der Transformation übereinstimmt. Die

Grenzrate der Transformation ist geringer als das internationale Preisverhältnis. Mit dieser Verzerrung ist ein Wohlfahrtsverlust verbunden, denn die durch internationalen Handel an sich realisierbare Konsummöglichkeitskurve HH verschiebt sich nach links. Auf der nach links verschobenen Geraden H'H' kommt als Konsumpunkt C' derjenige Punkt zustande, bei dem das inländische Preisverhältnis, das durch die Steigung der Geraden ZZ bzw. Z'Z' gegeben wird, mit der Grenzrate der Substitution einer gesellschaftlichen Indifferenzkurve übereinstimmt.

Durch diese Darstellung wird noch einmal bestätigt, daß ein Einfuhrzoll bei gegebenen Terms of Trade zu einem Wohlfahrtsverlust für das zollerhebende Land führt. Wenn sich die Terms of Trade für das zollerhebende Land verbessern, steht dem Wohlfahrtsverlust ein Wohlfahrtsgewinn gegenüber, so daß das zollerhebende Land insgesamt gewinnen kann.

Infolge eines Einfuhrzolls für Gut 2 kommt es unabhängig davon, ob sich die Term of Trade verbessern oder nicht, zu einer Bewegung des Produktionspunktes vom Freihandelsgleichgewicht in Richtung auf den Zustand der Autarkie. Dabei sinkt die Grenzrate der Transformation. Es verändern sich auch die Faktorpreise. Wenn das Gut 1 arbeitsintensiv produziert wird, sinkt nach dem *Stolper-Samuelson*-Theorem der Lohn, während der Nutzungspreis des anderen Faktors (sei es Kapital oder Boden) steigt. Mit dem Zollschutz für die Produktion des Gutes 2, in der der relativ knappe Faktor intensiv genutzt wird, steigt die inländische Nachfrage nach diesem Faktor, während die Nachfrage nach dem reichlicher vorhandenen Faktor abnimmt. Daher muß der Nutzungspreis für den knappen Faktor (in dem verwendeten Beispiel Kapital oder Boden) steigen, während der Nutzungspreis des relativ reichlich vorhandenen Faktors (in unserem Beispiel die Arbeit) sinkt.

XV. Kapitel
Standort- und Raumtheorie

In der im vorigen Kapitel dargestellten Theorie des internationalen Handels wurden die einzelnen Länder als Punkte behandelt, zwischen denen ein Warenaustausch stattfindet. Von Transportkosten wurde dabei abstrahiert. Berücksichtigt man die Existenz von Transportkosten, so hat das zwei Effekte. Einmal werden die im vorigen Kapitel abgeleiteten Theoreme über den Umfang des internationalen Handels modifiziert und zweitens ist es möglich – und notwendig – die Abstraktion der Länder als Punkte aufzugeben. Die Theorie des internationalen Handels wird zu einer Theorie des interregionalen Handels. Man kann einerseits Handelsströme auch innerhalb eines Landes analysieren und ferner auf der Grundlage einer solchen Analyse eine Theorie der räumlichen Struktur der Wirtschaft entwickeln. Der internationale Handel erscheint in diesem Zusammenhang als ein Aspekt der räumlichen Struktur der Weltwirtschaft.

1. Transportkosten und internationaler Handel

Transportkosten wirken sich auf den Umfang des internationalen Handels ähnlich aus wie Zölle, deren Folgen bereits im vorigen Kapitel diskutiert wurden. Zu einem internationalen Handel kommt es nur in dem Maße, wie die im autarken Zustand geltenden relativen Preise stärker divergieren als die Transportkosten. Transportkosten wirken also handelshemmend. Verminderungen der Transportkosten durch technischen Fortschritt führen dementsprechend zu einer Vergrößerung des Umfangs des internationalen Handels.

Andererseits kann aber auch gerade auf Grund von Transportkosten zwischen geographisch benachbarten Ländern ein internationaler Handel entstehen. Erforderlich dazu ist die Aufgabe der Vorstellung, Länder seien Punkte. Die Rolle der Transportkosten als Ursache für internationalen Handel sei anhand einiger Beispiele verdeutlicht. Nach der Gründung des Gemeinsamen Marktes für Montanerzeugnisse in Europa wurden Stahlerzeugnisse aus dem Ruhrgebiet nach Frankreich verkauft und aus den Stahlrevieren Lothringens nach Süddeutschland. Ein ähnlicher Austausch findet sich entlang der Grenze zwischen den USA und Kanada.

Als Folge von Transportkosten wird ein internationaler Ausgleich der Güterpreise verhindert. Die Güterpreisrelationen werden nur bis auf die Transportkosten international ausgeglichen. Dem entspricht es, daß auch die durch den Handel ausgelöste Tendenz zum internationalen Ausgleich der Faktorpreise durch die Existenz von Transportkosten abgeschwächt wird.

Eine ähnliche Rolle wie Transportkosten spielen Transferkosten. Diese sind einmal durch internationale Unterschiede der Nachfragestruktur bedingt.

Exportierte Konsumgüter müssen auf die Konsumgewohnheiten und Geschmacksrichtungen der ausländischen Verbraucher zugeschnitten werden und Investitionsgüter müssen an die Bedürfnisse der industriellen Verwender im Ausland angepaßt werden. Zu den Transferkosten zählen aber auch die Marketingaufwendungen, die bei der Erschließung von Auslandsmärkten z. B. wegen der Sprachbarrieren und andersartiger rechtlicher Regelungen im allgemeinen höher sind als auf den heimischen Märkten. Je ähnlicher die am internationalen Handel beteiligten Länder sind, um so geringer sind die Transferkosten und um so leichter ist der internationale Austausch.

2. Standorttheorie

a. Absatzgebiete

Wenn die Absatzmärkte und die Rohstofflagerstätten geographisch gleichmäßig verteilt wären und wenn die Produktion aller Güter mit konstanten Skalenerträgen erfolgte, so wäre auch die Produktion gleichmäßig im Raum verteilt. Tatsächlich jedoch ist keine der genannten Voraussetzungen erfüllt. Die Produktion der meisten Industriegüter, aber auch das Angebot zahlreicher Dienstleistungen erfolgt bei zunächst zunehmenden Skalenerträgen, so daß sich eine Konzentration der Produktion wenigstens in einem gewissen Maße lohnt. Ferner sind die Absatzmärkte und die Rohstofflagerstätten geographisch ungleichmäßig verteilt. Davon soll jedoch zunächst abstrahiert werden. In diesem Abschnitt wollen wir allein die Folgen zunehmender Skalenerträge analysieren.

*Launhardt*sche Trichter

Das Absatzgebiet eines einzelnen Produzenten wird durch die Transportkosten begrenzt. Andererseits verschaffen die Transportkosten einen Schutz vor der Konkurrenz von Anbietern anderer Standorte. An jedem Standort kann sich wegen der zunehmenden Skalenerträge nur ein einziger Produzent behaupten. Er besitzt auf Grund der Transportkosten eine begrenzte Monopolstellung. Wir wollen annehmen, daß er den Preis seiner Konkurrenten, die an anderen Standorten produzieren, als gegeben betrachtet und daß er einen für alle Abnehmer seines Produktes identischen Preis ab Werk berechnet. In *Figur 1a* werden zwei Produzenten betrachtet, deren Standorte A und B durch Punkte auf der Horizontalen bezeichnet sind. Die jeweiligen Preise ab Werk seien durch AC bzw. BC gegeben. Der Preis frei Haus des Käufers des produzierten Gutes ist gleich dem Preis ab Werk plus Transportkosten. In *Figur 1a* ist angenommen, daß sich die Transportkosten proportional zur Entfernung verhalten, die auf der Horizontalen als Abstand von dem jeweiligen Standort abgetragen ist. Bei einem bestimmten Transportkostensatz t betragen die Transportkosten deshalb $T(E) = tE$. Der Preis frei Haus des Kunden, $p + tE$, entwickelt sich in *Figur 1a* entsprechend der Linien CL. Die Linien CL der beiden Produzenten A und B schneiden sich an der Grenze des Absatzgebietes D.

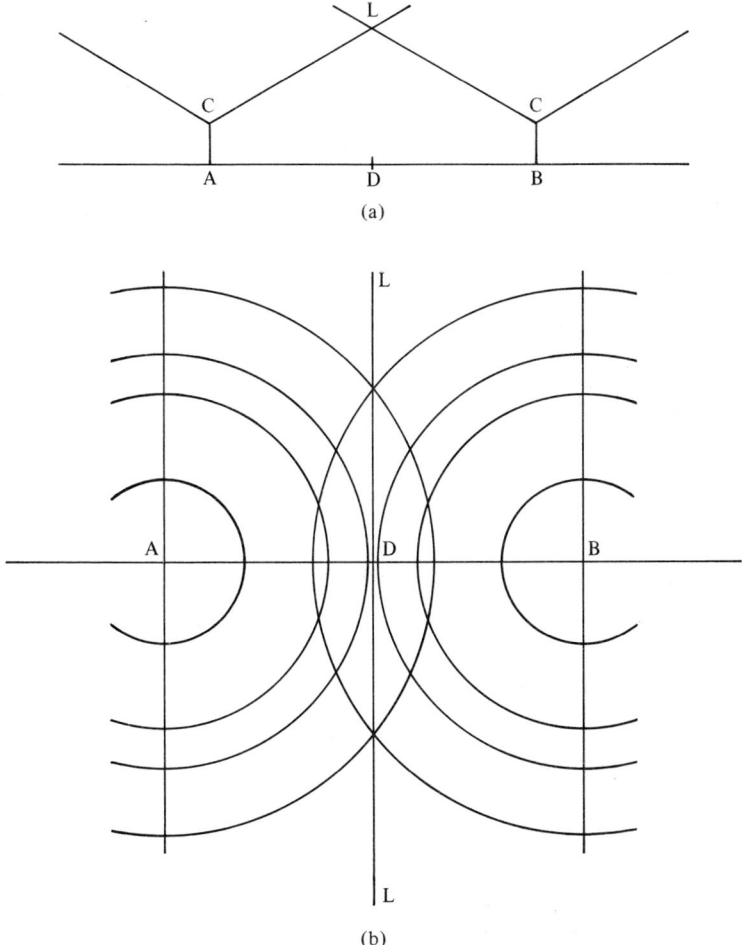

(a)

(b)

Figur 1

Das potentielle Absatzgebiet eines Produzenten erstreckt sich in der Ebene kreisförmig um seinen Standort. Das wird in *Figur 1b* durch eine Folge von konzentrischen Kreisen um die Standorte A und B dargestellt. In dreidimensionaler Darstellung würde man bei A und B Trichter erhalten.[1] Die Grenze der Absatzgebiete der Produzenten A und B wird in *Figur 1b* durch die Linie LL beschrieben.

---

[1] Nach *Wilhelm Launhardt* (1832–1918), der die Trichterkonstruktion in seinem Werk „Mathematische Begründung der Volkswirtschaftslehre", Leipzig 1885, entwickelte, spricht man von *Launhardt*schen Trichtern.

Die Größe des Absatzgebietes eines Produzenten hängt ab

- von der Höhe des Preises ab Werk in Relation zu dem Preis ab Werk, den die Konkurrenten berechnen, und
- von den Transportkosten eines Produzenten im Verhältnis zu denen seiner Konkurrenten.

Die Annahme, daß die Transportkosten sich proportional zur Entfernung verhalten, stellt natürlich eine Vereinfachung dar. Vielfach steigen die Transportkosten nur unterproportional mit der Entfernung. Darüber hinaus ist das Transportwesen ein Bereich, in dem häufig Unteilbarkeiten der Produktionstechnik auftreten, so daß auf Grund zunehmender Skalenerträge eine Tendenz zum natürlichen Monopol besteht. Derjenige, der die Transportmittel beherrscht, kann deshalb oft zu günstigeren Bedingungen anbieten und gegenüber seinen Konkurrenten diskriminieren. Außerdem findet sich im Verkehrswesen das Phänomen der, verbundenen Produktion. Ein Transport von einem Punkt zum anderen hat immer zur Folge, daß das Fahrzeug auch zurückgeholt werden muß und dabei eine Rückfracht als verbundene Produktion übernehmen kann. Auf welche Weise durch die Preisbildung für Hin- und Rückfracht eine Kostendeckung für den Verfrachter erreicht wird, ist nicht von vornherein bestimmbar.

Hexagonale Struktur der Absatzgebiete

Die Nachfrage eines Käufers hängt vom Preis frei Haus ab und sei durch die lineare Funktion

$$q = a - b(p + tE)$$

beschrieben. Betrachtet man nun einen Produzenten, der auf einer homogenen Fläche isoliert anbietet und deshalb ein kreisförmiges Absatzgebiet besitzt, so wird die Nachfrage für sein Produkt durch

$$Q = \int_0^R 2\pi\, DE\,(a - bp - btE)\, dE$$

gegeben, wobei R der Radius des kreisförmigen Absatzgebietes und D die Zahl der Käufer pro Flächeneinheit ist. Nach Integration erhält man

$$Q = \pi\, DR^2 (a - bp - (2/3)\, btR)$$

und daraus als Preis-Absatz-Funktion des Produzenten

$$p = \frac{a}{b} - \frac{2}{3}\, tR - \frac{Q/\pi DR^2}{b}\,.$$

Maximiert der Produzent den sich aus dieser Nachfragefunktion und seiner Kostenfunktion resultierenden Gewinn, so wird im allgemeinen auch ein positiver Gewinn erzielt.

Besteht freier Marktzutritt zur Produktion an beliebigen Standorten auf der Fläche, so wird der positive Gewinn neue Anbieter anlocken. Es entsteht eine Reihe potentieller, kreisförmiger Absatzgebiete. Soll die ganze Fläche durch Absatzgebiete bedeckt werden, so können kreisförmige Gebiete keinen Bestand haben. Es entsteht vielmehr ein wabenförmiges Muster sechseckiger Absatzgebiete, wie in *Figur 2* dargestellt ist.

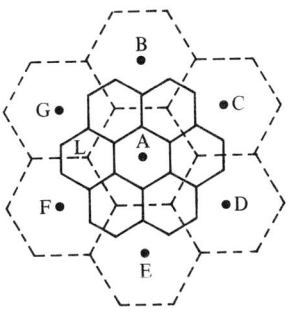

Figur 2

Man stelle sich nun vor, es sei eine hexagonale Struktur mit Standorten A, B, ..., G entstanden. Wenn die Produzenten dabei einen Gewinn erzielen, so werden neue Anbieter angelockt, die sich zwischen den bisherigen Standorten niederlassen, etwa am Punkte L zwischen den Produzenten A, F und G, deren Absatzgebiete dadurch eingeschnürt werden. Der Radius des Absatzgebietes des Produzenten A z.B. schrumpft auf die Hälfte. Durch den Eintritt neuer Konkurrenten wird so die alte Struktur (mit den in *Figur 2* gestrichelt gezeichneten Absatzgebieten) durch eine neue Struktur mit kleineren Absatzgebieten abgelöst.

Für den einzelnen Produzenten hat die Verkleinerung des Absatzgebietes zur Folge, daß sich seine Preis-Absatz-Funktion dreht und nach unten verschiebt. Sie wird steiler und beginnt bei einem größeren Ordinatenwert. Der Marktanteil des einzelnen Produzenten verringert sich. Das hat zur Folge, daß auch der Gewinn des einzelnen Produzenten sinkt. Ein Gleichgewicht ist erreicht, wenn die Preis-Absatz-Funktion des einzelnen Produzenten seine Durchschnittskostenkurve berührt und ein Gewinn nicht mehr entsteht. Dann hört auch der Zustrom neuer Anbieter auf und die Struktur der Absatzgebiete verändert sich nicht mehr.

Man könnte nun natürlich fragen, weshalb der einzelne Produzent an alle Käufer zum gleichen Preis ab Werk verkauft. Wie bei jedem Monopol könnte eine Preisdifferenzierung unter Umständen für den Produzenten vorteilhafter sein. Man muß dabei jedoch bedenken, daß jeder einzelne Anbieter in dem Modell der hexagonalen Struktur sich sechs Konkurrenten gegenüber sieht, deren Reaktionen auf eine Preisdifferenzierung in Rechnung gestellt werden müßten. Wenn eine Absprache der Produzenten über die Preisstruktur nicht zustande kommt, weil z.B. derartige Abkommen verboten sind, ist in der dann vorliegenden kompetitiven Situation eher damit zu rechnen, daß die Produzenten ihr Gut zu einem für alle Käufer einheitlichen Preis ab Werk verkaufen.[2]

---

[2] Vgl. auch Theoretische Volkswirtschaftslehre III, VIII. Kapitel zur Frage der Wahrscheinlichkeit von Absprachen unter Produzenten.

Hotelling-Agglomerationen

Bei freiem Marktzutritt und zunehmenden Skalenerträgen entsteht, wie gezeigt wurde, eine gleichmäßige Verteilung der Produzenten in einem homogenen Raum. Geht man andererseits davon aus, daß die Zahl der Anbieter auf zwei beschränkt ist und neue Anbieter nicht auftreten können, so läßt sich zeigen, daß eine Konzentration der Standorte entsteht.

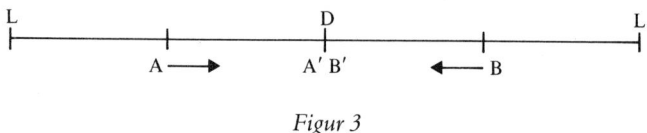

Figur 3

Man stelle sich einen eindimensionalen Raum, die Strecke LL in *Figur 3* vor, auf der die Produzenten A und B voneinander getrennt angesiedelt sind. Ihre Absatzgebiete werden durch den Punkt D getrennt. Wenn einer der Anbieter seinen Standort zur Mitte hin verlagert, kann er sein Absatzgebiet auf Kosten seines Konkurrenten vergrößern. In Reaktion darauf wird auch der andere Anbieter sich zur Mitte hin bewegen. Am Ende werden ihre Standorte nebeneinander liegen, bei A' und B' in *Figur 3* (*Hotelling* 1929). Jeder der beiden Anbieter verfügt über ein gleich großes Absatzgebiet von A'L = B'L.

Bei diesem Gleichgewicht sind die Transportkosten höher als gesellschaftlich wünschenswert. Ein Käufer bei L muß z. B. weitaus höhere Transportkosten tragen als bei den ursprünglichen Standorten A und B. Die Wettbewerbsbeschränkung, die darin liegt, daß freier Marktzutritt nicht gegeben ist und deshalb nur zwei Anbieter vorhanden sind, führt also abgesehen von der Monopolmacht, die in der Höhe des Preises ab Werk zum Ausdruck kommt, zu einer Verschwendung von Ressourcen in Form von Transportkosten.

Wenn nicht zwei, sondern drei (oder mehr) Anbieter vorhanden sind, die durch Markteintrittsbeschränkungen vor zusätzlicher Konkurrenz geschützt sind, so ist die Standortverteilung indeterminiert. Wenn z. B. drei Anbieter vorhanden sind und der dritte Anbieter bei einer Verlagerung der Standorte zur Mitte des Marktes hin zwischen A' und B' gerät, so schrumpft sein Absatz auf Null und er wird seinen Standort zum Rand des Marktes hin verlagern. Das wieder wird Änderungen des Standortes der beiden anderen Produzenten auslösen. Ein Gleichgewicht existiert nicht. Während des Prozesses der Standortänderungen können sich Agglomerationen von mehreren Produzenten bilden (*Chamberlin* 1969, *Eaton/Lipsey* 1975), die aber auf die Dauer keinen Bestand haben.

b. Ungleichmäßige Verteilung von Rohstofflagerstätten

Rohstofflagerstätten sind nicht überall anzutreffen, sondern sind geographisch konzentriert. Die Standortwahl der Produzenten orientiert sich auch am Zugang zu den Rohstoffen und an den Kosten für die Rohstoffbeschaffung. Wenn mehrere Rohstoffe für die Produktion eines Gutes benötigt werden, fragt es sich, welcher Rohstoff für die Standortentscheidung den Ausschlag gibt.

Wenn Rohstoffe (z. B. Eisenerz) verarbeitet werden, deren Substanz nur zum geringeren Teil (bei Eisenerzen z. B. mit dem Fe-Gehalt) in das erzeugte Produkt eingeht, so entsteht die Neigung, daß die Produktionsstätte zur Lagerstätte dieser sog. Gewichtsverlustmaterialien wandert, denn auf diese Weise können Transportkosten gespart werden. Ein gutes Beispiel ist die Eisenindustrie. Sie war ursprünglich, als die Verhüttung mit der überall erhältlichen Holzkohle erfolgte, bei den Erzlagerstätten anzutreffen. Nach der Einführung der Verhüttung mit Koks wanderte die Eisenindustrie zu den Kohlelagerstätten, denn anfangs war der erforderliche Kokseinsatz pro Tonne erzeugten Eisens außerordentlich hoch (teils 17 : 1). Als sich, durch technischen Fortschritt bedingt, namentlich in jüngerer Zeit der erforderliche Kokseinsatz pro Tonne Eisen (auf weniger als Eins) verminderte, entstand wieder eine Wanderungstendenz zu den Erzlagerstätten bzw. zu den Küsten oder Flüssen, wo das Erz von Übersee angelandet wird.

Wenn umgekehrt bei der Produktion eines Gutes durch Hinzufügung von Gewicht oder durch die Montage transportkostenempfindliche Erzeugnisse entstehen, wandert die Produktion zu den Verbrauchsorten. Ein Beispiel ist die Getränkeindustrie (Coca Cola), in der ein Extrakt mit Wasser vermischt und in Flaschen abgefüllt wird. Ein anderes Beispiel stellt die Montage von Automobilen dar.

Produktionen, in denen eine große Zahl verschiedener Rohstoffe verarbeitet werden und bei denen die Wertschöpfung im Verhältnis zum Umsatz hoch ist, neigen dazu, sich an den Verbrauchsorten anzusiedeln, wo auch gewöhnlich ein ausreichendes Angebot qualifizierter Arbeitskräfte anzutreffen ist. Diese Produktionen der verarbeitenden Industrie findet man deshalb vorzugsweise in den Ballungsgebieten. Es ist dabei jedoch zu erklären, warum solche Ballungsgebiete überhaupt entstehen.

c. Ursachen für die Entstehung von Ballungsgebieten und Städten

Wirtschaftliche Zentren (Städte, Agglomerationen) entstehen aus verschiedenen Gründen. Die Entstehung kann einmal von der Produktion ausgehen und dabei entweder rohstoff- oder verkehrsbedingt sein. Wenn sich industrielle Unternehmen an Rohstofflagerstätten ansiedeln, so entstehen Städte; denn die Ansiedlung der dominierenden Industrie zieht Zulieferindustrien nach sich, läßt eine Bauwirtschaft entstehen und ruft ein Dienstleistungsgewerbe ins Leben. Ein ähnlicher Prozeß tritt ein, wenn sich eine Produktion, die unter zunehmenden Skalenerträgen erfolgt, an einer verkehrsgünstigen Stelle, wie z. B. einem See- oder Flußhafen niederläßt.

Die wichtigste Rolle für die Entstehung von Städten spielt aber wohl die Begründung von Märkten durch die Regierung einer Stadt oder eines Landes, dem diese Stadt angehört. Die ursprüngliche Entstehung der Stadt ist dabei nicht selten zufallsbedingt gewesen, ihre Entwicklung zu einem wirtschaftlichen Zentrum wurde aber durch das Angebot des lokalen öffentlichen Gutes „Markt" eingeleitet. Das lokale öffentliche Gut besteht primär darin, daß Rechtsregeln geschützt werden, daß das Eigentum der Händler geschützt und die Einhaltung von Verträgen durch Gericht und Polizei sichergestellt wird. Der Markt zieht Handel und Produktion an, fördert die Spezialisierung und damit – durch die Ausnutzung von zunehmenden Skalenerträgen und externen Agglomerationsvorteilen – die Produktivität. Dadurch sinken die Produktionskosten in der Stadt und ihr Absatzgebiet weitet sich aus.

3. Raumtheorie

a. *Thünens* Kreise und die landwirtschaftliche Bodenrente

Wir gehen jetzt von der Existenz einer Stadt aus und analysieren die Struktur der sie umgebenden Landschaft. Im Anschluß an *J. H. von Thünen* (1827) stellen wir uns eine Ebene von gleichmäßiger Fruchtbarkeit vor, in deren Zentrum die Stadt liegt. In der Stadt befindet sich der Markt, auf dem die Bauern ihre Produkte untereinander und gegen gewerbliche Erzeugnisse der Stadt tauschen. Die Stadt selbst besitzt in diesem Modell keine Ausdehnung, sondern wird als ein Punkt gedacht. Wir werden später auch die Struktur der Stadt selbst analysieren.

In der Umgebung der Stadt findet landwirtschaftliche Produktion statt. Der Erntewert, gemessen durch den Hektarertrag eines landwirtschaftlichen Erzeugnisses, multipliziert mit dem in der Stadt herrschenden Marktpreis, sei mit c bezeichnet, die landwirtschaftlichen Produktionskosten auf einem Hektar mit w. Für den Transport der Ernte über eine Entfernung E soll je Entfernungseinheit ein Aufwand von t erforderlich sein. Wird nun an einem Standort in der Entfernung E von der Stadt produziert, so beträgt der Nettoertrag der landwirtschaftlichen Produktion, die landwirtschaftliche Bodenrente, $r = (c - w) - tE$. Da die Transportkosten tE mit zunehmender Entfernung von der Stadt steigen, vermindert sich die landwirtschaftliche Bodenrente mit der Entfernung von der Stadt und wird schließlich Null. Eine solche Rentenkurve ist in *Figur 4* eingetragen.

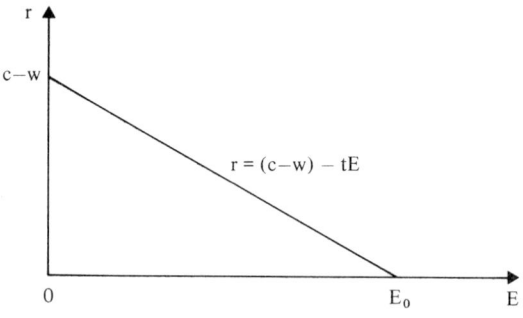

Figur 4

Jenseits der Entfernung E_0 lohnt es sich nicht mehr, das landwirtschaftliche Produkt für einen Verkauf in der Stadt anzubauen. Möglich ist jedoch eine Subsistenzlandwirtschaft, in der durch die aufgewendete Arbeit ein Existenzminimum erwirtschaftet.

Innerhalb der Reichweite $0E_0$ wird eine Bodenrente realisiert, die dem Bodeneigentümer als Einkommen zufällt. Ein Pächter müßte einen Pachtzins in Höhe der erreichbaren Bodenrente zahlen, so daß sein Gewinn gerade Null wird. Die Höhe der Bodenrente sinkt mit zunehmender Entfernung von der Stadt, denn $dr/dE = -t < 0$. Da der Wert des Bodens durch den Kapitalwert der Bodenrente bestimmt ist, nimmt der Wert der Grundstücke ebenfalls mit der Entfernung von der Stadt ab.

Wenn die Produktion verschiedener landwirtschaftlicher Erzeugnisse möglich ist, so läßt sich für jedes einzelne Produkt eine Rentenkurve ermitteln, deren Lage und Steigung von der Höhe des Nettoproduktionswertes c − w und von den Transportkosten in Abhängigkeit von der Entfernung bestimmt wird. In *Figur 5* ist angenommen, daß die Produktion von vier landwirtschaftlichen Erzeugnissen möglich ist. Dabei liegt die Rentenkurve für das Produkt 4 ganz unterhalb der Kurve für das Produkt 1. Daher wird das Produkt 4 nicht angebaut. Erzeugt werden nur die Produkte 1, 2 und 3, und zwar in dem Entfernungsabschnitt $0E_1$ das Produkt 1, im Abschnitt E_1E_2 das Produkt 2 und im Abschnitt $E_2E_3^0$ das Produkt 3. Auf diese Weise läßt sich mit jedem Produkt die jeweils höchste Bodenrente erzielen. Die Rentenkurve wird in dem dargestellten Beispiel durch den Streckenzug $A_1T_2T_3E_3^0$ dargestellt. Auch in diesem Falle nimmt die Bodenrente und damit auch der Wert der Grundstücke mit zunehmender Entfernung von der Stadt ab.

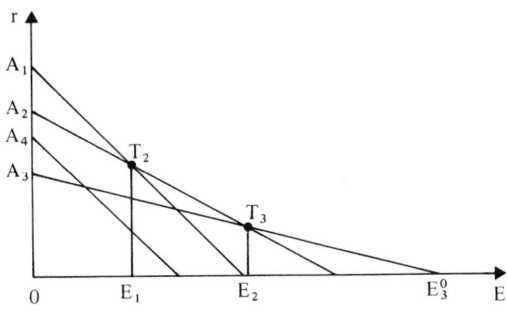

Figur 5

Wenn man die Abfolge der Produkte mit zunehmender Entfernung von der Stadt charakterisiert, so findet man in unmittelbarer Nähe der Stadt Produkte mit einem hohen Nettoproduktionswert und hohen Transportkosten pro Entfernungseinheit. In größerer Entfernung von der Stadt findet man Produkte mit geringerem Nettoproduktionswert und geringeren marginalen Transportkosten.

Soweit Mobilität der Arbeit besteht, ist der Lohnsatz w von der Entfernung zur Stadt unabhängig. Er ist überall gleich dem Ertrag der Subsistenzlandwirtschaft an der Grenze des städtischen Einzugsbereichs. Die Entfernung zur Stadt hat nur einen Einfluß auf das Einkommen und den Wert des immobilen Faktors Boden. Insoweit jedoch, als auch Arbeit immobil ist und deshalb Arbeit nicht entsprechend der in der Stadt oder in der Nähe der Stadt herrschenden Nachfrage nach Arbeit dorthin wandert, fällt der Lohnsatz mit der Entfernung von der Stadt. Nach wie vor ist der Lohnsatz an der Grenze des städtischen Einzugsgebietes gleich dem Arbeitsertrag der Subsistenz-landwirtschaft. Daher ist der Lohn, soweit Arbeit immobil ist, in der Stadt und in der Nähe der Stadt höher als der Subsistenzlohn.

Durch dieses Modell werden einige Gesetzmäßigkeiten der Preisbildung des Bodens und der Arbeitsleistungen herausgearbeitet. Es versteht sich, daß die Ergebnisse der Modellanalyse nur entsprechend modifiziert in der Realität wiederzufinden sind.

b. Struktur einer Stadt und die städtische Bodenrente

Der Grundgedanke des Modells *von Thünens* kann nun auch für die Erklärung der städtischen Bodenrente herangezogen werden. Wir stellen uns dazu eine Stadt vor, die aus einem punktförmigen Geschäftsbezirk besteht, in dem sich alle Arbeitsplätze befinden. Kreisförmig um den Geschäftsbezirk erstrecken sich die Wohnviertel der in der Stadt Tätigen. Man kann sich vorstellen, daß eine Aufteilung der Stadt in Geschäftsbezirk und Wohnviertel durch eine politische Entscheidung herbeigeführt worden ist. Grundlage einer solchen Zonenbildung ist die Überlegung, daß sich durch Zonenbildung die Entstehung externer Schäden der Produktion in Grenzen halten läßt. Aufgabe der Analyse ist es nun darzulegen, wie die Grundstückswerte, die davon abhängige Bebauungsdichte und die Wahl der Entfernung des Wohnortes vom Geschäftsbezirk erklärt werden kann.

Von den Individuen wird angenommen, daß sie eine strikt quasikonkave Nutzenfunktion u(q, s, E) zu maximieren suchen, nach der der Nutzen vom Konsum q, von der Größe s des Wohnraumes im weitesten Sinne und von der Entfernung E vom Geschäftsbezirk abhängig ist. Der Grenznutzen des Konsums u_q und des Wohnraumes u_s wird als positiv angenommen. Der Grenznutzen der Entfernung, u_E, kann negativ oder positiv sein. Er ist negativ insoweit, als die Entfernung vom Geschäftsbezirk einen Zeitaufwand mit sich bringt und deshalb die Freizeit mindert. Manchmal jedoch wird die Nähe zu Erholungsgebieten am Stadtrand oder außerhalb des Stadtgebietes als ausreichend wertvoll angesehen, daß die Kosten der Zeit zur Überwindung der Entfernung vom Geschäftsbezirk demgegenüber nicht ins Gewicht fallen. In diesen Fällen ist der Grenznutzen der Entfernung positiv.

Als Nebenbedingung ist bei der Maximierung der Nutzenfunktion die Budgetgleichung

(1) $pq + rs + T = y$

zu beachten, nach der die Summe aus dem Aufwand für den Konsum, pq, für die Wohnungsnutzung, rs, und für den Transport, T, gleich dem Einkommen y sein muß. Dabei ist p der Preis des Konsumgutes und r der

Nutzungspreis der Wohnung und damit gleich der städtischen Bodenrente pro Wohnungseinheit. Die Transportkosten T sind von der Entfernung des Wohnortes vom Stadtzentrum abhängig. Vermutet wird, daß auch der Nutzungspreis der Wohnung von der Entfernung vom Stadtzentrum abhängig ist.

Für die Maximierung der *Lagrange*schen Funktion

$$Z = u(q, s, E) + \lambda(y - pq - rs - T)$$

ist notwendig, daß neben der Budgetgleichung (1) die Bedingungen

$$(2) \quad \begin{aligned} u_q - \lambda p &= 0 \\ u_s - \lambda r &= 0 \\ u_E - \lambda \left(s\, \frac{\partial r}{\partial E} + \frac{\partial T}{\partial E} \right) &= 0 \end{aligned}$$

erfüllt sind. Durch diese vier Gleichungen werden die Gleichgewichtswerte von q, s, E und λ in Abhängigkeit von p, r und y bestimmt.

Aus den ersten beiden Gleichungen von (2) ergibt sich, daß $u_q/u_s = p/r$ sein muß. Die Grenzrate der Substitution zwischen Konsum und Wohnungsgröße muß also gleich dem Preisverhältnis sein. Je höher der Wohnungspreis bei gegebenem Konsumgüterpreis und gegebenem Einkommen ist, um so geringer ist bei der als strikt quasikonkav vorausgesetzten Nutzenfunktion die Nachfrage nach Wohnraum.

Wir wenden uns im nächsten Schritt dem Zusammenhang zwischen dem Nutzungspreis von Wohnungen und der Entfernung vom Stadtzentrum zu. Setzt man in die letzte Gleichung des Systems (2) $\lambda = u_s/r = u_q/p$ ein, so erhält man

$$u_E - \frac{u_q}{p} \left(s\, \frac{\partial r}{\partial E} + \frac{\partial T}{\partial E} \right) = 0$$

oder

$$(3) \quad \frac{\partial r}{\partial E} = \frac{1}{s} \left(p\, \frac{u_E}{u_q} - \frac{\partial T}{\partial E} \right).$$

Damit wird beschrieben, wie sich der Preis, den ein Individuum für die Wohnungsnutzung aufzuwenden bereit ist (,,Nachfragepreis", bid rent), mit der Entfernung der Wohnung vom Stadtzentrum verändert (*Alonso* 1964).

In einem Gleichgewicht, in dem die Grenzraten der Substitution aller Individuen mit den gegebenen Preisverhältnissen übereinstimmen, muß für eine gegebene Entfernung vom Geschäftsbezirk auch ∂r/∂E für alle Individuen gleich hoch sein. Deshalb ist ∂r/∂E gleichzeitig die Steigung der gleichgewichtigen Kurve der städtischen Bodenrente.

Da ∂T/∂E > 0, die marginalen Transportkosten also positiv sind, ist ∂r/∂E < 0, wenn $u_E < 0$. In diesem Falle, in dem der Grenznutzen der Entfernung vom Geschäftsbezirk negativ ist, nimmt die städtische Bodenrente mit wachsender Entfernung vom Geschäftsbezirk ab. Anders liegen die Dinge, wenn $u_E > 0$ ist. Dann kann es sein, daß der Nutzungspreis der Wohnungen mit steigender Entfernung vom Stadtzentrum ansteigt. Möglich ist auch eine mehrgipflige Rentenkurve, wie sie in *Figur 6* skizziert ist. Ausgehend vom Stadtzentrum fällt die Rentenkurve zunächst und steigt dann an, um schließlich erneut mit wachsender Entfernung vom Stadtzentrum zu fallen.

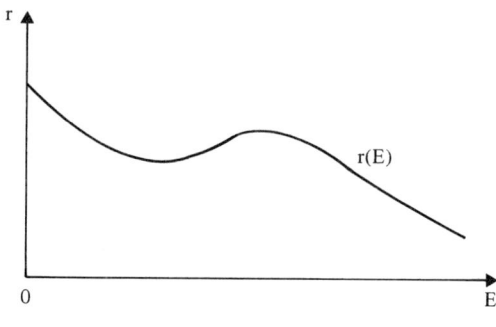

Figur 6

Bebauungsdichte

Je höher die Bodenrente ist, um so höher ist der Preis pro Quadratmeter Grund, der ja nichts anderes darstellt als den Kapitalwert der Bodenrente. Will der Grundstückseigentümer bezogen auf den Kaufpreis eines Grundstückes einen Ertrag erzielen, der ebenso hoch ist wie der Ertrag sonstiger Kapitalanlagen, so muß er pro Quadratmeter Grund einen um so höheren Nutzungspreis berechnen, je höher der Kaufpreis des Grundstückes ist. Da jedoch die Nachfrage nach Wohnungen mit zunehmender Höhe der Miete zurückgeht und schließlich Null wird, ist es erforderlich, die Bebauungsdichte zu erhöhen und auf diese Weise mehr Mietwohnungen pro Quadratmeter Grund anzubieten. Daraus folgt, daß im allgemeinen die Bebauungsdichte des städtischen Bodens mit der Höhe der Bodenrente variiert. Unmittelbar am Rande des Geschäftsbezirks findet man dementsprechend Hochhäuser, die mit zunehmender Entfernung vom Stadtzentrum von mehrgeschossigen Wohnhäusern abgelöst werden und diese schließlich machen den Einfamilienhäusern am Stadtrand Platz. Die Bebauungsdichte kann von diesem Muster abweichen, wenn die Rentenkurve mehrgipflig ist.

Da die Bebauungsdichte dem Profil der Rentenkurve folgt, hängt sie auch von den marginalen Transportkosten ab, denn die Steigung der Kurve des Nachfrage-Preises für Wohnraum ist (absolut) um so geringer, je niedriger die marginalen Transportkosten sind. Wenn in einer Stadt leistungsfähigere Verkehrssysteme eingeführt werden, z. B. Nahschnellverkehr oder innerstädtische Autoschnellstraßen, so vermindern sich die marginalen Transportkosten und die Steigung der Rentenkurve nimmt (absolut) ab. Als Folge davon verschiebt sich der Stadtrand weiter nach außen und die Bodenrente in der Innenstadt sinkt.

Die Bodenrente steigt andererseits, wenn die Größe der städtischen Bevölkerung zunimmt, weil die Einkommenschancen durch eine Beschäftigung in der Stadt gestiegen sind.

Durch Änderungen der Bevölkerungsgröße und technischen Fortschritt im innerstädtischen Verkehrswesen treten auf diese Weise Änderungen der jeweils optimalen Bebauungsdichte ein. Die tatsächliche Bebauungsdichte folgt demgegenüber jedoch nur mit zeitlicher Verzögerung. Das hängt damit zusammen, daß Gebäude erst dann durch neue ersetzt werden, wenn der Kapitalwert eines neuen Gebäudes größer ist als der Kapitalwert der Erträge aus den alten Gebäuden. Dabei ist zu berücksichtigen, daß die ehemaligen Anschaffungskosten der alten Gebäude als ,,Vergangenheitskosten'' (sunk cost) nicht mehr in den Kapitalwertvergleich einbezogen werden. Es muß also der Kapitalwert des neuen Gebäudes, der sich aus der Differenz des Anschaffungspreises und dem Kapitalwert der zukünftigen Bodenrente ergibt, größer sein als der Kapitalwert des mit dem alten Gebäude erzielbaren Nutzungspreises, abzüglich des Kapitalwerts des zu erwartenden Erhaltungsaufwandes. Die alten Gebäude werden deshalb erst abgerissen und durch neue ersetzt, wenn die Bodenrente beträchtlich gestiegen ist.

In manchen Fällen sind in der Übergangszeit eine Reihe von Zwischenlösungen denkbar, bei denen auch ohne Errichtung von Neubauten die Wohnungsdichte erhöht wird. Man kann ältere Häuser mit ursprünglich größeren Wohneinheiten umbauen und so pro Grundstückseinheit eine größere Zahl von Wohnungen erhalten, die, mit Komfort ausgestattet, auch höhere Mietpreise erbringen. Die Alternative zu dieser Möglichkeit ist die Entstehung von Slums: Die Vermietung der alten Wohnungen zu Preisen, die der gestiegenen Bodenrente entsprechen, an Personengruppen mit niedrigem Einkommen, so daß die Wohnungen von diesen dicht belegt werden. Dabei beschränkt sich der Vermieter auf den allernötigsten Erhaltungsaufwand, um so einerseits die Miete relativ niedrig halten zu können und andererseits einen Verfall des Gebäudes schneller herbeizuführen, so daß der Ersatzzeitpunkt rascher erreicht wird.

Die Bebauungsdichte einer Stadt kann von dem bisher beschriebenen Grundmuster abweichen, wenn es in einer Stadt mehrere Geschäftsbezirke gibt. Die Entstehung von Subzentren wird vielfach in wachsenden Städten von der Stadtverwaltung durch die Ausweisung von Industrie- und Geschäftszonen gefördert. Häufig kommt es auf diese Weise zur Ansiedlung von Fabriken mit großem Flächenbedarf am Stadtrand, so daß hier neue Subzentren entstehen können. Unabhängig von der Ausweisung von Zonen durch die Stadtverwaltung wandern Betriebe mit großem Flächenbedarf vielfach an die Peripherie – und dabei teils in angrenzende Gemeinden – weil die Bodenrente dort niedriger ist als im alten Stadtzentrum. Um die neu entstandenen Subzentren lagern sich dann wieder in Ringen die Wohngebiete. Zu beachten ist jetzt allerdings, daß der zentrale Geschäftsbezirk einer Stadt und die Subzentren unterschiedliche Funktionen wahrnehmen und deshalb für die Wohnortentscheidung der Stadtbewohner eine unterschiedliche Bedeutung besitzen.

Einkommen und Wohnort

Die Frage, ob ein höheres Einkommen eines Individuums zu der Wahl des Wohnortes näher am Zentrum der Stadt oder eher zu einem Wohnort am Stadtrand führt, läßt sich nicht generell beantworten. Analytisch läßt sich eine Antwort herleiten, indem man den Einfluß des Einkommens y auf die Steigung der individuellen Kurve des „Nachfrage-Preises" ermittelt. Das Individuum kann von einer gleichgewichtigen Kurve der städtischen Bodenrente ausgehen und findet sein individuelles Gleichgewicht, den optimalen Wohnort, dort, wo die Steigung der individuellen Kurve mit der Steigung der Rentenkurve des Marktes übereinstimmt. Wenn das Einkommen y steigt und sich dadurch die Steigung der individuellen Kurve des „Nachfrage-Preises" (absolut) vermindert, so wandert der optimale Wohnort zum Stadtrand, wenn sich die Steigung der Kurve (absolut) erhöht, zum Stadtzentrum. Den Effekt einer Erhöhung des Einkommens auf den Wohnort findet man also durch Differenzierung von $\partial r/\partial E$ (vgl. (3)) nach y (*Pines* 1975). Dabei ist zu beachten, daß auch s von y abhängig ist. Man erhält

$$\frac{\partial^2 r}{\partial E \partial y} = \frac{1}{s}\left[p\,\frac{\partial\,(u_E/u_q)}{\partial y} - \frac{\partial^2 T}{\partial E \partial y} - \frac{\eta}{y}\left(p\,\frac{u_E}{u_q} - \frac{\partial T}{\partial E} \right) \right]$$

wobei $\eta := \dfrac{y}{s}\dfrac{\partial s}{\partial y}$ die (positive) Einkommenselastizität

nach Wohnraum ist. Die Steigung von $\partial r/\partial E < 0$ fällt (absolut), wenn $\partial^2 r/\partial E \partial y > 0$ ist.

Der einfachste Fall liegt vor, wenn der Nutzen von der Entfernung des Wohnortes vom Stadtzentrum gar nicht beeinflußt wird ($u_E = 0$) und wenn gleichzeitig die marginalen Transportkosten vom Einkommen unabhängig sind ($\partial^2 T/\partial E \partial y = 0$). Dann ist $\partial^2 r/\partial E \partial y = (\eta/y)\,\partial T/\partial E$ und daher eindeutig größer als Null und der optimale Wohnort liegt um so weiter vom Stadtzentrum entfernt je höher das individuelle Einkommen ist.

Wenn die marginalen Transportkosten mit steigendem Einkommen zunehmen ($\partial^2 T/\partial E \partial y > 0$), so resultiert daraus eine Tendenz der Verlagerung des Wohnortes zum Stadtzentrum hin. Berücksichtigt man nun noch den Grenznutzen der Entfernung u_E und die Veränderung der Grenzrate der Substitution u_E/u_q bei einer Erhöhung des Einkommens, so ist im Prinzip jeder Standort möglich. Eine eindeutige Aussage läßt sich nur noch treffen, wenn über den Grenznutzen der Entfernung und seine Veränderung in Abhängigkeit vom Einkommen definitive Annahmen getroffen werden können.

Geht man über den Rahmen des dargestellten Modells hinaus und berücksichtigt die Erwerbsbeteiligung der Ehefrauen, so ergibt sich, daß ärmere Familien tendenziell näher am Stadtzentrum wohnen als wohlhabendere Familien. Wie wir im VI. Kapitel hergeleitet haben, nimmt die Erwerbsbeteiligung der Ehefrauen mit steigendem Einkommen des Ehemannes ab. Die Erwerbsbeteiligung der Ehefrauen ist deshalb bei ärmeren Familien höher als bei wohlhabenderen Familien. Bei einer größeren Zahl von Erwerbstätigen in einer Familie fallen aber die Transportkosten stärker ins Gewicht, so daß ärmere Familien mit relativ hoher Erwerbsbeteiligung der Ehefrauen dazu tendieren, eine Wohnung in größerer Nähe zum Stadtzentrum zu suchen (*J. S. Hekman* 1980).

Einkommensverteilung innerhalb der Stadt

Um die Grundzüge der Einkommensverteilung innerhalb der Stadt zu erkennen, ist es zweckmäßig, ein vereinfachtes Modell zu betrachten, in dem
der Grenznutzen der Entfernung vom Geschäftsbezirk Null ist. Die Bodenrente fällt dann in eindeutiger Weise vom Zentrum zum Stadtrand hin ab.
Der Lohnsatz für eine gegebene Arbeitsart wie auch der Kapitalzins ist innerhalb der Stadt gleich hoch, wenn Arbeit und Kapital innerhalb der Stadt
völlig mobil ist. Die Bodenrente hängt von der Lage des Grundstücks zum
Zentrum ab.

Die Tatsache, daß einem Grundstückseigentümer in der Form der städtischen Bodenrente ein Einkommen zufließt, das von der persönlichen Leistung des Eigentümers unabhängig ist, hat vielfach Kritik ausgelöst (*Möller*
1967). Man muß dabei jedoch bedenken, daß die städtische Bodenrente
nichts anderes ist als ein Knappheitspreis für städtischen Boden und insoweit
eine Informationsfunktion erfüllt. Gleichzeitig schafft die Bodenrente Anreize, das einzelne Grundstück entsprechend seiner Knappheit auch zu nutzen,
so daß von ihm der unter dem Gesichtspunkt der volkswirtschaftlichen Effizienz bestmögliche Gebrauch gemacht wird.

Wenn man glaubt, daß arbeitsunabhängige Einkommen nicht entstehen sollten, so kann man sie durch eine geeignete Besteuerung eliminieren. Wie wir
im XIII. Kapitel gesehen haben, führt die Besteuerung einer Rente wegen
der Unabhängigkeit des Angebotes der Faktorleistung von der Höhe der
Rente zu keiner Verzerrung in der Allokation.

Eine Besteuerung der Bodenrenten ist noch aus einem weiteren Grunde
gerechtfertigt. Soweit eine Stadt auf dem Angebot eines lokalen öffentlichen
Gutes beruht, wird die städtische Bodenrente durch dieses öffentliche Gut
begründet. Es läßt sich zeigen, daß unter bestimmten Annahmen, und wenn
die Existenz der Stadt allein auf dem Angebot eines lokalen öffentlichen
Gutes zurückgeht, im Gleichgewicht die Ausgaben für das Angebot des
öffentlichen Gutes genau mit der Höhe der städtischen Bodenrente übereinstimmt (*Henry-George*-Theorem, *Arnott/Stiglitz* 1979). In der Realität beruht
die Existenz einer Stadt im allgemeinen auch auf zunehmenden Skalenerträgen und auf externen Effekten der privaten Produktion, so daß die städtische
Bodenrente auch von diesen Faktoren determiniert wird.

Staatliche Interventionen am Wohnungsmarkt

Will man die Entstehung von Renten durch Preisvorschriften verhindern, so
ist eine Fehlallokation die Folge, weil die Informationsfunktion des Preismechanismus außer Kraft gesetzt wird. Höchstmieten haben wie alle Höchst-
preise zur Folge, daß das Angebot entlang der Angebotskurve zurückgeht
und eine Überschußnachfrage entsteht. Es bilden sich Warteschlangen
Wohnungssuchender, so daß Rationierungsmaßnahmen ergriffen werden
müssen.

Eine Verstärkung des Kündigungsschutzes für Mieter führt zu einer Links-
verschiebung der Angebotskurve an Wohnraum. Da die Vermieter mit einer
Beschränkung der Nutzungsmöglichkeit konfrontiert sind, vermindert sich

die Rentabilität der Wohnraumvermietung und die Bautätigkeit wird vermindert, so daß auf längere Sicht das Angebot zurückgeht. Die Linksver-
schiebung der Angebotskurve hat zur Folge, daß der Mietpreis steigt.

Zur Förderung des Wohnungsbaues und damit des Wohnraumangebotes
kann der Staat objektgebundene Subventionen (Objektförderung) oder personenbezogene Subventionen (Subjektförderung) gewähren.

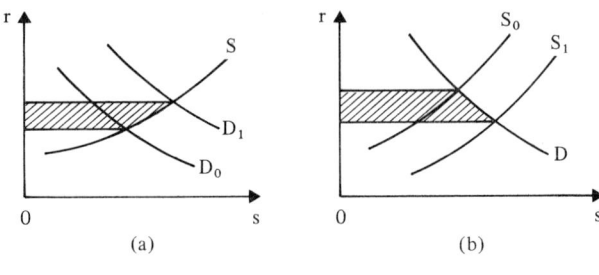

Figur 7

Bei einer personenbezogenen Subvention erhöht sich das Einkommen der
geförderten Personen und die Nachfragekurve verschiebt sich nach rechts,
wie es in *Figur 7a* dargestellt ist. Wohnraumangebot und Mietpreise steigen.
Der Mietpreis könnte nur konstant bleiben, wenn die Angebotskurve horizontal verliefe. Bei ansteigendem Verlauf der Angebotskurve entstehen für
die Wohnungseigentümer Renten, deren Höhen durch den Inhalt der schraffierten Fläche angegeben wird.

Bei Objektförderung, also z. B. bei einer Subventionierung des Wohnungsbaues, sinken die Grenzkosten der Anbieter von Wohnraum und die Angebotskurve verschiebt sich, falls sie nicht völlig unelastisch ist, nach unten und
nach rechts. Die Wohnungsversorgung verbessert sich und die Mietpreise
fallen. Für die Mieter entstehen Wohlfahrtsgewinne, deren Höhe in einer
Zunahme der Konsumentenrente zum Ausdruck kommt. Will man den
Nutzen aus der Subvention auf bestimmte Personengruppen, z. B. auf Personen mit geringerem Einkommen, beschränken, so muß eine administrative
Zuteilung von Wohnraum an die zu begünstigenden Personen vorgenommen werden.

c. Hierarchie der Städte und Räume

Das Modell der *Thünen*schen Kreise, dessen Grundidee wir im vorigen Abschnitt zur Analyse der Wohnstruktur einer Stadt verwendeten, läßt sich
noch in anderer Weise verallgemeinern und anwenden. Innerhalb eines Landes kann man eine Hierarchie der Orte und Städte feststellen. Es bilden sich
Städte, die jeweils spezifische Agglomerationsvorteile anbieten und damit
für das Umland und umliegende kleinere Städte und Ortschaften bestimmte
Dienstleistungen bereitstellen. Für jedes der von einer Stadt angebotene spezifische Gut gibt es ein Absatzgebiet. Die Weite der Absatzgebiete der einzelnen Güter ist entsprechend der Stärke der Skaleneffekte unterschiedlich

groß. Auf diese Weise entstehen zentrale Orte, die ein großes Absatzgebiet mit ihren spezifischen Dienstleistungen umspannen. Innerhalb dieses Absatzgebietes liegen kleinere Städte, die jeweils ein anderes spezifisches Gut anbieten, dessen Absatzgebiet kleiner ist als das der zentralen Orte. Auf diese Weise entsteht eine Hierarchie von Städten und Orten.

Eine ähnliche Hierarchie von Räumen läßt sich als Strukturelement der Weltwirtschaft nachweisen. Entsprechend den naturgegebenen und den geschaffenen komparativen Kostenvorteilen haben sich in Europa, Amerika und Ostasien industrielle Zentren gebildet, zwischen denen ein internationaler Warenaustausch stattfindet. Um die jeweiligen Zentren lagern sich in konzentrischen Kreisen Gebiete mit industrieller Aktivität, deren Intensität aber mit der Entfernung vom jeweiligen Zentrum abnimmt. Dementsprechend sinkt mit zunehmender Entfernung von den Zentren auch die Bodenrente.

Wäre Arbeit vollständig mobil, so würden sich die Lohnsätze für jeweils gleiche Arbeitsarten international völlig angleichen. Tatsächlich aber ist die Mobilität der menschlichen Arbeit durch die Unterschiedlichkeit der Sprache und Kultur beschränkt und wird darüber hinaus durch gesetzgeberische Maßnahmen vermindert. Das hat zur Folge, daß der Lohnsatz für eine gegebene Art menschlicher Arbeit mit zunehmender Entfernung von den industriellen Zentren sinkt. Durch den internationalen Handel zwischen den Zentren und der Peripherie entsprechend ihren komparativen Kostenvorteilen entsteht zwar eine Tendenz zur Angleichung der Faktorpreise, ein vollständiger Ausgleich kann sich aber auf diesem Wege nicht einstellen. Das scheitert neben der Unerfüllbarkeit aller Voraussetzungen des Faktorpreisausgleichstheorems vor allem daran, daß sich industrielle Zentren und die vorwiegend landwirtschaftliche Peripherie bei einigen Gütern vollständig spezialisiert haben.

Die Unterschiedlichkeit der Lohnsätze hat zur Folge, daß auch lokale Güter wie z. B. Dienstleistungen und leicht verderbliche Nahrungsmittel regional unterschiedliche Preise aufweisen. Die Preise solcher Güter sind im Zentrum am höchsten und sinken mit zunehmender Entfernung vom Zentrum.

Der Zins nimmt im allgemeinen mit der Entfernung von den industriellen Zentren zu, denn das Risiko des Kredits an einen Kreditnehmer in der Peripherie ist wegen der beschränkten Information, die für den Kreditgeber erreichbar sind, größer als bei einem Kredit an einen Kreditnehmer im industriellen Zentrum.

D. Zusammenfassung und Ausblick

Zum Abschluß dieses Bandes soll rückblickend das Ergebnis der bisherigen Analyse kurz dargelegt werden. Gleichzeitig sollen die Grenzen des Erreichten markiert werden, damit deutlich wird, welche Probleme im folgenden Band III noch behandelt werden müssen, damit ein in den Grundzügen vollständiges Bild der Allokation und Verteilung in einer Volkswirtschaft entsteht.

Ausgangspunkt unserer Überlegungen waren individuelle Entscheidungen über Produktion und Nachfrage, die sich sowohl auf private als auch auf öffentliche Güter bezogen. Dabei wurden zur Berücksichtigung unterschiedlicher Machtverhältnisse in der Wirtschaft die polaren Fälle der vollständigen Konkurrenz einerseits und des Monopols und Monopsons andererseits eingeführt.

Für die Individuen wurde Rationalität ihres Verhaltens in dem Sinne vorausgesetzt, daß für die Individuen ein Maximierungskalkül unter Berücksichtigung von jeweils gegebenen Beschränkungen angenommen wurde. Als Maßstab gesellschaftlicher Rationalität wurde das *Pareto*-Kriterium eingeführt, auf dessen Grundlage Voraussagen über die Richtung von Tauschvorgängen möglich sind.

Um die Grundzüge der Theorie der Allokation und Verteilung herauszuarbeiten, mußten eine Reihe von Vereinfachungen eingeführt werden. Zunächst wurde bei der Analyse des gesamtwirtschaftlichen Gleichgewichtes eine stationäre Wirtschaft vorausgesetzt, so daß die Probleme des Wachstums und der Entwicklung der Wirtschaft außer Betracht blieben. Zweitens wurde durch die Beschränkung der Analyse auf die polaren Fälle der Marktmacht beim Monopol und Monopson und der Abwesenheit jeglicher Marktmacht in der vollständigen Konkurrenz das in der Realität dominierende Spektrum der unvollständigen Konkurrenz aus der Analyse ausgeblendet. Außer Betracht blieb schließlich die Frage, inwieweit sich gesellschaftliche Rationalität im Sinne des *Pareto*-Kriteriums im Staatssektor durchsetzen kann.

Die funktionale Verteilung des Sozialproduktes wurde als Ergebnis des Prozesses der Preisbildung von Produktionsfaktoren dargestellt. Andererseits wurde die personelle Einkommensverteilung als Anfangsbedingung in der Analyse des allgemeinen Gleichgewichtes der Wirtschaft berücksichtigt. Sie wurde jedoch nicht erklärt. Dazu fehlte auch die Grundlage, weil das zur Analyse von Tauschvorgängen verwendete *Pareto*-Kriterium keinen Beurteilungsmaßstab für die Verteilung liefert. Das *Pareto*-Kriterium enthält eine Aussage über die Effizienz, es sagt aber nichts über soziale Gerechtigkeit. Will man die personelle Einkommensverteilung beurteilen oder/und ihre Veränderung erklären, so muß man untersuchen, welche Kriterien aus dem politischen Prozeß hervorgehen und welche Kriterien sich im politischen Prozeß durchsetzen.

Obgleich die eingeführten Vereinfachungen erforderlich, aber auch geeignet waren, um Orientierungen zur Erklärung der Realität zu gewinnen, so bleiben doch zahlreiche offene Fragen, die sich in den folgenden Problemkreisen zusammenfassen lassen:

- Analyse des Wachstums und der Entwicklung einer Volkswirtschaft und die damit zusammenhängende intertemporale Allokation der Ressourcen,
- Analyse der Organisation der privaten Wirtschaft und der Vielfalt der Formen und Abstufungen von Marktmacht,
- Analyse des politischen Prozesses und der daraus hervorgehenden Allokation und Verteilung.

Mit diesen Problemen wird sich der Band III der Theoretischen Volkswirtschaftslehre befassen.

Abkürzungen für Zeitschriften

AER	American Economic Review
CanadJEcon . .	Canadian Journal of Economics (and Political Science)
EJ	Economic Journal
IER	International Economic Review
JEL	Journal of Economic Literature
JET	Journal of Economic Theory
JLaw&Econ . .	Journal of Law and Economics
JPE	Journal of Political Economy
JPublEc	Journal of Public Economics
OEP	Oxford Economic Papers
QJE	Quarterly Journal of Economics
RES	Review of Economic Studies
REStat	Review of Economics and Statistics
SEJ	Southern Economic Journal
SwedJEcon . .	Swedish Journal of Economics
WwA	Weltwirtschaftliches Archiv
ZfgStw	Zeitschrift für die gesamte Staatswissenschaft
ZfN	Zeitschrift für Nationalökonomie

Literaturhinweise

P. Bernholz und *F. Breyer,* Grundlagen der politischen Ökonomie, 2. völlig neu gest. Aufl., Tübingen 1984

G. Gäfgen, Theorie der wirtschaftlichen Entscheidung, 3. Aufl., Tübingen 1974

F. Geigant, D. Sobotka und *H. M. Westphal,* Lexikon der Volkswirtschaft, 5. Aufl., München 1987

W. Henrichsmeyer, O. Gans und *I. Evers,* Einführung in die Volkswirtschafslehre, 6. Aufl., Stuttgart 1985

E. Heuß, Grundelemente der Wirtschaftstheorie. Eine Einführung in das wirtschafts-theoretische Denken, 2. Aufl., Göttingen 1981

H. C. Recktenwald, Wörterbuch der Wirtschaft, 10. Aufl., Stuttgart 1987

P. A. Samuelson und *W. Nordhaus,* Economics, 12th ed., New York 1985; deutsche Übersetzung: Volkswirtschaftslehre. Eine Einführung, 7. Aufl., 2. Bd., Köln 1981

H. Siebert, Einführung in die Volkswirtschaftslehre, Teil I, Markt- und Preistheorie, 8. Aufl., Stuttgart 1987

E. Sohmen, Allokationstheorie und Wirtschaftspolitik, Tübingen 1976

W. Stützel, M. Bitz und *W. Cezanne,* Übungen in Volkswirtschaftslehre, 2. Aufl., München 1976

A. Woll, Allgemeine Volkswirtschaftslehre, 9. Aufl., München 1987

Literatur zu Teil A, I. Kapitel

J. M. Buchanan, The Limits of Liberty. Between Anarchy and Leviathan, Chicago 1975

J. M. Buchanan, A Contractarian Paradigm for Applying Economic Theory, AER 65 (1975)

W. Eucken, Die Grundlagen der Nationalökonomie, 8. Aufl., Berlin-Heidelberg-New York 1965

K. G. Faber, Theorie der Geschichtswissenschaft, 5. Aufl., München 1982

J. Habermas, Zur Rekonstruktion des Historischen Materialismus, Frankfurt 1976

F. A. von Hayek, Die Verfassung der Freiheit, Tübingen 1971

F. A. von Hayek, Die Theorie komplexer Phänomene, Tübingen 1972

K. P. Hensel, Grundformen der Wirtschaftsordnung. Marktwirtschaft – Zentralverwaltungswirtschaft, München 1972

M. Kriele, Einführung in die Staatslehre, Reinbek b. Hamburg 1975

C. B. Macpherson, Die politische Theorie des Besitzindividualismus, Frankfurt a. M. 1973

R. Nozick, Anarchy, State and Utopia, New York 1974

P. A. Samuelson, Maximum Principles in Analytical Economics, AER 62 (1972)

G. Schmölders, Finanzpolitik, 3. Aufl., Berlin-Göttingen-Heidelberg 1970

Wissenschaftlicher Beirat beim Bundesministerium für Wirtschaft, Staatliche Interventionen in einer Marktwirtschaft, Bundesminister für Wirtschaft, Studienreihe 24 (1979)

R. Zippelius, Geschichte der Staatsideen, 5. Aufl., München 1985

Literatur zu Teil B – allgemein

W. J. Baumol, Economic Theory and Operations Analysis, 4th ed., London 1977

E. von Böventer, Einführung in die Mikroökonomie, 4. Aufl., München und Wien 1986

G. Debreu, Theory of Value, New Haven und London 1959

U. Fehl und E. Oberender, Grundlagen der Mikroökonomie, 2. Aufl., München 1985

E. Helmstädter, Wirtschaftstheorie, Band I: Mikroökonomische Theorie, 3. Aufl., München 1983

J. M. Henderson und R. E. Quandt, Microeconomic Theory, 3rd ed., New York 1980

J. R. Hicks, Value and Capital, 2nd ed., Oxford 1946

J. Klaus und A. Maußner, Grundzüge der mikro- und makroökonomischen Theorie, München 1986

P. R. G. Layard und A. A. Walters, Microeconomic Theory, New York und London 1978

E. Malinvaud, Lectures in Microeconomic Theory, Amsterdam und London 1972

E. Mansfield, Microeconomics. Theory and Applications, 4th ed., New York 1981

P. A. Samuelson, Foundations of Economic Analysis, enlarged ed., New York 1983

H. Schneider, Mikroökonomie. Eine Einführung in die Preis-, Produktions- und Wohlfahrtstheorie, 4. Aufl., München 1986

J. Schumann, Grundzüge der mikroökonomischen Theorie, 4. Aufl., Berlin-Heidelberg-New York 1984

E. Silberberg, The Structure of Economics. A Mathematical Analysis, New York 1978

H. R. Varian, Microeconomic Analysis, New York und London 1978

P. Weise, Neue Mikroökonomik, Würzburg und Wien 1980

II. Kapitel

W. J. Baumol, J. C. Panzar und R. D. Willig, Contestable Markets and The Theory of Industry Structure, New York u. a. 1982

W. J. Baumol und R. D. Willig, Fixed Costs, Sunk Costs, Entry Barriers, and Sustainability of Monopoly, QJE 96 (1981)

K. E. Boulding, The Economics of Knowledge and the Knowledge of Economics, AER 56 (May 1966)

D. G. Brooks, Buyer Concentration. A Forgotten Element in Market Structure Models, The Industrial Organization Review 1 (1973)

F. A. von Hayek, Der Wettbewerb als Entdeckungsverfahren, Kiel 1968

E. Hoppmann, Das Konzept des wirksamen Preiswettbewerbs, Tübingen 1978

J. Johnston, Statistical Cost Analysis, New York 1960

H. Köhler, Wettbewerbsbeschränkungen durch Nachfrager, München 1977

V. A. LaFrance, The Impact of Buyer Concentration – An Extension, REStat 61 (1979)

H. Leibenstein, Allocative Efficiency vs. X-Efficiency, AER 56 (1966)

H. Leibenstein, Organizational or Frictional Equilibria, X-Efficiency, and the Rate of Innovation, QJE 83 (1969)

A. P. Lerner, The Concept of Monopoly and the Measurement of Monopoly Power, RES 1 (1933/34), deutsche Übersetzung: Der Begriff des Monopols und die Bestimmung der Monopolmacht, in: *A. E. Ott* (Hsg.), Preistheorie, Köln und Berlin 1965

S. H. Lustgarten, The Impact of Buyer Concentration in Manufacturing Industries, REStat 57 (1975)

P. J. McNulty, A Note on the History of Perfect Competition, JPE 75 (1967)

A. E. Ott (Hsg.), Preistheorie, Köln und Berlin 1965

L. Robbins, Theory of Economic Policy in English Classical Economy, London 1952

J. Robinson, What is Perfect Competition? QJE 48 (1934), abgedruckt in: *W. Breit* und *H. M. Hochman* (Hsg.), Readings in Microeconomics, New York 1968

G. G. Richardson, Adam Smith on Competition and Increasing Returns, in: *A. Skinner* und *T. Wilson* (Hsg.), Essays on Adam Smith, Oxford 1975

H. von Stackelberg, Preisdifferenzierung bei willkürlicher Teilung des Marktes, in: *A. E. Ott* (Hsg.), Preistheorie, Köln und Berlin 1965

G. J. Stigler, Perfect Competition, Historically Contemplated, JPE 65 (1957)

H. Willgerodt, Fehlurteile über vielzahligen Wettbewerb, ORDO Jahrbuch 26 (1975)

III. Kapitel

R. G. D. Allen, Mathematik für Volks- und Betriebswirte, 4. Aufl., Berlin 1972

W. J. Baumol, Economic Theory and Operations Analysis, 4th ed., Englewood Cliffs, N.J., 1977

D. V. T. Bear, Inferior Inputs and the Theory of the Firm, JPE 73 (1965)

M. J. Beckmann und *H. P. Künzi,* Mathematik für Ökonomen I, 2. Aufl., Berlin-Heidelberg-New York 1973

G. Debreu, Theory of Value, New Haven und London 1959

W. E. Diewert, Applications of Duality Theory, in: *M. D. Intriligator* und *D. A. Kendrick* (Hsg.), Frontiers of Quantitative Economics, vol. II, Amsterdam und New York 1974

W. Eichhorn, Theorie der homogenen Produktionsfunktionen, Berlin-Heidelberg-New York 1970

C. E. Ferguson, The Neoclassical Theory of Production and Distribution, Cambridge, Mass., 1969

R. Frisch, Theory of Production, Dordrecht 1965

M. Fuss und *D. McFadden* (Hsg.), Production Economics: A Dual Approach to Theory and Applications, Vol. 1 und 2, Amsterdam 1978

H. Hesse und *R. Linde,* Gesamtwirtschaftliche Produktionstheorie, Würzburg und Wien 1976

J. R. Hicks, The Theory of Wages, 2nd ed., London 1963

M. D. Intriligator, Mathematical Optimization and Economic Theory, Englewood Cliffs, N.J., 1971

M. I. Kamien und *N. L. Schwartz*, Dynamic Optimization, New York und Oxford 1981

J. Klaus, Produktions- und Kostentheorie, Stuttgart 1974

W. Krelle, Produktionstheorie, Tübingen 1969

P. A. Samuelson, Foundations of Economic Analysis, enlarged ed., New York 1983

R. W. Shephard, Theory of Cost and Production Functions, Princeton 1970

E. Silberberg, The Theory of the Firm in ,,Long-Run" Equilibrium, AER 64 (1974)

A. A. Walters, Production and Cost Functions, Econometrica (1963)

B. Wolkowitz, A Set of Explicit Homothetic Production Functions, AER 61 (1971)

IV. Kapitel

E. Burmeister, Capital Theory and Dynamics, Cambridge 1980

T. Haavelmo, A Study in the Theory of Investment, Chicago 1960

J. Hicks, Capital and Time, Oxford 1973

J. Hirshleifer, Kapitaltheorie, Köln 1974

D. W. Jorgenson, The Theory of Investment Behavior, in: *R. Ferber* (Hsg.), Determinants of Investment Behavior, New York 1967

R. E. Lucas, Adjustment Costs and the Theory of Supply, JPE 75 (1967)

F. A. Lutz und *V. Lutz*, The Theory of Investment of the Firm, Princeton 1951

A. Sandmo, Investment and the Rate of Interest, JPE 79 (1971)

E. Schneider, Wirtschaftlichkeitsrechnung. Theorie der Investition, 8. Aufl., Tübingen 1973

A. B. Treadway, On Rational Entrepreneurial Behaviour and the Demand for Investment, RES 36 (1969)

V. Kapitel

S. N. Afriat, Demand Functions and the *Slutsky* Matrix, Princeton, N. J., 1980

K. J. Arrow und *F. H. Hahn*, General Competitive Analysis, San Francisco und Edinburgh 1971

M. E. Burns, A Note on the Concept and Measure of Consumer's Surplus, AER 63 (1973)

A. S. Deaton, The Analysis of Consumer Demand in the United Kingdom, 1900–1970, Econometrica 42 (1974)

G. Debreu, Theory of Value, New Haven und London 1959

M. Friedman, The Marshallian Demand Curve, JPE 57 (1949)

H. A. J. Green, Consumer Theory, rev. ed., London 1976

A. C. Harberger, Three Basic Postulates for Applied Welfare Economics: Interpretative Essay, JEL 9 (1971)

R. Henn und *O. Opitz*, Konsum- und Produktionstheorie I, Berlin-Heidelberg-New York 1970

J. R. Hicks, Value and Capital, 2nd ed., Oxford 1946

H. S. Houthakker, Revealed Preference and the Utility Function, Econometrica 18 (1950)

A. Y. C. Koo und *G. Hasenkamp*, Structure of Revealed Preference – Some Preliminary Evidence, JPE 80 (1972)

A. Y. C. Koo und *P. Schmidt*, Cognitive Range in the Theory of Revealed Preference, JPE 82 (1974)

W. Krelle, Präferenz- und Entscheidungstheorie, Tübingen 1968

H. Luckenbach, Theorie des Haushalts, Göttingen 1975

A. Marshall, Principles of Economics, 8th ed., London 1920

M. Neumann, Nutzen, in: Handwörterbuch der Wirtschaftswissenschaften (HdWW), Göttingen 1979

A. N. Page (Hsg.), Utility Theory: A Book of Readings, New York 1968

I. F. Pearce, A Contribution to Demand Theory, Oxford 1964

R. A. Pollak, Habit Formation and Dynamic Demand Functions, JPE 78 (1970)

R. Roy, La Distribution Du Revenue Entre Les Divers Biens, Econometrica 15 (1947)

E. Silberberg, Duality and the Many Consumer's Surpluses, AER 62 (1972)

R. Stone, Linear Expenditure Systems and Demand Analysis. An Application to the Pattern of British Demand, E. J. 64 (1954)

E. und M. Streissler (Hsg.), Konsum und Nachfrage, Köln-Berlin 1966

M. Streissler, Theorie des Haushalts, Stuttgart 1974

R. D. Willig, Consumer's Surplus Without Apology, AER 66 (1976)

H. Wold, Demand Analysis, New York-Stockholm 1953

VI. Kapitel

P. K. Bardhan, Labor Supply Functions in a Poor Agrarian Economy, AER 69 (1979)

Y. Barzel und *R. J. McDonald,* Assets, Subsistence and The Supply Curve of Labor, AER 63 (1973)

G. S. Becker, Investment in Human Capital: A Theoretical Analysis, JPE 70 (1962)

G. S. Becker, A Theory of Social Interaction, JPE 82 (1974)

A. Blinder und *Y. Weiss,* Human Capital and Labor Supply. A Synthesis, JPE 84 (1976)

H. Gaertner, A Dynamic Model of Interdependent Consumer Behavior, ZfN 34 (1974)

W. M. Gorman, Tastes, Habits and Choices, IER 8 (1967)

R. Gronau, Leisure, Home Production and Work, the Theory of the Allocation of Time Revisited, JPE 85 (1977)

H. Hayakawa und *Y. Venieris,* Consumer Interdependence via Reference Groups, JPE 85 (1977)

J. J. Heckman, Estimates of Human Capital Production Function Embedded in a Life-Cycle Model of Labor Supply, in: *N. E. Terleckyj* (Hsg.), Household Production and Consumption, New York 1975

R. Hendler, Lancaster's New Approach to Consumer Demand and Its Limitations, AER 65 (1975)

W. Krelle, Präferenz- und Entscheidungstheorie, Tübingen 1968

W. Krelle, Dynamisierung der Nutzenfunktion, ZfN 32 (1972)

K. Lancaster, Consumer Demand. A New Approach, New York und London 1971

K. Lancaster, Variety, Equity, and Efficiency, New York 1979

R. G. Lipsey und *G. Rosenbluth,* A Contribution to the New Theory of Demand: A Rehabilitation of the Giffen Good, Canad. J. Econ. 4 (1971)

H. Luckenbach, Theorie des Haushalts, Göttingen 1975

R. F. Muth, Household Production and Consumer Demand Functions, Econometrica 34 (1966)

L. Phlips, A Dynamic Version of the Linear Expenditure Model, REStat 54 (1972)

R. A. Pollak, Habit Formation and Dynamic Demand Functions, JPE 78 (1970)

R. A. Pollak, Interdependent Preferences. AER 66 (1976)

R. A. Pollak, Price Dependent Preferences, AER 67 (1977)

P. G. Reinhardt, Demand Analysis and Why the Poor May Pay More, QJE 90 (1976)

G. J. Stigler und *G. S. Becker,* De Gustibus Non Est Disputandum, AER 67 (1977)

N. E. Terleckyj (Hsg.), Household Production and Consumption, New York 1976

C. C. von Weizsäcker, Notes of Endogenous Change of Tastes, JET 3 (1971)

Literatur zu Teil C – allgemein

K. J. Arrow und *F. H. Hahn*, General Competitive Analysis, San Francisco und Edinburgh 1971

F. M. Bator, The Simple Analytics of Welfare Maximization, AER 47 (1957)

G. Debreu, Theory of Value, New Haven und London 1959

J. Greenberg, An Elementary Proof of the Existence of a Competitive Equilibrium with Weak Gross Subsititutes, QJE 91 (1977)

J. R. Hicks, Value and Capital, 2nd ed., Oxford 1946

W. Hildenbrand, Core and Equilibria of a Large Economy, Princeton, N. J., 1974

W. Hildenbrand und *A. P. Kirman*, Introduction to Equilibrium Analysis, Amsterdam 1976

M. B. Krauss und *H. G. Johnson*, General Equilibrium Analysis – A Micro-Economic Text, London 1974

H. Luckenbach, Theoretische Grundlagen der Wirtschaftspolitik, München 1986

E. Malinvaud, Lectures in Microeconomic Theory, Amsterdam und London 1972

H. Nikaido, Introduction to Sets and Mappings in Modern Economics, Amsterdam 1972

J. Quirk und *R. Saposnick*, Introduction to General Equilibrium Theory and Welfare Economics, New York 1968

H. Scarf, The Computation of Economic Equilibria, New Haven und London 1973

H. Schneider, Mikroökonomie. Eine Einführung in die Preis-, Produktions- und Wohlfahrtstheorie, 4. Aufl., München 1986

J. Schumann, Grundzüge der mikroökonomischen Theorie, 4. Aufl., Berlin-Heidelberg-New York 1984

VII. Kapitel

K. J. Arrow und *F. H. Hahn*, General Competitive Analysis, San Francisco und Edinburgh 1971

R. J. Aumann, Markets With a Continuum of Traders, Econometrica 32 (1964)

G. Debreu und *H. Scarf*, A Limit Theorem on the Core of an Economy, IER 4 (1963)

G. Debreu und *H. Scarf*, The Limit of the Core of an Economy, in: *C. B. McGuire* und *R. Radner* (Hsg.), Decistion and Organization, Amsterdam und London 1972

S. H. Frenkel, Two Philosophies of Money. The Conflict of Trust and Authority, New York 1977

N. R. Green, The Stability of Edgeworth's Recontracting Process, Econometrica 42 (1974)

E. F. Heckscher, Der Merkantilismus, Jena 1932

J. R. Hicks, Value and Capital, 2nd ed., Oxford 1946

J. R. Hicks, A Theory of Economic History, Oxford 1969

M. Morishima, Marx in the Light of Modern Economic Theory, Econometrica 42 (1974)

P. K. Newman, Theory of Exchange, Englewood Cliffs, N. J., 1965

J. Niehans, The Theory of Money, Baltimore und London 1978

K. Nagatani, Monetary Theory, Amsterdam 1978

J. Quirk und *R. Saposnick*, Introduction to General Equilibrium Theory and Welfare Economics, New York 1968

VIII. Kapitel

K. E. Boulding, The Economics of Knowledge and the Knowledge of Economics, AER 56 (May 1966)
F. A. von Hayek, Der Wettbewerb als Entdeckungsverfahren, Kiel 1968
H. Herberg, On the Shape of the Transformations Curve in the Case of Homogeneous Production Functions, ZfgStw. 125 (1969)
H. Herberg und *M. C. Kemp,* Some Implications of Variable Returns to Scale, Canad. J. Econ. 2 (1969)
W. Mayer, Homothetic Production Functions and the Shape of the Production Possibility Locus, JET 8 (1974)
A. Panagariya, Variable Returns to Scale in Production and Patterns of Specialization, AER 71 (1981)
T. M. Rybczynski, Factor Endowment and Relative Commodity Prices, Economica 22 (1955)
A. Smith, Der Wohlstand der Nationen, aus dem Englischen übertragen von *H. C. Recktenwald,* München 1974

IX. Kapitel

R. G. D. Allen, Mathematical Economics, 2nd ed., London 1959
H. B. Chenery und *P. G. Clark,* Interindustry Economics, New York 1959
R. Dorfman, P. A. Samuelson und *R. M. Solow,* Linear Programming and Economic Analysis, New York 1958
M. D. Intriligator, Mathematical Optimization and Economic Theory, Englewood Cliffs, N. J., 1971
H. Müller-Merbach, Operations Research, 3. Aufl., München 1973
J. Schumann, Input-Output-Analyse, Berlin-Heidelberg-New York 1968

X. Kapitel

A. Bergson, On Monopoly Welfare Losses, AER 63 (1973)
I. Böbel, Wettbewerb und Industriestruktur – Industrial-Organization-Forschung im Überblick, Berlin-Heidelberg-New York 1984
F. M. Fisher, The Social Costs of Monopoly and Regulation: *Posner* Reconsidered, JPE 93 (1985)
A. C. Harberger, Monopoly and Resource Allocation, AER 44 (May 1954)
R. Lankford und *J. F. Stewart,* Distributive Implications of Monopoly Power: A General Equilibrium Analysis, SEJ 46 (1980)
R. A. Posner, The Costs of Monopoly and Regulation, JPE 83 (1975)
R. D. Tollison, Rent Seeking: A Survey, Kyklos 35 (1982)
O. E. Williamson, Economics as an Antitrust Defense: The Welfare Trade-offs, AER 58 (1968)

XI. Kapitel

M. Aoki, A Model of the Firm as a Stockholder-Employee Cooperative Game, AER 70 (1980)
E. Arndt, Theoretische Grundlagen der Lohnpolitik, Tübingen 1957

O. Ashenfelter und *G. E. Johnson,* Bargaining Theory, Trade Unions, and Industrial Strike Activity, AER 59 (1969)

O. Ashenfelter und *R. Layard* (Hsg.), Handbook of Labor Economics, 2 Bde., Amsterdam 1986

G. G. Cain, The Challenge of Segmented Labor Market Theory to Orthodox Theory: A Survey, JEL 14 (1976)

J. T. Dunlop, Wage Determination Under Trade Unions, New York 1950

J. R. Hicks, The Theory of Wages, 2nd ed.; London 1963

H. G. Johnson und *P. Mieszkowski,* The Effect of Unionization on the Distribution of Income: A General Equilibrium Approach, QJE 84 (1970)

W. R. Johnson, A Theory of Job Shopping, QJE 92 (1978)

W. Krelle, Lohn I, Theorie, in: Handwörterbuch der Sozialwissenschaften (HdSW), Band 7, Göttingen 1961

H. G. Lewis, Unionism and Relative Wages in the U. S., Chicago 1963

M. Neumann, Marktmechanismus und langfristige Wirtschaftspolitik, in: *G. Bombach, B. Gahlen* und *A. E. Ott* (Hsg.), Ausgewählte Probleme der Wachstumspolitik, Tübingen 1976

M. Neumann, I. Böbel und *A. Haid,* Marktmacht, Gewerkschaften und Lohnhöhe in der Industrie der Bundesrepublik Deutschland, Kyklos 33 (1980)

W. Y. Oi, Labor as a Quasi-Fixed Factor, JPE 70 (1962)

C. J. Parsley, Labor Unions and Wages: A Survey, JEL 18 (1980)

R. Perlman, Labor Theory, New York 1969

J. G. Riley, Information, Screening and Human Capital, AER 66 (May 1976)

G. J. Stigler, Information and the Labor Market, JPE 70 (1962)

E. A. Thompson, On Labor's Right to Strike, Economic Inquiry 18 (1980)

L. C. Thurow, Generating Inequality, New York 1975

XII. Kapitel

W. J. Baumol und *W. E. Oates,* The Theory of Environmental Policy, Externalities, public outlays and the quality of life, Englewood Cliffs, N. J., 1975

W. J. Baumol und *W. E. Oates,* The Use of Standards and Prices for Protection of the Environment, Swed. J. Econ. 74 (1971)

W. J. Baumol und *D. F. Bradford,* Detrimental Externalities and Non-Convexity of the Production Set, Economica 39 (1972)

J. M. Buchanan und *G. Tullock,* Polluters' Profits and Political Response: Direct Controls Versus Taxes, AER 65 (1975)

D. W. Carlton und *G. C. Loury,* The Limitations of Pigouvian Taxes as a Long-Run Remedy for Externalities, QJE 95 (1980)

J. S. Chipman, External Economies of Scale and Competitive Equilibrium, QJE 84 (1970)

R. Coase, The Problem of Social Cost, J. Law & Econ. 3 (1960)

A. C. DeSerpa, The Coase Theorem: A Diagrammatic Presentation, Economic Inquiry 15 (1977)

F. T. Dolbear, jr., On the Theory of Optimum Externality, AER 57 (1967)

H. E. Frech III, The Extended Coase Theorem and Long Run Equilibrium: The Nonequivalence of Liability Rules and Property Rights, Economic Inquiry 17 (1979)

B. S. Frey, Umweltökonomie, 2. Aufl., Göttingen 1985

A. Gifford, jr. und *C. C. Stone,* Externalities, Liability, and the Coase Theorem: A Mathematical Analysis, Western Economic Journal 11 (1973)

J. R. Gould, Externalities, Factor Proportions and the Level of Exploitation of Free Access Resources, Economica 39 (1972)

H.-R. Hemmer, Transformationskurve und externe Effekte – eine geometrische Analyse, ZfgStw 130 (1974)
J. E. Meade, External Economies and Diseconomies in a Competitive Situation, EJ 62 (1952)
E. J. Mishan, Welfare Economics, New York 1964
E. J. Mishan, The Relationship between Joint Products, Collective Goods, and External Effects, JPE 77 (1969)
E. J. Mishan, The Postwar Literature on Externalities: An Interpretative Essay, JEL 9 (1971)
D. C. North und *R. P. Thomas,* The Rise of the Western World. A New Economic History, Cambridge 1973
W. D. Schulze und *R. C. d'Arge,* The Coase Proposition, Information Constraints, and Long Run Equilibrium, AER 64 (1974)
T. Scitovsky, Two Concepts of External Economies, JPE 17 (1954)
H. Shibata, Pareto-Optimality, Trade and the Pigouvian Tax, Economica 39 (1972)
H. Siebert, Ökonomische Theorie der Umwelt, Tübingen 1978
D. A. Starrett, Fundamental Nonconvexities in the Theory of Externalities, JET 4 (1972)
L. Wegehenkel, Coase-Theorem und Marktsystem, Tübingen 1980
D. A. Worcester, Pecuniary and Technological Externality, Factor Rents, and Social Costs, AER 59 (1969)
A. A. Young, Increasing Returns and Economic Progress, EJ 38 (1928)

XIII. Kapital

A. B. Atkinson und *J. E. Stiglitz,* Lectures on Public Economics, Maidenhead 1980
A. J. Auerbach und *M. Feldstein* (Hsg.), Handbook in Public Economics, 2 Bde., Amsterdam 1985 und 1987
W. J. Baumol und *D. F. Bradford,* Optimal Departures From Marginal Cost Pricing, AER 60 (1970)
A. Bergson, Optimal Pricing for a Public Enterprise, QJE 86 (1972)
D. Bös, Öffentliche Unternehmen, in: *F. Neumark* (Hsg.), Handbuch der Finanzwissenschaft, 3. Aufl., Tübingen 1978 ff.
D. Bös, Public Enterprise Economics: Theory and Application, Amsterdam und New York 1986
D. F. Bradford und *H. S. Rosen,* The Optimal Taxation of Commodities and Income, AER 66 (May 1976)
J. M. Buchanan, An Economic Theory of Clubs, Economica 32 (1965)
G. A. Calvo, L. J. Kotlikoff und *C. A. Rodriguez,* The Incidence of Tax on Pure Rent: A New Reason for and Old Answer, JPE 87 (1979)
W. J. Corlett und *D. C. Hague,* Complementarity and the Excess Burden of Taxation, RES 21 (1953)
P. A. Diamond und *J. A. Mirrlees,* Optimal Taxation and Public Production, AER 61 (1971)
A. K. Dixit, On the Optimum Structure of Commodity Taxes, AER 60 (1970)
B. Ellickson, A Generalization of the Pure Theory of Public Goods, AER 63 (1973)
D. K. Foley, Lindahl's Solution and the Core of an Economy with Public Goods, Econometrica 38 (1970)
R. L. Frey, Infrastruktur: Grundlage der Planung öffentlicher Investitionen, 2. Aufl., Tübingen 1972
H. Haller, Die Steuern. Grundlagen eines rationalen Systems öffentlicher Abgaben, 3. Aufl., Tübingen 1981
K.-H. Hansmeyer, Allgemeine Steuerlehre, 5. Aufl., Berlin-München 1980

A. C. Harberger, The Incidence of the Corporation Income Tax, JPE 70 (1962)

A. M. Henderson, The Pricing of Public Undertakings, Manchester School 15 (1947), abgedruckt in: *K. J. Arrow* und *T. Scitovsky* (Hsg.), Readings in Welfare Economics, London 1969

L. Johannsen, Some Notes on the Lindahl Theory of Determination of Public Expenditures, IER 4 (1963)

M. Kosters, Effects of an Income Tax on Labor Supply, in: *A. C. Harberger* und *M. Bailey* (Hsg.), The Taxation of Income from Capital, Washington, D. C., 1969

M. B. Krauss und *H. G. Johnson*, The Theory of Tax Incidence: A Diagrammatic Analysis, Economica 39 (1972)

M. McGuire, Group Segregation and Optimal Jurisdiction, JPE 82 (1974)

C. E. McLure, jr., A Diagrammatic Exposition of the *Harberger* Model, JPE 82 (1974)

P. M. Mieszkowski, Tax Incidence Theory, JEL 7 (1969)

R. A. Musgrave, The Theory of Public Finance. A Study in Public Economy, New York 1959

M. Neumann, On Public Expenditure and Taxation, Public Finance 28 (1973)

F. Neumark, Grundsätze gerechter und ökonomisch rationaler Steuerpolitik, Tübingen 1970

Y. Ng, The Economic Theory of Clubs: Pareto Optimality Conditions, Economica 40 (1973)

M. V. Pauly, Clubs, Commonality, and the Core: An Integration of Game Theory and the Theory of Public Goods, Economica 34 (1967)

M. V. Pauly, Optimality, ,,Public Goods", and Local Governments: A General Theoretical Analysis, JPE 78 (1970)

R. A. Posner, The Costs of Monopoly and Regulation, JPE 83 (1975)

H. C. Recktenwald, Steuerüberwälzungslehre, 2. Aufl., Berlin 1966

P. A. Samuelson, The Pure Theory of Public Expenditure, REStat 36 (1954)

P. A. Samuelson, Diagrammatic Exposition of a Theory of Public Expenditure, REStat 37 (1955)

T. Sandler und *J. T. Tschirhart*, The Economic Theory of Clubs: An Evaluative Survey, JEL 18 (1980)

A. Sandmo, A Note on the Structure of Optimal Taxation, AER 64 (1974)

A. Sandmo, Optimal Taxation. An Introduction to the Literature, JPublEc 6 (1976)

G. Schmölders, Finanz- und Steuerpsychologie. Das Irrationale in der öffentlichen Finanzwirtschaft, Reinbek b. Hamburg 1970

H. Shibata, A Bargaining Model of the Pure Theory of Public Expenditure, JPE 79 (1971)

J. Sorensen, J. Tschirhart and *A. Whinston*, A Theory of Pricing under Decreasing Cost, AER 68 (1978)

P. O. Steiner, Peak Loads and Efficient Pricing, QJE 71 (1957)

T. Thiemeyer, Grenzkostenpreise bei öffentlichen Unternehmen, Köln und Opladen 1964

E. A. Thompson, Taxation and National Defense, JPE 82 (1974)

A. Williams, The Optimal Provision of Public Goods in a System of Local Governments, JPE 74 (1966)

E. E. Zajac, Fairness of Efficiency: An Introduction to Public Utility Pricing, Cambridge, Mass., 1978

XIV. Kapitel

R. W. Arad und *S. Hirsch*, Determination of Trade Flows and Choice of Trade Partners: Reconciling the *Heckscher-Ohlin* and the *Buremstam Linder* Models of International Trade, WwA 117 (1981)

T. J. Bertrand, An Extension of the N-Factor Case of Factor Proportions Theory, Kyklos 25 (1972)

J. N. Bhagwati und *T. N. Srinivasan,* Lectures on International Trade, Cambridge, Mass. 1983

M. Borchert, Außenwirtschaftslehre. Theorie und Politik, 2. Aufl., Opladen 1983

A. V. Deardorff, The General Validity of the Law of Comparative Advantage, JPE 88 (1980)

A. K. Dixit und *V. Norman,* Theory of International Trade, Cambridge 1980

R. Dornbusch, S. Fischer und *P. A. Samuelson,* Comparative Advantage, Trade, and Payments in an Ricardian Model with a Continuum of Goods, AER 67 (1977)

R. Dornbusch, S. Fischer und *P. A. Samuelson,* Heckscher-Ohlin Trade Theory with a Continuum of Goods, QJE 94 (1980)

W. Ethier, Modern International Economics, New York und London 1983

J. Harkness, Factor Abundance and Comparative Advantage, AER 68 (1978)

E. Helpman, International Trade in the Presence of Product Differentiation, Economies of Scale and Monopolistic Competition: A Chamberlin-Heckscher-Ohlin Approach, Journal of International Economics 11 (1981)

E. Helpman und *P. R. Krugman,* Market Structure and Foreign Trade, Cambridge, Mass. 1985

E. Helpman und *A. Razin,* A Theory of International Trade under Uncertainty, New York und London 1978

H. Herberg, On the Shape of the Transformation Curve in the Case of Homogeneous Production Functions, ZfgStw 125 (1969)

H. Hesse, Die Bedeutung der reinen Theorie des internationalen Handels für die Erklärung des Außenhandels in der Nachkriegszeit, ZfgStw 122 (1966)

S. Hirsch, Hypotheses Regarding Trade Between Developing and Industrial Countries, in: *H. Giersch* (Hsg.), The International Division of Labor, Tübingen 1974

R. W. Jones und *P. B. Kenen* (Hsg.), Handbook of International Economics, vol. I, Amsterdam 1984

D. B. Keesing, Different Countries' Labor Skill Coefficients and the Skill Intensity of International Trade Flows, Journal of International Economics 1 (1971)

M. C. Kemp, The Pure Theory of International Trade and Investment, Englewood Cliffs, N. J., 1969

P. Krugman, Scale Economies, Product Differentiation, and the Pattern of Trade, AER 70 (1980)

P. Krugman, Intraindustrial Specialization and the Gains from Trade, JPE 89 (1981)

K. Lancaster, The Heckscher-Ohlin Trade Model: A Geometric Treatment, Economica 24 (1957)

K. Lancaster, Intra-Industry Trade under Perfect Monopolistic Competition, Journal of International Economics 10 (1980)

E. E. Leamer, The Leontief Paradox Reconsidered, JPE 88 (1980)

E. E. Leamer, Sources of International Comparative Advantage, Cambridge, Mass. 1984

W. Leontief, Domestic Production and Foreign Trade: The American Position Reexamined, Economica Internazionale 7 (1954)

S. B. Linder, An Essay on Trade and Transformation, New York 1961

D. Lorenz, Dynamische Theorie der internationalen Arbeitsteilung, Berlin 1967

K. Mackscheidt, Der internationale Ausgleich der Faktorpreise, Berlin 1967

J. R. Melvin und *R. D. Warne,* Monopoly and the Theory of International Trade, Journal of International Economics 3 (1973)

R. A. Mundell, The Pure Theory of International Trade, AER 50 (1960)

H. Myint, The Classical Theory of International Trade and the Underdeveloped Countries, EJ 68 (1958)

M. V. Posner, Technical Change and International Trade, OEP 13 (1961)

K. Rose, Theorie der Außenwirtschaft, 9. Aufl., München 1986

K. Rose (Hsg.), Theorie der internationalen Wirtschaftsbeziehungen, Köln-Berlin 1965

K. W. Roskamp und *G. C. McMeekin*, Factor Proportions, Human Capital and Foreign Trade: The Case of West Germany Reconsidered, QJE 82 (1968)

H. Siebert, Außenwirtschaft, 3. Aufl., Stuttgart 1984

A. Steinherr und *J. Runge*, The Evolution of West Germany's Structure of Foreign Trade From 1962 to 1972, ZfgStw 134 (1978)

J. Vanek, The Factor Proportions Theory: The N-Factor Case, Kyklos 21 (1968)

R. Vernon, International Investment and International Trade in the Product Cycle, QJE 80 (1966)

F. Wolter, Factor Proportions, Technology and West German Industry's International Trade Pattern, WwA 113 (1977)

XV. Kapitel

W. Alonso, Location and Land Use. Toward a General Theory of Land Rent, Cambridge, Mass., 1964

J. E. Anderson, A Theoretical Foundation for the Gravity Equation, AER 69 (1979)

R. J. Arnott und *J. E. Stiglitz*, Aggregate Land Rents, Expenditure on Public Goods, and Optimal City Size, QJE 93 (1979)

M. J. Beckmann, Location Theory, New York 1968

E. von Böventer, Standortentscheidung und Raumstruktur, Hannover 1979

K. Chr. Behrens, Allgemeine Standortsbestimmungslehre, Köln und Opladen 1961

D. R. Capozza und *R. van Order*, A Generalized Model of Spatial Competition, AER 68 (1978)

E. H. Chamberlin, The Theory of Monopolistic Competition, 8th ed., Cambridge, Mass., 1969

W. Christaller, Die zentralen Orte in Süddeutschland. Eine ökonomisch-geographische Untersuchung über die Gesetzmäßigkeit der Verbreitung und Entwicklung der Siedlungen mit städtischen Funktionen, Jena 1933

W. Christaller, Das Grundgerüst der räumlichen Ordnung in Europa. Die Systeme der europäischen zentralen Orte, Frankfurter Geographische Hefte 24 (1950)

B. C. Eaton und *R. G. Lipsey*, The Principle of Minimum Differentiation Reconsidered: Some New Developments in the Theory of Spatial Competition, RES 42 (1975)

D. Fürst (Hsg.), Stadtökonomie, Stuttgart 1977

M. L. Greenhut, *M. J. Hwang* und *H. Ohta*, An Empirical Evaluation of the Equilibrium Size and Shape of Market Areas, IER 17 (1976)

J. S. Hekman, Income, Labor Supply, and Urban Residence, AER 70 (1980)

E. M. Hoover, The Location of Economic Activity, New York 1948

H. Hotelling, Stability and Competition, EJ 41 (1929)

H. Kemming, Raumwirtschaftliche Gravitationsmodelle. Eine Untersuchung ihrer analytischen Grundlagen, Berlin 1980

J. Klaus, Stadtentwicklungspolitik, Bern und Stuttgart 1977

A. Lösch, Die räumliche Ordnung der Wirtschaft, 3. Aufl., Stuttgart 1962

H. Möller, Der Boden in der Politischen Ökonomie, Wiesbaden 1967

R. F. Muth, Urban Economic Problems, New York 1975

E. O. Olsen, A Competitive Theory of the Housing Market, AER 59 (1969)

D. Pines, On the Spatial Distribution of Households According to Income, Economic Geography 51 (1975)

H. W. Richardson, Urban Economics, Hinsdale, Ill., 1978

Personenverzeichnis

Allen, R. G. D. 72, 339, 343
Alonso, W. 327, 348
Anderson, J. E. 348
Aoki, M. 343
Arad, R. W. 346
Arndt, F. 343
Arnott, R. J. 331, 348
Arrow, K. J. 175, 177, 340, 342, 346
Ashenfelter, O. 232f., 235, 344
Atkinson, A. B. 345
Auerbach, A. J. 345
Aumann, R. J. 342

Bailey, M. 346
Bardhan, P. K. 141, 341
Barzel, Y. 141, 341
Bator, F. M. 342
Baumol, W. J. 25, 28, 29, 252, 338, 339, 344, 345
Bear, D. V. T. 79, 339
Becker, G. S. 156 ff., 341
Beckmann, M. J. 69, 339, 348
Behrens, K. Chr. 348
Bergson, A. 343, 345
Bernholz, P. 337
Bertrand, T. J. 347
Bhagwati, J. N. 347
Bitz, M. 337
Blinder, A. 341
Böbel, I. 343, 344
Bös, D. 345
Bombach, G. 344
Borchert, M. 347
Boulding, K. E. 35, 339, 343
Bradford, D. F. 344, 345
Breit, W. 339
Breyer, F. 337
Brooks, D. G. 339
Buchanan, J. M. 337, 338, 344, 345
Burmeister, E. 92, 340
Burns, M. E. 340

Cain, G. G. 344
Calvo, G. A. 345
Capozza, D. R. 348
Carlton, D. W. 344
Cezanne, W. 337
Chamberlin, E. H. 322, 348
Chenery, H. B. 343

Chipman, J. S. 344
Christaller, W. 348
Clark, P. G. 343
Coase, R. H. 249, 344
Corlett, W. J. 272, 345

d'Arge, R. C. 345
Deardorff, A. V. 347
Deaton, A. S. 340
Debreu, G. 107, 175, 338, 339, 340, 342
DeSerpa, A. C. 344
Diamond, P. A. 345
Diewert, W. E. 80, 339
Dixit, A. K. 271, 345, 347
Dolbear, F. T. jr. 344
Dorfman, R. 343
Dornbusch, R. 347
Dunlop, J T. 344

Eaton, B. C. 322, 348
Eichhorn, W. 339
Ellickson, B. 345
Engel, E. 113
Ethier, W. 347
Eucken, W. 2, 338
Evers, I. 337
Faber, K. G. 338
Fehl, U. 338
Feldstein, M. 345
Ferber, R. 340
Ferguson, C. E. 339
Fischer, S. 347
Fisher, F. M. 221, 343
Foley, D. K. 345
Frech III, H. E. 344
Frenkel, S. H. 342
Frey, R. L. 345
Frey, B. S. 344
Friedman, M. 340
Frisch, R. 339
Fürst, D. 348
Fuss, M. 80, 339

Gäfgen, G. 337
Gaertner, H. 157, 341
Gahlen, B. 344
Gans, O. 337
Geigant, F. 337
Giersch, H. 347

Giffen, R. 116
Gifford, A. jr. 344
Gorman, W. M. 156
Gossen, H. H. 111
Gould, J. R. 247, 344
Green, H. A. J. 340
Green, N. R. 342
Greenberg, J. 342
Greenhut, M. L. 348
Gronau, R. 341

Haavelmo, T. 340
Habermas, J. 338
Hague, D. C. 272, 345
Hahn, F. H. 175, 177, 340, 342
Haid, A. 344
Haller, H. 345
Hansmeyer, K.-H. 345
Harberger, A. C. 340, 343, 346
Harkness, J. 297, 347
Hasenkamp, G. 340
Hayakawa, H. 341
Heckman, J. J. 341
Heckscher, E. F. 163, 292, 342
Hekman, J. S. 330, 348
Helmstädter, E. 338
Helpman, E. 289, 347
Hemmer, H.-R. 345
Henderson, A. M. 346
Henderson, J. M. 338
Hendler, R. 341
Henn, R. 107, 340
Henrichsmeyer, W. 337
Hensel, K. P. 338
Herberg, H. 186, 343, 347
Hesse, H. 339, 347
Heuß, E. 337
Hicks, J. R. 93, 127 f., 177, 232, 235, 338, 339, 340, 342, 344
Hildenbrand, W. 342
Hirsch, S. 297, 346, 347
Hirshleifer, J. 340
Hochman, H. M. 339
Hoover, E. M. 348
Hoppmann, E. 339
Hotelling, H. 322, 348
Houthakker, H. S. 121, 340
Hwang, M. J. 348

Intriligator, M. D. 72, 339, 343

Johannsen, L. 258, 346
Johnson, G. E. 232 f., 235, 344
Johnson, H. G. 342, 344, 346

Johnson, W. R. 344
Johnston, J. 27, 339
Jones, R. W. 347
Jorgenson, D. W. 340

Kamien, M. I. 61, 340
Keesing, D. B. 297, 347
Kemming, H. 348
Kemp, M. C. 343, 347
Kendrick, D. A. 339
Kenen, P. B. 347
Kirman, A. P. 342
Klaus, J. 338, 340, 348
Köhler, H. 339
Koo, A. Y. 340
Kosters, M. 346
Kotlikoff, L. J. 345
Krauss, M. B. 342, 346
Krelle, W. 157, 340, 341, 344
Kriele, M. 338
Krugman, P. 289, 347
Künzi, H. P. 69, 339

LaFrance, V. A. 339
Lancaster, K. 156, 289, 341, 347
Lankford, R. 343
Launhardt, W. 319
Layard, P. R. G. 338, 344
Leamer, E. E. 297, 347
Leibenstein, H. 42, 339
Leontief, W. 297, 347
Lerner, A. P. 42, 339
Lewis, H. G. 344
Linde, R. 339
Linder, S. B. 290, 347
Lipsey, R. G. 128, 155, 322, 341, 348
Locke, J. 17
Lösch, A. 348
Lorenz, D. 347
Loury, G. C. 344
Lucas, R. E. 340
Luckenbach, H. 340, 341
Luckenbach, M. 342
Lustgarten, S. H. 339
Lutz, F. A. 340
Lutz, V. 340

Mackscheidt, K. 347
MacMeekin, G. C. 297, 348
Macpherson, C. B. 19, 338
Malinvaud, E. 338, 342
Mansfield, E. 338
Marshall, A. 116, 341
Marx, K. 14

Maußner, A. 338
Mayer, W. 343
McDonald, R. J. 141, 341
McFadden, D. 80, 339
McGuire, M. 262, 346
McLure, C. E. 346
McNulty, P. J. 339
Meade, J. E. 243, 345
Melvin, J. R. 347
Mieszkowski, P. M. 344, 346
Mirrlees, J. A. 345
Mishan, E. J. 345
Möller, H. 331, 348
Morishima, M. 174, 342
Müller, Merbach, H. 206, 343
Mundell, R. A. 347
Musgrave, R. M. 346
Muth, R. F. 341, 348
Myint, H. 347

Nagatami, K. 342
Neumann, M. 238, 267, 309, 341, 344, 346
Neumark, F. 346
Newman, P. K. 342
Ng, Y. 346
Niehans, J. 342
Nikaido, H. 342
Nordhaus, W. 337
Norman, W. 347
North, D. 345
Nozick, R. 338

Oates, W. E. 252, 344
Oberender, E. 338
Ohta, H. 348
Oi, W. Y. 344
Olsen, E. O. 348
Opitz, O. 107, 340
Ott, A. E. 339, 344

Page, A. N. 341
Panagariya, A. 343
Panzar, J. C. 28, 29, 338
Pareto, V. 9, 165
Parsley, C. J. 344
Pauly M. V. 346
Pearce, J. F. 341
Perlman, R. 344
Phlips, L. 156, 341
Pigou, A. 251 f.
Pines, D. 330, 348
Pollak, R. A. 123, 156, 341

Posner, M. V. 347
Posner, R. A. 221, 267, 343

Quandt, R. E. 338
Quirk, J. 176, 191, 342

Rodner, R. 342
Razin, A. 347
Recktenwald, H. C. 337, 343, 346
Reinhardt, P. G. 155, 341
Ricardo, D. 14, 286
Richardson, G. G. 339
Richardson, H. W. 348
Riley, J. G. 344
Robbins, L. 339
Robinson, J. 339
Rodriguez, C. A. 345
Rose, K. 348
Rosen, H. S. 345
Rosenbluth, G. 128, 155, 341
Roskamp, K. 297, 348
Roy, R. 131, 341
Runge, J. 297, 348
Rybczynski, T. M. 201 f., 258, 293, 343

Samuelson, P. A. 85, 337, 338, 340, 343, 347
Sandler, T. 346
Sandmo, A. 271, 340, 346
Saposnik, R. 176, 191, 342
Scarf, H. 175, 342
Schmidt, P. 340
Schmölders, G. 266, 338, 346
Schneider, E. 340
Schneider, H. 338, 342
Schulze, W. D. 345
Schumann, J. 338, 342, 343
Schwartz, N. L. 61, 340
Scitovsky, T. 346
Shephard, R. W. 78, 340
Shibata, H. 251, 258, 345, 346
Siebert, H. 337, 348
Silberberg, E. 338, 340, 341
Skinner, A. 339
Smith, A. 193, 221, 288, 343
Sobotka, D. 337
Sohmen, E. 337
Solow, R. M. 343
Sorensen, J. 346
Srinivasan, T. N. 347
Starrett, D. A. 345
Steiner, P. O. 346
Steinherr, A. 297, 348
Stewart, J. F. 343

Stigler, G. J. 156f., 339, 341, 344
Stiglitz, J. E. 331, 345, 348
Stone, C. C. 344
Stone, R. 123, 341
Streissler, E. 341
Streissler, M. 341
Stützel, W. 337

Terleckyj, N. E. 341
Thomas, R. P. 345
Thiemeyer, T. 346
Thompson, E. A. 232, 236, 344, 346
Thurow, L. C. 344
Tollison, R. D. 221, 343
Treadway, A. B. 340
Tschirhart, J. T. 346
Tullock, G. 344

Vanek, J. 348
van Order, R. 348
Varian, H. R. 338
Venieris, Y. 341
Vernon, R. 348
von Böventer, E. 338, 348
von Hayek, F. A. 35, 338, 339, 343
von Stackelberg, H. 339

von Thünen, J. H. 324, 326
von Weizsäcker, C. C. 156, 341

Walras, L. 174
Walters, A. A. 338, 340
Warne, R. D. 347
Wegehenkel, L. 345
Weise, P. 338
Weiss, Y. 341
Westphal, H. M. 337
Whinston, A. 346
Willgerodt, H. 339
Williams, A. 264, 346
Williamson, O. E. 343
Willig, R. D. 25, 28, 29, 137, 338, 341
Wilson, T. 339
Wissenschaftlicher Beirat beim Bundes-
    ministerium für Wirtschaft 338
Wold, H. 341
Wolkowitz, B. 340
Woll, A. 337
Wolter, F. 297, 348
Worcester, D. A. 345

Young, A. A. 345

Zajac, E. E. 346
Zippelius, R. 18, 338

Sachverzeichnis

Abgaben 264
Absatzgebiet 318 ff., 324, 332
    Größe des – 319 f.
    Hexagonale Struktur des – 320 f.
Absatzmarkt 80, 222, 318 ff.
Abschreibung 25, 70, 94 ff., 99
Additivität 55 ff., 76
Äquivalenzprinzip 257, 261, 265 ff., 279
Agglomerationen 322 ff.
    Hotelling – 321 f.
Agglomerationsräume 243 f.
Agglomerationsvorteile 332
    Externe – 324
Aktien 149, 217, 239
    Kurswert der – 101
Aktiengesellschaft 99 ff., 217
Akzelerationsprinzip 97
Allmende 245 ff.
Allokation
    Effiziente – 180 ff., 193, 258, 335 f.
    Intertemporale – 336
    Optimale – 193, 280
    Theorie der – 2 ff., 180 ff., 213 ff.
– gegebener Ressourcen 180 ff., 204 ff., 213
Altruismus 157 f.
Amoroso-Robinson Formel 40, 42
Anbieter
    Individueller – 33
    Intramarginaler – 33 f.
    Marginaler – 33 f.
    Submarginaler – 33 f.
Angebotsfunktion 14, 177
Angebotselastizität (s. Preiselastizität des Angebots)
Angebotskurve
    Individuelle – 33
    Kurzfristige – 33, 37
    Langfristige – 36 f., 44, 76
– am Wohnungsmarkt 331
– bei vollständiger Konkurrenz 32 ff.
– des Marktes 33
– für Arbeitsleistung 222 ff.
– im Monopson 48 f.
Angebotsüberschuß (s. Überschußangebot)
Anpassungsgeschwindigkeit 30, 35
Anpassungskosten 91
Anpassungsprozeß 29, 174

Arbeitsangebot 138 ff., 202 f., 222 ff., 238, 243, 258, 272, 291
    Elastizität des – 238
– kurve 141, 222, 238 f.
– und Zeitallokation 141 ff.
Arbeitgeberverbände 231
Arbeitseinkommen
– des Haushalts 138 ff.
Arbeitsintensität 185
Arbeitskampf 232 ff.
Arbeitslosenquote 240
Arbeitslosenunterstützung 240
Arbeitslosigkeit 234, 239
    Such – 239 f.
Arbeitsplatz 150, 241, 326
Arbeitspreis 279
Arbeitsproduktivität 231, 307
Arbeitsteilung 3, 10, 25, 288
    Internationale – 308
Arbeitsvertrag 231 f., 240
Arbeitswertlehre 13
Arbeitszeit 138, 142, 144, 205, 225, 291
Arbitrage 38
Auflagen 251 ff.
Ausbildung 241
Ausgabenfunktion 129 ff., 135, 273
Ausgabenkurve 314
    Gesamt – 314
– im Monopson 49 f.
Ausgabenminimum 132
Ausgabensumme 110
    Gesamt – 128
Ausgabensystem
    Lineares – 123
Ausschlußprinzip 16, 254, 265, 275, 280
Außenhandel 283 ff., 289
Aussperrung 233
Autarkie 285 ff., 292, 301 ff., 315 f.

Banken 149, 178
Ballungsgebiete 323 ff.
Bebauungsdichte 328 f.
    Optimale – 329
    Tatsächliche – 328
Befehlswirtschaft 3
Bekundete Präferenz 116 ff.
    Definition – 116 ff.
    Theorie der – 116 ff., 121, 122

Beschaffungswert
– der Kapitalgüter 101
Beschäftigungsgrad 5
Besitzeinkommen 128f., 142
  Änderung des – 140, 144
Besitzindividualismus 18f.
Besteuerung (s. Steuern)
Bestreitbarkeit 28, 29, 47
Betrieb
  Einprodukt – 25ff.
  Öffentlicher – 254
  Regie – 254, 276
Betriebsminimum 27
Betriebsoptimum 27
Bevölkerung 291, 328
  Größe der – 328
  Homogene – 261
  – dichte 58
  – zahl 263
Bid rent 327
Boden 12, 37, 60, 222, 291, 297, 311, 316, 326
Bodenintensität 219
Bodenrente 220, 324ff.
  Besteuerung der – 331
  Kapitalwert der – 325, 328
  Landwirtschaftliche – 324ff.
  Städtische – 326ff.
Bodenschätze 37, 244, 291, 297
Börse 99, 101, 217
Branche (s. Industriezweig)
Budgetbeschränkung 110, 139
Budgetgerade (s. Budgetlinie)
Budgetgleichung 111, 123, 142, 146, 152, 157, 271, 326
  Intertemporale – 145
Budgetlinie 110ff., 115ff., 119ff., 130f., 135f., 143, 146f., 155, 202, 217f., 259, 268f.
Bürokratie 10, 15
Bufferstock 178

Contestable 28
Cournot'scher Punkt 41
Cramers Regel 87, 124

Decay courve 235
Demokratie
  Parlamentarische – 17, 19
Dezentralisation 5
Dienstleistungen 44, 51, 318, 333
Dienstleistungsbereich 236, 323
Differentialrechnung 60, 175ff., 306
Differentialrente 221

Diffusionsprozeß 35
Diskontsatz 95
Dualität
  – in der Nutzen und Nachfragetheorie 129
  – theorie 80
  – von Kosten- und Produktionsfunktion 77ff.
  – zwischen Kosten- und Produktionstheorie 80
Dualproblem 210f.
Durchschnittsprodukt 246
  Gesellschaftliches – 247

Effizienz 53ff., 180f., 247, 276
  Volkswirtschaftliche – 248, 331
  – bedingung 82
  – prinzip 55, 180
  – verlust (s. a. Wohlfahrtsverlust) 237, 263, 266
Egoismus 157f.
Eigenschaften (von Gütern) 152ff., 289f.
Eigenschaftsbündel 153
Eigenschaftsquanten 151f.
Eigentum 18, 324
  Fiktives – 250
  Konzept des – 18
  Privat – 177, 245ff.
Eigentumsrechte 19, 245, 250ff.
  Ausgestaltung von – 247
  Zuteilung von – 250f.
Eigenwirtschaftlichkeitsprinzip 277, 280
Einkaufsmacht (s. Monopson)
Einkommen
  Arbeits – 138ff., 150
  Besitz – 138, 144
  Faktor – (s. Produktionsfaktoren) 195
  Gegenwarts – 150
  Grenznutzen des – 112, 134, 136, 225, 271
  Kapital – 138, 150, 239
  Lohn – 142
  Pro-Kopf – 289f.
  Residual – 239
  Zins – 225f.
  Zukunfts – 150
  – differential 240
Einkommensdifferenz
  Hypothetische – 217f.
Einkommenseffekt 114ff., 125ff., 131f., 137, 144, 147ff., 168, 219, 249, 273
Einkommenselastizität 127f., 138, 330
Einkommens-Konsumkurve 113, 155

Einkommensteuer 270, 272
Einkommensumverteilung 135, 218, 265 f.
Einkommensverteilung 2, 18 f., 213, 214 ff., 251, 274 f.
Funktionale – 2, 195 ff., 216 f., 238, 274, 335
Personelle – 335
– innerhalb der Stadt 331
Eintrittskosten 28
Elastizität
– des Güterpreises 87
– der Faktornachfrage 88
Elastizitätskoeffizient 127
Endprodukte 142, 151, 156
Engel-Kurve 113
Entwicklungsländer 290
Erlös 23, 38 ff., 204, 209, 234
Durchschnitts – 42
– maximum 207, 210
Erlöskurve 30 ff., 314
Ertrag
Brutto – 93
Gesellschaftlicher – 242, 246
Netto – 324
Privater – 246
Ertragsrate 94
Ertragswert
– des Kapitals 101
– einer Firma 99 ff.
Ertragszuwachs
Gesetz vom fallenden – 65 ff.
Erwerbsbeteiligung 144, 330 f.
Euler-Gleichung 94
Eulers Lehrsatz 63, 75, 102, 126, 195
Europäische Gemeinschaft 311
Existenzminimum 225, 325
Expansionseffekt 88
Expansionspfad 12 ff., 73, 76, 79, 202, 215
Export 284 ff., 291 ff., 301 ff.
– und Produktzyklus 290 ff.
Externalitäten (s. a. Externe Effekte)
Internalisierung von – 247 ff.
Nachbarschafts – 247 ff.
Pekuniäre – 242 ff.
Technologische – 242 ff.
Externe Effekte 16, 52, 242 ff., 249, 263 ff., 275, 280, 289, 331
Konzeption der – 242 ff.
– der Produktion 52, 242
Externe Schäden 243, 245, 250, 326
– und staatliche Intervention 250 ff.
Externe Vorteile 52, 243

Faktor
Inferiorer – 79
Faktorallokation (s. a. Produktionsfaktoren; Allokation)
Faktorangebot 195, 269, 291
Faktorausstattung 291 ff., 310
Faktorbestände 180, 195 f., 199 ff., 209, 211 f., 222, 257, 292
Faktorbündel 55
Faktoreinsatz 51, 60, 73, 80 ff., 180, 236
Effizienter – 180 ff.
Faktoren (s. a. Produktionsfaktoren)
Faktorenentlohnung 195, 217, 269
Faktorintensität 184 f., 196 ff., 216, 258, 291 f., 297
Faktormarkt 80
Faktorpreis 70 ff., 82 ff., 101, 195 ff., 213 ff., 218, 222, 242, 257, 269, 274 f., 292 ff., 316 f., 333
Lineare Homogenität und – 79
– und funktionale Einkommensverteilung 195 ff.
– und Güterpreise 87 f.
– und Monopolmacht 214 ff.
Faktorpreisausgleich 292 ff.
– theorem 333
Faktorpreisgrenze 210 ff.
Faktorpreiskurve 198, 295 f.
Faktorpreisverhältnis 80, 196 ff., 202 f., 215, 258, 274, 293 ff.
Faktorproportionentheorem 293
Faktorsubstitution 64
Faktorvariation
Partielle – 55, 59 ff.
Firma 23, 98 f., 228, 241
Bewertung einer – 99
Kapitalwert einer – 98
Wert einer – 23
Finanzausgleich 264
Föderation 263 f.
Forderungskurve 235
Free-rider-Prinzip 265
Freihandel 294, 305, 315
Freihandelsgleichgewicht 303 ff., 310, 311, 316
Stabilität des – 306
Freiheit 17, 19
Bürgerliche – 18
Individuelle – 18
Freizeit 138 ff., 224, 238, 270, 273, 274, 326
Grenznutzen der – 139
Nachfrageelastizität für 272

Friede 17, 19
  Äußerer – 18
  Innerer – 18

Gebietskörperschaft 254
Gebühr 248, 250 ff.
Geld 178 f.
  Buch – 178
  Papier – 178
Gemeinwesen
  Optimale Größe eines – 261 ff.
Gemeinwohl 4
Genehmigungsverfahren 251
Genossenschaften
  Einkaufs – 228
  Konsum – 43, 228
  Kredit – 43
Gerechtigkeit 17, 19
  Soziale – 251, 265 f., 272, 335
Gesellschaftliches Optimum 193 ff.
Gesellschaftsordnung 2 ff., 15 ff.
Gesellschaftsvertrag 17, 19
Gesetzgebung 231, 333
Gewerkschaften 230 ff., 237
Gewerkschaftlicher   Organisationsgrad
  238
Gewinn 23 ff., 34, 47, 166
  Erwarteter – 23
  Funktionen des – 34
  Grenz – 248
  – chancen 36, 190
  – erosion 35, 42
  – funktion 45, 86
  – mimimum 32
  – streben 36
Gewinnmaximierung 23 ff., 51 ff., 70 ff.,
  80 ff., 100, 102, 193, 195, 204, 213, 247
  Langfristige – 94 ff.
  – bei vollständiger Konkurrenz 30 ff.
  – im Monopol 41 ff.
  – im Monopson 49 ff.
Gewohnheitsbildung 156 f.
Giffen-Fall 116, 128, 155
Gleichgewicht
  Allgemeines – 162
  Außenhandels – 312
  Definition eines – 174
  Existenz eines – 173 f.
  Finanzwirtschaftliches – 102, 217
  Gesamtwirtschaftliches – 335
  Kurzfristiges – 32 ff.
  Langfristiges – 32 ff., 100, 195
  Markt – 32 ff.
  Monopol – 172 f.

Stabilität des – 15, 173 f., 314
  Wettbewerbs – 166 ff., 173 ff., 190 ff.,
  197, 211 ff., 226 f., 246, 300
Gleichgewichtspreis 15, 33, 34, 178, 217
GmbH 99
Good will 28
Gossensches Gesetz 111
Grenzausgabe 48, 83
Grenzerlös 44 ff., 82, 101, 213, 214, 278
  Netto – 282
  – kurve 41, 278, 282
  – produkt 83, 216, 217
Grenzertrag 221, 246
  Gesetz vom abnehmenden – 60
Grenzkosten 11, 27 ff., 43, 45, 74 ff., 88,
  95, 184 ff., 190, 195, 197, 213, 219,
  221, 242, 257, 262, 267 f., 276 ff.,
  279 ff., 285, 310
  Gesellschaftliche – 247
  Private – 247
  Volkswirtschaftliche – 242, 256
  – kurve 37, 75, 256, 262, 278, 281
  – preisbildung 276
  – verhältnis 287
Grenznutzen 107 ff., 134 ff., 155, 165,
  255, 330
  Abnehmender – 107 ff.
  – der Entfernung 326 ff.
  – des Einkommens 112, 134, 136, 225,
  271
  – des Konsums 139, 145, 326
Grenzprodukt 59 ff., 65, 71, 95, 143,
  181 ff., 209, 217, 246 f., 292 f.
  Brutto – 95
  Gesellschaftliches vs. privates – 247
  Physisches – 83, 214
  Wert des – (s. Grenzwertprodukt)
  – der Arbeit 142 f., 224 ff., 237, 241, 246
  – des Kapitals 226, 237
Grenzproduktivität 61, 195, 204, 217,
  241
Grenzwerte der Faktorsubstitution 213
Grenzrate der intertemporalen Substitution 145 f., 147
Grenzrate der Substitution 65 ff., 71, 80,
  109, 111, 114, 139, 143, 155, 165 ff.,
  168, 182 ff., 196, 200 ff., 211, 213 ff.,
  225, 237, 256, 262, 267, 308, 316, 327,
  329
  Gesellschaftliche – 248
Grenzrate der Transformation 182 ff.,
  186, 191, 201 ff., 214, 256 f., 259, 260,
  262, 268, 303, 308, 310, 315 f.
  Volkswirtschaftliche – 242

Grenzwertprodukt 82 f., 95, 210, 212, 247
Größenvorteile 289
Großunternehmen 5, 24
Grundpreis 279
Grundrechte 18
Güter
　Basis – 157
　Export – 290, 308
　Freie – 174, 208, 245, 291
　Gebrauchs – 104
　Heckscher-Ohlin – 296 f.
　Import – 308
　Inferiore – 113 ff., 128, 132, 138, 140, 154 ff., 202 f.
　Investitions – 318
　Kapital – (s. Kapitalgüter)
　Komplementäre – 128 f., 274
　Konsum – (s. Konsumgüter)
　Lebensnotwendige – 272
　Lokale – 333
　Markt – 157
　Normale – 125, 131 f., 137, 224, 238
　Öffentliche – (s. a. Öffentliche Güter) 5, 16 ff., 231, 254 ff., 267 ff., 275, 331, 335
　Private – 16 ff., 23 ff., 231, 254 ff., 267 ff., 275, 335
　Produktzyklus – 297
　Ricardo – 296 f.
　Substitutions – 42
　Substitutive – 128 f.
　Superiore – 154
Güterbündel 106, 115 f., 118, 168, 213, 285, 294
Gütereigenschaften 151 ff.
Gütermarkt 9, 228
Güternachfrage (s. a. Nachfrage) 104, 112, 151 ff.
– und Gütereigenschaften 151 ff.
Güterpreis 86, 196 ff., 292
Güterpreisverhältnis 203, 293, 295
Güterquanten 124, 131
Güterraum 187 f.

Halbfertigerzeugnisse 51
Handel (s. a. Internationaler Handel) 18, 37, 163, 176 f., 283 ff., 324
　Interregionaler – 317
Handelsbilanz 305, 313
Handelshemmnisse 292, 301
Handelsindifferenzkurven 301 ff. (s. a. Indifferenzkurven)
Handelsströme 291 ff., 297, 317

Handelsverflechtung 290
Handlungskosten 48
Haushalt (s. a. Nachfragetheorie) 141 f.
　Eigenproduktion im 143
　Privater – 104 ff., 138 ff.
Heckscher-Ohlin-Güter 296 f.
Heckscher-Ohlin-Theorie 291 ff., 295 ff.
Henry-George-Theorem 331
Höchstmiete 331
Höchstpreis 14, 331
Hotelling-Agglomerationen 322
Humankapital 149 ff., 156 f., 240 ff., 292, 297
– als Produktionsfaktor 240 f.
– und Lohnhöhe 240 ff.

Imitationsprozeß 290
Immission 247, 252
　Lärm – 249
– normen 252 f.
– rechte 252
Immobilität
– der Produktionsfaktoren 294, 326
Import 284 ff., 292 ff., 301 ff.
　Grenzneigung des – 314
　Re – 44
– wert 314
Importkonkurrenz 311
Importnachfrage 313
　Elastizität der – 313 ff.
Indexziffern 121, 122
Indexmaß 121
Indifferenz(hyper)fläche 108, 121
Indifferenzkurven 107 ff., 112, 114 ff., 120 f., 125, 130, 132, 135 f., 139, 145 ff., 153 ff., 163 ff., 168, 170 ff., 188, 214 ff., 217 f., 224 ff., 229, 260 ff., 283 ff., 300 f.
　Gesellschaftliche – 187 ff., 191, 214 f., 217, 284 ff., 297 ff., 308, 311, 316
　Handels – 301 ff., 308 ff.
　Intertemporale – 148
　Konvexität der – 110, 116, 121, 125, 148, 163, 175
Indifferenzrelation 106, 117
Industrie
　Verarbeitende – 37, 323
– wirtschaft 53
Industrieländer 290 f., 297
Industrielle Revolution 289
Industriezweig 231 f., 238, 241
Inferiorität 113
Inflationsrate 234
Informationskosten 105

Infrastruktur 58, 264, 266, 276
Innovation 242f., 290
Input-Output-Beziehungen 152
Institutionen 174ff.
Interessenvertretungen 230
Interdependenzen (soziale) 157
Internationaler Handel (s. a. Außenhandel; Handel)
  Kostendifferenzen und – 284f., 291ff.
  Monopolmacht und – 301ff., 307ff.
  Theorie des – 283ff.
  Ursachen des – 283ff., 317
  vent for surplus – 291
  Verfügbarkeitsthese – 291
Investition 6f., 28, 89ff., 149f., 156, 223, 227, 241, 251, 276
  Ersatz – 89ff., 96ff., 227
  Netto – 90, 96f., 99
Investitionsneigung 251
Investitionstheorie 97
Investoren 251
Iso-Durchschnittskostenkurve 198f.
Isoerlösgerade 206
Iso-Kapitalwertkurve 234f.
Isokostenlinie 70ff., 211
Isoquanten 65ff., 69ff., 73, 144, 180ff., 200, 215, 216, 294
  Konvexität von – 66, 200, 203, 215

Jacobische Matrix 176f., 273

Kapazitätsgrenze 45, 254
Kapital
  Eigen – 25
  Physisches – 292
Kapitalakkumulation 292
Kapitalanlagen 328
Kapitalangebot 238, 258
Kapitalbildung 149f., 227, 270, 292
Kapitaldienst 69
Kapitaleigentümer 99, 217, 227, 228
Kapitaleinkommensquote 198
Kapitalgeber 99
Kapitalgesellschaft 99
Kapitalgewinn 94
Kapitalgüter 70, 89ff., 97, 149, 292
  Homogene – 55
  Nachfrage nach – 89
  Nutzungspreis von – 89ff.
Kapitalintensität 60, 67ff., 71, 184, 199f., 215, 237f., 274, 292, 294, 296
  Gesamtwirtschaftliche – 296
Kapitalmarkt 25, 98ff., 145, 150

Kapitalstock 60, 89ff., 96f., 102, 149, 222f., 226, 258
Kapitalverkehr 313
Kapitalverzinsung 226f.
Kapitalwert 23, 89ff., 146, 233ff., 236, 268, 329
  eines Unternehmens 90ff., 98
  kurven 93
  maximierung 94ff.
  vergleich 329
Kapitalwertmethode 95ff.
Kartell 172, 228f., 236
  absprache 309
  Export – 301
  Monopolmacht des – 173, 228
  vertrag 173, 228
Kaufkraft (des Einkommens) 114
Kern der Wirtschaft 169ff., 173, 227ff.
Koalitionen 170ff., 173, 227ff.
Körperschaft des öffentlichen Rechts 254, 263
Kollektive Aktion 254
Komparativ-statische Analyse 83f., 87, 113f., 140, 147f., 196, 201, 313f.
Kompensierende Einkommensvariation 115ff., 120, 125, 128f., 130, 135ff., 140
Konjunktur 236
Konsum 8, 104ff., 138ff., 151ff.
  Gegenwarts – 145, 147ff.
  Grenznutzen des – 139, 145, 326
  Nutzen des – 134ff.
  Zukunfts – 145, 147ff.
  effizienz 151ff.
  theorie (s. Nachfragetheorie)
Konsumenten 6, 104ff., 217ff., 294, 295
Konsumentenrente 134ff., 177, 218ff., 268, 276ff., 332
  Maximierung der – 275ff., 281
Konsumgenossenschaften 42, 228
Konsumgewohnheiten 318
Konsumgüter 106, 138, 142, 151, 273, 318
  Dauerhafte – 236
  bündel 106ff., 138
Konsummöglichkeiten 8, 104ff., 110, 117, 121, 139, 153, 244, 288
Konsummöglichkeitsbereich 143ff., 153f.
Konsummöglichkeitsgrenze 144
Konsummöglichkeitskurve 284, 316
Konsumwahl 120
Konsumzeit 142f.

Kontraktkurve 165ff., 168, 170ff., 181ff., 187ff., 191ff., 196ff., 215f., 227, 229ff., 258, 261, 294, 300, 308ff.
Konzentration
– der Produktion 318
– des Angebots 236, 301
Konzentrationsgrad 301
Kooperation 25, 228, 265
Kosten 12, 23ff., 73, 241
Anschaffungs – 328
Durchschnitts – 28, 43, 46f., 74ff., 76, 195, 197, 219, 221, 243, 252, 263, 276, 281, 285ff., 288, 293, 296
Faktor – 210f.
Fixe – 25ff., 28, 234, 236, 238
Gesamt – 26
Grenz – (s. Grenzkosten)
Irreversible – 28
Kapazitäts – 281
Lohn – 234, 236
Produktions – 324
Psychische – 267
Stück – 207f., 212
Totale Durchschnitts – 26ff., 34, 37, 42, 98, 100, 102f., 205
Transport – (s. Transportkosten)
Variable Durchschnitts – 25ff., 34, 97, 204, 281f.
Vergangenheits – 28, 329
Versunkene – 28, 47
Volkswirtschaftliche – 255, 267
Wiederbeschaffungs- – 100
Zusatz – 267
Kostendeckung 320
Kostendegression 244
Kostendifferenzen
Absolute – 285
Komparative – 286ff., 291
Ursachen von – 291ff.
Kostenelastizität (partielle) 78, 79
Kostenfunktion 26, 44, 72, 73ff., 80, 129, 197, 255, 320
Konkavität der – 79
Lineare Homogenität der – 79, 293
Trennbarkeit der – 80
Kostenkurve 26ff., 51, 76, 101
Durchschnitts – 75, 76, 100ff., 216f., 262, 289, 321
Empirischer Verlauf – 27
Gesamt – 75
Grenz – 36, 100, 262
Lineare – 26ff., 41ff.
Nicht-lineare – 26ff., 41ff.

Kostenminimum (s. a. Minimalkosten-kombination) 69, 72, 74, 81, 211
Kostenvorteile 35
Absolute – 285
Komparative – 286, 292, 297, 333
Kredite 149, 333
Kreditgenossenschaft 42
Kreuzpreiselastizität 127, 128, 272ff.
Kündigungsschutz 232, 331
Kuhn-Tucker Bedingungen 206ff., 211

Lagerbestand 52, 58
Lagerhaltung 15, 178
Lagrange-Funktion 72, 81, 112, 131, 142, 147, 206, 209, 211, 270, 278, 327
Lagrange-Multiplikator 72, 74, 112, 143, 147, 207ff., 211
Landwirtschaft 58, 61, 291, 311, 324ff.
Subsistenz – 325f.
Laspeyres-Mengenindex 121, 122
*Launhardt*sche Trichter 318f.
Le Chatelier-Prinzip 85f.
Lebenseinkommen 151
Lebenshaltungskosten 234
*Leibniz*sche Formel 96
Leontief-Paradoxon 297
*Lerner*sches Monopolmaß 42, 49
Lindahl-Gleichgewicht 258ff., 265
Lindahl-Modell 265
Lizenzen 102f., 220f.
Lohn 25, 199, 220, 240, 293, 296
Arbeits – 225
Gleichgewichts – 222ff.
Mindest – 231
Nominal – 231
Real – 139, 218, 226, 229, 231, 239, 247, 274
Subsistenz – 326
Tarif – 231
Unternehmer – 25
Lohnbildung 222ff., 231ff.
Lohndifferential 235ff.
Lohnerhöhung 144
Lohnkostenquote 88
Lohnquote 197ff., 216, 233, 236, 238, 258
Lohnsatz 70, 73, 86, 88, 95, 103, 138, 140f., 142, 144, 178, 197, 199, 215, 222ff., 229, 232f., 238, 240, 273, 292, 326, 331, 333
Änderungen des – 140f.
Lohnsumme 233

Management 228
Marketing 290, 318
Markt
  Bestreitbarer – 28, 32, 46
  Vollkommener – 27 f., 36
– als Koordinationssystem 171
– und Preissystem 10, 27 ff., 193 f.
– und Staat 10 ff., 23 ff.
Marktaustritt 28
  Freiheit des – 28 f.
Markteintritt (s. Marktzutritt)
Marktgröße 288
Marktmacht (s. a. Monopolmacht) 19,
  23, 38 ff., 43, 46, 88, 213 ff., 307 ff.
– im Einkauf 47 ff., 335 f.
– im Verkauf 38 ff., 102
Marktmechanismus (s. a. Preismechanis-
  mus) 10, 16, 168, 176, 193
Marktorganisation 6 ff.
Marktpreis(bildung) 15 f.
Marktprozeß 19, 195
Markträumungsfunktion (des Preises)
  15 ff., 178
Marktstruktur
  Polypolistische – 28, 29, 32, 46
Marktwirtschaft 24
Marktzutritt 29, 34, 101 f., 232
  Freiheit des – 28 f., 58, 212, 320 ff.
– schranken 28, 102
Marshall-Lerner-Bedingungen 306
Marxismus 19
Meeresnutzung 246
Menschenrechte 18
Merkantilismus 163, 301, 308
Mindestpreis 14 f.
Minimalkostenkombination 69 ff.
Mobilität
– der Arbeitskräfte 241, 325
– der Produktionsfaktoren 199, 283, 333
– innerhalb eines Landes 283
Monopol 23 ff., 38 ff., 82 f., 98, 100 ff.,
  135, 228 ff., 318, 335
– auf einem bestreitbaren Markt 46
  Außenhandels – 301, 308
  Bilaterales – 230 f.
  Einfaches – 38 ff.
  Gleichgewicht im – 172 f., 218, 308
  Kosten- und Nachfrageänderungen
  im – 43
  Natürliches – 46, 220, 275 ff., 320
  Reines – 220
Monopolmacht (s. a. Marktmacht) 42 ff.,
  44, 88, 102, 134, 156, 172 f., 213 ff.,

222 ff., 238, 322, 335
  Gesellschaftliche Kosten von – 217
– im internationalen Handel 301, 307 ff.
– durch Streiks 236
– und Allokation 213 ff.
– und Einkommensverteilung 216 f.
– und Faktorpreise 214 ff.
– von Produzenten 213 ff.
Monopson 23 ff., 47 ff., 82 f., 335
  Diskriminierendes – 50 f.
  Gewinnmaximum im – 48
  Monopolmacht im – 50
Monotone Transformation 107

Nachfrage
  Abgeleitete – 86 f.
  Import – 313
  Kompensierte – 130, 132, 273, 274,
  277 f.
– nach Gütern 2, 12 f.
– nach Produktionsfaktoren 82, 85 ff.,
  195
Nachfrageelastizität (s. Preiselastizität
  der Nachfrage)
Nachfragefunktion 14, 104, 114, 122 ff.,
  145, 147, 156, 176, 320 f.
  Eigenschaften der – 123 f.
  Erwartete – 38
  Gewöhnliche – 131, 133
  Homogenität der – 126 f.
  Kompensierte – 130 ff.
  Konjekturale – 38
  Markt – 86
– mit kostanter Elastizität 40
– und Nutzenfunktion 122 ff.
Nachfragekurve 36, 38 f., 44, 125, 217,
  219, 278, 281, 332
  Gesamt – 126
  Gewöhnliche – 131 f., 137, 219
  Individuelle – 134
  Kompensierte – 131 f., 136 f., 219, 277
  Lineare – 39, 43
  Nicht-lineare – 39
– des Marktes 33, 37, 101
– für Arbeitsleistungen 222 ff.
Nachfragemacht (s. Monopson)
Nachfragetheorie 104 ff., 113, 127, 156
  Fundamentalgleichung der – 126, 128
  Klassische – 151
  Neue – 154
  Zentrales Theorem der – 116 ff.
Nicht-Rivalitätsprinzip 254
Niveauelastizität 62
Niveauvariation 55, 66

Non-Affektations-Prinzip 261, 266 f.
Numéraire 135, 174
Nutzen 6, 9, 104 ff., 138, 151, 163 ff., 170, 308
  Gesamt – 110, 134 ff.
  Gesellschaftlicher – 188, 217
  Grenz – 134 ff.
  – des Konsums 134
  – differenz 217 f.
  – index 107 ff., 111, 256
  – vergleich 121
  – verteilung 187
Nutzenfunktion 104 ff., 107 ff., 116, 119, 122 ff., 129, 133, 138, 149, 153, 156, 157 ff., 162, 165, 167, 169, 176, 224 ff., 255, 260 ff., 268 ff., 295
  Direkte – 131
  Homothetische – 292, 310
  Indirekte – 131 ff., 270
  Linear-homogene – 136
  Nicht-homogene – 113
  Quasikonkavität der – 125, 145, 326
  Stetige – 107, 175
  Strikt quasikonkave – 326
  Symmetrische – 108
  – und Nachfragefunktion 122 ff.
Nutzenmaximierung 149 f., 213, 262, 273, 326
  Intertemporale – 149
Nutzenmaximum 111 ff., 132, 139, 147, 157, 192, 213, 229
Nutzenmessung
  Kardinale – 255 ff.
Nutzenmöglichkeitsgrenze 194
Nutzenmöglichkeitskurve 191 f., 194
Nutzenniveau 109, 118, 125, 129 f., 132 f., 135 f., 218, 226, 284, 287, 300, 302
Nutzenvergleich 121
Nutzungsrechte 245

Objektförderung 332
Obligationen 149
Öffentliche Güter (s. Gut, öffentliches)
  Lokale – 323
  Optimales Angebot von – 281
Öffentliche Unternehmen (s. Unternehmen, öffentliche)
  Eigenwirtschaftlichkeitsprinzip – 277, 280
  Gewinnmaximum bei – 278 f.
  Optimale Preise – 276 ff.
Öffentlicher Sektor 258

Opportunitätskosten 10 ff., 25, 105, 140, 178, 220, 273, 274
Optimalitätsregel von *Samuelson* 255
Ordnungspolitik 168
Ordnungsrelation 120
Organisation der privaten Wirtschaft 336

Paasche-Mengenindex 121, 122
Pareto improvements 166
Pareto-Kriterium 9, 163 ff., 187 ff., 194, 335
Pareto-Optimum 9, 163 ff., 168 f., 171 ff., 188 ff., 194, 214, 226 f., 229 f., 236, 242, 252, 256, 258 ff., 275, 300, 303, 308 f.
  – und *Lindahl*-Gleichgewicht 258 ff.
Partialanalyse 14, 162
Patentschutz 220, 290
Persönlichkeitsrecht 18
Personengesellschaft 98
Pigou-Steuern 251 f.
Planungsbehörde (zentrale) 2, 6, 193 f.
Polypol (s. Vollständige Konkurrenz)
Präferenzen 106 f., 116 ff., 151, 156, 162, 177, 180, 261, 265, 283 ff., 293
  Individuelle – 187
Präferenzordnung 104, 107, 116, 120, 138, 151, 187, 193 f., 252, 270, 283 ff., 295, 297, 303
  Gesellschaftliche – 187 ff., 257
  Intransitive – 189
  Konstanz der – 156 ff.
  Stetigkeit der – 107
  Transitivität der – 120
  Variabilität der – 156 ff.
  Vollständigkeit der – 120
Präferenzrelation 117, 120
  Transitivität der – 120
  Widerspruchsfreiheit der – 117
Präferenzrichtung 224, 260
Preis 8, 10, 14, 23, 104, 134 ff.
  Arbeits – 279
  Export – 306 f.
  Faktor – (s. Faktorpreis)
  Gleichgewichts – 34, 178
  Grund – 279
  Höchst – 14, 331
  Import – 306 f.
  Konsumgüter – 104 ff., 237
  Markt – 34
  Markträumungsfunktion des – 177
  Mindest – 14 f.
  Miet – 329
  Ramsey – 278 ff.

Relative – 267, 306, 313, 317
Wohnungs- – 327
Preis-Absatz-Funktion (s. a. Nachfrage-funktion) 320
Preisbildung 14, 23 ff., 29 ff., 104, 162, 180, 326, 335
Preisdifferenzierung 44 ff., 173, 321
  Agglomerative – 44 ff.
  Deglomerative – 44 ff.
  Monopolistische – 44 ff.
Preiselastizität
  Direkte – 127
  – des Absatzes 220
  – des Angebots 48 f., 88, 267
  – der Importnachfrage 314
  – der Nachfrage 39 ff., 43 ff., 87, 88, 128, 156, 213 f., 219 f., 267, 271 ff., 279, 310, 314
  – der Überschuß(import)nachfrage 306
Preisfixierung (staatliche) 15
Preisindex (der Ex- und Importgüter) 307
Preis-Konsum-Kurve 114, 174
Preismechanismus 15 f., 243
  – als Koordinationsinstrument 14 ff.
Preistheorie 10, 23 ff., 81
Preisverhältnis (internationales) 284, 293, 297 ff., 310 ff.
Preisvorschriften 331
Primal- und Dualproblem 211
Privatinitiative 254
Produktion 9, 18, 23, 51 ff., 258, 323
  Verbundene – 52 f., 320
Produktionselastizität (partielle) 62, 68 f.
Produktionsfaktoren 2 ff., 9, 12, 37, 51 ff., 69, 76, 78, 82 ff., 102, 181, 195, 214 ff., 218, 222, 235, 240, 242, 274 ff., 283 ff., 297, 311
Produktionsfunktion 51 ff., 72, 78, 80 f., 142 f., 152, 157, 182 ff., 186, 194, 204, 244, 292, 296
  CES – 68 f., 80
  Cobb-Douglas – 68 f., 76 ff.
  Dualität von Kostenfunktion und – 77
  Eigenschaften der – 55 ff.
  Haushalts – 142
  Homogene – 62 ff., 69, 73, 74, 215, 217
  Homothetische – 63 f., 75, 76, 79 f.
  Konkavität der – 59 ff., 64 ff.
  Limitationale – 59 ff.
  Linear-homogene – 63 ff., 69, 75 ff., 80, 82, 87 f., 184 ff., 200 ff., 216, 226, 283, 292, 294, 297

Neoklassische – 180
Quasikonkavität der – 64, 66, 142
Produktionskapazität 50, 97, 102, 236, 280 ff., 291
Produktionskosten 28, 129, 243, 324
Produktionsmittel 23, 177, 243, 275, 280
Produktionsmöglichkeiten 9 f., 29, 45, 51 ff., 57 f., 163, 180, 194, 204 f., 244 f., 252, 259, 283, 288
Produktionsmöglichkeitsbereich 53 f., 301, 304
Produktionsmöglichkeitsgrenze 180 ff., 256
  Volkswirtschaftliche – 257, 288
Produktionsmöglichkeitskurve 10 f., 182 ff., 218
  Konkave – 11
  Konvexe – 11, 288
  Lineare – 11 f.
  Strikt konkave – 11 ff.
  Volkswirtschaftliche 256
Produktionsniveau 62 f., 77 ff., 129, 181 f.
Produktionsprozeß 28, 52 ff., 57, 64, 180, 250
Produktionsrichtung 2, 13, 102, 180 ff., 195 ff., 204, 213, 215 f., 237, 242, 274 f., 283, 288, 294, 296, 308 f., 311
Produktionsstruktur 213 ff.
Produktionstechnik 34 f., 37
Produktionstheorie 2, 51 ff., 80, 110, 129, 130, 222
  Empirische Überprüfung der – 80
  Neoklassische – 210
Produktionsvektor 52 ff.
Produktionsvolumen 244
Produktionswert 206, 209 f., 249, 305
  Netto – 325
Produktionswirtschaft 180 ff., 190
Produktivität 10, 307, 324
Produktivitätsfortschritt 307
Produktzyklus 290 f.
  Güter – 297
Produzenten 6, 9, 23, 50, 217 f.
Produzentenrente 268

Quasikonkavität 64, 66, 107, 109 f.
Quasi-Markt 258

Ramsey-Formel 272
Ramsey-Preise 278 ff.
Ramsey-Steuer 272, 279
Rangordnung 107, 187

Rationalität
Gesellschaftliche – 8 f., 335
Individuelle – 8 f.
Rationalprinzip 6 ff., 104 ff., 194 ff., 335
Rationalverhalten 51, 104 ff.
Rationierung 15, 331
Raum
Hierachie des – 332 f.
Homogener – 322
Raumtheorie 317 ff., 324 ff.
Realeinkommen 115 ff.
Realkapital 150
Rechte (Verteilung der) 248
Rechtsansprüche 249
Rechtsordnung
Rechtsregel 177, 324
Rechtsstaat 18 f.
Reflexivitätsannahme 117
Regiebetrieb 254, 276
Regionalplanung 251
Regulierung (staatliche) 276
Rente 37 f., 42, 220, 332
Besteuerung einer – 331
Entstehung einer – 36, 331
Renteneinkommen 38, 221
Rentenkurve 324 ff., 328 ff.
Rentensuche
Gesamtwirtschaftliche Kosten durch –
220 f.
Ressourcen 10, 23, 34 f., 180 ff., 220 f.,
246, 292, 306, 322
Allokation der – 194, 204 ff.
Bewertung von – 204 ff.
Frei zugängliche – 246 f.
Gemeinsame Nutzung von – 245 f.
Knappheit von – 38, 220, 250
Regenerierbare – 245 f.
Unvermehrbare – 38
Revealed Preference-Theorie (s. Bekun-
dete Präferenz)
Ricardo-Güter 296 f.
Risiko 251
Rivalität (und Öffentliche Güter) 261 ff.
Rohstoffe 51, 58, 242, 291
Rohstofflager 290, 318, 322 ff.
Rotten-kid-Theorem 158
*Roy*sche Formel 131, 133, 271
Rybczynski-Theorem 201 ff. 258, 293

Schadensersatzansprüche 249 f.
Schattenpreise 195, 207 ff., 247
Schutzmaßnahmen
Staatliche – 220

Schwaches Theorem (der bekundeten
Präferenz) 117 f., 121
Shephards Lemma 77 ff., 85, 129, 133,
136, 197 ff., 296
Sicherheit (s. a. Öffentliche Güter)
Äußere – 263, 275
Innere – 263, 266, 275
Skalenerträge 55 ff., 74 ff., 84, 102 ff.,
184, 243
Abnehmende – 56 ff., 66 f., 69, 75 f.,
82, 100, 186, 243 f., 288 ff.
Konstante – 56 ff., 66 f., 69, 75 f., 84,
100, 195, 197, 221, 243 f., 288 ff., 318
Variable – 75
Zunehmende – 56 ff., 66 f., 69, 75 f.,
82, 100, 186, 216 f., 220, 243 ff.,
287 ff., 297, 318 ff., 324, 331
Skaleneffekte 332
Skalenelastizität 62, 75 f., 79 f., 100, 102,
186, 217
Skalenparameter 69
Skalenvariation 55
Skalenvorteile 289
Slums (Entstehung von) 329
Slutsky-Gleichung 124 ff., 132 ff., 148,
156, 272, 314
Sozialprodukt
Pro-Kopf – 290
Verteilung des – (s. Einkommensver-
teilung)
Sozialversicherung 240
Soziologie 24
Sparen 145 ff., 149
Geplantes – 149
Optimales – 146 ff.
– und Kapitaleinkommen 145 ff.
Spezialisierung (der Produktion) 57, 244,
283, 285, 287, 291, 299, 315, 324
Internationale – 289, 307
Unvollständige – 287, 295, 297,
301 ff., 307
Vollständige – 287 f., 296 ff., 308
– bei absoluten Kostenvorteilen 288
Spill-over-Effekte 264
Spitzenlastpreise 280 f.
Spontanität (und Ordnungsprinzip) 7 f.
Staat 5, 15, ff., 52, 177, 225, 240, 249,
254 f., 257, 263, 280, 311, 335
Aufgaben des – 19 f.
Budget des – 267, 275
Föderative Struktur des – 261
Größe und Struktur des – 263
Interventionen des – 250 ff., 275 ff.
Theorie des – 17 f.

Staatsanteil 257 ff.
- und Faktorpreise 257
Staatseinnahmen (s. a. Steuern) 311
Staatshaushalt 266, 275
Staatssektor 5
Staatstätigkeit 257
Staatsverbrauch 311 f.
Stadt (s. a. Agglomeration) 323 ff.
Hierachie der - 332 f.
Struktur einer - 324, 326 ff., 332
Standorttheorie 317 ff., 322 ff.
Starkes Theorem 121
Stationäre Wirtschaft 258, 335
Steuern 52, 251 ff., 254 ff., 264 ff.
Einkommen - 268 ff.
Indirekte - 266, 267 ff., 274 f.
Lenkungs- 265
Pigou - 251
Progressive - 266
Ramsey - 280
Verbrauchs - 267 ff., 311 f.
- als Zwangsabgabe 265 ff.
Steuerbelastung 265
Steuererhebung 16 f., 267, 274 f.
Kosten der - 267
Steuergrundsätze 264 ff.
Steuer-Konsumkurve 259 f.
Steuerlast 259 ff., 265
Steuersätze 253, 259 f.
Optimale - 271 ff.
Steuersystem
Optimales - 270
Steuerüberwälzung 264 ff.
Steuerwiderstand 266 f.
Steuerzwecke 264 ff.
Stolper-Samuelson-Theorem 197 ff., 292, 316
Streik(dauer) 231 ff., 236, 238
Stützungskäufe 15
Subjektförderung 332
Subsidiaritätsprinzip 5
Substitutionseffekt 88, 114 ff., 125 ff., 130 ff., 140, 144, 147 ff., 168, 273
Substitutionselastizität 67 ff., 80, 88, 199 ff.
Substitutionsparameter 69
Substitutionsterme 126 ff., 131, 272 ff., 314
Symmetrie der - 127 f., 131, 273
Subventionen 279, 332
Objektbezogene - 332
Personenbezogene - 332
Sunk costs 25, 329

Tarifgestaltung 232
Tarifverträge 231 ff.
Tâtonnement 173 ff., 178
Tausch 5, 9, 23, 162 ff., 283
Bilateraler - 163 ff., 167, 227
Kooperativer - 169 ff., 231 f.
Nicht-kooperativer - 173 ff.
Reiner - 167
- und Monopolmacht 171 ff.
Tauschbereich 164, 168, 169, 300
Tauschgerade 164, 171 f.
Tauschgleichgewicht 163, 170 f.
Tauschkurve 172 f., 176, 300 ff., 308, 312, 314 f.
Tauschmittel 178 f.
Tauschmöglichkeiten 169
Tauschparadigma 17
Tauschpartner 162, 283 ff., 300
Tauschprozeß 162, 173, 178, 261, 335
Tauschtheorie 162 ff., 181, 226, 231, 303
Tauschwirtschaft 162 ff., 171, 173, 180, 187
Gleichgewicht der - 178
Kern der - 168 ff.
Technischer Fortschritt 35, 98, 101, 263, 317, 323, 329
Technischer Wandel 24
Technologie
Lineare - 204 ff.
Neoklassische - 180, 204
Verbundenheit der - 52
Teilbarkeit 28, 55 ff., 120
Teilmärkte 44 ff.
Terms of Trade 306 ff., 311 ff.
Double factoral - 307
- Effekt 313
Faktor - 307
Net barter - 307
Single factoral - 307
- und Zölle 311 f.
Theorie
Empirisch gehaltvolle - 166
Normative - 6 f.
Positive - 6 f., 166
Thünens Kreise 324 ff.
Transaktionskosten 179, 249 ff.
Transferkosten 317 f.
Transformationsfunktion 193
Transformationskurve 182 ff., 189 ff., 195 f., 213 ff., 218, 258, 283 ff., 297 ff., 301 f., 310, 315
- bei linear-homogener Produktionsfunktion 184 ff.

- bei zunehmenden Skalenerträgen 186
  (Strikt) konvexe – 182 f., 186, 288
  Lineare – 182 f., 259, 283 ff., 297
  Strikt konkave – 182 f., 283, 287
  Volkswirtschaftliche – 228
Transitivität (der Präferenzrelation) 107,
  120
Transportkosten 44, 58, 292, 297, 317 ff.,
  322, 324 ff., 330
  Marginale – 327
  – und internationaler Handel 317 ff.

Überschußangebot 14, 196, 215, 218,
  237, 258, 295
Überschußnachfrage 14, 157 ff., 174,
  196, 258, 274, 295, 305 f., 313, 331
Umwelt 52, 246, 252 ff.
Umweltschäden 252
Umweltverschmutzung 244, 252
Unersättlichkeit(sannahme) 107 ff., 120,
  163
Ungewißheit 179
  Preis – 178
Unteilbarkeiten (des Produktionsprozes-
  ses) 5, 57, 276, 280
  – der Produktionstechnik 244, 320
Unterbeschäftigung 218
Unternehmen 98 ff., 228
  Einzel – 98
  Öffentliche – 254 ff., 275 ff.
  Staatliche – 276
Unternehmen 98 ff., 228
  Einzel – 98
  Öffentliche – 254 ff., 275 ff.
  Staatliche – 276
Unternehmensentscheidungen 24
Unternehmensleitung 58
Unternehmer 24, 233
Unvollständige Konkurrenz 220, 335
  (s. a. Preisdifferenzierung; Monopol;
  Monopson)

Variationsrechnung 94
Vent for surplus-Handel 291
Verbände 263
Verbrauchsverhalten 104 ff.
Verbrauchsfunktion 204
  Lineare – 204, 210
Verbrauchsbesteuerung 266, 269 f.
Verbrauchssteuern (s. a. Steuern) 274,
  311
  Allgemeine – 270, 272
  – mit unterschiedlichen Sätzen 270
  Optimale – 269 ff.

Verfassung 17 f.
Verfügbarkeitsthese 291
Vereine 254
Verhaltenslinie 120
Verkehrswirtschaft 2, 58, 140
Vermögen 23, 148, 240
Vermögensänderung 147
Vermögensbesitz 138, 238 ff.
Vermögensverteilung 18 f., 248 f.
Verteilungsparameter 69
Verträge 169, 249, 324
  Kollektive – 228
Vertragsfreiheit 228
Vertriebskosten 58
Volkseinkommen 5, 218, 305, 313
  Verteilung des – (s. a. Einkommens-
  verteilung) 16, 335
Volkswirtschaftliches Optimum 189 f.,
  217 f.
Vollbeschäftigung 10, 180 f., 216, 218,
  237, 292, 294
Vollständige Konkurrenz 23 ff., 27 ff.,
  38, 48, 76, 81 ff., 88, 94, 98 ff., 102,
  167, 177, 192, 194 f., 204, 208, 211,
  213, 222, 246, 248, 292, 293, 301,
  307 f., 310 f., 335
  Kosten- und Nachfrageänderungen
  bei – 43
  Langfristiges Gleichgewicht bei – 100
  Marktgleichgewicht bei – 32 ff.
Vollständigkeit(sannahme) 106

Wachstum und Entwicklung (einer
  Volkswirtschaft) 336
Wahlen 17
*Walras*sches Gesetz 174
Weltsozialprodukt 294
Weltwirtschaft 333
Werbung 157
Wertpapiere 149, 223, 239
Wertschöpfung 323
Wertveränderungsrate 94 f., 99
Wettbewerb (s. a. Vollständige Konkur-
  renz) 162, 168
Wettbewerbsbeschränkung 322
Wettbewerbsgleichgewicht 166 ff.,
  173 ff., 190 ff., 197, 211 f., 227, 261,
  300
  Internationales – 304
  – und Faktorpreise 211 f.
Wettbewerbswirtschaft 242
Widerspruchsfreiheit (Axiom der –)
  106 ff., 119, 121
Widerstandskurve 235

Wirtschaft
  Geschlossene – 301
  Offene – (s. a. Internationaler Handel)
  Räumliche Struktur der – 317 ff.
Wirtschaftlichkeitsrechnung 95 ff.
Wirtschaftsgeschichte 290
Wirtschaftsordnung
  Autoritäre – 2 ff.
  Individualistische – 2 ff., 15 ff., 162
Wirtschaftsordnungsmodelle 2 ff.
Wirtschaftsorganisation 6
Wirtschaftsplan 193
Wirtschaftsstrukur 2, 6
Wohlfahrt (ökonomische) 121, 257, 280,
  286 ff., 306 ff., 311
Wohlfahrtseffekte (indirekte Steuern)
  268 ff.
Wohlfahrtsgewinn 306 ff., 332
Wohlfahrtsmaßstab 135
Wohlfahrtsverluste 268 f.
  Empirische Messung – 218
  Excess burden der Besteuerung 269
  Volkswirtschaftliche – 267
  – durch Monopolmacht 217 ff.
Wohlstand (s. Wohlfahrt)
Wohnort 329 ff.
  – und Einkommen 329 f.
Wohnungsmarkt 331 ff.
  Staatliche Interventionen am – 331 ff.

Zeitallokation 141 f.
Zeithorizont 89
Zeitpräferenz 145
Zeitpräferenzrate 145
Zentralisation 5
Zentralverwaltungswirtschaft 2
Zins 25, 70 ff., 92 ff., 145, 148, 150, 197,
  199, 218, 223, 292 f., 296, 333
  Interner – 89 ff., 93 ff.
  Kapital – 331
  Markt – 95, 99
  Pacht – 37, 324
Zölle 265, 292, 311 ff.
  Einfuhr – 44, 311 ff.
  Schutz – 44, 311
  Wert – 311
  Wohlfahrtseffekte von – 315 f.
  – und terms of trade 311 f.
Zonen (städtiche) 329
Zonenbildung 251, 326
  Gewerbe – 251
Zugangsbeschränkung 220
Zwangsabgaben (s. Steuern)
Zweckverbände 263
Zwei-Güter-Modell 288
Zwei-Länder Modell 278 ff., 283 ff.,
  287 f.
Zwei Länder-Zwei Faktoren-Zwei Gü-
  ter-Modell 292 ff.

Neumann
Theoretische Volkswirtschaftslehre

Von Prof. Dr. Manfred Neumann

**Band I: Makroökonomische Theorie
Beschäftigung, Inflation und Zahlungsbilanz**
2., völlig neubearbeitete Auflage 1984
VII, 383 Seiten. Gebunden DM 58.–
ISBN 3-8006-0975-4

Band III: Wachstum, Wettbewerb und Verteilung
1982. VII, 370 Seiten. Gebunden DM 58.–
ISBN 3-8006-0936-3

*(Vahlens Handbücher der Wirtschafts-
und Sozialwissenschaften)*

Dieses dreibändige Werk ist der aktuelle und umfassende Grundriß der theoretischen Nationalökonomie. Mit Souveränität, didaktischem Geschick und theoretischer Prägnanz führt der Verfasser durch das volkswirtschaftliche Lehrgebäude, wobei er nie vergißt, daß auch die modernen Methoden nur Werkzeuge sind, um die ökonomischen Erscheinungen unserer Umwelt in ihrem Inhalt sinnvoll zu erklären, und – wo möglich oder notwendig – diese wirtschaftspolitisch zu gestalten.

Aus einer Besprechung zur ersten Auflage des Bandes I:
„Didaktisch höchst geschickt wird in Neumanns Lehrbuch der Studienstoff der theoretischen Nationalökonomie vorwiegend für mittlere Semester auf dreifache Weise dargeboten: in Wort, Grafik und Algebra. Der Autor kennt offensichtlich die vielen Schwierigkeiten, die jeder Student einfach haben muß, wenn er noch wenig eigene Erfahrung in der Technik des wissenschaftlichen Arbeitens besitzt, aber auch noch wenig vertraut ist mit den ökonomischen Phänomenen selbst."
Prof. Dr. Horst Claus Recktenwald in KYKLOS, Vol. 28, Fasc. 1

Verlag Vahlen München

Vahlens
Großes Wirtschaftslexikon

Herausgegeben von Professor Dr. Erwin Dichtl, Mannheim,
und Professor Dr. Otmar Issing, Würzburg

1987. Zwei Bände in Kassette.
XLIV, 2164 Seiten. In Leinen DM 350,–
ISBN 3-8006-1142-2

Das Konzept

Die Neuerscheinung wendet sich an jeden, der bei seiner täglichen Arbeit immer wieder auf ökonomische Begriffe oder Sachverhalte stößt, die ihm nicht hinreichend geläufig, vielleicht sogar völlig fremd sind. Dieses Nachschlagewerk ermöglicht in der Regel einen fundierten Einstieg in die jeweilige Materie, erteilt häufig sogar erschöpfend Auskunft.

Die beiden Bände enthalten etwa **14 000 Stichwörter**, die von insgesamt **230 Fachleuten** ausgearbeitet wurden. Damit kann das gesamte Basiswissen der Wirtschaftswissenschaften einschließlich ihrer Spezial- und wirtschaftlich bedeutsamen Nachbardisziplinen nachgelesen werden; veranschaulicht wird es durch **einige hundert Abbildungen, Tabellen und Übersichten.**

Die Herausgeber

Professor Dr. Erwin Dichtl und Professor Dr. Otmar Issing sind als Herausgeber einer wirtschaftswissenschaftlichen Ausbildungszeitschrift und als Verfasser von Standardwerken der Wirtschaftsliteratur nahezu jedem Wirtschaftsakademiker ein Begriff.

Die Zielgruppen

Industrie-, Handels- und Dienstleistungsunternehmen, Banken, Versicherungsgesellschaften, Beratungsunternehmen, Wirtschaftsverbände und -organisationen, öffentliche Verwaltung, Schulen, Bibliotheken, leitende Mitarbeiter in Unternehmen, Selbständige (vor allem Steuerberater, Wirtschaftsprüfer, Rechtsanwälte, Unternehmensberater), Lehrer (in den Fächern Wirtschafts- und Sozialkunde), Studierende an Universitäten, Fachhochschulen, Verwaltungs- und Wirtschaftsakademien, Journalisten aller Medien.

Verlage C. H. Beck / Vahlen